禅宗相伝資料の研究

上巻

石川力山著

法藏館

緒言

日本の古代仏教が、その鎮護国家的役割や八宗体制の枠を超え、広く社会の諸階層や諸地域に浸透するのが中世であるが、その際、仏教はどのような人間観を説いて生き方を示唆し、具体的にいかなる社会的・宗教的機能を果たしたかを探ることを本書の目的とする。この課題を論ずる基本資（史）料として、伝統的に禅宗内で密かに師から弟子へと相承伝持されてきた「禅宗相伝資料」、なかでも各種の宗教儀礼にうかがわれる霊魂観・他界観、身分社会特有の諸種の通念を直接反映させて成立した「切紙資料」を取りあげてこれを分析検討し、宗教史的側面から中世社会史の実態に迫りたい。

中世社会は、武家政権の専横と下剋上に満ちた社会であったが、農業生産も向上し、今日、日本文化の精華とされるさまざまな芸能や諸道が、洗練の度を深める時代でもあった。一方、社会史や宗教史に眼を転ずるなら、不浄や触穢の観念も急速に浮上し、障害者や「癩者（ハンセン病者）」に対する蔑視・賤視の観念も定着して、近世社会における部落差別を助長する社会的諸観念も、仏教思想などを根拠として準備・形成された時代であった。このような社会生活上の通念が形成される際に、その指導的イデオロギーとして果たした仏教思想の役割には看過できないものがある。

「切紙」の相伝は、天台・真言をはじめ、神道・修験道や連歌等の道の奥義の伝承に広く用いられ、研究も行われている。しかし禅宗関係の切紙資料は、門外不出の寺院所蔵資料であったため、従来、歴史研究・宗教史研究の資（史）料としてはほとんど用いられなかった。本研究では、仏教儀礼のきめ細かな意味付けや具体的儀礼の手続き、さらには広範な仏教の社会的機能の実態を伝えている切紙資料の、調査・発見に基づいた、新たな社会史研究の基礎を確立したい。

本書の主な内容を略述すると、はじめに序論として、中国禅宗の思想的特色が、口語・俗語を多用する禅宗語録にあることを確認した。日本に真の意味で禅宗が定着したといえるのは、日本語文脈で思想を語る文献の成立、すなわち「禅籍抄物資料」の出現にあることを、言語論の上から検討する。膨大な量の抄物資料の研究は、国語学の分野で中世口語を探る基本資料として発掘検討が開始され、カナ書き口語体という文献上の特色が逆作用し、禅宗史や思想史の研究で重要視されることはなかった。これを社会の実態を反映した資（史）料として再評価し、思想史・歴史研究の基本資料として見直そうとするところに本書の最大の特色がある。ところで「抄物資料」とは、原則的にはカナ書き口語体の注釈書を意味するが、内容的には、禅宗語録の講義の筆記録（語録抄・聞書）や問答体による公案の解釈（門参）、さらに本書の中心課題となる各種の儀礼や口訣、仏教法具類の意味付け、神仏習合や中世陰陽道の援用による宗旨の敷衍などを中身とする相伝資料（切紙）と、さまざまな要素を含んでいるので、まず「切紙」成立に至る抄物資料の変遷史を整理して、資料論を確立する。

次に、本論となる第一篇では、中世社会で流行する連歌をはじめとする諸道・諸芸の秘密相伝の伝統が、禅宗関係の相伝資料を支える根拠にもなっていることに着目し、「切紙相伝」も単なる秘密主義とは異なる、中世精神史・文化史的意義を有することを論じた上で、禅宗のなかでも曹洞宗にだけみられる「切紙」成立の過程を探り跡付ける。

さらに、その多種多様な内容を分類して、これを⑴叢林行事関係切紙、⑵行履物関係切紙、⑶堂塔・伽藍・仏・菩薩関係切紙、⑷追善・葬送供養関係切紙、⑸室内（嗣法・三物・血脈）関係切紙、⑹参話（宗旨・公案・口訣）関係切紙、⑺臨時儀礼（授戒・点眼・施餓鬼等）関係切紙、⑻呪術・祈禱関係切紙、⑼神仏習合関係切紙、⑽吉凶・卜占関係切紙、の一〇種とする。その上で、資料調査等によって収集された各項にかかわる基本的な中世切紙資料を翻刻紹介した上で、特に禅宗によって日本社会に新たにもたらされ定着した、引導を中心とする葬送儀礼や呪術・祈禱儀礼、そしてこれらを支える霊魂観・他界観・人間観などの諸観念を前提にして、切紙資料のもつ中世仏教や禅宗思想研究上の意味、宗教史的特色を摘出し、さらに社会史研究上からのコメントを加えながら、中世仏教の社会的機能について考察する。

第二篇は、切紙資料の紹介と位置付け、及びその社会的機能を踏まえての、問題別の各論であり、個別寺院所蔵の切紙資料の特色や、「授戒儀礼」「神仏習合」「中世陰陽道」などとのかかわりを通して、中世社会において禅宗の社会的機能も次第に変貌することを確認し、やがてこれが近世仏教へと体質的変化を遂げながら展開していくことを、政治史や社会経済史とは別の次元での、宗教史の上からの必然的な帰結であるとする見方を提示する。

研究歴を振り返ると、大学院修士課程では中国禅宗史を専攻し、まず南北朝期の禅定実践者の教学的背景や足跡・系譜をたどり、阿毘達磨仏教を根拠とするインドの習禅の伝統が受容された初期の中国仏教の実態を考察した上で、唐代以降における南宗禅の成立と展開、及びこれを支えた思想的特徴や檀越・支援者達について、初期の禅宗語録や正史・金石史料を中心に検討し、中国禅宗成立の社会的要因を探った。博士後期課程以降は日本禅宗史研究を専門とし、まず鎌倉期の重要な仏教通史である『元亨釈書』の分析を通して、禅宗導入の経緯とその歴史的意義を考察し、あわせて五山禅林の文化史的意義を研究対象とした。この五山禅林研究の延長線上で、道元以外に鎌倉期に日本に曹洞宗を伝えた、曹洞宗宏智派の東明慧日の語録の文献学的研究、及び鎌倉禅林における宏智派の動向について考察した。

その後、中世の禅僧達による各種典籍に対する注釈資料、すなわち「抄物資料」が、思想史研究にはもとより、歴史研究においても極めて貴重な情報を提供してくれる好資（史）料であるにもかかわらず、ほとんど未開拓であることに鑑み、駒沢大学仏教学部講師・助教授就任より現在（教授）に至るまで、この分野の研究に取り組み、各地の禅宗寺院や研究機関に所蔵されている資料の調査・写真撮影を通して、その全体像把握を目指している。

最後に本論文をまとめるにあたり、資料調査にご協力いただいた関係諸寺院及び諸機関に心より感謝申し上げるとともに、今日まで学恩・法恩をいただいた方々に衷心よりお礼申し上げたい。

平成九年七月二十八日

著　者

禅宗相伝資料の研究　上巻　目次

序篇 禅宗史研究と禅籍抄物資料

第一篇　語録抄から門参・代語へ

第二篇　中世曹洞宗における切紙資料の成立・相伝と分類

第五章　葬送・追善供養関係切紙

下巻 目次

禅宗相伝資料の研究

上巻

はじめに

――日本禅宗の成立と禅籍抄物資料――

一　中国禅宗の成立をめぐって

隋から初唐にかけて思想的展開を遂げ、中唐には教団体制を整えるに至った禅宗は、最も中国的な展開を遂げた仏教の一形態であるといわれる。特に唐代における南宗禅の中国社会への浸透は、インドで成立した仏教が最も中国的に変貌を遂げる過程で行われた、土着性の強い中国化への主張の思想運動そのものであったといってよい。また禅宗は、同じ隋唐の時代に教学を大成し学統を確立して宗派を形成した天台宗や華厳宗、あるいは浄土教や三階教などとも著しく異なる成立事情がある。それは第一に、禅宗は明確な歴史的人物としての宗祖像が曖昧模糊としているということである。そしてこの問題と関連して、第二には、禅宗が主張する中国禅宗初祖とされる「菩提達磨（達摩）」という祖師は、確かに実在した人物の投影であるかもしれないが、有り体にいえば、インドより渡来した習禅僧達を集約した複合的人間像であったということで、出身地や俗姓、さらには幼少時のエピソード、さらには梁の武帝との問答や弟子慧可（四八七―五九三）との出会いのような、種々の機縁や説話などが順次に付加され、西来祖師としての達磨像が明確になっていったのである。しかも、この祖師像の形成にかかわり、その目的に添ってこれを成し遂げた人達とは、中国の習禅者の群に連なる人々で、達磨像も単なるインド的習禅者の集約ではなく、まことに気の長い話であるが、数世紀にわたって、中国的禅宗初祖としての一人の達磨像を創作し続け、肉付けし、歴史性をもたせ、新しい思想を語らせ、人格を付与させたといってよい。これはもちろん、特定の人間のなせるところではなく、多くの習禅者や新しい時代を先取りした仏教の実践者達の、息の長い理想像の探求の精華といってもよく、それ自体が禅思想成立のプロセスでもあった。

このように、禅の思想あるいは禅宗そのものを語るとき、達磨の話題を抜きにしては語れないが、このような達磨という祖師像をじっくり育て上げた人達の存在のほうが、むしろ重要な意味をもつともいえる。したがって、中国禅宗の成立を、この西来祖師としての達磨像のイメージなどが確立する時期に措定することも充分根拠がある。特に今世紀初頭、敦煌の莫高窟から膨大な量の初期禅宗関係の文献が発見されて、これまでの常識がほとんど覆され、初期禅宗の実態の全面的書き直しが迫られたが、それはまた、達磨像の肉付けの過程の再構築の作業でもあった。(1)

禅宗の成立過程が、こうした達磨像成立の過程とも重なるとみなし得るなら、次にはそれは具体的に何時頃に明確化するかということが問題になる。そして、後の五家七宗から、さらには日本禅へ展開する禅宗の歴史を前提にするなら、五祖弘忍（六〇一—六七四）下、慧能（六三八—七一三）とその弟子達の時期の、北宗神秀（？—七〇六）や荷沢神会（六八四—七五八）あたりの、東山法門から南宗禅の胎動期頃が最も問題となろう。

しかし一方、禅宗史上最も重要視されるこの「祖師慧能」なる人物像も、強烈な自派意識の下に、達磨の正系・傍系の論争のなかで形成された部分が多く、この間、各派の正当性を主張する禅宗独自の歴史書「灯史」も数多く製作されたが、この灯史製作の動きそのものも、やはり禅思想あるいは禅宗（衆）成立の事情を示唆するものであった。(2)

禅宗とは、このように常に新たな祖師像を求め続け、また後述する「語録」という新しい形式の聖典をも生み出し続ける、思想運動そのものという、動態的な宗教現象といえるかもしれない。確かに後世の状況を前提にするなら、法系は南宗禅に一本化され、生活は清規の成立によって画一化され、強烈な個性のある禅者を核に教団形成が志向されたり、あるいはこれが強大な国家権力の統制を受ける事態も起こるが、「諸聖を慕わず、己霊を重んぜず」とする超然たる立場を最後まで引っ込めなかった石頭希遷（七〇〇―七九〇）や、「自由」という言葉を発し続けた臨済義玄（?―八六七）をはじめとする、個性的な唐代禅者達の息吹に見られるように、一方では常に、自らの教団化しつつある体質や思想を、内部から揺さぶり続けるエネルギーが、断続的ではあるが時代社会を貫いて噴出し続けており、「禅」とはこのような動きそのものを意味するのかもしれない。その意味においては、教団史的に特定できる「禅宗成立」という事態や、禅思想の成立という次元での問題設定が、本当に成り立ち得るのかということも問題にせざるを得なくなる。

こうした観点から、単なる既成宗派としての禅宗ではなく、思惟の行動様式とでもいうべき意味での禅思想の受容ということを前提とした上で、いかなる状況・事態をもって日本がこの禅的思惟、あるいは禅的行動原理を確実に自家薬籠中のものとなし得たかという問題になると、言語・言説の問題とも絡んでその特定はかなり困難を伴うことが予想される。そして、予断をいってしまえば、本論はむしろ言葉の問題そのものとも関連して、日本禅宗にはこれまでの見方とは異なる独自の出発が想定できるのではないかということであり、ここでは中世禅宗史研究のための資料論、あるいはその社会的機能の解明という問題への接近のための一試論として、「日本禅宗の成立」にかかわる若干の議論を展開してみたい。

二　禅宗の日本伝来

ところで、日本への禅宗伝来の歴史については、古くは奈良期の法相宗の学僧である元興寺道昭（六二九―七〇〇）が、中国留学中に二祖慧可の弟子相州隆化寺の慧満に学んで帰ったのが初伝とされ、僧坊を設けて禅を修したともいわれ、その後も日本天台宗の祖最澄（七六七―八二二）が、やはり中国留学中に牛頭宗翛然から禅要を受けて帰国しており、いわゆる「円・密・禅・戒」の四宗相承をその立場としたとされる。これらはいずれも、中国禅宗の草創期、すなわち達磨像の形成確立期とその後に続く時期に重なる、禅の濫觴期ともいうべき頃の出来事であるが、さらには六祖慧能の系統の南宗禅も、承和年間（八三四―八四八）に嵯峨帝妃橘皇后の招きで来日した、塩官斉安（？―八四二）の弟子義空が檀林寺の開基となったり、平安末期に入宋して瞎堂慧遠（一一〇三―一一七六）に受法し帰国した叡山出身の覚阿（一一四三―？）などがいるが、いずれも断片的な禅の伝来にまつわるエピソードに終始しており、後世につながる相承性・歴史性は確立し得なかった。

これに対し、紹熙二年（一一九一）、臨済宗黄竜派の虚庵懐敞に受法して帰国し、将軍源頼家の本願によって京都の地にはじめて本格的な禅寺建仁寺を建立した栄西（一一四一―一二一五）については、鎌倉期の学僧虎関師錬（一二七八―一三四六）編纂の『元亨釈書』巻二「栄西伝」における、「宗門（禅宗）に至っては、斑々として前に見ゆと雖も、皆な貽厥に乏しければ、今の学者、西を推して始祖と為す」という評に端的に見られるように、すでにこの頃に日本禅宗初祖という評価・位置付けが確立していた。今日においてもこの栄西の日本禅宗初祖説は、教科書的な通説として、さまざまな局面で支配的な位置を占めている。また、栄西に次いで、中国禅宗のなかでも曹洞宗の法系を嗣ぎ帰国した道元（一二〇〇―一二五三）については、その禅は大陸直輸入のものであるとする見解もあるが、[3] この見方の是非についてはしばらくおくとしても、その後の彼此の禅僧の交流によってもたらされたものは、当時の日本にとっては上国として尊崇おくあたわざる、中国宋代の禅の文物そのものであり、この意味において鎌倉期における中国からの伝禅なくして日本禅宗は成立し得なかったとする原則論は成り立ち得る。

こうした従来の常識的通説に対し、日本仏教には古代から実践宗教家としての「禅僧」が存在し、その伝統は脈々として受け継がれていたとする指摘がある。すなわち、内供奉十禅師や看病禅師、高野山や南都における禅僧、さらには往生伝類にもみられる葬祭にかかわる禅僧など、「実践的仏教者」としての禅僧達の伝統が息づいており、特に平安末の叡山における、下級僧侶としての堂衆が、上層部を構成する僧侶である学侶階層からの自立をはかって台頭し、これが念仏や禅、あるいは西大寺流の律宗などのような、実践仏教の宗派化への動きを促したとする斬新な説の提示である。[4]

この間にはもちろん、栄西や道元をはじめとする多くの禅者による中国宋からの伝禅があり、禅の日本定着に画期的な契機をなしたことは否定できないが、基本的に、古代からの禅僧の伝統にこそ、宋代の禅宗を受け入れる基盤が存在したというのである。

この見解は、従来、宗派仏教としてしか捉え得なかった禅宗史観に、純歴史学的、あるいは社会史的手法を導入して、新たな視点から禅宗の日本定着を、宗教運動ともいうべき社会現象として捉え直そうとしたものといえる。それは確かに、禅宗の教団としての存在形態、あるいはその社会的機能を把握する方法としては成功したといえよう。

また、禅宗には叢林行事の厳格な規程があり、叢林内における修行僧を対象とする臨終儀礼、ならびに葬送儀礼も成立していた。すなわち、示寂した一山の住持や西堂・東堂などの長老僧のための「尊宿葬法」と、修行途上で死亡したものを対象にした「亡僧」という葬法である。北条時頼や、特に北条時宗は、渡来僧の蘭渓道隆（一二一三―一二七八）や無学祖元（一二二六―一二八六）について、禅僧が行う臨終儀礼を自らなぞりながら死を迎え、死後も禅宗儀礼にのっとり「亡僧」の儀礼が行われた。こうした上級の武士達による禅宗葬法の援用が、次第に御家人・地頭クラスから中級・下級の武士層に浸透し、さらに鎌倉や京都などの中央から在地・地方へと波及して、浄土教の往生儀礼の援用による葬法とともに、日本社会におけるその後の葬送儀礼の二大潮流となった。上は将軍・執権・守護クラスから、在地の国人・領主層にまで、五山・林下にかかわりなく広く禅宗が受け入れられる最大の要因は、まさにこうした禅宗の社会的機能にあったのである。したがって、禅宗が日本社会にもたらした最大の宗教的効果が、こうした「葬祭行事」にあったという皮肉な結果は、(5)上記の見解の有効性を証明して余りあるし、なによりも民衆史における宗教の機能を端的に提示しているという意味において、画期的な意義を有する。

ただここで問題になるのは、こうした手法による限り、上記のような禅の禅たる所以としての動態的な禅の思惟、特に次に本論で問題にしたい、「語録」という独特の禅宗文献が醸し出す禅的表象、すなわち中国文化の土壌が生み出したともいえる言説における禅的把握という思索の仕方が、方法として日本に受け入れられたかどうかというところにまで踏み込んだ議論には到達し得ないのではないかという危惧が残ることである。確かに、葬送などの儀礼としての禅宗文化をはじめとして、建築や庭園などの居住空間や、食事作法をも含む意味での食文化など、禅宗が文化としてもたらした付随的なものはいくらでも指摘できるかもしれない。しかし、本質的な意味での禅的言説が、はたして日本の土壌に受け入れられ根付いたかどうかということが問題であり、それが思惟の言説化であるということになれば、当然、言説資料そのものによる検討は欠かせないということになろう。

三　禅宗語録の成立

話をもう一度、中国における禅宗界の動向に転じてみる。唐代中期における六祖慧能下の南宗禅の新しい主張として、馬祖道一（七〇九―七八八）とその門下達による、強烈な現実思考に裏打ちされた、大機大用の禅の登場がある。馬祖はまた、その個性的風貌の故もあり、門下達に強烈な印象を与えたようであるが、[6] その門下達の顕彰により、祖師禅の体現者として、突然歴史の表舞台に出ることになった。その後継者達によって灯史の歴史も新しい時代を迎え、貞元一七年（八〇一）に成立する『宝林伝』一〇巻（巻七・九・一〇は、現在欠本）の出現は、禅宗の諸流を南宗禅・祖師禅一本に収斂することに成功し、その後の『聖冑集』（八九九年）・『祖堂集』（九五二年）・『景徳伝灯録』（一〇〇四年）等の諸灯史へと継承されることになる。

馬祖の言葉はまた、その発する一語一語が、日常の言行に即して語られる躍動する魅力に満たされていたようで、「我が語を記するなかれ」という馬祖自身の拒否の姿勢にもかかわらず、多くの弟子達によって書き留められ、人から人へと伝えられて、新しい文体を伴う聖典としての禅宗語録（語本）の成立を促すことになった。新しい文体とは、文章構成上に新機軸を打ち出したという意味ではなく、口語や俗語、時には地方語も含んだ日常会話の言語をふんだんに用い、あるいは会話の現場の雰囲気や臨場感をそのまま伝えているという意味で、仏典に代わる新しい禅宗聖典の誕生であるとされる。[7] 白居易（七七二―八四六）や裴休（七九七―八七〇）に代表される居士仏教も、禅語録の成立に大きな力となったといわれる。

南宗禅が歴史の表舞台に登場する八、九世紀頃、チベット高原では民族の誇りの高揚と文明へのゆるぎない基盤の確立期に当たり、ここにインド仏教を摂取するか中国仏教を摂取するかの選択の根拠を求める動きがあり、一つの興味ある宗教論争が展開された。「ラサの宗論」あるいは「サムイェーの宗論」と通称される事件で（七九五年頃）、インド仏教の代表者は、当時チベット王ティソンデツェンに招かれて入蔵していた、後期中観派の学僧カマラシーラであり、中国側は、沙州から入蔵して教線を展開していた、北宗禅三世の摩訶衍で、インド伝統の漸門派と中国禅宗の頓悟派の対決であったともされる。その結果は、摩訶衍が論破され、チベット仏教は、中国仏教ではなく、当時のインド仏教を選び取ることになったという。(8) ただし、この頃すでに中国禅宗における南宗北宗の問題は決着済みで、早くも禅宗は中国仏教界の表舞台に登場しており、中国仏教の代表に選ばれたのが禅宗であったのも偶然ではなかったようである。摩訶衍はこの後、敦煌に追放になったとされるが、摩訶衍自身はもともとこの地を根拠にしていた禅者であった。この宗論の中国側の資料である摩訶衍の語録『頓悟大乗正理決』（敦煌文献S二六七二・P四六四六）の内容も、北宗の主張というよりは荷沢神会（六八四―七五八）に近いものであり、その意味からは、頓漸の対決を目的としたものではなく、中国の禅仏教の立場を経律論の三蔵の書によって証明しようとしたものともされる。(9)

いずれにしても、この時代は南宗禅に限らず、禅宗は語録の時代に突入した。師の示衆に現身の釈迦牟尼仏の声を聞き、そして時に師と弟子とは、釈尊を越える直接的な信頼関係で結ばれる。その仲介をするのが言葉であり、端的には示衆の言葉と、それに続く問いと答えの言葉そのものでもある。禅問答の問いは、単なる問題提起や答者の力量試しではなく、問者自身の問題意識そのものの吐露であり、同時に答者の問題意識を根底から暴き立てる演出・演技である。これに対する答えは、答者自身の肺腑を自らえぐり出す作業とならざるを得ない。

禅宗はまた、インド以来の具足戒の伝統に対しても、教団の実状に即した大胆な改革の道を開いて「清規」を成立させたが、馬祖の弟子で叢林開闢の祖とも言われる百丈懐海（七四九―八一四）と学人との間に、ある時、問う、「草を斬り木を伐り、地を掘り土を墾やす、罪の報いの相ありとせんや。」師（百丈）云く、「定《かな》らず罪有りと言うを得ず、また定らず罪無しと言うを得ず。罪有りと罪無しとの事は、当人にあり。」（『百丈広録』）という問答があったことを伝えている。賊のために衣服を奪われて草に繋がれた比丘が、草の命を絶つことを恐れ暑さのなかを動かなかったという、「草繋比丘」の話はあまりに有名であり（『賢愚経』巻五等）、「掘地」についても、『四分律比丘戒本』には「若し比丘にして、自手から地を掘り、若しくは人をして掘らしめば、波逸提なり」（大正蔵二二、一〇一八頁b）とあり、彼らは仏教本来の戒の規定を熟知した上で、現実の自分達の置かれた自給自足という生活の立場、自らその戒を破らなければ成り立たない叢林の生活を問い直すのであり、そこには常に破戒とすれすれのところに立たされた緊張感がある。そうした緊張感を経て、禅院における作務（仕事）そのものが、実は日常的な修行そのものにほかならないという「作務」の思想として結実するのである。

禅問答とは、こうした意味での絶対一過性ともいうべき場における、渾身の言語表現を意味する。馬祖や石頭の時代を契機として、まぎれもなく禅は機関の時代、言説による真理探究の最盛期を迎えることになったが、後には「不立文字」や「教外別伝」という言葉で教義化するに至る。

このように禅とは、師と弟子による真理探究の共同作業であり、それはしばしば否定的表現、逆説的メタファーを媒介として進められる。理致と機関とは、その方法を分類したもので、理致とは理論的な解釈、機関とは前述の禅問答に代表される、当意即妙の応酬として展開する。「如何なるか是れ仏」と問われて、「麻三斤」と答え、「狗子に仏性有りや」と問われて、「有り」と答え、「無し」と答えたその瞬間に、言説の位相は次の段階へと進展している。その言説は、不可逆的一過性の演出効果をねらった表象そのものの表現形式だからである。「不立文字」とともに知られている「教外別伝」という標語には、他の仏教教団では全く説かない、「拈華微笑」という釈尊から摩訶迦葉への付法相承の説話を正当化し、西天祖統説を合理的に説明しようとする意図が含まれているために、言語表現そのものを否定するニュアンスが強いが、「不立文字」にはむしろ、言語表現の無限の可能性が秘められている。そして、口語表現を取ることがこれに拍車をかける。語録の伝統が生き生きとして機能する時期はさほど長くはなく、後には形骸化し形式化する運命も免れないが、宋代における看話・公案の禅の成立は、その再生でもあったと位置付けることが可能である。公案拈提に対する解答は、象徴的達意的言語、短評・寸評の形で禅旨理解が示される。いわゆる「著語」「下語」「拈語」「代語」「別語」の時代である。

さて、禅宗の日本伝来は、さまざまな文物としての禅宗文化とともに、膨大な量の典籍としての禅語録をもたらしたが、これらを自在に駆使する手だてそのものは、はたして伝え得たであろうか。ここで問題にしたい、もう一つの意味での禅の受容とは、まさしくこうした語録の伝統に立脚した意味・方向での、禅的思惟とその表現方法それ自体の受容の可能性を意味する。そしてそれは、言語・言説行為そのものに集約される。

四　禅の言説資料としての禅籍抄物

日本では奈良時代より、漢文文脈を訓読して理解する、日本式翻訳の伝統が異常に発達してきた。したがって多くの知識人にとっては、中国語としての微妙なニュアンスは理解できなくても、おおよその意味の確認は容易であったし、詩文もそれなりに創出することが可能であった。しかし、母国語と同様に思惟そのものを漢文文脈で展開することへの限界は免れ難かったと思われる。

鎌倉期頃からの頻繁な禅僧を中心とする日中往来は、言語面でも相当に熟練した人達を輩出したことは想像できるが、微妙な意志の疎通がどこまで可能であったかについては推測の限りではない。また、五山文学は日本の漢文学史上に異彩を放つ、精神的にも高揚した一時期を画したが、それはあくまでも、模倣の域を出るものではなかった。

この間にあって、仮名混じり文・和文による国語表記は、日本文学の可能性を拡大するのに大きく貢献したが、鎌倉期の仏教者も、この仮名混じり文を用いて自己の宗教的境界を述べることが多かった。たとえば、道元の『正法眼蔵』はその典型的な作品であり、説法の対象に語りかけ、時には直接問いかける雰囲気も伝えている法語であり、後の抄物資料にも共通する性格を有している。(10) また『正法眼蔵』の思惟の展開は、たとえば「言語宇宙」などとも表現されるように、(11) 確かに独特の構造をもっていることは理解できるが、しかし、文脈そのものに流れる中国語語脈の生の禅語録の援用は拭い難く、この『正法眼蔵』の思惟の仕方が、後世に継承された形跡もない。その意味で、道元の仕事は孤高であったといってよい。その後も、例えば「仮名法語」という形態の禅宗文献が登場し、禅の普及に貢献したとも考えられるが、日本語独自の禅の言説化にはたして成功したかどうかは疑問である。こうしたなかにあって、日本禅宗の世界に「抄物」「聞書」の伝統が出現したことは、大きな意味をもつ。

「抄物」とは「聞書」ともいわれ、基本的には漢籍・仏典・国書などの講義録の意であるが、特に禅宗の抄物は、臨場感にあふれた講席での記録をうかがわせるものが多い。なかでも曹洞宗関係の抄物資料（洞門抄物）は、口語や特定の地方語が用いられていることも多く、近世江戸語や、ひいては近代語の研究の資料として、国語学研究の分野で発掘研究が進められてきたが、近年は禅宗史の実態を語る史料としての位置付けも定着し、次第にその全体像もはっきりしてきた。そして、禅宗抄物類のなかで、特に機関の禅における思惟の言説化的効果を伝える資料として注目されるのは、曹洞宗では「門参」「秘参」「伝参」「参禅」等と種々に呼ばれ、臨済宗では妙心寺派や大徳寺派に伝えられる「密参録」「密参覚帳」と呼ばれるもので、近世以降の臨済宗では、「行巻」「行巻袋」などとも呼ばれる、公案禅の参究資料である。

日本中世の禅林では、道元は公案を坐禅の場で参究するような禅は批判したにもかかわらず、室町期以降の曹洞宗では公案禅もさかんに用いられ、洞済を問わず公案・話頭を課題として参究修行する看話禅が主流を占めるようになった。その際、中国的公案禅の伝統に立脚する、「下語」「著語」による禅旨理解の方法も、日本禅林の中で定着するが、さらに師と弟子との間で交わされる問答も記録に留められるようになった。このような問答それ自体が記録されるということは、馬祖が危惧した中国における語録の歴史と同様に、ある意味では禅の形骸化ともいえる事態であるが、そうした批判を越えて、ここにはじめて日本禅宗が日本語の語脈で、しかも奇しくも中国における語録の発生と同様に、日常語・会話体によって禅が語り出されるに至ったことが確認できる。その前段階としての、著語・下語による公案把捉（参得）の仕方は、無本覚心（一二〇七―一二九八）の頃にすでにみられ、南浦紹明（一二三五―一三〇八）や宗峰妙超（一二八二―一三三七）の頃は主流を占めたが、夢窓疎石（一二七五―一三五一）の時代には、すでに冊子になった密参録が存在したとされる。[12] そしてさらに、組織的な公案参究のカリキュラムが作成され、主に林下を中心とする中世禅林に定着することになる。

曹洞宗の場合では、岐阜県竜泰寺所蔵の『仏家一大事夜話』や、特に群馬県補陀寺所蔵の『上州大泉山補陀寺続伝記』によれば、「中古に盛行する夜参と称する者は、言を徴するに通幻に始まり、而して其の規則円備せるは、無極・月江両師の定制する所か」とされ、道元から五代目の通幻寂霊（一三二二―一三九一）の晩年に始まり、その法孫の無極慧徹（一三五〇―一四三〇）や月江正文（?―一四六二）の頃に規範が整ったとみられる。[13] これらの記載をそのまま事実とみなしてよいかどうかは、今後さらに門参・密参録の現存資料やその伝承過程の考察を通して、厳密に年代推定の作業が行われなければならないが、確実に日本語語脈で語られる禅の伝統が、鎌倉から室町期のある時期に定着し、その後も言説化され続け、さらに後世に継承される確固とした方法として受容されたことは確認できよう。そして、こうした抄物資料にみられる、禅の本質に根ざした思惟の方法としての受容・定着という捉え方も、充分に成立可能な根拠を有する、一つの「日本禅宗（日本禅）成立論」ではなかろうかと思われる。

五　「切紙」資料と曹洞宗教団

さて、以上にみてきたように禅籍抄物資料は、中国で成立した禅宗が日本に定着する過程で成立し、しかも禅的思惟やその言説化の機能を最大限に発揮して成立した文献資料である。

一方、禅宗が日本的土壌に受け入れられる際に取り込んだ、伝統的慣習的な種々の観念、すなわち霊魂観、他界観、人生観、神仏習合観等に関する情報も、諸種の抄物資料のなかの「切紙」群がこれを豊富に伝えている。中世以来の切紙相伝の伝統は、仏教や神道、歌道、修験道、さらには武道等の諸道諸芸において、口伝が誤って伝えられることのないように、相伝文書の形式を整えて伝授したことに発生する。そして、禅宗のなかでは道元下の曹洞宗教団にだけ伝承された宗門の秘訣も、この方法で秘密裡に師資相承され、これまでは抽象的に語られるしかなかった中世禅僧達の思想と行動の原理を、これらの資料によって極めて具体的に、しかも詳細に描き出すことが可能になったと思われる。

すなわち、わが国における禅宗、特に京都や鎌倉を中心とする五山派に対し、主に地方に展開した道元下の曹洞宗教団は、南北朝から戦国期にかけて飛躍的な発展を遂げ、北は奥州の地から南は九州の鹿児島に至るまで、今日みられるような教団展開の布石をほぼ完了したとみてよいと思われる。そしてここで問題となるのは、教線の拡大と、教団自体を内部から支える理念である教理の問題をどのように考えたらよいかということである。すなわち、教団を支える民衆と、これに対し仏教の教えを説示する僧侶（禅僧）との交渉は何を媒介とし、どのように行われたかということである。これを旧来の民俗学などの表層文化と基層文化の概念構造で捉え図示すれば、次のようになろう。

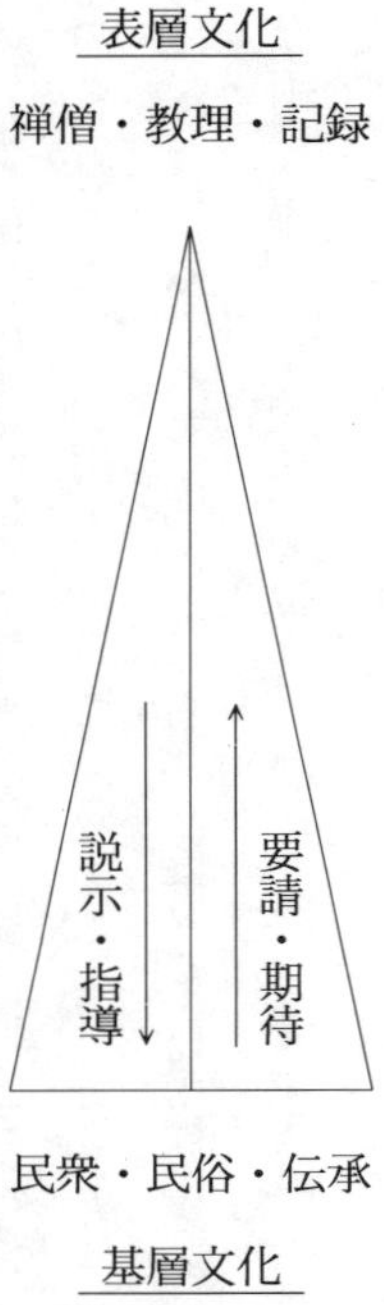

一般的表層・基層構造モデル

つまりこの図は、教団僧侶の行動は、教団設立の理念である教理（教義・思想）を民衆に説示し宗教生活の指導を第一義とするが、それを受け入れる民衆は、あくまでも民俗の立場でこれを受け止め、支持するか否かを決定していたということを示す。したがって、その支持が得られるか否かは、民衆の基層となる部分の要請観念をいかに把握した上で、これに呼応する説示として教義の民衆化が行われるかが重要な課題となろう。この点に関して、これまでの文献史学の立場からは、教団構成の大部分を占める基層部分に関するまとまった記録は残り難く、これに呼応した僧侶の側の記録、すなわち説示する側の記録も、教義・教理次元のものでしかなかったという限界があったが、教団内の相伝資料でありながら、しかも民衆信仰や地域慣習との接点を示唆する資料として、「切紙」資料の内容が大いに注目されるということになる。

しかし、こうした社会の構造を表層（文化・信仰）と基層（文化・信仰）に二分化して捉えるような古典的な手法では、基層を支えたとされる「民衆」そのものの内容も明確ではなく、ましてや教団が展開する際の社会経済史的背景も曖昧である。そして第一に、葬送儀礼等も含めた意味での禅宗文化が、地域的に、また社会構造的身分的に末端にまで一挙に展開したわけではない。これは、法然・親鸞・日蓮・一遍等の鎌倉新仏教と呼ばれる他の諸派が教団的展開を遂げる時期も同様で、叡山や高野山、そして南都仏教の勢力、いわゆる顕密体制は依然として強固であり、本格的に地方展開を遂げるのは、室町から戦国期にかけてとみてよい。

すなわち、禅宗もはじめは新来の大陸文化として、将軍や北条徳宗家、そして天皇や有力公家の間に、特定の個人的檀越関係を形成していたに過ぎなかった。それは、明庵栄西と源頼家、東福寺円爾と後嵯峨上皇・九条道家・北条時頼、蘭渓道隆と北条時頼、無学祖元と北条時宗、無関普門と亀山天皇といった関係に端的にみられる。そして、禅宗が伝えた葬送儀礼に最初に飛びついたのはやはり社会の最上層部を構成していた一部の特権階級で、たとえば時頼にみられるような、禅僧を気取った臨終儀礼の援用、さらに死を目前にして時宗が無学を師として授戒出家し、やはり禅僧の臨終行儀に習って沐浴更衣し、遺偈を作って遷化した例などが、次第に地方武士に普及していったと考えられる。しかも、地方に展開した禅宗も、新しい宗教運動としての自負を有していたので、中央における知的支配や政治的権力構造を形成することができたと同様に、地方における知的宗教的ヘゲモニーを確立し掌握できたといってよいであろう。禅宗が地方にもたらされる背景には、商人達の活動も見逃せないが、武士・御家人達が、鎌倉や京都の中央（政治機構・文化）とのパイプを有していたことは決定的である。鎌倉幕府の執権北条氏の信仰を模倣発展させたのが御家人社会の信仰であったという指摘もある。(14) そして、新しい「没後作僧」と「引導儀礼」を中心とする禅宗式の葬送儀礼なども、彼らを通して地方にもたらされることになった。そこには、すで

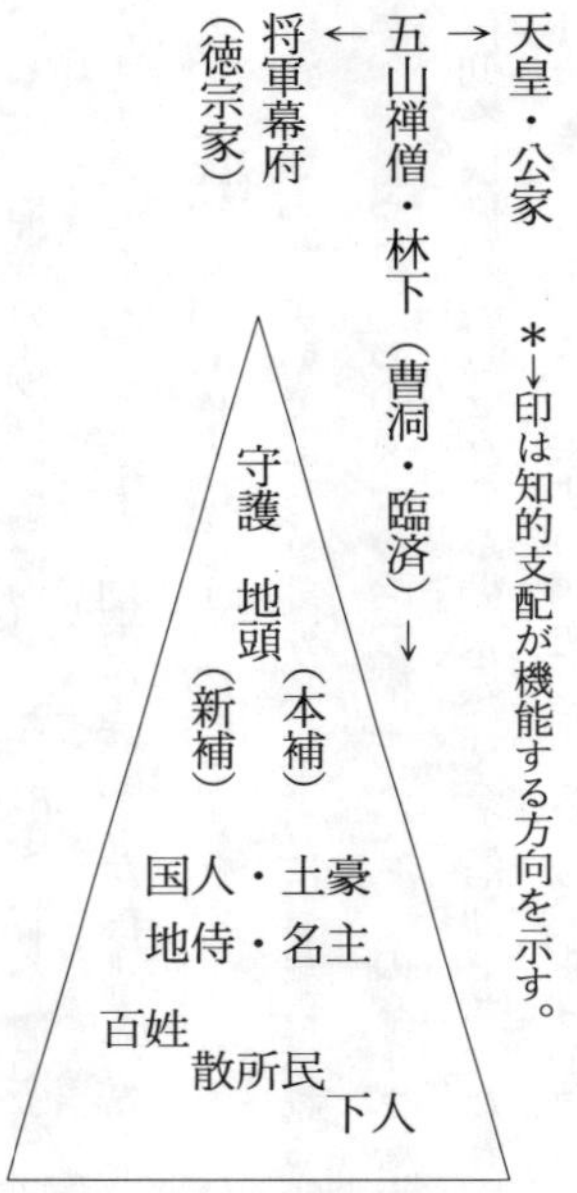

禅僧と、知的支配・身分支配の構造モデル

に前代より葬祭権を確立していた修験者などとの軋轢・対立も当然予想され、地域特有の宗教空間も考慮される必要があったが、特に地方展開を果たした曹洞宗などに、修験者との験比べに打ち勝ってそこに定着したという伝承や、悪霊鎮圧・神人化度の説話が多いことも、こうした状況を物語っている。

社会の身分構造とともに、禅僧達の社会的身分も、五山禅僧、しかも入宋・入元のエリート僧、さらには中国からの渡来僧を頂点として、これに連なる諸師、そして林下の禅僧達と、無意識のなかで序列化されていた。それは、留学僧や渡来僧の檀越になるのは、天皇や上級公家、幕府や将軍家、さらには有力な守護達に限られ、地頭や下って戦国大名達が外護するのは、林下の禅僧であったことに端的に現れており、国人層や土豪クラスが抱えることができた禅僧も、もちろん林下の流れに属する者達であった。戦国期に入って五山禅林が衰微するのも、こうした構造が逆に作用したものであった。しかし、地方においても禅僧達が知的権力構造を形成し得たことは確実であり、これらを踏まえて、鎌倉期から室町・戦国期までの身分構造を踏まえた禅僧の対社会的関係を図示するなら、右のようになり、このモデルの方が、単純な表層・基層構造に比して、より社会の実態・実状を反映した把握が可能になるのではなかろうか。以下、この構造を踏まえながら、禅僧達がいかなる情報をもって地域社会に臨んだかということを、切紙資料を中心に明らかにしたい。

六 「切紙資料」研究の課題

ところで、従来この曹洞宗関係の切紙資料については、たとえば江戸期の宗学者面山瑞方（一六八三―一七六九）は、『洞上室内断紙揀非私記』において、伝承や内容を検討して、中世の代語禅者を「妄談僻説」と断じ、また近代以降に至っても、密教や修験道、陰陽道などの迷信を摂取した低俗、愚劣なものという位置付けがなされた。しかし一方で、宗教学、教化学の立場から見直されつつあることも事実で、(15)本論はこうした状況に対する問題提起である。その内容を概観するために、岐阜県竜泰寺所蔵の中世切紙を集成した『仏家一大事夜話』（六四種）、「永平寺所蔵切紙目録」（一六六種）、及び面山の『洞上室内断紙揀非私記』（一四五種）の内容分類項目表を示せば次頁のようになる。

これを一覧すれば明らかなように、かなりの不均衡現象はみられるが、参話（教理）・儀礼・神仏習合に関する口伝が、いずれの資料にも共通しており、これらの死者儀礼や神仏習合、神祇信仰を媒介とすることが、地域的展開をする際に最も有効に機能したであろうことは予想できるが、その具体相については、第二篇と第三篇において切紙資料によって明らかにしたい。

一方、この表によれば、近世切紙の特徴は、室内の問題が中心課題であったのに対し、中世切紙の特徴は、叢林における修行生活が極めて重視されていたことが知られる。このことに関して、一般に中世曹洞宗は、密教的要素を多く取り入れ、民衆化、世俗化の方向で教団展開がなされたとされているが、さらにいうならば、中世曹洞宗に

内容分類項目	仏家一大事夜話	永平寺切紙目録	揀非私記
①叢林行事	12	1	1
②行履物	19	11	2
③堂塔・伽藍・仏・菩薩	3	7	3
④葬送・追善供養	4	3	2
⑤室内（嗣法、三物、血脈）	2	41	35
⑥参話（宗旨、公衆、口訣）	8	81	70
⑦儀礼（授戒、点眼等）	9	14	21
⑧呪術・祈禱	1	2	2
⑨神仏習合	4	5	8
⑩吉凶・卜占	2	1	1

おいては叢林の修行生活も極めて充実しており、この自利利他の両面を具体的生活のなかで見事に共存させていたという、二面性をもっていたことが、中世における禅宗教団展開の大きな要因であったと思われる。切紙資料を低俗、愚劣なものであったという視点だけでは、禅宗受容史、地方展開史の実態には迫れない。むしろ、中世切紙資料にうかがわれる禅僧達の積極的な働きかけこそ注目されるべきである。以下、こうした問題意識を懐きながら、日本中世史における禅籍抄物資料の成立・展開とその特徴、そしてこれらの資料を中心として仏教・禅宗の社会史

との関わり、その社会的機能について考察を加えてみたい。

註

（1）古くは松本文三郎『達磨の研究』（一九四二年一〇月、第一書房刊）があるが、戦後の関口真大『達摩大師の研究』（一九五七年一二月、彰国社刊）は達磨撰述とされる著作の検討をなし、同氏『達磨の研究』（一九六七年八月、岩波書店刊）は達磨伝成立の過程を分析したものである。

（2）このような意識のもとに成立し、同時にまた達磨の歴史性の権威付けにもなったのが、「灯史」と呼ばれる禅宗独自の歴史書で、この分野での先駆的研究は柳田聖山「灯史の系譜」（『日本仏教学会年報』第一九号、一九五四年四月）、及びその後の成果をまとめた『初期禅宗史書の研究』（一九六七年五月、法藏館刊）で、その後も多くの研究が発表されている。田中良昭編『禅学研究入門』（一九九四年七月、大東出版社刊）四五頁以下参照。

（3）家永三郎『中世仏教思想史研究』（一九四七年八月、法藏館刊）参照。

（4）船岡誠『日本禅宗の成立』（一九八七年三月、吉川弘文館刊）参照。

（5）石川力山「禅の葬送」（『日本学』第一〇号、一九八七年一二月）参照。

（6）石川力山「馬祖禅形成の一側面」（『宗学研究』第一三号、一九七一年三月）、同「馬祖教団の展開とその支持者達」（『駒沢大学仏教学部論集』第二号、一九七一年一二月）、同「馬祖像の変遷過程」（『印度学仏教学研究』第二〇巻二号、一九七二年三月）、大西竜峰「馬祖道一の変貌（1）―（5）」（『春秋』三五八―三六四号、一九九四年五月―一二月）参照。

（7）柳田聖山「禅宗語録の形成」（『印度学仏教学研究』第一八巻一号、一九六九年一二月）、及びその後の成果を集大成した同氏「語録の歴史――禅文献の成立史的研究」（『東方学報』第五七冊、一九八五年三月）がある。

（8）宗論の経緯については、長谷部好一「吐蕃仏教と禅――頓悟大乗正理決をめぐって」（『愛知学院大学文学部紀要』一号、一九七一年一二月）、山口瑞鳳「摩訶衍の禅」（『講座敦煌8　敦煌仏典と禅』一九八〇年一一月、大東出版社刊）等多数あり、思想的検討を行った最近のものに、松本史朗「禅思想の意義」（『禅思想の批判的研究』一九九四年一月、大蔵出版刊）がある。

(9) 註（7）の柳田聖山「語録の歴史」四五七頁。

(10) 石川力山「洞門抄物の発生とその性格」（『松ヶ岡文庫研究年報』第二号、一九八八年二月）参照。

(11) 寺田透『道元の言語宇宙』（一九七四年六月、岩波書店刊）。

(12) 鈴木大拙「日本における公案禅の伝統」（『鈴木大拙全集』第一巻、一九六八年三月、岩波書店刊）、玉村竹二「日本中世禅林における臨済・曹洞の異同（上）（下）――「林下」の問題について」（『史学雑誌』第五九巻七・八号、一九五〇年七月、八月）、同「幻住派の導入と法系の大変動」（『円覚寺史』一九六四年一二月、春秋社刊）等参照。大灯国師宗峰妙超が修行者の指導のために百二十則の公案を集めて著語を付した『大灯百二十則』については、鈴木大拙による復刻（『鈴木大拙全集』第四巻、一九六八年六月、岩波書店刊）、荻須純道「大灯百二十則について」「日本中世に成立した禅の性格――大灯百二十則から考察して」（『日本中世禅宗史』一九六五年五月、木耳社刊）、平野宗浄「大灯国師下語の研究（資料篇）」（『禅文化研究所紀要』第三号、一九七一年一〇月）・同氏「大灯国師下語の研究（続篇）」（同四号、一九七二年七月）等がある。林下の密参録の研究には、飯塚大展「大徳寺派系密参録について（一）」（『宗学研究』第三六号、一九九四年三月）・同氏「大徳寺派系密参録について（二）」（『駒沢大学大学院仏教学研究年報』第二七号、一九九四年五月）・同氏「大徳寺派系密参録について――『碧巌録竜岳和尚秘弁』を中心に」（『曹洞宗研究員研究年報』第二五号、一九九四年九月）等がある。なお国語学研究分野での成果は省略した。

(13) 石川力山「中世曹洞宗切紙の分類試論（一六）――参話（宗旨・公案・口訣）関係を中心として（上）」（『駒沢大学仏教学部論集』第二一号、一九九〇年一〇月）参照。

(14) 葉貫磨哉『中世禅林成立史の研究』（一九九三年二月、吉川弘文館刊）三九八頁。

(15) 桜井秀雄「曹洞門下における『切紙』相承の一考察」（『宗教学論集』第九輯、一九七九年一二月）参照。

序篇　禅宗史研究と禅籍抄物資料

第一章　中世洞門抄物資料の成立と展開

一　抄物資料の発生

「抄物」と総称される一群の文献資料は、時代的には室町中期から近世江戸初期の間に成立した、種々の注釈書を意味するが、その内容は極めて多岐にわたっている。(1) すなわち、注釈書という表現も極めて総称的・包括的な言い方で、原則的には種々のテキストの講義や提唱を聴講した者によって筆録された「聞書」を意味するが、講者が自ら作成した講義のための手控え的草案や、講義の体裁をとって著作された注疏類、さらには中国禅宗以来の伝統を有する、五言や七言句からなる「著語」と総称される著しく達意的・象徴的性格を持った短評も、(2) 本文の理解に資するという意味では注釈書という範疇に分類することも可能で、広義の抄物の部類に属せしめることができよう。

また注釈される素材に関しても、『論語』や『史記』『漢書』などの漢籍や、『毛詩』や杜甫・黄山谷などの中国詩人の手になる漢詩、仏典や禅籍、さらには『日本書紀』のような国書に至るまで、あらゆる分野のものを含んでおり、その担い手も、清原家を中心とする博士家の学者、京都五山の禅僧、曹洞宗道元派下の僧、足利学校の庠主、神道の学者と多彩であり、さらには古くからの天台や唯識の学僧による抄や聞書の伝統も続いていた。

これらの文献が一括して抄物あるいは単に抄の名で呼ばれるようになるのは近代に入ってからであり、それも国語学・言語学研究上の分類であった。これは、抄物とは原則的には講義の席に連なって聴聞し記録した手控え的なものが多く、口語資料としても貴重な文献であり、特に本章で問題とする曹洞宗関係の抄物、いわゆる洞門抄物は、東海や関東地方の東国で成立したものが多く、関東方言・東国語研究の資料として注目され資料の発掘が行われて今日に至っている。(3) 近年、この抄物資料が文化史・思想史・仏教史・医学史などの国史学の立場から、さらには広く東洋史や中国文学・国文学などの視点から注目されて、『抄物大系』(一九七〇年―、勉誠社刊)、『抄物資料集成(正)(続)』(一九七一年―、清文堂刊)、『松ヶ岡文庫所蔵禅籍抄物集(第一期、第二期)』(一九七六―一九七七年、岩波書店刊)などの影印による資料の公刊が次々に行われるようになった。洞門抄物についても、駒沢大学文学部国文学研究室編『禅門抄物叢刊』(一九七三―一九七六年、汲古書院刊)、金田弘編著『洞門抄物と国語研究(資料篇)』(一九七六年、桜楓社刊)と、資料の公刊が続いた。先の『抄物大系』や『松ヶ岡文庫所蔵禅籍抄物集』にも洞門抄物は含まれている。しかし洞門抄物に限っていえば、その資料の利用のされ方は、やはり国語学研究の分野にとどまっており、思想史や教理史、さらには広く歴史学研究の史料としては、今日に至っても充分に活用されているとはいえない。

その理由は、たとえば教団史の立場からいえば、後に触れるようにこれらの抄物に代表される宗義が異安心とされ、これに関与した宗門僧侶が擯罰に処せられた事件があり、そのため長く異端の書として扱われてきた事実が第一に挙げられよう。そしてこの事件に象徴される立場が、明治期以降の研究史にも影を落としているためと思われる。事件とは江戸時代初期の承応二年(一六五三)、宇治興聖寺の万安英種(一五九一―一六五四)、美濃全久院の鉄心道印(一五九三―一六八〇)など一一名、及び二三箇寺の僧侶が、雑学をなしたとして宗門から排斥されたという「雑学事件」、一名「代語講録事件」と称される出来事であった。これが起こる背景には、単に宗義上の問題にとどまらない、近世教団としての決断を迫られた政治的社会的意味が介在していた。(4)しかし、ともかくも宗義に反する雑学の書と判断されたものには、『大淵代』『竜洲代』『乾国代』などの、いわゆる今日でいう洞門抄物類が多く含まれており、これらは公案参得をめざす「代語」の禅風として否定されたのである。そして第二の理由は先の問題とも関連するが、近世江戸期以降に確立し、今日に伝承されている「伝統宗学」においては、公案看話の修行方法を否定する道元禅の立場から、中世に盛行した公案参得の禅は異端とし、『正法眼蔵』の研究をもって正統宗学とみなす、近代以降の宗学研究の方法論的選択にも起因する。この立場から、公案参得の手引書である膨大な量の門参資料類は当然無視されることとなり、中世の曹洞禅僧の活動の実態を伝える種々の切紙も、中世の代語者の妄談僻説として否定された。(5)

ところで、『正法眼蔵』の研究という宗義の歴史的立場からは、室町期から江戸時代初期にかけての時期については、(6)暗黒時代とされてきた。確かに、詮慧・経豪の師資による『正法眼蔵抄』の撰述以降、思想的なものとしては、傑堂能勝（一三五五―一四二七）・南英謙宗（一三八七―一四六〇）師資による曹洞五位説の研鑽があるくらいで、曹洞宗の根本宗義にかかわる研究にみるべきものはほとんどないといってよい。ただし、こうした通説を今日も前提としている研究者は存しないであろうが、逆に社会史の実態に即した、むしろ積極的な側面を評価する見解も成り立ち得るのではないかと思われる。すなわち、禅籍の講義提唱の聴聞に、また公案参得の工夫に、さらには民衆仏教としての布教教化にと、禅僧達が地域の枠を越えて最も潑剌と自由に活動していたのがこの時期であり、教団としての全国的展開はもとより、江戸時代にはいって社会的経済的に安定する基盤はすべてこの時期に用意されたと考えられる。このことはまた同時に、無批判に身分社会の体制等に順応するという日本仏教の宿命的性格を醸成助長することにもつながる。しかし、ともかくもこうした江戸初期に至る間の、中世曹洞禅僧の実態を究明する史料として、洞門抄物の分析検討は欠かすことはできない。(7) さらに、抄物資料のなかでも公案参得の書である門参に代表されるような、公案禅の援用という問題についても、必ずしも臨済禅との交渉を通して受容された妥協的産物とはみなし得ない、独自な伝統と展開が存したことが確認される。本稿は、洞門抄物の有するこのような種々の性格をあわせ考慮しながら、その思想や伝統がどこまで遡及可能かということについての試論である。

二　洞門抄物の分類

すでに述べたように洞門抄物とは、曹洞宗所伝の抄物類の総称であるが、これが他の分野の抄物とは区別され一括して洞門抄物と呼ばれるのは、他に比して著しい特色が存するからである。それは先述したような、国語学的研究の面においてもみられるが、内容の点からも指摘し得る。そこでまず、洞門抄物の性格を考える上からこれを五種に大別し、定義的に簡単な解説を掲げておく。

㈠　語録抄（聞書抄）――禅宗典籍類の注釈書で、原則的には講義提唱した内容を聴講者がそのまま筆録したものを意味し、聞書抄とも呼ばれる。したがって第一義的には仮名書き口語体の抄ということになり、洞門抄物の資料的特徴もこの点にあるが、抄を広い意味での注釈書とみるなら、若干の漢文抄もこれに含まれる。これが初期の洞門抄物文献の中心をなし、その特徴を最もよく示す資料である。主なものとしては、古くは瑩山紹瑾の『秘密正法眼蔵』や『報恩録』、永平寺義雲の筆録とされる『永平頂王三昧記』、大智の『古今全抄』、峨山韶碩の抄と伝承される『自得暉録抄』、川僧慧済の『人天眼目抄』『無門関抄』、大空玄虎の『碧巌録抄』をはじめ、『禅林類聚抄』『投子山妙続大師語録抄』『臨済録抄』『四部録抄』『大慧書抄』等がある。

㈡　代語（代・下語・著語）――古則公案や機縁の語句、重要な詩句等に対して、中国以来の伝統的な方法である著語の形で語を付し、公案理解の一助に資したもので、時代が下ると仮名書きのものも出現する。形式としては、一則の公案を示し、拶語をもって学人に問いかけ、その答えがなければ、学人に代わって師家が著語を下すという手順を取る。『禅公案拶語並代語』（松ヶ岡文庫所蔵）等が典型的なものであるが、語録抄にも、例えば『自得暉録抄』や『人天眼目抄』の場合の様に、一段の提唱が終わるとその内容に関して拶語で聴衆に見解を問い、自ら代語してその段落の講義を完了し、次の段落に進むという形式で代語が用いられており、提唱部分がなくこの代語だけで抄が展開される場合もある。このほか、門参においても代語は一則の公案を締めくくる重要な意味をもっており、切紙の参話にもやはり同様の意味で代語がなされている。雑学事件において、『大淵代』『竜洲代』等が雑学として排斥されたことは前述の通りである。

㈢　代語抄・再吟――公案に対して下された代語（著語）について、その出典や字義等を詳しく評釈注解したものであり、再吟も同様の性格をもつものであるが、代語抄をさらに再吟味して注釈を付加した意と解される。『天南代抄』『大淵代抄』『竜洲代抄』『巨海代抄』『高国代抄』『恵輪代抄』『鉄外和尚代抄』等多数知られており、再吟も『火和尚再吟』『大淵和尚再吟』『勝国和尚再吟』『碧巌再吟』『鉄外和尚再吟』等があり、「法門」と呼ばれることもある。重要なことは、これらの多くが江戸時代初期頃に刊行出版されたことで、これは、代語の禅とは元来、公開の場における複数の人を対象に行われたことを示すものと思われる。これに対して門参や切紙は秘密伝授を建て前とする。(8)

㈣　門参（本参・秘参・伝参・秘書）――中世曹洞宗における公案禅盛行の実態を伝える資料で、入室参禅・公案参得の手引書で、洞門抄物のなかでも最も多量の伝本が現存する。参禅の室内における師家と学人の問答応酬の仕方や、公案解釈の方法を書き留めたもので、伽藍法の伝授とともに伝えられる。門派の公的な相承物で、各門派ごとに独自の参禅の仕方が伝承された。通幻派のなかの了庵派に多数の相承がみられ、石屋派・天真派、さらに太源派の真岩派・大輝派等の参が現存する。臨済宗の大徳寺派等にも同種の資料の相承があり、密参録・密参帳・密参覚帳・行巻などという。

㈤　切紙（断紙）――嗣法三物に関する口伝や、葬送・供養などの諸儀礼、宗旨の秘訣、公案の要旨等を、一項目ごとに一枚の紙に書きつけ、年記・伝授者・相承者を明記して秘密伝授したもの。中世末頃以降のものが各寺院に伝えられており、中世末頃より集成化の傾向をみせ、近世江戸期以降は冊子の形にまとめられることも多かった。項目は百数十種に及ぶ。

これら五種に分類した洞門抄物資料を、文体も含めて一覧にし図示すれば、次頁のようになろう。

ここに一覧にした洞門抄物は、注釈書としての性格を最大広義に解釈した上でのものであり、仮名抄・聞書抄という第一義的性格からは、漢文抄や図によって示された切紙のように除外されるべき資料も含まれているかもしれない。ただし、これらの文献の伝授相承の担い手は同一人であることを前提としてみるなら、国語学・言語学の研究の立場からの洞門抄物・洞門仮名抄の位置付けや範疇を一応狭義のものとみなし、思想史や文化史、さらには教団史等の歴史研究一般に資するための史料という意味にまで広げて把握することも可能であると考えられる。また、分類項目についても、代語・著語の仕方が門参としてまとめられ、さらにそれがそのまま切紙として伝授されることもあり、錯綜した伝授の経過と成立の歴史をもっているが、今は整理の都合上、文書の形態や基本的性格の上から、整理のための作業として分類を試みたものである。(9)

さらに、切紙は他の四種とは別に分類したが、これは全く文書の形態の上からの分類である。すなわち㈠から㈣

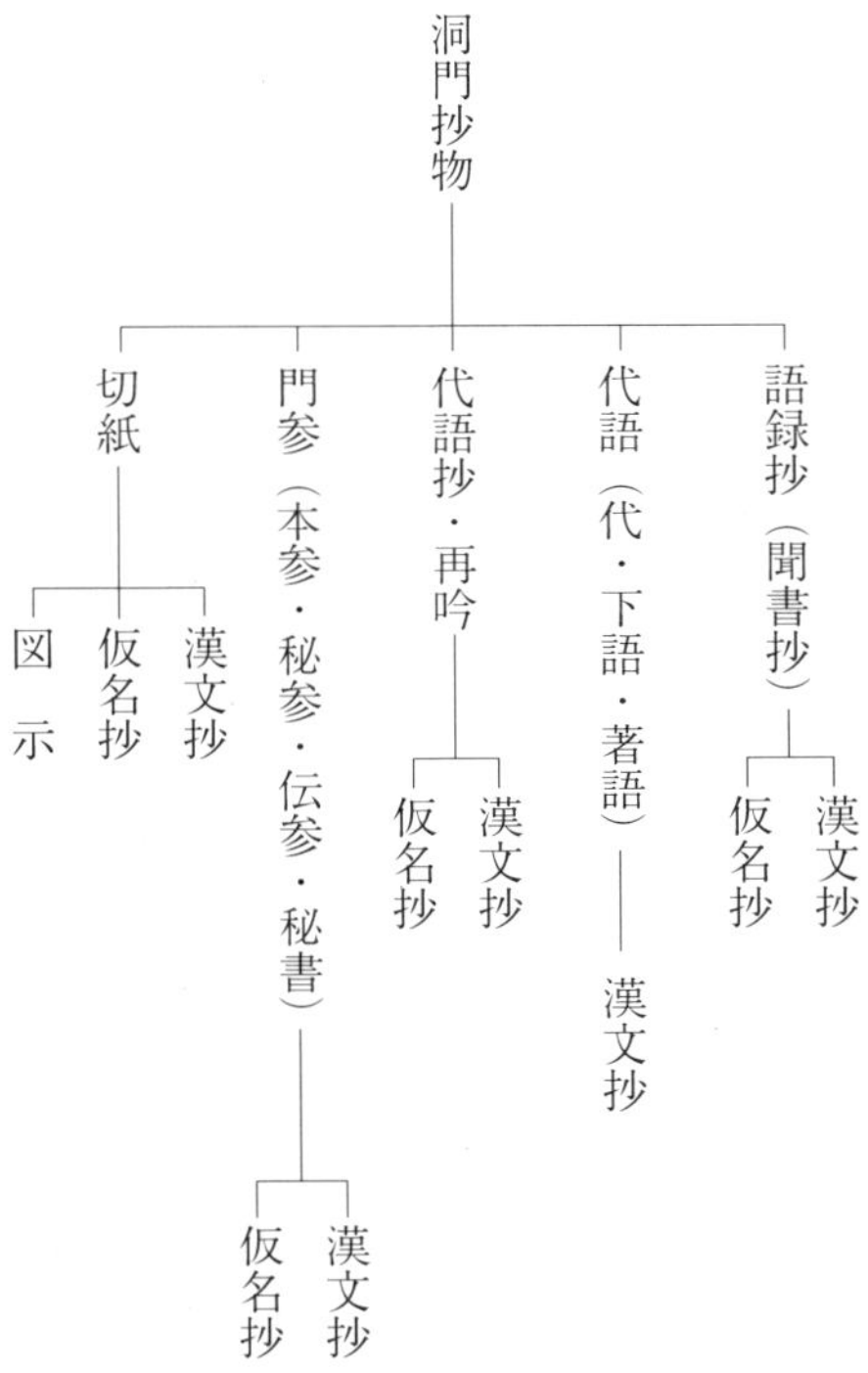

まではすべて、折紙を用いたものであっても、冊子という共通した形態をとるが、切紙が一枚ごとの文書という特徴的な形態をとることは、単に形式上の問題ではなく、これが一枚一点として数十種から多い時には百数十種にも及ぶ膨大な量の切紙が、伝授者や年時を明記して、しかも秘密裡に伝授相承されるという機能の上からも特筆されるべきものと考えた結果の分類である。門参の伝授も秘密相承を建て前とするが、伽藍法などを前提とする門派内の相承という、ある程度公的な意味をもっているのとは異なり、切紙は嗣法相承を前提とした、私的な意味をもって機能する相承物であったということであるが、詳細は後述する。(10)

三　著語・代語の伝統と洞門抄物

さて、洞門抄物が多数出現する先駆をなした文明期の抄物としてつとに知られている、遠江一雲斎の川僧慧済（？—一四七五）の『人天眼目抄』は、その冒頭から、

人天眼目抄之上

如何是—代、挙レ団扇、再拶云、意旨如何、代云、頂門眼照二破四天下一、我欲此建立黄檗宗旨、々々々々ハ何体ナタ、臨済三度発問、三度被レ打、是コソ檗ノ宗旨ヨ、サテコソ二人珍重シテ下去タレ、黄檗宗旨ハ歴然シタソ、（中略）四料簡畢竟一句ニ道将来、代云、逆順縦横得リ自由、

（松ヶ岡文庫所蔵、影印本一頁）

とあるように、盛んに代語を連発しながら講義を進めていることが知られ、こうした形式は全巻を通して終始続けられる。しかも一段の講義提唱が終わるや、「拶語」によって聴聞の衆徒の見解を確認し、聴衆の答語がなければ自ら代語して講を締めくくるというやり方は、洞門抄物の伝統的手法とみてよい。そしてこの伝統はいつに始まるかというと、それはすでに道元の『正法眼蔵』のなかに見出すことが可能であるということを指摘するのが本章の狙いでもある。しかも、この著語の方法による宗旨の拈提は、中国以来の禅の伝統に立脚するものでもあり、単に語句の出典や語義の解釈に終わるものではない、機関を重んずる禅の主張を最も端的に表現し得る方法であったのであり、洞門抄物全体に通ずる性格とは、こうした禅の伝統に立脚したものでもあった。そこで次に、時代を追ってこの著語・代語の伝統をたどってみることにする。

中国唐代の禅宗が、「語録」という全く新しいジャンルの表現様式を有する聖典を生み出したことはすでに述べた。語録とは師の説法示衆や弟子達との問答応酬、さらには禅僧の逸話などの言行を、他の弟子が随聞随録してま

とめるという、特殊な成立過程をもつ仏教文献である。なぜに新しい表現様式かといえば、祖師の説法の聞き書きで、しかも話し言葉をそのまま記録した点にあり、このために鄙俚支離の詞、つまり俗語や地方語、あるいは当時の口語表現が忠実にかつふんだんに盛り込まれており、語録という文献が中国語の白話資料として注目され広く活用されていることは、[11] 日本の禅籍仮名抄物が国語学、関東方言研究などの資料として用いられていることと軌を一にしており、興味深いものがある。禅宗語録の成立と展開は、言葉にとらわれながら、しかも常にそれを越える言語表現を追い続けるという歴史であり、唐末から五代にかけて生きた雲門宗の祖雲門文偃（八六四―九四九）は、『雲門広録』によれば生涯を通じて師の雪峰義存の批判者として自己の「向上」深化を遂げ、明確に三段階の軌跡が確認されるという。[12]

さらに、禅宗語録の言説行為に対するこだわりを最も端的に示しているのが「著語」という方法である。著語とは先人の言行を承けながら、さらに自らの領解・見解を示す語句を加えるという形でこれを超克しようとするもので、ある時には先人の言行の敷衍であることもあるが、多くは否定的な言辞によってなされた。こうした傾向はすでに語録成立の歴史の当初からみられ、たとえば馬祖道一の弟子大梅法常（七五二―八三九）は、その言行録『明州大梅山常禅師語録』によれば、

汝見二南泉道一、心不二是仏一、智不二是道一、甚有二道理一、然則物是伊作用、祇是作用不レ同、則喚作二衆生一、

（『金沢文庫資料全書』仏典第一、一八頁）

とあり、同門の南泉普願（七四八―八三四）の語として知られる「心不是仏、智不是道」という句を引用し、「衆生」という立場からこれを越えようとした。さらにいえば南泉の語も、実は師の馬祖の語として有名な「平常心是道」を否定命題として受けとめ、自らの言葉として表詮したもので、「語録の生産は、当初より負の宿命をもつゆ

えに、かえって量産されただけでなしに、禅仏教そのものに、つねに活力を与えつづけたといえる」といわれる所以であろう。[13]

こうして先人の言行をよりどころとし、しかも無限に否定媒介的に自己の立場を明確に打ち出していく著語の伝統は、さらに発展して『祖堂集』や『景徳伝灯録』などにみられる多くの拈・代・別の語になる。一例を示せば、『景徳伝灯録』巻八の南泉章の一座主との問答には、

有二一坐主一辞レ師（南泉）、師問、什麼処去、対云、山下去、師云、第一不レ得レ謗二王老師一、対云、争敢謗二和尚一、師乃噴レ水云、多少、坐主便出去、〈先雲居云、非二師本意一、先曹山云、頼也、石霜云、不レ為二人斟酌一、長慶云、請領語、雲居錫云、坐主当時出去、是会不会〉、　（大正蔵五一、二五八頁a―b）

とある。ここに見られる〈　〉の部分が南泉と一座主との問答を取り上げた諸師によってなされた著語であり、先雲居・先曹山・石霜・長慶・雲居錫の各師によって拈弄され続けたことを意味する。こうした著語の伝統がさらに展開して、宋代に至って公案禅の成立を促したところにその思想史的意義が存するが、『祖堂集』や『景徳伝灯録』はその過程で集成された一大公案集とみることができ、それは語録伝持の歴史そのものであり、また禅の歴史そのものでもあった。[14]

ところで、古則公案に下された拈弄・拈評の語を、著語あるいは抄物では代語と総称するが、厳密には著語を下す情況や内容によっていくつかの種別に分類することができる。『景徳伝灯録』巻二七には、「諸方雑挙徴拈代別語」として諸師によって取り上げられた多くの公案とそれに下された著語を多数掲載しているが、この挙・徴・拈・代・別の語というのが具体的な著語の種類であり、古則公案を取り出し提示するのが挙であり、さらに師家が学人の見解を引き出す語が徴で、これは抄物の拶語に相当し、公案を拈評する語が拈、他の人のために代わって自

ら評語を下すのが代、他の人が下した評語にさらに加えて別に自ら評語を下すのが別ということになる。抄物の門参や切紙の参話で「代云」というのもこの代語からきているが、「師云」という問語に対する答えとして、内容的には自問自答の問答形式の意味に用いられており、さらには才翁総芸（？—一五六〇）の『碧巌代語』の場合のように、注釈拈提の意味に転じ用いられている場合もある。(15)

ともかくも、著語を下す（下語）という形式の古則公案の取り上げ方は、大梅法常の例にもみられるように、禅宗語録の成立の初期の段階にまで遡及可能で、しかも語録の展開の歴史のなかでも常に生き続けた、禅的表現の最も端的な形態であったが、これが道元の著述の中にも受け継がれていることを次にみてみたい。

ところで、道元（一二〇〇—一二五三）の宗教・思想を知る上では欠くことのできない資料である『正法眼蔵』も、文学のジャンルでは一般的に仮名法語として扱われる。しかし、内容の構成の上からみるなら、公案拈弄・著語の伝統に立脚した公案集とみなすことも可能である。その公案拈弄の仕方に道元独自の世界が展開されるわけであるが、まず古則公案を取り上げる「挙」に相当する問題提示が最初になされ、これが著語を下す行為の前提であることはすでに触れた。その具体的な様相をみてみると、たとえば『正法眼蔵』の「仏性」の巻は、『涅槃経』で説かれる「一切衆生、悉有仏性、如来常住、無有変易」という命題がまず取り上げられる。ここで展開される「仏性」の中身は、成仏の可能性、あるいは内在的な覚性というような伝統的な仏教学の解釈は一切援用されることなく、これを極めて自覚的な意味における自己存在そのもののあり様として位置付けようとするものであるが、そのためさらに、馬鳴尊者が迦毘摩羅尊者のために仏性海を説いて「山河大地、皆依建立、三昧六通、由茲発現」と語った話、五祖弘忍と四祖道信の「汝何姓」の因縁、弘忍と六祖慧能の「嶺南人無仏性」の話、六祖が門人行昌に示した「無常即仏性」の話、竜樹と迦那提婆の師資による「円月相」の因縁、塩官斉安の「一切衆生有仏性」、潙山霊祐の「一切衆生無仏性」の話、百丈懐海の「仏是最上乗、是上上智、是仏道立此人、是仏有仏性、云云」の示衆、黄檗希運と南泉普願の、「定慧等学、明見仏性」の問答と、これに対する潙山と仰山による評論、趙州従諗の「狗子無仏性」「狗子有仏性」の話、長沙景岑と竺尚書の「蚯蚓斬為両段、仏性在阿那箇頭」の話など、仏性に関する主に中国の祖師達の語句や古則公案を多数取り上げ、これらを道元の主張する根拠として用い、さらに拈弄したものである。この時、祖師の語句や公案話頭の提示に続いて、仮名書きの拈提が次に展開されるわけであるが、たとえば黄檗と南泉の問答を潙山と仰山が評したことを取り上げて、

大潙の道は、そのかみ黄檗は南泉を搆不得なりやといふ。仰山いはく、黄檗は陥虎の機あり。すでに陥虎することあらば、捋虎頭なるべし。陥虎捋虎、異類中行。明見仏性也、開一隻眼。仏性明見也、失一隻眼。速道速道。仏性見処、得恁麼長なり。このゆへに、半物全物これ不依倚なり。百千物不依倚なり、百千時不依倚なり。このゆへにいはく、籮籠一枚、時中十二、依倚不依倚、如葛藤倚樹。天中及全天、後頭未有語なり。

（『道元禅師全集』巻上、三二頁）

というのは明らかに徴語であり代語である。さらに「仏性」の巻の最後は、

さらに仏性を道取するに、拕泥滞水なるべきにあらざれども、牆壁瓦礫なり。向上に道取するとき、作麼生ならんかこれ仏性。還委悉麼。還委悉麼。三頭八臂。

（同右、三四頁）

と結ばれているが、「還委悉麼」と問いかけ、「三頭八臂」と自ら答えているのも、明らかに自問自答の代語の形式にほかならない。またやはり黄檗と南泉の問答に関して、

南泉いはく、漿水銭且致、草鞋銭教什麼人還。いはゆるは、こんづのあたひはしばらくおく、草鞋のあたいはたれをしてかかへさしめんとなり。この道取の意旨、ひさしく生々をつくして参究すべし。漿水銭いかなれば

かしばらく不管なる。留心勤学すべし。草鞋銭なにとしてか管得する。行脚の年月に、いくばくの草鞋をか踏破しきたれるとなり。いまいふべし、若不還銭、未著草鞋。またいふべし、両三輛。この道得なるべし、この宗旨なるべし。

（同右、三〇頁）

という時の「若不還銭、未著草鞋」あるいは「両三輛」という語は、黄檗に代わってなされた「代語」でもある。さらに、『正法眼蔵』「法性」の巻では、馬祖道一の「一切衆生、従無量劫来、不出法性三昧、長在法性三昧中、著衣喫飯、言談祇対、六根運用、一切施為、尽是法性」という説法を挙して、

しばらく馬祖にとふべし、なにをよんでか衆生とする。もし法性をよんで衆生とせば、是什麼物恁麼来なり。もし衆生をよんで衆生とせば、説似一物即不中なり。速道速道。

（同右、四一八頁）

というのも、代語はなされないが、「速道速道」が徴語（拶語）となっていることは明らかである。禅問答で頻出する祖師西来意についても、「祖師西来意」の巻では、「香厳樹上」の話に関して、

雪竇明覚禅師重顕和尚云、樹上道即易、樹下道即難、老僧上樹也、致将一問来。

いま致将一問来は、たとひ尽力来すとも、この問きたることおそくして、うらむらくは答よりものちに問来せることを。あまねく古今の老古錐にとふ、香厳呵呵大笑する、これ樹上道なりや、樹下道なりや。答西来意なりや、不答西来意なりや。試道看。

（同右、五二四頁）

とあり、「試道看」は明らかに聴聞の衆への問いかけで終わっている。「速道速道」「試道看」といった表現が単なる技巧的修辞でないことは著語の伝統の上から理解されるが、さらに多くの『正法眼蔵』の巻々が、単に執筆されたものではなく、ほとんどの奥書にみられる「示衆」の語が示すように、説法の場で取り上げられ、聴衆自身に拈提参究させようとしたもので、[16]『正法眼蔵』はその意味からは、一面では古則拈弄の書であったとみなしてもよい。

このような、挙則・拈弄（講義・提唱）・著語（代語）という形式は、すでに『人天眼目抄』の例でみたように、室町中期には語録抄の上でも形式として定着をみたと思われるが、瑩山紹瑾の撰とされる『報恩録』にも、

〇三、宏智心萌口応上堂

〇宏智上堂曰、心萌則失、口応則差、抄曰、心ニ萌サズ口ニ応セヌヲサエ早ヤ君ノ諱犯三千里ヨ、舌ヲ切スニ何ソ、況心萌シ口ニ応タラウニハ失シ差ワデワ、縦イ舌ハ截ル、共モ誰ヲカ恨ン、直ニ舌截デハ、蓦好云、即今ハ唯不犯デ置タソ、直饒具二大神通一得《ヲ》二大受用一《ヲ》、要且未二与レ那人合一、破云、末好云テ一削々テ手ヲ不レ付《シテ》置タ也、又云、是何物ゾ々々ゾ迄ヨ、且道、不上機境底是甚麼人ゾト云ハ、主中主ヨ、阿誰ヨ、良久シテ云、語黙不到ノ処、古人無尽ノ時ト云ガ偏正ニ落ヌ処タゾ、畢竟如何、代、牛頭按尾上、豈――輝、

（『禅門抄物叢刊』第一七、永昌院本、一二―一三頁）

とあるように、すでにその形式は見出される。『報恩録』の瑩山撰述説が書誌的に問題がないわけではなく、後代の禅僧の語を含んでいることも指摘されているが、この事実もまた古則拈弄の歴史そのものであり、瑩山撰述説を疑問視する根拠というより、逆に著語の伝統が伝承され続けたことを傍証する史料でもあることに注目されてよい。いずれにしても、著語の伝統や形式が道元の『正法眼蔵』にも継承されていることはすでにみた通りであり、これが中国・日本に通貫する禅の敷衍の仕方の、極めて伝統的な方途であったことも指摘した通りである。

なお、道元の時代に次ぐ時期の抄物としては、直弟子である詮慧が道元から直接聞いたものをもとにして『正法眼蔵』を注釈したとされる「御聴書」に、その弟子の経豪が注抄を加えたものを合した『正法眼蔵抄』が存し、『眼蔵』理解のためには不可欠の書であるが、これは日本中世の唯識学にもみられる訓論や論義という抄の仕方と(17)同様の性格を有する、天台宗の伝統的方法を用いた、禅の伝統とは異なる注抄の仕方であり、(18)これがその後の禅宗

抄物の展開の歴史に影響を与えた痕跡は見出せないので、中世洞門抄物とは別の範疇のものとして扱い、ここでは触れない。

四　『劫外録大乗開山徹通和尚之註』

禅宗における語録の成立とその伝持に端を発した、古則話頭に対する拈弄・著語の歴史は、さらに宋代における公案禅の成立を促したが、著語の伝統はさらに、『碧巌録』や『従容録』の本則・頌にみられるような、語句ごとに下語して公案参究の指針とする傾向を生ずるに至った。たとえば『碧巌録』の第一則を例に示してみると、

挙、梁武帝問達磨大師、〈説這不唧𠺕漢〉、如何是聖諦第一義、〈是甚繫驢橛〉、磨云、廓然無聖、〈将謂多少奇特、箭過新羅、可殺明白〉、帝曰、対朕者誰、〈満面慚惶、強惺惺果然、摸索不着〉、磨云、不識、〈咄、再来不直半文銭〉、帝不契、〈可惜許、却較些子〉、達磨遂渡江至魏、〈這野狐精、不免一場懡㦬、従西過東、従東過西〉、帝後挙問志公、〈貧児思旧債、傍人有眼〉、志公云、陛下還識此人否、〈和志公趁出国始得、好与三十棒、達磨来也〉、帝云、不識、〈却是武帝承当、得達磨公案〉、志公云、此是観音大士、伝仏心印、〈胡乱指注、臂膊不向外曲〉、帝悔、遂遣使去請、〈果然把不住、向道不唧𠺕〉、志公云、莫道陛下発使去取、〈東家人死、西家人助哀、也好一時趁出国〉、闔国人去、他亦不回、〈志公也好与三十棒、不知脚跟下放大光明〉、

（大正蔵四八、一四〇頁a）

とある、原典の〈 〉の部分が著語であり、頌の一句一句についても同様に下語される。ただしここでは、祖師の語録の伝持敷衍の際にみられたような、古則話頭に対する否定超克的な下語の側面は後退し、達意的な短評ではあるが、各語句の内容理解に資するための割注的な注釈の語句となっている。祖師の機縁の記録が思惟の硬直化の危

険を孕んでいることはすでに触れたが、語録をさらに発展させた公案集の成立と、そこに用いられている慣用句の意味の固定化は、さらにその度合を進めることになる。宋代臨済宗の巨匠で公案禅の大成者とされる大慧宗杲（一〇八九―一一六三）が、師の圜悟克勤の編集したこの『碧巌録』を、学人を惑わす書として焼却したという逸話は、こうした危惧に対する意識が存したことを物語る。

それでは、このような形式の注釈の伝統が、日本禅宗の抄物に受け継がれているかどうかということが次に問題となるが、ここに紹介したいのが道元門下の初期曹洞宗の禅者で、加賀大乗寺開山の徹通義介（一二一九―一三〇九）が『真歇和尚劫外録』に著語の形で注したとされる『劫外録大乗開山徹通和尚之註』（以下『註』と略称）である。徹通義介に弟子の瑩山が筆録した『劫外録』の注釈書があることは、貫之梵鶴（一五〇五―一五九〇）の『真歇和尚劫外録抄』にその部分的引用があって存在は知られていたが、[19]愛知県豊川市西明寺の資料調査によって、[20]文正二年（一四六七）の写本が発見され、はじめてその全体が知られるに至った。

さて『劫外録』は、「芙蓉道楷下の三賢孫」の一人とされた、中国曹洞宗丹霞子淳下の真歇清了（一〇八八―一一五一）の前半生の語録で、通幻寂霊（一三二二―一三九一）の「喪記」によれば、その葬儀に際し『正法眼蔵』等とともに遺贈物として門下の者に伝授されたことが知られており（『続曹洞宗全書』注解三、一九頁）、初期の曹洞宗教団における宗旨の参究書として依用されていたことが知られる。徹通の『註』は、紹興二八年（一一五八）の中橋居士呉敏の序文の語注に始まり、上堂語や法要の主要な語句に割注の形で著語を付し、また簡潔な漢文で解説がなされたもので、形式的には漢文抄で、『祖庭事苑』などに似ている。[21]しかしその注は機関の語的な性格が強いので、やはり著語・下語の部類に入れるべきであろう。本書は表紙を欠き、全体わずか八紙からなる小冊子であるが、標題の下には「瑾首座書之」の語があって伝承と一致し、末尾には細字で、「時文正二年七月日、於如意院書之是法丁」とある。如意院は能登総持寺塔頭通幻寂霊開創の如意庵を指すとも思われるが、伝持者などについては一切不明で、西明寺に襲蔵されるに至る経緯についても分からない。本書は今のところ天下の孤本で、書誌的にも不明な点が多いが、義介に中国曹洞禅者の語録の提唱講義があったであろうことは、後述するように情況的には充分考えられるので、真偽論は差しおき、その特徴についてみてみる。まず呉敏の序文の全文を次に掲げる。

劫外録大乗開山徹通和尚之註　瑾首座書之

長蘆〈処之名也〉、芙蓉〈山之名也〉、丹霞〈山名也〉、鉢盂峰上〈十境ノ一境也、長蘆境致也〉、一葦江辺〈説法処也、又指長蘆也〉、一千七百人〈衆ノ数也〉、雲行水止〈往来衲僧也〉、窅然空然〈洞然明白処也〉、温伯雪子〈孔子弟子也〉、浄名居士〈維（維摩）ノ名也〉、観其抱美玉於空山、銀河混秋月〈功之賓主相合也〉、視之不見〈見聞不及也〉、言之莫及〈言思不到也〉、戸外履満〈今時作用也〉、堂上草深〈那辺ノ用子也〉、万金良薬〈一段ノ事、人々具足物也〉、湔腸換骨〈透頂透底〉、得未曾有病〈伊本不生不滅也〉、如草木萌動〈出世辺ノ事ノ要也〉、天清物春、雨已無用〈今時一色也〉、木雞啼霜、石虎嘯凮（雲）〈自己一色〉、鳥鳴山幽、蟬噪林寂〈那辺一色也〉、有角知牛、聞嘶知馬〈挙一明三手段、亦諸方之衲僧ノ行履也〉、其庶幾豈歴其藩乎〈師ノ法談不尋常也〉、中橋居士〈真歇法師（嗣）也〉、呉敏〈居士諱也〉、師之法嗣三十三（七）人也、為僧四十五夏、出世三十六年、箇中禅人法潤、其数無量也、師諱清了、道号寂庵、禅師号悟空、其塔頭名静照、序之分畢、諱清了、

ここにみられる注は、固有名詞については「長蘆〈処之名也〉」「温伯雪子〈孔子弟子也〉」「呉敏〈居士諱也〉」などとあるような、簡単な意味的割注というべきものがほとんどで、これは序文の注という性格からくるものと思われるが、なかには「透頂透底」「伊本不生不滅也」「今時一色也」「自己一色」「那辺一色也」といった著語的性格が強いものもみられる。

しかし、これが上堂語の注となると徹底して達意的な表現となり、意味の注解といった性格はほとんどなくなる。

上堂、僧問、三世諸仏、向火焔裏、転大法輪、還端的也無〈難向用処也、又功也、疑着不犯道ノ句故云〉、埜花香満路、幽鳥不知春〈箇僧作家〉、柳眼争芳、風烟混秀〈大似春意在景也〉、未露時不萌処〈一般偏正一如也〉、万機休罷処、一曲韵無私〈千聖不伝之処也、位之極リ也〉、万機休罷〈又絶学無為趣也〉、経蠱毒之郷水〈透大火聚也、功至位時節也〉、及尽始通身〈合大道処也〉、撲不破〈刀斧斫不開処也〉、不仮舌頭而説〈無情説法也〉、深密々処〈向上也〉、明歴々時〈色体也〉、金屑眼中醫（翳）〈悟也、可吐却也〉、百草頭上罷却平生〈用之行履也〉、切忌作面目〈今時尽却処也〉、云々、（1ウ）

という具合である。そして著語の内容も、五位や三位に関するものが全般的に多い。ただし、次のように、

上堂曰、日照孤峯翠、月臨渓水寒〈瑕生也、是什麼句〉、祖師玄妙訣、莫向寸心安〈果然皆是寸心也、寸心者一仏出世也、一祖西来之玄妙訣者、仏祖主在前、円悟云、頌君子千里同風也、師答頌劫外絶同侶儀ナリ、頌云〉、相逢相揖眼如眉〈特地相見明未萌也〉、白鳥啣花尚未帰〈自古径未至仏堦也〉、回頭春風吹夢断〈転功就色、今朝暁也〉、旧山雲散月明時〈目前渓谷長緑苔也、下帰家貧時如何、終日暫聞伐木声也〉、夜半不排灯〈却絶消足《（マヽ）》去也、者也鳥投黒馬〉、（6ウ—7オ）

とあるのをみれば、注釈的要素の部分もあることが知られる。しかしやはり、言葉の解釈というよりは、禅的な意味の敷衍といった傾向が強いので、後の語録抄につながる先駆的性格をもっているといえる。瑩山の筆録であるという伝承もあるように、聞書抄的性格もないわけではないが、文体としては仮名書きの口語的要素は全くみられないので、その点からも口語仮名抄の発生以前の形を伝えている語録抄の希有な事例といえよう。

ところで、『劫外録大乗開山徹通和尚之註』の真偽問題にも若干関係することであるが、最後に、南北朝期ぐら

いまでに曹洞宗が依用した典籍類の性格について触れておきたい。

室町中期以降の語録関係の洞門抄物の素材が、『碧巌録』『無門関』あるいは『人天眼目』『臨済録』といった、洞済の別にこだわらない典籍をテキストとする場合が多いのに対し、初期の曹洞宗教団内で成立したとみられる語録や典籍に引用され、また抄物の素材となったものは、本章で紹介した『劫外録』をはじめ、峨山韶碩の『自得暉録抄』など、[22]中国曹洞宗関係のものが圧倒的に多く、特に中国曹洞宗宏智派の祖宏智正覚（一〇九一―一一五七）の語録『宏智録』については、瑩山紹瑾の撰とされる『報恩録』や祇陀寺大智（一二九〇―一三六六）の『古今全抄』などの抄物類にも多数の則が引用されていることからも、その影響の強さが推測される。宝慶寺義雲（一二五三―一三三三）の語録『義雲和尚語録』における『宏智録』引用の頻度数にも、『宏智録』の影響の大きさが端的にあらわれている。[23]これはやはり、道元の伝えた禅の系統やその評価が強く意識されていると思われる。

道元は当時臨済宗全盛の中国五山禅林を中心に遊学したが、五山禅界のなかでは極めて弱小な存在であった曹洞宗真歇派の天童如浄（一一六二―一二二七）の嗣承を受け継いだ。その後、彼此の禅僧の盛んな往来の風潮を受けて、道元下の曹洞宗僧団からも、義介や寒巌義尹（一二一七―一三〇〇）・祇陀寺大智、あるいは義雲の弟子の宗可など、少なからず入宋入元した禅者達がいたが、彼らにとってやはり重大な関心は、中国曹洞宗の実状であったろう。当時五山禅林界のなかで曹洞宗として命脈を保っていたのは、真歇とは丹霞子淳の会下で同門だった宏智正覚の系統の宏智派であり、自得慧暉ももとは真歇の門人で、後に宏智の法嗣となった人であった。この自得の系統から、わが国では珍しく曹洞宗で五山禅林に進出した、東明慧日（一二七二―一三四〇）・東陵永璵（一二八五―一三六五）という二人の渡来僧もあった。総持寺所蔵の古写本『如浄録』や泉福寺所蔵の宋版『宏智録』の将来もこうした機運に促されたものであろうと思われ、[24]宏智や真歇・自得等の語録が依用される背景も、こうした状況を前提にしてはじめて理解できる。こうした状況下で伝えられた中国曹洞禅者達のテキストを素材として成立した初期の日本曹洞宗関係の典籍類は、すでに指摘したように、その発掘はもちろん、書誌的究明も不充分で、真撰・偽撰の間で揺れ動いているものが多いが、真撰説も充分に成り立つ歴史的背景を有していると思われる。

以上、洞門抄物といっても、国語学の分野などで行われている領域や定義を越え、言語学的にもまた時代的にも最大に広げてこれを解釈し、その発生の淵源についても、抄の文言の有する機関の禅の特徴という点を強調して、洞門抄物の性格を中国における語録の発生と著語の伝統の上に位置付けてみようと試みた。もちろん抄物資料のなかには、これらとは著しく特徴を異にするものもあり、これを抄物成立の歴史に通底する原理的なものとみなしてよいか否かは、さらに厳密な考証が必要であろう。しかし少なくとも、近世洞門の学僧が中世の抄物の世界を担った人々を、公案看話の禅に堕した「代語禅者」という言葉で一括して批判しようとする根拠は乏しい。著語・代語の伝統が形式化し形骸化したという意味では、確かに一種の思惟の硬直化を促したといえるが、ある意味では語録・著語・古則話頭の成立史の必然的帰結でもあり、道元といえどもその流れに無縁ではなかった。ただし、こうした断定的な結論を下すにはまだ資料的に欠落している部分が多い。門参の成立史についても、また切紙資料の最古層の部分についても、確定的なことをいうためには、さらに多くの手続きを要する。今はしばらく資料の整理と、でき得る限りの見通しを立てることを期したい。

註

（1）『国史大辞典』七巻（一九八六年一一月、吉川弘文館刊）六三一—六三二頁、柳田征司解説参照。
（2）著語は下語・揀語などとも呼ばれる禅宗独特の用語で、禅の公案や話頭中の語、頌の句等に加えられる短評・寸評。これによってその語句等の趣意を提示し、あわせてこれに対する自己の宗教的見解も披瀝する。代表的な公案集である『碧巌録』や『従容録』では、本則と頌の全語句にわたって著語が加えられている。また著語の方法や種類についても、「挙」「徴」「拈」「代」「別」などがあり、著語の仕方にも種々の法があることが知られる。

(3) 洞門抄物のうち、仮名抄物を国語資料として最初に紹介されたのは昭和初年の橋本進吉博士とされ、資料として用いられたのは『大淵代抄』や『大淵和尚再吟』であったという。戦後も外山映次・大塚光信・春日和男・金田弘等多くの先人によって発掘や資料的位置付けが行われてきたが、その関心の中心はやはり国語資料としての性格にあった。金田弘『洞門抄物と国語研究』(一九七六年一一月、桜楓社刊)参照。

(4) この事件に関する先駆的な研究に、中山成二「代語講録事件考」(『曹洞宗研究員研究生研究紀要』第一一号、一九七九年八月)がある。

(5) 近世江戸宗学の確立に尽くした代表的洞門僧である面山瑞方(一六八三—一七六九)は、『洞上室内断紙揀非私記』(『曹洞宗全書』室中)を選述し、自ら作製した『洞上室内訓訣』以外の切紙(断紙)をすべて揀非に付すべきものとして否定する。

(6) 鏡島元隆「日本禅宗史曹洞宗」(『講座禅』巻四、一九六七年一二月、筑摩書房刊)一一二頁。

(7) こうした問題に関する試論として、石川力山「中世禅宗史研究と禅籍抄物資料」(『飯田利行博士古稀記念　東洋学論叢』一九八一年一月、国書刊行会刊)、「中世禅宗教団の展開と禅籍抄物資料」(『古田紹欽博士古稀記念　仏教の歴史的展開に見る諸型態』一九八一年六月、創文社刊)等参照。

(8) 樋渡登「洞門抄物における『再吟』の性格」(『駒沢大学禅研究所年報』創刊号、一九九〇年三月)参照。

(9) 石川力山「中世曹洞宗における切紙相承について」(『印度学仏教学研究』第三〇巻二号、一九八二年三月)二三六頁では、語録抄の伝統や公案禅の盛行から代語や門参の派生をみ、さらにこれが切紙の参話として伝承されるに至る成立の過程の一面を、

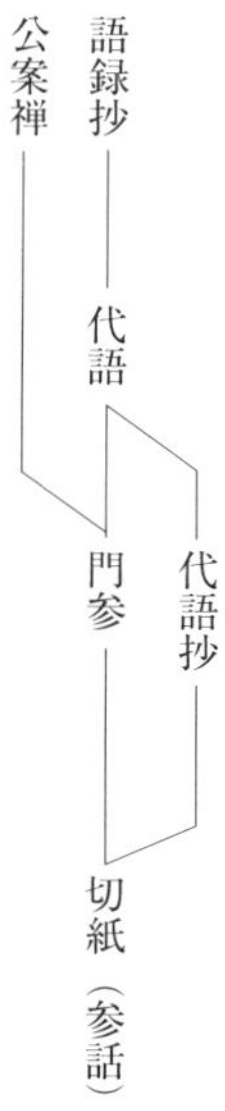

という図式で最初に試みたことがある。この図式の訂正付加については、第一篇第三章参照。

(10) 切紙資料の詳細な性格や内容については、第二篇以下の切紙の項参照。

(11) 太田辰男『中国語歴史文法』(一九五八年五月、江南書院刊)では『六祖壇経』『祖堂集』『景徳伝灯録』などの語録・灯史類をはじめとする禅宗文献が資料として利用されている。

(12) 入矢義高「雲門の禅・その〈向上〉ということ」(『図書』一九八四年八月号)。

(13) 柳田聖山「語録の歴史——禅文献の成立史的研究」(『東方学報』第五七冊、一九八五年三月)二二九頁。

(14) 石井修道「『景徳伝灯録』の歴史的性格(下)」(『駒沢大学大学院仏教学研究会年報』第五号、一九七一年六月)参照。

(15) 長野県長興寺の所蔵で、前掲金田弘編著『洞門抄物と国語研究』の資料篇として影印出版されており、京都大学図書館にも永禄二年(一五五九)の写本がある。

(16) 伊藤秀憲「『正法眼蔵』の「示衆」について」(『宗学研究』第二三号、一九八一年三月)参照。

(17) 『成唯識論』についていえば、光胤の聞書を記したものが『訓論記』であり、論義の最大の成果は『成唯識論同学鈔』五〇巻で、これは解脱房貞慶(一一五五—一二一三)によって平安朝以来の学僧達の『成唯識論』に対する議論の草稿を集めたものである。

(18) 山内舜雄「『正法眼蔵抄』と天台本覚法門」(『駒沢大学仏教学部論集』第一七号、一九八六年一〇月)参照。

(19) 徹通義介に『劫外録』の註があることをはじめて指摘したのは、岸沢惟安『信心銘葛藤集』(一九四七年九月、要書房刊、二頁)であるが、岸沢師は貫之梵鶴の『劫外録抄』でその存在を知られたのであり、本文全体はみていないようである。なお貫之梵鶴の『劫外録抄』は岸沢文庫に所蔵されており、禅籍抄物研究会(代表石川力山)の手により全文翻刻紹介されている。「『真州長蘆了禅師劫外録抄』の研究(上)(中)(下)」(『駒沢大学仏教学部論集』第二五—二七号、一九九四年一〇月—一九九六年一〇月)参照。

(20) 豊川市西明寺の資料目録は『禅宗地方史調査会年報』第三集(一九八二年一二月、同会刊)及び第四集(一九八八年三月)に収録されている。

(21) 北宋の睦庵善卿の著で、『雲門録』などの語録中より仏教・世典・成語・人名・方語等二千数百項目を挙げて、出典を記し注解を加えたものである（続蔵二―一八―一）。

(22) 自得慧暉の語録については第一篇第一章参照。

(23) 石川力山「『義雲録』における『宏智録』引用の意義」（『駒沢大学仏教学部研究紀要』第三五号、一九七七年三月）参照。

(24) 大分県泉福寺に襲蔵されている六巻本『宏智録』は道元の将来物と伝承されている。石井修道編『禅籍善本古注集成　宏智録（上）』（一九八四年五月、名著普及会刊）解説参照。

第二章　中世禅宗史研究・教団史研究と禅籍抄物資料

一　中世禅宗教団の展開

日本中世における曹洞宗の動向は、教団内には瑩山紹瑾（一二六四―一三二五）や峨山韶碩（一二七六―一三六六）派下の諸師が、日本全国に教線の足を広げ、その後の曹洞宗の地方発展の基礎を作った。その教線拡張の指導原理となったものは、橋供養などの公益事業や、社会・民衆の要求に答える祈禱的要素を導入することで、現世利益を通して民衆化・世俗化の方向で大衆に浸透していったが、一方、思想的宗学的には、道元（一二〇〇―一二五三）が提唱した正伝の仏法・只管打坐の宗旨は教線拡張の指導原理とはなり得ず、『正法眼蔵』の編集謄写が心ある人達によってわずかに行われた程度で、ほとんどみるべきものがなかったとされる(1)。

しかし一方、政治史、社会経済史、美術史、宗教史、国語史、その他、食物史、建築史をはじめとする一般文化史の諸種の分野において、現代に直結する問題意識を内包しながら、多彩に展開したのが日本の中世社会でもあった。中世史研究には、多くの重要な課題が残されていることは事実であるが、日本禅宗史研究の上からも、中世という時期、特に南北朝から室町期にかけての時期は、宗教史、教団史の両面から、極めて重要な意味をもっているという点で例外ではない。

すなわち、平安末から鎌倉時代にかけて、栄西（一一四一―一二一五）・東福円爾（一二〇二―一二八〇）・蘭渓道隆（一二一三―一二七八）・子元祖元（一二二六―一二八六）等の、彼此の禅僧達によって伝えられた禅宗という宗教が、次第に日本という風土と日本人の意識のなかに定着していき、そこから新たな生活文化が創造されようとしていた時期が、中世中期から後期にかけてであった。さらに禅宗教団の歴史的推移についても、南北朝より室町初期にかけての五山派中心の時代から室町中後期にかけては、臨済宗も林下大応派の大徳寺派・妙心寺派の進出が顕著となり、こうした禅宗各派教団の成立と展開の軌跡からみても、今日の教団分布の状況は、この室町中後期の時期にその布石がほぼ完了したとみてよい[2]。

さて、日本臨済宗各派の展開や東明慧日（一二七二―一三四〇）を初祖とする曹洞宗宏智派の場合はしばらくおき、室町から戦国期にかけて飛躍的な教団展開を遂げる道元を祖とする日本曹洞宗教団においても、すでに南北朝期には全国的教線拡張のための各地の拠点がほぼ確立していた。すなわち、道元から四代目の法孫、峨山韶碩の弟子達の時代になると、その門下から峨山の「五哲」、あるいは「二十五哲」と呼ばれる多くの門人達が輩出し、道元下の日本曹洞宗は、東北から関東・北陸・甲信越・東海・近畿・中国・九州に至るまで、全国的に教線の足を広げるに至った。これら峨山の直弟子達によって開創された諸寺院は、のちに「総持寺直末三十六門」と呼ばれるが、これを一覧にすれば、次のようになる。

地方	山寺号	所在地	開山名	創立年代
関東	五峰山泉渓寺	栃木県烏山町	源翁心昭	至徳三年（一三八六）
	恵日山竜穏院	茨城県友部町	月泉良印	康永二年（一三四三）一一月

	安国山総寧寺	市川市国府台町	通幻寂霊	永徳三年（一三八三）
東海	青坂山妙応寺	岐阜県関ケ原町	大徹宗令	延文五年（一三六〇）
甲信越	大洞山霊松寺	長野県大町市	実峰良秀	応永一一年（一四〇四）
近畿	安国山総寧寺	滋賀県近江町	通幻寂霊	永徳三年（一三八三）
	東溟山建福寺	三重県四日市市	竺堂了源	長享年間（一四八七―一四八九）
	延命山正法寺	三重県四日市市	実峰良秀	応永五年（一三九八）
	牛頭山護国寺	大阪府吹田市	大徹宗令	康暦二年（一三八〇）
	青原山永沢寺	兵庫県三田市	通幻寂霊	応安三年（一三七〇）
中国	曹源山永祥寺	岡山県井原市	実峰良秀	嘉慶元年（一三八七）
	玉雲山化生寺	岡山県勝山町	源翁心昭	明徳元年（一三九〇）
	金竜山退休寺	鳥取県中山町	源翁心昭	延文二年（一三五七）五月
	大竜山総泉寺	鳥取県米子市	実峰良秀	永享年間（一四二九―一四四一）
	海蔵山竜雲寺	島根県三隅町	無端祖環	永徳二年（一三八二）
九州	妙徳山泉福寺	大分県国東町	無著妙融	永和元年（一三七五）三月
	芙蓉山医王寺	佐賀県相知町	無著妙融	永徳三年（一三八三）秋

地域	寺院	所在地	開山	開創年
	太陽山玉林寺	佐賀県大和町	無著妙融	至徳二年（一三八五）
	永谷山皇徳寺（廃）	鹿児島市山田町	無外円昭	至徳年中（一三八四―一三八七）
北陸	太平山竜泉寺	福井県武生市	通幻寂霊	応安元年（一三六八）
	洞谷山永光寺	石川県羽咋市	瑩山紹瑾	正和元年（一三一二）
	常在山自得寺	富山市	無際純証	応安七年（一三七四）
	眼目山立山（川）寺	富山県上市町	大徹宗令	応安三年（一三七〇）
東北	法石山常在院	福島県表郷村	源翁心昭	応安七年（一三七四）
	秋田山竜穏院	福島県三春町	月泉良印	応安四年（一三七一）
	護法山示現寺	福島県熱塩加納村	源翁心昭	天授元年（一三七五）
	舎那山長谷寺	宮城県津山町	竺源超西	不詳
	黄牛山音声寺（単立）	宮城県津山町	竺源超西	元徳二年（一三三〇）
	大梅拈華山正法寺	岩手県水沢市	無底良韶	貞和四年（一三四八）四月
	報恩山永徳寺	岩手県金ヶ崎町	道叟道愛	延文元年（一三五六）
	解大山安養寺	山形市蔵王町	無著妙融	貞治二年（一三六三）
	黒滝山向川寺	山形県大石田町	大徹宗令	永和三年（一三七七）
	伝灯山正法寺	山形県鶴岡市	源翁心昭	至徳二年（一三八五）
	剣竜山永泉寺	山形県遊佐町	源翁心昭	永徳二年（一三八二）七月

亀像山補陀寺	秋田市山内	月泉良印	貞和五年（一三四九）
大乗山最禅寺	秋田県湯沢市	源翁心昭	嘉慶年間（一三八七―一三八九）

これら三十六箇寺のうち、瑩山紹瑾開創の羽咋市永光寺、及び元来独立の本寺であった岩手県正法寺は、江戸期の本末調整の際に総持寺直末になったものであり、また無著妙融開創の諸寺は、本寺であった皇徳寺が廃絶したために、総持寺直末になったものである。さらに千葉県総寧寺は、天正三年（一五七五）北条氏政によって近江より移建されたとされるが、その開創には疑問が残されている。しかし、いずれにしても日本曹洞宗が一四世紀後期頃に、ほぼ全国的な展開の基盤が形成されていたことは、この一覧表によって理解されよう。ただし、この時期の展開は、後にその地域ごとの展開の拠点となるべき地盤を獲得していったということはできるが、これらの寺院は点としての孤立的な存在でしかなく、互いの線的な横の連絡も薄く、まして信仰を通じて民衆生活に直接かかわるような面的なきめこまかな広がりをもつまでには至らなかったとみてよい。これが、南北朝から室町時代を経て、戦国時代にかけて、能登総持寺の五院の末寺を中心に、各門派ごとの法系による横のつながりを深めながら、一方では在地の武士団を中心とする人々の信仰生活との接触を深め、点から線、線からさらに面的な広がりへと、極めて緻密な地域的展開を遂げていった。この時期に、今日みられるような日本曹洞宗教団の全国的な分布状況が、ほぼ確定したのである。

峨山の法嗣の五哲とは、太源宗真（?―一三七一）・通幻寂霊（一三二二―一三九一）・無端祖環（?―一三八七）・大徹宗令（一三三三―一四〇八）・実峰良秀（?―一四〇五）の五師で、それぞれ総持寺内に開創された普蔵院・妙高庵・洞川庵・伝法庵・如意庵の五支院の開山とされたが、五哲の直嗣者の開創した諸寺院はこの五院の末

寺となり、庵末と呼ばれる。次に庵末七十箇寺を一覧にして掲げておく。人名は開山を示す。(3)

○普蔵院末—天沢寺（陸奥三春、栄峰覚秀）、同慶寺（陸奥相馬、遠山祖久）、竜門寺（陸奥下荒川、青岑珠鷹）、東禅寺（陸奥折木、直心禅忠）、竜泉寺（陸奥二本松、直心禅忠）、善宝寺（出羽大山、太年浄椿）、徳翁寺（相模山田、如幻宗悟）、宝泉寺（相模遠藤、如幻宗悟）、耕雲寺（越後村上、梅山聞本）、竜門寺（能登小島、喜叟崇津）、徳翁寺（能登小島、徳翁俊威）、玉竜寺（加賀金沢、桂巌慧芳）、竜沢寺（越前美須尾、梅山聞本）、大洞院（遠江橘、如仲天誾）、常楽寺（尾張津島、太初継覚）、雲竜寺（飛驒高山、了堂真覚）、天徳寺（摂津天満、竜室秀曇）、伊勢寺（摂津古曾部、太嶺薫石）、補巌寺（大和味間、了堂真覚）、瑞雲寺（肥前平戸、梅山聞本）、金鐘寺（薩摩市来、了堂真覚）

○妙高庵末—最乗寺（相模関本、了庵慧明）、万年寺（能登七海、日照正春）、禅林寺（越前徳尾、普済善救）、慈眼寺（越前宅良、天真自性）、宗生寺（越前大田、天徳曇貞）、願成寺（越前土山、芳庵祖厳）、正眼寺（尾張下津、天鷹祖祐）、万松寺（尾張名古屋、大雲永瑞）、大光寺（近江守山、天徳曇貞）、大陽寺（周防八代、天徳曇貞）、大寧寺（長門深川、石屋真梁）、海潮寺（長門萩、不見明見）、永国寺（肥後人吉、一径永就）、福昌寺（薩摩鹿児島、石屋真梁）、妙円寺（薩摩伊集院、石屋真梁）、永興寺（大隅蒲生池、量外聖寿）

○洞川庵末—皎善寺（陸奥不動堂、日桂順東）、大徳寺（陸奥横山、竹浦慶玉）、東正寺（出羽赤湯、道叟道愛）、霊泉寺（能登府中、日東韶春）、慈眼寺（能登小島、玉麟韶天）

○伝法庵末—実相寺（陸奥岩手山、日山良旭）、照陽寺（出羽米沢、大徹宗令）、大川寺（出羽大曲、日山良旭）、大興寺（遠江嵯峨良、天巌宗越）、宗源寺（三河根羽、礼応俊茂）、永沢寺（三河篠原、礼応俊茂）、瑞泉寺（尾張鳴海、大徹宗令）、正泉寺（尾張津島、大徹宗令）、青竜寺（近江大津、竺山得仙）、大広寺（摂津池田、

天巌宗越)、慈眼寺(播磨三木、竺山得仙)、渓寿寺(伊予宇津、春巌祖東)、瑞光寺(大隅高山、春巌祖東)

○如意庵末—瑞源寺(能登穴水、竜門韶薫)、東嶺寺(能登田鶴浜、日山梵朔)、竜護寺(能登酒見、貝林侑籍)、向陽寺(若狭藤井、大等一祐)、千鳥寺(三河千鳥、金竜謙柔)、瑞光寺(尾張鍛冶屋、妙叟永浄)、興禅寺(尾張津島、万山喜一)、瑞景寺(美作上河内、実峰良秀)、円福寺(伯耆上新印、天海希曇)、神光寺(出雲修理免、悦堂常喜)、聖光寺(安芸広島、悦堂常喜)、長善寺(日向飯野、明窓妙光)、長持寺(日向飫肥、義芳光訓)

二　宗義の変遷

さて、こうした教団のいわば数量的な意味における展開、及びこれが民衆化していった歴史については、これまでも種々に論じられてきているが、その展開の背景、あるいはその根拠となるべき信仰の具体的な中身、そして個々の禅僧の思索の軌跡ともいうべき修道生活の内面的実態については、必ずしも明らかにされているわけではない。

たとえば、中世曹洞宗の教学面については、道元の教説はその児孫達によって受け継がれることはほとんどなく、わずかに『正法眼蔵』などが心ある諸師達によって書写伝承され、また峨山韶碩・傑堂能勝(一三五五—一四二七)・南英謙宗(一三八七—一四六〇)などにより、中国曹洞禅の宗旨を「五位思想」として捉え研鑽が継承されていた程度で、詮慧・経豪によって確立された『正法眼蔵』注釈の伝統も継承されることなく、思想史的にはなんらみるべきものがなかったとされる。さらに、教団展開の過程で民間信仰を大胆に取り入れた結果、道元禅(曹洞禅)は全一の仏法としての純粋性・合理性・峻厳性を失い、道元が排撃してやまなかった、伝統的な密教的性格や神仏混合、儒仏道一致の妥協的性格を積極的に摂取し融合して展開を遂げていったとされる。かくして、加持祈禱的傾向を深め、また積極的に葬送供養儀礼を取り込むことにより、現世利益的な方向で民衆教化が促され、道元の理想は顧みられることなく、思想史的には中世は、空白期間とみなされている傾向が強い。

たしかに、中世の曹洞禅僧達の語録は、葬送の際の下火・秉炬の法語や、追善供養の法語がその大半を占め、彼らの禅思想をうかがうに足る資料は決定的に不足している。(4) 洞上五位説の研究などはあるにしても、江戸時代の月舟宗胡（一六一八―一六九六）・卍山道白（一六三六―一七一五）・面山瑞方（一六八三―一七六九）、あるいは天桂伝尊（一六四八―一七三五）などを頂点とする江戸宗学の盛大さに比較するなら、中世が思想史的に空白期間とみなされることにも一理ある。今日、伝統宗学と呼ばれる内容は、具体的にはこの江戸宗学を基点とするものであり、そこには中世のもつ意味がなんら介在していないというのが現実である。

ところで、従来の禅宗史研究において、ほとんどといってよいほど顧みられることがなかったのが、前章でその成立過程を概観した中世禅籍抄物資料、特に曹洞宗関係の洞門抄物資料である。これらの禅籍抄物資料は、その多くが仮名書口語体で記録されていることや、道元が排斥したはずの、公案工夫を透過するための著語・下語の方法を記した門参資料がその中心を占めたことなどが起因してか、これまでの禅宗史研究の歴史において、資（史）料として正当な評価を受けるには至らなかった。しかし、近年続々発見されている、語録抄や各門派に伝承された膨大な量の代語・門参資料の洞門抄物群は、中世に機能した曹洞禅のテキストそのものであり、曹洞禅僧達の性格の記録でもあった。筆者はかねてから、もし中世曹洞宗において、その未解明の思想史的空白期間があるとするなら、それを埋める資料は、これら中世の禅籍抄物であるとする作業仮説のもとに、洞門抄物の発掘と全体像の把握、そしてそれらの分析検討を通して中世曹洞宗史を見直そうと意図しており、以下、中世禅宗史、なかんずく曹洞宗教団史研究に禅籍抄物資料が果たし得る具体的な役割について、総論的に問題提起をしたい。

三　禅籍抄物の諸相

すでに述べたように、禅籍抄物資料については、鈴木大拙・玉村竹二両氏に論稿がある程度で、従来の禅宗史研究の立場からは、本格的に取り上げられたことはほとんどなかったが、近年になってようやく禅宗史研究の史料としても部分的に取り上げられるようになったといってよい。(5) そして、この禅宗関係、特に曹洞宗関係の抄物資料に最初に着目されたのは国語学の分野からであり、橋本進吉氏がその先鞭をつけられたとされている。(6) 近年では、中田祝夫・大塚光信・外山映次・金田弘などの各氏により、積極的な調査・発見・分析・紹介がなされており、したがって、内容としても、仮名書口語体のものがその主流を占め、また地域としては主に東海・関東地方に存する資料で、門派としては、この地方に大きく展開した通幻派と太源派、さらに具体的にいえば、通幻派の中の了庵派、太源派の中の如仲派に伝承された資料に、研究の比重がより大きくかけられているといってよい。しかし、中世曹洞宗の抄物資料は量の差異はあるが、各門派に共通して発見されるものであり、地域的にもさらに広汎な、総括的資料収集分析の必要性が痛感される。

さて、前章においては洞門抄物を、その内容・形態上から分類し、

㈠　語録抄（聞書抄）
㈡　代語（代・下語・著語）
㈢　代語抄・再吟
㈣　門参（本参・秘参・伝参・秘書）

㈤　切紙（断紙）

の五種に分類したが、禅籍抄物、なかんずく、洞門抄物資料は、極めて種々雑多な内容と分野を有するものであり、このような分類方法についても、さらに多くの検討余地を残していると思われるが、次に、これらのいくつかについて、中世禅宗史研究史料としての立場から、その史料的価値について検討を加えてみる。

第一に、語録抄についてであるが、これは『碧巌録』『無門関』その他の禅宗関係の典籍の注釈であり、これには漢文抄と仮名抄の二種がある。そして、すでに述べたように、このなかで仮名抄は、師家の提唱を会下の聴衆が聞書した記録であり、それはしばしば、その地方の俗語・口語で語られたものがそのまま記録されており、これが国語学の分野で特に注目されている所以である。

その主なものとしては、まず、遠江一雲斎の開山川僧慧済（一四〇九―一四七五）が、文明三年（一四七一）一〇月一五日から文明五年（一四七三）六月一九日にかけて行った、禅学綱要書『人天眼目』の提唱の記録である『人天眼目抄』があり、これは東国語の最古の資料としても脚光をあびているものである。[7] また同じく川僧の抄とみられるものに『碧巌集抄』があり、天文四年（一五三五）の書写本が存する。

『碧巌録』については、他にも多くの抄が残されているが、代表的なものとしては、大空玄虎（一四二八―一五〇五）が越前竜沢寺で、延徳元年（一四八九）から同三年にかけて提唱した、『碧巌大空抄』があり、[8] 他にも、才翁総芸（一五〇六―一五六九）や雷沢宗梭・貫之梵鶴（一五〇五―一五九〇）に、それぞれ『碧巌録』の抄が残されている。さらに、近年発見されたものに、肥前円応寺所蔵本に、元亀三年（一五七二）書写の峨山の誦抄と伝承される、中国曹洞宗宏智派の僧自得慧暉の語録の抄がある。[9] これが確かに峨山韶碩の提唱の記録とすることができるなら、洞門関係の抄物としては極めて古いもので、聞書抄の形をとるものとしては、詮慧の『正法眼蔵抄』に次ぐ古い伝承をもつということになるが、峨山関係の著書には、『山雲海月』や仮名法語をはじめとして、その伝承が不明なもの、もしくは後人の説が混入したものもみられ、いずれも詳細な検討を要するものが多い。

ところで、これらの語録抄は、単に国語学的に重要な意味を有するだけにとどまらない。特に、提唱をそのまま記録したとみられる聞書抄は、その場の口吻をそのまま伝えてくれると同時に、当時の禅院における修行生活の実際のありさまを、如実に今日に再現してくれる好資料である。

たとえば、川僧慧済の『人天眼目抄』は、文明三年から一年八箇月余りにわたり、折に触れて提唱したものの記録であるが、それはまさしく僧堂（坐禅堂）の行事と密接不可分な形で行われた、生活の記録であったといってよい。(10) そして、時には四節の上堂や、冬夜・除夜の小参の代わりに、『人天眼目』の講義がなされたのではないかとさえ思われる。すなわち、文明三年一二月三〇日、除夜の提唱の記録には、

▲什麼物同得失、●古徳云、目前━梨什麼物ゾ、目前闍梨モ無ゾ、●松源云、草裡輥什物ソト云モ、草裏ニ設シタゾ、此間無老僧、目前無闍梨、与麼時如何、僧云、年尽不焼銭、代云、旧年已ニ去、新歳未レ来、

（松ヶ岡文庫所蔵、影印本三二八頁）

とあり、いかにも旧年と新年の境に当たる、除夜の提唱に相応しい語をもって結ばれている。また、文明四年一月一五日上元日の提唱には、

▲阿那箇同具足、●古徳云、矮子看戯、方語ニ、随人上下ゾ、●松源云、信手拈来着々親、什麼ヲ把タモハヅレヌゾ、信手━親、以レ何為験、元正啓祚万物新、

（同右、三二八頁）

とある。「元正啓祚万物新」は、『如浄録』の「台州瑞岩寺語録」の歳旦上堂の語で、(11) ここでも季節感にあふれた代語がなされていることが看取される。さらに、毎月一七日は、一雲斎では、観音諷経が厳修される日であったよう

であるが、この日の提唱の結びは、たとえば、

●奪境不奪人―（中略）前境界ヲ逐ハ境ト成リ、前境ヲコナタヘ収ムレハ人ト成ソ、サテ前境ヲハ什タソ、以両手掩レ眼也、是眼中塵、請一転語、代云、端坐円通微妙相、衆生眼裡堆青嶂、観音諷経也、（同右、四頁）

●経来白―年経モ僧モ到来セヌ時ハ、此土西天別々ナゾ、経モ僧モ到来スレハ、此土西天一統《トウ》シタゾ、即今有定乾坤底麼、代云、遊人不入普門境、只作青山緑水看、（同右、四一頁）

▲人天眼目后序、一法与《ワカッテ》為五宗―豈不是以眼目天人無哉、這裡還有眼目人天底麼、代云、通身是手眼、遍界不曾蔵、観音諷経次也、（同右、一一五頁）

とある。拶語に対する代語はいずれも観音の縁語であり、しかも、その日の提唱の内容を踏まえ、格調高く結ばれており、川僧慧済の教養の深さと、機関を重んずる禅の提唱の躍動感を目前にみるように伝えてくれる部分である。

そもそも、中世の幕開けを目の当たりにして、天台座主慈円（一一五五―一二二五）が、『愚管抄』巻四において、「保元々年七月二日、鳥羽院ウセサセ給《たまひ》テ後、日本国ノ乱逆《らんげき》ト云《いふ》コトハヲコリテ後、ムサノ世ニナリニケルナリ」と達観予見したように、保元・平治の乱を始点として、織豊政権の確立に至るまでの世相は、まさしく「ムサ（武者）」が威をふるう乱逆下剋上の世であり、都をはじめとして内乱の連続で、一刻も平安な時に安住する暇のない時代であった。川僧とほぼ同時期の禅僧である臨済宗五山東福寺派の雲章一慶（一三八六―一四六三）が、長禄三年（一四五九）から寛正三年（一四六二）にかけて『勅修百丈清規』の講述を行い、これを桃源瑞仙が筆録したものが俗に『百丈清規雲桃抄』と呼ばれるが、当時の五山禅林の様子を、

僧堂ニハ坐禅スル僧ハ一人モナイゾ、結句、今ハ僧堂僧ト云テ、坐禅ヲバワガセウス事デハナイヤウニスルゾ、僧堂僧トテサクハ何トシタゾ、

と伝えている。雲章の言は、京都の地の叢林のありさまを対象としたものであろうが、世相の乱れが、在家の寄進に経済的基盤を左右される宗教界が真っ先に影響を蒙ることは自明の理で、日本各地の叢林の様子も想像される。しかし、『人天眼目抄』からうかがわれる川僧の叢林の様子は、機関に富む潑剌とした禅語録の提唱がなされており、戦乱の世であるからといっても、決して宗教的生命が枯渇していたわけではなかったことが彷彿される。『人天眼目』の「雲門宗」の講義は、東京大学史料編纂所本第三冊目「雲門宗」の項の末尾の記載には、

文明〈壬辰〉六月廿一日了畢、清規次塔中諷絹（ママ）ノ次商量、（影印本、二四七頁）

とあり、文明壬辰（四年、一四七二）六月二一日に終わったことが知られるが、「清規次」とは、「宣読箴規が行われた時」という意に解され、ここにも川僧の叢林において、清規が厳格に実践されていた形跡をうかがうことができる。「宣読箴規」とは、道元が宝治三年（一二四九）正月一一日に、修行僧の日常起居する衆寮における生活規範を定めた『衆寮箴規』を撰述したことに由来し、毎月一・一一・二一日に、斎罷（昼食後）、全山の大衆が衆寮に集まり一同で『衆寮箴規』を読誦する儀礼で、『建撕記』には、

（宝治三年）今年正月十一日ヨリ、初テ衆寮清規ヲ読始メラル、毎年毎月朔日、十一日、廿一日ニ後世晩学ノ僧達輪次ニツトメテ、菓子ト湯トヲ調エ、大衆衆寮エ集来シテ、湯ヲ飲畢ヌ、首座ノ役ニテ此清規ヲ読ミ聞セラル、此ノ義規、開山以来至レ今不二退転一、……、（河村孝道編著『諸本対校道元禅師行状建撕記』七二頁）

とある。そして『人天眼目抄』では、この日の提唱の結びを、

▲古徳綱宗頌、此二句ハ八句一首ト見ヘタソ、縦二首テモ、一首テモ、前後ハ同シ者タソ、（中略）雲門ノ言句種々無尽ニ説話シタレトモ、チットモ蹤跡モ無ソ、跡形モ無ソ、雲門ノ上堂ニモ、終日説事未曾掛着歯ト云ハレテタソ、古徳意旨如何、代云、大衆参堂、（松ヶ岡文庫所蔵、影印本八二頁）

としているが、代語の「参堂」とは、僧堂にはいること、僧堂の単位について坐禅することであり、これを清規実践の立場から、文明四年六月二一日の「宣読箴規」の際の提唱の記録としてみるなら、斎罷における宣読箴規の後は、続いて晡時（午後二時―四時）の坐禅であるから、僧堂へ行って坐禅せよという意味になり、四時（黄昏・後夜・早晨・晡時）の坐禅をはじめとして、まさしく道元の制定した清規が実践されていたことになる。また、宗義の立場から、この拶語・代語の意味を解するなら、このように清規を実践することこそ、古徳の意旨そのものという意になり、看話公案の商量の場における著語とは異なり、洞門の立場を念頭に置いた、臨場感にあふれ時宜の妙を得た随時の説法の記録という評価もできよう。

先に、四節の上堂等の代わりに『人天眼目』の講義が行われたのではないかと思われる箇所があることを指摘したが、右にみた「清規次」の提唱も、宣読箴規にちなんで、この日は衆寮において講義がなされた例とみることができよう。さらに、この種の例として、文明四年七月一七日、解制の日の提唱とみなされる箇所があり、

●兼中到、白雲断処家山妙、白雲功尽テ至二無功勲及尽シタラバ、還レ家テハ功成名遂、身退天道ダゾ、世界重宝ニハ驪竜頷下ノ珠ダゾ、其ヲモ撃破シタゾ、白雲モ断ヘ、明月珠ヲモ撲砕シツレハ、黒漆崑崙ダゾ、夫モ入レ海消耗無イゾ、与麼時如何、代云、玄々、不回顧、大地何曾有寸土、便打、解夏請暇ノ時也、（同九五頁）

という。また、東京大学史料編纂所本が伝える拶語・代語には、

拶云、撲砕――耗、与麼時如何、代、師乃一席シテ云、去《レ》去《レ》、不二回顧一、大地何有《ン》二寸土一、（影印本、一九三頁）

とあり、松ヶ岡文庫本の「玄玄」は資料本の「去去」の写誤であろう。この日の提唱をもって、文明四年の夏安居も解制となり、修行僧達はまた遍参行脚の旅に出ることになるが、「去れ去れ、回顧せざれ、大地何ぞ曾て寸土有らん」と追い立てるように結んだ『人天眼目抄』提唱の口吻は、この日は別に解制上堂も行われるべき日であるが、

この日の講了をもって解制上堂とみなしても充分過ぎる説法の記録となっている。

『人天眼目抄』の構成は、まず『人天眼目』の本文一節を提示し、これに拈提を加え、この一節について、拶語をもって会下の聴衆に索語し（答えを求め）、答えがなければ川僧自身が代語をもって自らの見解を示し、次の一節に進むという順序になっており、単なる講義の記録ではなく、生き生きとした一場の法戦が展開されている場面を彷彿させる。

中世抄物資料の聞書抄の類の発見は、他の門参や切紙類と比較して、極めて少ない。しかし、『人天眼目抄』一点について検討しても、上でみたような中世曹洞宗の叢林の実態が浮かび上がってくるのであり、今後の資料発見が期待されると同時に、中世曹洞宗史は改めて問い直されなければならない時期にきているといえよう。

次に、門参資料とは、臨済宗でいう密参帳・密参録と呼ばれるものと同種のもので、本参・秘参・伝参等の呼び方もなされる。これは公案禅に用いられる、公案参得のための室内参禅の仕方や著語の方法を記したもので、室内参禅点検の起居動作まで記したものもある。従来は、通幻派のなかの了庵派や、太源派の門参が主として知られていたが、陸奥黒石正法寺に根拠をかまえた月泉派や、薩摩福昌寺を根拠に、中国・九州地方に展開した石屋派にも共通して、多くの門派ごとの門参が成立し、師資相承されていったのである。

ところで、曹洞宗における門参成立の過程は、臨済宗のそれと多少趣を異にしたものもあることは注意を要する。一般に中世曹洞宗の歴史は、道元禅がそのまま相承されたのではなく、祈禱化・密教化・現世利益の方向で民衆化・世俗化し展開していったとされ、修道生活は、公案拈提の禅風が世を風靡し、臨済宗となんら異ならない様相を呈していたとされる。確かに現象的にみるなら、そうした傾向が顕著であったことは明らかである。しかし、門参成立の過程には、もう一つ別の面があったことは注目される。ここでいう門参とは、代語や代語抄的なものも含めて、門参としての扱いをうけてきたものという意に解しておきたいが、たとえば美濃（岐阜県）竜泰寺に所蔵される了庵派の門参で、慶長一二年（一六〇七）編集書写『宗門之一大事因縁』の冒頭には、次のようにある。[12]

曹洞宗乗者、石頭一派出タゾ、我カ先祖達磨円覚大師ヨリ、第六世恵能大師、五祖ノ弘忍於《テ》二会裡《ニ》一、碓旁行《アン》者トナル、昼夜《ニ》此事ヲ拈得シテ、喫茶喫飯ノ隙ニダモサシヲクコトナシ、工夫順(ママ)熟シテ自然ニ根本智ニ透入ス、透入シタト云テ、凡境ヲ打破シテ透入スルニアラス、ソツトモ境界ヲ損ザ、ズ、心智ニ当得ス、心智ト者ハ、不思善不思悪本来ノ面目ヨ、青原既ニ得《テ》二此旨《ヲ》一、六祖々紹ク、石頭ハ又青原ニ承嗣ス、其ノ流レヲ扱(汲カ)《ン》ダル宗旨ナ呈《ニ》、毫髪モ違却スベカラズ、（中略）夜参ト者ハ、日本ニ云処ノ語、陞堂、上堂ノアル、則ンバ小参アリ、晩参アリ、日本ニモ此旨ハアリトイヱドモ、霊和尚老後迄、此旨ヲ不二許《ス》給一、御遷化ノ砌、於《リ》二青原山永沢寺《ニ》一、行初《イメ》玉ヱリ、然ハ陞堂、上堂無《キ》レ之間《タ》、一掕《シ》ト号、朝参ト名《ケ》、晩参ヲ号《シテ》二夜参《ト》一ト云、此ノ大法ハ嗣法伝底ノ法師、第一人ニ可付者也、然間、自余此旨ヲ不二許玉一、最乗開山了庵和尚一人ニ付之玉ヘリ、其ノ余ノ九派ハ傍出也、了庵モ又々如レ此ナルベシ、夜参ト者ハ、密語也、陰法ヲ云也、朝参ト者ハ、顕也、陽法也、陰陽ニ比シタト云テ、陰気陽光《ニ》属シタトミベカラズ、其ノ言ヲ借也、朝参ハ顕法ナルガ故ニ、時々回互ノ幾(ママ)可レ有、夜参ト者ハ、密語ナル呈《ニ》、時々不回互ノ幾(ママ)アルベシ、只サシヲカズ、此ノ書ヲミテ、工夫領解スベキ者也、転凡入聖用之一転凡入聖ノ格、ドレモ転凡入聖ニワハヅレマジキコトナレドモ、句ノ骨格ヲ云ベキ為ニ、如レ此一也、（1オ〜2ウ）

ここでは、通幻派における夜参と朝参の起源とその概説がなされているが、夜参は通幻寂霊（一三二二—一三九一）晩年に至るまで行われなかったというのである。夜参や朝参は、元来は上堂などと密接な関係を有するもので、公案話頭の拈提だけがなされるものではなかった。しかし、『宗門之一大事因縁』では、朝参は公開の場、すなわち今日の小参に相当するもの、夜参は非公開の入室参禅であったということになり、本文においても截然とした使い分けがなされている。そして、この夜参も、曹洞宗においては元来、特定の公案を拈提するものではなかったとみられるが、これが次第に特定の公案を拈提するようになり、ついには臨済宗と全く異なることのない、公案禅の援用ということになったものと思われる。もちろん、当時の活発な洞済交渉の過程で、臨済宗の公案禅がそのまま曹洞宗にもち込まれたという場合もあったであろうが、これとは異なる、夜参に発生した曹洞下の室内参禅もあったことは銘記しておくべきであろう。たしかに中世という時期は、道元の『正法眼蔵』も心ある人師によって謄写伝持されていた事実はあるが、全体としては希有な事例であり、実態は、道元の峻厳な排他性は著しく後退していた。しかし一方、禅僧達の意識裡には道元の児孫としての自覚が脈々と流れ続けていたことも、『宗門之一大事因縁』等によってうかがわれる事実であり、無自覚に時流に流されていったわけではなく、宗門独自の必然性をもって変貌を遂げていった事実があったことも忘れてはならない。

また、代語や下語の発生についても、特定の公案や禅語になされたものとは別に、すでにみた『人天眼目抄』のような、一節ごとに拶語・代語をもって締めくくる、語録抄に発生し、後の人によって再編集されて成立したものがあることも忘れてはならない。明峰素哲や峨山韶碩の下語とされるものもいくつか伝承されているが、曹洞宗における代語・下語の起源は、むしろこのような語録抄に付された代語・下語に発生するとみてよいのではなかろうか。(13)

四　「切紙」資料と中世における仏教の社会的機能

中世洞門抄物資料のなかの「切紙」資料とは、すでに述べたように、室内儀軌に関するものを主として、その他、在家法要のための葬送・年忌追善供養・開眼等の儀礼的事項を中心に、その方法や意義を一枚の紙（切紙）に記して、これを室内で相承したものである。そしてその内容は、儀礼的なものばかりでなく、宗旨の秘訣から叢林の修行生活の万般にまでわたっており、特に、当時の民間の宗教生活、すなわち、当時の社会一般が宗教に対して何を期待して求め、宗教者からは、それにいかに対応していったかを如実に物語ってくれる資料として注目される。それは、今日的感覚でみるなら、中国禅宗や道元禅そのものの発展的帰結とはとうていみなし得ないものかもしれないが、日本人における宗教受容という問題意識・視座をもってみるなら、まさに生きて機能した宗教そのものであり、民衆の生活そのものでもあったということができる。

日本曹洞宗は、道元の頃の叢林の修行生活を中心とした修道集団から、瑩山・峨山の頃を境として、在家を中心とする布教集団へと急速に脱皮展開する傾向を示し、これが今日、単独教団としては日本最大の宗教集団となる根本要因であったが、その在家布教のあり方は、決して禅の教理そのものをむき出しにして信者を獲得していったのではない。たとえば、神人化度説や神仏混淆・本地垂迹説等は、単なる方便説にとどまるものではなかった。これらの発生の由来はともかく、歴史的にはすでに、それを要請する生活基盤が民衆のなかにあったのであり、禅僧達はこれらを宗旨に見事にオーバーラップさせながら、民衆の宗教生活を指導していたということができよう。

美濃竜泰寺に所蔵される『仏家一大事夜話』は、種々の切紙類のなかの「参」を集大成して一冊の冊子本にまとめたものであり、その項目を通観するなら、叢林における儀礼や修道生活に関するものが多くみられるが、なんといっても、小施餓鬼・霊供養・亦霊供・廿一社順（巡）礼参・没后作僧参・隔国弔亡霊参・吉方観請参・悪日連続参・鎮守参等にみられるように追善供養的・祈禱的・神仏混淆的傾向が極めて強いことが感じられる。(14) たとえば「鎮守参」には、

△鎮守之参、天童如浄禅師云、曹洞有《ニ》二鎮守参禅一、未了《ノ》人《ハ》洞上《ノ》不レ可レ道師《タル》一、道元和尚、従二明州津一慶《(ママ)》徳寺《ニ》御帰《リ》、廿日在居被成、此参得了也、故ニ是ヲ廿日帰ノ参ト云也、先ツ心得《ハ》(ママ)、定白山ヲ鎮守トスヘキ也、(12ウ)

とあるように、その由来は、派祖道元、あるいはさらにその師の如浄にまで遡源帰一するものであることが強調されており、こうした事例は無数で、歴史的事実と否とにかかわらず、こうした意識が曹洞下嫡伝の秘訣として認識自覚されていたことが知られる。

また、越前（福井県）永平寺に所蔵される古文書のなかに、切紙・門参類の目録が存するが、切紙の類に関していえば、次のような多彩なものである。

竹篦切紙・手形事・露柱切紙・知識三々行・祖師禅切紙・無住相・宗門五図之参・宗門四字参・施餓鬼切紙・九識円備・両鏡之図・七仏直伝印心・道元十三則目録・念仏切紙・知識上参・頂門眼切紙・誰十八則勘破図添・払子・永平宝鏡三昧図・米門之切紙・正伝始末切紙・天童一紙大事・先祖廟移切紙・先師取骨大事・卍字之図・臨終五問答・耳口之偈血脈・住吉大明神之切紙・光明之迷・涅槃之作法・大白峰記・人々具足図・合封之切紙・山門之図・上来之図・伝儀加行・御大事看経回向・七仏伝授作法・洒水室中秘伝是則訓訣也・仏々相伝戒法・多子塔前伝附作法・七仏嗣承道場荘厳切紙・伝法儀軌・血脈道場儀式・伝法儀式・伝底作法・道場荘厳図・道場儀式・伝授道場次第・御開山伝法儀式・道場荘厳儀式・授戒之作法・七仏伝授戒法一枚書・法嗣儀記・伝法儀式・嗣書伝授儀記・嗣法論・永平寺参禅切紙目録・血脈袋大事・問訊之大事・三十四話切紙・宗門十八種剣・没後作僧切紙・安座点眼・六祖半紙図・嗣書焼却大事・正法眼蔵切紙・十八般妙語・山門法衣大事・一条紅線・住山之大事・八師之次第・達磨知死期秘密・鉢盂之切紙・竜天勘破図・日用行事作法・栄西記文・嗣法論始終・三悟道一位図・牌当之大事・四十九之本位・四句之文切紙・衣鉢血脈作法・天竺一枚紙・三

老普門大事・三国一位図・永平一枚蜜《（ママ）》語・四処半夜図・二度伝授・嗣書地絹之様子・法衣伝授参・袈裟之大事・襪子之切紙・仏頂上円相切紙・鷺鷥切紙・御影切紙・勃陀勃地切紙・宗旨秘書・住持焼香切紙・曹洞八圏図・白蛇之切紙・漆下之御大事・松竹梅之切紙・林際曹洞両派血脈・鎮守之切紙・霊供之秘極・最極無上之大事・拈奪瞎之切紙・戒文参・香厳樹上切紙・剣刃上之切紙・拈花微笑之図・非人亡者結縁大事・十三仏之切紙・善知識切紙・嗣書相伝巻・達磨一心戒儀同十戒之図・祖師禅切紙・文殊手内一巻経・栄西僧正記文録・七仏血脈図・達磨三安心図・九六三之大事・白山妙理大権現切紙・一中十位抄・応身之録・済下印可切紙・緒環之参・大蔵法教略要之図之下段・十仏名之大事切紙・臨終人問答・遺戒之偈・伝法偈・御開山黒衣之由来・四恩之参・君公書・身心脱落・銀銭馬形之秘書・十宗之弁別・晦朔弦望之図切紙・誰之図大事・正法眼蔵血脈・印形之血脈并参禅有之・二句之偈嗣書・白山妙理之図并参禅・三位三裏図・五位別紙・皇城廿一社巡礼之切紙・七堂之図・御開山嗣書切紙・福田衣・大善知識頂上了達切紙・頂相之大事・林際三句切紙・洞山价尊像・大陽真賛・十智同真・三宝印之大事・参禅掃地之切紙・無之切紙・諸仏影像抜精之一紙・銀相鎖子之切紙・続松秘要・三国流伝書・三国流伝乾栗陀耶差別鈀切紙・三国伝灯切紙(15)、

これら、目録に記載された切紙が、すべて永平寺に現存するわけではないので、内容的にいかなるものか見当のつかないものもある。これを竜泰寺所蔵の『仏家一大事夜話』の内容と比較してみると、永平寺所蔵の目録には、室内嗣法に関するものも多く含まれるが、その他はほとんど同じ傾向を示していることは注目される。切紙資料は、全国各地各門派ごとに存するといってよいかもしれないが、内容項目としては、およそ如上の二種の目録によって、ほぼ尽きるとみてよいのではなかろうか。残された課題は、これらの資料の分析・検討・整理を通して、中世曹洞宗における室内儀軌の確立や、曹洞宗教団の一般民衆への浸透の過程を跡付けることにある。

五　曹洞宗教団史研究と洞門抄物㈠
——了庵派について——

以上みてきたように、洞門抄物資料は日本禅宗史研究の未開拓な分野に極めて貴重な示唆を提供してくれる文献群であるが、次に、これらのなかの、代語及び代語抄も含めた、広い意味での門参資料の分析を通して、曹洞宗教団展開の一側面について考察してみたい。

門参とはすでに述べたように、本参、秘参、伝参、秘書等の異名でも呼ばれ、臨済宗でいう密参録、密参覚帳と同義で、中世における曹洞宗の公案禅援用の実態を物語る資料である。ただし、その発生や成立の由来については、必ずしも公案禅に直接結びつくものばかりではなく、朝参や夜参の行礼にその淵源があるとみられる門参や、語録抄の結びとしての拶語、代語に発生するとみられる代語があることは、すでに指摘した。しかし、後には臨済宗における室内参禅と全く異ならない公案禅が行われるようになったことは事実である。

また、門参は、日本曹洞宗の各派において、それぞれ各派各様のものが成立したが、それらにおいては、互いに他派の門参が強く意識されていたことが知られる。このことは、曹洞宗内においても常に互いに門派意識が厳として存し、これが教団展開の際に、門派意識の持続、結束等に大きな機能を果たしていたことも確認される。ここでは、日本曹洞宗のなかで最大門派をなした通幻派のなかで、さらに、関東、東海地方に主に展開した了庵派と、九州、四国、中国地方に主に展開した石屋派の二派について、その伝承する門参資料を手がかりに、教団展開の一面について、その見通しを述べてみたい。

峨山下の五哲の一人である通幻寂霊（一三二二—一三九一）の法嗣、了庵慧明（一三三七—一四一一）の法孫は、了庵派十六派と呼ばれる門派を形成し、通幻派のなかでも最大の門派となった。すなわち、了庵の法嗣大綱明宗（?—一四三七）の門からは、舂屋宗能・吾宝宗璨が出て、舂屋の門下には、在仲宗宥・安叟宗楞・即庵宗覚・月窓明潭・実山永秀・天巽慶順・罷叟宗俊の七師がおり、舂屋七派と呼ばれ、吾宝の門下には、拈笑宗英・州庵宗彭・雲岫宗竜・南極寿星・模庵宗範の五師がおり、吾宝五派と呼ばれて、これらを合わせて、大綱十二派という。また、了庵の法嗣無極慧徹（一三五〇—一四三〇）の門からは、華叟正蕚・泰叟妙康・一州正伊・密山正巌の四師が出て、無極四派と呼ばれ、前記大綱十二派と合わせて、了庵派十六派を形成したのである。了庵開創の相州（神奈川県）大雄山最乗寺は、この了庵派十六派の法孫が相互に輪住し、本寺を護持し、また門派の結束を強めていった。その結果、この了庵派の展開は、相模・武蔵・下総・上総・下野・常陸、伊豆・駿河・甲斐を中心に、美濃や陸奥、奥州にまで及んでいたのである。その主な法系を示せば、次頁のようになる。

この了庵下の各派には、他の門派に比較して、特に多くの門参が残されている。もちろん、その理由の一には、門派の大きさそのものも関係していると思われるが、臨済宗が盛んな相模、伊豆、駿河、甲斐といった地域に展開浸透していったことも、要因として当然考えられよう。ただ、ここで注目されなければならないのは、すでに指摘したように、この門参の成立が必ずしも公案禅の無批判な援用受容の結果とばかりはいえない面があるということである。すなわち前述した、了庵の法嗣無極慧徹開創の美濃竜泰寺所蔵の門参資料である『宗門之一大事因縁』には、門参の発生に関して極めて注目すべき記載があり、特に夜参に関しては、「夜参ト者ハ、日本ニ云処ノ語、陞堂、上堂ノアル則ンバ小参アリ、晩参アリ、日本ニモ此旨ハアリトイヱドモ、霊和尚老後迄、此旨ヲ不二許給一、御遷化ノ砌リ、於二青原山永沢寺ニ一行イ初メ玉ヱリ」とあるように、日本においてはじめて行われるようになったものであり、しかも、派祖通幻寂霊はこれを最晩年まで許さなかったというのであるが、逆にいえば、その嚆矢は通幻にあった

- 了庵慧明（相模最乗寺）
  - 大綱明宗（武蔵功雲寺・伊豆蔵春院）
    - 春屋宗能（相模報恩寺）
      - 在仲宗宥（美濃天徳寺）
        - 松庵宗栄（常陸乗国寺）
      - 安叟宗楞（相模海蔵寺）
        - 模堂永範（常陸松学寺）
      - 即庵宗覚（下総東昌寺）
        - 能山聚芸（常陸興正寺）
      - 月窓明潭（奥州長禄寺）
        - 体安明全（下野長安寺）
      - 実山永秀（伊豆真珠院）
        - 太寧了忍（相模長泉院）
      - 天巽慶順（上野竜華院）
        - 心華乗芳（上野舒林寺）
      - 噩叟宗俊（武蔵総泉寺）
        - 養拙宗牧（武蔵伝心寺）
    - 吾宝宗璨（伊豆最勝院）
      - 拈笑宗英（信州定津院）
      - 州庵宗彭（甲州伝嗣院）
      - 雲岫宗竜（甲州広厳院）
        - 一華文英（甲州永昌院）
      - 南極寿星（常陸大雄院）
        - 断江周恩（下総浄泉寺）
      - 模庵宗範（伊豆普門院）
        - 秀峰存岱（常陸竜谷寺）
  - 無極慧徹（尾張補陀寺・美濃竜泰寺）
    - 月江正文（武蔵善門院・上野補陀寺）
      - 華叟正蕚（美濃竜泰寺）
        - 快庵妙慶（下野大中寺）
        - 大林正通（上野茂林寺）
      - 泰叟妙康（武蔵竜穏寺）
      - 一州正伊（上野永源寺・同最興寺）
        - 曇英慧応（上野長年寺）
      - 密山正厳（上総真如寺）

ことも暗に主張している。

さらに、『宗門之一大事因縁』の内容は、四賓主、四照用、君臣五位、曹山三種堕、王子五位などの各種の機関についての参じ方を示したものであるが、たとえば、室内参禅の初歩の段階での参禅課題を提示する「三透之始、当頭之筋目」には、

朝参ワ別ニ細密ナルコトテナキ程ニ、注解スルニ不レ及、乍去、当ニ三位アル旨ヲ以見ベシ、類話多在リ、(8オ)

とあるように、朝参で用いる機関については比較的軽く扱われているのに対し、五位説の究極を示す「兼帯之透」については、

点与不点ト一致ニ叶合シテ、兼帯トコレヲ号ス、故ニ当派ニ三位ヲ参スルニ、不転ヲ転処ノ後ニ参セシム、此ノ謂乎也、一大事ノ折角也、可秘々々、(14オ)

大陽門―陽ニシテ陰ヲ帯、明月堂―陰ニシテ陽ヲ兼ヌ、此レワ少《スコシ》サカシマナ様ナレ共、如レ是不レ苦、只此ノ透ヲバ、正位雖正―正ト云句ヲ基トシテ、句ヲシラブベシ、此レ夜参ノ秘術也、可秘々々、(14ウ)

とあるように、峨山以来の伝統であるこの「五位」を中心とする透は夜参の秘術であり、しかも「可秘々々」と、繰り返してこの参話を秘密にすべきことを強調している。これらを考えあわせるなら、この夜参こそ、まさしく室内参禅の点検であり、この夜参の参語を集めたのが門参であるということになり、ここに秘密伝授されるべき門参が成立したことになる。ただしこれは、『宗門之一大事因縁』が伝える説であって、他の了庵派各派に共通するものかどうかは速断はできないが、竜泰寺と同じく無極を第一世、月江正文を第二世としている上野補陀寺（群馬県碓氷郡松井田町）の寺伝を述べた『上州大泉山補陀寺続伝記』所載の無極伝の末尾には、

評曰、中古盛行称二夜参一者、微言始二于通幻一、而其規則円備者、無極月江両師所二定制一乎、又代語者、了庵、無極、月江時世、宗説共明、而快庵以後一変、成二饒露迂回一也、　（曹全、史伝上、六三一頁）

とあり、夜参が通幻に始まるという点では軌を一にしている。ここで問題となるのは、後半の代語に関する記事で、了庵、無極、月江の時代は「宗」「説」ともに明らかであったが、快庵妙慶以降になるとこれが一変して、もったいぶった遠回しな言い方が多くなったという批判である。

『補陀寺続伝記』は、二一世東海玄竜までを、二二世廓盤高徹が正徳四年（一七一四）に編集したもので、この評も廓盤のものと思われるが、はたして何か根拠があったかどうかということが問題となる。同じ了庵派のなかの、大中寺系の門参、代語の批判になるわけであるが、この時期までにさかんに代語抄や再吟を残している、竜洲文海、天南松薫、鉄外呑鷟、扶桑大暾等が、いずれも快庵派大中寺や孝顕寺と関係深い人達であったことを考慮するなら、直接には彼らへの批判であったかもしれない。しかし、自派の参ということが強く意識されていたことは確かで、たとえば、現在は竜泰寺に所蔵されているが、『補陀寺本参為末世記処』という標題からも知られるように、本来は補陀寺に伝承されたと思われる門参には、了庵慧明、無極慧徹、月江正文の参語をはじめ、泰叟妙康、天庵玄彭、雲岡舜徳、喜州玄欣、川叟存頴、日州延守、徳翁芳隆等の補陀寺歴代住持の参が引用されていることからも明らかであろう。この門参には快庵妙慶や、越生竜穏寺の節庵良筠の参も引用されてはいるが、中心はやはり、補陀寺嫡伝の参ということにある。(16)

中世了庵派の抄物の特色は、やはり量的にみても各派ごとの門参にある。(17)この場合の門参とは、代語や代語抄を含まない意味での、公案参得のための問答体の記録という意味である。そして、すでにみたように、その発生は通幻寂霊の夜参にあるとする伝承があったことも確かであろう。したがって、了庵派の門参類が、無批判に臨済宗の

話頭禅を援用したものでないことは発生的にはいい得るが、『補陀寺本参為末世記処』に、

洞山無情説法ヲ、学吐クト坐シテ、良久シテ眠ルモ、ハヲカチ〳〵ト両三度ナラス、師云、其レモヨワイソ、学タ、ミ打チ、手ヲ打ツナリ、徳翁参也、（7オ）

というような参じ方は、明らかに夜参に始まる室内参禅のあり方とは異なる、機関を駆使した公案看話の室内点検そのものである。おそらく時代が下るにしたがって、そうした区別や意識が次第に薄れてしまったものと思われる。

六　曹洞宗教団史研究と洞門抄物(二)
――石屋派について――

通幻派のなかの了庵派の特色の一が、上記のように、各派ごとに門参を成立せしめ、自派の門参というものを強く意識したとすることができるなら、石屋派の門参の教団的特徴は、代語、下語を極めて重んじた点にあるといえよう。

石屋派は、通幻門下の石屋真梁（一三四五―一四二三）を派祖とする一派で、この系統は、石屋開山の薩摩福昌寺（鹿児島県川内市）や長門太寧寺（長門市深川湯本町）を拠点として、九州、中国一帯をはじめ、四国地方にまで教線を広げた。その展開の跡を法系図で示せば、次頁のようになる。

ところで、従来門参資料といえば、通幻派のなかの了庵派のものや、太源派のなかの如仲派のものがその大部分を占めてきた。抄物資料の調査収集に先鞭をつけた国語学の研究対象が、東国語に中心がおかれたため、関東、東海地方に主に伝播した了庵派や如仲派の門参にその関心が集中する結果になったのである。しかし、すでに述べたように、奥州黒石正法寺を中心とする月泉良印（一三一九―一四〇〇）の派下や、越前永平寺を根拠地とする寂円

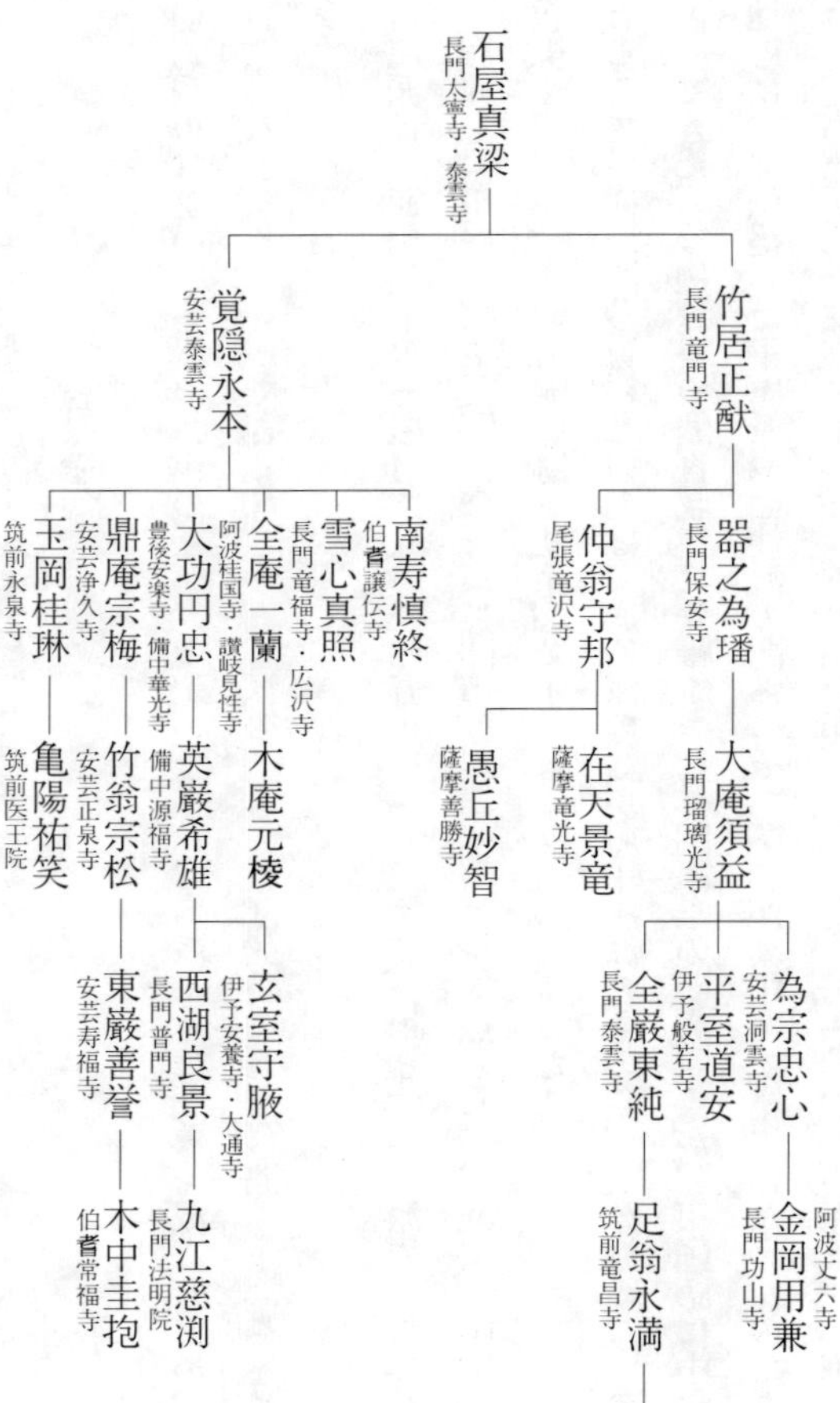

派や、天真自性（?—一四一三）派下にも門参が存することが知られており、また、九州、中国、四国に展開した石屋派にも門参が伝承されていることが確認された。しかし、石屋派の門参類は、まだ佐賀県武雄市円応寺所蔵のものがまとめて発見されただけで、これだけをもって石屋派の教団的特徴を概括することはできないかもしれないが、かなり特徴的な事象が見出されるので、この点について簡単に触れて、了庵派との違いを指摘するにとどめ、今後の新出資料の発見をまつことにする。(18)

さて、『続日域洞上諸祖伝』（巻三）の「大寧寺全巌東純伝」によれば、

庵（大庵須益）一日示レ衆曰、二竜争レ珠、誰是得者、衆下語不レ契、師（全巌）曰、陥虎機関各自施、庵肯レ之、遂入室親付二衣法一、時応仁二年戊子正月十一日也、　（曹全、史伝上、一一八頁）

とある。すなわち、大庵須益（一四〇六—一四七三）は、会下の大衆に対して「二竜珠を争う」の公案を提示してこれに対する下語を求め、これに対して全巌東純（?—一四九五）の下語が認められ、入室嗣法が許されたという。円応寺にも文字通り公案話頭の拈提をした門参が数種類伝えられているが、代語・下語に関する文献が多いことが特徴的である。また『山雲海月』は、峨山韶碩が行った曹洞の宗旨の提唱の記録とされるが、円応寺に所蔵される『未語尽情』の標題を有する、内題『山雲海月図』は、延宝五年（一六七七）六月刊行本には全く見当たらない部分が後半に付されており、その内容は、三種一色之下語、三玄之下語、四喝之下語、四賓主之下語、四料簡之下語、三路之下語、雪山三段、楊岐八棒之下語、回互不回互出功首尾相応之下語、一句一機之下語、向去却来下語、浮山九帯之下語、宏智頌明峰峨山両和尚下語並批判、洞谷瑩山和尚心仏廿四則之御語、古則話頭之批判並先徳下語等からなる「下語集」であり、明峰素哲や峨山韶碩、さらには瑩山紹瑾の下語類をも含む、多数の下語を収録している。(19)

このほかにも『大庵和尚下語』があり、円応寺開山了然永超（一四七一—一五五一）の、円応寺入寺以来の法語とされる『円応寺中興了然大和尚法語』と題される開山語録も、内容は明らかに代語集である。

すなわち、「永正十六年四月十五日、一拶出始、始為《テナル》二結制場中主《ノ》一、以レ何《テカ》為《メニセン》レ人《ノ》、代、慈眼視衆生、福聚海無量」とあるように、永正一六年（一五一九）四月一五日の円応寺入寺より始まり、おそらく大永七年（一五二七）頃に至るまでの、年中行事や折に触れての代語、あるいは先師天甫存佐（?—一五一七）の三回忌の忌辰等の臨時の行事についても、会下の大衆に著語を求め、自ら代語をなしていくという、特異な大衆接化がなされていること

が知られる。こうした例はもちろん他にも見出せるが、石屋派では、衆僧の指導はすべてこのような形式でなされていたとも考えられる。代語の盛行は中世曹洞宗に共通する風潮であるが、石屋派では、特定の機縁や話頭に代語をもとめる場合もあるが、日常の生活そのものが常に代語の対象となるという、極めて独創的な叢林の行事が展開されていたことが知られるのである。

このほか、円応寺所蔵の門参資料とみられるものについても、これが代語抄に近い内容を有しており、前述した『補陀寺本参為末世記処』にみられるような、機関や禅機を弄するようなものは全くみられず、時には委曲を尽くして話頭や機縁の内容を解き明かされており、むしろ理致というにふさわしい、綿密な禅要が提示されていたことが看取される。

以上、同じ通幻派のなかでも、関東、東海地方に主に展開した了庵派の門参の伝統と、九州地方を中心に四国、中国地方に展開した石屋派の代語・下語の伝統とを比較しながら、それぞれの特徴と相違点について概観、見通しを述べて論じてみた。資料的にはまだ多くの傍証を必要とすることはもちろんであり、特に石屋派の抄物資料については、資料そのものの発掘をはじめ、幾多の検討余地を残しているが、今日みられるものについて検討しただけでも、両教団には上記のような極めて特徴的な差異が見出されるのであり、同じ話頭禅、公案禅の援用といいながらも、そこには自ずからなる必然的な受容の経過があったことを知らなければならない。そしてさらに、同じ曹洞宗内の他派の抄物資料も網羅的に検討を加えた上でなければ、中世曹洞宗の実態というものは容易に浮かびあがってはこないであろうことも銘記しておかなければならない。

中世という時期は、日本曹洞宗が飛躍的発展を示す時期であるが、その実態を究明するためには、教団史的な検討ももちろん必要であろうが、さらにきめ細かな、教団内の各派ごとの地域性や、各門派の禅要の相違、大衆接化のあり方などを総合的に再検討する必要に迫られているといえよう。

註

（1）鏡島元隆「日本禅宗史――曹洞宗」（『講座禅』巻四、一九六七年一二月、筑摩書房刊）一一二頁、竹内道雄『曹洞宗教団史』（一九七一年六月、教育新潮社刊）一一三頁以下参照。

（2）禅宗教団史研究関係の主なものをあげれば、先駆的な鈴木泰山『禅宗の地方発展』（一九四二年一一月、畝傍書房刊）をはじめとして、今枝愛真『道元とその弟子』（一九七二年一〇月、毎日新聞社刊）、竹貫元勝『日本禅宗史』（一九八九年九月、大蔵出版刊）、同『日本禅宗史研究』（一九九三年一月、雄山閣刊）、広瀬良弘『禅宗地方展開史の研究』（一九八八年一二月、吉川弘文館刊）、葉貫磨哉『中世禅林成立史の研究』（一九九三年二月、吉川弘文館刊）等があり、臨済宗の歴史を中心にしたものに、玉村竹二『臨済宗史』（一九九一年一月、春秋社刊）がある。

（3）栗山泰音『総持寺史』（一九三八年三月、大本山総持寺刊）及び『曹洞宗大本山総持寺御直末・元輪番地寺院名鑑』（一九七三年九月、大本山総持寺瑩山禅師六百五十回大遠忌記念奉讃刊行会刊）によった。

（4）禅宗語録の分析によって葬祭宗教化の歴史を跡付けた、圭室諦成『葬式仏教』（一九六三年一一月、大法輪閣刊）一二一頁以下がある。

（5）広瀬良弘前掲書「第三章　曹洞禅僧と宗学」（三七三頁以下）において、『大雄山最乗禅寺御開山代』『竜洲文海下語』『天嶺呑補下語』、及び切紙類を用いてその歴史的な意味を追究している。

（6）金田弘「国語資料としての曹洞宗カナ抄物類とその性格」（『洞門抄物と国語研究』一九七六年一一月、桜楓社刊）七頁以下参照。

（7）松ヶ岡文庫に天文五年（一五三六）の書写本があり、『松ヶ岡文庫所蔵禅籍抄物集』第一期（一九七六年一〇月、岩波書店刊）に影印収録された。異本として、足利学校遺蹟図書館に天正六年（一五七八）以前の写本があり、また、東京大学史料編纂所に、大徳寺春浦宗熙蔵本の江戸期の転写本が所蔵されており、この二本は『抄物大系　人天眼目抄』（一九七五年六月、勉誠社刊）に、解題を付して影印収録された。

(8)『碧巌大空抄』の異本は数種知られているが、東久留米市浄牧院所蔵の上巻延宝九年（一六八一）転写、下巻文亀元年（一五〇一）書写本が、『禅門抄物叢刊』第五（一九七五年二月、汲古書院刊）に解題を付して影印刊行された。

(9) 石川力山「峨山和尚誦抄『自得暉録』について」（『宗教学論集』第九輯、一九七九年一二月）、及び第三章参照。

(10) 石川力山「『人天眼目抄』について」（『印度学仏教学研究』第二六巻二号、一九七八年三月）参照。なお、飯塚大展「中世曹洞宗における『人天眼目抄』の受容について――『人天眼目川僧抄』を中心として」（『曹洞宗研究員研究生研究紀要』第二七号、一九九六年七月）、同「大東急記念文庫蔵『人天眼目批郤集』について――『人天眼目抄』における位置付けを中心にして」（『駒沢大学仏教学部論集』第二七号、一九九六年一〇月）では、日本の五山禅林、及び林下洞門における受容の仕方を扱っている。

(11)『如浄語録』（巻上）に「歳旦上堂、元正啓祚、万物咸新、伏惟大衆、梅開早春、還見麼、挙払子云、一枝拈起眼中塵」（大正蔵四八、一二三頁c）とある。

(12)『宗門之一大事因縁』については、石川力山「美濃国竜泰寺所蔵の門参資料について（中）」（『駒沢大学仏教学部研究紀要』第三八号、一九八〇年三月）、及び第一篇第二章参照。

(13) 第一篇第一章、第三章、及び石川力山「『古今全抄』について」（『印度学仏教学研究』第二七巻二号、一九七九年三月）等参照。

(14) 第一篇第二章参照。

(15) この目録には、続いて「参禅巻冊覚」として、次のような目録が付されている。

秘参独則十六則一巻、独則一巻、永平秘伝参一巻、永平独則参一巻、永平秘伝書伝後参絹地也一巻、大儀小儀二巻、伝授作法折本一冊、参禅惣目録一巻、三十四話抄参禅切紙一冊、三十四話名目一冊、三十四話抄共一冊、門参一冊、嗣書三段訣二冊、正法眼蔵抜書一冊、大白峰記一冊、五葉集同抄一冊、根脚抄一冊、碧岩参禅三冊、血脈起一巻、嫡嗣伝授儀式一巻、伝授古則秘伝書一巻、法花八巻之秘参一冊、

これらは、永平寺に伝承された門参類とみられる。なお、面山瑞方は『洞上室内断紙揀非私記』で、一四五種の

切紙を掲げ、これらをすべて妄断僻説として用いてはならないとし、さらに永平寺で調査したという百四十余種の切紙についても、揀非に付すべきものとする。

(16) 第一篇第二章参照。

(17) 金田弘『洞門抄物と国語研究』（一九七六年一一月、桜楓社刊）附、「曹洞宗関係カナ抄物類別一覧表」参照。

(18) 石川力山「肥前円応寺所蔵『大庵和尚下語』について」（『宗学研究』第二二号、一九八〇年三月）、同「峨山和尚誦抄『自得暉録』について」（『宗教学論集』第九輯、一九七九年一二月）、同「肥前円応寺所蔵の門参資料について」（『印度学仏教学研究』第二九巻二号、一九八一年三月）、金田弘「肥前円応寺所蔵『無門関抄』とその言語」（『宗学研究』第二二号、一九八〇年三月）、及び第一篇第三章等参照。

(19) 石川力山「円応寺所蔵の『山雲海月図』について」（『曹洞宗研究員研究生研究紀要』第一一号、一九七九年八月）、及び第一篇第三章参照。

第一篇　語録抄から門参・代語へ

第一章　語録抄について
――峨山和尚誦抄『自得暉録抄』――

一　語録抄の性格

すでに触れたように、中世洞門抄物の研究は主に国語学研究の立場から進められてきたが、中世曹洞宗史における思想史ならびに教団史解明の双方に新たな視点を提供することになった。道元より江戸宗学に至る間の文献的空白を埋める膨大な史（資）料群が、この洞門抄物であり、試論としてこれを①「語録抄（聞書抄）」、②「代語（代・下語・著語）」、③「代語抄・再吟」、④「門参（本参・秘参・伝参・秘書）」、⑤「切紙（断紙）」の五種に大別してみた。しかし、これら五項目は内容的に截然と分類することは不可能で、後述するように「切紙」は形態的には他と区別されるものの、その伝授相承の目的は、個々の課題の公案参得的追求のためのテキストであった。道元は公案を課題として参究し見性をめざす修行形態を拒否したが、その後の中世における曹洞宗教団は、ほとんど例外なく公案話頭に参ずる看話の禅風に染まった。看話の答えは元来、一則の話頭に著語を下すことによってなされ、さらに問答応酬やその他の方法も導入されて多様な展開をすることになったが、そのための手控えが門参である。

ところで、禅宗における代語の伝統は道元にも見出すことができることはすでに指摘したが、その方法は語録抄にも受け継がれた。洞門抄物で最も代表的な『人天眼目抄』の紹介でもすでに触れたように、語録抄は原則的には祖師の語録や公案の提唱録という形態をとるもので、語釈的なものから達意的な注釈などを内容とするが、一節の講義が終わるや、最後は五言・七言の句をもって締めくくられるのを例とした。このように語録抄は、「聞書（注釈）」であると同時に「代語」の記録ともなっていることが基本的な性格であり、代語や門参がその対象を公案話頭に限定し、集約した形でまとめたことは容易に推測できる。切紙資料はその範囲を儀礼や口訣等にまで拡大したものとみることができる。ただし門参や切紙資料は門派独自の受け止め方にこだわることが特徴であり、その意味から洞門抄物の発展過程を考える上で、語録抄の検討は欠くことができない課題であり、ここではこれまであまり知られることのなかった語録抄について、資料の紹介を中心にその基本的性格をうかがってみたい。

ここに紹介する「峨山和尚誦抄」の識語を有する『自得慧暉禅師語録抄』（以下『自得暉録抄』と略称）は、佐賀県武雄市円応寺に所蔵される、中世末期の元亀三年（一五七二）書写の抄物資料で、もしこれが確かに峨山韶碩（一二七六―一三六六）の抄を伝えるものであるなら、瑩山紹瑾のものとされる『報恩録』に次いで古い伝承をもつカナ抄物ということになり、中世曹洞宗の思想史解明のための貴重な資料になることは疑いない。

この抄物資料を所蔵する円応寺は、長門大寧寺の末寺で、永正一四年（一五一七）大寧寺九世天甫存佐（?―一五一七）の法嗣の了然永超（一四七一―一五五一）を開山とする石屋派の寺院で、同寺には、石屋派の門参資料も多数所蔵されているが、それについては後述する。

また、曹洞宗関係の抄物資料の研究が、国語学における特に中世から近世にかけての東国語研究に出発したことから、これと地域的に関係の深い通幻派のなかの了庵派や天真自性派の抄物資料が研究対象の大半を占め、これに太源派のものが加わる程度であったが(1)、新たに薩摩福昌寺から出て四国・九州地方に教線を展開した、通幻派のな

かの石屋真梁（一三四五―一四二三）派下の多数の門参資料が研究対象として加えられることになった。(2)

なお、同系統の『自得暉録抄』についてはその後、数種の異本が発見され、なかには完本も存し円応寺本に欠けていた部分はすべて補われることになった。それらは次のようなものである。

①長崎県円応寺所蔵本（元亀三年書写）巻二・四・五・六

②愛知県西明寺所蔵本（書写年不明、中世末）巻一・二

③館林市小池篤氏旧蔵本（完本、書写年不明、室町末）巻一・二・三・四・五・六(3)

④上田市大輪寺所蔵本（書写年不明、近世初期）巻一・二

⑤愛知県松源院所蔵本（書写年不明、近世）巻一

⑥山梨県広厳院所蔵本（書写年不明、近世）巻三(4)

これらのうち、抄者を峨山とするテキストは円応寺本のみである。峨山抄の史実性については、現在これを傍証する史料はないが、宏智正覚とともに自得慧暉の語録が曹洞宗で用いられた歴史は古く、書写の年記を有する唯一の伝本であることもあり、以下、円応寺本を中心に紹介検討したい。(5)

二　円応寺本『自得暉録抄』

さて、ここで紹介する円応寺本『自得暉録抄』は、前述のように現在二冊、四巻分だけ残っているが、表紙裏には両冊とも、「自得暉録、四冊全部、肥前円応寺常住」という墨書があり、元来は四冊本であったことが知られる。そして、現存するのは四冊中の第二冊目と第四冊目で、二冊目は『自得暉録』全六巻の第二巻目の抄であり、四冊目は巻四・五・六の三巻の抄を合冊にしたものである。したがって第一巻目は巻一、第三冊目は巻三の抄であった

と推定される。ただし、分量的には約半分である。次にその書冊形式を記しておく。

一、冊　数　四冊、ただし第一、第三冊目は欠

一、料　紙　楮紙

一、大きさ　縦27・2センチメートル　横19・3センチメートル

一、装　釘　袋綴

一、標　題　「自得暉録（打ッ付ケ）」、内題「霊笠浄慈自得禅師録」

一、匡　郭　アリ（匡郭内21・6センチメートル　横15・7センチメートル）

一、枚　数　二冊目20丁、四冊目20丁

一、行字数　毎半葉13行、一行30―33字

一、刊　写　写本

一、書写年　元亀三年（一五七二）六月―七月

一、筆　者　円応寺五世勝巌宗殊（？―一六〇〇）

一、書込・識語等　朱による合点アリ

第二冊目巻首「〇奉請南無光明電王娑婆訶」

　巻末「〇都合上堂三十並ニ石霜之下語、祥定レ之竟ヲン

　　〇〤奉請護法竜天善神

　　　〇于時元亀三年〈壬申〉六月廿三日勝巌主宗殊(印)拝」

第四冊目巻首「〤奉請白山妙理大権現」

巻末「奉請白山妙理大権現
○于時元亀三年七月五日
○峨山和尚御誦抄也　秘密々々　勝巌主宗殊（印）拝」

本抄は、中国曹洞宗宏智派の自得慧暉（一〇九七―一一八三）の語録について、たとえば巻二の冒頭部分を例示すれば、

○上堂曰、家音歴々而運用堂々《タリ》矣、〽注曰、亘《リ》レ古今亘《ニ》、チットモ曲ハナイゾ、緑岩雲幕而《ト》翠岑色尖《リ》、〽注曰、此ノ地ニ至テワ、千仏万祖モ、足シ向《ケヲ》セズ、手著《ケヲ》セヌゾ、若知《シ》レ有《コトヲ》二這箇恩一《ヲ》、以テ報《ン》二不報之恩一《ヲ》、〽注曰、仏祖《ノ》立処《ハ》報恩ノ地、仏祖ノ不《ル》レ立地ワ、不報ノ恩ノ地デ走ゾ焉、時《ニ》有レ僧出《テ》陳問、如何是不報《ノ》恩、師云、者箇是《ハレ》報恩底《ノ》事、〽注曰、答話ノ時ハ那箇ト理トヲ響タゾ、……（1オ）

とあるように、語録の本文の一節ごとに、全体にわたって「注曰」として、仮名書口語体で注解を施したものである。

自得慧暉は、[6] 中国曹洞宗宏智派の祖宏智正覚（一〇九一―一一五七）の法嗣で、浙江省の補陀寺・万寿寺・吉祥寺・雪竇山・臨安浄慈寺等の諸刹に歴住しており、『自得慧暉禅師語録』は、巻一、上堂・小参、巻二―三、上堂、巻四、示衆、巻五、機縁問答、巻六、各種下火からなり、上堂と小参（巻一―三）には、全部にわたって石霜明総の下語が付されている。下語者石霜については、語録に付された、法弟石窓洪恭《(ママ)》撰の塔銘に、

法嗣之出世人一十三人也、石霜総、東谷光等為レ首、会下雲衆七百余員也、（続蔵二―二九―五、四七八c）

とあり、自得会下の僧と思われるが、この塔銘には年記等に疑問があり問題は残る。また、編者簪渓了広は、自得の法孫で、後に日本に渡来する東明慧日（一二七二―一三四〇）の師直翁徳挙の法弟に当たり、その系譜を示せば

次の通りである。

宏智正覚―自得慧暉―明極慧祚―東谷明光┬直翁徳挙┬東明慧日
　　　　　　　　　　　　　　　　　　│　　　　└雲外雲岫―東陵永璵
　　　　　　　　　　　　　　　　　　└簪渓了広

この『自得暉録』の版本については、今日、江戸期の正保三年（一六四六）、及び明暦二年（一六五六）の二本が知られているが、これがはたして中国において開版されていたかどうかは全く不明である。また写本として、松ヶ岡文庫に巻二・巻三部分の室町末期の零本が一本、駒沢大学図書館に巻一部分の書写年不明の零本が一本知られていたが、[7]前述の小池氏旧蔵の室町末期の書写と思われる完本は、元来は語録本文の写本で、抄文は後に行間や匡郭欄外等に書き込まれたものであり、貴重な本文研究のテキストであることが判明した。語録の本文は、円応寺本をはじめとして、抄の諸本には省略されることなくすべて書写されており、本文研究の際にも重要な諸本の一となろう。ただし円応寺本は、日本語語脈と混同したと見られる語順の写誤が目につく。[8]また、江戸期の刊本にみられる、紹興二九年（一一五九）の自得塔銘は、円応寺本には存しないが、小池氏旧蔵本には書写されており（ただし「紹興二十年」とする）、さらなる中世の伝本の発見がまたれる。

なお、自得の語録に対する中世の仮名抄物があったらしいことは、『新纂禅籍目録』（一六二頁）の記載によって知られるが、本抄との関係については全く手掛かりがない。ただし、自得が曹洞宗の僧であり、当時の臨済宗関係の抄物資料が『碧巌録』『臨済録』『大慧書』等に多いことを考慮するなら、『新纂禅籍目録』記載の『自得禅師録カナ抄』が、曹洞宗の人の手になるのではないかという推測は可能である。

三　峨山撰述説

次に問題になるのは、この円応寺所蔵の『自得暉録抄』が、はたして峨山韶碩の提唱録を伝えているかどうかということの真偽問題であるが、結論からいえば、不明といわざるを得ない。峨山の「誦抄」であるという根拠は巻末の識語だけである。また、たとえそれが峨山の注であるということが明らかになっても、注釈部分をすべて峨山のものとすることはできないようである。それは、たとえば、

僧曰、和尚作《ス》二父ノ譲《ヲ》一也否《ヤ》、師曰、謝《ス》二子箇孝養《ヲ》一、〽注曰、父子《ノ》恩マキレヌゾ、私曰、子父就《ク》ト思、志ヲ忘レ、父ハ子ニ慈有ル志ヲ忘レタ時、其ノ位ヲ不レ隔、父子ノ恩マキレヌゾ、（6ウ）

呵々大笑《シテ》曰、贏得《タリ》三千自損《ス》二万徳《ヲ》一、〽注曰、何共モアツカヱバ徳ヲ失スルゾ、私曰、小ノ数ハ三千カ極リ、大ノ数ハ万億カ極リタゾ、贏得タリ三千自損二万徳《ヲ》一、小ヲ取大ヲユルカセニシタゾ、又俗ノ諺《ザニ》小利大損トモ云タゾ、（8オ）

霜曰、妙音観世音、風声雨露声也《ヌ》。梵音海潮音、江浪碧湾ノ浪也。〽注曰、聞ノ性ニサヱラレヌ時、他ノ声ヲバ聞ヌハ、観其音声、皆得解脱トモ是ヲ云タゾ。私曰、如レ是《ノ》見知□是《ノ》聞是《ハ》聖人ノ法タゾ。見ノ性ニ隔ラレ、聞ノ性ニ隔ラレテ、見ル処斗《リ》見、聞《ク》処斗《リ》聞バ、凡夫《ノ》法タゾ、全《ク》性ニ隔テワ無イゾ、二菩薩ヲ見トモ、是レヲ云タゾ、（9オ〜ウ）

師曰、早你知《クカ》二落処《ヲ》一、〽注曰、不会《ノ》処是ヲ本意トシタゾ、私曰、落処トハ、折角カ在ルゾ、（11オ）

とあるような例にみられるように、「注曰」としてなされた注釈の外に、「私曰」として注釈をつけ加えた人がいることであり、明らかにもとの注釈に後人の手が加わっていることを示している。しかも、「私曰」の注釈の内容は

「注曰」の立場と同等の意識でなされていることが看取され、本抄が識語の通り峨山の誦抄の聞書であるとしたなら、これを聞書した人が同時に「私曰」の注者である可能性は極めて薄い。

また、本抄の性格として特に注目されるのは、すでにみた巻末の識語に、「峨山和尚御誦抄也　秘密々々　勝巌主宗殊拝」とあるように、この書が室内伝授の秘書的扱いがなされていることである。このような例は、瑩山の抄とされる『報恩録』の末尾に、

洞谷山永光禅寺五十四世、瑩山比丘紹瑾老衲註二却之一、末代為二児孫一者也、深可レ秘可レ秘、雖二然如レ是、到二末学二一銷予望処也、

謹頂二戴九三拝此二巻録一、相二添伝衣一可レ作二深秘録一、若属二流付一者吾宗滅却者云レ之、（曹全、宗源下、六六六頁）

とあり、また『秘密正法眼蔵』の末尾にも、

学人須下欲レ成二大善知識一先参中此十則大事上、若参不得、未レ許レ称二吾児孫一、実哉斯言、可レ秘可レ秘矣、
能州洞谷山永光禅寺於二丈室一、伝灯五十四世開山瑩山比丘紹瑾等書レ之畢、（同右、四三四頁）

とあり、この一文は、その他、大智の『古今全抄』や義雲編集とされる『永平寺秘密頂王三昧記』等にも共通して見出される記述である。(9) このような秘書的性格は、祖師の語録として大事に取り扱うという意にも解されようが、むしろ後の門参資料へと発展する原初的性格を示すものと見られる。曹洞宗における門参の成立は、臨済宗の密参録と同様に、中世における公案禅援用の問題にかかわるものであり、また門参は各門派独自の参という意味ももっているが、先人達がなした公案解釈も同様に門参的に位置付けられた例は、『秘密正法眼蔵』や『古今全抄』に等しくみられる性格で、「秘密々々」という類の表現はもとより後人の添加であろうが、その背景には、こうした室内伝授資料の成立という問題が当然関係してくる。『自得暉録』巻五は、自得慧暉の参学の機縁を集めたものであ

るが、その抄は、たとえば、

師因到二径山一、見《エ》二了和尚《ニ》一、問曰、井底ノ蝦蟆呑二却月一、三更不レ借夜明簾、意旨如何トハ、極位極暗ノ処、推《ヨシ》ッメテ問タゾ、了曰、你還体得麼トハ、明白分明地ヱ、トット出タゾ、師曰、吾是《レ》所生《ノ》身、重《テ》推ッメテ看タゾ、了曰、親ノ見《ヱ》二作家《ニ》一来《ル》。些子《モ》手ヲ不レ犯、師此ヲ礼《ハ》拝シテ走ゾ、了曰、今日始テ逢《ニ》二人毒手《ニ》一、又今日身《ヲ》払タゾ、

拶云、畢竟問答意旨如何、代云、水上如胡蘆子、捺着便転、（9オ）

とあるように、注釈に続いて拶語・代語をもって結んでいる。さらには、

師因到法雲、見二仙和尚一、仙曰、何処来《ル》、師云、自二足下一来《ル》、仙曰、足（下）有《ル》二多少人《カ》一。師作《ス》二踏勢《ヲ》一、仙曰、蹉過モ也不レ知、師曰、果然々々、意旨如何、代云、験人端的処、下レ口即知音、（10オ）

とあるように、注釈を全く含まず、拶語・代語をもってこれに代えている場合もある。巻五の機縁については、全巻にわたってこうした著語をもって結ばれており、後に成立する公案参得のための著語・下語の方法を記した門参資料と同様の性格をすでにそなえていることは注目される。

すでに述べたように、『自得暉録抄』がたしかに峨山の抄の記録かどうかという真偽問題については、本章では決定的な結論は出し得ない。また、国語学的にこの仮名抄がいかなる地域の言語を基調としているかという問題についても、筆者は専門外のことなのでなんともいえないが、了庵派下の総寧寺・大中寺関係の各種の代語抄において、関西系の仮名抄に比較して、東国独特の言語上の特徴として挙げられる、指定辞ダの使用、ハ行四段動詞連用形促音化、形容詞連用形原形の維持等の、言語表現上の特色は、(10)『自得暉録抄』には見出せないので、時代的にも地域的にも、『自得暉録抄』の成立は、少なくとも了庵派のものとは異なるということはできよう。では本抄は、内容からみてどのようなことが推定可能であろうか。

今日、峨山の著述として一般に認められているものは、『山雲海月』（三巻）と、若干の仮名法語だけである。(11) そしてこの『山雲海月』では五位に関する記述が特に注目され、巻下の冒頭では、

夫宗門之位次、五位者、兼中到、兼中至、此両位専也、又正中偏、偏中正、此両位宗旨之密作用也、正中来、前後相備、明㆓直旨正道㆒当位也、譬山雲海月之一印印定也、功与㆑位雖㆓分明㆒、未㆑渉㆓位次㆒全体也、総五位、毎位全不㆑露有㆑主、含将来、含将去、前後後前、相備眼也、面面可㆓子細見得去㆒、……、

（曹全、語録一、五八頁）

と述べて、曹洞宗宗旨における五位の重要性を主張する。

ところで、道元は宗旨として五位説を援用することはなかったが、(12) 峨山に至って五位説は極めて重要な位置を占めることになる。ただし『山雲海月』で説かれる五位説は、正中偏・偏中正・正中来・兼中至・兼中到とあるように、洞山・曹山によって創唱された、正中偏・偏中正・正中来・偏中至・兼中到という五位を、内容的にもまた名称的にも改めた、石霜五位を継承しており、曹山・洞山本来の五位説ではない点などから、『山雲海月』の「兼中至」説は、筆者の写誤か、伝写上の烏焉であろうとされる場合もあるが、(13) 宏智正覚にすでに偏中至と兼中至の互用の先例もあり、(14) また『山雲海月』の五位説の内容も「五位者、兼中到、兼中至、此両位専也」とあるように、兼中至・兼中到を中心とする、功勲的な内容をもつに至った石霜五位とみて差し支えないであろう。すなわち、兼中到については、

兼中到之一位者、真人究竟窮極之初位也、虚之玄玄也、心之無性也、性霊霊也、虚含㆓虚位㆒徹㆑虚霊也、心含㆓心照㆒、叶㆓心性㆒也、虚霊心性、一位含得、未㆑分㆓正体㆒先玄玄也、極㆓此玄底㆒者真人也、（中略）心仏心法心性之本位也、故云極中極位也、委悉参徹、

（曹全、語録一、五八頁）

となし、兼中至については、

兼中至之一位者、真人真照霊明之機用初位也、　（同右）

として、さらに、

此両位、不二変相仏性一、以二此両位一、説二与自己宗眼之霊妙一去、尊弟詳二此旨一、初位極処、有二霊明之通処一不二断絶一、又有二真照明白処一隠身、即的之幽気、含二得無位一故、此両位不レ可レ有二前後上下一、然者仏祖従来不得底当位也、　（同右）

という。すでにみたように、『山雲海月』で説かれる五位の、正中偏・偏中正は宗旨の密作用、すなわち正偏回互のはたらきを示し、正中来は、前後の四位を備えた不回互の絶対正である。そして『山雲海月』の五位で最も重要視されるのは、「真人真照霊明之機用初位」である兼中至、「真人究竟窮極之初位」である兼中到、すなわち正偏兼帯の両位である。そして『自得暉録抄』も、正偏五位に限らないが、五位説を依用して解釈している例が極めて多く、巻二に、

僧曰、恁麼則《チカ》為二甚麼《ト》一道ウ、従レ古難レ入、師曰、門々歴々、歩々明々、何ソ用《ン》二出入《ヲ》一、〽注曰、此ニ証拠カ有ゾ、洞山僧問、如何是奉、山曰、背《ノ》時作麼生、此問答《ノ》時ハ、主人奉ルナライニ、背面ワ無ゾ、前《ニ》有時斗使ワル、ワ、奉ツルテワ無ゾ、イツクニ在《テ》モ主人ノ前ヲハ離レヌゾ、如レ是見レハ、出入ノ有ルハ、奉《ノ》義テワ無ゾ、僧云、未審《シ》有二内外一否《ヤ》、師曰、表裡元ト無《シ》二分外一、〽注曰、奉背共《ニ》功勲ノ義也ト見レバ、表裡ハ無ゾ、……（3オ）

とあるのは功勲五位を依用しての解釈であり、

上堂曰、少室ノ胡僧、履子留《ム》レ隻、米樹《ノ》応供、趺《フ》子出双、〽注曰、是ハ后日此ニ覆蕩スル底ノ様子也。新豊老

人、問㆓殺首座《ニ》㆒、〽注曰、大闡提人タゾ、大陽光者《ノ(ママ)》、兼養㆓青鴿《テ》㆒、〽注曰、可㆑憐生人《ノ》タゾ、世尊時《ノ》ハ、其身ハ在《テ》㆓棺中《ニ》㆒、双趺棺外《ニ》出、正中偏タゾ、達磨《ハ》空棺隻履ヲ留テ、其ノ身ハ去テ不㆑見、偏中正タゾ、闡提トハ、雲居膺禅師洞山問、大闡提人、作《ス》㆓五逆罪《ヲ》㆒、孝養在《ル》㆑何《ナニカ》、師曰、始成《テル》㆓孝養《ト》㆒、自㆑你洞山許《シテ》為《ス》㆓室中《ノ》領袖《ト》㆒、此問答時《ハ》、大闡提人、作《ス》㆓五逆罪《ヲ》㆒、偏《ノ》尽〻シハタゾ、始テ成《ル》㆓孝養《ト》㆒トハ、〽至極ノ偏露《ノ》シハタゾ、然ハ兼中至タゾ、可㆑憐生《ト》、譬ハ如㆓初生《ノ》鳩児ノ毛羽㆒可㆑憐生、久々《ニ》自《ラ》能《ク》高飛《テ》遠蕩《スカ》㆒、〽注曰、遠蕩スルニ更ニ落処極《ニ》リハ無《ク》、トコマテカ飛登テ在ラウス、然ハ兼中到タゾ、諸人幸《ニ》是レ吾家《ノ》客、何得《ソ》㆓不会《ナルコトヲ》㆒、正中来タゾ焉、時有㆑僧出㆑衆問、古聖恁麼《ノ》作略、得后《ノ》風流也《ナリ》、学以㆑何得㆑会、師曰、驀面《ノ》家風、不㆑容㆓擬議《ヲ》㆒、〽注曰、驀面トハ当頭中タゾ、不容㆓擬議《ヲ》㆒トハ、以㆓君臣偏正《ヲ》㆒言者、不㆑欲㆑犯㆑中、僧曰、大疑々々、師曰、道看《ヱ》、〽注曰、五位一々中《ニ》ノ字ヲ以可㆑見《シ》、僧払袖シテ去ル、〽注曰、驀此ヱ去タゾ、此ノ儘テワ去リ処カ聞ヱタゾ、師曰、終始不㆑錯、〽注曰、終リト始リトニ錯リ無イゾ、千聖《ハ》錯リワ智不到《ノ》処タゾ、此ワ去ル処タゾ、然ハ中ニ契タゾ、師乃曰、学悟之要ハ、須《ク》㆓真到之要《ナル》㆒、参禅之路《チハ》、又タ宜《ヘシ》㆓妙契之路《ナル》㆒、〽注曰、何モ中ヲ云タゾ、各請《ノ》分《テ》㆓半席《ヲ》㆒便下座、〽注曰、一畳タタミニワ、居《ラ》スシテ半席ヲ分ツタカ面白イソ、霜曰、用《テ》㆓古今通貫眼《ヲ》㆒、〽注曰、偏正タゾ、論㆓是非不及妙《ノヲ》㆒トハ、〽注曰、中正ヲ云タゾ、且道因㆑孰《カ》致《ン》㆑得《ルコトヲ》、〽注曰、五位トモニ従㆑人得ルニアラズ、（9ウ～10オ）

とあるのは、全体を偏正五位によって解釈している例である。しかも用いている五位は、第四位を兼中至とする石霜五位である。そして、至極の偏の露が兼中至であり、初生の鳩児が高飛遠蕩して落処に極まりなく、任運に高飛するのが兼中到であると説くあり方は、さきにみた『山雲海月』の兼中至・兼中到に極めて近い用例といえる。さらに、『自得暉録抄』巻四には、

示衆曰、衲僧家自到自見《シテ》、正到《ニ》㆓自証之田地《ニ》㆒、親見《クル》㆓自然之所処《ヲ》㆒トハ、兼中到ヲ云走ゾ、然ハ兼帯処《ノ》タゾ、在

レ彼同《ニ》レ彼、在レ此同レ此トハ、在彼同彼《キ》者《カ》、又タ在レ此同レ此走ゾ、彼此相応而無二分功《コウ》言《コトハリカ》処一トハ、混融シテ更不二相分一、凄々タリ屋后《ノ》風、颯々《タリ》寺前《ノ》松トハ、屋后《ニ》風吹ハ寺前ノ松ガ鳴ルゾ、然レハ一向非レ不《サルニ》二屋后《ニ》一、一向非レ不二寺前一、如全不レ全似レ虧無心而能作用《レハ》、々々々又《モ》自然無心トハ、風無心シテ吹レ松、無心而鳴テ走ゾ。故経曰、雲駛《レハ》月運《フ》、舟行者岸移トハ、動与二不動一不二相離《ソ》一、片雲軽《シテ》弄二谷響一遠幽ナリ、片雲谷響トハ、事理兼帯ヲ云テ走ゾ、子細点検シ将来レハ、皆《ナ》是按排ナリトハ、到《テ》二兼中到《ニ》一、兼中到《ノ》沙汰ヲハ、一向不《カ》レ犯面白ゾ、雲晴《テ》月出《ハキ》レ光《ヲ》、終終雲霄外《ノ》トハ不レ言、水冷潭懐《フクム》レ珠《ヲ》、終碧潭底《ノ》トハ不レ言ゾ、(4ウ)

あるいは、

示衆曰、只箇相応ノ時節トハ、兼帯ノ処タゾ、如《シ》三地《ノ》撃レ山《ヲ》、不《ヤ》レ知二山《ノ》之孤峻《ナル》一、似三石《ノ》含レ玉不《ルニ》レ知二玉之無《ヲ》一レ瑕トハ、主《ニ》無《ク》二主相一、臣モ忘《ス》二臣相《ヲ》一、正不レ存二正位《ヲ》一、偏不レ存二偏位《ヲ》一、到二這裡一無二弁白《ノ》処一、無《シ》二湊伯《(ママ)ノ》処一、絶二蹤跡一、絶二対待《ヲ》一、是衲僧自到ノ処、是学人自証ノ処、是三世諸仏底、是六代祖師底、各々分上曾不二欠歇一トハ、名《テ》二此ノ一位《ヲ》一、旧時行李共二云イ、大平ノ時代共二云ゾ、鴈過《クニ》二長空《ヲ》一、影沈《ム》二寒水《ニ》一、鴈無《ク》二遺蹤《ノ》憶《イ》一、水無《ニ》二沈《シ》影之心一、偏正混融ノ貌、臣主相応ノ姿テ走ソ、若能《ク》如レ此、是レ真《ノ》出家トハ、不《ル》二滞在一一処、不《ル》二凝滞《イ》一物々、逢レ善不《ス》レ喜《ニ》、逢レ悪不《ス》レ嗔、荊谷《ノ》清泉洗二白玉《ヲ》一、大華《ノ》杲日照二清川《ヲ》一、皆兼帯ノ様子テ走ゾ、(7オ～ウ)

等とあり、随処に、偏正混融、理事冥合の兼帯の境界を強調する。すでにみたように『山雲海月』では、兼中至と兼中到には前後上下の区別はないとしながらも微妙な差異を認めているが、『自得暉録抄』においても、兼中至と兼中到をいずれも兼帯として捉えながら、「到《テ》二兼中到《ニ》一、兼中到《ノ》沙汰ヲハ、一向不《カ》レ犯面白ゾ」というように、兼中到は兼中到をも超越した絶対の兼帯として捉えられており、明らかにその差異を認めている。この意味においても『自得暉録抄』で説かれる五位思想は、峨山の『山雲海月』で説かれる五位思想に極めて近い内容をもっているということはいえよう。

四　講所、伝本

以上、佐賀県武雄市円応寺所蔵の「峨山誦抄」と伝承される『自得暉録抄』について、その書誌と、若干の内容の紹介を試みた。これがはたして峨山自身の提唱を記録したものかどうかという真偽問題については、再三述べたように結論には達し得なかった。その理由は、円応寺本が発見されて、のち、十余年の間に幾本かの異本が出現したが、それらがいずれも、「峨山誦抄」を示唆する痕跡をまったく伝えておらず、年記や書写の経緯を伝える記載を欠いていることも共通しており、したがって依然としてその伝本の由来が明確にし得ないことにある。またすでに述べたように、「注曰」としてなされる原初のものと考えられる注釈の外に、「私曰」として注が付記される箇所も相当数見出され、現存する『自得暉録抄』が成立当初の形をすでに失った再編集本であることは明らかである。

一方、『自得暉録抄』が極めて珍しい曹洞宗宏智派の語録の抄で、諸本のほとんどが曹洞宗の寺院に伝蔵されてきたことから、洞門抄物の一本であることは間違いなく、しかも言語的に東国語系とは異なっていること、及び、『山雲海月』にみられる峨山の五位思想と近似した五位思想が本抄でも展開されている点などをあわせ考慮するなら、状況的には峨山の注釈であるとする伝承も否定しきれない。円応寺には本抄の外にも、文明一一年（一四七九）書写の峨山の『山雲海月図』（標題『末語尽情』）を伝えており、筆者は異なるが、同様の系路を経て円応寺に伝承されたとも考えられる。

また、『自得暉録抄』がどこで講ぜられたものの記録であるかという問題に関して、巻四の抄に、

海自《ハ》深山自高、大屋《ヲヤ》ノ浦ヲ不《ル》レ離漁翁、安部山家ヲ不レ出樵夫、不《ル》二是《レ》実頭ノ人《ニ》一乎、（3ウ）

という記載があり、「大屋」「安部」という地名が講所付近の土地を指している可能性がある。峨山の活躍した能登地方にこれに似た地名があるかどうかみてみるに、旧能登羽咋郡志加浦村の大字に「安部屋」という地名が存し（『帝国地名大辞典』上、六五頁）、また能登鳳至郡に大屋という村があり、輪島の西南郊に位置していたことが知られる（同右、三二八頁、及び吉田東伍『大日本地名辞書』巻五、一一六頁）。しかしこれらも可能性の域を出るものではない。

さらに、自得慧暉の語録そのものがどのような経路を経て、日本の道元下の曹洞宗にもたらされたのかということも問題になろう。これもやはり可能性の問題であるが、かつて瑩山に参じ、後に明峰素哲（一二七七—一三五〇）に法を嗣ぐ大智により、中国留学より帰国の際に持ち帰られたとも考えられる。大智には『天童小参抄解注』という、『宏智録』のなかの『天童小参録』に対する注釈があり、同じく大智の撰述とされる『無尽集』や『古今全抄』等の抄物資料にも、『宏智録』は極めて大きな位置を占めている。大智が入元中に曹洞宗宏智派に接近した背景には、当然、鎌倉で参じた宏智派の渡来僧東明慧日の存在も考慮に入れておく必要があろう。また、前記円応寺所蔵『山雲海月図』巻四には、明峰・峨山による宏智の頌に対する下語も残されており、瑩山派における宏智派の禅の受容という問題も、上記の諸点に関連して今後の課題となろう。

さらに、『自得暉録抄』の国語学的な位置付けについても、まだ専門的な検討がなされておらず、「五位説」にみられるような他の峨山の著述との詳細な思想的比較もなされていない、これらがなされてはじめてその有機的な関係の有無が判断できると思われるが、ここでは現在筆者に可能な限りでの『自得暉録抄』の紹介にとどめておきたい。

註

(1) 金田弘『洞門抄物と国語研究』（一九七六年一一月、桜楓社刊）収録の「曹洞宗関係カナ抄物類別一覧表」参照。

(2) 円応寺にはさらに、瑩山の『報恩録』（零本）や『秘密正法眼蔵』（二本あり、『十則正法眼並抄』と合綴、『永平初祖行状記（建撕記）』付録本）、峨山の『山雲海月図』（標題『末語尽情』、享徳二年〈一四五三〉写、文明一一年〈一四七九〉再写）、開山了然永超の語録『中興了然大和尚法語』等、中世末から近世初期にかけての貴重な文献が多く所蔵されている。

(3) 館林市小池篤氏の旧蔵で、現在群馬県文書館に寄贈保管されている。室町末期頃の書写とみられる。

(4) 松源院所蔵本は河村孝道博士より御教示提供していただいたものであり、広厳院本は、曹洞宗文化財調査委員会調査収集資料より、安藤嘉則氏の御教示提供によったものである。

(5) 愛知県西明寺にはさらにもう一本、近世成立書写と思われる、系統の異なる自得の語録の巻一・二部分についての注釈書がある。

(6) 自得慧暉の伝記は、『聯灯会要』巻二九、『普灯録』巻一三、『続伝灯録』巻二、『禅宗正脈』巻一四、『五灯厳灯』巻一四、『五灯全書』巻三〇等にある。なお続蔵経所収の『自得暉録』には、法弟石窓洪《（ママ）》恭が紹興二九年（一一五九）に撰したとされる塔銘が付されているが、そのなかには、「師為僧六十八年、此中出世一十二年、七十歳即遷化、十一歳時剃髪、……」（続蔵二―二九―五、四七八c）あるいは「自得和尚紹宏智百歳瞳、家伝密用挙大陽千年行、師游歩七十年、華後豈以言思細可形乎」（同四七八d）とあり、他の諸資料が伝える淳熙一〇年示寂、世寿八七、法臘七五歳説と異なっている。また塔銘撰述の紹興二九年を示寂年とするなら、宏智より年長となり、この塔銘は資料としては疑問が残る。

(7) 『新纂禅籍目録』（一九六二年六月、駒沢大学図書館刊）一六二頁。

(8) たとえば「師云、你何ゾ不レ得過レ聞」（2ウ）とあるのは、「師云、你何不聞得」とあるべきであり、「師曰、早你カ知二落処一」（11オ）とあるのは、「師曰、早知你落処」というのが正しい語順であり、この種の誤記が多い。

(9) 『古今全抄』の末尾には、「此書不見可及他、尽校了、秘密々々」（大谷大学図書館所蔵本）とあり、『永平寺秘密頂王三昧記』の末尾にも、「参禅学道児孫、欲レ会二得此公案一、向二従来倶住底旧人之主分行覆《（履）》処一、直須二自照自悟始

得。実哉斯妙言奇語、並洞山祖師太白峰記、深秘玄奥、浪不㆑可㆑許㆓外見㆒者、云云矣。」（続曹全、注解二、一五四頁）とある。

(10) 注（1）金田弘著書、一九頁以下参照。

(11) 石川力山「肥前円応寺所蔵の『山雲海月図』について」（『曹洞宗研究員研究生研究紀要』一一号、一九七九年八月）参照。

(12) 石井修道「道元の五位説批判」（『道元禅の成立史的研究』一八七頁以下、一九九一年八月、大蔵出版刊）参照。

(13) 岡田宜法『日本禅籍史論』上巻（一九四三年一二月、井田書店刊）一四八頁。これに対し、佐橋法竜は『日本曹洞宗史論考』（一九五二年九月、禅宗史研究会刊）、「第三章　峨山と日本曹洞禅の成立」（六六頁）で反論を加えている。

(14) 石川力山「『義雲録』における『宏智録』引用の意義」（『駒沢大学仏教学部研究紀要』第三五号、一九七七年三月、二三八頁）参照。

第二章　美濃竜泰寺所蔵の代語・門参資料

一　竜泰寺所蔵の抄物資料

美濃（岐阜県関市）竜泰寺は、近世江戸期には関ケ原妙応寺とともに、全国に五十余箇寺設けられた録所のなかの、美濃国の僧録であった関係から、幕政や宗政関係の古文書をはじめ、村政などの社会経済史上の関係資料も多く所蔵する。最乗寺輪住の際の日記・日鑑や中世以来の宗義関係の典籍も多く含まれ、禅籍抄物研究を推進する上で貴重な文献が現存する。(1)

竜泰寺は、応永一四年（一四〇七）、峨山派最乗寺開山了庵慧明（一三三七―一四一一）の法嗣、無極慧徹（一三五〇―一四三〇）の開創で、無極の法嗣の月江正文（?―一四六二）も住し、旧地は尾張（犬山市）の西村氏の居城猿喰城であったという。寛正五年（一四六四）、月江の法嗣華叟正萼（一四一二―一四八二）の時になって本格的な殿堂が造営され、文明五年（一四七三）には足利義尚より荘田の寄進を受けた。美濃地方における道元下の曹洞宗寺院としては、関ケ原今須の峨山韶碩（一二七六―一三六六）開創の妙応寺や、在中宗宥開創の関市天徳寺と共に最も早い時期に進出した古刹であり、下野大中寺・上野茂林寺・信濃大沢寺等の直末五一箇寺、江戸泉岳寺・長谷寺・下総孝顕寺・下野傑岑寺等の孫末寺院を含めると、五百数十箇寺の末寺門葉を擁する、通幻派のなかの了庵派の中本寺で、開創以来現在に至るまで、華叟正蕚下の法孫が一流相続してきた、人法・伽藍法一体の寺院である。

現在、竜泰寺所蔵の禅籍抄物資料としては、『人天眼目抄（仮題）』『仏家一大事夜話』『補陀寺本参為末世記処』『宗門之一大事因縁』『祥雲山竜泰禅寺門徒秘参』の五部五冊が確認でき、語録抄としての『人天眼目抄』も、前後欠の零本ではあるが貴重な中世書写の面影を残す抄物資料であるが、ここでは代語・門参資料のみを問題としたので、『仏家一大事夜話』以下の四点について検討する。(2)

二　『仏家一大事夜話』

竜泰寺所蔵の代語・門参資料として、まず『仏家一大事夜話』を取り上げたいが、内容の検討の前に書冊形式について記しておく。なお、書写に関する記載はないが、用紙や筆跡から少なくとも室町末頃には成立していたものと推定される。近世に入って裏打ちがなされていることも確認できる。

一、冊　数　一冊
一、料　紙　楮紙
一、大きさ　縦28・5センチメートル　横20・5センチメートル
一、装　釘　袋綴
一、標　題　「仏家一大事夜話」（内題、「仏家之大事」）
一、枚　数　表紙・裏表紙2丁、本文16丁
一、行字数　毎半葉14行、一行24—35字

一、刊写　写本（中世末カ）、筆者不明

一、識語等（末尾）「以上十八位当門徒秘参也」

（表紙）「竜泰寺常什具」

『仏家一大事夜話』は、勤行・本尊・日中祈禱・放参等の叢林における諸行事、伽藍・什具・弁道具その他の叢林生活や禅宗寺院生活の万般について、カナ書で了庵門派独自の注釈や意味付けをなしたもので、その内容目録を掲げれば、次のごとくである。

勤行（三時ノ行事）、禅家ノ本尊、日中（祈禱）、日ノ晩ル、行事（放散）、四時ノ坐禅、土地神、祖師堂、御影堂、鉢、小施餓鬼之参、祝聖之参、鐘鼓之参、暁キノ鈷鈴、小開静ノ参、大開静（ノ参）、土地堂（ノ参）、血脈参、命脈ノ参、経教参、鉢ノ参、廿日帰り（ノ参）、拄杖之参、払子之参、楊枝ノ参、［普通問訊］、五大六蘊参、鬚髪参、黐袖参、手巾参、襪子参、履ノ参、複子参、傘参、草鞋ノ参、四大五蘊、安坐点眼参、霊供参、亦霊供、襪子参、竜天参、廿一社順礼参、没后作僧参、中陰破壇参、隔国弔亡霊参、吉方勧請参、悪日連続参、塔婆書后点眼参、塔婆参、念誦参、竜天参、頂相参、持戒参、宗旨鴛鴦参、香炉参、坐具参、宗門船参、鎮守之参、白山参、竜天参、念誦参、理趣分参、十三仏参（第一不動、第二釈迦、第三文殊ノ境界、第四普賢ノ境界、第五地蔵、第六弥勒ノ境界、第七薬師ノ本体、第八観音ノ全体、第九勢至本体、第十阿弥陀ノ本体、第十一阿閦仏ノ心、第十二大日ノ全身、第十三虚空蔵）

これら諸項目を通観して感じられることは、第一に、「小施餓鬼」「安坐点眼」「霊供養」「亦霊供」「廿一社順（巡カ）礼参」「没后作僧参」「中陰破壇参」「隔国弔亡霊参」「吉方勧請参」「悪日連続参」「塔婆書后点眼参」「塔婆参」「鎮守之参」等の各項にみられるように、追善供養的・祈禱仏教的・神仏混淆的色彩が濃厚で、鎌倉新仏教が室町期を通じて民衆化・世俗化の傾向で社会に浸透していた形跡が明確に看取される。

第二に、このような世俗化の形跡を物語る一方において、「四時ノ坐禅」「鉢」「祝聖之参」「小開静ノ参」「大開静（ノ参）」「鉢ノ参」「拄杖之参」「払子之参」「楊枝之参」「鬚髪参」「手巾参」「襪子参（重出）」「坐具参」等の各項のように、純粋に叢林における日常の修行生活にかかわる事項もあることである。このことは恐らく、前記のものも含めて、これら諸項目が本来個別的な、前に触れた切紙の類のようなものではなかったかということを予想せしめる。鉢・襪子参・霊供養・念誦参等が重複していることもその証左となろう。鎮守参では、白山妙理権現を鎮守とすべきことが記されているが、これとは別にまた白山ノ参があり、これも重複と考えてよいであろう。「竜天参」の場合は三回も注釈される。

こうした項目の重出重複の問題とも関連するが、この『仏家一大事夜話』の成立過程と、それがいかなる性格の書であるかが問題である。そして、こうした項目の立て方と内容からみるなら、本書の中心課題となる「切紙」資料の「参」の部分を集成したものであることは容易に察せられる。後述するように、切紙資料がカバーする範囲は、叢林生活における必需品（弁道具）にはじまり、恒例・臨時の諸行事、さらに室内参禅の課題から葬送追善供養のための諸儀礼等、あらゆる分野にわたる。そして各切紙には、本文に「参」と称される問答体で切紙の内容を敷衍する部分が付随しており、さらに「大事」と呼ばれる図示により切紙の内容を展開する部分も付随することがある。切紙の内容とは、最終的にこの三種の性格を備えたものといえよう。この三種の性格は、同一文書中に記載されることもあるが、次第に独立の切紙として行われるようにもなった。『仏家一大事夜話』とは、了庵派に伝わったこのような一枚一枚個別の切紙類のなかから、「参」の部分だけが別出して集められ、のちに編集されて今日みられるような冊子にまとめられたものである。重出する部分は、異なる切紙に付随していた参が取り込まれた結果であり、未整理のままであったことを示しており、内容的に前後の脈絡もなく、種々雑多なものを含んでいることが『仏家一大事夜話』の大きな特徴であるが、このことはまた同時に、切紙の原資料により近い形を残しているという資料価値をも示していよう。

さて、それではこの『仏家一大事夜話』にどのような特徴が見出されるかということであるが、実は中世における道元派下の曹洞宗の諸師の認識は、切紙の種類や内容から如実にうかがえるような、種々雑多な要素を含みながら展開したのが曹洞宗の実態であったが、しかしそれらも、派祖道元あるいはさらにその師如浄に由来帰一するという強烈な自覚こそが、彼等の精神的支柱であった。『仏家一大事夜話』に引かれた参には、そうした意識が横溢している。例えば、「楊枝ノ参」には、

△楊枝ノ参、如浄禅師、元和尚ニ問テ云、楊枝会麼、元云、不会、浄云、我コソ歯クソテ走、[　]ノ入道カ旨ノ垢クソ、入道ヲホリスツレバ空体ニ叶ソ、空体カ真体《相》タソ、亦楊枝ヲ口ニクワユレバ中ノ字タソト云ハ、入道ヲ犯ヌ時《キ》中道タソ、楊枝夙《ツトニ》在レ手ト云モ、指《サス》レ我ヲト云儀ナリト云ハ、我ヲ慚愧シタコトヨ、時キ入道ハ出ヌソ、(6オ〜ウ)

とあり、「襪子参」には、

△襪子参、道元和尚帰朝ノ時、従二明州ノ津一帰二天童山ニ一、廿日留リテ参得アル間、襪子ノ参トモ、廿日帰リノ参トモ云ナリ、(9ウ)

とあり、「鎮守之参」には、

△鎮守之参、天童如浄禅師云、曹洞有ニ二鎮守参禅一、未了ノ人ハ洞上ノ不レ可レ道師タル一、道元和尚、従二明州津一慶《ママ》徳寺御帰ニリ、廿日在居被成、此参得了也、故ニ是ヲ廿日帰ノ参ト云ナリ、先ツ心得ハ、定白山ヲ鎮守トスヘキナリ、……(中

略）……此参禅セスンバ、七尺大地ヱワリ入玉ウト云也、亦常ニ巡堂ノ時キモ、経テモ呪テモ読ンテ、キット念シテ両眼ヲフサイテ帰ル、此時見余《アマ》シテ処ハナイソ、爰ニアル天神七代地五代テ走、別ニ神カ在コソ、此参禅スル時、歌ヲ引クナリ、イメバイム、忌マネバイマヌ神ナルニ、イムゾ己レカ心ロナリケリ、亦、チワヤフル吾カ心ヨリ成ス禍ヲ、何レノ神カ余所ニ見ルヘキ、是レハ元和尚ヨリ以来ノ秘参ナリ、不可犯語ナリ、（12ウ～13オ）

とある。ここでは楊枝・襪子・鎮守いずれも道元が如浄より直接参得したとするのであるが、楊枝については、道元自身が『正法眼蔵』「洗面」で、

つぎに楊枝をつかふべし。今大宋国諸山には、嚼楊枝の法、ひさしくすたれてつたはれざれば、嚼楊枝のところなしといへども、今吉祥山永平寺、嚼楊枝のところあり。すなはち今案なり。

（『道元禅師全集』巻上、四二八頁）

と記しており、大宋国においてもすでに廃れてしまったもので、当時永平寺でのみ使用される「今案」のものだという。また鎮守・襪子については、道元が帰国の際、一時天童山にひき返して二〇日間滞在して参得したもので、「廿日帰ノ参」ともいわれるとするが、道元伝にはそのような事実は見出し難い。ただし、襪子に関しては、『宝慶記』に、

堂頭和尚夜話《ニ》二云《ク》、元子、你知《ルヤ》下在《テ》二椅子《ニ》一著《ハク》レ襪《ヲ》（襪）之法《ヲ》上也無《イナヤ》。道元揖《シテ》白《シテ》二云《ク》、如何《ガン》得レ知《ルコトヲ》。堂頭和尚慈誨《シテ》二云《ク》、僧堂《ニ》坐禅《スル》時、在《テ》二椅子《ニ》一著《ク》レ襪《ヲ》時《ハ》、以《テ》二右《ノ》袖《ヲ》一掩《テ》二足趺《ヲ》一而著《ク》也、所二以《ナリ》免《ルル》レ無二礼《ナルコトヲ》聖僧《ニ》一也。

（『道元禅師全集』巻下、三八〇頁）

とあって、襪子について如浄より教示があったことを伝えており、また、鎮守についても、如浄のもとを辞して帰

国しようとする前夜、『碧巌集』を書写しようとして、大権修利菩薩の化身白衣の老翁の助筆によって一夜でその業を終えたが、この白衣の老翁とは、実は日本の白山明神（権現）であったとする伝承があるので、(3)これらを根拠にして仮託創作されたものと思われる。

ところで、『仏家一大事夜話』には、通幻派のなかの石屋真梁（一三四五―一四二三）・竹居正猷（一三八〇―一四六一）師資の語が多数引用される。

△土地神ハ、何ント仏法ヲバ守護シタソ、云、解会ノ出ヌ処ヲ守護シテ走、……（中略）……石屋和尚、竹居和尚問玉ウ、陀羅尼ハ理度《リト》ニ落ヌガ肝要テゴザアルガ、何トテ長クワ御《ン》ヨマセアルソ、屋ノ曰《ク》、一句道将来《レ》、居《ノ》呈シテ云《ク》、曹洞宗守ル処テゴザサウナ、屋曰、猶モ細蜜道イ来レ、云、回互テ走、屋《ノ》曰《ハク》、二人ト伝受スルコトナカレ、居云、高声ニ誦ム用所アリヤ、師云、アリ、居《ノ》云、是何《ノ》用所ソ、師云、一句道将来、云、煩悩ノ夢ヲ覚ウカ為テ走、屋曰、仏家テハ何《ン》ト見ウスソ、云、聞法結縁ノ為テ走、（2ウ〜3オ）

△石屋和尚、竹居ニ示シテ云、怠慢ナク勤行スルカ、尊客ノ時止ムル心ヲ、云、別シテ走ヤ、屋云、未在更《ニ》道《ヘ》、居云、一仏ノ出世テ走、屋云、好言語々々々、（5オ）

△四大五蘊ト云コトコソアルニ、此ノ話ヲ四大六蘊トワ何ントテ示シタソ、［　］境ハ四大五蘊ノ□（外）テ走、師云、外ヲ、云、混《シテ》不レ交《ハラ》、類《シテ》不レ斉《ヒトシカラ》、師云、猶［　］云、捉《レトモ》不レ団《ナラ》、掣不開、師云、此句ノ説破セヨ、云、有《ル》ガアルデモナク、無イカ無イテモ走ヌ、師云、真空ノ境界ヲ、云、作一円相、師云、句ヲ、云、万般巧妙一円空、師云、ソノ句説破セヨ、云、仏祖モ衆生モ和尚モ某モ、此《ノ》一円ヨリ出テ、此ノ一円ニ帰シテ走、師云、去来ニ不レ度《ハタラ》一句、云、不知不識テ走、師云、畢竟ヲ、学、只坐禅□ス也、是石屋《ハ》与《ト》レ竹居師弟《ノ》上参也（8オ〜ウ）

△安坐点眼参……（中略）……以上挙着十八位也、屋与居之秘参也、可秘〳〵（8ウ〜9オ）

石屋派の門参資料については後述するが、末尾にみられる「以上十八位、当門徒秘参也（17ウ）」とある当門徒とは、「坐具参」に「此参ハ石屋門戸モ了庵門戸モ不《ル》レ差ナリ」とあることから、了庵派、それも竜泰寺系の華叟派のことであり、ここに伝承された切紙類を基盤にして、石屋派や真巌派の門参を参酌しながら再編集したものであろうと推定されている。(4) しかし、すでに述べたように『仏家一大事夜話』は、切紙資料から「参」のみを別出し集成したもので、しかも未整理なままになっていることを考慮するなら、再編集という意図的な手が加わったテキストとは考えられない。ただし、他派の参に対する強烈な意識が、こうした石屋派の切紙を取り込む結果になったことは事実である。

さらに一般に道元の大悟の機縁は、如浄膝下における身心脱落であるとされるが、『仏家一大事夜話』では、

△途中ヨリ廿日帰リ時《キ》、道元《ニ》如何是衲《ヘツ》子ト問エバ、天童浄云、左ト御答話有タ処テ、元大悟タソ呈ニ、大悟ノ機ヲ、云、左レ右逢レ源、（6オ）

とする。もとよりこうした話は到底史実とは思われないが、道元に関係する「衲子参」や「鎮守参」の「廿日帰リ参」といわれるものを権威づけるために、牽強付会に近いこともあえて行うのが切紙の主張の特徴でもある。越前（福井県）大野宝慶寺には、寂円の真筆で義雲に与えた法語と伝承される一軸が存するが、これにも道元投機の話なるものが引かれている。すなわち、

六祖曰、頂門眼照破四天下、是那箇眼睛、自面前指灯籠露柱云、瞽眼瞽耳這箇聾、曰、眼々相対頂門眼、心々相投已前心、

永平大仏道投機曰、頭対眉兮耳対眉、此眼喚作頂門眼、是即正法眼也、一切開花老梅樹、是即瞿曇眼睛也、正伝承当此拈頂門眼睛、百億須弥百億日月、無辺風月唯沙門一眼睛也、去不尽乾坤灯外灯、

亦寂円云、我祖翁此話投機、我亦二十年前涕涙悲咦箇話当著、眼者惣名也、明一事中円真仏性為也、是我豈恰契悟、髑髏前有本来霊、照徹毘盧頂顆平、此眼撥開則明々不明、又合則暗々不暗、雖然又不預開合也、或十八眼或六眼或五門、以作頂門眼事大哉錯也、雖与麼、其亦不捨莫而已、透徹此話即井驢話、三悟道目前真大道、正法眼法身呈露、何況其徒亦復開顔、非正嫡未曾知之、若不知之、実者学道未弁正邪、奚為分別、深可秘密、未伝授底人不可授之者也、

当山開山真筆深不可入他見

竜天護法善神百拝

寂円和尚附与義雲和尚

というものである。ここでは道元の投機が、身心脱落でもなければ、まして『仏家一大事夜話』が伝える襪子に関してでもない、頂門眼・頂門眼睛・正法眼についてなされたというのである。そしてこの資料は、末尾の識語まで首尻一貫して同筆であり、したがって、寂円の真筆とは認めがたいもので、寂円派に伝わった切紙資料の一本であることは明らかである。

『仏家一大事夜話』は、竜泰寺に伝わったこうした切紙類を中心に、他派の参も参酌して集大成されたものであることは、前提とされるべき基本的性格であるが、合糅本的性格は、内容の雑多性、項目の重複となって現れる。彼らには確かに、道元の児孫という認識・自覚は存したが、道元の原点に帰る術を求めようとはしなかった。『正法眼蔵』等の道元の主著を容易には閲覧することができなかった時代的制約も存したであろうが、切紙や門参類を室内伝授の秘訣として受容する心象が深く広く浸透したことは事実で、それがまた教団の世俗化に拍車をかけていった事実も見逃すことはできない。

三　『補陀寺本参為末世記処』

『補陀寺本参為末世記処』は、巻首に「補陀寺本参為末世記処」とあり、巻末に「無極派別泰叟派本目禄《(録カ)》」とあることから知られるように、現在は美濃竜泰寺に所蔵されているが、本来は、無極開創の諸寺の中でも上州（群馬県）大泉山補陀寺に襲蔵されていたと思われ、同寺三世泰叟妙康（一四〇六―一四八五）の系統に伝承された門参である。このことは、了庵慧明・無極慧徹・月江正文をはじめ、泰叟妙康・天庵幻彭・雲崗舜徳・喜州玄欣・川叟存穎・日州延守・徳翁芳隆等の、補陀寺歴代住持の参が引用されていることからも明らかである。このほかに、華叟正萼の法嗣大中寺開山快庵妙慶（一四二二―一四九三）や、喜州玄欣の法嗣、武蔵（埼玉県）竜穏寺七世節庵良筠（一四五八―一五四一）の参も引用されている。これが竜泰寺に所蔵されるに至った経緯は不明であるが、恐らく無極派下の同門派間の交渉の過程の中で伝えられたものであろう。

さて、本書の内容の紹介・検討をなすに先立ち、まず簡単な書冊形式を記しておく。

一、冊　数　一冊
一、料　紙　楮紙
一、大きさ　縦16・4センチメートル　横47・4センチメートル
一、装　釘　横帳（折紙）
一、標　題　「補陀寺本参為末世記処」
一、枚　数　9紙
一、行字数　毎半葉30行―40行、一行20字前後

一、刊　写　写本、筆者不明

一、識語等　（末尾）「無極派別泰叟派本目録也」（別筆）

『補陀寺本参為末世記処』の内容は、「死活上之一句」「牛窓霊(榲カ)」「即心即仏」をはじめとする代表的な話頭や機縁の句八十一種に対する室内参禅の仕方や著語の方法を記したもので、項目を列挙すれば、次のごとくである。

死活上之一句・牛窓霊・即心即仏・主人公・機輪点処達者猶迷・西来的々意当胸——倒・一之挙処・築破之端的・正当——本来——当テ大悟・応諾下主人公十八年遠侍者喚《ス》遠一日不レ応・瑞岩主人公・自性之参・山虚風——門・四哲・智不到・道吾智不到・無縫答(ママ)・宏智上堂直到空劫——生死・拈花—笑・不識上・鶏——下・盤山心月孤円・井驢三関・□□主丈

独則之分

仰山雪獅子・空劫已前自己・雲蓋獅子人喫・薬山独(ママ)牛児生・偏正一致・徳山托鉢下堂・麻谷両錯・玄沙三種病人・見桃花悟道・見明星悟道・撃竹悟道・至道無難・夾山境・青(ママ)女離魂・百尺竿頭ニ坐シ様・徳山吸尽三世諸——掛・外道問答・二祖安心・鼈鼻蛇ノ看様・万古——月再三——得・離四句絶百非西来意五指・六外・子狐之狗・不揩(ママ)級・薬山坐次石頭問二云作甚麼、山云——物不為・迦葉刹竿・乞児打二破飯椀一・徳山点二紙燭一山与・目前真大道・平常心是道・元是一精明・火炉頭無賓主・馬祖不安・再参・□□(百丈)餓死・道吾漸源弔慰問答・七賢女屍陀林一母屍々屍這裡——去ト云呪・竹篦背蜀(觸)・西来五字・道吾女人拝・文殊禅師僧問古人一足垂下意旨・婆子勘破

本目録之内

趙州無・洞山無情説法・仰山雪獅子・空劫已前自己・心月孤円光万像照・鐘声七重(条カ)・古澗寒泉・臨才(済)一隻箭・

薬山直指人心・夾山境

夜参　三透

案山点頭・犢牛児生・船子夾山・玄沙三白紙・仰山枕子話・水牯牛

この門参に用いられる本則は、即心即仏・無縫答（塔）・徳山托鉢下堂・玄沙三種病人・見桃花悟道・見明星悟道・撃竹悟道・青（倩）女離魂・馬祖不安・道吾女人拝・婆子勘婆・趙州無等の、看話禅の話頭としてよく知られた公案も多数あるが、自性之参・至道無難や宏智正覚の上堂語など、一般の禅語も取り上げられていることが注目される。

この補陀寺伝来の門参は、歴代住持が代々師から弟子へと伝承されたとみられるが、最終的にはいつ頃に現在の形にまとめられたかは不明である。写本そのものは近世の筆跡とみられる。本文中に引用される参としては、補陀寺九世徳翁芳隆（?―一五六三）のものが最も新しいが、最後の「水牯牛」の則のみが別筆で、しかも同じ無極派ではあるが、泰叟妙康の系統とは異なる華叟派快庵妙慶（一四二二―一四九三）の語を引用している点などを考えるなら、この部分は後に付加されたものと考えてよいであろう。そして、六世喜州玄欣（?―一五三六）を除いて、九世徳翁までの歴住の参が例外なく引用されていることを考えあわせるなら、徳翁の法嗣で補陀寺十世の泰州全致（?―一五八一）の時代をあまり下らない時期を、一応最終的な成立の時期と想定しておく。

また、月江正文の参がしばしば引用されるが、「即心即仏」の参に、「即心即仏、月江和尚之関本之雑談在、初月江ニ見ヱナサル、時、小原田浦ナント示也、関本雑談是也。（1ウ）」とあり、月江には「関本之雑談」なる、まとまった著語集のようなものがあったことを推定させる。この箇所以外にも、

○万古――月再三――得ヲ、代、叉手当胸シテ一円相ヲ成シテ両手ヲ展開ス、云、著語於、云、十箇指頭八

箇了、云、了与レ指諦訛於、代、従縁者始終——不従縁——長堅、云、子細ニセヨ、代、師ノ前ニ至テ、ヒヨットト立テ、ズイット帰ル、唐人ニ泰叟和尚ノ問セラル、、何ニカ大唐ニ槃（ママ）昌シタル門戸ワ在ル、云、潙仰宗斗ソロ、在ルガ、万古——得ト云句ヲ、云ワセソロ、ウ、走ヌト云ノ雑談在（5オ）

とあって、「雑談」なるものが参照された形跡をうかがうことができる。

ところで『補陀寺本参為末世記処』は、室内参禅において公案参得に至るための、典型的な門参である。たとえば「洞山無情説法」の話については、

洞山無情説法ヲ、学、吐クト坐シテ、良久シテ眠テハヲカチ〱〱ト両三度ナラス、師云、其レモヨワイソ、学タヽミ打チ、手ヲ打ツナリ、徳翁参也（7オ）

とあり、学人が師家に対して、歯を鳴らしたり畳や手を打って音を出したりすることをもって公案参得としている。禅の修行における指導には機関が尊ばれる。中国以来、払拳棒喝は機に応じ場に臨んで自在に活作略を発揮した面もあった。しかし、これを規定してしまったのでは、禅の形式化・形骸化にほかならず、機関の生命はほとんど失われてしまう。林下の各派では、室町期以降、このような公案解答の口訣を田楽法師・座頭・連歌師・富民商人・医者・武士等の、当時ようやく知的生活を求めるようになった新興階層の参禅者に売却して外護者を獲得していた事実も指摘されているが、かの一休宗純（一三九四—一四八一）が兄弟子の養叟宗頤（一三七六—一四五八）の接化ぶりを、口を極めて非難攻撃するのも、こうした生命を失った禅の横行にあった。(5)『補陀寺本参為末世記処』も、基本的にはこうした林下臨済宗諸派の密参録と傾向を同じくするといってよいであろう。

四　『宗門之一大事因縁』

すでに述べたように『補陀寺本参為末世記処』は、公案参得のための師資の問答の仕方から、その際の起居動作の方法まで記した、文字通りの門参資料で、了庵慧明・無極慧徹・月江正文といった、竜泰寺の世系に連なる諸師の参語も引用されるが、泰叟妙康・天庵玄彭・雲岡舜徳・喜州玄欣・川叟存頴・日州延守・徳翁芳隆等の、補陀寺歴代の住持の参語が伝承された形跡を物語る門参で、純粋な意味では竜泰寺系伝承の門参とはいいがたいものであった。

その点、次に紹介し考察する『宗門之一大事因縁』は、まさしく竜泰寺に伝承された門参資料である。すなわち、各種公案話頭や四賓主、四照用、君臣五位、曹山三種堕、王子五位などによる各種機関の項目を掲げ、その参得の仕方を示したものであるが、無極慧徹（第一祖）・月江正文（第二祖）・華叟正萼（一世）・枝深正孫（七世）・大洞正桃（一一世）・彭山正仙（一三世）・蘭室正芳（一四世）・中巌文（正）的（一五世）と伝承された華叟派の門参で、特に夜参・朝参の意味、起源、及び用いられる公案の詳細な目録も付される。「快庵一派顕聖寺之出句如是也（19オ）」という記載もみられ、大中寺の末寺の越後（新潟県）顕聖寺に伝承された門参も編入されている。そこでまず、内容の検討に先立って、次に簡単な書冊形式を記しておく。

一、冊　数　1冊
一、料　紙　楮紙
一、大きさ　縦26・3センチメートル　横20・4センチメートル
一、装　釘　袋綴

一、標　題　「宗門之一大事因縁」
一、枚　数　表紙欠、39丁（本文38丁）
一、行字数　毎半葉12行、1行29字前後
一、刊　写　写本
一、書写年　慶長十二年（一六〇七）
一、筆　者　竜泰寺十五中巌正的
一、識語等　無極恵徹在判
附与月江正文首座
華叟正蕚代々、枝深付与正桃、々々付与正仙、々々付与正芳、々々付与文的畢
祥雲山竜泰寺夜参盤之終也
時慶長十二年〈丁未〉（一六〇七）小春吉辰（花押）（38ゥ～39ォ）

巻末の慶長一二年（一六〇七）一〇月の識語中に存する花押は、後述する『祥雲山竜泰禅寺門徒秘参』の識語の花押と全く同一人のものと認められ、筆跡も同一なので、『宗門之一大事因縁』『祥雲山竜泰禅寺門徒秘参』はともに、竜泰寺一五世中巌正的（?―一六一二）の編集書写本とみてよい。また『宗門之一大事因縁』の識語中の、相承次第を連ねる部分にみられる「文的」という記載については、竜泰寺の歴住は、世代に連なると、諱の「正」の字を系字として用いる慣習があるので、中巌正的と同一人である。ただここで問題となるのは、『宗門之一大事因縁』の識語にうかがわれる、伝授相承の次第順序についてである。

そもそも、竜泰寺住持職は、開山華叟正蕚（一四一二―一四八二）以来、現在に至るまで、華叟派下の法孫が一

流相続してきた寺院であり、特に二三世大光正恩（?―一七〇八）に至るまでは、一師より一資へ、人法・伽藍法一体で付法相続されてきたとされる。しかし、この『宗門之一大事因縁』という門参資料が伝える伝授相承は、竜泰寺の伝承とは多少趣を異にしている。竜泰寺の世代と、『宗門之一大事因縁』の伝授相承に名を連ねている諸師を列記すると次のようになる（〇印は『宗門之一大事因縁』の相承に名を連ねる人。没年は『竜泰寺史』一六八頁による）。

〇開山華叟正蕚（一四一二―一四八一（ママ））
二世絶方祖奝（―一五〇二）
三世乾叟禅亨（―一五〇九）
四世大室祖圭（―一五一五）
五世蘭如従賀（―一五三六）
六世林叟恵芳（正）（―一五四五）
〇七世枝深正孫（―一五七六）
八世大円正密（窓）（―一五六〇）
九世光山正玄（―一五七八）
十世梅翁正嶺（領）（―一五八九）
〇十一世大洞正桃（―一六〇五）
十二世大建正巨（―一六一四）
〇十三世彭山正僊（仙）（―一六一〇）

○十四世蘭室正芳（―一六二二）
○十五世中巌文（正）的（―一六二二）
　十六世朝国正補（―一六三二）
　　（以下略）

門参は、中世における曹洞宗では一種の印可証明の助証として、嗣書等の三物と一緒に、室内で秘密裡に伝授相承されることを建て前としていた。その意味からいうなら、『宗門之一大事因縁』についても、その伝授相承の次第がそのまま師資の嗣法の次第となるはずである。

ところで、竜泰寺の室内では、三物や門参類の伝授相承のほかにも、歴代住持に別に伝授相承されるものがある。それは『大陽明安大師十八般妙語』で、『無極由緒一覧記』と題する寺伝や由緒等を集めた書中の「第二十二、濃州竜泰寺由緒証拠之品々」のなかには、

一、警玄和尚託浮山遠公附投子青和尚十八般之妙語、道楷和尚編集之物一巻、

右無極派一子相承、代々嫡子一人伝附之法物也、華叟一人伝焉、余人無伝授、云云、（47オ〜ウ）

とあり、また同じく住持職にある者の亀鑑となるべき条項を記した『住職肝銘記』にも、

郢州大陽開山明安大師一十八般妙語勝句秘訣図、

先師梁山縁観和尚付二某甲警玄《ニ》一也、吾又待二法器《ヲ》一者也、汝能《ク》護持《シテ》応レ授《ク》二青鶴子《ニ》一、吾宗至レ渠《ニ》、挑《テ》二悟火《ヲ》一而伝《ヘ》二
無尽灯《ヲ》一去《コトン》在、以二頂相皮履布直綴十八般《ノ》妙語《ヲ》一寄汝、須《ク》レ待二渠《カ》来儀《ヲ》一矣、偈《ニ》二云、

　陽広山頭《ノ》草　依《テ》レ君《ニ》待二煨燉《ヲ》一
　異苗繁茂《ノ》処　密々固《ス》二霊根《ヲ》一

又云、得法者《ノノ》潜《コト》レ衆《ニ》十年《ニシテ》、応宣二揚法《ス》一、遠和尚受二此等《ノ》伝書《ヲ》一作礼而去、此書全冊唯在二濃之竜泰室中《ニ》一、（41オ〜ウ）

とあるように、竜泰寺室内の師資相承の書であったことが知られる。そして、竜泰寺には現在も、「前竜泰六世正孫、示竜門正桃伝附既畢、時元亀参年〈壬申〉（一五七二）林鐘初六日（11ウ）」の識語をもつ『大陽明安大師十八般妙語』が所蔵されており、

此旨不レ有二青原一人一、自曹渓一在二合血之因縁一得之也、故盧公之曰、尋思去也、殊《ニ》知曹渓《ノ》骨脈、只在二吾家《ニ》一、紹二仏之恵命《ヲ》一、皆各著二清浄衣《ヲ》一、坐二荘厳床《ニ》一、応レ伝二此書一、秘密可授之所以者何、千聖万劫難聴、切忌属《スルコトヲ》流布他見一矣、道偕《ママ》記《シテ》二此書一、如是伝付而偕付子淳也、子淳付清了也、清了付宗珏也、宗珏付智鑑也、智鑑付如浄也、如浄付道元也、道元付壊奘也、壊奘付義介也、義（介）付紹瑾也、紹瑾付紹(詔)碩也、紹(詔)碩付寂霊也、寂霊付恵明也、恵明付恵徹也、恵徹付正文也、正文付正岳也、正岳付正裔也、正裔付正亨也、正亨正(付)嘉(賀)也、正賀付正芳也、正芳付正孫也、正孫付正桃也、正桃、（7オ〜8オ）

華叟正萼(岳)—絶方(峰)祖(正)裔—乾叟禅(正)亨—蘭如従(正)賀(嘉)—林叟恵(正)芳
　絶方祖裔—大室祖圭
　林叟恵芳—枝深正孫—大洞正桃—彭山正僊(仙)—蘭室正芳—中巌文(正)的—朝国正補
　　　　　　　　　　　—大建正巨
　林叟恵芳—大円正密
　林叟恵芳—光山正玄
　林叟恵芳—梅翁正嶺(領)

という相承次第が記されている。これに従えば、月江正文―華叟正岳（蕚）―絶方《峰》正《祖》奝―乾叟正（禅）亨―蘭如正（従）嘉（賀）―林叟正（恵）芳―枝深正孫―大洞正桃という相承となり、正孫―正桃の師資相承を明記しており、『宗門之一大事因縁』の相承次第の事実性を裏付ける。

中世曹洞宗における人法と伽藍法とは、極めて曖昧な関係にあり、その実態を探る資料は極めて乏しい。しかし、竜泰寺の場合は、門参や伝授資料の相承次第を手掛かりとして、人法の実態を前頁のように推定することが可能ではなかろうか。

ただし、『大陽明安大師十八般妙語』の識語に、「前竜泰六世正孫」とあることには問題が残る。竜泰寺の伝承では、枝深正孫は七世であり、六世は林叟正芳である。この識語は正孫の自筆とみなされるので、元亀三年の頃には正孫は竜泰寺六世として位置付けられていたものとみなければならない。後になって、嗣法の次第と、伽藍相承の歴代住持の次第とは一致しなければならないとする立場が要請され、正孫に至る間の誰かが、竜泰寺住持として新たに迎えられたのではなかろうか。(6)

このように門参の伝授相承を手掛かりとして、中世における人法の実態を多少とも是正し得ることができるとしても、それは、禅籍抄物資料、なかんずく、門参資料が中世禅宗史研究に果たし得る役割としては、極めて副次的なものである。しかし、ここで確認されたことは、『宗門之一大事因縁』が、正しく竜泰寺室中に伝承された相伝資料であることで、これにより了庵派下の華叟派の室内参禅の様子が明らかになった。そこで次に、この門参資料の内容的な面について、若干の問題提起をしておきたい。

さて、『宗門之一大事因縁』の冒頭には、次のようにある。

曹洞宗乗者、石頭一派出タゾ、我カ先祖達磨円覚大師ヨリ、第六世恵能大師、五祖ノ弘忍於テ二会裡ニ一、碓房《アン》行者トナル、昼夜ニ此事ヲ拈得シテ、喫茶喫飯ノ隙ニダモサシヲクコトナシ、工夫順（ママ）熟シテ自然ニ根本智ニ透入ス、透入シタト云テ、凡境ヲ打破シテ透入スルニアラス、ソットモ境界ヲ損ザヽズ、心智ニ当得ス、心智ト者ハ、不思善不思悪本来ノ面目ヨ、青原既ニ得テ二此旨ヲ一、六祖々紹ク、石頭ハ又青原ニ承嗣ス、其ノ流レヲ扱（汲カ）ンダル宗旨ナ呈ニ、毫髪モ違却スベカラズ、齣郎当ニ参スル禅者ワ、吾ガ宗旨ニハ依テモツカヌ事ヨ、宗旨綿々密々深々沈々タル唱ヲスベキ者ノワ、平生ノ行《カウ》迹平生ノ言語、或ハ乱喝胡喝モ、盲枷瞎棒ノタグイ、挙取《アゲト》ルベカラズ、山ヲ抜キ、鼎《カナイ》ヲ抜キ、大海ヲ折翻シ、五須弥ヲ躍倒スル底ノ手段モ、平生喫茶喫飯ノ上ニモ有ルベシ、アナガチ拳ニシヲ握テ脇下ヲ築キ、足ヲ擡ゲテ劈面ニ来タシ、或ハ威ヲ振テ喝シ、或ハ威ヲ振テ棒ス、大クハ邪魔ノ眷属タルベシ、古人万ガ一チ如レ此ノ見解ヲ具スルヲモ、日本初祖永平道元和尚、深ク是レヲナジル、況ヤ後学末代ノ沙門、余智不レ忘セ不レ脱二識智ヲ一、徒《タヽ》ノ如レ此見解ヲナサバ、入二地獄ニ一如クレ箭ノナランノミナラズ、正法ヲ喪尽ン者ノ也、末世濁乱ノ末ヱニ生ル根器如クニ夢幻ノ一ナラン者ノハ、只古人ノ旧規キヲ守テ坐禅シ、十二時中此ノ事ヲ会トシテ身心脱落スベシ、身心既ニ脱落シツレバ、向上向下中道五位君臣偏（ママ）正回互尽ク通貫セスト云コト無、故ニ永平和尚於テ二天童ニ一此ノ身心ヲ脱落ス已前ニ、建仁開山敞《シャウ》敞ハ高ーホカラカ也、陽唐ニ入、和尚ニ参シテ、已後渡唐ノ時キ、弟子明全和尚ヲ拝シテ既ニ血合嗣法ノ旨ネ其ノカリレ無シ、雖レ然未身心不二脱落一レバコソ、於二天童山ニ一打眠ノ次ニハ、脱落ノ時節ニ相イマシ〳〵ツラウ、只タ見ミタル処聞ニイタル処ハ少シ子（ママ）ヘシケナリ共、常眉ニヲシワメテ外塵ケニフケラスンバ、一度ビ出期ノ時節アルベシ、第一ニ此ノ身心脱落ヲ可キレ参ス者ノ也、古人ノ云、三世心尽、表裡情忘、真常体露、即如々仏ト、此一句ニ三位ガ走ゾ、参禅分明ナラズ、吾宗ノ種草トナルニタヱタリ、然ハ百千ノ公案ヲ透過シテ師資互ニ受ケ二衣鉢ヲ一、一大事ヲ印ス、是ヲ種草トナルニタヱタリト云々、然後チ十年五歳長養ノ工夫順（ママ）熟シテ、此ノ夜参ノ大因縁ヲ可キレ令ム二参見一者也、夜参ト者ハ、日本ニ云処ノ語、陞堂、上堂ノアル、則ンバ小参アリ、晩参アリ、日本ニモ此旨ハアリトイヱドモ、霊和尚老後迄、此旨ヲ不㆓許《ス》給㆒、御遷化ノ砌《リ》、於㆓青原山永沢寺《ニ》㆒、行初《イメ》玉ヱリ、然ハ陞堂、上堂無《キ》㆑之間《タ》、一撈ト号《シ》、朝参ト名《ケ》、晩参ヲ号《シテ》㆓夜参《ト》㆒ト云、此ノ大法ハ嗣法伝底ノ法師、第一人ニ可付者也、然間、自余此旨ヲ不㆓許玉㆒、最乗開山了庵和尚一人ニ付之玉ヘリ、其ノ余ノ九派ハ傍出也、了庵モ又々如㆑此ナルベシ、夜参ト者ハ、密語也、陰法ヲ云也、朝参ト者ハ、顕也、陽法也、陰陽ニ比シタト云テ、陰気陽光《ニ》属シタトミベカラズ、其ノ言ヲ借也、朝参ハ顕法ナルガ故ニ、時々回互ノ幾（ママ）可㆑有、夜参ト者ハ、密語ナル呈《ニ》、時々不回互ノ幾（ママ）アルベシ、只サシヲカズ、此ノ書ヲミテ、工夫領解スベキ者也、転凡入聖用之一転凡入聖ノ格、ドレモ転凡入聖ニワハヅレマジキコトナレドモ、句ノ骨格ヲ云ベキ為ニ、如㆑此―也、（1オ～2ウ）

この冒頭の一文は、通幻派における夜参と朝参の起源、及びその概説がなされている箇所であるが、同時に全体の序文に相当する役割を果たしており、また、多くの問題提起をもなしてくれる。すでに述べたように、門参の内容とは、公案参得のための、室内参禅の方法を記したものであり、通常それはカナ書き問答体で記され、また前項で紹介した『補陀寺本参為末世記処』のように、室内の参禅において学人が、師家に対して、歯を鳴らしたり、畳や手を打って音を出したり、さらに払拳棒喝等の機関を弄することは常套の事例である。

しかし、この『宗門之一大事因縁』の序文によれば、まず自らが永平道元の児孫であるという深い認識が前提となり、機関を弄する禅者は「邪魔の眷属」であるとされ、「乱喝胡喝、盲枷瞎棒」の類はすべてこれを用いてはならないとされる。さらに、たとえば六祖慧能は五祖弘忍の会下で碓房行者となり、昼夜に「此の事」、すなわち一大事因縁を拈得して喫茶喫飯にも怠ることなく、ついに工夫純熟して自然に根本智に透入したというが、透入したといっても、それは凡夫の境界を打破して聖人の境界に透入したというのではなく、従来の境界をそのままに、不思善不思悪の本来の面目の心智に当得したのだという。そして、末世濁乱の世に生まれた下根劣器の者は、古人の旧規を守って坐禅に専念し、十二時中この事を会して身心脱落すべきであると勧めるが、このような主張は、門参資料の体裁としてははなはだ異例である。むしろ、公案話頭の拈弄をしりぞける、中国曹洞宗の黙照禅や祇管打坐を標榜する道元の主張に近い。

ところで、道元の禅思想の特徴は、『正法眼蔵随聞記』(巻六)に、「公案話頭ヲ見テ聊カ知覚アルヤウナリトモ、其ハ仏祖ノ道ニトホザカル因縁ナリ。無所得、無所悟ニテ、端坐シテ時ヲ移サバ、即祖道ナルベシ。古人モ、看語・祇管坐禅トモニ進メタレドモ、ナホ坐ヲバ専ラ進メシナリ」と示し、また『正法眼蔵』(四禅比丘)では、見性という語があることにより『六祖壇経』を慧能の言句ではないと断じたことにも象徴されるように、公案話頭を拈じて見性開悟を期待する看話禅とは異なる、黙照の禅の伝統に連なりながら、しかも独自な日本的展開を遂げた思想として捉えられるのが通常である。しかし、道元の真撰であることが立証された『真字正法眼蔵』という三百則からなる公案集の存在や、『永平広録』(巻八)に、

大道本《ヨリ》無㆓名字㆒、認㆓得《シテ》這箇《ノ》道理《ヲ》㆒、強《テ》名《ク》㆓大道《ト》㆒、諸仏衆祖競《テ》㆑頭《ヲ》出来《シ》、木人鉄牛次《デ》㆑踵《ヲ》昇降《ス》、然《レドモ》而未《ダ》㆑彰《サ》㆓其《ノ》蹤跡《ヲ》于前《ニ》㆒也、蓋《シ》是《レ》不《シテ》㆑離《レ》㆓当処《ヲ》㆒常《ニ》湛然《タリ》、覓《ムレバ》即《チ》須《ク》㆑知《ル》、不《ル》㆑可《カラ》㆑見《ル》故《ナリ》也。(中略)爰《ニ》東海道遠江巌室寺《イハムロジノ》住持、僧円智上人、三《ミタビ》廻覲面、咨㆓参《ス》仏祖《ノ》大道《ヲ》㆒、而《ルニ》山僧、養道為《ヲ》㆑懐《テト》未《ダ》㆑得㆓乱道《スルコトヲ》㆒、這《ノ》一段《ノ》公案、三十年《ノ》後必《ズ》可《シ》㆓決択畢《シル》㆒、不《ヤ》㆑見乎、香厳智閑禅師、初《テ》参《ズ》㆓大潙山霊祐禅師《ニ》㆒、潙云《ク》、此非《レズ》㆑無《キニハ》㆑説、若有《シラバ》㆑説《クコト》者、恐《クハ》壊《センガ》㆓你道《ヲ》㆒、知閑後時《ノチニ》、因《テ》㆓竹撃声《ノニ》㆒悟道《シ》、遥向《ニテ》㆓大潙山《ニ》㆒拈香設礼《シテ》云《ク》、我《ガ》大師大潙山大禅師、昔《シ》若《シ》有《ラバ》㆑説《クコト》者、我《レ》豈《ニ》有《ランヤ》㆓今日《ノ》事㆒乎、(中略)智禅人、請《フラクハ》此《ヲ》掛《テ》㆓額上《ニ》㆒月久《シク》日深《ウシテ》、於《テ》㆓仏祖《ノ》道中《ニ》㆒雪《ノ》上《ニ》加《ヘンコトヲ》㆑霜《テ》、若不《シハ》㆑住《セ》㆓此《ノ》工夫辺《ニ》㆒、又是《レ》錦《ノ》面《ニ》添《フ》㆑華《ヲ》、

（『道元禅師全集』巻下、一五二―一五三頁）

とあるように、公案話頭の工夫をすすめたと解される記載なども確認でき、必ずしも公案禅的修行の要素を全面否定したわけではなかったことが知られる。帰国後の一時期は、学人に公案話頭の工夫を勧めていたが、これがやがて「現成公案」という意味での公案の語の扱い方に展開転化していったと解釈されることもある。(7)しかし、『永平広録』巻八は永平寺における小参や法語の記録とされており、巌室寺円智上人への法語がいつ頃なされたものかは確認できないが、公案話頭の工夫から「現成公案」に完全に転換したとみるよりは、機に応じ、時に臨んで公案の援用もなされたと解釈するほうが、事実に近いのではなかろうか。『正法眼蔵』「現成公案」は、「これは、天福元年（一二三三）中秋のころ、かきて鎮西の俗弟子楊光秀にあたふ」とされてはいるが、「建長壬子（一二五二）拾勒」の古写本の記載も、テキスト成立の立場から問題は残る。道元の師如浄にも、会下の者達に公案の工夫を勧めた形跡がうかがわれるとされるので、その意味では、如浄から道元へと流れる宋朝禅の伝統は、決して脈絡がないわけではなく、道元禅の宋朝禅からの脱皮訣別、乃至宋朝禅の超克という問題は、むしろ道元の生涯を通じての思想的展開のなかで究明されるべき課題であろう。

ともかくも、結論的には道元禅の本質からは、公案話頭の拈弄をもって能事了れりとする、看話公案の禅の伝統は導き出し得ないが、中世を通じて、道元下の曹洞宗では、再び公案禅が採用され、臨済宗の公案禅の実態を伝える密参録と異なることのない門参資料が、各門派を通じて多数出現し伝承されることになる。そして、この門参資料の発生の時期については判然としていないが、『宗門之一大事因縁』は、そうした禅風へ移行してゆく過程において出現し伝承された、門参の初期の形態を考える上で貴重な示唆を与えてくれる文献である。内容が、たとえば「趙州無字」等の特定の公案に対する下語・著語というよりも、代語あるいは代語抄的性格を備えていることも、その理由の一である。

また、この冒頭の文では、朝参・夜参の発生についても、その起源が語られているが、特に夜参の発生について、注目すべき記事がみられる。すなわち、「夜参ト者ハ、日本ニ云処ノ語、陞堂、上堂ノアル、則ンバ小参アリ、晩参アリ、日本ニモ此旨ハアリトイヱドモ、霊和尚老後迄、此旨ヲ不《ス》二許給一」とあるように、夜参とは、日本においてはじめてあらわれたものであるという。中国における小参や晩参の伝統については、『禅苑清規』巻二小参に、

五日陞堂激二揚宗旨一、三八念誦報二答竜神一、請二益玄言一、発二明今古一、小参家訓綱二紀叢林一、夫小参之法、初夜鐘鳴、寝堂設レ位、集二知事徒衆一、賓主問酬、並同二早参一、　（曹全、清規、八七八頁）

とあり、また同巻二迎接に、

近上尊宿入レ院、預先集レ衆門首相迎、（中略）当日晩参、次日陞堂、置食特為、　（同右、八八〇―八八一頁）

とあるように、陞堂や上堂が、公式の場において住持が第一義諦を登壇説法するのに対して、小参や晩参は、方丈（表方丈）や寝堂（内方丈）において、個人的な質疑に対し委曲を尽くして行われる応答であった。しかし、通幻寂霊（一三二二―一三九一）は、老後に至るまでこの小参や晩参を許さなかったというのである。そして「霊和尚老後迄、此旨ヲ不《ス》二許給一、御遷化ノ砌《リ》、於二青原山永沢寺《ニ》一行《イ》初《メ》玉ヱリ、然ハ陞堂、上堂無《キ》レ之《タ》間、一撈ト号《シ》、朝参ト名《ケ》、晩参ヲ号《シテ》二夜参《ト》一ト云、此ノ大法ハ嗣法伝底ノ法師、第一人ニ可付者也、然間、自余此旨ヲ不二許玉一、最乗開山了庵和尚一人ニ付之玉ヘリ、其ノ余ノ九派ハ傍出也」とあるように、朝参と夜参の発生について述べるが、この場合の夜参とは、単なる日常における宗義に関する質疑応答ではなく、室内の嗣法伝法の様相を彷彿させる。

そもそも、道元下の日本曹洞宗における公案禅の本格的な援用については、従来、瑩山紹瑾や峨山韶碩の頃からとされており、確かに瑩山には、『秘密正法眼蔵』という十則の公案に対する拈提語があり、(8) 峨山には、五位説等

の機関禅の導入や、各種の機関の語に対する下語、及び、古来室中で「前八句」と呼ばれ、しばしば著語がなされた、宏智正覚の『天童小参録』の八句の頌に対する下語が数種伝承されていることなどからすれば、(9) 瑩山・峨山の時代に中世曹洞宗の公案禅援用の端緒が求められるのも、一部首肯できよう。しかし、瑩山の『秘密正法眼蔵』にしても、また峨山の各種の下語類にしても、いずれも確実な文献的根拠があるわけではなく、瑩山や峨山の時代に、すでに室中において参禅点検がなされていたと判断することは早計に過ぎる。確かに、今日発見されている多くの門参類は、通幻派のなかの了庵派や、太源派のなかの如仲派の室中に集中している。(10) しかし、了庵派や如仲派以外でも、たとえば、寂円派には『永平寺三十四話本参』、あるいは『南谷老師三十四関』と呼ばれるものなどが伝承されており、(11) 中世曹洞宗においては各派おしなべて、公案看話の禅が盛んであったことは明らかであり、その起源や、今日みられるような各種の門参資料の形態をとるに至るまでの展開経過については、さらに詳細な検討が必要と思われる。

竜泰寺所蔵の『宗門之一大事因縁』の記載によれば、事実か否かの検討課題は残るとしても、前記のような室内参禅や付法相承を思わせるような秘密伝授的夜参のあり方は、通幻が最晩年に至るまでこれを許さなかったとされており、したがって、この資料による限り、通幻派における門参の発生は、通幻の晩年以後ということになる。ただし、このような記述は、「最乗寺開山了庵和尚一人ニ付之玉ヘリ、其ノ余ノ九派ハ傍出也」とあるように、通幻派の中で了庵派のみが正系であり、他の九派は傍出であるとする主張のための伏線とみることも可能である。しかし、「了庵モ又々如レ此ナルベシ、夜参ト者ハ、密語也、陰法ヲ云也、朝参ト者ハ、顕也、陽法也、陰陽ニ比シタト云テ、陰気陽光属ニシタトミベカラズ、其ノ言ヲ借也、朝参ハ顕法ナルガ故ニ、時々回互ノ幾(ママ)可レ有、夜参ト者ハ、密語ナル呈ニ、時々不回互ノ幾(ママ)アルベシ」とあり、夜参と朝参を、密語と顕法、不回互と回互に対応させ、明確に区別させて解説がなされており、夜参のやり方が、次第に秘密伝授の形をとるようになり、やがてこれがまとめられて門参となってゆくことを暗示している。本文においても、夜参と朝参に対する意識が明らかに異なっていることが看取される。そこで次に、各項目名と、抄中で朝参・夜参の区別が記されているものについて、これを抜書してみる。また、夜参には「可秘々々」という語が、極めて重要な意味をもって付記されることがあるので、この「可秘々々」の語が出てくるものについても、あわせて掲げておく。

（1）案山点頭（2ウ）……サテ、朝参ニ此透ヲ何ントハタラカサウズゾナレバ、各々ノウテ程ヨ（3オ）、

（2）白雲功尽青山秀（4オ）……朝参ニモ此透ハアツカイニクイゾ、マギレコトガアルゾ、先達モ如レ此被レ仰デ走ゾ、位裡ニ不レ能三収二之《コト》旨《ヲ》一（5オ）、

（3）二透初、人境双忘之筋目（5ウ）

（4）照用双忘之透（6ウ）……サテ、吾家ノ夜参ニ用ル、則ンバ照用ノ功ヲ千仏ノ功勲トス、千仏ノ知功照用尽ク忘シテ平々タン〳〵タル処ニ、若シ千仏ガツラヲ出シタラウニワ、何ンデモ無イコトヨ、如レ是ミレバ、此境界ニハ人モナク境モ存セヌゾ、今破テ見タコトデハ無シ、朝参ノアツカイワ二説在リ、経文ノ筋目一スジメ、此レモ修証ニソウゾ（6ウ〜7オ）、

（5）臣主双忘之筋目（7オ）……此ノ透ハ朝参ニワハタラカスベキ様無レ之（7ウ）、

（6）三透之始、当頭之筋目（7ウ）……朝参ワ別ニ細密ナルコトテナキ程ニ、注解スルニ不レ及、乍去、当ニ三位アル旨ヲ以見ベシ、類話多在リ（8オ）、

（7）当頭不犯之筋目（8オ）……是ハ回互ノ幾《ママ》也、可レ秘々々、方来ノ客ヲシテ、謂ル将ニキカシムルコトナカ

レ、如レ此少ノ着《チヨ》述ヲ以綿密ノ宗風トシタゾ（8ウ）、

(8) 正当《ノ》位《ノ》筋目（8ウ）……朝参ニアツカイワ、品《シナ》々様々也、（9オ）

(9) 法眼宗ノ一透、当位即妙筋目（9オ）……或ハ家ノ夜参ニ取テ見ル、則ンバ其ノ句面ハ一点モ用ニ入ラス（9ウ）、（中略）法眼宗ハ三ツガ一透也、未挙揚箭鋒機掣電機、此旨ヲ以テ朝参ニハ可レ用歟、三段ガ何レモ此心持ナル間、メイ〳〵ニハ不レ注也（10オ）、

(10) 正当不点之旨（10オ）……鳳凰ト云テ法王ヲヒビカス也、鷓鴣ト云テ這箇ヲヒビカス也、此ノ対ヲ以テ此透ヲ用ユ、可レ秘々々、瑠璃壺中妙薬トハ、知不到也、知不到ニ用ル時ノ句面ハ、表裡キラリトシタガヱイ無キガ故也、妙薬トハ那主ヲサス、可レ秘々々、銀椀裡一雪、此ノ句ノ上ニ那時ハミヱヌゾ、如レ是云処ニ儼然タゾ、是ハ朝参コブシニ似タレドモ、先達如レ是見セラルヽ故ニ如レ是注脚ス（10オ〜ウ）、

(11) 本有天然主不改之旨（10ウ）……此ノ透ヲ綿密ニ行ウベキ者ナリ、可レ秘々々（10ウ）、

(12) 六祖道底之筋目（10ウ）……日用不知トハ、飯ヲクイ釣ヲ垂レ、魚ヲウル上ニモ、不思善不思悪ノ正当本来ノ面目ハ有レ共不レ知也、不知却テ親イトハ是也、可レ秘々々、（10ウ）

(13) 堕之筋目（11オ）

(14) 尊貴之筋目（11オ）

(15) 三透絲毫未挙揚之旨（11オ）

(16) 独之筋目（11ウ）

(17) 王化普通之旨（12オ）……縦横一化、高キヲモ下《ヒー》キヲモ偏ク王化ヲ施ス程ニ、社《ノ》妙《ニ》展タデワ走ヱ、去テ社王化普通之旨トハ云タレ、以二此旨一《ヲ》是ヲ見バ尤モ可ナリ、可秘々々（12ウ）、

（18）対帯之透（12ウ）……古人ニ錯リナシ、今人物ヲ度量工夫シテ、功薄キニ依テ、魚魯ノ誤リ有レ之、深ク勘カヘベシ、子細ニ可《シ》二句ヲ会《ス》一、朝参ニ用モ又如レ此ノ、通処ノアツカイ、是レ最親切也、可秘々々（13ウ～14オ）、

（19）兼帯之透（14オ）……点与不点ト一致ニ叶合シテ、兼帯トコレヲ号ス、故ニ当派ニ三位ヲ参スルニ、不転ヲ転処ノ後ニ参セシム、此ノ謂乎也、一大事ノ折角也、可秘々々（14オ）、（中略）大陽門——陽ニシテ陰ヲ帯、明月堂——陰ニシテ陽ヲ兼ヌ、此レワ少《スコシ》サカシマナ様ナレ共、如レ是不レ苦、只此ノ透ヲバ、正位雖正——正ト云句ヲ基トシテ、句ヲシラブベシ、此レ夜参ノ秘術也、可秘々々（14ウ）、

（20）双帯之透（14ウ）……夜参大法句々文々ニ有《リ》二秘密一、一々注《ニ》二解之《ヲ》一、最頭如《ニク》二宣説《スル》一、只平生ノ行《カウ》跡踈行ニ、言語猿藉ナラバ、是ナリ共、不是ナルベシ、只言語ノ品ナ句中ノ和《ヤワラ》キ最モ簡要也、只身心脱落ノ眼ヲ以テ此ヲ見透ス（14ウ～15オ）、（中略）況ヤ牙郎当ニ胡喝シテ、身心忽々タラン者、万劫千聖（ママ）深密ノ旨難レ明、アイカマイテ此旨ヲ以テ常坐《ニ》ヲタシナミ、定ヲ守テ、幽遠ニ到可《キ》二徹底相応一者也、一大事、可秘々々（15ウ）、（中略）私云、四関ハ転凡入聖ノ透ニ合スル也、七去ヲモ二透ニ夜参ニ合スル也（16オ）、（中略）南泉道底ノ夜参一透、心不是仏、知不是道、二云心《ロ》ハ、心ワ心、仏ハ仏、智ハ智、道ハ道、終ニ改ヌゾ、法眼宗ノ、自己坐底坐―承当スト同意也（16ウ）、

（21）愁人之透九頭（17オ）……終イニ肯ヌゾ時キ中、的不忘トツ、イタゾ、末ト爰ワマギル、羊ナガ、諦訛可有、大事ノ折角也、可秘々々（18ウ）、（中略）手把過頭杖、逢春点異花、二云心ハ、ヲホロ〳〵トシタニ仍テ、桜ノ花ヲ鶏頭華ト見也、可秘々々（19オ）、

以上に掲げた、「朝参」「夜参」及び「可秘々々」の語を有する箇所に注意してみるなら、いくつかの注目すべき

特徴と、ある種の体系があることが看取される。たとえば、夜参が朝参より重要視されていることは一目瞭然で、（6）「朝参ワ別ニ細密ナルコトテナキ程ニ、注解スルニ不レ及」とあることからするなら、夜参が子細な室内参禅の点検であろうことが予想される。そして、（1）から（9）までの各項は、（4）や（9）のように、朝参・夜参のいずれにも用いられる例や、（5）のように、朝参には用いない例外もあるが、ほとんどが朝参で用いる機関の語であることが知られる。また、（10）から以降は「可レ秘々々」の語が頻出し、（18）では「朝参ニ用モ又如レ此ノ、通処ノアツカイ、是レ最親切也、可秘々々」とあるように、朝参でも用いる旨が明記されており、（19）には「此レ夜参ノ秘術也、可秘々々」とあるように、夜参が秘密裡の室内参禅であることが確認できる例もある。このことは同時に、「可レ秘々々」の記述のある各項も、夜参で用いられる出句であろうことが推測される。さらに、（7）に「是ハ回互ノ幾《ママ》也、可レ秘々々、方来ノ客ヲシテ、謂ル将ニキカシムルコトナカレ」とあるように、他門、他派に対しても秘すべきことが意識されている。このように、朝参より夜参が重視・秘密視され、さらに後半になると「一大事ノ折角也、可秘々々」、あるいは「此レ夜参ノ秘術也、可秘々々」「一大事、可秘々々」とされて秘密伝授が強調されることになる。

すでにみたように、『禅苑清規』では、近隣の尊宿の来訪にちなんで、晩参及び翌日の陞堂がなされるのであったが、方来の客に聞かせてはならないという文面は、逆に時には他門の諸師の参加もあり得たことを暗示する。しかし、この方来の客に聞かせてはならないとされる参も、「可秘々々」とされるので、夜参であったことが知られ、したがって、方来の客は朝参には参加できるが、夜参に参加することはできなかったものとみてよい。ただし、冒頭の文では、夜参は密語であり陰法であり「不回互ノ幾（機）アルベシ」とされ、朝参は顕法であり陽法であり「回互ノ幾（機）可レ有」とされるのに対し、ここでは「是ハ回互ノ幾也」とされるのは矛盾するかにみられるが、回互不回互の用例は他にも混乱がみられるので、「可秘々々」の語によって、この項は夜参とみなしてよいであろう。いずれにしても、『宗門之一大事因縁』でいう朝参は、ある程度公開された参禅であり、夜参は、秘密裡の室内参禅であったとみなし得よう。

通常、門参といえば、秘密裡に伝授相承された参禅の要訣を記したものである。しかし、この『宗門之一大事因縁』の内容は、秘伝すべきものももちろん含まれるが、朝参のように、他門の学人にも公開し得る参という性格もあわせもつものであり、純粋に秘密伝授を建て前とする門参が成立する以前の、あるいはその成立過程を物語る資料として位置付けることも可能ではなかろうか。『宗門之一大事因縁』には、前記の参のほかに、「快庵一派顕聖寺之出句如是也」として、詳細な出句の目録を載せている。越後顕聖寺は、竜泰寺開山華叟正蕚の法嗣、下野大中寺開山快庵妙慶（一四二二―一四九三）の開創で、下野大中寺に先立って早い時期に開創された、越後における華叟派の重要な寺院であるが、ここにも、無極慧徹―月江正文―華叟正蕚と伝承された門参が伝えられ、さらに快庵派においてもこれについて独自の参禅がなされたものであろう。中巌文(正)的が慶長一二年（一六〇七）に『宗門之一大事因縁』を書写した際、この快庵派の参も入手し、一緒に写して一本に編集したものとみられる。

以上、竜泰寺に所蔵される『宗門之一大事因縁』について、その伝承と、内容の一端について触れた。特に冒頭にある朝参・夜参の由来が事実とすれば、曹洞宗で最も多く門参が伝承されている、通幻派の門参成立の解明に貴重な示唆を与えてくれるであろうことは疑いない。曹洞宗における門参の成立過程について筆者は、語録や各種禅籍の提唱の記録である「聞書抄（語録抄）」に付された代語などが別出され、門参として伝承されるに至る過程を別に考えているが、これが夜参における室内参禅とどこで関係するかが課題となる。

五　『祥雲山竜泰禅寺門徒秘参』

竜泰寺所蔵の代語・門参関係の資料紹介として、最後に、『宗門之一大事因縁』と同一の筆者によって書写された、『祥雲山竜泰禅寺門徒秘参』（以下『門徒秘参』）を取り上げる。『門徒秘参』は、竜泰寺一五世中巌文（正）的（?—一六二二）の編集書写にかかる、華叟派の門参類を集めたもので、「[快庵派門参]」（1オ～13ウ）、「十則正法眼蔵」（14オ～20オ）、「祥雲山竜泰禅寺句参透リ」（21オ～40オ）、「汾陽十八門」（41オ～47オ）、「峨山和尚嗣法之次第」（47ウ～48オ）の五種を内容とする。「快庵派門参」は下野大中寺に伝わった門参で、華叟派の門参とみなされて一本に編入されたものであろう。次に、簡単な書冊形式を記しておく。

一、冊　数　1冊
一、料　紙　楮紙
一、大きさ　縦27・2センチメートル　横18・1センチメートル
一、装　釘　袋綴
一、標　題　「祥雲山竜泰禅寺門徒秘参全　中岩（花押）」
一、枚　数　47丁（表紙1丁）
一、行字数　毎半葉11行、1行30字前後
一、刊　写　写本、筆者不明
一、書写年　慶長十二年（一六〇七）
一、筆　者　竜泰寺十五世中巌文的

一、識語等　「無学和尚白庵」（13ウ）

「花叟派祥雲山竜泰寺本参也」（20オ）

「時慶長十二年〈丁未〉（一六〇七）南呂拾一日於竜泰精舎衆寮書了」（40オ）

「時慶長十二白〈丁未〉（一六〇七）小春吉辰」（48オ）

これまでに検討してきた三種の門参、すなわち『仏家一大事夜話』『補陀寺本参為末世記処』『宗門之一大事因縁』は、洞門抄物の分類上は門参の類に相当するが、それぞれが成立史的にも内容的にも、極めて特徴的なものであった。すなわち『仏家一大事夜話』は、本来、種々の儀軌に関する口訣である切紙に含まれる「参」の部分を集大成して一冊にまとめたもので、末尾に「以上十八位当門徒秘参也」という記載があることから知られるように、これが竜泰寺室中で門参的扱いを受けて伝承されたことを示している。『補陀寺本参為末世記処』は、竜泰寺と同じ無極慧徹を開山とする、上野（群馬県）松井田補陀寺に伝承されたもので、もともと竜泰寺系の門参ではないが、同じ曹洞下了庵派において、臨済宗と全く異なることのない、機関を駆使した公案禅が行われていたことを物語る好資料である。また『宗門之一大事因縁』は、竜泰寺室中直伝の門参である。そして、中世曹洞宗においては、臨済宗とほとんど変わることのない看話・公案の禅が流行していたといわれるが、『宗門之一大事因縁』の記載によれば、曹洞宗の公案禅援用は、通幻寂霊の晩年に始まるもので、それも夜参の行法が発展したものであるとする、注目すべき記載があり、曹洞宗における看話工夫の禅が、はたして臨済宗の看話禅そのままの援用かどうかということに対して、新たな問題を投げかけている。

そこで最初に、『門徒秘参』の相承物としての基本的性格について考えてみるに、すでに述べたように『宗門之一大事因縁』と同じく、一五世中巌の伝受書写本ということでは共通している。そして、『宗門之一大事因縁』は

「慶長十二年（一六〇七）小春十月」の書写であるのに対し、『門徒秘参』は、「祥雲山竜泰寺句参透リ」の末尾の識語によれば、同じ年の「八月十一日」の書写となっており、「汾陽十八門抄」以下は、「同年小春十月」の書写であることが知られる。このことは、慶長一二年八月頃から、中巌文的の室内の点検が行われ、一〇月頃に至って入室嗣法が許されるに至る経過を物語ると推定される。すなわち、すでに触れた『宗門之一大事因縁』の末尾の識語には、「華叟正蕚代々、枝深付与正桃、々々付与正仙、々々付与正芳、々々付与文的畢、祥雲山竜泰寺夜参盤之終也」と、あり、門参相承の次第が記され、中巌が竜泰寺華叟正蕚派下の法系に連なった意識が看取されるが、『門徒秘参』にはこうした伝授相承を示す記載が見出されず、この『門徒秘参』の前半段階では蘭室による室内の印可はまだなかったことを暗示している。

次に、この『門徒秘参』の伝承経路であるが、まずはじめに、慈明一盆水、紫湖（獰）狗、雪峰鼈鼻蛇、趙州分疎不下、潙山水牯牛、趙州布衫、普化鈴鐸の各古則の参中の関係者をみるなら、これが快庵派大中寺系の門参であることが明らかである。参中にみられる僧名の法系図もあわせ掲げておく。

○慈明一盆水　嫌道ハ紫湖句（狗）、雪峰鼈（鼻）蛇、黄檗虎声、此ノ四則ヲ一則ニ引キ入テ、快庵派デハ入頭ノ頭ヲ古則ト云テ、斉（済）下ノ撞切リ古則ニ扣ク也、（1オ）

○代□則ハ快庵派テ入頭ノ首古則也、類則ハ、吾カ見地呈引也、斬猫□モ引ク、其ノ時ハ斬不斬ガ背触ノ両頭、斬不斬ニ落ヌ処ガ猫児ノ救フ羊也、亦三喫茶モ引ク也、在レドモ趙州ノ道体ガヲミレバ少シノ差也、亦入門棒入門ノ喝ナドモ一也、入不入ガ背触ノ両頭也、入不入不レ渡当行スルガ入門ノ得羊也、呈ニ圭陽和尚ノ前面ハ嶮峠万仭、□（后）面ハ荊棘林中、作麼生是当鋒ト撈、喫茶珍重帰堂歟トナサレタモ此ノ筋目也、只茶ヲ呑ンテ帰タ迄ヨ、亦培芝和尚ノ南山――好看ト出シテ、侍者点茶来ト被成タモ、当則ヨリノゴ修行ヲ成トタゾ、急切ナ直

下ハ、只茶呑テ帰シ迄ヨ、是ヲ当鋒底ト云テ走ゾ、当則天嶺和尚ヨリ白庵流伝在テ不出々々、（6オ〜6ウ）
〇趙州分疎不下（中略）培芝和尚竜□寺ヱ御住ノ時、圭庵モ同船デゴサアツタ、其ノ時大波ガツトテ芝和尚ノヒザノ上ヲスイツト透タヲ見テ、当則ニ投幾有ル也、呈ニ此ノ心ヲ受テ奉サレ心ハヨリ透レバ、波ガ散ラヌゾ、呈ニ大幾之《ノ》用ガヨワケレバ散ルゾ、トツトツヨイニ仍テ、卒度モ散ラヌ、細入微塵絶大方ト云モ爰テ用ノコトダ、サテ会ガ出タゾ出ヌゾト云ハ、達処ノ□□□コトヲ、亦州和尚此ノ句ヲ九月ノ一日ニ出シタ、代、天下覓医人、牆霊々膳上トナサレタゾ（中略）亦圭庵和尚ニ而経ノ時猫児ノ理趣分ノ上ヲ□タヲ見テ、投幾（ママ）ノ雑談ヲ引也、（中略）快庵派デ、南岳不汚染、首山竹篦、是則ヲ幾賊ノ又母ト云タゾ、此両則ノ公案ガ大広ノ柱ダゾ、（7オ〜8ウ）
〇趙州布衫（中略）快庵派デハ此ノ挙処ノ心ノコトカ多イゾ、此羊ナ問意答処ヲバ、ドコデモ如是心得ベシ（10オ〜11オ）
〇無学和尚白庵（13ウ）

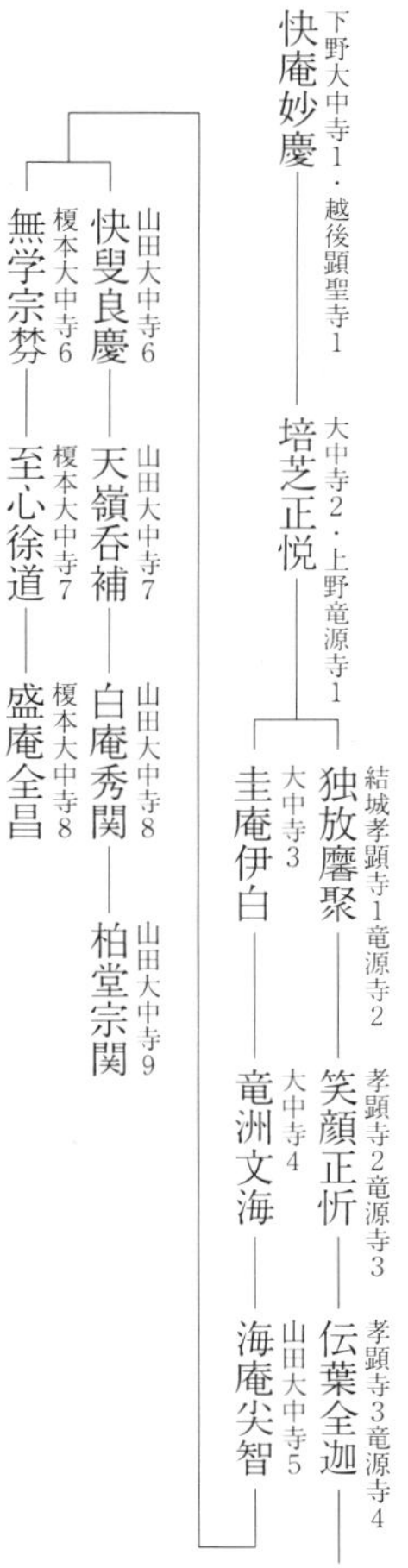

このように、関係者を一見すれば、この門参が大中寺系の快庵派下に伝承されたものであることは明らかである

が、ただし、末尾の「無学和尚白庵」という記載は意味不明で、大中寺の歴史的経緯にかかわって問題としなければならない点がある。

すなわち、「無学」は海庵尖智の法嗣で、榎本大中寺六世無学宗棼（?—一五七七）であり、「白庵」は山田大中寺八世白庵秀関（?—一五九九）とみてよいが、これが門参の伝授を示すとみてよいかどうかが問題である。「此ノ外七則ニ□テヲ出スル也、其ノ時之心得一也、(13ウ)」という抄に続いてあるので、伝授を示す文ともみられるが、無学と白庵派は、法系的に、また歴史的にも極めて微妙な立場に置かれており、これら両者に伝授関係があり得たとは考えられないからである。

その歴史的経緯とは、快庵妙慶（一四二二—一四九三）開山の下野（栃木県下都賀郡大平町）大中寺は、西山田（富田）と榎本（水代）に二箇寺存する。しかも、開山より二世培芝正悦（一四四二—一五二四）、三世圭庵伊白（?—一五三八）、四世竜洲文海（一五〇二—一五四一）、五世海庵尖（泉）智（一五〇二—一五五八）までの五代が同一世代という、不思議な現象を呈している。そして、こうした奇異な世代になったのは、師弟及び法兄法弟の争いによるものであった。

すなわち、大中寺六世快叟良慶（?—一五七八）は、師の海庵尖智と不仲となり大中寺を出ることになった際、兄弟弟子の無学宗棼等がこれを調停しようとしたが、快叟はこれに応ぜず、無学が大中寺の後席を継ぐに至って無学と快叟の争いに発展した。大中寺の開基檀越である小山氏は、はじめ快叟を支持していたが、後に無学を好遇するようになり、水代郷榎本城の近くに新たに大中寺を建立し、開山より五世海庵に至るまでの歴代住持を勧請して外護を加えた。

一方、富田郷山田の大中寺は、檀越の外護を失い虚席となり、この間の永禄五年（一五六二）夏には伽藍を焼失して荒廃したが、快叟の法嗣天嶺呑補（一五一六―一五八八）が入院し、籌山居士の外護により旧観に復した。この富田の大中寺の方は、江戸期には関三刹の一として天下大僧録に補任され、近世幕藩体制下における僧録支配の一翼を担い、曹洞宗内行政を司ることになる。(12)

以上が同一開山で、しかも五世まで同世代の太平山大中寺が二箇寺併存することになった経緯である。こうした無学派と快叟派の確執を前提とするなら、師弟関係もない両師に門参の伝授がはたしてあり得たかどうかは疑問である。白庵が白庵秀関を指すことは、「当則天嶺和尚ヨリ白庵流伝在テ不出々々、(6ウ)」という記載があることからも明らかであり、したがって、この門参が山田大中寺に伝承されたものであることは明白であるが、結城孝顕寺春翁圭陽の語も含まれており、広く諸師の門参を参酌していたとみられるので、上記のような確執を越えて、参禅の備えとされていたとも考えられる。

さて、この大中寺伝来の快庵派の門参『門徒秘参』の特徴の一に、対臨済宗の意識が極めて強いことが指摘できる。たとえば、趙州分疎不下(13)の話について、

師云、至道ノ消息ヲ、扣キ羊至道――択ト云ハ心《（ママ）》信銘也、是ヲ州挙シテ示衆也、四至トモニ一位也、至ハ大也ト云字意也、呈ニ、大道ト云心也、此ノ至道ト云ニ易難ハナイゾ、唯タ揀択ヲ嫌タゾ、別ノ家デ揀揀ト云ハ知不到、会不会ノコトヨ、爰ヲ儒釈道ノ三家デ沙汰セデハ叶ヌコトダ、鑽レ之弥堅、仰レ之弥高シト云モ爰ノコトヨ、呈ニ、畢竟至道ト云ハ、六祖ノ道体本来無一物ノコトヨ、此無一物ニ至テハ、趙州モ五年分疎不下タゾ、三世諸仏モ歴代ノ祖師モ不思儀不可得ヨ、至道ノ極妙ニ至テ明メバ出ヌ、サテ明メタラバ明白裡ヨ、夫ハ悟上得后《（ママ）》ノ漢ヨ呈ニ、雪裡――難弁トアルゾ、此ノ心ヲ以テ趙州雪峰ノ家ノシマリトシタゾ、雪裡ノ粉モ白色白ニ白添ヱ、墨ニ墨ヲ重タコトタト云テ、雪――粉ガ分易ク、墨――弁デハナイゾ、雪トナリ、粉トナリ、墨ト

ナリ、媒（ママ）トナツタ者ガアル、是ガ難レ弁コトタ、或ハ虎班《ママ》——難ト二云モ、向心得サシ、亦雪上厳霜又一重ト云モ向也、是ハ済下デハ雪霜ノ肌ヱトシテ沙汰□□事ダ、亦是ヲ如幻ノ体共二云タ呈ニ、雪ダゾ、霜ダゾト云ハ体ハアルゾ、サテ亦手ニ□□腹気ガ出レバ、トロリトナルゾ、是則至道也、爰ヲ魔境トモ、末后ノ句トモ二云タ、ナゼ——バ、至道ノ肌ニ仏智祖智ノ沙汰ハナイゾ時魔境ヨ、（7オ〜ウ）

とあるように、臨済下の参話も参考にしているのが知られる。また、他派の門参の引用例はみられないが、「別ノ家」の見解として、揀択を智不到、すなわち三位の第二位とみる参を引用していることから知られるように、他派の門参も大いに参考にしているとみてよい。さらに、趙州布衫の話について、[14]

師云、打中間底事ヲ、代、起挑不上、心ハ、起モ挑モアケアガルトヨム、亦カキアグルトモヨムナリ、粟デモ米デモ、末ツ一ツニ打籠テクツト煮ツブシテ見サシ、一粒モ上ルマイゾ、ツブガアラバ上ラデハ、斉下（ママ）デ顕スト云ハ、建立門ニ立テ棒喝ヲ行タコトヨ、為ニシテコトヨ、為ニナルガ調羹シテコトヨ、クツト煮ツブスト云ハ虚体ノコトヨ、中間底ノコトヨ、爰ハ棒喝不到ノ地ダ、此虚位ヲ斉下デハ末后ノ句トモ二云タ、難レ瞞ト二云モ向タ、虚位ニ形キハ見ヱヌソ、亦洞上デハ中間ヲ七種菜羹ト二云タ、亦大釜トモ二云タ、柳梅□—蚓、末一ツニ打籠ンタ時、偏正ノ沙汰ワ無イ、到ノ一位トモ二云タ、亦無至之処トモ二云タ、二云云、（11オ〜ウ）

とあるように、済下と洞上の参話の比較を行っており、済下は建立門すなわち方便門、洞上は「偏正ノ沙汰ワ無イ到ノ一位」「無至処」すなわち五位でいえば第五位の兼中到、三位でいえば第三位の那辺に位置付けている。最後の普化鈴鐸の話でも、[15]

此ノ浦ハ花柳ノ誰、六祖道体、法眼宗ノ自己ヨ、見成公案ニ掛テ心得ベシ、洞上デハ偏正一致ノ修行ダ、亦異類ノ知不到也、異ト云ハ生類ト云ハ偏也、斉家ノ極則是ニ不レ過、能々心得在テ、十二時中指不置会義在ラバ、

一千七百ノ公案、一毛ヲ太虚ニ収ガ如ク、大虚ヲ一毛ニ収カ如クナル可シ、是ハ大麁生、(13オ〜ウ)

とあり、洞上と済家の比較をしているが、洞上では三位の第二位である知（智）不到とするのに対して、「斉家ノ極則是ニ不レ過」として、その見解を「大麁生」と判断しているように、その悟徹の浅深に明らかに優劣の差異を意識しているのが看取される。

このように、洞上すなわち曹洞宗と、済下すなわち臨済宗の室内参禅の内容に極めて深い関心を寄せ、その差異を意識している点は、この門参の有する大きな特色の一であろう。他の曹洞宗関係の門参類では、曹洞宗内における他派の門参を意識することはあるが、対臨済宗の密参の仕方を意識している例はあまり見出されない。

次に、『門徒秘参』には「十則正法眼蔵」として、「世尊拈華」「迦葉刹竿」「武帝達磨」「六祖不（落）階級」「無情説法」「六外一句之話」「青（倩）女離魂」「托鉢下堂」「仰山枕子之話」「夾山道不会話」の、十則の公案に対する参禅の仕方を記した門参が掲載されている。この十則は、瑩山紹瑾の拈提と伝承される『秘密正法眼蔵』によったものであることは明らかであるが、末尾には「花叟派」及び「祥雲山竜泰寺本参也」の識語があり、また竜泰寺九世光山正玄や、同一一世大洞正桃の代語が引用されていることからも、純粋に竜泰寺伝承の門参とみてよい。

この「十則正法眼蔵」と題する竜泰寺所蔵の門参の特色の第一は、『秘密正法眼蔵』の瑩山紹瑾の拈提を全く前提しない、代語及び参禅の方法を記したものということであり(16)、第二は、たとえば、

世尊拈華　師云、拈処ヲ、代、学、師ノ前ニ至テ、童子ナドガ歩ル羊行テ、カアクリウト挙ス也、心ハ、二ツヤ三ツヤノ子童ニ、父ガ鳴ケバ、此ノ花クリウト云ワレテ、咲含タ如クタゾ、師云、迦葉ノ微笑ヲ、代、当人シテ咲含《ミヲ》ム也、師云、句ヲ、代、聞々相合《イシ》、句々相通《ス》、是レハ光山扣也、云々、(14オ)

武帝達磨　師云、第一儀《(ママ)》ヲ代、立身叉手シテ立ツ、師云、句ヲ、代、無影樹下合同船、心ハ、第一儀ノ処ハ

ヒョットツ、立ツタマテヨ、ナントモ云ヱバ第二儀ヨ、云々、（15オ）

六祖不階級　師云、不――級ヲ、代、師ノ前ニ至テ、ニッコト笑含ム也、云々、（16オ）

等とあるように、極めて機関に富んだ参禅の仕方が展開されているということである。

瑩山の編集した十則の公案集に対し、こうした各門派の門参が存したらしいことは、肥前（佐賀県）円応寺所蔵の抄物資料のなかの『十則正法眼並抄』に、瑩山の拈提である『秘密正法眼蔵』に後続して、やはり同じ十則の抄が付されており、さらにこの抄には、白井門派、すなわち上野双林寺一州正伊（一四一六―一四八七）の系統のものや、大源派の参も引用されていることからも明らかである。そして、瑩山や峨山韶碩・通幻寂霊の語の引用もあるが、了庵派の参の引用例が最も多いことが特徴的である。次に、円応寺所蔵の『十則正法眼並抄』のなかの了庵派の参語の引用例を列挙してみる。

〔世尊拈華〕

又拶云、喚甚麼為二正法眼――法門一、展二開両手一云、十ヶ指頭八ヶ穴、（中略）又了庵派、十ヶ指頭八ヶ穴□ハ用也、八ヶ穴ナヲ正法眼蔵涅槃――法門ト、穴ナヲカズヘアワスルナリ、（6オ）

〔迦葉刹竿〕

又、瞎驢□不レ受□霊山機、扶起吾宗大法幢、了庵派ハ句ヲ付ル也、（6ウ）

〔武帝達磨〕

了庵派ニハ、誰不識ヲ主中主用也、白井門派ニハ、笑入レ芳塵一爛漫□用也、（7オ）

〔六祖不階級〕

又投子青頌、無レ見二頂露《イタダキヲアラハ》一、雲（攢）急、劫外（衍字）春霊枝不レ帯レ春、那辺不レ坐二空王殿一、争肯《カアエテ》耘《ギッテ》レ田向レ日輪、

是《ハ》此《ノ》主《ハ》那辺ニモ不レ坐《ザ》、又何《カ》日輪天子《ノ》位ニモ不レ坐、ドコホドデカアルラント不犯《ノ》□《ニ》帰《ル》也、了庵派如レ斯用也、

吾宗那辺透過《シテ》 有二出身路一処也、（7ウ）

〔無情説法〕

又了庵派ニハ、虚空説法何用《ソ》レ口、森羅万象尽説法、大悟シ用ハ、千聖無二解会《ト》大悟一、（8オ）

〔六外一句之話〕

又放身捨命正此時《ト》了庵派《ニ》用也（8オ）

〔倩女離魂〕

又両手展開《シテ》 云、左右逢源、了庵派《ニ》、両手展開《ハ》空《ノ》用処、両手共空也ホトニ、左右逢源也（8ウ）

瑩山撰述とされる十則の公案集に対する抄及び門参の類で、管見に入ったものは、竜泰寺所蔵の『門徒秘参』のなかの「十則正法眼蔵」と、円応寺所蔵の『十則正法眼並抄』の二本のみである。そして『十則正法眼並抄』のなかの了庵派の参と、『門徒秘参』とが合致するのは、迦葉刹竿の話の「瞎驢不受霊山《ノ》機、扶起《ス》我宗大法幢」の句だけであり、他については明確な対応関係は見出せない。したがって、ここで『十則正法眼並抄』が引用する了庵派の参が、竜泰寺系の華叟派を指していると即断はできない。ただし、第一則から第七則まですべてに了庵派の参の語が引用されていることは、別系統の了庵派の『十則正法眼蔵』に対する参があり、これを前提しているとみなすことはできよう。そして、了庵派のなかで最大門派を形勢した月江下の一州派については、白井門派の参として引用されており、他に了庵派としては、了庵慧明（一三三七―一四一一）の法嗣大綱明宗（?―一四三七）の派下か、月江下の泰叟派のいずれかになろうが、これを確定する術はない。可能性としては、内容的な検討を通してみる方法がある。たとえば「武帝達磨」の話の、「了庵派ニハ、誰不識ヲ主中主《ニ》用也」という語は、了庵派の参の直接の

引用というよりも、その参じ方を記したとみてよいが、『門徒秘参』の「師云、何ントテ第一儀デハアルゾ、（中略）代、天子無《ニ》父母トハ云イ走ヌ、末モ一ッ也、師云、廓然〔無聖、帝云、対朕者誰、大師云、不〕識ヲ、代、天子ヲ抱ク振舞シテ廓トシタ、忘レ倚、依ハ是モ義也、紫極〔宮中鳥〕抱〔卵〕ト云、心一ッ也」という参語と[17]、誰・不識の語も含めて、内容的には決して矛盾しない。天子という第一義諦を懐いた様子は、臨済の四賓主でいえば、もはや賓の立ち入る余地のない、主中主（主看主）の世界とみてよい。しかし、いずれにしてもその対応関係をすべて解決することは困難であり、ここでは一応、円応寺所蔵の『十則正法眼並抄』に引いた了庵派の参と同様の系統をもつのが、竜泰寺所蔵の『門徒秘参』所収の「十則正法眼蔵」であると理解しておく。

『門徒秘参』を構成する内容の第三は、「祥雲山竜泰禅寺句参透リ」の標題を持つ代語集である。「句参透リ」の標題からもわかるように、禅の慣用句に下される著語・代語を集めたもので、末尾に「以上三百哉」とあるが、重複するものもあわせて実際には二六七種の句に対する代語集である。次に出句を一覧にして掲げておく。

満眼青山無二寸樹一・破有法王・出現世間・八識田中《ニ》下二一刀一・現成公案区レ情三十棒・青天猶喫レ棒《ヲ》・分明紙上《ノ》張公子・空手《シテ》把《リ》二鋤頭《ヲ》一歩行《シテ》騎《ル》二水牛《ニ》一・到《テ》レ江《ニ》呉地尽《キ》隔レ岸越山多時節・頭戴午夜月脚踏黄金地・観音為師教宝冠戴弥陀・虎口裡ノ活雀児・石厭草斜出岸懸花倒生・十二処忘閑影響三千界放浄光明・梧枝頭上《ニシテ》挑二日月《ヲ》一・蘆花裡ノ棒・江月照――所為ゾ・揚子江頭楊柳《ノ》春楊花笑殺渡頭人・去来不以形動静不以心・大用――軌則・得《モ》銀山鉄壁不得銀山鉄壁・無根樹解殺能挑海底灯・体得那辺這裡行履・一色転処還同二一色一・老枝――得心時・菊垂金秋露石戴古車轍・芭蕉如レ堅《ク》、焦穀《カタキカジウコク》如《シ》レ芊《ケノ》・青山元不動・白雲自去来・崑崙ノ定・祖師未西来少林有妙訣・手把花頭杖・前三々後三々ト云タル文殊ノ幾(ママ)・十二時法尓禅迷逢二達磨《ニ》一・従生死老只是這箇・一有多種ニ無両般・如浄隔――像・把二断《シテ》要津《ヲ》一不レ通二凡聖《ヲ》一・纔有是非汾然失心・十方智者・澄源湛水・古仏堂前猶乗二

車子一・不解為客・皆与実相不相違背・以字不成八字不是・一牛呑水五馬不嘶・内見外見内外空仏・珊瑚枝々
撑著月・一種平懐泯然自尽・枯枝頭上雪大陽不待春・大湖三万六千頃月在波心説向誰・雪覆二蘆花一・不レ施二橈
頭《ヲ》一船底脱往来終不レ借二不嚢《ヲ》一・元是一精明分成六和合・眼見黄葉落耳聞孤雁啼・尽十方絲毫未挙揚・吸二尽玄
微一根体同明・九陽紅塵烏帽底五湖春水白鷗前《ヲ》・浩々《タル》紅塵頭・死活当頭・月落星暗・消息断羊・深入禅定見十
方仏・去日顔如玉帰時髭似雪・本有円成如来還同二迷倒衆生《ニ》一・多子塔前分半座・白鷺下田千点雪・報恩者多負
恩少・偏(ママ)正一斉行《ニス》・玉輪機転・三世諸仏口掛壁上猶——大笑・苦楽逆順道有二其中《ニ》一・鐘楼上念——菜・見色
明心随処〈類トモ〉自在・眴日発生《シテ》地鋪錦・嬰児・古澗寒泉湧青松雪後凋《ニ》・滅度不滅度・応無所住而生其
心・赤肉団上壁立万仭・手《ニ》把《テ》二寒天《ノ》扇《ヲ》一身《ニ》着《ク》二五月衫《ヲ》一・樹々《ノ》松《ハ》青《クテキ》躑躅ハ紅《ナリ》・仏法大有《ニ》只是牙痛・遊人《ハ》不入普門
境・雪上加霜・我愛韶陽新定機一生為人抜釘抜楔・尽十方只是尽十方・瞿曇眼——一枝・万瓶不——飢人・
亦如何是和尚家風・須弥頂上・不レ借二春風一花自開・的々当陽句明々箭後路・石女喚回三界夢木人坐断《ス》六門
機・路逢死蛇須打殺無底藍子《ニ》盛《リテ》将帰・病即消滅不老不死・従縁者始——長堅・我見灯——如斯・眼若不眠諸夢
自除・黒豹——白——騎・法々住自住・心随万境転——幽・三界無亦猶如火宅・所作皆以——槃・笠重——
雪・不レ招二無間業《ヲ》一莫レ謗二如来正法輪《ヲ》一・風定テ花猶落・三脚蝦蟆飛過梵天・吹毛用了急須磨・将謂青山常運歩
白石夜生児・庭前残雪日輪消・室内紅塵教誰払・夜月輝肝胆・四箇死人・離四句絶百非・百姓日用不知・月両
箇・涅槃後有大人相・能為二万像主一四時遂不凋・太平元是将軍致・誰知潭底月元屋頭有天・自性・非思量・好
箇仏殿無仏・快哉織毫《モ》不レ費レ力万里家郷通咫尺・不持捨不覚忘・頭々剣刃上・欲識誕生王子《ノ》父鶴出銀籠沖□
漢・一霊皮袋々々一霊・尽大地你ガ自己・仏界魔界・摩尼珠・親収如来蔵裡羊・拶倒空王殿却——光・未跨船
舷好与三十棒・世尊棺外伸両脚・観音妙——苦・一種没絃琴・木舟虚々通自由・観音入レ流《シテ》忘《ヲ》二所智一・古路雪

深覆高山雲更遮・只有照壁――風・荊棘林中生優鉢華・倒騎仏殿・江南野水――中――我・直指人身――
仏・多福一双竹・病即消滅不老不死・張公呑酒李公酔・霜眉雪髭・不依天雨――顔・芥子納須弥易・大虚掛針
難・心身偏歓喜・応物現形如水中月・十一面観音那箇是正面・機越《ハ》二仏祖《ヲ》一道帰《ハス》二初心《ニ》一・□《(但カ)》念水――知・心外
無法・月明月不知秋・没量大人《ノ》・挙一明三・白珪無瑕・衆盲探――端――全像・一殿不レ問二建立《ヲバ》一如何是真仏
土蔵・玄功路絶処暗中不死人・是色頭々也弥勒聞声也処々観音・峰頭自有威音――不消・無功妙旨不渉玄微・
虎班《ママ》見易・趙州東壁掛葫蘆・還丹一――金・満城花柳風外淡墨愛見山水図・紫雲丹――巷・恰似合面睡着・維
摩一黙如其声雷・少年一段風流事・万里無寸草・如意現・白馬入蘆花・摩尼宝殿有二四角一三角蔵一角常顕《ニル》・錦
桜――地・黄河三凍鎖・古澗・掬水・沖無形々々時如何・語尽山雲海月情・千兵易得一将誰求・白頭子就黒頭
父・衆角雖多一麟足・誰知遠烟浪別有好思量・大湖三万六千頃・水中塩味――青・夫子不レ知レ字達磨不レ会
レ禅・長慶云撞著道伴――事畢・居一切不起忘念・安住不退・超宗越格・宿鷺亭――花・芻句吼時天地合《ス》木鶏
啼後祖灯輝《ク》・本色住――痕・月夜断井索時人喚作蛇・今日看来火裡氷・蘆花無異色白鳥下此淵・無中有路出塵
埃・古木竜吟・不レ触レ事而《シテ》知《リ》不レ対レ縁而《シテ》照《ス》・世尊有密語・法王法中久修梵行・本来面目無生死――図・特牛
生レ児・獅子翻躍・紫羅帳合四臣不通・客散雲楼酒椀乾・泥牛耕破瑠璃地・雪雲粉分易・長鯨飲尽滄溟水・長
鶱尋尽孟津源・業識忙々那伽大定・玉兎懐胎入紫微・仏未出世大法輪転・対境心――起・退得那辺這裏行履・
鷓鴣啼在深花裡・玉鳥呑乾明月泉・中有黄金一国充・深因――到・半夜髑髏一曲吟・頭々剣刃上・触縁対境如
用吹毛・不レ触レ事而《ニシテ》知《リ》不対縁照・我心似秋月・月潭底《ニ》穿水無痕・大千沙界現全身・玉簾深――不露・暗中驚
破玉人眠・鶴出――漢・雲散《シテ》二長空一後虚堂夜月円・四方八面玉玲瓏・竜女成仏・知音更――外・身上如レ堅・
大錯・迷洞不レ拘堂奥人《ノ》・夜船撥転瑠璃地・応無所――其心・若是坐禅底衲《ノウ》僧ナラバ風塵草動自閑得出・截二断仏

祖・寒岩枯木・四睡――心・三十年未曾――辛昔・蒼竜下窟・光境倶忘《ニ》・寒岩異草・坐見白雲宗不妙・九年人不知幾度――過・本来――真(ママ)・衲僧ノ地獄・衲僧ノ田地・黒牛臥水時如何・白牛臥二雪裏一時如何・天童覚云葵花――風・刀杖未不レ挙払袖去《ル》猶是従前圏円裡如何免此窟・巍々実相――被懐・居於転処・一度功渉

ここに提起された慣用句は、いずれもよく知られた禅語であり、その出典は『碧巌録』や『大慧語録』『宏智録』『証道歌』『臨済録』等の語録類、及び『法華経方便品』『同観世音菩薩普門品』等の経典から引用されたもので、断片的な語句が極めて雑然と集められているといってよい。また、自性・非思量・摩尼珠・古澗のような、極めて一般的な熟語もあるが、瑩山紹瑾が峨山韶碩に課したとされる「月両箇」の公案や、道元の叡山修学中の疑団とされる「本来本法性、天然自性身」の語句も使用されており、中国禅宗のみではなく、日本の祖師の行履も参禅の際の参究課題とされていたことを物語る。

すでに述べたように「祥雲山竜泰寺句参透リ」は、形式的には代語集である。しかし、他の代語集と異なる点は、たとえば、

〇八識田中《ニ》二下一刀一ヲ、代、一色明辺ヲマッ十分ト持テ走、師云、一刀ノ下シ羊ヲ、代、極ムレバ変シテ走、又云、八識田中ヲ、代、学師ヲ躍《ケ》ノケテナヲル也、師云、一刀ノ下シ羊ヲ、代、鴛鴦瓦上――夢裡驚、(21オ)

とあるように、師家と学人の一対一の場における入室参禅の方法を記したものであり、右に掲げた一句一語が、すべて独立の古則としての扱いを受けていることが知られる。一般に代語は、公開の場における参学の方法で、その記録は近世初期には盛んに上梓公刊される。(18) しかし「祥雲山竜泰禅寺句参透リ」は、形式としては代語集であるが、内容的には門参として扱われていたとみてよいであろう。

この「祥雲山竜泰禅寺句参透リ」までが、すでに述べたように、慶長一二年八月一一日までの書写であり、中巌

文的の室内の点検がなされ、まさに嗣法が許されようとしていた時期と考えられる。

最後に、「汾陽十八問」の抄が書写収録されているが、その内容は、たとえば、

請益問

僧問馬祖――裡底、私、請益問トハ本ト知タル事ノ不審ナルコトヲ問テ知ヲモ云、亦日々新ヲ習ヲモ云、殿裡底ナラバ仏ハ巍然ヲ

亦吾宗請益ト云ハ、随分説得シタ上ニマダ一手之道理ガアルラウト知識ニ益コトヲ請ウ義也、下々ノ学者ノ置処ノ一問ニアラズ、

僧問馬――即心即仏、誰レガ自心是仏会セヌ者ノガアラウゾ、況ヤ此僧、会シスマシテ於テ請益ダゾ、祖モ僧ノ問処ヲ証得シテ弁シタゾ、即心コソ即仏ヨ、趙州云、殿裡底、此僧モ向レ他《ニ》何ノ用所ゾ、一云、只自可怡悦――君有《コトヲ》二機宜一請益シタゾ、趙州ハ你ハ仏ヲ問カ仏ノコトナラバ仏殿裡ニ有ワ一重上ヲ益タゾ、(41オ)

とあるように、前の三種がいずれも、竜泰寺系快庵派や華叟派の代語・門参であるのに対して、むしろ語録抄、聞書抄とみた方がよいであろう。汾陽十八問は、宋代の汾陽善昭（九四七―一〇二四）が、師家と学人の問話を内容によって十八種に分類した、機関の一種であり、『門徒秘参』に収録された抄のテキストは、『人天眼目』であったと思われるが、抄者については不明である。「私云」「注云」のような記載があるので、聞書そのままではなく、後人の手が加えられたテキストであることが知られる。竜泰寺には現在、中世末か近世初めの頃の書写と思われる零本『人天眼目』の抄が一本存するが、これとの対応もみられない。

また『門徒秘参』の最後には、「峨山和尚嗣法之次第」として、無底長老以下二二人の峨山門下の僧名が列記され、さらに「伝戒之人数三人、合廿五人」とあり、いわゆる峨山の「二十五哲」に関する記録がある。これが末尾

に付された理由は不明であるが、これに続けて、同筆で、「時慶長十二白〈丁未〉小春吉辰」の記載があり、この年記は『宗門之一大事因縁』と同じであり、したがって、この門参の成立と全く無関係な記録とは考えられない。恐らく、門参の伝授と時を同じくしてなされたと思われる。入室嗣法の問題と関連しているとみられるが、今は推測の域にとどめておく。

六　竜泰寺所蔵抄物の資料的価値

以上、竜泰寺に所蔵される四種の代語・門参資料について考察を加えてきたが、中世禅宗史研究、中世曹洞宗史の研究に、抄物資料が果たす役割の重要性を改めて痛感させられる。ここではいずれも、その形式的、形体的な紹介と若干の内容考察しかできなかったが、『仏家一大事夜話』のように、むしろ成立的には「切紙」資料として扱われるべき性質のものであるが、内容はやはり代語・門参資料であることも確かであり、対応する切紙資料との対比を通して改めて論じられなければならない課題である。

また日本の中世禅宗の実態、なかんずく道元派下の日本曹洞宗は、一部の法孫の間では、『正法眼蔵』の謄写・再編集などが続けられ、道元禅の純粋性に生きようとする努力がなされていたことも事実であるが、大勢としてはむしろ逆に、臨済宗のなかの大応派や幻住派などの林下と呼ばれるような、五山派叢林には属さず、主に地方に展開伝播した派下の禅と全く異なることのない、看話禅・話頭禅の流行となり、そのための、公案参得の虎の巻である密参録・門参資料が多数出現することになり、これを授かることが得法ということになり、問答本来の活気もなく、勘弁の慧眼もない形式に堕したとされるのが今日の一般的な見解である(19)。

こうした捉え方は、中世禅界を、臨済宗に対する曹洞宗という機械的・表面的に捉える理解の仕方よりは、中央の官寺機構に直接つながる五山派叢林に対し、地方に分播した林下という捉え方が妥当であるとされる主張とも関連し、一般論としては極めて説得性のある見解である。しかし本章でみてきた限られた語録抄・代語・門参資料の検討だけについても、これらを通してみえてくる中世曹洞宗は、思想内容としてはともかく、道元派下の曹洞宗の系譜を強烈に意識して室内参禅も行われており、臨済宗についても、具体的な門派は特定されなかったが、やはり曹洞宗の室内とは異なるはずであり、しかも自派の参究が勝れているという自負も明らかに看取され、一括論で捉えられる臨済・曹洞各派の禅の内容についても、資料の発掘とともにさらに詳細に追究されるべき必要性が痛感される。

また、ここでは触れなかったが『補陀寺本参為末世記処』や『宗門之一大事因縁』には、公案の各則を「自己」「智不到」「那辺(那時)」(あるいは、目前・自己・向上、最初・中当・向上、一透・二透・三透、銅・銀・金等の呼び方がある)の三段階に割り振り、体系であると同時に、室内参禅の際の修行の体系としても位置付け、一夏安居中の参究課題を設定する「三位(三透)」[20]、あるいは時には「七透」とされるような公案体系の問題があるが、これは切紙の検討の項で改めて取り上げる。

註

(1) 竜泰寺の歴史については、石川力山『美濃国祥雲山竜泰寺史』(一九八〇年一一月、竜泰寺蔵版)、『過去帳からみた家系譜』「第一編 竜泰寺と山田家との関係」(山田右馬之尉正澄公後裔編纂、一九七八年九月)があり、所蔵資料については、『禅宗地方史調査会年報』第一集(一九七八年二月)に分類目録が掲載されている。

(2) 五点の門参資料については、金田弘氏に簡単な紹介解題がある。『補陀寺本参為末世記処』は『洞門抄物と国語研究』(一九七六年一一月、桜楓社刊)三二五頁に、『宗門之一大事因縁』『人天眼目抄』『仏家一大事夜話』『門徒秘参』は、「洞門抄物類書目解題・続稿」（『国学院雑誌』第七八巻一一号、一九七七年一一月）にそれぞれ解題がある。

（3）延宝本『建撕記』には、「一、来日可帰朝定給夜、得碧岩集壹部繕写。鶏鳴之後、白衣老翁来乞加助、師許之、未到明相竟書功。和謂一夜碧岩是、今在賀州大乗寺、師投筆問其性名、則云、日域男女元神也、条然失其所在、因知白山明神矣、依之今和朝、一宗諸寺院推崇之、寺中守護奉仰鎮守也」（河村孝道諸本対校本、二六―二七頁）とあり、瑞長本『建撕記』には、「来日帰朝ニ定メ給、其夜碧岩集一部百則之公案ヲ書写シ給、至今一夜之碧岩ト是云也、大権修利菩薩助筆シ給イ、灯明ヲ挑ケ給、故ニ今土地神ト安置シ給也」（同上）とあり、面山の訂補本『建撕記』には、「宝慶三年丁亥、日本安貞元年ノ冬天童山ニ告暇ス、……（中略）……ソノ薄暮ニ得仏果碧巌集手ラ繕写シ玉フニ、全備スマジキヲ心中ニ憾ルニ、忽チ白衣ノ神人来テ助筆シテ畢ル、コレハ日本ノ白山権現ナリ」（同上、三一―三二頁）とある。

（4）註（2）金田解題参照。

（5）一休は『自戒集』のなかで、養叟の接化を非難して、その内容を五種行に分けているが、その五種とは、「一入室」「二垂示着語」「三臨録ノ談義」「四参禅」「五人ニ得法ヲオシウ」である。そして「垂示着語」の仕方を記したものが「密参録」であり、曹洞宗では門参・本参・秘参・伝参等という。

（6）伝法の次第と伽藍法の次第が一致しなければならないという主張のもとに、世代の改変がなされた事例として、永平寺の、道元―懐奘―義介―義演―義雲という歴住次第が、寂円派の要請によって、義介・義演を前住位として扱い、開山道元―二世懐奘―三世寂円―四世義雲と改められた事実がある。石川力山「『宝慶由緒記』の史料的価値」（『印度学仏教学研究』第二五巻一号、一九七六年一二月）、「寂円派研究序説」（『日本仏教史学』第一二号、一九七七年八月）、「曹洞宗寂円派の歴史的性格」（『禅宗の諸問題』一九七九年一二月、雄山閣刊）、「義雲禅師の永平寺中興と寂円派の永平寺昇住」（『永平寺史』上巻、第三章、一九八二年九月、永平寺蔵版）等参照。

（7）鏡島元隆「道元の思想」（講座道元Ⅰ『道元の生涯と思想』一九七九年一一月、春秋社刊）一一頁以下、石川力山「『秘密正法眼蔵』再考」（『宗学研究』第二一号、一九七九年三月）参照。

（8）石川力山「『秘密正法眼蔵』について」（『宗学研究』第二〇号、一九七八年三月）、及び前掲「『秘密正法眼蔵』

再考」、同「肥前円応寺所蔵の『山雲海月図』について」(『曹洞宗研究員研究生研究紀要』第一一号、一九七九年八月)参照。

(9) 佐賀県武雄市円応寺所蔵の『山雲海月図』『大庵和尚下語』、大阪陽松庵所蔵の『天童小参鈔』等に、宏智の「一段光明亘古今、有無照破脱情塵、当頭触著弥天罪、退歩承当特地新、紫極宮中鳥抱卵、銀河波底兎推輪、是須妙手携来用、百億分身処処真」という、『天童小参録』のなかの頌に対する、明峰素哲、峨山韶碩両師の下語が収録されている。

(10) 金田弘『洞門抄物と国語研究』(一九七六年一一月、桜楓社刊)「曹洞宗関係カナ抄物類別一覧表」参照。

(11) 『永平寺三十四話本参』は、福井県永平寺、及び京都府胡麻町竜沢寺等に所蔵、『南谷老師三十四関』は駒沢大学図書館所蔵。

(12) 石川力山『美濃国祥雲山竜泰寺史』(一九八〇年一一月、竜泰寺蔵版)六七頁、一七〇頁以下参照。

(13) 『碧巌録』第五八則の話頭で、「僧問趙州、至道無難唯嫌揀択、是時人窠窟否、州云、曾有人問我、直得五年分疎不下」(大正蔵四八、一九一頁b)とある。

(14) 「趙州七斤衫」、あるいは「趙州万法帰一」とも呼ばれる話頭で、『碧巌録』第四五則に「僧問趙州、万法帰一、一帰何処、州云、我在青州、作一領布衫、重七斤」(大正蔵四八、一八一頁c)とある。

(15) 『臨済録』勘弁に「因普化常於街市揺鈴云、明頭来明頭打、暗頭来暗頭打、四方八面来旋風打、虚空来連架打、師令侍者去纔見如是道便把住云、総不与麼来時如何、普化托開云、来日大悲院裏有斎、侍者回挙似師、師云、我従来疑著這漢」(大正蔵四七、五〇三頁b)とある話で、「普化振鈴」「普化揺鈴」の話ともいう。

(16) 石川力山「『秘密正法眼蔵』再考」(『宗学研究』第二一号、一九七九年三月)参照。

(17) 「紫極宮中鳥抱卵」は、『宏智録』巻五の「天童小参録」の句で、「小参云、一段光明亘古今、有無照破脱情塵、当頭触著弥天過、退歩承当特地新、紫極宮中鳥抱卵、銀河浪裏兎推輪、是須妙手携来用、百億分身処処真、云云」(大正蔵四八、七二頁c)とある。この句は宏智の前八句と呼ばれ、古来日本曹洞宗においてしばしば著語が付され伝承された。明峰素哲や峨山韶碩の著語とされるものも伝承されている。石川力山「肥前円応寺所蔵『大庵和尚下語』について」(『宗学研究』第二二号、一九八〇年三月)参照。

(18) 代語にさらに注釈を加えたものが代語抄・再吟であり、公刊された主なものには、永平寺高国英峻（?—一六七四）の『高国代抄』、総寧寺巨海良達（?—一五九九）の『巨海代抄』、同じく総寧寺大淵文刹（?—一六三六）の『大淵代抄』『大淵和尚再吟』、泉岳寺鉄外呑鷟（一五九二—一六七九）の『鉄外和尚代抄』『鉄外和尚再吟』、孝顕寺扶桑大暾（?—一六四五）の『扶桑再吟』等がある。これらはいずれも、駒沢大学文学部国文学研究室編『禅門抄物叢刊』（汲古書院刊）として解題が付され影印収録されている。代語・代語抄・再吟の性格については、樋渡登「洞門抄物における『再吟』の性格」（『駒沢大学禅研究所年報』創刊号、一九九〇年三月）、同「洞門抄物における『再吟』の性格追考」（『都留文科大学国文学論考』第二七号、一九九一年三月）、同「洞門抄物における『代語』と『代語抄』——大中寺第十三世天南松薫和尚の場合」（『近代語研究』第九集、一九九三年二月、武蔵野書院刊）、安藤嘉則「中世曹洞宗における代語文献の研究（一）（二）（三）（四）」（『駒沢女子短期大学研究紀要』第二八号、一九九五年三月、『曹洞宗研究員研究生研究紀要』第二六号、一九九五年九月、『駒沢女子短期大学研究紀要』第二九号、一九九六年三月、『駒沢大学禅研究所年報』第七号、一九九六年三月）等参照。

(19) 玉村竹二「日本中世禅林における臨済・曹洞の異同（上）（下）——『林下』の問題について」（『史学雑誌』第五九巻七・八号、一九五〇年七・八月）参照。

(20) 「曹洞三位」の問題については、飯塚大展「長興寺蔵の本参資料について」（『曹洞宗宗学研究所紀要』第一〇号、一九九六年一〇月）、安藤嘉則「曹洞三位の研究（一）」（『駒沢女子大学研究紀要』第三号、一九九六年一二月）等参照。

［付表1　竜泰寺世代法系］（※数字は寺伝による世代を示す）

道元（一二〇〇―五三）……（三代略）……峨山韶碩（一二七六―一三六六）―通幻寂霊（一三二二―九一）―了庵慧明（一三三七―一四一一）―（開祖）無極慧徹（一三五〇―一四三〇）―（第二祖）月江正文（―一四六二）

―1華叟正蕚（一四一二―八二）―2絶方祖奝（―一五〇二）
　2絶方祖奝 ―3乾叟禅亨（―一五〇九）―5蘭如従賀（―一五三五）―6林叟恵芳（正）（―一五四五）
　2絶方祖奝 ―4大室祖圭（―一五一五）

6林叟恵芳 ―7枝深正孫（―一五七六）
6林叟恵芳 ―8大円正密（―一五六〇）
6林叟恵芳 ―9光山正玄（―一五七八）
6林叟恵芳 ―10梅翁正嶺（―一五八九）

7枝深正孫 ―11大洞正桃（―一六〇五）―13彭山正僊（仙）（―一六一〇）―14蘭室正芳（―一六二一）―15中巌文的（―一六二二）―16朝国正補（―一六三一）―17天庵全尭（一五七七―一六四四）
7枝深正孫 ―12大建正巨（―一六一四）

17天庵全尭 ―（潭水雲龍）―18長霊正鎮（―一六七四）
　18長霊正鎮 ―牯心伝牛―黙玄元寂（一六二九―八〇）―23古谷如神（―一七一二）―24快岸正澄（―一七一六）
　18長霊正鎮 ―19愚屋正痴（―一六七七）―20鰲山見雪（一六二六―八五）―21清巌貞淳（―一六九三）―22大光正恩（―一七〇八）

〔付表2　竜泰寺所蔵門参関係法系〕

道元……（三代略）……峨山韶碩
- 太源宗真（－一三七一）……（二代略）……〔イ〕真巌道空（一三七四－一四四九）
- 〔ニ〕通幻寂霊
  - 〔イ〕石屋真梁―〔イ〕竹居正猷
  - 〔ロ〕〔ニ〕了庵慧明―●1〔ロ〕〔ニ〕無極慧徹―●2〔ロ〕〔ニ〕月江正文
    - ●3〔ロ〕泰叟妙康（一四〇六－八五）―●4〔ロ〕天庵玄彭（－一五〇〇）―●5〔ロ〕雲岡舜徳（一四三八－一五一六）―●6喜州玄欣（－一五三六）
      - 龍穏7〔ロ〕節庵良筠（一四五八－一五四一）
      - 補陀7〔ロ〕川叟存頴（－一五四五）―補陀8〔ロ〕日州延守（－一五五六）―補陀9〔ロ〕徳翁芳隆（－一五六三）―補陀10〔ロ〕泰州全致（－一五八一）
    - 華叟正蕚（－一四八二）
      - 絶方祖奝（－一五〇二）……（四代略）
        - 〔ハ〕〔ニ〕枝深正孫（－一五七六）―〔ハ〕〔ニ〕大洞正桃（－一六〇五）―〔ハ〕〔ニ〕彭山正仙（－一六一〇）―〔ハ〕蘭室正芳（－一六二二）―〔ハ〕〔ニ〕〔三〕中巌文的（－一六二二）
        - 光山正玄
      - ○〔ロ〕快庵妙慶（一四二二－九三）―○2〔ニ〕培芝正悦（－一五二四）―○3〔ニ〕圭庵伊白……（三代略）……○7〔ニ〕天嶺呑補（一五一六－八八）―○7〔ニ〕白庵秀関（－一五九九）

＊○印は大中寺、●印は補陀寺世代、〔イ〕『仏家一大事夜話』、〔ロ〕『補陀寺本参為末世紀処』、〔ハ〕『宗門之一大事因縁』、〔ニ〕『門徒秘参』にそれぞれ引用語句及び僧名の記載があることを示す。

付録1 『仏家一大事夜話』

翻刻凡例

一、本資料は、中世末期頃に集成されたとみられる切紙の全容を伝える貴重なテキストとして、岐阜竜泰寺所蔵の、『仏家一大事夜話』と題する書写本を油印翻刻したものである。その書写年時については、中世末をさほど下らない時期と推定される。

一、翻刻に当たっては、原則として原本のままとしたが、使用活字については、新旧書体によって著しく意味が異なる場合以外は、新字体に統一した。

一、異体字・俗字・古字・別字などについても、原則として原本に従ったが、省文等については、組版の関係上、活字用正字に改めたものもある。例を示せば次のごとくである。

众→衆　广→靡　广→磨　幾→機　它→陀　弋→代　罒→羅　早→畢

ただし、次のような場合は、そのままとした。

亊（事）　皈（帰）　吊（弔）　碍（礙）　灵（霊）

一、古用仮名文字についても、できる限り原本通りに表記するようにつとめた。

ᄀ（コト）　メ（シテ、シタ）　く（ナリ）

一、段落については、原文では改行せず、△印でこれを示しているが、便宜上整理番号を付し、改行した。また、適宜読点（、）を付して、意味理解に便ならしめた。

一、明らかに誤りと思われる表記についても原文通りとしたが、右傍に（ ）内にその旨趣を記しておいた。

一、判読不明文字については、字数に応じて□・□□・□□□・［ ］等で示した。

一、丁数の表記は、本文中の（ ）内に該当丁数、及び表（オ）裏（ウ）の別を記しておいた。

仏家一大事夜話（表紙）

(1) 仏家之大事、師云、勤行《ゴンキヤウ》ノ二字、先ツ勤《ゴン》トハ何《ナニ》ヲツトメタソ、云、識情ヲ犯サズ塵労起《ヲ》サズ、時々ツトメテ走、師云、行《ギヤウ》ヲ云ヘ、云、坐禅修行怠タラヌカ行テ走、師云、落居ヲ、云、無心無念カ勤行ノ畢竟テ走、臥輪ノ修行ナリ、師云、何《ナニ》トテ三時ノ行時(事カ)トハ云タソ、三時ノ定メヲ、云、過現未ヲ一致《ニ》観念スルニ依テ三時ト定メテ走、其ノ落居ヲ、云、徹底無心無念ノ時《キ》、法報応ノ三身ガ一ツニ皈シテ走、師云、畢竟ヲ、貪慎(瞋)痴ノ三毒ヲ除カン為メテ走、

(2) △禅家ノ本尊ニハ釈迦ヲコソ安シウズニ、何トテ観音経ヲバ誦タソ、云、濁世ノ衆生ヲ救ウ為メテ走、師云、救イ羊ヲ、云、祖仏凡夫有情悲情、乾坤大地廿五有、円通普門ノ境ニ餘タ者ハ走ヌ、師云、喚レ什麼円通普門ノ境トナサン、学作レ一円相、心《ロ》ハ、総ニ在此中円ナリ、披毛モ自此、得作仏亦依他ト云心也、師云、一分奉釈迦牟尼仏、一分奉多宝仏塔ト処テ、合掌ヲバスルハ、云、世尊ノ伝授ヲ断サセマイ為テ走、師云、家ノ大事ニハ何ント合タソ、云、是カ一切ノ安坐点眼テ走、心ハ、安坐点眼ノ時キ、一分奉――塔ト云ヿカ入ル〱、新《キ》筆ヲ一方ソメテキット眼［　］一方□□唱テ其ノ仏ノ名号ヲ唱ル也、亦一方ヲ染メ（1オ）テキット眼ニ点乄□□□唱□名号ヲ唱ル也、点眼セヌ已前《ゼン》ハ空相〱、点眼スレハ沈ヌ□□、正中来〱、細□□本参ニアリ、師云、大悲呪ヲ定マッテ五返ヨンタル子細ヲ云ヘ、云、五濁悪世ヲ澄シメウ為テ走、師云、澄メ羊ヲ、云、打成一返ニ誦ンテ走、心《ロ》ハ、千手陀羅尼ト云テ観音経ト可心得〱、五濁ハ劫濁煩悩濁衆生濁見濁命濁是也、

(3) △日中ヲ何ニトテ主ノ祈禱ニハスルソ、家ノ大叓ノ上テ一句云ヘ、云、日ハ火也、火ハ心也、心《ハ》我也、呈ニ主ノ祈禱テ走、自身他身体無二ト心得ヘキ〱、師云、何トテ灯ヲバ滅シタソ、云、日ト心ト隔テ無イ時、徹底火ト呈ニ滅《ケシ》テ走、心《ロ》ハ、爰ニアル火ト見レバ目前ノ火ニ用所ハ無キ〱、師云、落居ヲ、云、徹底無心無念ノ時、心空心如無二無別テ走、師云、曹洞宗ワ中ヲ犯ヌガ、何トテ中ノ字ヲ学ンタソ、云、徹底中ノ時サタハ走ヌ、師云、中ノ時キ中ニ立ツ心《ロ》ヲ、云、徹底中ノ時久遠今時共ニ欠キ走ヌ、意《ロ》ハ、独在ノ地〱、師云、金剛経ヲ読ム心《ロ》ヲ、云、本心不老ナ呈ニ〈不生不滅ナホトニ〉、金剛不壊ノ経ヲヨンテ走、師云、長ク読タ心《ロ》ヲ、云、真ガ主ノ本性テ走、師云、尊勝陀羅尼ヲヨンタ機ヲ、云、尊貴モ尊勝モアルカ主テ走、

(4) △日ノ晩ル、行叓ヲ、何セニ放散トハ云タソ、師《シ》云（1ウ）、放ヲ云ヘ、毎日妄《マウ》心妄《マウ》念ヲ放スルニ依云テ走、師云、徹底無心無念ノ時何ノ妄心ガ在タソ、云、捨テ、走、師云、何ヲ捨テタソ、云、法尚応捨、何況非法、師云、参ヲ、云、経

呪一返ノ時端然無心無念本仏ニ住ゾ走、意《ロ》ハ、住スルト云ガ参也、師云、回向ニ軸ノ無イハ何ンタル道リタソ、云、断絶ノ理ナク始終一般ノ理テ走、謂《レ》ハ、軸カアレハソコ〳〵留マル呈ニ断絶ナリ、然ル間祈禱ノ時回向ヲバサラリ開イテ、末マテキット見テ、亦初メヲ見回ゾヨムガ本ナリ、志シノ回向ヲハ次第ニ開ク〳〵ヨムナリ、是ハ輪回ナイ理ヽ、報地者読《ト》アケテ回向ヲ維那我カ身ノ左方《ノヘ》打カケ巻クハ、祈禱ノ回向ノ時キヽ、施斉（斎カ）ノ時キハ報地者トヨミアゲサマニ外ヱ回向ノ口ヲナゲ出ゾ巻ヘキ、是ハ維那僧ノ習イヽ、私ノ儀ヽ、

(5) △四時ノ坐禅ト云ハ、禅僧ワ十二時中スルカ本ナリ、然ルヲ何ントテ四時ノ坐禅トハ定メタソ、云、四相ヲ離レウガ為メテ走、謂《イハユル》四相ト云ハ無我相無人相無衆生相無寿者相ヽ、アレトモ此デハ只《タヽ》地水火風ノ四大ヽ、何《ナセ》ニナレハ、無念無相ノ時空マテヽ、四大ハ出ヌソ、師云、仏ノ時キハ二時ノ陀羅尼ハナカッタガ、ナニトテ天童山デ□□始［ ］、云、偏正ニ落ヌ処ヲ祈念シテ走、意《ロ》ハ（2オ）陰陽不到ノ主ヲ［ ］ヽ、［ ］承当カ偏正陰陽知不知ヨ、呈ニ、陀羅尼ハ明暗ニ落ヌ羊ニヨムヽ、時分カ肝要ヽ、時合《シアイ》ト云モ爰ノヿヽ、師云、其コニ悪テワアルマイヽ、アルカ何ニヲ祈念スルソ、云、末サウ云処ヱコソ障碍ヲバナシ走ヱ、云、ソレコソ障碍ヨ、

(6) △土地神ハ、何ント仏法ヲバ守護シタソ、云、解会ノ出ヌ処ヲ守護シテ走、師云、其ノ心《ロ》ヲ、云、徹底無心無念ノ時、本師本仏《ニ》落住シテ走、師云、土地神ハ一体ダカ、何ントテ三国ノ仏法ヲバ守護シタソ、云、空性空体カ神ノ本体ナ呈ニ、ドッコニ欠ルヿハ走ヌ、師云、其落居ヲ、云、無心無念ノ時、神ノ和光ハ同塵ノ上ニモ現シテ走、師云、何ヲ喚テ神光トハナシタソ、云、本地ノ風光テ走、師云、本地ノ風光トハ、云、根本無明ノ本光テ走、意《ロ》ワ黒光ナリ、会得ノ出ヌ処ナリ、石屋和尚、竹居和尚問玉ウ、陀羅尼ハ理《リ》度《ト》ニ落ヌガ肝要テゴザアルガ、何トテ長クワ御《ン》ヨマセアルソ、屋ノ曰《ク》、一句道将来《レ》、居《ノ》呈ゾ云《ク》、曹洞宗守ル処テゴザサウナ、屋曰、猶モ細蜜道イ来レ、云、回互テ走、屋《ノ》曰《ハク》、二人ト伝受スルヿナカレ、居《ノ》云、高声ニ誦ム用所アリヤ、師云、アリ、居云、是《ノ》何用所ソ、師云、一句道将来、云、煩悩ノ夢ヲ覚ウカ為テ走、屋曰、仏家テハ何《ン》（2ウ）ト見ウスソ、云、聞法結縁ノ為テ走、師云、八《ノ》句陀羅尼〈煩悩消滅ノ呪トモ云ヽ、〉六賊煩悩ヲ除《ン》為《メ》、光明真言ハ自己ノ光明ヲ発スル呪、青面金剛呪ハ悪魔鬼神塵労妄相ヲ除キ収ウ為メヽ、亦三尸《ヲ》開ウ為テ走、意《ロ》ハ、庚申ノ本尊ナ呈ニ、彭候尸彭常尸明児尸ヲ去レバ我カ身《カ》本体ヽ、仏陀呪ハ万病消滅ノ呪、随求陀羅尼ハ諸願成就ノ呪ヽ、亦一切衆生成仏ノ呪ヽ、

(7) △祖師堂ノ参ヲ、云、頭々祖師意、物々祖師意テ走、師云、其レハ何ニトテ、云、只聞《キヽ》只見《ミ》只居タ時キ真如法界一如テ

走、意《ロ》ハ、心如(ママ)ハ自己〳、法界ハ目前〳、自己目前一致ノ時スキハ走ヌ、又云、定相ナイカ活祖ト見レハ、卒トモスキハ走ヌ、師云、畢竟ヲ、云、柳ミトリ花紅イカ真ノ活祖テ走、師云、其ノ落居ヲ、云、左之右之大定テ走、

(8) △御影堂ヲ、何ニトテ真前テ法花経ヲバ読ムソ、云、仏法ハ妙処ヲ肝要トシテ走、師云、其《ノ》妙処ヲ、云、妙ハ両処ニ竜ト化シテ走、師云、句ヲ、妙有《ハ》ニ一遍光ニ、師云、蓮花《ヲ》、云《ク》、心花発明令法久住ガ心地テ走、意《ロ》ハ、本心ト云心〳、師云、何ニトメ諸経ノ総名ヲ経トハ云タソ、云、一切衆生ヲ不レ泄救ウ為テ走、師云、何ニヲ本トシテ妙法蓮花経トハ説イタソ、云、法花空有□□五輪五味ヲ本トシテ走、師云、畢竟ワ如何ント説（3オ）タソ、云、幻々ト説イ走、

(9) △諸堂本尊《ノ》ニ何トテ普賢ヲバ用《ル》タソ、云、一切衆生ヲ普ク導《カ》シウスル為テ走、謂レハ、㚑山テ祠堂法師テ有ツタト云説モアリ、亦賢ヲミチビクト云テ用ルカ、師云、普賢ノ境界ヲ、云、徹底無心無念ノ時キ、三界ガ普賢ノ境界テ走、師云、其落居ヲ、云、一片湛然《ノ》時、定水ニメ心水清浄テ走、心得畢竟ハ、坐禅正当〳、私云、此ニ云ヿデハナケレトモ、平生云叓ソ、旦那ヲバ仏ノ如クセヨト云《モ》向ソ、

(10) △鉢、師云、鉢ヲ食堂デコソ行ウズカ、何セニ僧堂デハ行ウソ、云、法輪ノ転スル処ガ雲堂ナニ依テ、食輪ヲモ僧堂テ行テ走、云、食輪法輪一般テ走、先聖ヨリ挙処一ツアリ、師云、仏家デハ何ト見ウソ、云、法喜禅悦食カ肝要ナニ依テ、堂中テ行ウデ走、師云、法喜禅悦食ト云、〈畢竟用所〉ヲ、云、祖仏凡夫ノ恵命ヲ継イテ走、

(11) △小施餓鬼之参、師云、先ツ了知シ羊ヲ、云、極無心ノ処テ走、師云、了知シタ心ヲ、云、イヤ〱知リ走ヌ、ト云ハ、知ツタト云ハ無心デワ無イソ、心《ロ》ハ無心ノ処カ法界ノ性、仏祖ノ死処〳、師云、法界ノ性ノ応観シ羊ヲ、云、呈シウドシタハ錯テ走、師云、夫レハ何トテ、云、無言無説（3ウ）ノ処カ蓦最初テ走、意《ロ》ハ、法界ノ性ト云最初ノ当リ派ニアルベシ、何トモ伸《ノベ》ラレヌ一物ノヿ〳、師云、小施餓鬼ノ時読マヌ心ヲ、云、残スガ曹洞宗ノ聯続テ走、師云、七如来ヲ転却スル心ヲ、云、回互テ走、師云、前後ヲ残メ誦シタル心ヲ、云、十成ヲ忌テ走、師云、南無三満多摩尼婆デ水ヲ祭ル機ヲ、云、此呪ガ心水テ走、師云、夫レハ何ナントテ、云、湛然一片ノ時、定水ノ心源テ走、廿一返誦ムモ一念ノ義〳、謂《ハ》、饅《マン》(ママ)ノ一字ヲ水輪ノ呪ト云〳、亦一機万返ノ呪トモ云〳、故ニ爰ニ祭レバ普ク通スル〳、畢竟ハ此ノ心ナラヌ処ハナイソ、或説《ルニ》、饅《マン》(ママ)ノ字澄《ン》テ誦メバ差ウナリ、濁《ニコッテ》誦ムカ吉キ〳、濁タ時キ水ノ形ミツ鏡トヨム〳ト云ハ、一切ノ㚑爰ニウツル〳、師云、水ヲ祭ル時キノ心持チヲ、云、徹底凡夫ニ打成テ走、師云、成リ羊ヲ、云、何トモ思イ走ヌ、爰ハ只無心一片ニ祭ル〳、此時維那ノ祭ルハ不レ可レ然、ソレモ心《ロ》有《ル》維那ナラハ如何タルベシ、只師家ノ祭ルガ好キソ、謂レハ、末ニハ祭ル処

無キ〱、楞厳呪始ッテ祭ルハ、私ノ旲ニ祭ル、此ノ呪ハ皆人説ナル故ニ誦ヌ〱、武帝ノ説ナリ、此末願以此功徳《ニ》――蜜ヲ、云、皆堂サシウカ為メテ走、私云、七鬼神ノ名ヲ観念〆（4オ）飯ヲ七筋《ハシ》水コヲ七［ ］度祭テ合《テ》廿一度〱、即チ一念ナリ、亦棚ノ真中《マン》ニ飯ヲ置《キ》、左右ニ米与《ト》レ水ヲクヿ心ノ字ト心得テ焼香スヘシ、肝要〱、

⑿ △祝聖之参、師云、祝心ノ道理アリ、一句道ヘ、云、心王ノ本命元辰ヲ祝〆走、師云、心王ノ収メ羊ヲ、云、廓然無聖、真俗不二ノ処ヲ収テ走、師云、釈迦ハ何ントテ王ノ祈念ニ祝聖ヲバ誦シタソ、云、仏法王法一致ナ呈ニ誦テ走、師云、心王ノ収マリ羊ヲ、云、極無心ノ処ガ心王ノ収リテ走、云、亦無相無念ノ時キ、只一心テ走、師云、焼香ノ大㕝ヲ、云、五薫香テ走、五分法身香ノ㕝〱、喚《テ》レ何《ヲ》五分法身香トハナシタソ、云、戒香、定香、恵香、解脱香、解脱知見香テ走、師云、薫シ様ヲ、云、尽天尽地此《ノ》薫香テ拄ヘテ走、師云、薫シ羊ヲ、云、坐禅定力ノ時、不断薫シテ走、師云、焼香ノ時キ、香ヲツマンテ円相ヲナシテクブル理ヲ、云、上界ノ諸天声聞縁覚仏菩薩神祇冥道下界ノ竜神我（ママ）鬼畜生修羅人天尽ク一炉ニ収ウカ為メテ走、師云、畢竟ヲ、云、徹底無念ノ時、法身ノ全体テ走、

⒀ △鐘鼓之参、師云、鐘鼓ヲ鳴ラシタ理ヲ、云、生死無常ノ理ヲ凡夫ニ知ラシメウ為テ走、師云、真実底ノ理ヲ、云、諸行（4ウ）無常――為《常楽》テ走、師云、尊宿ノ来臨ノ時キ鐘鼓留《トムル》理ヲ、云、珍来ヲ謝ウガ為テ走、師云、イマ一説アルソ、云、善知識ハ生死透脱ナ呈ニ、知ラシムルニ及ヒ走ヌ、亦云、不生不滅生死透脱ノ自由ヲ得ルカ声前ノ一句ナ呈ニ止メテ走ウ、

⒁ △石屋和尚、竹居ニ示〆云、怠慢ナク勤行スルカ、尊客ノ時止ムル心ヲ、云、別シテ走ヤ、屋云、未在更《ニ》道《ヘ》、居云、一仏ノ出世テ走、屋云、好言語々々々、心《ハ》、知識ノ来臨カ仏ノ出世〱、別ニ誦経ハ入ラヌソ、師云、鶏鳴ニ点ヲ打心ヲ、云、獅子ノ一吼ヲ学テ走、師云、学ンタ心ヲ、云、無明三毒ノ邪魔外道ヲ殺ウカ為テ走、亦塵労妄相ヲ払カ為テ走、師云、殺シ羊ヲ、云、尽天尽地此《ノ》獅子ノ一吼テ拄テ走、亦カラ〳〵ト笑、心《ハ》、驚心ノ正当機空劫ニ沈ムヲ喚起ス処テ常ヲカヘシタソ、亦私云、暁キノ鈷鈴ヲバ、三足行テカラ〳〵三足行テカラ〳〵トフル者ソ、是《レハ》獅子ノ身ヲ振ルヲ表シタソ、

⒂ △小開静ノ参ヲ、静居ナ呈ニ定《チヤウ》モ一ッ〱、云、一手残〆走、師云、猶在《ル》有《リ》、云、サテ――走、心《ハ》、小開静ト云ハ、残〆於イテ点《テン》□□ハヤガテヒッ付テ長半バカリヲ打ッ者ノタソト云ハ、樹［ ］心タソ、ケッゾク機ト云モ向ウタソ、建立不断（5オ）義〱、

⒃ △大開静［ ］餓鬼畜生修羅人天ニ六門ヲ開カシウ為テ走、心ハ、眼耳鼻舌意是〱、師云、開キ羊ヲ、云、鐘声ヲ聞鼓

声ヲ聞ク処テ無明ノ窠窟ヲ離レテ走、師云、家ノ大叓ニハドコニ見ズソ、云、門ヲ閉《チ》門ヲ開クワ真賊ヲ入レマイ為テ走、向上ノ参ニ真賊ノ沙汰アリ、儒釈道ノ参ノ透リ〲、次第〳〵ニツメテ入テ足土ノ着ヌカ真賊〲、師云、本ノ参得ニハトコニ合ベキソ、云、門ヲ開クガ聖諦第一儀、門ヲ開クガ廓然無聖テ走、

⒄　△土地堂団《タン》子《ノ》供《シ》羊ヲ、云、赤色ヲ云へ、云、夏ヲ司ウ為テ走、師云、白色ヲ、云、秋ヲ司ウ為テ走、師云、赤白ハ聞ヱタカ、ナニトテ黒色ノサタハセヌソ、亦云、黒色ハ根本ナ呈ニ定メラレ走ヌ、心ハ、時ノ王スルヲ一番ニ供ス《シテ》其《ノ》次第〳〵ニ供スルモアリ、時ノ王スルヲ後ニ供スル理モアリ、維那ノ習ニアリ、当寺ハ監寺カ供スル〲、

⒅　△血脈参ヲ、云、一円相ヲ作、師、夫ハ何トテ血脈テハアルソ、云、諸仏衆生同一体テ走、云、聖人モ此《コヽ》ヨリツヽケ、凡人モ爰ヨリ、

⒆　△命脈ノ参ヲ、云、無カ諸仏ノ骨肉テ走、心ハ、空性空体カ仏祖ノ命脈テ走、師云、命脈ノ二字ヲ分ケテ、先ツ命ノ字ヲ、云、無一物カ本命元辰テ走、師云、脈ヲ、無明ノ無一物ガ無実無際テ走、亦命ヲ、云、日テ走、脈ヲ、月テ走、畢竟カン要〲、

⒇　△経教参ヲ、云、只ダ（5ウ）居ウヨリワテ走、師云、看経ノ眼ヲ、云、弁処カ走ヌ、師云、弁処ナイ眼ヲ、云、智不到ノ境界異弁テ走、心ハ、亦別ニ異弁ノ眼ト云〆カアルソ、一拶ニ、看経ノ眼ト出ス時ト、只看経ト出スハ別〲、亦松杉ヲモ爰ニ引合テ出スソ、只ヲリナクサミニ栽ヱタマデヨ、

(21)　△鉢ノ参ヲ、云、尽乾坤カ一鉢テ走、心《ハ》、満瓶〲、師云、夫レニハ何ニヲ盛タソ、云、桃紅李白薔薇紫、自代云、皮毛作仏シユン動含昊皆盛テ走、師云、開羊ヲ、云、東西南北四維上下、

(22)　△途中ヨリ廿日皈リ時《キ》、道元《ニ》如何是襪《ヘツ》子ト問ヱバ、天童浄云、左ト御答話有タ処テ、元大悟タソ呈ニ、大悟ノ機ヲ、云、左レ右逢レ源、

(23)　△柱(拄)杖之参ヲ、云、無心無念テ走、師云、其レカ何トテ主杖テハアルソ、云、三世諸仏歴代祖師モ此ニ扶テ走、師云、拄杖ノ上下ノ赤キハ何ントメ道里ソ、云、心《ロ》ハ、火ヲ吐ク者テ走、云、畢竟ヲ、云、仏祖恵命テ走、心《ロ》ハ、畢竟無心無念ノ処ガ本心本性タソ、其コニ三世共ニ流入シタソ、向看レバ心ヲ表シタ拄杖〲、

(24)　△払子之参ヲ、心不生一塵不立テ走、師云、何ントテ払子テハアルソ、云、八万四千ノ妄想《テ》走、師云、叓コソ多イニ、何トテ牛尾ヲバ拈シタソ、云、一切衆生一子テ走、

(25) △楊枝ノ参、如浄禅師、元和尚ニ問テ云、楊枝会麼、元云、不会、浄云、（6オ）我コソ歯クソテ走、［ ］ノ入道カ旨ノ垢クソ、入道ヲホリスツレバ空体ニ叶ソ、空体カ真体《相》タソ、亦楊枝ヲ口ニクワユレバ中ノ字タソト云ハ、入道ヲ犯ヌ時《キ》中道タソ、楊枝夙《ツトニ》在レ手ト云モ、指《サス》レ我《ヲ》ト云儀〱ト云ハ、我ヲ慚愧シタヿヨ、時キ入道《ハ》出ヌソ、

(26) △一返消災過テ住持□護〆合掌〆円相〆普通問訊ヲ作ス、生得、仏殿行叓ノ時キハ諸役者散堂スル故〱、祝聖ノ処ニアル句面〱、

(27) △五大六蘊参、師云、汝カ境界ヲ、居云、虚空人テ走、師云、虚空トハ何ンソ、云、空体空性カ虚空人テ走、師云、空体空性虚空ナラハ、何ニ者カ衣《ノ》衫ヲバ掛タソ、云、本《ト》空体空性ナルカ故ニ黒衣ヲ着テ走、師云、黒衣ヲ着タル理ヲ、云、黒処カ根本ナニ依テ着テ走、師云、夫ナラハ黒衣斗リテコソ有ズニ何トテ出世ヲバシテ衣ヲ易《ヘ》タソ、云、衆生済度ノ為テ走、師云、済度シ羊ヲ、云、作一円相、師云、其心《ノ》ヲ、云、総在《ニ》レ此中円《ニナリ》、師云、其ノ句ノ説話ヲ、云、有《リ》ト有ユル一切群類《ヒ》生ヲ此心《ニ》住セシメンカ為テ走、師云、其ノ心ニ住シ羊ヲ、云、心仏及衆生是三無差別テ走、師云、無差別ナラバ別ニ指示スルニ及ヌソ、云、サテ走、我ニ在三昧我［亦不レ知ル］（ミセケチ）ト知ラシメウ為テ走、師云、衆生随レ類各得《ル》レ解脱ト悟テ走、師云、解脱シ羊ヲ（6ウ）、云、走ル者ハ元来走、飛者ハ元来飛ンテ走、師云、出世ノ紫衣ヲ用ルハ何タル里ソ、云、紫衣カ諸色ノ頂上テ走、因テ用イ走、師云、其レナラハ紫衣斗リヲコソ用カ、何トテ余色ヲバ用タソ、云、是レカ主ノ儘テ走、師云、証拠ヲ、云、自由自在渠《カ》三昧テ走、師云、猶モ子細ニ挙セ、云、只尽《ソ》ニ凡情心念《ヲ》、驢ニ入亦馬腹ニモ入テ走、師云、驢馬ノ境界ニ一任シ羊ヲ、云、徹底無心ノ時キ業識ト隔テハ走、師云、本性トハ何ンソ、云、本心テ走、師云、何ント〆ガ本心タソ、云、元来無相無形テ〈法境虚空〉トモ偏満〆ソウ、師云、偏満シ羊ヲ、云、尽十方一顆明珠テ走、師云、猶モ子細ニ挙セ、云、頭々上明《ニ》、物々上妙《ニナリ》、師云、五形六識ヲ以テ体トシタガ、何トテ無相無形テハアルソ、云、五形六識モ本心ノ変作テ走、師云、変作シ羊ヲ、云、見モ聞モ心王ノ使《ツカイ》テ走、師云、ソレハ見聞ニサヱラレタソ、云、只見《ミ》只聞テ走、師云、着語ヲ、云、眼見耳聞《ニ》無レ滲漏、師云、猶モ子細《ニ》挙セ、云、心王妄不動六国一時通テ走、師云、三衣一鉢トテ三衣ヲ着スルハ何タル里ソ、云、三世一体ニ具足〆走、師云、具足シ羊ヲ、云、過現未共《ニ》一心テ走、師云、一鉢携ヱ羊ヲ、云、此空鉢一トテ、仏祖衆生共《ニ》命根ヲツヽケテ走、師云、命根ノツヽケ羊ヲ、云、法喜［ ］トヲ以テ続テ走、

(28) △鬚髪参、師云、鬚髪ヲ（7オ）剃除スルハ何タル道理［ ］滅除シテ走、師云、滅除シ羊ヲ、云、絲髪モ歯爪モ六識

ノ根本ト見レバ、煩悩《ヲ》ハ起キ走ヌソ、師云、其証拠ヲ、云、三世諸仏屎中《ノ》虫《シ》、一大蔵教拭《ハ》糞古紙テ走、師云、其レハドコヨリ見タソ、云、不知不可得《ノ》本位ヨリ見テ走、師云、夫レナラバ髪ヲハ剃ルマイガ、何ントテ剃タソ、云、頭キ団ヲ天トシテ走、

(29)　△翻袖《ワンス》参、師云、翻袖ノ両輪ヲ何ヲ顕シタソ、云、日月両輪テ走、師云、是ヲ掛ル心ヲ、云、虚空我身一体ニ〆、日月モ爰ヨリ去来シテ走、師云、去来シ羊ヲ、云、心眼相照〆走、

(30)　△手巾参、師云、手巾ノシメ羊ヲ、云、仏法蔵帯テ走、師云、帯シ羊ヲ、云、万法皈《ハ》レ一《ニ》ト帯シテ走、師云、左ヲ短ク、右ヲ長ク結タル心ヲ、云、縮ル手展ル手テ走、亦縮トモ展トモ儘テ走、亦展縮自由テ走トモ挙ス〱、

(31)　△襪子参、師云、襪子ノ蹈ミ羊ヲ、云、何タル仏像ヲ蹈ミ尊容ヲ蹈ンテモ咎ハ走ヌ、師云、夫ハ何トテ、云、蹈ンタトモ蹈ヌトモ全ク知リ走ヌ、師云、八字ニ立タル心ヲ、云、八方通達テ走、師云、左ヨリハイテ右ヨリ脱イタル心ヲ、云、作一円相、師云、ソノ心ヲ、左右逢レ源、前ニモ在〱、

(32)　△履《ノ》参、師云、履ノ蹈羊ヲ、云、履道一如ト蹈ンテ走、師云、一如《ナル》時如何《ン》、云、尽大《ジンタイ》（7ウ）地是一足テ走、古句云、履道一如《ナル》則《ンハ》心諦在《リ》二此ノ裡《ニ》一、

(33)　△複《ヒラツヽミ》子参、師云、平包ノ巻キ羊ヲ、云、総在二此中《ノ》一円《ナリ》、云、森羅万像（ママ）此ノ内ヨリ自由シテ走、師云、緒《ヲ》ノ結羊ヲ、云、邪正一如テ走、

(34)　△傘《カラカサ》参、師云、傘《ハ》何ヲ表シタソ、云、一株ノ大樹テ走、師云、直《スクニ》持タル心ヲ、云、此ノ一株ノ大樹カ天地ニ撐テ走、師云、開キ羊ヲ、云、直《ニ》天下ヲ陰涼シテ走、師云、風雨炎天ヲ碍《サヘ》タル心ヲ、云、蓋天蓋地、此《ノ》樹下テ助テ走、

(35)　△草鞋ノ参、師云、鞋ノハキ羊ヲ、云、此ノ消息カドツコニモ通〆走、師云、通シ羊ヲ、云、千里行《ノ》ワ一歩ヨリ進ムテ走、師云、進《スヽン》タル証拠ヲ、云、緑リ紅イカ此人ノ消跡テ走、師云、活祖ニ形相ワナイカ、何ントテ向ハ弄シタソ、云、花《ハ》似レ残《ニ》相葉《ハ》似レ衣《ニ》、師云、好言語〱、師云、緒《ヲ》引《キ》ソロヱテ結ンタル心ヲ、云、不レ向レ邪路《ニ》、正《ノ》一路《ニ》直入センカ為テ走、師云、直入ノ消息ヲ、云、歩々方外《ニ》不レ運、師云、猶モ子細ニ、云、歩々蹈着《ス》、緑水青山、師云、此両句《ノ》落居ヲ、云、高処《ハ》高処《ト》フミ、低処《ハ》低処《ト》蹈ンテ走、

(36)　△四大五蘊ト云ヿコソアルニ、此ノ話ヲ四大六蘊トワ何ントテ示シタソ、［　］境ハ四大五蘊ノ□（外）テ走、師云、外ヲ、云、混《ソ》不（8オ）レ交《ハラ》、類《ソ》不レ斉《ヒトシカラ》、師云、猶［　］云、捉《レトモ》不レ団《ナラ》、掣不開、師云、此句ノ説破セヨ、云、有《ル》ガアルデモナ

ク、無イカ無イテモ走ヌ、師云、真空ノ境界ヲ、云、作一円相、師云、句ヲ、云、万般巧妙一円空、師云、ソノ句説破セヨ、云、仏祖モ衆生モ和尚モ某モ、此《ノ》一円ヨリ出テ、此ノ一円ニ帰〆走、師云、去来ニ不レ度《ハタラ》一句、云、不知不識テ走、師云、畢竟ヲ、学、只坐禅□スヘ、是《ハ》石屋与《ト》レ竹居師弟《ノ》上参ヘ、

(37) △安坐点眼参、師云、安坐点眼ヲ、代、具一切功徳、慈眼視衆生、福聚海無量、点眼ノ時《ハ》、新キ筆墨《ニ》硯ヲ調テ、師像ノ前《ニ》立倚テ筆ニ墨ヲ染テ、左ノ眼ニ点〆唱テ云、威勢与《ト》レ愛想、慈眼視衆生、福聚海無量、亦別ノ筆ニ染テ、眉間ニ指アテ、、即《チ》右眼ニ点〆云、一点《ノ》水墨両処《ニ》化レ竜《ト》、心《ハ》、両処《ハ》威勢与愛想ヘ、慈眼視衆生、福聚海無量ト三返唱ヘ、亦一念不起《ニ》〆唱云、威音王如来、古《ヘ》荘二厳《ソ》獅子之御座《ヲ》一、安二坐《ス》報化金身《ヲ》一、作麼生《カ》坐レ安、一分奉釈迦牟尼仏、一分奉多宝仏塔、亦、何仏デモ其仏ノ体ヲ入ヘ、其ノ後坐禅ス、参禅ニ曰、安坐点眼ヲ、云、天地与我同根、万物与我一体ニ点眼シテ走、師云、其ノ証拠ヲ、云、我与大地有情非情同時成道、師云、真仏相見ヲ、云、日ルハ日光珠《ヲ》(8ウ)見《ミ》、夜ハ月光珠ヲ見テ走、師云、威勢トハ何ヲ云タソ、云、仏ノ威光、法ノ威風テ走、師云、愛想トハ何ンソ、云、慈眼カ愛想《テ》走、師云、何ヲ慈悲トハ云タソ、祖仏凡夫有情非情草木国《ヒ》土石隔テ無ク見ルカ慈悲テ走、師云、慈眼《ニ》視羊ヲ、云、意ナウ見《ミ》、意聞《ナウキ》、意ナウ居テ走、師云、福聚海無量ヲ、云、修証カ福聚海無量テ走、師云、一点水墨ヲ、云、此《ノ》一心テ走、師云、両処ニ化竜シ羊ヲ、左眼ハ日光右眼ハ月光珠ト点シテ走、師云、証拠ヲ、云、徹底無心ノ時キ、両輪共ニ入我々入テ走、師云、安坐シ羊ヲ、云、十方仏土ト坐シテ走、師云、何ニタルカ十方仏土タソ、云、十方虚空《ハ》只是十方虚空、師云、威音王ノ古《ヘ》獅子ノ法座ノ荘厳シ羊ヲ、云、一念不起《ノ》時、邪魔共ニ入リ走ヌ、師云、全身ヲ安坐シ羊ヲ、云、過去心不可得・現在心不可得・未来心不可得ト安坐シテ走、師云、証拠ヲ、云、此《ノ》心仏カ法報応ノ三身ト分テ走、以上挙着十八位ヘ、屋与居之秘参ヘ、可秘〳〵、

(38) △炅供参、仏ニ先ツ炅供ヲ備《ヘ》、茶湯ヲ献スルカ、喫シタ跡モナイカ、何ントテ跡ハナイソ、サテ喫セスンハ献シタ理ハナイソ呈ニ、炅供ノ供シ羊ヲ、云、通身無影像ト喫シテ走、師云、何ント嗞(滋)味ヲ得タソ、云、蝶含食花蘂如不損色香ト向喫シテ走、心《ハ》、炅供ヲ献スル(9オ)眼カ肝要ヘ、膳ヲ、キット供スル処ニアルヿヘ、其コテ無影像ト喫スルヘ、本来ノ生死ニ至《テ》ハ無ヲ露スヘ、本来無心ノ性ト通〆時空ト顕レ、柳桜松楓桃紅李白カ其儘ノ面皮ヘ、

(39) △亦炅供ムケ羊ヲ、云、虚空ニ向テキット念スルヘ、一円相ヲナス、師云、ナセニ、云、総在此中円ナリ、師云、何ント与ヘタソ、云、空カ炅心テ走、師云、畢竟ヲ、云、満瓶不二傾出一、大地□(飢)レ肌人、師云、筋ノ立テ羊ヲ、云、竪《ニ》三際《ヲ》窮メ、

横《ニ》十方亘《ニル》、心得《ハ》、卍字ゝ、畢竟三界唯一心ト心得ゝ、大叓ノ儀ゝ、

(40) △掛会参、師云、伝授ノ座ニハ仏像ヲコソ掛ズニ、何ントテ俗体ヲバ掛ルソ、云、児孫ヲツ、ケウガ為テ走、生得ハ維摩ノ絵ヲ掛ルカ本ゝ、何レモ俗体ノ絵ゝ、何セニナレハ、仏地《ハ》ヲ枯《カ》レテ行ク呈ニ掛ルゝ、

(41) △襪子参、道元和尚帰朝ノ時、従二明州ノ津一皈二天童山一、廿日留リテ参得アル間、襪子《ノ》参トモ、廿日皈リノ参トモ云ゝ、師云、襪ノ定メヲ、云、天地ノ二テ走、師云、天地ノ二ヲ何ントテ脚ニハ蹈ンタソ、代、人ト生レテハ天地ノ影ヲ蹈ンテ走、師云、天地ハ何ニガ左リ何ニガ右タソ、云、地《ハ》陰左ト成テ走、師云、サテ右ハ、云、天ハ陽右テ走、師云、サテ着《ツケ》羊ヲ、云、此レガ三千《ノ》威儀《ノ》始メテ走、師云、左ヨリ着ルカ右ヨリ着ルカ、云、陰カ物ノ始リナ呈ニ、左ヨリ着テ走、師（9ウ）云、既ニ三千《ノ》威儀ヲ、何《ン》トテ足ニハ蹈ンタソ、云、天地カ五体ノ初テ走、師云、天地五体ナラハ、右ノ足ハ何ント、云、□ウイヤ、脱《ヌク》時キハ右ヨリヌイテ走、師云、左右ノ畢竟ヲ、云、一円空テ走、師云、空ノ体ヲ、云、心テ走、師云、心《ハ》ドノ心ソ、云、円心テ走、師云、此《ノ》襪子着ケテノ徳ハ、云、此ノ襪子着デハ、仏祖ノ頂寧(顛)ヲ蹈ミ、袈裟ヲ蹈ンテモ会ハ走ヌ、師云、立処ハ何ノ処ソ、云、満足円満ノ地ニ立テ走、師云、了地ハドコゾ、云、子学本学一致ノ処テ走、師云、ソコニ句ヲ、云、当レ台《ニ》円月無二障礙ノ処一、

(42) △竜天参、先竜天ト云ハ、人々具足ノ心ノヿゝ、アレトモ我レニ在ル竜天トハ、只ワ知《レ》マイソ、過去七仏ヨリ授戒乄以后ニ仏法ヲ守護スルカ竜天ゝ呈ニ、人々具足ノ心ニ当的ノ旨カナクテハ、本心ニ当的スルカ竜天現然ゝ、向見タ時キ別ニ本尊ハ入ラヌソ、坐禅ノ正当、爰カ大虚タソ、処カ本心ニ竜天現然タリ、此時本心ハ白雲ニ乗乄居タソ、悪《アシ》クスレバ雲霧ニサヱラル、ソ、サヱラレヌ時ソコ〱ニ影迎シタソ、師云、竜天定《ノ》ヲ、云、我レヲ指乄此本心テ走、師云、畢竟ヲ、云、有《ハ》元自《ヨリス》レ無、心ハ、展則沙界、縮則方寸ト云向ゝ、爰ヨリ廿二社トモ現シタソ、此ノ本心ニ当的乄ミレバ別ニ竜天ワナイソト云ハ、三世不可得ノ心ノヿゝ、或ハ日天月天弁才天虚空蔵観音勢至トハ（10オ）本心ノ喚換《ヘ》タソ、サテ影迎ト云テ余所ヨリ来タヿテハナイ、坐徹一片ノ時、影迎ゝ、

(43) △廿一社順(巡)礼参、師云、参禅了レハ仏祖ノ列ニ入ルカ、何ニトテ神ヲバ礼拝シタソ、亦云、仏法擁護ノ沙門カ何トテ神ヲバ礼スルソ、云、西天テハ仏、唐土デハ祖、日本テハ神ヲ礼スルカ順テ走、師云、上七社、中七社、下七社ト云タソ、云、上七社ハ仏法ヲ守リ、中七社《ハ》子孫ヲバ繁昌ノ為《メ》、下七社《ハ》此器ヲ全カラシメン為テ走、師云、生得、廿二社テアルヲ、何ニトテ廿一社ニハ祝タソ、云、一念〱ト皈首セシメンカ為テ走、師云、竜天ノ看経ニ、何ニトテ諸経呪ヲバ誦スルソ、

云、諸仏竜天同一体テ走、

(44) △没后作僧参、没后ニ僧ト作シ羊ヲ、云、イヤトモ応トモ云イ走ヌ、着語ヲ、無我相無人相説破セヨ、云、徹底無相ノ時、何トモ成テ走、師云、夫レハ何ニトテ僧ト作《ナシ》羊テハアルソ、云、イヤ共ウ、トモ云ワヌガ真ノ出家、師云、句ヲ、云、聖凡自知、

(45) △中陰破壇《ノ》参、師、中陰破壇ヲ、地ヲ丁ト打テ、フット吹ク〱、師云、句ヲ、吹《テ》別村《ヲ》過《ク》、師云、猶モ子細ニ、清風払レ明月、心ハ、汚染ヲ嫌〱、

(46) △隔国吊亡灵参、師云、遠キ亡者ノ歓（勧）請シ羊ヲ、云、虚灵ノ在処ヲ観念〆走、心ハ、虚而灵空而妙也ト心得ヘキ〱、師云、亡灵ハ何《ノ》処ヨリ来タソ、云、空ヨリ来テ走、師云、来リ羊ヲ、云、皆影テ走、師云、作《シ》レ善叓ヲ（10ウ）畢テ、亡者送リ羊ヲ、撈眼ス、師云、何クヘ送タソ、空ニ送テ走、師云、着語ヲ、諸法空為坐、師云、サテハ空ニ留ウカ、云、一句了然空不空、

(47) △吉方勧請参、死人ヲ送ル時、悪処ヲ善処ト作シ羊ヲ、作一円相、師、ソコニ句ヲ、十方仏土中、師云、何《ニ》トテ、云、迷《ウ》カ故ニ三界城《フサカリ》、悟故《ニ》十方空《ヒロシ》、本来無東西、何処有南北、師云、畢竟ヲ、以大円覚為我伽藍——性智、師云、猶モ子細ニ、十方薄伽梵、一路涅槃門、

(48) △悪日連続参、師云、悪日連続之時、展縮シ羊ヲ、作一円相、師云、五位テハトコニ当ツタソ、兼中到テ走、着語ヲ、云、今時日用、混沌未分、展悪縮善、中間好、日々大極、時々大極、

(49) △塔婆書《テ》后点《テン》眼参、先筆ノ軸ヲ以テ一円相ヲ打ス、法報応ノ三身共《ニ》一心、即《チ》亡者《ノ》名《ヲ》唱ウ、其《ノ》后焼香心々ト唱テ合掌〆、庵譲慶魯闍寧娑婆訶ト三返唱テ、閉《テ》レ目《ヲ》即《チ》空ト観念〆払袖ス、

(50) △塔婆参、云、若人欲了知三世一切仏、応観法界性一切唯心造、師云、心ヨリ造《リ》羊ヲ、云、心即《チ》空テ走、師云、空ヨリ出生シ羊ヲ、云、春発《ル》花夏涼風秋月冬雪アリテ走、師云、生死ヲ脱シ羊ヲ、放身ス、句ヲ、世間《ハ》空空ニ〆無《ナリ》、仏性《ハ》空空《ニソ》真《ナリ》、

(51) △念誦参、師云、焼香〆念誦シ羊ヲ、学吾ヲ指〆云、自身、師ヲ指〆云、他身、キット挙《ソ》云（11オ）、体無二、師云、誦《シ》羊ヲ、云、声無辺際作《ス》レ仏叓《ヲ》、師云、切心ヲ、云、一息断レ切ノ時節テ走、師云、正当恁麼時如何、云、有誰答話セン、師云、生死交謝《シ》寒暑互遷リ羊ヲ、云、生スル時形ナレハ死スル時モ形ハ走ヌ、師云、其来電——停ルト云機ヲ、云、漚生

与漚滅、二法本来斉、師云、百年―涅槃程ト云タル里ヲ、大海ニ一漚カ生〆亦ザット消□如クテ走、師云、回向ノ二字ヲ、学良久〆云、生モ死モ爰ニ帰シテ走、師云、上来ヲ、云、爰ニ来ツタカ、来タテモナク、去タカ、去タテモ走ヌ、師云、何ント生死カ付イタソ、漚生漚滅迄テ走、茶傾三点ヲ、捨タトハ見走マイ、師云、何ン見ウソ、水ノ漚ノ消《ヘ》草《ノ》露《ノコホレ》消 タト見テ走、師云、念誦《ノ》受羊、山虚風落レ石、桜静月侵レ門、私ニ、念誦トハ口ニヨミ心《ニ》念スルヲ云〆、

(52) △竜天参、師云、竜天トハ何《ナニ》ヲ崇《メ》タソ、云、卦テ走、師云、ドノ卦ソ、南方離《ノ》卦テ走、離ノ卦トハ何《ナ》ニヲ云タソ、此心テ走、心トハ何《ナ》ニヲ云タソ、本ナイ物テ走、真梁《ノ》御唱《ヘ》〆、

(53) △頂相参、師云、鎮(ママ)相ヲ、釈迦モ達磨モ拈スレハ爰テ走、師云、客位ヲ、云、顕ハル、ワ今時逆路テ走、主位ヲ、云、顕レヌカ頂相ノ一人テ走、畢竟ヲ、作二一円相《ヲ》一、

(54) △持戒参、着衣参、名ヲ授クルモ同シヿ〆、挙着モ同〆、亡者ニ戒《ヲ》授ケタ時、肯タカ肯ワヌカ、云、皈依仏法僧、ナ(11ウ)ニトテ、云、イヤトハ云イ走ヌ、師云、句ヲ、上《ミ》無《ク》二正戒《ノ》一相、下《モ》無邪念《ノ》心、

(55) △宗旨鴛鴦参、師云、鴛鴦ノ約シ羊ヲ、我カ旨《ヲ》指テ、此心テ走、師、其レカ何トテ死央(鴛鴦)ノ約テハアルソ、云、伊《レ》我《ニ》具足《シ》、我《レ》伊《レニ》具足シテ走、師云、伊ヲ、云、従来共住《ソ》不レ知レ名《ヲ》、師云、世尊拈花ノ約ヲ、代、伊《レ》我《ニ》具足《シ》我《レ》伊《ニ》具足テ走、師云、句ヲ代、世尊三昧世尊不知、迦葉三昧迦葉不レ知、心ハ、四七ニ三ニ共ニ此約カナクン、宗旨ハ断絶シウスソ、

(56) △香炉参、云、香炉《ノ》定ヲ、学、我身ヲ指、師云、香ノ焼キ羊ヲ、云、出息入息テ走、師云、句ヲ、一炷烟中得二此心《ヲ》一、

(57) △坐具参、先ツ坐具《ザグ》ヲ三《ツ》ニ折テ拝スルワ、三世不可得ノ心ナリ、知識ハ不レ折一ヘニ敷クワ、三世了達ノ心〆、サテ三《ッ》ニ折テ頭ヘヲクツト出〆拝ムワ、主ノ字ノ用所也、師云、坐具ヲ定ヨ、云、妙テ走、心《ハ》、一円相ノ用〆、爰ヲ物ノ始マリ総ノ極リト云タソ、爰ヨリ出、爰《ニ》収ツタソ、師云、句ヲ、唯独自明了、余人所不見、此ノ妙処ハ独リ自知〆、二人ト知ヌ処タソ、師云、其レハ何《ニ》トテ、云、豈レ容二先聖《モ》眼一、古語ニ、妙在二一漚《ノ》先一、豈――眼、此ニ至テハ、千仏万祖モ眼カ及ンソ、師云、其証拠ヲ、代、妙テ走、心ワ、足ドノミ羊〆、サテ、別ニ挙着スレバチガウ〆、此参ハ石屋門戸モ了庵門戸モ不《ル》レ差ナリ(12オ)、

(58) △宗門船参、船ノ定ヲ、五尺ノ境ガイガ船テ走、何トテ、云、ドコヱモ自由シテ走、師云、サテハ船頭カ有ウスソ、其ノ名ヲ吾レト答ヱテ、是レカ船頭テ走、師云、其船ニ積物カ有ズソ、云、眼耳鼻舌身意テ走、師云、其積物《ノ》ヲロシ羊ヲ、云、一息截《ノ》断処テヲロシテ走、師云、其ノ皈シ羊ヲ、云、地水火風空ト皈シテ走、心ワ、此舟ニ我ト畜生修羅人天共ニ乗

サルハナイソ、好乗リ得テ於イテ、此土西天ヱ自由シタソ、アルカ此舟ヲ一度乗リ捨ル時節ガアルソ、沙門平生《ハ》此ノ心持ヲ忘レテ曲モナイソ、爰ヲ常住不退心ロニカケタ郎ニハ、別ニ修行ハ入ルマイソ、参禅別《ニ》無レ秘法、只思二生死切《ナルコヲ》一ト云モ、此舟ノ乗リ捨ル時節カ大叓テ走ソ、喫茶喫飯ノ上テモ是ヲ旨ニ於タラウニハ、閻羅老子ノ棒モ当ルマイソ、

(59) △鎮守之参、天童如浄禅師云、曹洞有二鎮守参禅一、未了《ノ》人《ハ》洞上《ノ》不レ可レ道師《タル》、道元和尚、従二明州津一慶（ママ）徳寺《ニ》御皈《リ》、廿日在居被成、此参得了也、故ニ是ヲ廿日帰ノ参ト云く、先ツ心得《ハ》、定（ママ）白山ヲ鎮守トスヘキく、白山ト云ハ、自己ノ功也、妙理ト云ハ、那時く、大権現ハ、垂迹ナリ、今時ヘ出タレトモ、権《カリニ》現タト見レバ、本位ヲバ離ヌ故ニ、白山妙理大権現ヲ其《ノ》儘曹洞ノ三位トスルく、未向定（12ウ）テ於イテ、伊勢ヲモ春日ヲモ鎮守ニ勧請スルヘシ、師云、鎮守ノ請シ羊ヲ、爰《ノ》嫌道ハ、何ト云モ其レハ皆紅粉ヲヌル神トミタソ、其レハ汚穢不浄タソ、曹洞宗ノ鎮守ノ請シ羊ヲ不レ知シテ、人ヲ弔テ参詣スレハ、七尺大地ヱワリ入玉ウ也、挙着ハ、学、師ノ前ニ至テ円相ヲナス也、爰ハ聞キ相通シテ挙セバ、其レハ空見外道ニ引レテ機空劫ニ沈タヿヨト嫌ヘシ、師云、其ノ主ヲ、良久ス、此時キ善ニ不レ渡悪ニ不レ度ソ、別ニ鎮守カ有テコソ、師云、当人ナラバ説破ヲ、円ヨリ出テ円ニ皈テ走、円ヨリ出テ円ニ入《カヘ》シタ時、嫌ヘキ汚穢不浄カ在コソ、荼毘場、直ニ鎮守ニ参ルハ、爰至テクルシユモナイソ、此参禅セスンバ、七尺大地ヱワリ入玉ウト云也、亦常ニ巡堂ノ時キモ、経テモ呪テモ読ンテ、キット念〆両眼ヲフサイテ皈ル、此時見余《アマ》〆処ハナイソ、爰ニアル天神七代地五代テ走、別ニ神カ在コソ、此参禅スル時、歌ヲ引クく、イメバイム、忌マネバイマヌ神ナルニ、イムゾ己レカ心ロナリケリ、亦、チワヤフル吾カ心ヨリ成ス禍ヲ、何レノ神カ余所ニ見ルヘキ、是レハ元和尚ヨリ以来ノ秘参ナリ、不可犯語く、

(60) △白山《ノ》参、師云、白山ノ定メヲ、云、チ□□□タカ不老ノ孤峰テ走、妙理ヲ、云、主中主テ走、（13オ）、師云、句ヲ、諸山《ノ》不レ堕レ□、師云、大権現ヲ、云、那辺不レ守レ空王殿《ヲ》、心ハ、白《ハ》皆空処テ、千山ノ雪タソ、ソコニ堕セヌ時キ、孤峰不白テ妙理ノ主タソ呈《ニ》、爰《ニ》過去久遠ノ一仏《テ》出ヌソ、一向出テス〆、ソコニ現スト云ハ、本位ヨリ爰ニ下タヿタソ呈ニ、句モ那辺——殿ト云、不白《ノ》処妙理タソ、今時ハ下レバ空王殿ヲバ守ラヌソ、心得大叓く、

(61) △竜天参、師云、先ツ竜ヲ云ヱ、云、化現ノ身テ走、師云、天ヲ、云、不出ノ天カ本有円成ノ如来テ走、師云、受戒シ羊ヲ、云、化現ノ身ガ本有ノ住家《ミヘ》、皈レハ不出ノ天、本有ノ如来テ走、心ワ、竜ト云者ワ、出世ヲカマヱテ、海ニ千年、河ニ千年、山ニ千年経テ頂キ至ル者ノソ呈ニ、爰《カ》百億ニ化身シ羊く呈ニ、竜ハ至覚也、又天ト云ハ、法身デ下ラズ経ズ不出世ナリ呈ニ、本覚ノ一仏く、サテ受戒ハ至本不二、尽不尽、出不出一枚く、爰《カ》宗旨ノ相続く、是レハドノ門戸デモ相続

シ了テ已後ノ参禅〳〵、

(62)　△念誦参、師云、切以ヲ云へ、師ヲ趯倒ス、吾モ放身ス、師、其ノ意ヲ、云、先聖モ云レマジカツケルヨ、師云、其レハ何ントテ、云、ッ、ク者カ有テコソ、師云、生死交謝シ羊ヲ、云、漚生漚滅迄、走、師云、寒暑互遷リ羊ヲ、云、瓦解（13ウ）氷消〆走、師云、末其ノ下テ一句云へ、云、身心脱落〆走、師云、其ノ生シ羊□□、空ヨリ来テ空ニ去テ走、師云、已《ニ》空タガ、何トテ生死ハアルソ、云、有ハ影テ走、師云、影ト云心ヲ云へ、云、在ルカ有ルテモ無ク、無イガ無イデモ走ヌ、師云、電激レ長空《ニ》、波停レ大海《ニ》羊ヲ、云、当処出生当生滅尽、師云、此日即新円寂ヲ、云、万般巧妙一円空テ走、師云、空トハドコヲ指シタソ、云、一微ヂンモ無イ処ガ空テ走、師云、其レナラバ何《ニ》トテ名道号ヲ書着、位牌《イハイ》ヲバ立《タテ》タソ、云、化ニ有真テ走、師云、生縁已尽、大命俄落ヲ、云、菓熟《ソ》不レ堪レ枝、師、其句ヲ説破セヨ、云、平生熟《シ》〳〵テホックト落テ走、師云、諸行無常、寂滅為楽、何《ナニ》カ楽タソ、云、本国《ニ》帰ルカ楽テ走、師云、証拠ヲ、袖ヲ延テ云、万歳〳〵、師云、其ノ意ヲ云へ、云、生トハ何ンソ、死トハ何ンソ、師云、其ナラバ何ト大衆ヲバ請〆諸聖ノ鴻名ヲ誦シタソ、云、儘テ走、師云、覚路ヲ荘厳シ羊ヲ、云、柳《ハ》自緑花《ハ》自紅、

(63)　△理趣分参、師云、相似般若ヲ、云、道理カ皆相似般若テ走、師云、真ノ般若ヲ、云、所得無イガ真ノ般若テ走、師云、世尊是三界ノ大道師テ在ルガ、何トテ十六善神ニハ守護（14オ）セラレタソ、云、説ク底ハ皆道理テ走、師云、守護不入ヲ、云、無心無念テ走、［信岩派ニ在ル〻〳〵］、

(64)　(イ)　△十三仏参、第一不動ヲ、代、無心無念ノ時キテ走、師云、其証拠《コ》ヲ、代、一念不生、全《ゼン》体現《ス》、師云、何ントテ火烟ヲバ立テタソ、代、智光ヲ発シテ走、師云、死人ノ請取羊ヲ、代、一息截断ノ時節、罪業ヲ焼却シ妄想ヲ縛接シテ走、師拶《ソ》云、時如何、代、後念ヲヅント切テ走、師云、サウ〆ドコヱヤラシメタソ、代、本空ヱヤラシメテ走、師云、何ントヤラシメタソ、代、作レ一円相ヲ、師云、救イ羊ヲ、代、良久ス、師云、其証拠ヲ、代、空合レ空　以上九位〳〵、

(ロ)　△第二釈迦ヲ、代、法界円満ノ仏テ走、師云、証拠ヲ、代、トッコモ此一仏テ拄テ走、我鬼畜生修羅人天共ニ余ル〻モナク欠ル〻モ走ヌ、師云、死人請取羊ヲ、代、一息截断ノ時節、一字不説テ走、師云、時節ヲイヱ、代、申ウトシタハ誤テ走、師云、サテ云イテハ、代、トック申テ走、師云、誰レカ聞イタソ、代、空ガ聞イテ走、師云、救イ羊ヲ、代、一仏成道ノ時、乾坤大地森羅万像(ママ)、有情非情共ニ救イ了テ走、師云、畢竟ヲ、代、一念心中ガ無相無形ノ一仏ノ同体テ走、以上八位、

(ハ)△第三《ノ》文殊境界ヲ、代、大智カ文殊ノ境界テ走、師云、大智、代、天地人仏衆生ト始ヌ先キノ智テ走、師云、ドコヨリ発生シタソ、代、心ヨリ発生シ［　］(14ウ)、師云、請取羊ヲ、代、一息截断ノ時節、智恵モ利根モ入リ走ヌ、師云、其ノ智□□ヨリ求メタワ、代、自然智無師智カ如来ノ智見力テ走、師云、其智ヲドコヱ放下シタソ、代、一息截断ノ時節、能ク捨テ走、師云、救イ羊ヲ、代、坐禅一会ノ時、尽虚空徧法界カ本師本仏テ走、七位〳〵、

(ニ)△第四普賢ノ境界ヲ、代、清白円明ノ処カ普賢ノ境界テ走、師云、其ノ境界ヲ、代、ヒット坐下ノ端的テ走、師云、其ノ境界ヲ、代、末爰カ普賢テ走、師云、請取羊ヲ、代、良久メ云、末爰ガ普賢テ走、師云、普賢ノ境界ヲ呈露セヨ、代、兀坐ノ端的、尽大地カ一ケノ白馬白象《テ》走、師云、白象白馬《バ》ヲ、代、尽大地ガ其儘ト見タ時、別テハ走ヌ、師云、畢竟ヲ、代、悟リ一片テ走、以上七位、

(ホ)△第五地蔵ヲ、先ツ地ヲ、代、尽大地カ菩薩ノ一智テ拄テ走、師云、蔵ヲ、代、諸仏衆生森羅万像(ママ)モ爰ニ収リ爰ヨリ出テ走、師云、爰トハトコヲ云タソ、代、法地テ走、心ワ仏法ノ地ト云心也、師云、請取羊ヲ、代、其ノ境界ヲ引カヘズ、其《ノ》儘心空ニ引道シテ走、師云、引道シ羊ヲ、代、根本ノ時地獄《キ》モ無ク天堂モ走ヌ、亦虚空陰々トメ錯(錫カ)杖ノ声斗リテ走トモ、師云、地蔵ノ手中玉ヲ云ヘ、代、不老ノ妙薬テ走、亦真珠テ走トモ、師云、何ント顕シ何ント服シタソ、代、一(15オ)息截断ノ界イ顕シ服メ走、師云、救イ羊ヲ、代、尽十方一果ノ明珠テ走、師、其証拠《ヲ》、代、ドツコモ此仏性テ拄テ走、九位〳〵、

(ヘ)△第六弥勒ノ境界ヲ、代、不出ノ一仏テ走、師云、証拠ヲ、代、一気未発ノ処ニ徹底メ走、師云、徹底シ羊ヲ、代、仏法不現前、不得成仏道、師云、請取羊ヲ、代、一息截断時節、弥勒ノ楼閣ヲ推開メ走、師云、弥勒ニ相見シ羊ヲ、代、根本□至テワ何レニモ無ケルヨト相見シテ走、師云、畢竟ヲ、代、衆生無キ処ガ仏性テ走、師云、仏性ヲ、代、過現未共ニ一仏〈心性〉テ拄テ走、以上七位〳〵、

(ト)△第七薬師ノ本体ヲ、代、餓鬼―天祖仏凡夫草木土石ノ命根命脈トナリ、亦精魂ト成テ走、師云、瑠璃ノ壺ノ持シ羊ヲ、代、乾坤必(遍カ)塞ス、師云、請取羊ヲ、代、一息截断《タン》時節、病即消滅シテ走、師云、消滅シ羊ヲ、代、寂滅為楽テ走、師云、師(衍カ)云、不老不死ノ一人ヲ、代、乾坤大地第二人無《シ》、師云、十二神《カ》出テ守護シ羊ヲ、代、其レ〳〵ニ守護シテ走、師云、其レ〳〵ニ守護シ羊ヲ、代、柳緑《ハリ》ト守護シ、花《ハ》紅イト守護シテ走、師云、救イ羊ヲ、代、尽大地ガ一薬テ走、此時キ地獄ハ走ヌ、八位〳〵、

(チ)　△第八観音ノ全体ヲ、代、一寸ト見一寸ト聞イタ時、徹底観音テ走、師云、徹底シ羊ヲ、代、無心無念ノ時キ処々観□□（15ウ）走、師云、請取羊ヲ、代、トッコモ補陀洛山ト見タ時、罪無罪トモ円通普門□ニ居テ走、師云、観ヲ、代、ミル当位テ走、師云、音ヲ、代、聞ク当位テ走、師云、証拠ヲ、代、端的〳〵ヲ失スル時テ走、師云、三十二ノ相ヲ現シ羊ヲ、代、能ク識情ヲ尽セバ色々ニ出現シ種々ニ流通シテ走、師云、救イ羊ヲ、代、トッコモ円通ト見タ時、極楽ナラン処ハ走ヌ、以上八位〆、

(リ)　△第九勢至本体ヲ、代、根本ノ一心テ走、師云、夫レハ何ントテ、代、本師本仏テ走、師云、汝《チ》カ境界デハトコテ見タソ、代、無心無念ノ時キテ走、師云、請取羊ヲ、代、日月ノ光リノ至ラヌ処ヱ導イテ走、師云、導キ羊ヲ、代、良久ス、師云、其ノ心ヲ、代、端坐一念ノ時、久遠ヲ越テ走、師云、救イ羊ヲ、代、迷モナク悟リモ無イ処、導イテ走、師云、迷悟ナイ処ヲ、代、仏モ衆生モ隔テハ走ヌ、

(ヌ)　△第十阿弥陀ノ本体ヲ、代、過去久遠劫ヨリ尽未来際迄《テ》尽《キ》ヌガ無量寿仏テ走、師云、証拠ヲ、代、無心無念ノ時、此ノ境界ヲ歴［　］去リモセズ来リモシ走ヌ、師云、罪人ヲ請取リ羊ヲ、代、此境界ヲ離レタ時ドッコモ唯心浄土テ走、師云、其レハ何ン《タル》時節ソ、代、四十八願モッキ〳〵テ何ニモナイ処テ走、師云、其レハ何《ン》トテ、代、只阿吽《ウン》ノ二字迄テ、走、師云、（16オ）其証拠ヲ、代、南無阿弥陀ノ声ハカリテ走、師云、罷参ヲ、代、岩上無心風来《テ》□レタ迄テ、走、師云、救イ羊ヲ、代、只南無阿弥陀仏迄テ走、師云、又一羊ヲ、代、［　］陀仏□滅無量罪、師云、畢竟ヲ、代、更参《ヨ》卅年、以上九位、

(ル)　△第十一阿閦仏ノ心ヲ、代、トッコモ此一仏性テ拄テ走、師云、其レハ何《ン》トテ、代、キット良久〆、末此ノ端的テ走、師云、請取羊ヲ、代、学、合掌シテ、ア、タウトノ仏ケヤ、後生助ケテ給ワレ、師云、其レハ何《ン》トテ、代、ヤラタウトノ御《ミ》声ヤ、亦、ヤラ修証ノミ声ヤトモ、師云、畢竟落居ヲ、代、只去《ル》也、師云、救イ羊ヲ、代、末此ノ境界カ本覚法身心蓮心城テ走、師云、畢竟ヲ、代、法尚応捨、何況非法、

(オ)　△第十二大日ノ全身ヲ、代、本地法身仏テ走、師云、本地法身仏ヲ云へ、代、至学本学、五十二位ノ仏々祖々、有情衆生、智明々タル光明ヲ学テ走、師云、請取ヲ、代、トッコモ此炅光テ照〆走、師云、炅光ヲ、代、虚ニ〆炅、空《ニ》〆妙ナリ、師云、妙処ヲ、代、父ノ一滴ノ露カ母胎ヱ滴ラヌ先キテ走、師云、金胎ノ両輪ヲ、代、天ト始リ地ト分チ、陰ト通シ陽ト和合シテ走、師云、和合シ羊ヲ、代、天地人ノ境界カ金胎《ノ》本体テ走、師云、証拠ヲ、代、柳緑《リ》花紅《ナリ》、師云、救□□

(16ウ) ヲ、代、徹底性ノ時キ沙汰ハ走ヌ、

(ワ) △第十三虚空蔵ヲ、代、尽乾坤［□□□］法界、此一仏性ニハラマレテ走、師云、虚空蔵ニ徹底シ羊ヲ、代、良久〆、末此ノ当頭テ走、師云、請取羊ヲ、代、虚空々々ノ会ヲナサヾレバ即《チ》法身、々々ノ会ヲ不レ作即《チ》虚空テ走、師云、極重悪業ノ救イ羊ヲ、代、不会ノ凡夫ガ即《チ》聖人テ走、師云、虚空蔵ニ相見シ羊ヲ、代、キット良久〆云、只コレ〳〵、師云、其ノ心ヲ、代、総《ニ》在レ此中円《ナリ》、師云、吊イ羊ヲ、代、只呑《メ》只歌《ヘ》、師云、其レハ何《ン》トテ、代、孝満テ走、師云、三十三年回向シ羊ヲ、代、有為空無為空畢竟空テ走、師云、畢竟落居ヲ、代、何ント説イタモ、皆アトテ走、師云、行李《ヲ》、代、何ンニモナイ処テ走、師云、供シ応シ羊ヲ、代、春ハ百花ト応供シ、夏ハ涼風秋月冬雪ト応供シテ走、師云、諷経シ羊ヲ、代、鴉鳴雀噪、一々妙音テ走、［ ］畢竟如何、代、摩訶般若波羅蜜、師云、扶ケ羊ヲ、代、舞ウツ歌ウツサイツサ、レッシタ時扶テ走、師云、扶リ羊ヲ、代、何《ニ》者カ有テ扶リ走ゾ、師云、畢竟十三仏ヲ一句ニ云持《チ》来レ、代、根本一仏ニシテ二仏ハ走ヌ、師云、(17オ)、猶モ子細ニ、代、畢竟幻亡テ走、以上十八位、当門徒秘参〳〵(17ウ)、

付録2　『門徒秘参』所収「十則正法眼蔵」

十則正法眼蔵始也

世尊拈華　迦葉刹竿　武帝達磨
六祖不階級　無静《ヒ情》説法　六外一句之話
青（倩カ）女離魂　托鉢下堂　仰山枕子之話
夾山道不会話

(1) 世尊拈華　師云、拈処ヲ、代、学、師ノ前ニ至テ、童子ナドガ歩ル羊行テ、カアクリウト挙ス也、心ハ、二ツヤ三ツヤノ子童ニ、父ガ鳴ケバ、此ノ花クリウト云ワレテ、咲含タ如クタゾ、師云、迦葉ノ微笑ヲ、代、当人〆咲《ミヲ》含ム也、師云、句ヲ、代、聞々相合《イシ》、句々相通《ス》、是レハ光山扣也、亦一説ハ、世尊迦葉ノ立処ヲ、代、実相ハ無相デ拈ジテ

走、師云、伽葉ノ微笑ヲ、代、（14オ）無相コソ実相ヨト微笑乄走、師云、頌《ニ》尾巴已露頌タヲ□《(云)》□《(へ)》、代、天上天下――尊ト云尾巴ガ、爰デ露テ走、心ハ、尾巴ハ本位也、独尊ト云ハ無相ヨ、無相コソ実相ヨ、亦大洞ハ世尊迦葉ノ立処ヲ、代、照体倶在位裡、師云、位裡デノ対シ羊ヲ、代、世尊ハ用処《ニ》在テ体処ノ迦葉ニ対シ、迦葉ハ体処ニ在テ用処ノ世尊ニ対乄走、師云、微笑シ羊ヲ、代、指ヲ以テ師ヲ指テ、得道サウナヨ、師云、世尊ノ処ノ畢竟ヲ、代、九重密処敞掛、由来露二妙伝《ヲ》一、又師云、不立――属ヲ、代、極処密処亦何ント作ン、敞掛由来妙伝露《ス》、心ハ、敞垢《ノ》衣ト云ハ、仏衣《ノ》ヿ也、妙伝露向附属シタゾ、

（2）迦葉刹竿　師云、此外別《ニ》何《ニ》モノヲカ伝ヲ、代、左右挙手乄、是レワ（14ウ）仏辺是ハ祖辺、二三度挙乄阿難ヨツ〱、師云、伝底ヲ、代、阿難ヨッ〱、亦広額猪児ニ行ク時キハ、キット喚皈ス当頭ヲ、代、某甲ハ和尚ノ境界ニ住シ、和尚ハ某甲ノ境界ニ住乄走、師云、恁麼ノ時如何、代、眼中童子目前ノ人、師云、世尊ト広額ト、キット見合セタ当頭ヲ、代、世尊ハ広額ガ境界ニ住、広額ハ世尊ノ境界ニ住乄走、師云、恁麼時如何、代、眼中――人、心ハ、世尊広額二ツナイゾ、句モ眼中ノ童子ガ目前人《ノ》タ、二ツナイヿタゾ、師云、迦――何物伝ヲ、代、阿難ヨッ〱〱〱ト低頭乄三度ト挙〲、師云、句ヲ、代、両口《コウ》一舌、師云、両口《コウ》一舌ヲ、代、阿難ヨット挙ス也、永昌寺ノヿ也、亦光山和尚挙派ハ前ト一ッ〲、句ハ別〲、代、瞎驢不レ受灵山《ノ》機、扶起《ス》我宗大法（15オ）幢、心ハ、瞎驢ノ肌《(飢)》ヱノ時キ正法眼蔵也時キ、我宗《ノ》大法幢也、

（3）武帝達磨　師云、第一儀《(ママ)》ヲ、代、立身叉手乄立ツ、師云、句ヲ、代、無影樹下合同船、心ハ、第一儀ノ処ハヒヨットツ、立ツタマテヨ、ナントモ云ヱバ第二儀ヨ、句モ三位ニ用ル則ンバ、洞上デハ、無影樹ト云ハ本位ノヿ、下□《(トカ)》云ハ中ノヿ〲、合同船ト云ハ、三位トモニ欠ヌヿ〲、爰デハ第一儀、立身叉手、無影樹下迄ヨ、ヒヨットツ、立ツタ処ニ枝葉ハ出ヌゾ、在ルガ、合同船ト云ハ、其ニ余タ物ノガナイゾ、亦大洞ハ、第――儀ヲ、代、天子無二父母一、師拶云、天子――無イガ、何ントテ第一儀デハアルゾ、代、天子無二父母一トハ云イ走カ、師云、廓然―聖ヲ、代、摸羊乄天子ヲイ□□羊乄廓トシテ忘レ倚、心ハ、是ハ上参也、前ハ天子無《ニ》父母（15ウ）ト、ハヤ位ガ走リ沙汰ヲシタゾ、サテ忘レ倚トハ、天子ニヨリ付カヌ処タゾ、時ガ第一儀ダ、爰ハ至極――抱タ処ノヿヨ、又第一儀ヲ、代、天子デ走、師云、ナントテ天子ガ第一儀デハアルゾ、代、天子無父母トハ云イ走ヌ、末モ一ッ〲、師云、廓然――識ヲ、代、天子ヲ抱ク振舞乄廓ト乄忘レ倚、依ハ是モ義〲、紫極――抱ト云、心一ッ〲、

（4）六祖不階級　師云、不——級ヲ、代、師ノ前ニ至テ、ニッコト笑含ム也、恁麼時如何、代、丹鳳啣玄珠栖遅玉樹、亦不——級ヲ、代、不汚染デ走、師云、恁麼時如何、代、説似一物即不中、嫌路ワ何ント云モ、ソレハ階級ダゾ、功作短練ヲ経ルゾ、ソレハ修行シ諸解学得ノ間タゾ、畢竟不階級ト云ハ一心一物ノヿヨ、此ノ心ニ階級ノ沙汰ハナイゾ（16オ）呈ニ、丹鳳ト云モ主鳥ノヿヨ、心鳥ノヿヨ、六祖一生涯ハ不汚染テ建立シタ家タゾ、此主ハ説似スレバ即不レ中タゾ、類則ハ世尊拈花、迦葉刹竿、道吾女人拝、

（5）洞山無静《情》《ヒ》説法　師云、無——法ヲ、代、露柱ハ露柱ト説キ、灯炉ハ灯炉ト説キ、柳ハ緑リト説キ、花ハ紅イト説デ走、師云、句ヲ、渓声広長舌、山色清浄心、心ハ、三寸ノ舌頭ヲ以テ説イタラバ、其レハ臭ヿヨ、先聖ヨリノ舌先キヨ、鷺ハ白ク烏ハ黒イゾ、爰ハ達磨不識、二祖モ不可得ダ、亦大洞ハ無情説法ヲ、代、灯籠ハ灯籠ト語テ出デ、露柱ハ露柱ト語テ出テ走、師云、恁麼時如何、代、眼処《テ》声聞キ、耳処テ分レ色テ走、心ハ能クサヱ本位ニ至レバ、眼処《テ》（16ウ）声ヲ聞キ、耳処テ色ヲモ分タデハ、師云、畢竟ヲ、代、本《ト》無相中《ヨリ》生見《レバ》終日語話シタガ、別ノ物デハ走ヌ、亦無情説法ヲ、代、師ノ前ニ至テ倒臥〆鼻声カウ〳〵、師云、句ヲ、代、風吹《テ》二石臼《ヲ》一念《ス》二摩訶《ヲ》一、亦無——法シ羊ヲ、代、心説ハ不説、真聞ハ不聞デ走、師云、畢竟ヲ、代、師ノ前ニ至テ、珠数テモナンデモチヤット耳ニ蓋ウ也、心ハ、ッ、ツケテ聞タガ、聞キニ落ヌゾ、時本位《テ》居タゾ、

（6）白馬六外句　語底黙底、不語底不黙底、惣是惣不是ト、クット嫌イ落サレテ、学、師ノ前至テ礼三拝〆、恩大ニ〆難レ酬、心ハ、語黙背触共ニクット嫌イツメラレテ、向ゾトカックト当的スル処デ、万劫ニモ難《イ》レ酬恩ヲバ知ッタヿヨ、亦一説ハ、此ノ恩父母ニ越タリ、師（17オ）拶云、恩ト持タラバ万劫ノ繋驢橛ヨ、代、学、師ノ膝ヲ丁ト打テ、和尚モ繋驢橛、某甲モ繋驢橛ヨ、心ハヨリツナガルレバ、其ヲモヌケタゾ、師云、六外ヲ、代、学、師ノ前ニ至テ、標然ト立テ、坐具ナドヲホックト取リ落シテ、揺レ風架頭巾ト挙ス也、師云、句ヲ、代、所作皆以弁、既知到涅槃、心ハ、語底黙底、不語底不黙底、惣——、是六外ト云ハ、語黙動静ノ外タゾト嫌ワレテ、案山子カ幽霊ナドノ羊ニ標然ト立ツタ処ハ、架頭巾斗タゾ呈《ニ》、句モ皆《ナ》六外ノ間ハ所作ノ間ダ、外カ到涅槃ダ、同香厳樹上ガ類則也、師云、人樹——作麼生対〳〵ト云タル機ヲ、代、学、師ノ前ニタヨ〳〵ト至テ、坐具デモ珠数デモ、瓶風ニナリトモ何ニナリトモ掛テ（17ウ）挙、亦丁ドナゲホックト取落ス也、心ハ、只一箇ノ坐具ニ殺シナサウ為タゾ、此ノ時ヨク対シスマシタゾ、師云、句ヲ、代、揺レ風架頭巾、師云、樹上頭ハ道易、樹下頭ハ道難シヲ、代、樹上頭ハ道ニ依テ易ク、樹下頭ハ道ンニ依テ難イゾ、

師云、厳呵々大笑ヲ、代、末《タ》ル語ニレ先《ツ》分付《ス》赤身人《ノ》、心ハ、斉《(済)》下デハ、接シツムル処ニ在ル相続ダ、呵々大笑ガ、赤身ノ人タゾ、亦畢竟ヲ、代、末語――赤身人、心ハ、アノ境界ヲナント云タモ、サデハ無イゾ、只タ二ツヤ三ツノ童子ノ、スジモナク云タ〻ガ、ヨク叶タゾ、是ハ出身ノ路也、虎頭上坐ノ処ハ、脱体ノ道也、古老ノ香厳樹上ノ代、蹈レ雪破草鞋、掛《ケテ》二梅花一在レ枝ニナサレタモ向也、

(7)　青《(倩カ)》女離魂　師云、那箇是真底ヲ、代、那箇是《モ》真底デ走、心ハ、那（18オ）箇――底ト見タ時キ、ドッコモ本位デ拄ヘタゾ、此人ナラサル処ハ無イゾ、師云、句ヲ、代、百億分身処々身、心ハ、百億ニ化身シタガ、此ノ一人ト見レバ、処々ニ分身シタゾ、其ノ分身シ羊ハナント、柳緑リ花紅イ、桃紅李白、向分身シタゾ、亦無二一々無レ分別無断故、向モ挙〻、亦四十八則ノ時キハ、青女離魂シ羊ヲ、代、師ノ前ニ至テ、物ヲ書ク摸羊ヲスル也、句ヲ、代、心随万境転、々処実能幽《ニ》〻、トッコモ此ノ真底ノ主人デ拄ヘタゾ、此ノ心ハ万境ニ転ジタゾ、在レドモ、是カト取テ出サヌ時キガ、幽デ居タゾ呈ニ、三界無法、亦瑞聞大悟モ向也、那箇是不――底ト見タ時、ドッコモ一片ノ聞デ拄ヘタゾ、両女ガ一女ニ合シタモ向也、（18ウ）

(8)　徳山托鉢下堂　師云、托鉢〆堂ノ下リ羊ヲ、代、師ノ前ニ至テ、何ニトノウトツクト坐シテ、ハヤ時キガ出テキタヨナト挙ス〻、心ハ、正法眼道体渕底也、師云、畢竟ヲ、代、師ノ前ニ至テ、只タ皈ル〻畢竟ト云ニ〻ハ無イゾ、至道ノ消息也、任運ノ消息也、通処ノ〻也、亦閑遊、閑ハ便チ坐シ遊ハ行テ坐シタ消息也、亦独則ニ長イ〻在リ、是ハツ、ケ物也、

(9)　仰山枕子話　師云、枕子推出シ羊ヲ、亦問答一般《ニ》トモ、代、師ノ前ニナニト無ク至テ、低頭〆、イビキヲカク摸羊ヲスル也、師云、句ヲ、代、頭落《モ》亦不レ知、心ハ、此ノ挙派ハ当人也、師云、一説ハ挙派ハ一ッ也、句ヲ、代、殺人刀一毫《モ》不レ破、活人剣一毛不レ損、心ハ、悪クスレバ厳処ノ剣光剣（19オ）機ニナルゾ、亦サビメニナルゾ、此ノ古則ニ泰叟ノ鼻ヲチントカンデ、千手千眼不審〳〵ト被仰タモ、向也、畢竟悟上ノ出逢也、枕子ヲ推出シタヲバ、ナント見ウズゾ、胡盧ガ手ヲ展タト見ウ迄ヨ、亦睡入テソット驚時分、ウント云テ、枕子ヲ推出スル振舞ナス也、

(10)　夾山道不会話ヲ、代、師ノ前ニ丁ドノウ至テ、キット撈眼〆、日ノカッ〳〵ト〆チヤット指向タ羊《ニ》摸羊ヲスル也、心ハ、大陽目ニ溢レテ、万里ニ片雲不レ掛シテ、辺際ノ見ヱヌ〻〻、時ガ道ノ渕底也、清浄水魚自迷、魚ト云ハ、心魚ノ〻〻、悪クスレバ迷ウズゾ、道渕底ノ時、心魚ヲ収タ〻ダゾ、師云、句ヲ、代、無心体二得《ソ》無心道《ヲ》一、体得無心道《モ》亦休、

心ハ、無心ヲモョク休シタ時、道渕底也、亦円通寺デハ挙派一ッ乀、師拶ヲ下ス、(19ウ) 触目不会ノ道ヲ云ヱ、代、運《バ》レ足《ヲ》 焉《イツクンゾ》知《ン》レ路《ヲ》、挙ス乀、類則ニ明眼人落井ト云モ、向也、是ハ十則正法眼蔵之終也、

花叟派

祥雲山竜泰寺本参也、(14ォ～20ォ)

第三章　肥前円応寺所蔵の代語・門参資料

一　円応寺所蔵の抄物資料

これまでに行われてきた中世洞門抄物の調査範囲は、主に関東・東海地方を中心とした、法系的には峨山門流通幻派のなかの了庵派と太源派のものがそのほとんどを占めてきた[1]。その理由の一には、国語学研究上の要請が、中世末から近世初頭にかけての関東語・東国語の研究に重点が置かれていたという、研究史上の問題もあるが、最大の原因は、系統的資料調査が実施されることがなかったということにある。ところが、佐賀県武雄市円応寺所蔵の禅籍抄物資料のなかに、通幻派のなかで九州・中国地方に展開した石屋真梁（一三四五—一四二三）を派祖とする、石屋派伝承の教団史や抄物関係の資料が多数発見された[2]。

その主なものを列挙するなら、まず曹洞宗教団初期の歴史・教義資料として、瑩山紹瑾撰とされる『報恩録』（零本）、『秘密正法眼蔵』（『十則正法眼並抄』と合綴）、峨山韶碩撰『山雲海月図』（標題『未語尽情』享徳二年〈一四五三〉写、文明一一年〈一四七九〉再写）、峨山和尚誦抄『自得暉録抄』（元亀三年〈一五七二〉写）、『永平初祖行状記』（内容は『建撕記』、付録『秘密正法眼蔵』）等であり、いずれも中世末から近世初頭にかけての、中世曹洞宗史解明の貴重な文献ばかりである。

さらに代語・門参関係の抄物資料を挙げるなら、『霊機宏聖道三位之次第』（永禄三年〈一五六〇〉）、『十則正法眼並抄』（永禄八年〈一五六五〉以前）、『仮名見性』（永禄八年以前）、『秘伝集』（永禄八年以前）、『閑語不見』（永禄八年以前、元和五年〈一六一九〉別筆識語アリ）、『大庵和尚下語』（永禄八年以前、慶長四年〈一五九九〉別筆識語アリ）、『百則始終勘破了』（天正三年〈一五七五〉）、『四十八則之註』（内容は『無門関抄』、天正八年〈一五八〇〉）、『参禅』（室町末）、『二十七則注』（仮題、室町末）、そして円応寺開山了然永超の語録『中興了然大和尚法語』（近世初期）等である。

これらの資料を所蔵する円応寺は、石屋派の拠点である長門大寧寺の末寺で、永正一四年（一五一七）、大寧寺九世天甫存佐（?—一五一七）の法嗣、了然永超（一四七一—一五五一）の開創であり、近世江戸期の曹洞宗学復興の嚆矢となった月舟宗胡（一六一八—一六九六）が出家剃髪した故地としても知られている。

ところで、石屋派の室内参禅の特徴が、著語や代語の伝統にあることはすでに指摘したが、以下、同寺所蔵の代語・代語抄を含む意味での門参類について紹介し、他派の門参類との相違などにも留意しながらその特徴を考察したい。それは、従来、石屋派の参語などが了庵派の門参や切紙に見出されることもあったが、これだけまとまって発見されたことは、他派の門参類と比較検討する上で貴重な文献群であることは疑いないと思われるからである。

次にその一覧表を掲げ、また関係法系図もあわせ掲げておく。なお、これらのほかにも、前欠や後欠のもの、内容と表題とが違っているもの、錯簡があってまだ整理がつかないもの等が数点存する。

書　名	著者・筆者	成立・内容・その他
①中興了然大和尚法語	了然永超（一四七一―一五五一）	円応寺開山了然の代語集。永正十六（一五一九）―大永七年（一五二七）頃カ。
②霊機宏聖道三位之次第	殊　久	永禄三年（一五六〇）書写の代語抄。了庵派・太源派の参を含む。
③秘伝集	勝山禅殊（?―一五六五）	前欠・円応寺二世勝山筆の代語・代語抄。
④閑語不見	勝山禅殊（?―一五六五）	勝山筆、石屋派の門参。通幻寂霊・石屋真梁の参語の引用あり。「元和五年（一六一九）円応寺室中置之」
⑤参禅	（筆者不明）	前半は「石屋派百則門参」後半は切紙集。後欠。
⑥百則始終勘破了	殊　久	天正三年（一五七五）筆者。石屋派の門参カ。
⑦大庵和尚下語	勝山禅殊（?―一五六五）	「宏智前八句」に対する石屋派の代語抄、及びその他。六世一叟勝鈍による慶長四年（一五九九）の識語あり。
⑧十則正法眼蔵抄	章山貺雯カ	瑩山紹瑾の『秘密正法眼蔵』に対する代語抄。通幻・峨山・瑩

関係法系図

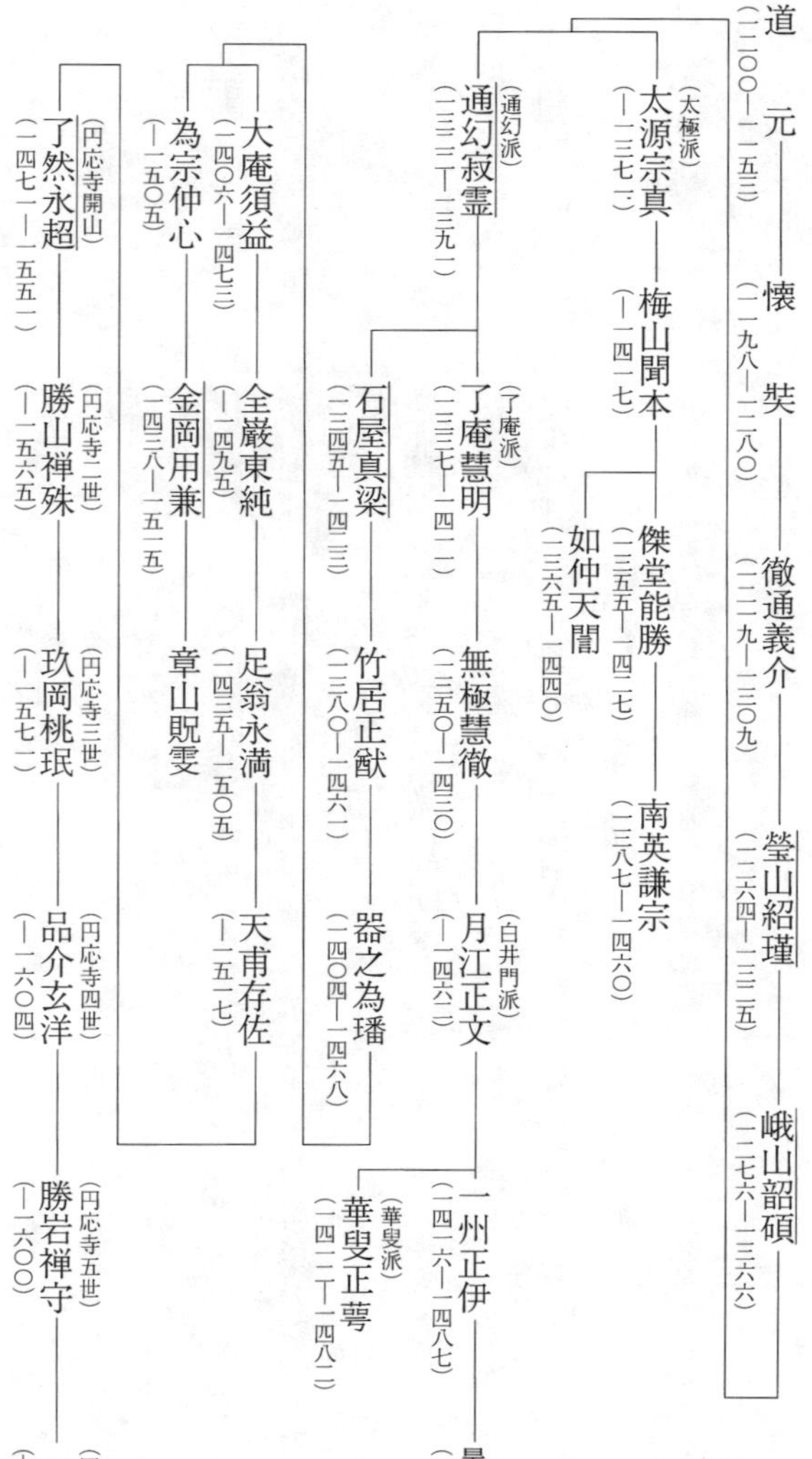

これらの抄物・門参類について概観するなら、後に詳述するが、標題からは円応寺開山了然永超の語録かとも思われる『円応寺中興了然大和尚法語』も、実はその内容は了然の代語集であることに象徴される性格がまず指摘できよう。しかも、永正一六年（一五一九）の円応寺開堂に始まり、叢林の年中行事を追ってその折々に関する提綱

を出し、拶語、代語で結んでゆくという特異な形式である。あるいはすでに了然の語録が存し、それをもとに代語集として編集し直したものとも考えられるが、元来が代語のみの集成であったとみるのが妥当のようである。それは、永正一六年から大永七年（一五二七）までの九年間分の年中行事、その他に関する代語がすべて揃っていることも理由の一であるが、正月元旦の提綱が例外なく「元正啓祚、万物咸新」という『如浄語録』の「台州瑞岩寺語録歳旦上堂」の語の引用であり、恐らく季節の折々に会下の者に下語を求め、また自らも代語をなしていったものと思われる。

　このように考えられる根拠は、石屋派ではこの下語・代語の形式が極めて重んじられた形跡があるからである。たとえば、石屋下四世の孫全巌東純（?―一四九五）の伝によれば（『続日域洞上諸祖伝』巻三）、

　庵（大庵）一日示レ衆曰、二竜争レ珠、誰是得者。衆下語不レ契。師（全巌）曰、陥虎機関各自施。庵肯レ之、遂入室親付二衣法一。（曹全、史伝上、一一八頁）

とあり、師の大庵須益（一四〇六―一四七三）が会下の大衆に「二竜争珠」の公案を提示して下語を求めたところ、全巌の下語だけが認められ、入室嗣法したことが伝えられており、現存する円応寺所蔵資料の禅籍類に、代語や代語抄類が特に多いこともこれを示唆している。同寺所蔵の『山雲海月図』には、峨山や明峰、瑩山等の諸師の下語、代語が多数引用されていることも、同派の禅風の性格を反映したものであろう。

　第二の特徴としては、了庵派や太源派の門参にも他派の参語を引用するが、多くは自派の系統の参語を引用するのに対し、石屋派の門参類には、他派のものも含む実に多くの参語が引用されることである。たとえば『十則正法眼並抄』は、瑩山紹瑾自身の編集とされる『秘密正法眼蔵』の十則の公案に、石屋派の誰かが代語を付し、さらにこれを抄出したものであり、本文中に「予師金岡参得ハ」とあることから、金岡用兼の法嗣章山の抄と思われるが、

これには瑩山の拈提はもとより、峨山の参語、了庵派や白井門派（上野双林寺系）の参語、さらには、師の金岡や、通幻派の祖の通幻寂霊等の語まで引用している。また『大庵和尚下語』には、太源派の如仲天誾の門参がそっくり引用転載され、これには梅山聞本の参語も引用されているが、

〇遠江州天誾如中和尚批判、梅山和尚於処而伝証

〇時応永廿四年（一四一七）霜月吉日、臨済宗能大拙弟子、後梅山伝法、橘谷山大洞庵居住天誾和尚

という識語もそのまま記されており、これによれば如仲天誾（一三六五―一四四〇）は、自ら大拙祖能（一三一三―一三七七）の弟子であることも標榜している。大拙祖能は中国の中峰明本の法系を嗣ぐ、幻住派といわれる臨済宗の一派の人で、この派には多くの密参録が残されており、曹洞宗とも交渉があったことが指摘されているが、(3)石屋真梁も若くして大拙に参じており、いわば如仲とは同参の間柄で、こうした関係から太源派の門参が石屋派にも伝承されたのであろう。このように、他派の参語も多数引用して古則の内容を明かそうとするのが、石屋派の代語や抄、門参の特色の一であると思われる。

これと関連して問題となるのは、具体的な室内参禅の方法であるが、了庵派の門参と比較してみると、前述した美濃竜泰寺に所蔵される上野補陀寺伝承の『補陀寺本参為末世記処』にうかがわれる室内参禅は、単なる問答だけでなく、歯を鳴らしたり畳や手を打ったりする、身体的な行動をも含んだ、極めて機関に富んだものであるのに対し、石屋派の門参には、こうした動作行動を伴う参禅はほとんど見当たらず、むしろ理知的な問答応酬が展開される点が特徴的である。また、参ずる話頭の内容についても、たとえば『十則正法眼並抄』によれば「了庵派ニハ、誰不識ヲ主中主用也」とあるように、達磨廓然の話を臨済の四賓主で解している例もみられるが、たとえば『百則始終勘破了』によれば、

〽今朝九月九日、年々皆賞レ節、拶ニ云、為什麼不レ道十《ヲ》二而賞《ス》二九《ヲ》一、代ニ云、上到《テルモ》レ須弥《ニ》猶《ヲ》有《ル》レ天《ノ》在《リ》、馳レ書不レ到レ家、額上宝花冠、又澄源潭水猶棹《ヲス》二孤舟《ニ》一、又一重山後一重山、イツレモマダ上ガ有ルト云心也、何トテナレバ、洞下ニハ語十成ヲイム也、十分ナレバ必欠ル程ニ、須弥頂上ニ天ガ在也、文ヲツカワスニ家ニト、カネハ曲ナシ、是モサキヲ置也、額ハ、コソ人ノ頂キナレ共花冠ヲキレバ是モ上在、澄源カ水ノ本源ナレ共、舟ニ棹サセバ猶モヲクアリ、何モノヲ犯ヌカ我家ノ向上也、

とあり、これは九月九日重陽の節句に関する代語とその抄であるが、曹洞の宗旨は、八九成を尊び十成を忌むという、中国以来の伝統的立場が充分に認識されていることが知られる。一方、国語学的には、関東語の特徴を示すとされる「ダ体」「デ走体」等の用例もみられ、解決しなければならない問題は多いが、以下、『円応中興了然大和尚法語』『大庵和尚下語』『山雲海月図』について若干の指摘をしておきたい。

二　『円応中興了然大和尚法語』

円応寺開山了然永超（一四七一―一五五一）は、『円応中興了然大和尚法語』（以下『了然法語』）では「中興」となっているが、これは元来は臨済宗寺院であったものを復興し、曹洞宗となしたという意味である。この『了然法語』の検討に先立って、まず本書の書誌的概要を記しておく。

一、冊　数　一巻一冊
一、料　紙　楮紙
一、大きさ　縦26・0センチメートル　横19・0センチメートル
一、装　釘　袋綴

一、標　題　「中興了然大和尚法語（打ッ付ケ）」、内題「円応中興了然大和尚法語」
一、枚　数　表紙裏表紙2丁、本文39丁
一、行字数　毎半葉12行、一行22字
一、刊　写　写本（近世初期）、筆者不明
一、識語等　ナシ

この『了然法語』は、「法語」と題してはいるが、中世の仮名法語の類でもなければ、示衆といった類のものでもない。ある意味では「語録」と呼ぶべき文献であるが、内容的には特異な形式をもった代語文献といってよい。次に本文中より、その特徴となっている説示の年月日が明記されているもの、及び前後の関係から判明するものを列記してみる。

『円応中興了然大和尚法語』	年月日
永正十六年四月十五日一拶出始 ○始《テ》為《ナル》二結制場中主《ノ》一、以《テ》レ何《カ》為《メニセン》レ人《ノ》、代、慈眼視衆生、福聚海無量、（2オ）	永正十六年（一五一九） 四月十五日（結夏）
○来初五日、相二当《ル》先師天甫大和尚第三回忌之辰《ニ》一、兼《テ》荘二厳《シテ》道場《ヲ》一、設《ク》二粥供《ヲ》一、先師来降、未審《カシ》、以《テ》レ何《カ》酬《ヲ》二法乳之恩《ニ》一、□□門外千竿竹《ノ》、仏前一炷香《ノ》、（2オ）	永正十六年五月五日 （天甫示寂、永正十四年五月五日）
○法王解制之辰、衆僧自恣之日、拶云、即今自恣時如何、代、紅巾纏頭舞酔人、又着袈裟高念讃、（3ウ）	七月十五日（解夏）

○円覚経云、以二大円覚一為二我伽藍一、身心安居、平等正智、拶云、身心安居時如何、代、洞然明白、（3ウ）	（冬安居入制）
○古語云、冬至日長一線、仏法長多少、代、幾度看群書、（3ウ）	十一月中（冬至）
○世尊見明星悟道云、我与大地有情同時成道、拶云、世尊意旨如何、代、道不虚行、如風偃草、縁不虚応、似鏡□形、（4ウ）	十二月八日（成道会）
○挙、二祖断臂本則了云、磨云、諸仏無上妙道、曠劫精勤、難行能行、非忍而忍、豈可以小徳小智軽心慢心、欲冀真乗、徒労辛苦、拶云、如何是諸仏無上妙道、代、毘婆尸仏早留心、直至而今不得妙、（4ウ）	十二月九日（二祖断臂会）
○年窮歳尽時、於衲僧分上作麼生会、代、心意蕩然、得大安穏、（4ウ～5オ）	十二月三十日（除夜）
	永正十七年（一五二〇）
○元正啓祚、万物咸新、拶云、諸人啓祚時如何、代、蜘蛛集門外、作事般々吉、（5オ）	一月一日
○禁足安居、入如来金網裡、却跳出底作麼生、代、行尽天涯諳世事、老君頭戴猪皮冠、（5オ）	（冬安居解制）
○世尊初生下、周行七歩、目顧四方、一手指天、一手指地云、天上天下唯我独尊、拶云、世尊意旨如何、代、蛇蝎性霊生即毒、（5オ）	四月八日（降誕会）
	永正十八年（一五二一）
○三陽交泰、万物啓祚時如何、代、山門繁昌、旦門吉利、万民富楽、万福々々万々福、（9オ）	一月一日

○永正十八、正月十五日
維摩詰云、善来文殊師利、不来相而来、不見相而見、拶云、明朝各々不来相而如何去来、代、当頭霜夜月、任運落前渓、（9オ）

○浄法界身、本無出没、今朝為甚麼入涅槃、代、度生方便有順逆、（9ウ）

○不結夏底人与解夏底人、一句作麼生道、代、長連床上展両脚、（11ウ）

○正月一日立春也
三陽交泰時、諸人分上作麼生、代、立春万福、如意吉祥、（14ウ）

○石屋梁和尚領諸徒暫寓丹永沢、設万僧供、従容謂曰、我留残喘、臻茲為修先師末後忌供、能事畢矣、溘焉必矣、果及十一日沐浴更衣、泊然坐蛻、俗寿七十九、僧臘六十二、此日大風飄鼓、林木摧折、諸徒奉龕闍維、平日所持念珠不壊、已是闍維、為什麼所持念珠不壊、代、憶得罔明弾指事、（15ウ）

○元正啓祚、万物咸新時如何、代、天垂瑞彩、地擁貞祥、（19ウ）

○九旬入如来金網裡、明朝各各跳出、若有人問網中事、作麼生祇対、代、仏以一音演説法、衆生随類各得解、（19ウ）

○大永三年安居入
円覚経云、以大円（覚）為我伽藍、身心安居、平等正智、拶云、作麼生大円

一月十五日
（冬安居解制）

二月十五日
（涅槃会）

七月十五日
（夏安居解制）

大永二年（一五二二）
一月一日

五月十一日
（石屋真梁、応永三十年五月十一日、丹波永沢寺にて示寂）

大永三年（一五二三）
一月一日
（冬安居解制）
四月十五日

覚、代、不見辺表、(23オ)
○元正啓祚、万物咸新、拶云、即今啓祚時如何、代、国祚永安、法輪常転、(25オ)
○元正啓祚、万物咸新時、衲僧即今作麼生、代、元正添喜色、瑞雲満長空、(28ウ)
○大永五年正月十五日
衲僧家有任運去来底道理、諸人作麼生道、代、当頭霜夜月、任運落前渓、(29オ)
○元正啓祚、万物咸新、衲僧啓祚底作麼生、代、金色頭陀笑点頭、(31ウ)
○円覚経云、以大円覚為我伽藍、身心安居、平等正知、(智)拶云、即今安居時如何、代云、洞然明白、(32オ)
○円覚経云、以大円覚為我伽藍、身心安居、平等正知、(智)拶云、仏意作麼生、代、宝塔畢竟化為塵、一念静心成正覚、(33オ)
○世尊苦行至尼蓮河側、安禅静坐、守戒日食一麻一米、乃至七日食、苦行六年、痩若枯木、波旬将八十億衆□悩壊、群魔力尽無能為、太子年三十二、十二月八日夜、結解漏尽、生死已断、明星出時、霍然大悟、成等正覚、拶云、畢竟作(麼)生道、代、白雲断処見明月、大蔵一覧在之、(34ウ)

大永四年(一五二四)
一月一日
大永五年(一五二五)
一月一日
一月十五日
(冬安居解制カ)
大永六年(一五二六)
一月一日
四月十五日
(夏安居入制)
(冬安居入制)
十二月八日
(成道会)

大永七年（一五二七）

四月十五日（夏安居入制）

○経云、以大円覚為我伽藍、身心安居、平等性知(智)、拶云、身心安居時如何、代云、心意蕩然、得大安穏、(34ウ)

五月五日（天甫忌）

○為先師天甫大和尚設斎、点茶献飯尋常事、以什麼報法乳恩、代、清流無間断、碧樹曾不凋、(36オ)

七月十五日（夏安居解制）

○九旬入如来金網裡、明朝各跳出、若有人問網中事、作麼生祇対、代、衆生随類各得解、(37オ)

（冬安居入制）

○経云、以大円覚為我伽藍、身心安居、平等性智、拶云、作麼生是大円覚伽藍、代、円同大虚、無欠無余、(37ウ)

十二月八日（成道会）

○世尊見明星悟道云、我与大地有情同時成□□□□作麼生会、代、東君知子細、偏地発萌芽、(38ウ)

十二月九日（二祖断臂会）

○二祖断臂不続法、祖師意争到今日、以何報此恩、代、三十年来曾苦辛、為君幾下蒼竜窟、(38ウ)

十二月三十日

○年窮歳尽時、人々行李作麼生、代、人平不語、(38ウ)

大永八年（一五二八）

一月一日

○元正啓祚、万物咸新、拶云、人々啓祚底作麼生、代、上和下睦陰陽順、(38ウ)

二月十五日（涅槃会）

○浄法界身、本無出没、拶云、已是浄法界身無出没、為什麼今朝入涅槃、代、憐児不覚他醜、(39オ)

○経云、以大円覚為我――智、拶云、即今安居時如何、代、達磨不会禅、（39ウ）　四月十五日（夏安居入制）

『了然法語』の本文には、ここに引用した以外にも、降誕会、夏安居結制、同解制、冬安居結制、同解制等の恒例行事で月日が判明しているものが多数ある。そしてこれを一覧しただけで、これが一般的な意味での禅宗法語ではないことはすでに指摘したとおりであり、永超が永正一六年（一五一九）に円応寺に入院し結制して以来、大永八年（一五二八）四月一五日の結夏に至る一〇年間の代語集であることが一目瞭然である。すなわち、夏安居結制、同解制、冬安居結制、冬至、成道会、二祖（慧可）断臂会、除夜、元旦、冬安居解制、涅槃会、降誕会等の恒例の行事を中心に、これに永正一六年五月五日の本師天甫存佐示寂三回忌辰や、大永二年五月一一日の石屋真梁百回忌辰をはじめとする、折々の臨時行事にちなんで行われた挙則・代語の記録を集成したものである。通常、ある話頭を拈じて学人の得処を問い、自ら代わって著語を行う体裁は、臨済・曹洞を問わず、また曹洞宗の各派でも流行した、結制中の二七夜にわたって行われた「数え参」と呼ばれた公案看話の禅修行を想起させる。しかし、『了然法語』で展開された代語禅は、特定の公案や機縁の語句にとどまらず、恒例の叢林行事や臨時法要をもこれを話頭に見立てて取り上げ、代語が行われるというもので、夜参による入室参禅とも異なるものであった。

こうした形式の上から『了然法語』を捉えるなら、永超の語録という性格もあわせもっているということになる。しかし、例えば年朝の挙則に相当する語はほとんど、「元正啓祚、万物咸新」という『如浄録』の語中からの引用であり、夏冬の結制に際しては、「大円覚為我伽藍、身心安居、平等性智」という『円覚経』の語が挙されるように、多少の例外を除いてほぼ形式化しているのをみても、重点は挙則の参究にあるというより、折々の機会を捉え、学人に時宜に則した著語を求めるという方法で参じさせる、いわば機関の禅風が永超の叢林の大衆接得の特色であったということができよう。

また、『了然法語』では在俗者のための追善供養に際しても、同様の仕方で学人に著語を求めていたことが知られる。たとえば追善供養の方法として、しばしば施餓鬼会が修されたことが知られるが、その場合にも、

為桃林喜公大禅定門勤修大施餓鬼、施餓鬼末云、三途八難苦衆生、倶蒙悔過洗瘕疵、尽出輪廻生浄土、拶云、喜公禅定門悔過出輪廻生浄土時如何、代、剣樹刀山、(15オ)

施餓鬼第一云、若人欲了知、三世一切仏、応観法界性、一切唯心造、拶云、正諸寿孫禅定門観法界性時如何、代、無辺虚空覚所顕発、(31ウ〜32オ)

施餓鬼云、汝等鬼神衆、我今施汝供、此食遍十方、一切鬼神供、拶云、周□施食作麼生、代、満瓶不傾出、大地無飢人、(32ウ)

等とあるように、これを機縁として拶語・代語がなされる。また、

前豊州陶山高泰公為春叢秀公禅七周回忌設斎、衲僧須具真正眼赴斎、如何是真正眼、代、泰平無名、(19ウ)

とあるように、檀越による追善供養の設斎に際しても、これを機縁として拶語・代語がなされている。これらの法会には当然、在俗の信者も列席していたであろうから、公開の代語禅の挙揚であったことになる。

さらに、これは前後の関係から永正一七年(一五二〇)の四月一五日から一二月八日までの間に行われたと思われる記録に、

当寺開山月堂和尚臨済家尊宿、山僧洞家一数也、是他家為尊宿、為什麼日々敬礼、代、憶得世尊、礼一古仏、(7ウ)

とある。円応寺が臨済宗寺院として誰によって開創されたかは不明であるが、月堂は臨済宗大応派の月堂宗規（一二八五―一三六一）を指すと思われる。また月堂は、筑前（福岡県）聖福寺にも歴住していることから、円応寺開山として請されたものと推測されるが、その示寂は康安元年（一三六一）九月二七日であり、この『了然法語』の記録も、当時円応寺で行われていた開山忌に当たってなされた学人接得の記録であったとみなしてよいであろう。

中世末期頃、曹洞宗各派において「垂示式」と呼ばれる代語禅が行われていたが、石屋派においては特にこの代語による禅の挙揚が重視され、学人の接化はほとんどこの方法や形式でなされていたと考えられる。『了然法語』の存在もまさしくこの事実を象徴しているが、他にもこうした類例はみられ、相模大雄山最乗寺所蔵で表紙題簽は『御開山語録』となっているものの、内題の「大雄山最乗禅寺御開山御代」の名が示すように、叢林行事にちなんでなされた代語を収録しており、こうした代語文献によって逆に中世曹洞宗の叢林行事の実態を確認することも可能になろう。(4)

なお、『了然法語』に記録された挙則や代語は、いわば公開の場における学人接化であるが、師家と学人の一対一による非公開の公案参究が、石屋派においても行われていたことは、『三位之次第』という、体系化された室内参禅のテキストが円応寺所蔵抄物資料のなかに含まれていることからも推測できる。しかし、概していうなら、円応寺関係の門参類には、払拳棒喝等の機関をもてあそぶ風潮は希薄で、理致を尽くして古則公案を解説するといった傾向の、代語抄的な門参が多いことが、了庵派の門参類に比較した場合の特徴といえよう。

以上、円応寺所蔵の公案禅関係の抄物資料を通して、通幻派下石屋派の宗風の一端に触れてみた。中世の曹洞宗で広く行われていた「数え参」と呼ばれる公案禅は、各種の公案話頭を難易度にしたがって三段階（三位）に分け、これを結制中の二七夜にわたり参究させるものであり、その公案の体系も、各派によって複雑を極めていた。さらに、代語・門参資料も、了庵派や太源派以外に、ここに紹介してきた石屋派のもの、さらには陸奥（岩手県）水沢正法寺を拠点とする月泉派の門参類の存在も知られており、同じ公案看話の禅の受容といっても、地域により傾向も異なり、また門派によって強烈意識されていたことをあわせ考えるなら、さらに詳細な検討が要請されるところであるが、ここでは石屋派の禅の特徴に触れ得たことをもって、語録抄から代語・門参の禅への展開過程の一端を立証する資料としての位置付けを与えておきたい。

三　『大庵和尚下語』

『大庵和尚下語』の紹介検討に入るに先立ち、まず簡単な書冊形式を記しておく。

一、冊　数　一巻一冊
一、料　紙　楮紙
一、大きさ　縦26・6センチメートル　横19・0センチメートル
一、装　釘　袋綴
一、標　題　「大庵和尚下語（打ッ付ケ）」
一、枚　数　表紙1丁、本文11丁
一、行字数　毎半葉13行、一行24—26字
一、刊　写　写本、筆者勝山禅殊（円応寺二世）
一、識語等　「円応室中笈箱裏置焉、勝山和尚手跡、向後莫分（紛）失、請取可相授也矣、
慶長四年（一五九九）戊戌孟春廿一日　一叟勝鈍（印）（印）」

『大庵和尚下語』は、巻末の識語によれば、円応寺六世一叟勝鈍の手沢本であったことが知られ、これはまた、円応寺二世勝山禅殊の筆跡である旨が記されている。円応寺にはほかにも、この『大庵和尚下語』と同筆で、勝山自筆の旨が記され、やはり一叟勝鈍によって円応寺の室中に納められた抄物類が数種存する。またここにいう「大庵和尚」とは、勝山より五代以前の、大寧寺六世大庵須益とみてよいと思われる。

また、『大庵和尚下語』の内容は、①太源派の室内参禅の模様を伝える問答三則、②宏智の『天童小参録』のなかの「一段光明亘古今、有無照破脱情塵、当頭触着弥天罪(過)、退歩承当特地新、紫極宮中鳥抱卵、銀河波底(浪裏)兎推輪、是須妙手携来用、百億分身処々真」の八句の頌に対する、明峰・峨山の下語と、漢文による拈提[5]、③峨山和尚之六外批判、④五位密書、⑤②と同じ宏智の八句の頌に対する、明峰・峨山の下語と、これに対する仮名書による拈提の、以上五部からなっている。このなかで、太源派の室内参禅の様子を記したものと、「峨山和尚之六外批判」なるものの二点については、大庵の語が含まれている可能性がないことは明らかであり、これらが本書中に収録されるに至った経緯についてはすでに触れた。

また、他の部分についても、宏智の「前八句」の頌に対する明峰及び峨山の下語とされるものは存するが、いわゆる大庵の下語とみられるものは存しない。もし、大庵の語が含まれているとするなら、この宏智の八句の頌に対する漢文及び仮名の拈提部分と、五位密書の部分だけということになるが、五位密書も、下語というよりは、むしろ注記といった方がよい。

ここで、それらの拈提や注記が、大庵のものか否かについての詮索は別として、『宏智録』巻五の『天童小参録』中の八句の頌に対する下語は注目される。それは、『大庵和尚下語』に引用される明峰・峨山の下語（漢文抄）とは別に、同じ宏智の八句の頌に対して、全く異なる「峨山、明峰之批判也」とされる両師の下語（仮名抄）が存するからである。そしてさらに、後述する同じ円応寺に所蔵される、峨山のものとされる『山雲海月図』にも別の下語が収録されている。次にこれを対照して掲げておく〔第三句以下は、（ ）を仮名抄で補い、拈提部分は省略した〕。

『大庵和尚下語』（漢文抄）

○一段光明亘古今、峰云、見聞覚(知)智是、山云、道離見聞覚(知)智也、拈云、一段光明者ト云ハ、言人々具足底物也、亘古今者、言在凡夫喚作凡夫法、在聖人喚作二聖人法一、久遠観レ彼、如レ至二今日一、此物三昧也、生ル時共ニ生シ、死時共死、故云、亘二古今一、見聞覚(知)智是道ト、見ル時此物三昧也、道離二見聞覚(知)智一、言時ハ頭々ノ上ヘ物々ノ上ニ不レ留也、

○有無照破脱情塵、（峰）云、実

『大庵和尚下語』（仮名抄）

〽一段光明亘古今云者、古ノ釈迦モ達磨モ逢茶喫茶、逢飯喫飯也、今ノ我等モ如此、自由自在、渠力三昧也、一段ノ光明トハ人々ノ摩尼珠也、古トハ久遠、今トハ今日也、此故ニ観彼久遠、猶如今日也、

〽有無照破脱情塵、峰ノ云、実際理

『山雲海月図』

一段光明亘古今、峰云、万里一条鉄、山云、嬰孩《児コレカ》垂髪白如糸、只今之主人公之様子也、仏衆生無別心、古人云、人々摩尼珠ト、

有無照破脱情塵、峰云、猶是心頭

際理地、不受一塵、山云、瑠璃殿
上無智(知)識、乾坤大地百雑砕《シテ》、大死
底《ノ》所《ニ》至《ヲ》、有無照破《ト云》、〳〵拈云、有
無者《ハ》、言一段光明也、有時《ルハ》成レ有《ト》、
々時《ルハ》成レ無《ト》、照破者《トハ》言也、脱レ情塵
者、言《フ》大死底《ノ》上《ニ》、機不《ヲ》レ被二翻回一、
大死底一句《ト》云也、言脱情塵、情塵
共《トモ》言也、此一句三世諸仏、歴代祖
師《モ》開《コトヲ》レ口不得、故智不到処ト云、
自己心照渕源《モ》言也、

地、不受一塵、山云、瑠璃殿上無
知識、一段ノ光明ト云ハ、有ト云
モ無ト云モ、此一段ノ大光明也、
有無照破ト云ハ、乾坤大地百雑砕
シテ、大死底ノ処至《ニ》ルヲ云也、
脱《スト》二情塵《ヲ》一云ハ、大死底ノ上ニ、機
ヲヒルカヘシ、不《ルヲ》レ回《ラ》レ頭《ヲ》、大死底
ノ一句ノ脱《ヲ》二情塵《ヲ》一脱スト云、此一
句ハ三世ノ諸仏、歴代ノ祖師モ、
開《コト》レ口不得、此ヲ知(智)不到ノ処、自
己真照ノ渕源ノ処也、

病、山云、雲開孤月露、六根尽時
節也、古人云、是什麼時節、家破
人亡、

『大庵和尚下語』

○当頭触着弥天罪、(峰)云、青天尚喫棒、山云、
一亦莫守、
○退歩承——（当特地）新、峰云、相逢不疑、山云、(到)
瑠璃殿上、撲倒粉砕始親者也、

『山雲海月図』

当頭触着弥天過、峰云、金屑雖貴、堕眼成翳、山
云、青天猶喫棒、
退歩承当特地新、峰云、好箇時節、山云、独脱無依
眼睛冷、

○紫極宮中鳥抱卵、（峰云、暗中明、山云、白雲依旧青山中、）

○銀河波底兎推輪、（峰）云、明中暗、（山）云、青山依旧白雲中也、

○是須──（妙手携来）用、（峰）云、逢飯喫飯（逢茶喫茶）、逢茶喫茶（逢飯喫飯）、山云、（入徹幽源底、）出遊三昧門、

○百億──（分身処々）（真）身、（峰）云、百億声色是何ト、（山）云フ、周遍十方心、不在一切処、

紫極宮中鳥抱卵、峰云、露柱懐胎、山云、脚跟伶俐、猶以不是、

銀河波底兎推輪、峰云、賊是少人、智過君子、山云、相逢不㆓相識㆒、

是須妙手携来用、峰云、好事不如無、山云、礼三拝、

百億分身処々真、峰云、機転位、山云、天上天下唯我独尊、

この宏智の「天童小参録」に収録される八句の頌は、古来曹洞宗の室中で「前八句」と呼ばれ、しばしば著語がなされたようであり、切紙による相伝もみられる。明峰・峨山の下語はほかにも、静岡県最福寺、大阪陽松庵等に所蔵されていることが知られる。(6) このうち、最福寺所蔵の『小参之抄（総持二代和尚之下語）』についてはまだ閲覧の機会がないが、陽松庵所蔵の『天童小参鈔』の末尾に付された明峰・峨山の下語は、『大庵和尚下語』所載のものと同じであり、またこれに付された和文の拈提は、『大庵和尚下語』の漢文及び仮名抄のいずれかを踏まえたものであると知られる。

このように、同じ宏智の八句に対して、明峰・峨山のそれぞれに別種の下語があること、及び、最福寺所蔵の『小参之抄』の存在などから推測するなら、元来は上に掲げたような断片的な下語ではなく、かなりまとまった提唱の記録があったものと思われる。そしてこのことは、曹洞宗における語録抄、代語、代語抄、門参の成立過程を

考える上で、貴重な示唆を与えてくれる。

すでにみたように、『大庵和尚下語』は、巻末の識語によれば、円応寺の室中に伝授相承するものであるとされ、門参的扱いを受けている。太源派の門参が引用されたり、『峨山和尚之六外批判』では、「大悟十八小悟無数」を主張する大慧禅が挙揚されたりしている点は、公案禅援用の風潮から生まれた門参資料そのものである。しかし、宏智の頌に対する下語と拈提の部分は、抄物資料の分類からいえば、明らかに代語抄である。

ところで、明峰や峨山に、本来は『宏智録』そのものに対するかなりまとまった提唱の記録が存し、宏智の頌に対する下語などは、これを適宜抽出したものではないかということを推定したが、語録抄の類が、一節ごとに拶語、代語をもって締めくくる例は、川僧慧済の『人天眼目抄』や、大空玄虎の『碧巌大空抄』その他に共通してみられる現象であり、さらに、すでにみたように、同寺所蔵の峨山抄の伝承を有する宏智正覚の弟子自得慧暉の語録のなかの、巻五の諸方参学の機縁については、注釈らしき部分は全くなく、すべて拶語・代語をもって抄に代えている例もある。

この時期の道元下の曹洞宗の諸師が、宏智派の禅に親近感と興味を寄せるに至った理由として、大智（一二九〇―一三六八）を通して、中国曹洞宗宏智派の影響が日本曹洞宗に強く及んでいる事実があげられ、このことは明峰や峨山に『宏智録』に対するかなりまとまった提唱の記録が存したことを予想せしめる、蓋然性の高い歴史的背景として指摘できる。『天童小参録』の提唱の記録が基礎となって、これに他の古則、機縁の拈提が付加され再編集されて、門参的扱いを受けるに至ったとみられる、大智の『古今全抄』の存在も、その一例であろう(7)。

以上の点を考慮するなら、一見成立史的に性格が異なるとみられる、語録抄、代語抄、門参について、一方では著語の伝統があり、さらに語録抄から代語だけが別出されて伝えられ、次いでこれに拈提が加えられたものが代語抄であり、これらが門参的性格を帯びて室内伝授相承されるようになったという成立過程が考えられるのではなかろうか。円応寺所蔵の『山雲海月図』巻四の部分に存する、峨山の各種機関に対する下語は、こうしたものが集大成されたものであろう。

もちろん、門参の性格としては、元来、臨済宗の密参録と同様に、学人と師家の、一対一の問答を基本とするものであり、中世曹洞宗においてはこうした門参も多数出現しているが、『報恩録』や『古今全抄』などのような語録抄的なものや、『山雲海月図』巻四や『永平寺秘密頂王三昧記』のような、代語あるいは代語抄的なものも、いずれも秘密伝授の形をとって、門参的に室内相承されたことを考えあわせるなら、『大庵和尚下語』のように代語抄的なものもあわせて門参として扱われるに至った事情も理解できよう。大庵須益の門下では下語が重んじられていた伝承のあることは指摘したが、円応寺に所蔵される抄物資料のなかには、『百則始終勘破了霊機宏聖道、三位之次第』など、代語抄的なものが多く含まれることも、石屋派の室内の特色として銘記しておいてよいと思われる。

以上、円応寺所蔵の『大庵和尚下語』について、特に宏智の頌に対する下語及び抄に着目して、曹洞宗における門参成立の一過程を推定してみた。『大庵和尚下語』にはさらに、「峨山和尚之六外批判」という、他に見出すことのできない公案禅を積極的に推奨していると解される文献が引用されている。すなわち、

峨山和尚之六外批判、学人始入門時可捨離事

語黙動静、総是総不是、作麼生祇対、第一語云、挙着外不可有、一両語写得《テ》人道問《ヲハ》庭前柏樹子、麻三斤、即心即仏、非心非仏、云、当胸中無《ルノ》工夫、与麼古徳云、夢未見、所以雪豆云、樹上答易、樹下答難、且樹上一句用時、口《ニ》領語不可用語、

第二黙云、有者《ルハ》云《フ》、夫西天祖道語、不可領教外別伝旨也、纔開口頭落、何況《ヤ》答事用十五、九中不如一黙、識

得《ノ》口壁似、是故徳山円明大師云、三世諸仏、口掛壁上、尚有一人、呵々大笑、那箇是此人、識得一生参学事畢、
此旨識得黙《ヲ》不可用、（4オ）

とあり、以下に続いて、動・静・総是・総不是のほかに参ずべき要諦が展開される。これが峨山の真説か否かはしばらくおき、中世曹洞宗における室内参禅がより高度の到達点をめざしていた事実は物語っているといえよう。

四　『山雲海月図』

中世における能楽の大成者世阿弥（一三六三―一四四三）は、仏教信仰としては曹洞禅に帰依し、大和補巌寺の住持竹窓智巌（?―一四二三）について受具得度したが、その思想形成には峨山の『山雲海月』がかかわっているという指摘がある。[8] 世阿弥の著書の主張と『山雲海月』の内容が酷似しているというのであり、たしかに世阿弥は補巌寺に寺領を寄進している事実もあって、竹窓から曹洞の教学を伝授される可能性は充分考えられる。しかし、これを両者の直接的関係にまで敷衍させるには、テキストの確定とその思想の解明、さらには『山雲海月』という書の基本的性格と、これがいかなる伝承を有し、世上にどれだけ流布していたかが問われなければならない。

さて、日本の中世曹洞宗における地域的展開を考える上で、総持寺を中心に僧団を結束させた峨山韶碩の存在は、極めて大きな意味をもっていると思われるが、それは単に教団史的な意味にとどまらず、思想的にも重要であることを含む。すなわち、中世曹洞宗の参禅修行の実態は公案話頭を拈ずる看話の禅にあったが、一方、思想的特徴としては五位説による宗旨理解が一般的であった。そして、この五位説援用の嚆矢となったのが峨山であったとみられている。しかし、今日、峨山の著述と認められているものは、数種の仮名法語以外は、前述の「峨山和尚之六外批判」の問題も含めて、いまだテキストの確定もなされていない状況にある。[9] 以下に取り上げる峨山の漢文法語

『山雲海月』の問題についても、そのテキストは近世江戸期になって突然出現した感が強く、これまでは異本と呼べるものも発見されていなかった。しかし、峨山の禅風を考察する上からは、まとまった著述としてこの『山雲海月』を抜きにすることはできず、その意味からも円応寺所蔵の『山雲海月図』の出現は重要である。

それは、テキストそのものの古さに加えて、内容的にもこれまで知られていない部分を含み、しかもこれが『山雲海月』の性格そのものに決定的にかかわると思われるので、以下、内容の検討とともに、史料紹介もあわせて行いたい。[10]

ところで、すでに述べたように、これまでに知られていた峨山の『山雲海月』のテキストは、延宝五年（一六七七）六月、「太源正流潭水」なるものによって発見・校訂され上梓刊行されたもので、その刊記には、

斯書者、本太白峰記之抜萃也、其言玄玄妙妙哉乎、拙也恐レ投レ暗、時時摸ニ写之一、不レ日成矣、今也為レ備ニ於将来之亀鑑一而寿梓、嗚呼、字字有ニ三象渡河之錯一乎、庶幾博洽耆宿正レ諸矣、

太源正流潭水謹校輯

延宝五年歳次丁巳林鐘良辰

洛陽寺町通下御霊前町

徳田十兵衛板

（曹全、語録一、六三頁）

とあり、これによれば元来は『太白峰記』から抜粋されたものであり、刊行の時点ですでに再編の手が加わっていたことが知られる。[11] この延宝本の校訂上梓者の「潭水」については、加賀金沢太白山宝円寺の住僧とされるが、金沢宝円寺の山号は「護国山」であり、あるいはその本寺である福井「太白山宝円寺」（武生市）を指すかともみられるが、しかしいずれの宝円寺にも「潭水」なる住僧は見当たらない。また潭水は自ら「太源正流」を称している

が、「太白山宝円寺」は通幻派普済善救（一三四七―一四〇八）の法嗣の直伝正祖（?―一四四六）開山の通幻派の寺院で、伽藍法としては異なっている。

また、『山雲海月』が収録されていたとされる『太白峰記』についても謎が多く、(12)刊記の記載からは、武生宝円寺の縁起その他の記録といった印象を受けるが、その実態は不明である。『正法眼蔵陞座』や嗣法・合血の作法を述べたものも『太白峰記』の一部とみられ、『正法眼蔵陞座』は別に「梅花嗣書」「伝衣」「嗣法書」「信書」等の異名があることから知られるように、道元に仮託されて撰述された室内相伝の切紙資料であった。永平寺所蔵の切紙資料のなかには、永平寺二七世嶺巌英峻（?―一六七四）の切紙目録が存し、多数の切紙類とともに「太白峰記」の名もみえる。

さらに、永平寺義雲（一二五三―一三三三）の編集で、師の寂円の語を記録したとされる、漢文による公案拈提集『永平寺秘密頂王三昧記』が存するが、その序文「越州吉祥山永平寺秘密頂王三昧記序」には「太白峰記在レ之」の細字注記がある。(13)さらに巻末の、古徳の行履に参じ公案を会得すべき要を説く箇所にも、

這箇五十三則之機縁、吾既及二三十有余一、一一見得了、第一従二拈花微笑一、至二于超仏越祖談一、是一位大意、是一句之大因、是一仏之大縁也、（中略）実哉斯妙言奇語、並洞山祖師太白峰記、深秘玄奥、浪不レ可レ許二外見一者、云云矣、　（続曹全、注解二、一五四頁）

とあり、「洞山祖師太白峰記」となっている。これが義雲編集に仮託され、通幻派の室内に伝承されるに至った、公案参得のための門参資料（漢文抄）で、『洞山祖師太白峰記』と名づけられていたか、もしくはその一部であり、門参的性格を有する相伝資料であることは明らかであるが、『太白峰記』そのものについては、依然として不明である。(14)

ただし、こうした状況を勘案するなら、次のような推測も成り立つ。すなわち、『太白峰記』とは、固有な内容をもつ独立の書名というわけではなく、嗣法の儀軌類を記録した切紙や、門参資料等の記録類を総称したもので、宗祖道元の宋国太白峰（天童山）景徳寺における、如浄よりの大法相続にちなんで名づけられたものではないかということである。『如元格外集』や『南谷老師三十四関』などの、道元が如浄より直接参得したとされる門参資料も現存するが、これらがいずれも、中世曹洞宗における公案禅の流行にともなって、仮託撰述され成立したものであることはもちろんである。(15)

『太白峰記』がこのように室内伝授相承にかかわる記録類とみることができるなら、『山雲海月』もこうした資料と同一視された、室内相伝資料の一種である可能性が強い。現在『山雲海月』は、『曹洞宗全書』では「語録」の部に収録されているが、内容的には、公案話頭や機関の概説書であり、特にここで紹介する肥前円応寺所蔵本の『山雲海月図』には、後半部分に延宝本には全くみられない各種機関に対する下語類が多数含まれており、これらは従来未見の、瑩山・峨山・明峰等各師の下語・著語の記録で、『山雲海月』が本来、室内相承の秘密伝授資料、すなわち広義の門参資料であった印象を深くする。円応寺所蔵本の末尾に存する、

此御法語《ハ》、先師夜半堂奥《ニ》遺教之御語也、其時謹聴取《スル》兄弟不過三五、宗門之仏法参窮之《ハ》不レ人、不可披見、家底深密之内参也、心中心之自照底之了語也、全先師普《ノ》説《ソ》、我聴取《ソトハ》言、先師之仏法《ト》法語《ト》不見夢、山僧法衣《カ》応器仏具等、相添《テ》可レ籠二其山其寺之堂奥《ニ》一、其寺不《ンハ》二焼香之子孫《ニ》一、不可頂戴者也、這箇之御□語、宗旨之不為二極則位《ト》一、云々、内判在之、（29オ〜ウ）

という識語風の記載も、秘密伝授、披見不許を建て前とする門参資料の性格を暗示する。『山雲海月』の伝本が極めて少なく、世上に流布した形跡がほとんどみえないのも、こうした性格に起因しよう。この識語の部分は、延宝

本になると、冒頭に、

先師夜話之次、教二嗣法兄弟入室一、且示レ諸、聴取之徒、不レ過二三五人一、此即宗門之秘訣也、

（曹全、語録一、四四頁）

とあるような簡単な記載となり、伝授相承本的性格は著しく後退する。

この種の、本来秘密伝授を基本とした曹洞宗関係の門参類も、近世初期の頃より、「代」「代抄」「再吟」等の名で続々印刷刊行されることになる。その背景には、印刷文化の発達という客観的要因もあるが、さらに、江戸幕府による宗門統制のもとで宗門の機構も大きく変化し、それまでは各門派ごとに独自の展開を遂げてきた教学体系が中央集権化し、「代語抄」の類の講述者達の存在した下野大中寺や下総総寧寺が関三刹に加えられ、全国曹洞宗寺院の大半をその支配下に置くに至った事実も関与しているのではないかという指摘がある。(16)

峨山の『山雲海月』の上梓刊行も、各門派独自の参という意識が幾分薄れた時点でようやく可能となったものと思われ、この時に「代語抄」的部分だけが残され、円応寺所蔵本にみられるような、門参的性格を如実に示す各種の下語・著語の類は切り捨てられたものと推測することも可能であろう。円応寺本はその意味で、『山雲海月』の古形を今に伝える、今日知られる限りでの唯一の伝本といえよう。そこで、円応寺所蔵本の『山雲海月図』であるが、まず簡単な書冊形式を次に掲げておく。

一、冊　数　五篇一冊
一、料　紙　楮紙
一、大きさ　縦28・0センチメートル　横19・3センチメートル
一、装　釘　袋綴

一、標　題　「未語尽情（打ッ付ケ）」、内題「山雲海月図一―山雲海月図五」

一、枚　数　表紙共30丁（本文29丁、裏表紙ナシ）

一、行字数　毎半葉13行、一行24字前後

一、刊　写　写本（原筆者不明）

一、識語等　「〽享徳二年季春二日書畢

〽今亦文明十一年己亥六月廿六日　謹焼(印)香拝(印)書畢」

（別筆）

「前総持、妙音三世（印）（印）殊久（花押）

付与円応六世一叟鈍、々寄付円□丈室焉了」

「未語尽情」の標題をもつ、円応寺所蔵の『山雲海月図』（内題）は、享徳二年（一四五三）三月二日の書写本を、さらに文明一一年（一四七九）六月に至って再写したもので、筆者は不明である。本書はまた、延宝本を遡ること二百年余り以前の古写本であり、その原本となったものは、峨山滅後、一〇〇年にも満たない時期のもので、巻数編成も異なり、『山雲海月』の原初形態、及び真偽論を問題とする際にも欠くことのできないテキストである。

また、これが円応寺に伝承されるに至った経緯については、本文とは別筆の末尾識語によれば、元来は円応寺二世勝山禅殊（?―一五六五）の開創した、妙音寺三世（寺伝では四世）天叢殊久（?―一五九九）の手沢本で、円応寺六世一叟勝鈍に付与されたものであることが知られる(17)。

標題が「未語尽情」と名づけられたのは、末尾近くにみえる「未《ルコトハ》㆑語尽山雲海月情、一㆓任《スル》風流也風流㆒故也(29オ)」とあるのによったものであろう。また内題が「山雲海月図」とあるように、「図」の字を加えるのは、延宝

本では巻下に相当する、五位説を敷衍する箇所において、「●此図、兼中到也、此処真人之究竟窮極之当位也、云々（15オ）」あるいは「○此図《ハ》、兼中至也、此両位《ハ》位不レ位《ニ》、変相仏性之方《ニ》不《サレ》レ用、雖然明照分付《スル》間、覚也、明白也（16オ）」等とあるように、延宝本にはみられない、図によって示される場合があることに起因すると思われる。五位説が図で示されるのは中国以来の伝統であり、切紙類にも図示は多数見出せる。ただし、円応寺本にはこれ以外の図示はみられない。

また、『山雲海月』を峨山の拈提になる法語とする根拠については、これまでは仮名法語などにみられる五位説の比較などを通して主張されてきたが、直接的な記載はみられない。ただ三篇の末尾の、

山老子《カ》孫《ハ》可子細者也、遺教也、内判在之、又青山御判在、（21ウ）

という識語にみられる「山老師」に、かろうじて峨山撰述の可能性がある。「青山御在判」の記載は末尾近くにもみられ、この「青山某」が「山老師」である可能性も否定できないが、青山はテキストの伝持者で、「内判在之」の判者とは別人と考えるのが妥当であろう。この「内判在之」の記載は冒頭にも存し、そこには「青山云々」の文字は見出せないので、山老師と青山は、夜話の拈提者と伝持者とみなしておく。

そこでテキストの問題であるが、内容に関する延宝本との異同については、たとえば、両本の冒頭部分を比較してみると、次のようになる。

延宝本では「記得、古徳堂上一会示曰」となっているものが、円応寺本では「記得、趙州上堂示衆云」となって祖師名が明記され、文体的にもスッキリしている箇所もあるが、一方、説示の年齢が延宝本では「八十有九」と明記されるのに対し、円応寺本ではこれを欠くというように、相互にかなりの異同が存する。しかし、全体的にみて延宝本が円応寺本より漢文文体として整えられているということはいえよう。また、延宝本の巻中（図二）冒頭の

円応寺本	延宝本
『山雲海月図』一 先師夜話之次、嗣法之兄弟示㆑之、聴㆓取之㆒兄弟、 不過三五、宗門之秘密秘訣也、内判在之、 曰、山僧老衰之余、官不容針、私通車馬、而以為堂 奥嗣法之尊兄弟、以仏法之二字機縁、重而為蛇画 足、子細守㆓此旨《ヲ》㆒、一味同心、建立仏法、接㆓着衲 僧㆒、連続子孫、繁興宗門、永劫莫教我家法断絶、 止々、自性心法耳《ナル》、云云、 記得、趙州上堂示衆云、我忽聞仏法之二字、穢耳 目、大衆有三十棒分、雖然与麼、為他開口、喝一喝 下座、……、（1オ）	峨山和尚『山雲海月』巻之上 先師夜話之次、教㆓嗣法兄弟入室㆒、且示㆑諸、聴取之 徒、不㆑過㆓三五人㆒、此即宗門之秘訣也、 師曰、山僧年已八十有九、老衰之余、官不㆑容㆑針、 私通㆓車馬㆒、以為㆓堂奥嗣法之尊兄尊弟㆒、以㆓仏法二 字之機縁㆒、重而為㆑蛇画㆑足、吾這法子法孫、子細 守㆓此旨㆒、一味同心、建㆓立仏法㆒、接㆓得衲僧㆒、聯㆓続 子孫㆒、繁㆓興宗門㆒、永劫莫㆑教㆓我家法断絶㆒、従劫至 劫、世世生生、自心仏、自心法、自心性耳、 記得、古徳堂上一会示曰、我忽聞㆓仏法二字㆒、直穢㆓ 耳目㆒、大衆有㆓三十棒分㆒、雖㆓然与麼㆒、為㆑他開㆑口、 喝一喝下座、……、 （曹全、語録一、四四頁）

「記得、真覚大師云」以下、『曹洞宗全書』本では一二行にわたる部分が（語録一、五二頁）、円応寺本では全く欠

落しているというような例も随所にある。

次に、世阿弥の能楽論と『山雲海月』との思想的関連が指摘されていることは触れたが、それは、世阿弥が自己鍛錬の成果として得られた境涯としての「こんせぬ」（『花鏡』上手之知感事）と「たへなる」（『拾玉得花』）は同義語であり、この「こんせぬ」が「たへ（妙）」であることを導き出し説明し得る根拠は、『山雲海月』以外にないという説であるが、その際に引用し出典とされた『山雲海月』の「諸仏出世之因縁」「祖師西来之単伝」について拈提された該当箇所を両本によって比較してみると、次のような部分である。

円応寺本	延宝本
孤俊不停留、所以者何、元来幽気、未居大極、先之眼睛之風流、俊逸偏正方外、舜(ママ)者身中之眼目《ナル》故、《ニコソ》到処皆是不思儀(ママ)、不思量、不説話、没滋味、没巴尾底之風流之禅也、（11ウ）	全底孤俊不レ混、所以者何、元来幽気、未レ居二太極一先、不思議風流、俊逸之全底、是偏正方外之即点大因之旨也、故到処的的不思議、也不思議(量)、也不語話、也没滋味、也没巴尾、也超越底之風流禅也（曹全、語録一、五四―五五頁）

世阿弥の「こんせぬ」を「妙」に導く出典とされる「孤俊不混」も、円応寺本では「孤俊不停留」ということになる。ただし、円応寺本に「不混」の語がないわけではない。たとえば、

天地未開闢前《モ》、孤俊《ニシテ》未分之当位《ニ》不混、又開代現今之上《モ》、孤俊《シテ》万物《ニ》不混、従劫至劫、自久遠実成、全孤《ニシテ》風流俊逸者也、昔《モ》王位《ニシテモ》王徳不染、中比、母胎合成《シテ》ヨリ六主《ト》作《テモ》六根《ニ》不跡、一精明已見、二《ツ》共不相混物也。雖

然与麼、拈槌執払、挙足手投（ママ）、出息入息、皮肉骨髄、名状言語、因縁譬喩、階級聖凡、向上向下、有為無為、恁麼不恁麼、仏祖位中、法身法性、正偏回互、大々小々、内外共倶《ニ》住（ママ）来、全孤俊《ニ》シテ不停留、又玄々処《ヲモ》、又廓然霊然之処ヲモ、無始無終之処ヲモ、孤俊不停留、所以者何、……、（11オ）

とあるがごとくである。そして、実はこれに「元来幽気、未居大極」以下の文が続くのであり、『曹洞宗全書』本（延宝本）の句点が誤っていたために、文脈そのものも誤ることになったが、要するに円応寺本『山雲海月図』は、「孤俊」という境涯を説示するのに多くのスペースを費やして強調し、これこそ不思議、不思量、不説話、没滋味、没巴尾底の禅の風流があるとは説くが、「孤俊」がそのまま「不混」であるとはいわない。円応寺本にみられる「王徳不染」「全孤俊不停留」の「不染」「不停留」も、延宝本では「不混」と記されるが、円応寺本によって意を解するなら、これらがいずれも「不混」でなければならない理由は見当たらない。むしろ『山雲海月』の元来の立場は、『正法眼蔵』（古鏡）にある「百雑砕の対面は、孤俊の一なり」（『道元禅師全集』巻上、一八二頁）を前提とする、「孤俊」なる禅風を挙揚することにあったとみるべきである。「百雑砕、相見孤俊ノ一ト云コトハ、百雑砕人《ノ》ニシテ直下相承当《シテ》更別伝底之眼在（13オ）」等の語が頻出し、「悉皆真是孤俊風流底之物之眼睛ナル也、急何不暫留（13オ）」と結ばれることによっても、「不混」ではなく「孤俊」が強調されたことは理解できよう。円応寺本にある、

孤俊風流者、先《ツ》孤之一字ハ、大極之未備先之全底也、俊者《ト》一気之末一気之眼也、大極不識一気、々々不識大極、両処共不識《ニシテ》、然相通全底《アリ》、是虚明《ヲ》云《ト》也、此全虚既明照スレハ、通処又分明也、（11ウ）

という部分は、延宝本の、

孤俊風流者、孤大極位也、俊一気也、孤俊二字、混然含得、不レ備二三才一、不レ分二我渠一、不レ形二心相一、孤不レ識レ俊、俊不レ識レ孤、一点即的時、全体虚玄也、

（曹全、語録一、五五頁）

とある箇所に相当すると思われるが、ここにも「不混」の入り込む余地はない。ただし、ここに展開したテキスト論の意図は、世阿弥の思想に峨山の『山雲海月』の思想が影響を与えたとする説を否定するためのものではない。

そもそも、円応寺本と延宝本とは、それぞれ異なる伝承をもつテキストのようであり、年代的なものだけを根拠にして、円応寺本を成立当初の形態を伝えるものと断定することはできないが、延宝本は、すでにみたように江戸期の再編集の手が加わっていることは確実であり、この点だけは根本的に再検討されなければならないことを指摘したかっただけのことである。

次に、円応寺本が延宝本と決定的に異なる点は、三篇末尾から四篇・五篇に、複数の諸師の語を含む、各種の機関に対する下語が多数収録されていることである。この部分は、従来、他に全く知られていないものであり、また『山雲海月』の門参資料としての性格を如実に物語る部分でもあるので、煩をいとわず、全文を掲載しておく。

〽三色

天童覚上堂、僧問、如何是大功一色、師云、全超影迹《セキ》不堕古今、□□□《如何》是正位前一色、師云、明歴々時須着眼、光輝々処莫レ留レ蹤、僧云、如何是今時一色、師云、与十方法常平等、在一切処ニ総儼然、僧云、万像(ママ)森羅同一即全身、遍界露堂々、師云、伊麼即得、見《タリ》二于重編一、

山雲海月図四　洞門少開

〽三種一色之下語

大功之一色　一句子当叶照家《宗》、中家《宗》難弁、迢々空劫不得収、深固幽遠無人能到、青山父那辺也、向上也、

正前之一色　一句子当明隠照、諸法実相、実際理地、不受一塵、芦花明月不似他、白雲子、自己也、功也、

今時之一色　一句子当明全照、糞掃堆《ウツタカシ》頭丈六金身、現成之公案、当面蹉過、陰々堂々、不堕今時機、森羅万
象古仏家風、目前作用也、
総一色位《ヲコトニ》　用ウルコトハ、一ト二云意之故也、一字主《ハ》也、主先《ハツ》正位之主也、正シキ一也、此主之一機転《シテ》通《スル》間《タ》、
至処為主、立処皆真也《ト》二云也、通《スル》時之主ハ、不正位之主、
〽三玄之下語
句中玄　鞋裡指頭、心月孤円、光含万象、寂光田地見生涯、閃《セン》《アキ》《ヒラメク》電光弁殺活、絶後再甦《セイシ》《ヨミカヘル》来
体中玄　金枝敲玉戸、物外知レ心《コト》踈《ソナリ》、水中塩味、天暁不レ知レ暁、
玄中玄　倒退三千、親《シーク》属飲光前《ニ》、護明大士、未出都率、
〽四喝之下語
第一金剛王宝剣　石火電光難及、破也々々、蘇《ソ》生《セイシ》来《テ》二云、千聖不携、把断要津、不通凡聖、
第二踞地獅子　当頭無始末、一輪清光満、法界唯一心、毒蛇行処草不生、天上天下唯我独尊、
第三探竿影草　隔岸越山多、打《シテ》レ草《ヲ》驚蛇《ヲ》、頻喚少玉、意在旦郎《タンロウ》、
第四一喝不作一喝用　舌頭不出口、大海若不如是、水倒《サシマニ》可レ流、大海若知足、百川須倒流、コレカ、空無《ム》二攀《ハヌ》向意《ノロ》一、
四喝元来一喝也　一喝《ヲ》四喝《ニ》分ケタルコトハ、四喝之中《ニ》不露喝主《ノ》アリ、□喝生纔発機、《シテ》此四喝之全底顕《ヨチルヲ》成《シテ》坐体
隠顕之眼具《ヲタル》底分出《チヨリ》、
〽四賓主之下語
主中賓　当暗中有明、喚作《モ》如々変了也、諸法実相也、
賓中主　当明中有暗、微水随流、水中塩味、諸法寂滅相也、

主中主　死中恒死、難レ分墨《チホク》中煤《ノハイ》、向上也、

賓中賓　活中恒活、舌頭有言説、自己也、

主賓《ハ》之体、賓主《ハ》之用見《トタレハ》悪《シ》、主現《トスレハ》賓也、不用賓把定《ハルニ》難把定、是主之故也、只賓主底識《ヲ》得《セヨ》、

〽四料簡之下語

奪人不奪境　正来偏去、心滅知現、日輪落西、世界闇昏々、

洞谷云、昨夜三更月、任運落前渓、物々法性、真如理也、

奪境不奪人　偏来正去、妄止寂生、今日無影像、万里一条鉄、

洞谷云、偏界不曾蔵、物々《ノ》名《ヲ》奪得時也、

人境共奪　万法一色、知尽功忘、二由一亦莫守、

洞谷云、羅々哩々、不堕曲調、心身無相、万法一色、全体也、

人境共不奪　向上也、了々真見、通身提起、国収《テ》無太平名、

洞谷云、奪々也、不得奪、無可奪理也、

這箇ハ主人公之神通無礙三昧也、終《ニ》不渉法文言論等、従来如是之眼具《ヲ》得《シタリ》、

〽三路之下語

鳥道　応所無蹤跡、絲毫不レ礙《サヘ》レ身《ヲ》、主《ヲ》用也、無絃断見様《アリ》、大事也、

玄路　去終不去、千里同風、自己一色也、

展手　当機的々、用《テ》説法度生《スル》也、

〽雪山三段　洞門少開

如何是尽心一段　絶学無為閑道人、
如何是離妙一段　祖師未西来有妙訣、諸仏不出世能説、
如何是都機一段　高山低谷、不存軌則、必竟至這裏如何、山是山、大難々々、
〽楊岐八棒之下語　洞門少開
問云、眼光落地時如何　殺棒　　大死底人如何作主宰　活棒
如何是即心即仏　過棒　　出頭天外時如何　看棒
展開両手時如何　与棒　　拈起主丈子時如何　奪棒
如何是機先一句　因棒　　如何是声前一句　放下棒
棒者主人公之名也、八種棒之外、啞子喫苦瓜時如何　秘密之一棒、
〽回互不回互出功首尾相応之下語　洞門少開
回互底　一塵入正受、諸塵三昧起、
不回互底　一箭破三関、
出功底　霊雲見処、豈立功勲偏正、又云、切忌疑与不疑、
首底　古者云、以劫外眼見枯木花、
尾底　目前幸《ニサイワイニ》有㆓真消息㆒、
相応底　木人撃鼓、石女作舞、
〽一句一機之下語　洞門少開
一句是千説意旨如何　一歩過千里也、天童和尚云、転自己帰山河大地、

千言是一機意旨如何　語黙不到処、天童和尚云、転山河大地帰自己、
一句云《トハ》、一気含有象意也、一機云《ト》、有象之始也、一気也得此力、□渠眼《ノ》、古今貫通、内外自在也、

〽向去却来下語

向去底　水和明月流、脚瘦草鞋寛、泥牛眠《テ》臥レ室《ニ》、通身無向背、是《ハ》去就《タル》語也、踏雪横《ヨコタヘテツエヲ》レ筇入レ旧山、
却来底　天共白雲暁、臂長衫袖短、玉女行斜陽、玉馬嘶声前、別是春、遍界是箇光明、是《ハ》現成至極之語也、
向去却来、宗門之大事也、常自《リ》二本位一至二目前一、自目前至当頭、出入陰顕底《ヲノミ》向去却来ト心得《タルハ》大家体也、却来《ト》者、変相仏性、母胎合成《シテヨリ》今時歩運《ヲテ》自用《ナレトモ》、位全不離本位也、サテコソ、到処為主、立処皆真也《トハ》云へ、向去《ト》者、回光返照、自照自得シテ、幽気過陰裡全体究竟《スレトモ》、然《モ》活底俊逸《ニシテ》含風流之機、故《エ》一気不言含有象云へリ、投子云、万里清風来《ル》二岳面《ニ》一、一輪《ノ》紅日照二西乾《ヲ》一、只去来《ト》ハカリ心得《ハ》本来人之無所用也、皆是自性円融シテ、寂者身中之眼目、身裡之照用ナルヘシ、サテコソ宏智云、捏聚放開祇在我、拈来抛《リナケウチテ》去更由《ラン》レ誰《ニカト》、子細可参徹者也、

〽浮山九帯之下語

正法眼蔵帯　西天此土風波未発、達磨不来東土、二祖不往西天、拈花微笑、
仏法蔵帯　句裏転側在《リ》レ不疑《ニ》、渠不修証、他不染汚、先二天地先一、是我家父母、
理貫帯　体前一句子形殻《コクノ》外、実際理地、不受一塵、自己真照、幽地浄躶々、
事貫帯　物々爾《シカナリ》　法々爾《シ》《ツフラ事也》、卓爾《ジシテ》独《ヒトリ》運レ歩《ヲ》、山是山不謂、古今曾無変異、
理事縦横帯　水乳相混、彼此如何分、混然無分弁《ベンノ》、混沈類不斉、混融《シテ》無分踈、
屈曲垂帯　曲解通路、豈是正哉、平地起波瀾、曲脱口頭、当頭触着、昔人不疑、
妙叶兼帯　妙中回互、細中細、妙中回互在、依位心自異、玄処転側、

金針双鎖帯　芦雪難分、同中異、正去遍来異、虚明自照、銀椀裏盛雪、正去遍来、比《スルニ》前後《ノ》如レ歩《ノ》、

平懐常実帯　国澄《スンテ》無二太平形《チ》一、水平不流、水無二雍決巧《タクミ》一、一句了然超越百億、帯《ノ》之一字通《ハスル》主之意也、皆是心性

之正位《ヨリ》、機輪転出也、

〽宏智頌、明峰峨山両和尚下語並批判

一段光明亘古今　峰云、万里一条鉄、山云、嬰孩《児コレカ》垂髪白如糸、只今之主人公之様子也、仏衆生無別心、古人

云、人々摩尼珠《ト》、

有無照破脱情塵　峰云、猶是心頭病、山云、雲開孤月露、六根尽時節也、古人云、是什麼時節、家破人亡、

当頭触着弥天過　峰云、金屑雖貴、堕眼成翳、山云、青天猶喫棒時節、執着違《スレハタカウ》、古人云、仏眼難窺、

退歩承当特地新　峰云、好箇時節、山云、独脱無依眼睛冷、自己本分安堵《スルナリ》、古人云、猶半月程較《アタレリト》、

紫極宮中鳥抱卵　峰云、露柱懐胎、山云、脚跟伶俐、猶以不是、仏祖至極処也、古人云、更不類処也、夜深

繡《ヌイモノス》　鴛鴦《ヲ》、

銀河波底兎推輪　峰云、賊是少人、智過君子、山云、相逢不相識、従久遠出自己形也、古人云、那時要一歩、

是須妙手携来用　峰云、好事不如無、山云、礼三拝、従本分出母胎意也、古人云、終未堕今時、

百億分身処々真　峰云、機転位、山云、天上天下唯我独尊、成仏作祖、説法度生、古人云、応以仏身得度者即

現仏身、

〽洞谷瑩山和尚心仏廿四則之御語

即心是仏　什麼者恁麼来　　即是仏心　大根大茎、大枝大葉

心即仏是　至道無難、拄杖呑乾坤　　心仏是即　我従来著（疑）這漢

是仏即心　説似一物即不中
仏即是心　僧堂仏殿厨庫山門
即心仏是　明々百草頭、明々祖師意
心即是仏　有仏処不得住、無仏処愈《イヨイヨ》走過
是仏心即　啐啄同時眼、啐啄同時聞《ク》
仏即心是　庭前栢樹枝（ママ）
即是仏心　平常心是道、衆生無仏性
心仏即是　明頭来、明頭去、暗頭来、暗頭去
是即仏心　諸行無常、是生滅法
仏心即是　吾有正法眼蔵、付属摩訶大迦葉

是即心仏　父母未生已前面目、大地有情同時成仏
仏心是即　尽大地覓一箇会仏法人未可得
即仏心是　恁麼也得、不恁麼也得、不恁麼物々得
心是仏即　墻壁瓦礫、日面月面
是心仏即　諸法実相、乃能究尽
仏是心即　世尊有密語、迦葉不覆蔵
即仏是心　口分唯心、々生《レハ》法□生
心是即仏　不昧因果、水流山転
是心即仏　若将耳聴声不現
仏是即心　才《ワツカニ》生《シテ》不知有之来不同生

山雲海月図五　四箇字子細可看取

〽古則話頭之批判并先徳之下語共記

妄息《ハ》念相悉尽如露柱也、最初浅位也、寂生六根絶《シテ》本分至《ニ》也、間相《ヲ》不用自己也、寂生《レハ》自己何人之全体《ソ》、看取《ヨ》、智現之外《ヲ》指先《テツル》用一色也、智現《ハ》智向上之無師智也、仏祖至極也、寂自滅、此時自己一色滅尽シテ向上ノミ也、

〽又

無人接得渠、貴《コトハ》逼《カシ》二馬相如《ニ》一、果《シテ》来橋上也、記得□頭之書《ヲ》、
無人識得渠、碁局《キヨク》酔《ヨワシム ヨウ》二樵夫《ヲ》一、回頭斧柯爛、大海一成枯《コトヲ》、切忌随他覓、迢々与我踈、我今独自《ミ》往《ユク》、処々得《リ》レ逢

ㇾ渠、不疑、渠今正是我、々今不是渠、応須恁麼会、可不必、方得《ニ》ㇾ契《カノウ》ㇾ如々《ニ》、
○坐禅之二字《ハ》、大家皆用処浅《モ》自古当理《アリ》、先坐者、混沌未分、久遠之先坐禅《ヒ》断、禅者、未分之眼也、故《ニ》面壁打坐、皆帰未分、究竟畢《ツク》ス、坐禅之二字、仏祖従来不用尽也、此時《コソ》久遠、今日一坐具地、向上向下《ト》一禅那《ト》、真如法性、無礙三昧得《テ》大自在《ナルモ》、坐禅之力也、坐禅之二字《ヲ》子細点検《シテ》、最妙最玄至極《セハ》、道人作許《コトヲ》汝、破断要津、不通凡聖大事也、細中細可弁、此《ハ》鷺鷥立雪非同色云意也、自己一色之中《ニ》ヲイテモ不混主《ヲ》言顕《シ》タリ、ツレ物ナリ、
○宗中宗難弁、此《ハ》正《シキ》当位也、仏祖不識也、不可開口、故《ニ》難弁、只又不言《レ》ト心得《ハ》、凡人之見処ナルヘシ、難弁眼得ヘシ、

〽又

朕兆未萌《ト》云《ハ》、空劫未萌之意也、空劫以前《ト》云《ニ》同、空劫《ハ》諸縁《ノ》尽《ル》至極歇《ツクル》処也、已前《ト》云《ハ》自己也、冷煖自知《ハ》自己之越智也、自己尽時同時尽也、石霜云、髑髏裡眼睛、猶帯識、枯木裡竜吟、乾不尽《ト》云モ、自己未尽《ト》云意也、未分先《ト》云《ハ》全正位也、混沌未分ト云ハ、空至極也、露柱懐胎《タイ》者、無心至極也、

〽又向上語脈

○向上総名也、位大極也、一気《ノ》本位也、無位也、妙極也、旧主人之本源《ナル》故《ニ》位《ト云》、異中異、窮極シテ極処之主《ヲ》云ヘリ、正不必王トナルヘキ主アリト見ヘタリ、偏《ヲ》兼《タル》意《アリ》、主也、黒暗夜半、不必可《キ》ㇾ暁意アリ、帯《タリト》ㇾ明見ヘタリ、久遠実成今時《ニシテ》、向上《ヲ》望《ム》意《アリ》、三千里外也、君子臣《ニ》対スル□□見ヘタリ、天地出生之政之始也、万法之主也、此恩徳《ヲ》受《ル》也、那辺那時方外《ニ》用タリ、別条《ト》云ヘリ、物表ト云ヘリ、仏祖超越至極《シテ》見《ル》ㇾ跡語也、少触タリ、最妙最玄常語話《ヲ》不用、別位《ヲ》不双、仏祖向上《ヲ》見《セ》タリ、宗中宗也、主中主、主中《ニ》元来不出頭主アリ、向上《ヲ》不《ル》ㇾ許底之眼アリ、密々処絶比倫、同体ナシ、至《テ》不《ル》ㇾ至語也、妙中妙、玄中玄、主之主位《ニ》転《ルニ》、主全不語也、一気転《ルヲ》一気全不ㇾ可ㇾ識、

心之心也、性之性也《ト》二云意也、通身、心未分、性未分、主未分、本位未分、サテ何物之通身《ソ》、青山二元来不変不類、不二比状《ヒシカタトラ》一也、孤峰頂也、至《ル》者少也、旧人透関シテ相逢《テ》不別人、孤俊《シテ》別風流也、黒頭父正《キ》王子誕生《シテ》行《ヘ》レ政《ヲ》トモ、又本不識所生無間《キタ》長生《ナシ》、故《ニ》黒頭也、我亦不識也、古鏡二元来古鏡也、玉関功位之一関也、王之出入《スル》関《ナリ》、君之一道也、収尽《テハ》不可用、牢関自功処、転位関也、究竟之時之関也、出頭時不可用、自今時分両処共《ニ》滅尽《ノ》本位、至極之時《ノ》之関也、末後語話之間《ニ》アラス、再末後《トハ》誰言《カン》、地獄極陰也、正位ノ名状之窮処也、空海青天是高《モ》仰《クテ》一位攀《ヨツル》志アリ、向上之大事之語詠多出時アリ、収時アリ、両意《ヲ》含句《モ》アリ、句々文々当意当字見ヘシ、一言一字《モ》乱《ニ》施説《セス》、玄々《ノ》本冲《ハテ》無形、本不用言語、向上向下功位始末《ヲ》兼帯《シタル》句、句《モアリ》意《ハ》之使也、意句相応之道理《ハ》心法長処之人之故也、長心法得正道ヲモワハ、先《ツ》可求道伴、々々若無《ンハ》山林樹下尤《モ》可相親《カル》、山林樹下ハ二元道人之本居也、只願本分之草屋《ニ》坐徹《シテ》、六窓深閉、変相之門《ヲ》掩《テ》二寂滅場中一《ニ》、禁二意根之運歩一《ヲ》、一霊心性《ヲ》甚深之間至極《シテ》子細《ニ》守護《セヨ》、真実之禁足護性(ママ)、常在安居之人《タル》ヘシ、深学者《モ》此一処《ヲ》識《ト》参去参来《シテ》、一精明未渉名状、先《ニ》急々《ニ》著レ眼、是什麼物之全体《ソト》的当《セハ》、必《ス》本源之自性忽然《トシテン》現、只可子細《ニ》スヘシ、未《ルコトハ》レ語尽山雲海月情、一《ニ》任《スル》風流也風流《ニ》一故也、内判在之、又青山御判在、

五　代語・門参資料としての『山雲海月図』

ここに収録されたもののうち、第三篇末尾に付加された「三色」は、宏智正覚の「三種一色」という機関の本則に相当し、『宏智録』からの引用で峨山の下語は含まれない。第四篇以降が下語・代語集で、まず宏智正覚の三種一色、臨済の三玄・三要・四賓主・四料簡、洞山の三路・雪山三段、楊岐の八棒、回互不回互出功首尾相応・一句一機・向去却来、浮山法遠の九帯、そして前述の「宏智八句」に対する、明峰・峨山・古人の下語、さらに瑩山紹

瑾のものとされる「即・心・是・仏」の四字の組み合わせによる二四種の成句に対する著語を付した「洞谷瑩山和尚心仏廿四則御語」からなる。また、第五篇には、「古則話頭之批判並先徳之下語共記」と題する法語四篇とこれに対する下語が収録される。

ところで、『大庵和尚下語』にも、峨山・明峰の下語が含まれていたことはすでにみたが、ほかにも峨山に門参・下語の類の資料が存したことは、すでに指摘がある。(18) その書名のみを列挙すれば、次のごとくである。

峨山百則（大東急記念文庫蔵）

一華開五葉［峨山和尚人天眼目之代］（茨城県六地蔵寺蔵）

小参之抄［総持二代和尚之下語］（静岡県最福寺蔵）

峨山和尚一枚法語之参禅（長野県徳運寺蔵）

天童覚和尚小参鈔附［明峰・峨山和文拈評］（大阪陽松庵蔵）

これらの諸資料と、円応寺本『山雲海月図』四篇・五篇との対応関係はここでは直接問題にしないが、宏智の「前八句」に対する明峰・峨山の下語は、「宏智頌、明峰峨山両和尚下語並批判」と『大庵和尚下語』引用の下語の間にも、全く異なるものが伝えられていた事実があり、基準となるテキストを特定できない現状にあるといってよい。「古人云」の部分についても同様である。

また、円応寺本『山雲海月図』の四篇・五篇部分は延宝本にはないが、特に四篇部分は下語類を中心とし、しかも峨山以外のものを含むという意味で前半とは性格を異にするとみなされていたと思われる。三篇の末尾には、「山老子孫可子細者也、遺教也、内判在之、又青山御判在（21ウ）」という識語がみられることもこれを裏付ける。ただし、五篇収録の「古則話頭之批判並先徳之下語共記」については、峨山のものとみなされていたようである。冒頭の「先師夜話之次、嗣法之兄弟示之、聴二取之一兄弟、不過三五、宗門之秘密秘訣也、内判在之（1オ）」に対する、末尾の「此御法語《ハ》、先師夜半《ニ》堂奥遺教之御語也、其時謹聴取《スル》兄弟不過三五、宗門之仏法参窮之不《ハ》レ人不可披見、家底深密之内参也、心中心之自照底之了語也、（中略）這箇之御□語、宗旨之不為二極則位一《ト》云々、内判在之（29オ〜ウ）」という記載は、代語・門参資料としても首尾一貫した体裁を示している。享徳二年（一四五三）書写の原本となったものも、現在の円応寺本と同じ五篇構成のテキストであったとみられる。

これを要約すれば、三篇までに峨山自身の法語を集め、四・五篇には、峨山を中心とする、その周囲の諸師の著語・下語類を集めて一本に編集し、これを室内で伝授相承していったものということになるが、これが峨山派のなかのいかなる門派に伝わった門参資料かは、円応寺本の「青山御判」が何を示すか不明なので結論的なことはいえない。延宝本が太源正流の潭水なる者が改版する旨を表明していることを考えあわせるなら、峨山門下の太源宗真の系統に伝承された可能性はあるが、推測の域を出ない。後の門参資料になると、門派の意識が強くなり鮮明になるが、そうした門派意識が顕在化する以前の代語・門参資料の成立事情と伝承を示唆する貴重な文献といえるかもしれない。

以上、円応寺本『山雲海月図』を手掛かりとして、延宝上梓本もあわせ考察しながら、テキスト上の問題や、特に円応寺本に看取される代語・門参資料的側面に着目して、その資料的特徴に関する若干の問題提起を試みた。

従来、峨山の禅思想については、五家七宗の宗風の違いを認め、機関を盛んに用いて門下の接得に当たっていたことなどが指摘されてきたが、(19)資料的に不足していた感は免れ難かった。円応寺本『山雲海月図』の出現は、『山雲海月』の峨山拈提説の決定的証拠にはなり得ないが、これを補強する傍証資料にはなり得よう。しかし大事なことは、代語・門参の中世曹洞禅へと橋渡しするかのような、四篇・五篇のもつ意味で、原則として宗派名否定、五位説援用拒否、機関禅否定の立場に立つ道元の教えは、その嗣承関係への固執といってもよい宗派意識は持続しながら、中世中後期にかけて典型的な公案看話の禅へと変貌を遂げていくことになる。加えて、円応寺本も、延宝上梓本も、ともに後人の編集の手が加えられた点では共通しており、それは単に峨山個人の問題に還元できない課題を内包していたといえよう。

六　代語・門参から切紙へ

以上、第二篇「中世曹洞宗における切紙資料の成立・相伝と分類」に入る際の前提として、日本禅宗の成立の問題を単なる中国・日本の彼此の禅僧達の交流による思想の伝来、それに伴ってもたらされた書画・建築等の文物、あるいは五山文学に代表される文芸活動等の禅文化の移入や成立だけに求めるのではなく、中国禅宗の本質にある言葉による真理探究、言語行為という方法による自己の陶冶が、はたして日本の土壌に定着し得たかどうかという疑問を根本に据えて、「禅籍抄物」と総称される文献資料を手掛かりに、その可能性を探ってみた。仮名書き・口語体の資料である禅籍抄物、特に洞門抄物は、その意味でたしかに多彩な言語行為を通して展開された、中国成立の禅宗の日本的敷衍の仕方の一形態であることは確認できたかと思われる。

さらに抄物資料の展開史は、語録抄や門参・代語それ自体の歴史的展開のなかで、禅宗諸派のなかでも曹洞宗に特有の「切紙」という中世特有の文書の成立を促しもたらすことになった。この「切紙資料」の第一義的機能、すなわち自派内（ここでは曹洞宗）に向け課せられた役割は、宗旨として設定された課題を正しく次の世代に伝えることにあるが、同時に内容の上からは、禅宗が文化として有する葬送儀礼をはじめとする各種の儀礼や、教義を反映した諸観念が中世社会の一部に迎えられたことを意味する。さらにこれら諸課題は、公案・看話の禅の参究の対象としても位置付けられて異常な展開を遂げることにもなるが、臨済・曹洞を含めて、追善供養や葬送儀礼などの導入による大衆化路線を果たした事実を重ね合わせるなら、日本中世の仏教や禅宗の社会的機能を如実に反映した史料（資料）としての性格を有するに至った資料であることも確認される。追善や葬送儀礼も宗旨としての位置付けが要請され、その儀礼の指南書的性格はもとより、意義や目的にも言及する側面をもあわせ記載した史料として遺存するに至ったということである。

　こうした切紙資料の内容については、第二篇においても詳細に資料を提示しながら検討を加えるが、ここでは第一篇のまとめとして、中世の洞門抄物の伝統の中で成立した多くの語録抄や代語・門参が切紙に集約される、いわば「切紙」成立の一過程をたどっておきたい。これを図示すれば次のようになる。[20]

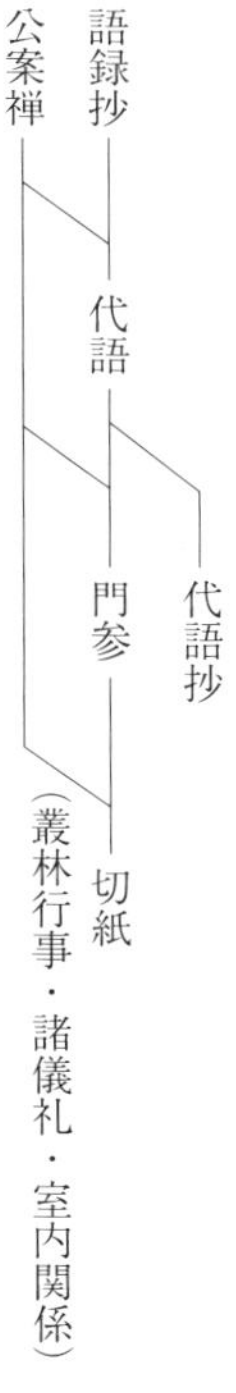

代語は、中国以来の伝統を有する著語の一種であるが、祖師の機縁や古則に対する拈弄を拶語、代語で締めくくる語録抄の伝統から、代語のみが独立して行われるようになり、さらにこれが門参のなかに取り込まれる過程もあることはすでにみた。次に門参から切紙への過程についての事例を呈示したい。

「切紙資料」の参話の一例に「頂門眼切紙」というのがある。

山河大地
有情非情
同時成道

古人云ク、頂門ノ眼睛照二破ス四天下ヲ一、是レ那箇ノ眼カ、自ラ指シテ二灯籠露柱ヲ二云ク、瞽眼瞽耳這箇聾、眼々相対頂門ノ眼、心々相投以前ノ心、嫡嫡相承シテ至レ今、（『洞上室内切紙参話研究並秘録』二四四頁）

というものであるが、この切紙の発生のもととなったとみられる話頭は、すでに提示した、寂円が義雲に与えたとされる一軸の法語であり、(21)

六祖曰、頂門眼照破四天下、是那箇眼睛、自面前指灯籠露柱云、瞽眼瞽耳這箇聾、曰、眼々相対頂門眼、心々相投已前心、

永平大仏道投機曰、頭対眉兮、耳対眉、此眼喚作頂門眼、是即正法眼也、一切開花老梅樹、是即瞿曇眼睛也、

正伝承当此拈頂門眼睛、百億須弥百億日月、無辺風月唯沙門一眼睛也、去不尽乾坤灯外灯、

亦寂円云、我祖翁此話投機、我亦二十年前涕涙……（中略）

当山開山真筆深不可入他見

竜天護法善神百拝

寂円和尚附与義雲和尚

（福井県宝慶寺所蔵）

というもので、これによれば道元の投機も、この「六祖頂門眼之話」によったことになる。寺伝に基づくなら、これは寂円の用いた参話の一であったことになる。これが伝承されて切紙として成立する過程が問題であるが、拈提

部分が削除され、「山河大地、云云」の語が図として示されている点が注目される。これは「月両箇」の切紙にもみられ、それは、

瑩山和尚示《シテ》二峨山《ニ》一云、若《シ》不《ンバ》レ知《ラ》三月《ニ》有《ルコトヲ》二両箇一、不レ能レ成《ルコト》二洞上《ノ》種草《ト》一、

十五夜《ノ》月《ノ》中《ニ》有《リ》二晦夜《ノ》月一、晦夜《ノ》月《ノ》中《ニ》有《リ》二十五夜《ノ》月一、上弦下弦《モ》亦復如《シ》レ是、故《ニ》分二開《シテ》一図《ヲ》一、以為《テス》二一図《ト》一、其《ノ》義可《シ》レ見、蓋《シ》偏中至《ノ》○相中《ニ》、有二兼中到《ノ》●相一、正中偏《ノ》◓相中《ニ》、有二偏中正《ノ》◒相一、正中来《ノ》⊙相中《ニ》、有二偏中至《ノ》○相一、明暗互融《ニシ》、偏正回互《ス》、是乃《チ》双月合成、師資合道、両鏡相照《シテ》中《ニ》無《キ》二影像一等之様子也、

（『洞上室内切紙参話研究並秘録』二八〇頁）

というものであるが、この切紙の出典は、『峨山和尚行実』にも、

瑾一夕翫月次、師侍レ座、瑾忽問云、你知三月有二両箇一乎、師曰、不是、瑾曰、不レ知二月両個一者、不レ能レ成二洞上種草一、……、

（曹全、史伝下、二六三頁）

と伝えられている機縁を、正偏五位説や図によって象徴的に示したもので、この公案は、峨山派、特に了庵派のな

かの無極派に伝わる公案となった。無極慧徹開創の岐阜県竜泰寺に所蔵される、月江正文に示した無極真筆の付与状には、

示正文首座家之大事、

フシキ上ノ一句、不識上、月ノ二マイ、月両ケ、ナヘンサラニハントノアルアリ、偏正一サイニ行ス、幻人ノ参、本位ノ中分偏正性見ノ人、タンテキノ一句

太平山裏ノ老禅和、不レ動二干戈《ヲ》一弁《ス》二類瑕《ライカヲ》一、十二時中端的《タンテキ》ノ眼、会麼、静処娑婆訶、拈花ミセウ、ルリコ中ノ妙薬、其外不記、能々可護持

住竜泉禅寺慧徹叟（花押）

とある。また無極派の門参には、やはり「月両箇」の話が取り上げられており、泰叟派の門参『泰叟派秘参』には、

月両箇ヲ、師対《ニ》面而坐ス、師云、着語ヲ、代、君以《モテ》二此明《ノヲ》一於《テ》レ上照《ニシ》、臣以《モテ》二此明《ノヲ》一於レ下補《ク》、是ハ格叟（格叟寅趣）之挙着也、布州和尚（布州東播）ハ着語時《ノ》、大指《ニ》人指シユビヲ低ク当テ、君モ以《テ》二此明《ノヲ》一於レ上照シ、亦人指シ指《ビ》ニ大指ヲ低ク当テ、臣《モ》以《テ》二此明《ヲ》一於レ下補《ク》、亦指ヲトチガネ入《ニ》レチガヘテモ着語《ヲ》スル也、亦補陀寺デハ模様デ挙ス也、◎此モヤウデ挙ス也、是ハ相続斗デ、月ノ見ヤウガ聞ヘヌゾ、（中略）亦竜穏寺デハ一弾指如何ト請也、同ジナガラ君臣合同ト、亦月ノヨシノ聞ルヤウニト請也、代、君以此――補、心ハ是ハ月《ノ》東嶺ニ上ルヲ見テ一弾指タゾ、ソノ当頭ヲ述ベタゾ、君与臣《ノ》ニ、明与照《ノ》二ツヲ、両箇月《ノキ》ニ持セタゾ、畢竟君臣合道、不二《ノ》処タゾ、石胎蛇、々胎石、蛍（ママ）山峨山タッタ一枚タゾ、爰ガ、洞上ノ兼中到タゾ、川叟（川叟存穎）派重離六爻ト挙スモ同心ヘタゾ、（中略）了庵（了庵慧明）和尚、月《ノ》両箇ヲ御出シ在ツテ、直繞家門事、紹続――児ト被成タゾ、泰叟派デ伝後両則トハ、不識上当則是ヲ云也、最初両則トハ大死底主人公是也、子細ニハ図ト切紙ニテ明白ニスムベシ、

（栃木県金剛寺所蔵）

とある。面山はこの「月両箇」の切紙についても、両箇の月の図を作ったのは、「中世の代語者」であり、胡乱の説であるとする。たしかにこうした切紙の成立には、中世に横行した代語僧達の「数え参」の流行が背景にある。しかし、それは一方において、中世洞門禅僧の公案話頭の拈提参究の軌跡を示すものでもある。また『泰叟派秘参』は、この話頭を図と切紙とによって子細にすべきであるとして、切紙を門参と併用させ参究させており、ここに明瞭にその有機的な関連性がうかがわれ、また切紙成立の過程も示唆している。

中世曹洞宗における公案拈提の書である「門参」は、各派に独自の参語が伝承されていた。「切紙」の場合は、中世所伝のものでも、参話関係のもの以外は門派の意識はほとんどみられないが、内容的にはかなり多彩なものがあった。中世末から近世になると、各門派によって伝承される数量に違いはあっても、内容に関しては字句の異同にとどまるもので、全く同一のものになるといってよい。このことは、参話に関していえば、各派の門参のなかでほとんど普遍化したものが、図等を用いて象徴的に表現されるなどしてさらに簡略化され、これが切紙として伝承されていった過程を物語るものであろう。これらの問題は他の参話についても検討した上で結論づけられるべき性質のものであるが、ここでは二、三の指摘にとどめ、切紙成立の考察の糸口として提起しておきたい。

なお、爆発的に大量の出現をみる、近世切紙資料の集成化、冊子化の契機や過程については、新たに近世社会のなかで作り出された切紙類の抽出と、中世切紙との比較検討の作業がまずなされなければならないので、ここでは触れない。

ところで、禅宗切紙の研究の困難さは、内容の雑多性と、資料収集の難しさにある。杉本俊竜『洞上室内切紙参話研究並秘録』は、包括的研究の先駆をなすもので、切紙資料を、行持・点眼・送亡・血脈・嗣法・口訣・参話・加持・雑纂、の九部に分類しているが、今後は客観的批判的研究の方法が求められ、分類作業も内容に即した立場が求められよう。さらに、前述のように切紙資料は、近世以降になると冊子として集成され、一括書写されて伝承されるようになり、同派の切紙全体が概観できる便利さはある。しかし、元来切紙資料は一枚ものの文書記録であるために、極めて散逸し易く、中世の切紙そのものはなかなか発見しにくい。その伝承を瑩山や懐奘・道元、さらには如浄にまで遡源して権威を高めようとする例は、切紙や門参資料にはしばしばあるが、資料調査においてかなりまとまった分量で年代の確実な資料として発見されるのは、寛永期（一六二四―一六四四）のものが古い方で、文亀・永正（一五〇一―一五二一）から元亀・天正（一五七〇―一五九二）頃にかけての年号の記載のあるものも散見されるが、文明期（一四六九―一四八七）以前の事例となると、極めて希有なものとなる。管見に入ったもののなかで、寛永期のものは数通、乃至数十通が一括して相承される場合があるが、それ以前のもので一括して相承された形跡を見出すことは困難である。(22)

ともかくも、切紙資料の遺存状況は極めて悪く、中世書写の原資料は僅少であり、目録類に記載はされてはいるが、未発掘・未発見の資料も多い。しかし、ここ十年余の資料調査を通して、その全体像はおおよそみえてきた。以下の第二篇ではそれらのなかから、中世禅宗史・宗教史研究上の幾つかの新視点を提起できるものを提示しながら、資料紹介と分析・検討の作業を進めたい。

註

（1）金田弘『洞門抄物と国語研究』（一九七六年一一月、桜楓社刊）「曹洞宗関係カナ抄物類別一覧表」参照。

（2）石川力山「肥前円応寺所蔵の門参資料について」（『印度学仏教学研究』第二九巻第二号、一九八一年三月）参照。

（3）玉村竹二「日本中世禅林における臨済・曹洞の異同（上）（下）――『林下』の問題について」（『史学雑誌』第

五九巻七・八号、一九五〇年七・八月)、同『円覚寺史』(一九六四年一二月、春秋社刊)参照。
(4) 広瀬良弘「『大雄山最乗禅寺開山御代』について」(『禅宗地方展開史の研究』一九八八年一二月、吉川弘文館刊)、安藤嘉則「曹洞宗代語文献の語録形態に関する一考察」(『宗学研究』第三八号、一九九六年三月)等参照。
(5) 八句は『宏智録』巻五(大正蔵四八、七二頁)から取られたものである。
(6) 『曹洞宗全書』(解題、索引)蒐集書目録、六九七、九二三頁。
(7) 石川力山「『古今全抄』について」(『印度学仏教学研究』第二七巻第二号、一九七九年三月)参照。なお大智解注、了庵恵明点破細注と伝承される『天童小参録』の抄については、安藤嘉則「『天童小参抄』について」(『宗学研究』第三三号、一九九一年三月)、納冨常天「雲松院蔵『天童小参抄』について」(『創立三十周年記念鶴見大学文学部論集』一九九三年三月)がある。
(8) 香西精『世阿弥新考』(一九六九年二月、わんや書店刊)、及び田島柏堂「『山雲海月』と世阿弥――峨山韶碩禅師の『山雲海月』について(承前)」(『宗学研究』第一〇号、一九六八年三月)参照。
(9) 峨山の仮名法語については、田島柏堂「新資料・峨山韶碩禅師の仮名法語について」(『印度学仏教学研究』第一四巻二号、一九六六年三月)、椎名宏雄「六地蔵寺所蔵無名冊子について」(『宗学研究』第一四巻、一九七二年三月)、同「峨山カナ法語の性格」(『宗学研究』第一九号、一九七七年三月)等参照。
(10) 『山雲海月』の思想については、仮名法語との比較検討を通して、その五家七宗観に共通点が見出されるとする、田島柏堂「峨山韶碩禅師の『山雲海月』について」(『宗学研究』第九号、一九六七年三月)、佐藤悦成『総持二祖峨山禅師』(一九九六年一〇月、大本山総持寺出版部刊)は、五位思想を中心に論じたものである。
(11) 前掲田島柏堂「峨山韶碩禅師の『山雲海月』について」二四頁。
(12) 岸沢惟安「太白峰記」(『曹洞宗全書会報』一九三八年七月)参照。
(13) 『続曹洞宗全書』注解二、一一八頁。
(14) 石川力山「義雲編とされる『永平頂王三昧記』について」(『駒沢大学仏教学部論集』第九号、一九七七年一〇月)、同「『永平寺秘密頂王三昧記』再考」(『駒沢大学仏教学部論集』第一二号、一九八一年一〇月)参照。
(15) いずれも駒沢大学図書館所蔵。東隆真「如元格外集(永平五師文集)について――宗学思想史研究序説、その

六」(『宗学研究』第九号、一九六七年三月)参照。

(16) 前掲金田弘『洞門抄物と国語研究』、一四頁。

(17) 妙音寺は瑞松山と号し、現在、佐賀県松浦郡相知町にある。円応寺二世勝山禅殊の開山で、その後も、二世玖岡桃珉(円応寺三世)、三世品介玄洋(円応寺四世)と円応寺の歴代がこれを継いでおり、天叢殊(珠)久は四世であるが、嗣承関係は不明である。

(18) 前掲椎名宏雄「六地蔵寺所蔵無名冊子について」参照。

(19) 佐橋法竜「機関よりみたる峨山韶碩の宗教」(『印度学仏教学研究』第四巻一号、一九五六年一月)、同『日本曹洞宗史論考』(一九五二年九月、禅宗史学研究会刊)等参照。

(20) この図式モデルは、かつて石川力山「中世曹洞宗における切紙相承について」(『印度学仏教学研究』第三〇巻二号、一九八二年三月)で提示したものに、若干の訂正付加を行ったものである。序篇第一章の註(9)参照。

(21) 第一篇第二章、一〇七頁。

(22) 本篇で紹介する石川県永光寺所蔵、元和・寛永期の切紙類については、金田弘・樋渡登両先生の調査収集されたものの提供を受け、また永光寺に直接調査に参上した際には、前住職三輪悦禅老師の快い御協力を賜った。記して御礼申し上げたい。なお、永光寺所蔵切紙については、樋渡登「ある種の洞門抄物——能登永光寺蔵切紙類から」(『都留文科大学国文学論考』第二〇号、一九八四年三月)の国語学的研究がある。

第二篇　中世曹洞宗における切紙資料の成立・相伝と分類

はじめに

一　秘密相伝と中世宗教史

中国南宗禅の大きな流れを切り開いた馬祖道一（七〇九―七八八）により、日常になされた説法や折に触れての言行が、弟子達にとってこの上もなく新鮮で、魅力に満ちたものであったらしいことはすでに述べた。「我が語を記するなかれ」という馬祖の厳命にもかかわらず、これを密かに記録し懐にしていた者が存したことからもその様子が知られる。一方、馬祖の弟子で、長沙（湖南省）の東寺で門下を育成していた如会（七四四―八二三）は、

> 毎日、自大寂禅師（馬祖）去世、常病好事者録其語本、不能遺（遣）筌領意、認即心即仏、外無別説、曾不師於先匠、只徇影跡、且仏於何住、……、
> （『祖堂集』巻一五）

と常に弟子達に語り、一場の方便説でもあった「即心是仏」を中心とする馬祖の語を、[1]後生大事に秘匿し守っている者達を叱責し、「心不是仏、智不是道、剣去遠矣、爾方刻舟」と批判したという。禅宗教義の形骸化、禅問答の形式化そのものが、すでに語録の発生それ自体に胚胎していたことを物語っている。

ところで、日本の中世社会において、独自の文化伝統を導き形成させた、技術・芸能・文学・宗教等の諸道に共通する文化伝達の方法も、ある意味において「秘密相伝」に最大の特色があったといっても過言ではない。能楽の

大成者世阿弥（観世元清、一三六三？―一四四三？）は、父の観阿弥から受け継いだ芸風に、自らの創意を加えて完成した芸論をまとめた『風姿花伝』（花伝書）において、「抑、一切の事、諸道芸において、その家々に秘事と申すは、秘するによりて、大用あるが故なり。しかれば、秘事と言ふ事を現はせば、させる事にても無なり。これを、させる事にても無しといふ人は、未だ秘事といふ事の大用を知らぬ故なり」という。この時の「秘事」の中心は、あくまでも「猿楽」における「花」のある「物まね」を意味する事柄かもしれないが、「一切の事」「諸道芸」「家々」という表現からは、普遍化可能な命題として提示されているとも受け取れる。ただし「秘事と申すは、秘するによりて、大用」があるとする主張には、ある種の実践者にありがちな経験主義的な神秘体験が背景をなしていることは否定できない。いずれにしても、茶道・華道、さらには武芸に至るまで、後世「家元制度」として定着する諸芸の秘密相伝の伝統は、室町中期頃より徐々に社会に浸透しつつあった。

この秘密相伝の方法としての「切紙相承」の伝統は、平安末頃に成立した天台教学における「口伝法門」の伝授にその嚆矢がみられるとされ(2)、「歌学秘伝（古今伝授）」の伝統では、前代の「灌頂伝授期」に続いて、一五世紀後半の連歌師宗祇（一四二一―一五〇二）が駿河三島の東常縁から伝授されたのが最初とされ、この頃より「切紙伝授期」に入るという(3)。

禅宗のなかで、秘密相伝をこの切紙によって行うのは曹洞宗だけであり、これがいつ頃から伝統化したかを特定することは困難であるが、曹洞宗伝承のものとしては最古層に属し、比較的まとまって見出される遺存例として、愛知県渥美町常光寺（寒巌派普済寺門派、潔堂義俊〈？―一四八九〉開山）所蔵の、文明一三年（一四八一）より延徳・明応（一四八九―一五〇一）期、さらに天文三年（一五三四）に至る間に書写された二一通の切紙を挙げることができる(4)。

また、石川県羽咋市永光寺には、享禄四年（一五三一）書写の「伝授参」を最古の書写として、元和・寛永期（一六一五―一六四四）のものを中心とする四〇〇通近い切紙資料が所蔵されており、[5]寛永一〇年（一六三三）頃に整理された、現存の内容にも重なる目録も存在し、管見に入ったなかでも内容的にも最も充実したコレクションであり、本論において最も多く使用させていただいた。

さらに、愛知県豊川市西明寺にも、元和・寛永から江戸中期に至る間に書写された四〇〇通近い三物・切紙類が所蔵されており、[6]府中市高安寺には、江戸初期の貞享五年（一六八八）書写を中心とする八十通余りの永平寺系の切紙類が所蔵されており、[7]また三重県広泰寺・埼玉県正竜寺・村上市諸上寺・長野市大安寺・京都市天寧寺・福井県永平寺等にも多数の切紙資料が所蔵されており、いずれも本論作成の基本資料となったものである。

さて、禅宗のなかでは道元派下の曹洞宗においてのみ、師資の相承は切紙伝授によらなければならないという伝統が成立するが、それはどのような内容を具体的に示し、いかなる意味と目的があったのか、その伝統の成立時期はいつ頃であったのかという課題がここに当然出てくる。

まずその時期については、上記の切紙遺存例を通観して第一に確認できることは、伝承は別として、文明や延徳・明応期の書写資料が、曹洞宗切紙としては最古層に属するとみて大過ないであろうということであり、また、中世切紙の面影を色濃く遺しているとみなし得るのは、天文から慶長・元和・寛永期にかけての書写資料ということになる。そして「切紙」という資料の形式上における相伝書の成立をどの時期に設定するかということについては、切紙資料の遺存事例や、歌学における古今伝授の「切紙伝授期」を参考にして、一四世紀後半から一五世紀にかけての時期を濫觴期とみなしておきたい。神道や修験道における切紙相承も、同様の状況下にあったと思われる。

そこで次に、切紙という手段によって「秘密伝授」された内容とは何であったのかという点についてであるが、秘密伝授の伝統は、歴史的には中国禅宗五祖弘忍と六祖慧能の間における、黄梅山の夜半の伝法の故事にならったとも考えられるが、それは嗣法の理由付けであり、切紙伝授の場合は、実際は必ずしも秘密に伝える必要のない内容も多く含まれている。すなわち、切紙資料の多くは、各種の儀軌類で占められているが、儀軌そのものについては、清規に規定された叢林の恒例の行事であったり、尊宿や亡僧の葬送儀礼にかかわる葬列や下炬の仕方であったり、また公案禅参究のための古則・話頭そのものであったりで、特別の口訣や口伝も見当たらない場合でも、末尾に「不許可他見」「可レ秘可レ秘」等の語が頻出し、具体的に不許可の文言がない場合でも、幾通かまとまった形で「不聴他見」が貫かれる。そして、数十日から数箇月をかけて師資の個々の課題に関する参究が継続され、書写が許可されて、一人の禅僧が自立する気概が養われる。切紙の書写伝授は、文字として成立した時点で形式化の道を歩む運命を背負うが、ともかくも対社会的に巣立つ禅僧の最後の仕上げといってよい。これが秘密伝授とされる理由は、「参」とセットになっていることに関係していよう。後述するように参とは、門参・秘参といわれる場合の参で、切紙の内容を問答体で注釈したものを意味する。これは公案・看話の禅の伝統に由来し、本来は公案の拶き方が密かに書写されて伝えられた、公案透過の虎の巻である。ただし、切紙相伝の場合と看話禅参得の場合とでは、参の機能は微妙に相違する。

切紙資料は、当該事項自体についての理解を深めることを目的として、基本的に一項目三種をセットとすると考えられる。切紙本文と、これを問答体で注釈した「参」、それに切紙の内容を象徴的な図等で表現してその理解に資しようとした「大事」の三種である。ただしこの場合における参は、実際の問答を想定しているわけではなく、切紙の内容を師資の間で究め尽くした後、これを伝える派内伝承の参の書写が許可されるという次第である。この意味において、曹洞宗の室内における切紙相承は、世阿弥がいう「秘するによりて、大用ある」といった種類の秘事ではなく、師と弟子の親密な関係が構築された時点を意味すると考えられる。もちろん後世には、切紙伝授が室内伝法とセットとされて行われた形跡があるので、元来存しなかったはずの秘事が、文字通りの秘事とみなされて伝えられることになった。近世切紙の内容の画一化、数量を誇る集成化の道をたどる遠因もここに根ざしているといってよいであろう。その分かれ目をどの時点に想定するかは次の課題になるが、本篇では可能な限りでの中世に伝承を有するとみなされる切紙資料を紹介しながら、その成立史と、中世仏教の社会史的な役割をあわせて考察の対象としたい。

二 「切紙資料」研究

では、これからこの切紙研究を進めるにあたって、どのような問題があるかについて概観しておきたい。

最初に、上述のように中世曹洞宗における切紙資料の成立時、及び当初の伝授相承時には、一件の事項につき切紙一枚を原則として作成され伝えられるのが通例であったと考えられ、その種類は、数十種から、多い場合には百数十種類にもなった。これが、一括して一時に師より弟子へ伝授されることはなく、数次にわたり、その切紙の枚数に応じて複数の期日の間に伝えられるのが通例であった。中世切紙が散逸し易い理由もここにある。しかし、近世江戸期になると、かなりの枚数を一括して伝授する傾向がみられ、時にはこれが冊子の形態で再編集されるという例も出現した。ただし、たとえば冊子にまとめられたからといっても、内容や順序に関しては雑然としたものがほとんどで、分類整理がなされることは全くなかった。

このような切紙資料を、総合的包括的に分類整理する作業をはじめて行ったのは、杉本俊竜『洞上室内切紙並参話研究』(8)で、第一章行持部、第二章点眼部、第三章送亡部、第四章血脈部、第五章嗣法部、第六章口訣部、第七章参話部、第八章加持部、第九章雑纂部の九章に分類し、一三五種の切紙を収録している。しかしここでは、その原資料となったものがいかなる寺院門派に伝承されたものか、その原所蔵者、筆者、書写伝授年時等の書誌的問題には全く触れず、ひたすら内容だけを基準に集成分類したものであり、その収録の基準は、「(前略) 以上九種に分類し、その所属を定めたのである。これは切紙に差別をつけたのではなく、その内容を明らかにしたのである。然し従来所伝のもので、ここに収録しないものが相当にあるが、それは所謂価値がないからである。本書は切紙の全集を目的としているのではなく、所伝中から揀選して編輯したのである。『譬ひ不必要であろうと、間違ってゐやうと、師匠から有難いものだと云ふて、相続して来てゐるから捨てられぬ』と云ふ旧殻を脱せねばならぬ。切紙は絶対神聖にして犯すべからず、ときめてしまへば研究の余地はない。然し現存のものは誤謬があって、この儘では信ぜられないのであるから、大いに研究する必要がある」(三二頁) と述べられた点に端的にあらわれている。つまり、ある独自の価値基準を設定しておいて、これに該当しないと考えられたものはすべて切り捨てられたといってよい。そして問題は、ここで価値基準とされたものであり、それは宗旨の参究という一点に集約され、書誌的・成立伝承史的意味での資料批判を前提としないことに最大の難点があり、宗旨の参究、宗学的取り扱いにとどまっているという点にある。その結果、たとえば、建保二年 (一二一四) 正月二日、栄西 (一一四一—一二一五) が弟子の明全 (一一八四—一二二五) に授与し、栄西示寂後五〇年にして禅宗が盛んになることを予言していた一種の「未来記」は、道元 (一二〇〇—一二五三) を経て、瑩山紹瑾 (一二六四—一三二五) が正和四年 (一三一五) 八月七日、永平寺住持義演 (?—一三一四) の遺物として相承したと伝承され、こうした顛末を伝える「栄西僧正記文」という切紙も、中世書写の遺存例が多数あるにもかかわらず、一顧だにされないということになる。(9)

また、中世書写の原資料は未発見であるが、目録等によってすでに中世段階での存在が確認でき、宗教的機能も果たしていたと思われる切紙類についても、近世書写の切紙類から厳選して取り上げて分析検討の対象にしたい。

さらに、切紙の伝承に関しては、その由来をできるだけ古い時期に設定し、その権威を高めようとする姿勢は一貫している。その伝承の起源を、瑩山や懐奘、さらには道元やその師の如浄（一一六二―一二二七）の手裏にまで遡源させようと試みることも珍しいことではない。そしてこれらがほとんど荒唐無稽な捏造であることは論をまたないが、しかし、こうした伝承を有する諸儀礼が中世社会のなかで確実に機能した事実も否定はできない。ある意味では、確かに葬祭儀礼や呪術祈禱、神仏習合、吉凶・卜占といった、日常の生活に直結した内容の部分が、曹洞宗の地方展開を推し進める根本的な原動力でもあった(10)。

近世になると、相伝される切紙の数量も一挙に増加し、その伝承や変遷の経過も追跡不可能となる。本書の最終的な目標は、切紙資料の発生そのものと、それが社会的に果たした機能を究明することにあるが、現在の段階では、とりあえず中世以来の伝承をもつとみられる切紙がどれほどあるか、換言するなら、中世社会において仏教者がかかわったエリアがどれほどのものであったかということが当面の課題であり、そのためには寛永初期頃までに書写された切紙を紹介の対象とし、以下、これまでの資料調査、及び資料提供等で得られたものを、逐次分類し紹介しながら、切紙資料の全体像の把握を当面の第一の目的とする。その整理のための分類項目として立てたのが一〇項目であり、まずこの分類項目の問題についての詳説から始める。

註

（1）石川力山「馬祖禅における『即心是仏』の歴史的課題」（『駒沢大学大学院仏教学研究会年報』第五号、一九七一年三月）参照。

（2）田村芳朗「天台本覚思想概説」（『天台本覚論』〈日本思想大系〉一九七三年、岩波書店刊）五二〇頁。
（3）三輪正胤『歌学秘伝の研究』（一九九四年三月、風間書房刊）四五頁以下。
（4）『第十一回熊本の美術展、寒巌派の歴史と美術』（一九八六年一〇月、熊本県立美術館発行）に五種の切紙写真と解説・翻刻が掲載されたのが最初で、その後駒沢大学大学院水野覚禅・飯塚大展氏等により調査が行われ、報告書としては、飯塚大展「潔堂派所伝の切紙について――常光寺蔵切紙の紹介」（『駒沢大学大学院仏教学研究会年報』第二九号、一九九六年五月）がある。
（5）石川県永光寺所蔵切紙について、その概要と国語学的特色を論じたものに、樋渡登「ある種の洞門抄物――能登永光寺蔵切紙類から」（『都留文科大学国文学論考』第二〇号、一九八四年三月）がある。
（6）豊川市西明寺所蔵の切紙目録は、『禅宗地方史調査会年報』第三集（一九八二年一二月）に収録。
（7）府中市高安寺所蔵の切紙目録は、『禅宗地方史調査会年報』第二集（一九八〇年一〇月）に収録。
（8）杉本俊竜『洞上室内切紙並参話研究』（一九三八年七月、滴禅会刊）。
（9）「栄西僧正記文」は『興禅護国論』の末尾に付された「未来記」とも合致する。
（10）圭室諦成『葬式仏教』（一九三八年一一月、大法輪閣刊）は、中世曹洞禅者の語録の内容を分析して、一二〇〇年代の前半、つまり道元の時代には一〇〇パーセント坐禅中心であったものが、一三〇〇年代には葬祭に方向転換を始め、一四〇〇年代には、ほとんど一〇〇パーセント葬祭宗教化しており、このような転換によって曹洞宗は、臨済宗よりも郷村の宗教として多幸な前途を約束されたと結論する。一五世紀以降の曹洞宗において、坐禅が全くなされなくなったかどうかは早急に結論を出すわけにはいかないことは、中世洞門関係の抄物の資料の検討によって明らかであるが、葬祭宗教化と曹洞宗の地方展開に密接な関係が存することは事実である。なお、石川力山「中世禅宗史研究と禅籍抄物資料」（『飯田利行博士古稀記念　東洋学論叢』一九八一年一月、国書刊行会刊）、同「中世曹洞宗の地方展開と源翁心昭」（『印度学仏教学研究』第三一巻一号、一九八二年一二月）参照。

第一章　中世曹洞宗切紙資料の分類

一　切紙分類の試論

中世における洞門抄物資料の全体を、①語録抄（聞書抄）、②代語（代・下語・著語）、③代語抄・再吟、④門参（本参・秘参・伝参・秘書）、⑤切紙（断紙）の五種に分類し、「切紙」を他の四種とは別に項目として立てたことはすでに述べた。しかし、後述するようにある種の切紙には、代語や門参と同内容のものも含まれており、内容的には重複することもあり得るので、これを別に分類する理由が問われなければならない。そして、これを別立した理由の第一は、文書の形態上からの分類であり、①—④までの資料はすべて、折紙を用いた横帳形式のものであっても、また袋綴形式のものであっても、いずれも冊子の形態をとることは共通した書冊形式であるが、⑤は切紙という特徴的な文書の遺存形態をとることである。

また第二には、この形態が単なる形式上の問題ではなく、これが一枚一点として数十種から多い時には百数十種にも及ぶ膨大な量の切紙が、伝授（受）者や年月日を明記して、しかも秘密裡に伝授相承されるという、機能のうえからも特筆別立されるべきものと考える。さらには第三には、門参のように門派の公的な相承物とは異なり、門派の独自な伝承という意識は門参ほど強くはなく、師と弟子という極めて私的な場で相承されることで、それは同時に、印可証明、嗣法相承をも意味しており、室内三物関係を内容とするものが多いことも切紙の性格と密接に関連する。そして第四には、公案禅関係の切紙も存するが、室内関係のものや葬送・追善供養関係のものも含めて、切紙の中心的課題は、他の抄物資料とは趣の異なる、具体的な儀礼の指南書という性格を有するものが圧倒的に多いということであり、その内容は、叢林における修道生活から、檀越や有縁等、対外的な諸種の活動のためのものまでも含んでおり、いわば寺院生活の全ての局面を包含しているといっても過言ではない。

このように「切紙」とは、室内儀軌に関するものを主として、その他在家法要のための葬送・年回・開眼（俗にいう「お魂入れ」）等の儀礼的事項について、その方法や意義を一枚の紙に記し、これを室内で相承したものである。その内容は、宗旨の秘訣から日常生活の万般にまでわたっており、当時の民衆の宗教生活、すなわち当時の民衆が宗教に対して何をもとめ、宗教者の側からこれにいかに対応したかを如実に物語ってくれる資料として注目される。それは、今日的感覚でみるなら、中国禅宗や道元禅そのものの発展的帰結とはとうていみなし得ないものばかりであるが、日本における仏教の土着とはまさしくこうした一面を伴うものでしかあり得なかったということであり、これが民衆生活、民俗学的にいえば常民の生活そのものでもあったということができる。ところで、切紙の一般的な理解についてはこれまでほとんど触れなかったので、この点から概説する。

まず、切紙という名称については、これは古文書の形態上からの呼び名で、小さく切った用紙に要件を書き付けたものというほどの意味で、すでに正倉院文書のなかに実例がみられる。これが特別の意味をもって用いられるようになるのは中世以降であり、歌道・神道・修験道・文学等の世界で、その流派の奥義極意を伝授する際に、切紙を書き付けて授ける習慣が起こり、道々の芸能における秘事の伝授として尊ばれるようになった。「古今伝授」や『源氏物語』に関する切紙はよく知られており、諸芸道においてもこの伝授の秘事は受け継がれ、後世、家元制度や「名取」を許すという組織が形成され、その伝統は今日にまで及んでいる。仏教界にあっても、秘儀の伝承や口伝の多い天台・真言密教に切紙の伝授はよくみられ、総じて宗教界における切紙伝授は、儀礼執行に関するものが多く、秘密伝授を特徴とする。禅宗においてこの切紙伝授という形式を採用したのは曹洞宗で、師と弟子の間で、印可証明の助証の意味をもって伝えられ、その種類も中世末頃には、数十種から多いときには百数十種にも及ぶ切紙が伝授されることもあった。石川県永光寺所蔵の寛永一〇年（一六三三）頃の切紙目録によれば、重複するものも含めて三五三種の切紙名が記載されている。

この曹洞宗所伝の切紙資料も、内容的に極めて種々雑多なものを含む多彩なものであるが、その内容整理のために、抄物と同様に分類の試みが必要となろう。次に、中世曹洞宗切紙の分類集成作業のために立てた一〇種の分類項目を掲げておく。(1)

①叢林行事――修行道場としての禅宗寺院の、日常的な恒例行事に関する指南書。

②行履物――修行僧が雲水行脚や禅林掛搭などの日常生活に携帯所持し備えておかなければならない、生活必需品、道具類の意味やその使用法を、仏教的・禅的に解釈したり図示したりしたもの。

③堂塔・伽藍、仏・菩薩――禅宗寺院独自の伽藍建築や堂塔の配置に関するもの、及び、禅宗寺院に安置される仏像や菩薩像に関する口訣等を示すもので、十王信仰や十三仏信仰に関連する仏・菩薩も含む。

④葬送・追善供養――曹洞宗が地方展開する際のステップとなった、地域民衆の要請に答えた葬送儀礼や追善供養などの執行に関する指南書や図示、儀礼執行の意義・口訣等を記したもので、問答体による禅的な解釈や意義付けをなしているものも多く、一面、門参的性格も濃い。

⑤室内（嗣法、三物、血脈）――室内とは、公案看話の参究の参禅の場でもあるが、ここでは師と弟子が相対

して伝法相承の儀礼を執行する場所で、ここで嗣法が行われる際に展開する、『仏祖正伝菩薩戒作法』の伝授をはじめとする種々の儀礼に関する指南書を主とし、この時に一緒に相承される三物（血脈・嗣書・大事）の書式などに関するもの。切紙もこの嗣法相承の場で、師の許可を得て弟子が書写し伝受した。なお、血脈は葬送儀礼や授戒会においても伝授される。

⑥参話（宗旨、公案、口訣）——古則公案や宗旨について、その理解のための口訣や公案参得の方法を記したもので、内容的には、門参や代語の類とほぼ同じである。

⑦儀礼（授戒、点眼等）——叢林行事や追善・葬送供養の儀礼以外の、点眼（開眼）や臨時の経典読誦などの諸種の儀礼に関するもの。

⑧呪術・祈禱——密教的性格を有する施餓鬼会や、大般若転読、『理趣分』転読などの祈禱儀礼に関するもの。

⑨神仏習合——曹洞宗は中世の教団展開の過程で、白山信仰をはじめとする諸地域の霊山信仰や、伊勢信仰・熊野信仰・稲荷信仰などの諸種の在来信仰と習合したが、こうした立場が道元など初期の教団にすでに存したという俗説を、信仰の立場から会通しようとするもの。

⑩吉凶・卜占——中世の曹洞宗は、吉方や悪日などを避けることを占う陰陽道とも習合したが、この種の問題にかかわるもの。

このような内容をもつ切紙資料は、また記載の上から三種に分けられる。すなわち、第一は、儀礼執行等の方法や当該記事そのものを記した切紙の本文であり、ここでは一応狭義の「切紙」と名づけておく。第二は、この切紙の本文に記された内容について、師と弟子、あるいは自問自答の問答体で解釈・敷衍されるもので、「師云く」「代云く」のような形式で、通常仮名書き口語体で記され、「参」「参禅」と呼ばれる。代語・門参の形式を踏襲するもので、切紙が抄物の範疇に入れられる所以であるが、漢文体のものもある。第三は、切紙の趣旨を象徴的な図や卍などを巧みに用いてイメージさせようとするもので、「大事」と呼ばれる。「三物」（血脈・嗣書・大事）のなかの「大事」も、本来は『仏祖正伝菩薩戒作法』の各趣旨を図で示したものから変形したものと考えられる。そしてこれら三種の形式が切紙の一通に備えられているのが通例であるが、大事は必ずしも全部に付随するとは限らない。しかし、「参」はほぼ全ての切紙に付随していたと考えてよい。切紙相伝の発生的趣旨も、実はそのすべての項目の宗教的意味を探ることを目的とした、いわば個別の参究資料であったことに由来する。

そこで、曹洞宗における切紙資料の研究を行うに当たって、まずなされなければならないことは、その発生に関する検討であろう。すでに触れたように切紙は、形態的には曹洞宗に特有のものではなく、口伝法門を重んずる天台宗や真言宗にもやはり同様の形式のものが存し、修験道や神道にも切紙の伝授相承がある。さらにいえば、古今伝授のような歌道にも切紙はあるのであり、総じていうなら、切紙の形で口訣や秘密法門を伝授するのは、秘密伝授を尊ぶ学芸などの風潮を反映する、日本中世社会そのもののもつ大きな性格の一端であったということができる。したがって、問題となるのは、その内容についてである。もちろん史料批判の上からは、個々の切紙の原初がいかなるものであったかということは絶えず問題にしなければならないが、その発生の如何にかかわらず、これが教団の展開のなかで確実に機能していたという視点も忘れてはならない。切紙資料が、中世曹洞宗教団の展開を考える上で必ずや問題としなければならないといったのはその意味であり、特に地方展開をしていった教団が、地域の民衆層に受容されたとするなら、必ずや宗教受容の基層となる部分との接点がなければならない。そしてそれは、死者儀礼などを中心とする儀軌、呪術、祈禱、神仏習合、吉凶、卜占といった、極めて現実的な要請であったに違いない。そして、切紙資料には、室内や宗旨に関するもの以外に、これらに関する内容をもったものが多数存在する。

ただし、記録そのものは教団側で記録されたもの、つまり、あくまでも民衆側からの要請は前提としない、一方的な記録であることに変わりはないが、少なくとも民俗の立場でしか宗教受容は不可能な民衆との接点を探る目安にはなるであろうと思われる。

また、切紙資料の性格の一端として、それがいかに古い伝承、正しい相承を経てきているかを主張する点があげられる。それは、時には道元直伝のものとされたり、さらには道元の師の如浄にまでその伝承が要請されることがある。そうした記載をそのまま信ずることはもちろんできないが、そのような主張が生み出されるに至る必然性、あるいはその意図・目的・意義等の考察は十分に学問的課題になり得る。切紙研究の困難さは、そうした矛盾を内包する資料をいかに歴史研究・思想史研究の場に位置付けるかという点にある。

さらに、切紙研究にともなう困難さの第一にあげられなければならないのは、資料蒐集の問題である。「切紙」の名が示すように、一項目一枚ごとの個々別々の資料であり、それは極めて散逸し易く、特に筆者が課題としている中世切紙は、伝承保存されている例は極めて少なく、その全体像は容易に把握し難い。(2) 中世末から近世初頭になると、切紙も集成される傾向が生じてきて、冊子にまとめられて伝承される例も出てくるが、中世末、近世はじめの頃の例は極度に少ない。近世も寛永期になると切紙の量も一挙に増加し、現存する原資料も圧倒的に多くなるが、もはや中世切紙との区別はつかなくなる。加えて、この種の寺院所蔵資料は、従来、信仰上から門外不出、他見不許可の伝統に支えられ、公開されて学問批判を受けることは拒否されてきた経緯がある。このことがまた一方で、資料を今日にまで存続させ、閲覧可能な状況に至ることに寄与したという、皮肉な逆説的効果を生むことになるが、いずれにしてもその全体的把握はこれからの課題であり、本論はそのための一試論ということになる。

このように、中世における切紙資料のもつ意味は極めて大きいことは理解できると思われるが、確かな伝承をもった資料が十分に与えられていないという難点がある。本格的な切紙研究のためには、確実な伝承をもつ、できるだけ古いテキストを集大成する必要があるが、本論はそうした意図のもとに、資料調査や資料の貸与を受けてこれまで蒐集したもののなかから、中世以来の伝承を有する「切紙」として位置付けてよいものを中心に史料批判を行い、あわせてその歴史的、思想的意味を考察する基本的視座を確立することを目的としたい。

二　切紙資料の種類

ここで問題となるのは、内容的に「中世切紙」として位置付けられるものがどれほど確認できるかということである。上述のように、中世切紙の原資料が現存するものは極めて少なく、またそれが一括して所蔵されていることはまれである。今日、この種の研究としては、杉本俊竜『洞上室内切紙並参話研究』（一九三八年七月、滴禅会刊）や、永久岳水『和訳禅門室内秘録全集』（一九七二年一〇月、中山書房刊）があるが、研究の趣旨が聖典として位置付けることを目的としており、そのため出典等の記載もなく、資料批判が不可能な状況にある。

そこで、切紙資料の全体像把握のために、中世末から近世江戸初期の資料になるが、切紙の目録を手掛かりにして中世切紙の梗概に近づきたい。すなわち、これまでに管見に入ったもので、これがそのまま中世切紙の実態ではないが、多くの中世切紙も含んでいるという意味で、いくつかを紹介する。

まず、能登永光寺に所蔵されている『截紙之目録』であるが、これには三五三種の切紙名が記載されており、面山端方は四百余種の切紙をみたといっているが、具体的な数においてこれより多い目録にはまだ接したことがない。体裁は巻紙で、二段に切紙名が列記されている。成立については、巻首に「臨松謹書」とある。この臨松は、おそらく永光寺輪住四七九世万山林松と同一人とみられる。林松が永光寺に輪住した年月は不明であるが、前後の輪住者（たとえば四七七世鳳〔谷呑尭は寛永九年八月一五日、四七八世然花□廓は寛永□九月廿三日）からみて、およそ寛永一〇年前後の輪住人とみて大過ないものと思われ、林（臨）松は永光寺輪住中にこの目録を作成したものと考えられる。その全項目は次のようなものである。(3)

截紙之目録　　　　　　　臨松謹書

御大事之上大事

大儀規〈菩薩戒作法トモ云ナリ〉、小儀規、受経之作法、嗣法論、伝戒並嗣法儀式、同勃陀勃地参、七仏伝授儀式、蓮華宝蓋切紙〈同嗣書ノ地ノ参トモニ〉、嗣法伝戒儀規、達磨一心十戒切紙、七仏伝授切紙、松竹梅之切紙、洒水切紙、自家訓訣〈拝問ノ御書トモ云ナリ〉、栄西記文録、堪忍之判、堪忍之判形、堪忍判形図、雲形之図〈光明ノ図トモ云ナリ〉、鉄漢之切紙、摩頂之式法、伊勢二字、嗣法合血図、国王授戒血脈、国王授戒作法、大姉切紙、居士之血脈、同小切紙、居士嗣書、居士紫上切紙、居士四徳切紙、居士大血脈、居士一句当的切紙、居士燃灯授記キリカミ（ママ）、居士参、同授戒作法、居士一通参話〈目録〉、拈華之切紙、拈花之図、同切紙、同相承念記、亦拈花図、拈花頂王三昧〈十三種ノ儀式〉、同添物十則、同十三種添物参、同付嘱之切紙、同妙心大事、中道三昧、他家訓訣、六祖半紙、六祖同大事、百丈野狐切紙、阿誰之切紙、刹竿ノ話切紙、因果ノ切紙、万機休罷切紙、趙州無ノ切紙、同本無切紙、同無大事、三十四話切紙、鈯斧子切紙、同金斧ノ切紙、香厳樹上切紙、同樹上ノ切紙、趙州四門切紙、不可得図、世尊端坐切紙、十八般ノ妙語、同参禅、竜天勘破話、同切紙、同血脈・同三位、光明真言、光明之図〈本仏無上大事ト云ナリ〉、同光明注ノ大事、念仏之切紙、同六字ノ大事、水神授戒大事、水神授戒血脈、水神授戒血脈〈サホウ〉、竜天授戒本形〈二通形〉、同授戒作法、並国王授戒作法、同授戒嗣書、同授戒切紙、同授戒儀式、白山妙理図、同切紙、鎮守切紙、同参、那事三人、血脈相伝之大事、法報応之三身、血脈下段《ノ》大事、同作法〈伝授後《ノ》一問トモニ、参禅ナリ〉、同大事、頂相大事、嗣書焼却切紙、不生不滅大事、同切紙、先師取骨切紙、同焼香《ノ》大事、善智識切紙、尊宿荼毘次第、母子別服(腹)切紙、同別服切紙、合封之図、合判之切紙　証浄訓訣、六祖伝授之切紙、両鏡之図、問訊之大事、孝田大事、伝授参六様、下炬霊供取名《ノ》参、約速《ノ》参、四句文之切紙、四門三匝《サウノ》切紙、下炬之切紙、同参禅、炬《タイマツ》之切紙、下炬大事、同炬《ノ》法、曹洞機《ノ》之切紙、同大事以上六通、念誦之切紙、旦望伝戒礼、上来切紙、祝聖之切紙、焼香《ノ》儀式、勤行之切紙、順堂儀式、起請《ノ》案文、罸書亀鑑、印肉之作法、鴿《ノ》字之切紙、同参禅、塔婆点眼、安座点眼、同参禅、亡霊授戒、同亡霊沈淪大事、廟之移切紙、河原根本切紙、作僧之儀式、没後作僧話、同切紙、一辺消災呪切紙、同消災呪切紙、仏知死斯(ママ)、同□、達磨知死斯(ママ)、同血脈、施餓鬼大事、同作法、尊勝陀羅尼参、同切紙、三宝《ノ》印切紙、御即位灌頂法〈血脈トモニ〉、同大事、二句偈之嗣書〈三国相伝之職位ナリ〉、同順逆無礙《ノ》印〈参禅共ニ〉、同御大事、頂門眼切紙、同嗣書〈六観音秘密ナリ〉、頂門眼参禅〈トモニ二通〉、同血脈〈天台相伝ナリ〉、普所之大事〈迦文勅ノ三説トモ云〉、同嗣書〈達磨ヨリ大師へ〉、這那之参、観音秘密血脈、不識上之話、鑰子之参〈八句ノ切紙トモ云ナリ〉、正法眼切紙、正法眼三星《ノ》図、卵形之図〈夜参ノ血脈トモ云ナリ〉、同付嘱切紙、生十界之切紙、同死十界、以心伝心之図、十来之図、一本剣《ノ》切紙、一身分上《ノ》切紙、一心三視《シ》切紙、勃陀勃地切紙、梁《ノ》字大事、同参禅、三国伝灯《ノ》血脈、山門切紙、七堂之切紙、小狐之切紙、御大事《ノ》切紙、御大事添状〈二通〉、三位《ノ》切紙、三朝《ノ》切紙、三裡《ノ》切紙、月《ノ》両箇、大陽三段、宝瓶之切紙、拄杖切紙、払子之切紙、竹篦切紙、飯船之切紙、釈迦之形、鉄鉢之切紙、大光銭《ノ》図、大平銭之図、嗣書《ノ》看経、月江之置文、三門之話参、九亀話之参、出世不出世《ノ》話、位裡点側、阿弥陀三字、空仮中三体、法報応三身、大魔境図、廿一社巡礼《ノ》次第、血脈袋図、〈袈裟袋図〉、永平坐具文、達磨三心之図、護袋之大事、五大老《ノ》切紙〈二通〉、三悟道之切紙、磨盤図〈二通〉、満字本形、同大事、満字《ジ》《ノ》切紙〈三通参禅〉、山居血脈、同嗣書、同判、同切紙、同参禅、同了畢《ノ》判《ハン》、同赦面様子、非人之血脈、住吉五箇条、応量器、臨斉《（ママ）》宗《ノ》血脈、伝法奥蔵、宝鏡三昧、同三昧図、空尽書、七仏伝授切紙、過去《クワコ》心字《ノ》血脈、即通之参、天竺一枚反故《ホグ》、天竺一枚紙〈七仏以前ヨリノ血脈ナリ〉、一枚紙、三国流伝切紙、気血図、勃陀勃地切紙、七仏《ノ》骨随《（ママ）》、心空《ノツ》図、身心脱落《ノ》切カミ、非人授戒作法、伝授之作法、十哲附属次第、拝問記、面授之一紙、普賢十願〈並開経偈〉、十仏名切紙、勃陀勃地図、梅山一枚紙、大源極位之拶、他山之切紙、衣鉢血脈《ノ》大事、御守《ノ》祈禱、勃陀勃地之参、安座点眼、露柱之図、最極無上《ノ》大事、三位之目録、峨山一枚法語、同参禅、江湖首切カミ、輪圝之参、没後《ノ》円相参《サン》、三宝印参、両円参、合封参・同合判、勃陀勃地参、伝授首《シュ》尾《ノ》参、教授之参、戒文之参、斉家嗣書、十三仏之切紙、牛窓檽之切カミ、悉曇之大事、血脈下段之参、六祖伝授之作法〈曹渓伝授トモ云ナリ〉、曹渓伝授之参、念誦切紙、無縫塔切紙、八識之図、臨斉家嗣書、月《ノ》両箇切紙、三物頂戴参、一句偈大事、五位之図、高上一窮、了畢判、契約之切紙、第一頭之切紙、宗門三箇行治、嗣書之切紙、祝聖之切紙、優婆毱多由来、三宝印口伝、伝授之切紙、判之六点、五位君臣図、末後付属、摩頂守護〈参禅〉、居士掛落大事、同掛落許、伝授道場〈荘厳〉、同看経目録、同了畢判、霊山伝授次第〈迦葉代々明峰正伝ナリ〉、牌《ノ》答切紙〈四通〉、呑却吐却、合血之図、諸聖《ノ》之法位、火滅之大事、大小円相之参、灰之参、畜生授戒、了畢《ノ》判形、了畢判形図、白紙之大事、法衣之切紙、撃竹悟道、三世不可得、托鉢下道《（堂）》、大随焼蛇話、十三仏之大事、智識正眼、碧巌了畢切紙、剣刃上本則参禅、兵法九字之大事、天台輪袈裟切紙、一大事秘蜜《（ママ）》妙注、礼拝之切紙、遍界不蔵参、独鈷之切紙、三蔵般若箱之緒、円覚之切紙、宗門三十四話、

一覧して知られることは、重複しているものがいくつか確認され、また「二通」「三通」「四通」等の書き込みも

みられ、これが単なる項目一覧ではなく、ある意味での現存目録、つまり禅院における校割帳的性格もあわせもっていることが知られる。永光寺に現存する切紙資料によって確認されるものが多数ある。また「同参禅」と記される場合も多数みられ、門参資料がそのまま切紙に変形したものが多数あったことが知られる。抄物資料のなかの門参資料と切紙資料とは、特に参話切紙において関係が深いことが知られている。[4]

永光寺所蔵の「截紙之目録」と同様に、現存目録的性格を有する目録に、すでに紹介した永平寺所蔵の古文書類のなかにある「切紙門参目録」（仮題）があり、やはり同じく巻紙に、一行一点ずつ記載されている。[5]永平寺の目録の特徴は、一六六種の切紙を列記した後に、「参禅巻冊覚」として、別に二三種の門参資料の目録を付記していることであり、その部分だけを次に掲げる。

参禅巻冊覚

一、秘参独則十六則	一巻
一、独則	一巻
一、永平秘伝参	一巻
一、永平独則参	一巻
一、永平秘伝書伝後参絹地也	一巻
一、大儀小儀	二巻
一、伝授作法折本	一冊
一、参禅惣目録	一巻
一、三十四話抄参禅切紙	一冊

一、三十四話名目　一冊
一、三十四話抄共　一冊
一、門参　一冊
一、嗣書三段訣　二冊
一、正法眼蔵抜書　一冊
一、大白峰記　一冊
一、五葉集同抄　一冊
一、根脚抄　一冊
一、碧岩参禅　三冊
一、血脈起　一巻
一、嫡嗣伝授儀式　一巻
一、伝授古則秘伝書　一巻
一、法花八巻之秘参　一冊
（印［慧輪永明禅師］）　（印［光紹智堂］）

これらの門参のうち、たとえば『大儀小疑』や『三十四話』は、永光寺の「截紙之目録」にも記載されており、『大白峰記』なども普通は切紙の一種とされているものである。(6)

この他に、永平寺における入室参禅の方法について記したものとして「吉祥山永平禅寺総目録」があり、(7)二三七則の公案を二四段階に分けて参禅すべきことを規程しており、むしろ切紙類のなかでも、一枚書のものではないものだけを別個に記した感がある。したがって、厳密な意味での切紙参話類の数は、二三種を加えた一八八種とみてよいであろう。さらに、この目録が作成された時期については、末尾の朱印から、永平寺三〇世慧輪永明禅師光紹智堂（一六一〇―一六七〇）の代であったことが知られる。

このような永光寺及び永平寺所蔵の切紙目録とほぼ同様の目的をもって作成された切紙目録に、秋田県補陀寺所蔵の『古則参禅並切紙』と題する冊子のなかにみられる一二〇種の月泉派の切紙目録がある。その末尾の記載によれば、(8)

当レ知目録百二十通リ、天童遺法、道元秘物、月泉法脈、古来相伝時、移人替次第譁美求二名聞一故修二魔禅一而専好二麁浮一、少レ用二精細一、古室門庭如レ是、要儀愸為二皁法一、不レ欲二見聞一、遍落瀝濡灰シク棚下朽、余視二斯廃一、改思二割一、紛失調加、破却補書、雖二佗家事一、由二料簡能一斉二為一烈一、以納二匣裏一、併乃澆季要二此事一等、其レ簟古賢吾カ門棟梁再来相見也、太奇乎、可レ尊可レ敬、可レ秘可レ秘云云、

首尾慎二云爾

于時

正徳三暦中冬吉晨

奉修参禅切紙

羽州秋田府辺添川荘松原郷

亀蔵山補陀禅檐下三拝納焉

とされるように、正徳三年（一七一三）、補陀寺に伝承された月泉派の切紙を整理し、補塡して、後代の散逸を防ぐためにこれを校割帳とせんとした様子がうかがわれる。したがって、この補陀寺の『古則参禅並切紙』もやはり現存目録ということになる。さらに、標題がすべて四字に統一されているのも、後代の整理の跡を示している。目

録の部分だけを掲げれば次の通りである。

空塵書試、日月和合、仏眼衆生、十重一心、自家訓訣、同訓訣図、一中重位、身心脱落、向去却来、嗣書焼却、嗣法次第、伝場作法、合血次第、勃陀勃地、約束並了、了畢印形、天竺一致、奥蔵《ノ》一紙、七仏血脈、三国伝灯、血脈封合、血脈袋《ロ》記《ノ》、衣鉢《ノ》血脈、坐具切紙、鉢盂図相、三宝印参、数珠貫参、払子切紙、竹篦参意、柱杖（ママ）切紙、向上勘弁、鉄漢切紙、仏印加記、摩頂手参、哀老号位、和尚号参、山居嗣書、居士嗣書、居士規本、大姉号位、正法眼蔵、小蔵誰参、三蔵看経、坐禅切紙、八角磨盤、孝田切紙、永平置文、栄西記文、譲《リ》状《ノ》七書、帰郷《ノ》置文、須弥山図、三星図参、宝鏡三昧、霊山両鏡、大一儀参、頂門眼睛、命脈一点、大魔秘図、満字嗣書、悉曇字疏、祝聖切紙、一遍消災、仏頂尊勝、上来参話、住持勤行、香爐参意、問訊合掌、十三仏参、七堂切紙、露柱事参、四門三匝、龕前霊供、続《タイ》松《ノ》切紙、転悪好日、仏智剣参、別腹符参、黙引導意、非人引導、火事落参、土葬参禅、知死期参、生死大事、下炬大事、輪廻化度、亡霊授戒、没後作僧、廟移切紙、安楽浄土、塔婆点眼、仏眼安座、慈悲心参、住吉五詫、竜天勘破、竜天授戒、白山切紙、鎮守参意、法皇授戒、二句偈参、一本剣参、三裏底参、拈華八勘、倶胝一指、五位圏児、四喝通位、石霜七去、宏智八句、五祖西来、牛過窓櫺、趙州一無、枕子話参、達磨廿字、五大老記、済家一致、雲門宗戒、潙仰宗戒、法眼宗戒、楊岐宗戒、浄土宗戒、不識上参、無端派参、

これらはいずれも、江戸初期にまで下る時期の目録であるが、比較的古い事例として、了庵以下、無極・華叟系統の所伝の切紙集成として注目したいものが、竜泰寺末栃木県大中寺の系統に伝承され、寛永一〇年（一六三三）九月に書写された、駒沢大学図書館所蔵『室中切紙』であり、そのなかに、永正一三年（一五一六）に集成されたとみられる切紙目録が引用されている。それは、

○嗣書諸目録之切紙

●梅絹二切、●国王授戒作法、一枚紙也、〻菩薩戒作法、長続之紙也、●受業命時椅子作法、一枚紙也、●戒法伝授作法、一枚紙也、●自家訓訣、●竜天授戒作法、一枚紙也、●栄西訣文、一枚紙也、●達磨一心戒作法、一枚紙也、●応量器、梅絹一尺四方一切以上、嗣書内数十六様、●仏祖正法眼蔵血脈、一枚也、●没後授戒作法、一枚也、●嗣法論作法、一枚紙也、〻卵形図、一枚也、〻空塵書、三枚続紙也、〻永平仏祖正伝受経儀軌、一枚也、●臨済下血脈、一枚也、〻無極授月江記文、長続紙也、〻夜参図、三枚続紙也、〻三老普所大事肝要句儀、一枚也、〻嗣書巻、一冊、〻曹洞合血本則、一冊、●普門品相承之次第、一冊、〻三位之次第並月両箇伝、二枚也、〻如浄老師授道元和尚儀軌、〻夜参廿八透、一冊、此内一透秘極々也、〻梅絹嗣書巻、一冊、〻十八般、抄共、二冊、〻続《ツヽケ》物、卅一様、本一冊、〻小参之秘訣、一冊、〻夜参出標牓、天如節田相承次第、朝参計謹共宗門一大事因縁、禅相伝附既畢、

永正十三歳〈丙子〉（一五一六）極月十三日夜半、

〻宗門一大事不遺一物正忠伝既畢、

天文二年〈癸巳〉（一五三三）十月廿七日夜半、於最乗金剛寿院、

宗門一大事不遺一物宗長伝附既畢、此外伝後之参敲換十六則、最秘極也、若流布他見輩者、瞎却正法眼、縮却命者也、

日本天文廿年〈辛亥〉（一五五一）　今寛永十歳〈癸酉〉（一六三三）九月吉日（9ウ～11オ）

というものである。『室中切紙』の内容については、次に問題にする『仏家一大事夜話』と同様の門参形式の切紙も含まれるが、この『室中切紙』に引用された最初の永正一三年の切紙目録は、中世切紙の集成目録として極めて貴重な意味を有する。それは、『仏家一大事夜話』は、明らかに中世末乃至近世のごく初期の頃までの成立である

ことは疑いないが、遺憾ながら書写の年時を欠き、また伝承経路も推定の域を出ない。また、内容的にも、全体が参話形式で統一されており、儀軌の指南書というよりは、宗旨の拈提書といった性格が強いという、特殊な成立過程と内容を有する史料であるが、『室中切紙』の三一種からなる切紙目録は、その種類こそ多くはないが、参話的なものはもちろん、室内や各種儀軌等のものを網羅した中世切紙そのものといった感がある。国王授戒作法、自家訓訣、竜天授戒作法、栄西記文、達磨一心戒作法、没後授戒作法、空塵書、月両箇、十八般（大陽明安大師十八般妙語）等は、中世書写成立の原史料が比較的多く発見されている切紙である。この目録中の、自家訓訣、普門品相承、栄西僧正記文等は、その本文も収録されており、切紙資料そのものとしての価値も重要である。

さらに、長野県徳運（雲）寺に所蔵される天正二〇年（一五九二）の年記をもつ一二〇通の切紙目録『切紙数量之目録』がある。目録名は第二篇第二章に項目分類を含めて掲げたので、そちらを参照されたい。

この切紙を所蔵する徳運寺（長野県松本市）は、岐阜県竜泰寺の門葉で、華叟正蕚（一四一二―一四八一）派下の三派（長野大沢寺絶方祖奝、栃木大中寺快庵妙慶、群馬茂林寺大林正通）のなかの、大沢寺派下大安寺の末寺であるが、識語者傑心盾英は、同じく華叟派下大中寺末傑岑寺の僧であろうと思われる。また、天正二〇年（一五九二）の干支「辛卯」は実際は「壬辰」であり、この点については疑問が残り、あるいは再写本かとも思われるが、同寺には天正・文禄・慶長期の切紙も所蔵されており、その意味からも重要な目録と思われる。そして通例のごとく、これらもすべて道元が如浄より参得相承したと記される。

これらの目録のほかに、切紙の全体がうかがわれる資料に、面山瑞方（一六八三―一七六九）撰述の『洞上室内断紙揀非私記』がある。面山は室中所伝の切紙のほとんどを中世の代語者の妄談僻説と断じ、自ら作製した『洞上室内訓訣』以外はすべて否定する。(9)『揀非私記』に取り上げられ、揀非に付されるべき切紙（面山は切紙を断紙と呼ぶ）として一四五種を掲げるが、目録だけを掲げるなら、次のようなものである。

嗣書焼却断紙、達磨大師知死期法断紙、竜天白山口伝並妙理図断紙、大陽卵形図断紙、三種神器断紙、摩頂大事断紙、鉄漢大事断紙、宗旨約束断紙、一枚紙角差断紙、最初伝法堪忍断紙、易名断紙、血脈宗旨断紙、六観音図断紙、五体五輪図断紙、頂門眼断紙、卍字断紙、位牌大事断紙、半紙大事断紙、大円相小円相断紙、宗門了畢図断紙、念仏大事断紙、剣刃上断紙、命脈一点大事断紙、一中十位断紙、円伊円相図断紙、烏八臼断紙、火車落断紙、大善知識頂上円満断紙、三宝印図断紙、禅林七堂図断紙、一遍消災呪断紙、月両箇断紙、鎮守図参断紙、鎮守白山断紙、牌前伝法断紙、五位図断紙、阿誰話断紙、和尚断紙、生死事大断紙、地獄指処断紙、趙州有無話断紙、即心即仏話断紙、宗旨松風断紙、三位図断紙、大魔境図断紙、香厳樹上断紙、牛過窓櫺話断紙、瑩山和尚十二通断紙、大光柱大事断紙、死処地参断紙、石霜七去断紙、趙州独脱一路断紙、嗣書地参断紙、宏智八句偈二幅断紙、宗門五戒参断紙、嗣書口訣、伝戒嗣式三通、安産断紙、勃陀勃地説断紙、万機休罷断紙、洞山喫果話図断紙、知識葬儀断紙、三時諷経断紙、一遍消災呪断紙、楞厳会断紙、参禅掃除断紙、曹洞機図断紙、拈華微笑図参断紙、女子別腹断紙、度懐胎亡者断紙、九識円備断紙、合封印作法断紙、合封打角断紙、度懐胎亡者参話断紙、霊鷲山図断紙、比丘尼断紙、十仏名科図断紙、付授国王大事断紙、普門品二偈血脈断紙、普門品二句偈相承断紙、観音大士伝仏心印大事断紙、二句偈修法断紙、伝授略式断紙、点眼安居法断紙、菩薩戒気血図断紙、日月星辰乾坤図断紙、大事上大事図断紙、仏祖正伝山居断紙、山居赦免様子断紙、山居図断紙、山居嗣書断紙、山居支証状断紙、法物断紙、天童真筆十二通断紙、空塵書、宝鏡三昧来由大事断紙、永平高祖報恩謝徳偈断紙、入仏安座作法断紙、居士断紙、白山勧請断紙、開光作法断紙、伝法付衣一枚儀記断紙、易図相伝血脈断紙、過去七仏儀式注断紙、拝問正授戒断紙、入棺大事断紙、七仏大事参話断紙、七仏嗣書注断紙、大事上大事注断紙、永平和尚血脈道場儀式断紙、大姉嗣書断紙、大事管見断紙、大姉断紙、九条衣密伝断紙、頂相大事断紙、問訊合掌図断紙、伽藍神断紙、念仏大事断紙、七仏伝授断紙、伝授参断紙、換骨参禅断紙、馬祖七堂参断紙、大姉嗣書断紙、卍字参断紙、山居判形断紙、竜天護法善神本地断紙、曹洞八圏図断紙、三国伝来金斧鈯断紙、天照大神授二永平開山一看経法、永平祖師願文、三十四話目録断紙、三十四話密用断紙、曹洞大事続松断紙、大姉断紙、安座点眼断紙、竜天授戒断紙、住持焼香大事断紙、入棺断紙、下炬断紙、挙钁断紙、下炬参断紙、霊供参断紙、取名参断紙、（曹全、室中、一九七―二一五頁）

これに続いて面山は、「永平寺室中断紙目録並引」と題して自らの体験を語り、

延享二年乙丑夏、余寓二永平寺之承陽庵一五十余日、請二室中法宝一周覧、中有二断紙一百四十余通一、逐一拝読二目録一以備二後鑑一、皆是代語者之妄談僻説、而無下一補二於宗門一者上也、（同右、二一五―二一六頁）

と記して、永平寺で調査した切紙類がすべて邪説であるとして否定し、次いで永平寺所蔵の切紙一四〇種、及び『縁思寂』(10)という書物一冊の標題を掲げる。

三　切紙資料の変遷

以上みてきた目録類は、中世末から近世江戸初期にかけてのものであるが、この時期に江戸期を通じて書写される切紙資料のほぼ全体が出揃ったことが知られる。そこで問題は、これら目録類を通して、切紙資料の内容にどのような変遷がみられるかということであるが、中世成立の切紙の具体的な内容を伝える資料として、岐阜県竜泰寺に所蔵される切紙六〇種の内容を敷衍した「参」の集成である『仏家一大事夜話』については、すでに触れたところであり(11)、また、「永平寺所蔵切紙目録」（一六六種）や、面山の『洞上室内断紙揀非私記』（一四五種）の、三種

の目録の比較検討も試みており、(12)中世の叢林生活重視の傾向が見出されることなどは指摘したので繰り返さない。

ただし、近世切紙では参話の項目が著しく増加している点が目立つが、これは門参の切紙化の動向を意味するものかもしれない。中世においては、たとえば「月両箇話」などの宗門の古代史（道元・瑩山・峨山の時代）にとって重要な「参話」は切紙の形で伝えられていたが、それ以外の公案禅関係の室内参禅の資料は、代語・門参類がそのすべてであった。これが近世初期の段階で、室内嗣法儀礼の形式化が進み、室内参禅にも儀礼化の傾向が生じたのかもしれないことを指摘しておくにとどめておきたい。近世初期の代語・再吟等の、洞門抄物類のおびただしい数量の刊行は、古活字版から整版への印刷技術の進展とも密接に関係しているとも思われるが、師資の秘密を建前としてきた前代の伝授相承の観念の、大胆な路線変更であり、秘事としての意味も同時に喪失させるものでもあったが、切紙相承の場にだけは、実質を伴わないが「秘密伝授」という文言は残ることになったのである。

註

（1）杉本俊竜『洞上室内切紙並参話研究』（一九三八年七月、滴禅会刊）は、行持部・点眼部・送亡部・血脈部・嗣法部・口訣部・参話部・加持部・雑纂部の九種に分けている。
（2）『曹洞宗全書』（拾遺）には「日域曹洞室内嫡嫡秘伝密法切紙」として、「加州松樹林大乗護国禅寺室内密伝切紙」一三一種が掲載されているが、原本となったものは、明治一八年（一八八五）書写伝授相承の近代のものである。
（3）「（永光寺）截紙之目録」及び永光寺切紙については、国学院大学教授金田弘氏・都留文科大学樋渡登氏の資料提供を受けた。その後、実際に永光寺の資料調査を行い、新たに加えたものもある。
（4）門参資料と切紙資料の関係については、石川力山「中世曹洞宗における切紙相承について」（『印度学仏教学研究』第三〇巻二号、一九八二年三月）参照。
（5）序篇第二章参照。

(6) 石川力山「義雲編とされる『永平頂王三昧記』について」(『駒沢大学仏教学部論集』第八号、一九七七年一〇月)、及び「『永平寺秘密頂王三昧記』再考」(『駒沢大学仏教学部論集』第一二号、一九八一年一〇月)参照。

(7) 『吉祥山永平禅寺総目録』は、慶長一一年(一六〇六)八月二三日、一九世祚球から、二二世祚天に与えられた祚球自筆本を、元和九年(一六二三)一〇月一八日に鎮徳寺住持雪庵宝積が筆写したもので、現在は永平寺に所蔵されている。『永平寺史』(一九八二年九月、永平寺蔵版)五三八頁参照。

(8) 補陀寺所蔵の『古則参禅並切紙』は、東京大学史料編纂所所蔵の書写本によった。

(9) 面山が『洞上室内訓訣、附室中口訣諸式十四条』で自ら選択した口訣とは、勃陀勃地訓訣、押三宝印訓訣、灑水口訣、仏祖血脈訓訣、小狐訓訣、合掌訓訣、金剛合掌訓訣、朔望祝聖用心訓訣、誦一遍消災呪訓訣、仏菩薩点眼安座略作法、聖像撥遣訓訣、諸供養訓訣、送亡訓訣、祈雨法、移墓法、葬尊宿法、葬癩病死法、立卵塔法、鎮亡霊現形法、鎮墓焼法、救難産法、三衣法、鉢盂法、礼拝法、三時諷経口訣、楞厳会法、女子別腹法の二七種である(曹全、室中、一五九―一六六頁)。

(10) 『縁思寂』という書名については全く不明であるが、『揀非私記』の「右大陽付浮山書芙蓉道楷序妄作之書也」(曹全、室中、二一八頁)という割注から判断するなら、大陽警玄と投子義青の代付の問題に関する書と思われる。

(11) 竜泰寺所蔵の『仏家一大事夜話』については、第一篇第二章「美濃竜泰寺所蔵の代語・門参資料について」参照。

(12) 「はじめに」二〇頁参照。

第二章　叢林行事関係切紙

一　叢林行事

すでに切紙資料の変遷について指摘したように、中世切紙に対する近世切紙の全体的な特徴は、「室中（嗣法・三物・血脈）」や「参話（宗旨・公案・口訣）」、そして「儀礼」の三項目が激増しているということであり、これに対し、中世切紙の全体像をうかがうことができると判断される岐阜県竜泰寺所蔵の『仏家一大事夜話』の特徴は、「叢林行事」や「行履物」に関する切紙が、全体で六四種のほぼ半数に近い三一種を占めている点にあった。ここでいう「叢林行事」とは、中国禅林の清規実践の伝統に沿い、あるいはまた日本の叢林で新たに確立され、禅宗の修行道場において日常的に修されていた「恒例行事」のことである。中世末から近世にかけての切紙の変遷史が、嗣法や室内参禅などの各種儀礼が形式化したためであるかどうかという判断はしばらくおくとして、叢林行事が重視されていたことを示す多くの切紙の存在が、これから切紙資料の検討を行っていく上での基本的視座の一つであることは異論のないところであろう。特に林下禅宗が地方布教を盛んに展開する過程において、一方では追善・葬送供養や、呪術・祈禱、神仏習合思潮との融合、吉凶・卜占の導入などを通して地域民衆の信仰生活のなかに積極的に踏み込む姿勢を示すと同時に、他方においては、修道生活を基調とした叢林生活が主体的な意識のなかに脈々と流れていたことは、すでに『人天眼目抄』などの語録抄の検討の過程でも指摘した。(1)『仏家一大事夜話』のなかで、量的に第三位を占めるのが、「参話（宗旨・公案・口訣）」の八種であることも、叢林生活における具体的な修行が、参禅、すなわち公案参究であったこととも関連しており、このことは、何よりも『仏家一大事夜話』そのものが、全体として参話の形式をとっていることに象徴される。

こうした傾向がいつ頃から顕著になったかが問題であるが、徳運（雲）寺傑心盾英書写、天正二〇年（一五九二）の年記をもつ『切紙数量之目録』の記載が、あるいはその中間的位置を示すものかとも思われるので、次に掲げておく。(2)

○切紙数量之目録

1家々之御大事、2七仏伝授之大事、3円相勃陀勃地図、4天竺一枚紙之大事、5卵形未分之図、6自家之訓訣同図、7他家訓訣、8作僧之切紙同儀規、9普門品相承同血脈、10大魔之秘図、11三星之図、12上来之話同図共《ニ》、13血脈略作法、14檀(ママ)望仏殿礼、15満字書同切紙、16了畢之判形、17勘(ママ)忍之判形、18拈華之図、19嗣続物之図、20嗣法之書、21大儀規之大事、22小儀規之大事、23夜参盤同血脈、24嗣法合血之抄、25永平坐具之文、26道元和尚一坐具、27竹篦之切紙同払子、28峨山和尚一枚法語、29空塵書之大事、30迦葉勒之三説〈普灯在之〉、31曹洞三主君〈拈花春□□掟切紙、訓訣之始終トモ〉、32文殊手裡剣、33問訊之大事、34祝聖一句切紙、35大悟之切紙、36血脈記墓、37太白峰記、38栄西記文録、39応身之録、40十則正法眼蔵、41竜天勘破之記、42竜天授戒之血脈〈同作法〉、43国王授戒之切紙〈同作法〉、44達磨知死期、45仏知死期、46梅花嗣書之切紙、47松竹梅之切紙、48伝語判形、49宝鏡三昧、50釈迦判形、51達磨判形、52三宝印之図、53八句之切紙、54宝瓶拄杖白払図、55道場荘厳之儀規、56宝中(ママ)洒水之作法、57十八般之妙語、58椅棹荘厳切紙、59戒文授文之作法、60

三滲漏之書、61五位之図、62安坐点眼之切紙、63嗣書焼却之切紙、64悉曇之切紙、65達磨三心之図、66心空之図同切紙、67居士之嗣書、68三国流伝之切紙、69正法眼蔵血脈、70達磨伝法之偈、71永平之密語、72血脈包話之次第、73倶胝一指之話、74巡堂焼香之儀規、75七堂之図、76嗣法血脈之図、77心王主三昧、78隠身三昧、79嗣法論、80達磨頌歌、81生死事大安楽之図、82小蔵之誰切紙、83三宝印之切紙、84錦嚢之図、85袈裟嚢之図、86那時三人之図、87曹洞機之大事、88摩頂手護、89菩薩戒之作法、90頂門之眼一中十位、91涅槃之作法、92三界之図一句之切紙、93山神授戒之切紙、94水神授戒之切紙、95住吉五箇条、96血脈鉄漢、97命脈之一点、98取骨之切紙、99十界之切紙、100衣鉢血脈伝授作法、101曹洞旨訣五大老切紙、102白紙之切紙、103心水枕之切紙、104鎮守之切紙同白山切紙、105一辺消災呪之切紙、106山門之切紙、107舎利之切紙、108性之参同灰之大事、109曹洞二柱作無作参、110樹上之切紙、111万機休罷同当頭始末、112円覚再居、113六外之一句、114不識上之機縁、115夜参廿八透目録、116山居之図、117入棺作法、118三悟道切紙、119那時渕底、120最極無上之切紙、

以上百廿通、天童如浄禅師伝附而永平和尚、嫡々相承到今日、伝来子孫一人可得、可秘々々

茲歳天正廿〈辛卯〉九月　日

傑心盾英謹書

（長野県徳運寺所蔵）

＊原本は横帳に一行ずつ各切紙が列記してあるが、ここでは追い込みとした。番号は、整理上便宜的に付したものである。

この切紙を所蔵する徳運寺（長野県松本市）は、岐阜県竜泰寺の門葉で、華叟正蕚（一四一二―一四八一）派下の三派（長野大沢寺絶方祖奝、栃木大中寺快庵妙慶、群馬茂林寺大林正通）[3]のなかの、大沢寺派下大安寺の末寺で

あるが、識語者傑心盾英は、同じく華叟派下大中寺末傑岑寺の僧であろうと思われる。また、天正二〇年（一五九二）の干支辛卯は実際は壬辰であり、この点については疑問が残り、あるいは再写本かとも思われるが、同寺には天正・文禄・慶長期の切紙も所蔵されており、その意味からも重要な目録と思われる。そして、通例のごとく、これらもすべて道元が如浄より参得相承したと記されるのである。これを分類項目によって整理してみると次のようになる。

(1) 叢林行事―14、23、34、74、105
(2) 行履物―25、26、27、54、56、84、85
(3) 堂塔・伽藍・仏・菩薩―32、75、106、107
(4) 追善・葬送供養―91、98、117
(5) 室内［嗣法・血脈］―2、3、5、7、9、13、15、16、19、20、24、29、36、37、46、47、48、49、50、51、52、63、67、69、70、72、76、79、83、88、96、97、100
(6) 参話［宗旨・公案・口訣］―1、4、10、12、17、18、28、30、31、33、35、38、39、40、44、45、53、57、60、61、64、65、66、68、71、73、77、78、80、81、82、86、87、90、92、99、101、102、103、108、109、110、111、112、113、114、115、116、118
(7) 儀礼［授戒・点眼・行事］―8、21、22、42、43、55、58、59、62、89
(8) 呪術・祈禱―ナシ
(9) 神仏習合―11、41、93、94、95、104
(10) 吉凶・卜占―ナシ

これらの分類に際しては、二項目あるいは三項目にわたるような場合もあって、必ずしも厳密を期し難いことはすでに触れたが、全体を一瞥してみれば、およその傾向は察せられる。すなわち、室内や参話の項目が著しく多くなっていることは明白である。特に参話のなかの看話・公案禅関係切紙については、これを別出しなかったが、「夜参廿八透目録」とあるように、ここではその目録のみであったとみられ、これ以外に門参として別行されていたであろうことが推測される。このように、室内や参話に比重が傾いていることは明らかであるが、叢林行事や行履物の項目も決して少ないわけではなく、その意味においてやはり、修道生活を中心とする古叢林の面影を彷彿させる部分も存する。すなわち、叢林行事関係切紙は、「檀（旦）望仏殿礼」「夜参盤同血脈」「祝聖一句切紙」「巡堂焼香之儀規」「一辺消災呪之切紙」の五種である。

また、先に紹介した『仏家一大事夜話』では、「勤行（三時の行事）」「観音経ノ読誦」「日中祈禱」「日ノ晩ルル行事（放散）」「四時ノ坐禅」「御影堂前ノ法花経読誦」「祝聖之参」「鐘鼓之参」「尊客ノ時勤行止ムル心」「小開静ノ参」「大開静ノ参」「土地堂団子ノ供シ羊」の十二種である。徳運寺所蔵の切紙目録に記載された切紙がすべて現存するわけではなく、また竜泰寺所蔵の『仏家一大事夜話』は、すべて参話形式で記載されるという特殊な形態をとっており、これの元になった切紙の本文がすべて確認できるわけではないが、次に、中世以来の伝統を有しているとみられる叢林行事関係の切紙を紹介してみる。

二　「祝聖切紙」

「祝聖」とは、聖節すなわち国王の誕生日に寿命無窮を祝禱する儀礼で、「祝禱諷経」ともいい、誕生日以外にも、六好日（年六回の生誕の干支にあたる日）、毎月一日・一五日、蔵殿に「天皇陛下聖寿万歳」と書いた祝禱牌を安置し大悲呪や消災呪を諷誦し、国家隆昌もあわせ祈願されものである。その嚆矢は、北魏太武帝の神麚元年（四二八）にはじめて行われたとされ、すでに唐代の『百丈規縄頌』（『禅苑清規』巻一〇所収）にも、

一、遇レ開二啓聖節道場一、或欲二起離雲遊一、須レ候二一次上殿看経一、方可二前去一、無二自軽易一、福田衣下客、自レ古免二征徭一、不三是因二祈禱一、何縁答二聖朝一、叢林逢二聖節一、輪次預看経、事訖方前去、酬恩勿二自軽一、

（曹全、清規、九一五頁）

とあり、特別重要な行事とされ、蔵殿に登って看経していたことが知られる。さらに『勅修百丈清規』になると、巻上の冒頭に「祝釐章」が設けられ、聖節、景命四斎日祝讃、旦望蔵殿祝讃、毎日祝讃、千秋節、善月の各項の定めにより、誕生日ばかりでなく、旦望と八日・二三日の四斎日、毎日の斎粥の二時等に、国王の平安聖寿無窮と国家の昌平を祝禱することが慣例となった。日本の禅林でも中国宋代の慣習が取り入れられ、特に一日と一五日の、いわゆる旦望には、祝禱上堂も行われ、道元もこれを行っていたことが『永平広録』の記載によって知られる。

『瑩山清規』はこれをさらに詳しく定めて、月中行事に位置付け、

一日、粥時維那白槌云、稽首《キシュ》薄伽梵《バギャバン》、円満修多羅《エンモンシュトロ》、大聖菩薩僧《タイシンブザスン》、功徳難思議《クンテナンシギ》、又云、今晨修設五味粥《キンシンシュセウミシュ》〈或云二浄粥一〉、一堂《イタン》、奉為今上皇帝聖寿無彊《ブンイキンワウチシンジュブキャウ》、仰憑尊衆念《ニャンヒンスンシュンニャン》、十仏名如レ常、粥罷鳴レ鐘三会、就二大殿一諷経、或立二今上皇帝牌於正面主位一、主人仏前三尊焼香了、帰二本位一、当面礼二中尊一三拝〈行者若侍者、展二拝席一〉、拝了収二拝席一後、維那諷経、大円満呪一遍、消災呪三遍、大衆合掌誦、不レ著二頭帽一、消災呪始回向始、倶主人焼香、三尊仏前如法荘厳、大衆慇重惶恐、是常礼法也、不レ可二聊爾一、次小師等礼二主人一、粥罷祝聖諷経後、侍者小師等上二寝堂一、請二出主人一、令レ着レ椅、頭侍者一人焼香礼賀、大展九拝也、次参学小師、或法属礼賀、若有二答拝一、或入室小師焼香九拝、若出世小師、不レ群礼拝也、次沙弥童行、或尼衆礼賀、若俗弟礼賀、次上堂、恐祝慇重、

賀謝如法、……、　　　　（曹全、宗源下、四三九頁）

と、祝聖諷経、旦望上堂（朔望上堂）の行法を規定する。さらに回向文については、

祝聖諷経回向　朔望

心性正覚《シンシンシンカ》、大智《タイシ》海蔵《カイサウ》、修成如来《シユシンジライ》、円通聖衆《エンツンシンシユン》、和光同誦《ヲクワウツンズ》、大円満無《ダイヱンモンブ》礙神呪消災《カイジンシウセウサイ》 妙《ビヤウ》 吉祥《キジヤウ》 陀羅尼《ドロニ》、所集鴻因《スシウムイム》、恭為祝延《キウヰシユヱン》、今上《キンジヤウ》 皇帝聖寿無彊《ワウチシンジブケウ》、無量《ブリヤウ》 寿仏《ジフ》、諸尊菩薩《シソンブサ》、摩訶《モコ》薩《サ》、摩訶《モコ》般若波羅蜜《ホジヤホロミ》、　　　　（同前、四四三頁）

と定めている。

祝聖切紙とは、この祝聖諷経の意味や焼香の方法についての秘訣を伝えたもので、たとえば永光寺切紙の「祝聖之切紙」によれば、

（端裏）祝聖之切紙

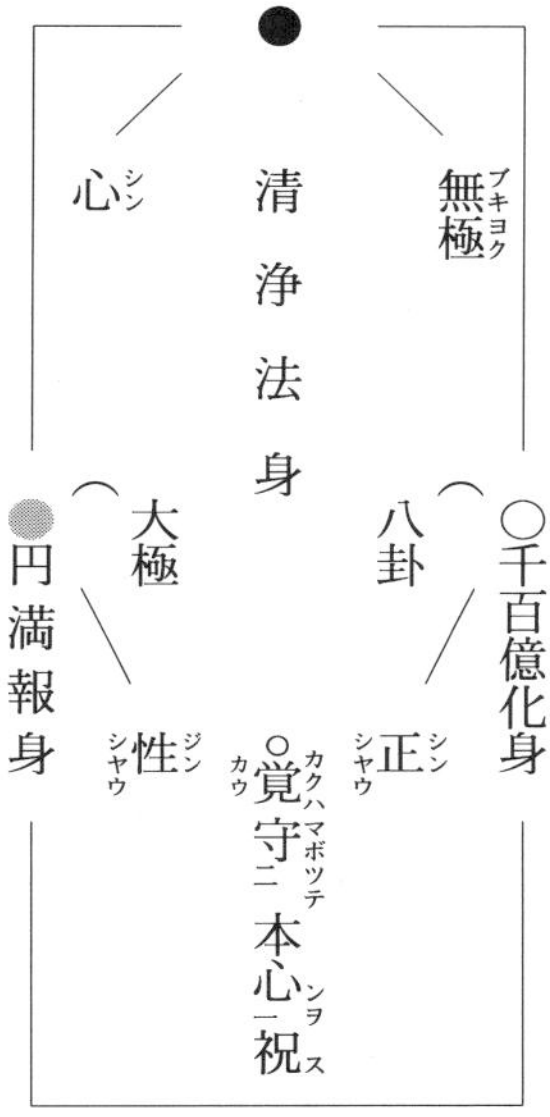

修成《メナル》《シユシン》二如来《ト》《ジライ》一

心《ン》者《トイツハ》法身、性《ジン》者《トイツハ》報身、正《シン》者《ハ》化身也、無極《クトモ》共大極共混沌《コントン》共、未分処《ノロヲ》祝《クスル》也、覚者《トイツハ》、祝《スル》二無心《ヲ》一也、無心《トハ》
本心《ン》也、回向《ハ》無量寿仏祝《ヲスル》也、寿仏《トハ》本心也、本仏也、生死無礙《ゲノ》一仏也、畢竟心《ン》仏心王無《ム》量寿仏《ノ》三体也、大
悲呪前《ノマヘニ》焼香、消災呪時《ノキ》焼香、過《スギテ》焼香、三度也、祝聖《ノ》焼香《ハ》一炷《シュ》三転也、三点一炷《トハ》中《ノウチニ》点《ンズルコト》レ香《ヲ》三度也、所《トコロ》
レ謂《ユワユル》三々九《ク》也、心《ロハ》天帝位《ノクライ》者《ハ》、当《アタル》二飛《ヒ》竜九五《キウ》卦《ノケニ》一故《ヘ》也、見《ミヘタリ》レ易《ニ》、一炷三点中《ノウチ》、默禱《モクトウシテ》云、今上皇帝玉体安
穏《ヲント》、三唱、時《キハトラノ》寅一点也、大衆普《ノ》同問訊《ハ》、仏法王法一致《チ》也、早朝諷経《ハ》、寺中大衆住持《ノキ》祈禱也、一返《ヘン》消災呪《ハ》、
法衣《ノ》祈禱也、就《ツイテ》二先祖《ノ》法衣《ニ》一有《アル》二多難《ユヘニ》一故也、無《ナキハ》二回向一、無始《シ》無終《ニシテ》無《キ》二断絶一心《ロ》也、日中《ハ》住持《ノ》祈禱也、無《ナキ》レ灯《トモシビ》
心《ハ》南方火徳神守護《ノ》祈禱《ナル》故也、〈有《リ》二参禅大事一〉、坐禅《ハノゾク》除二四相《ヲ》一、放参《ハ》其日《ノノガル》逃二悪事災難《ヲ》一、総《サウジテ》而諸行事《ハ》、為《タメ》
レ除《ノゾカン》二貪《トン》慎《ヂン(ママ)》痴《チノ》三毒《ヲ》一也、

本尊与《ト》二住持《ト》一眼々可《ベシ》二相対《アイタイス》一、本尊左眼《ノサガント》維那左眼《ノト》、可《キ》二相対《アイス》一也、
師云、宗門有《ニリ》二祝聖句《ノ》一、祝聖句《ノヲ》、挙《ス》、大円満デ走、師云、何《ナニ》トテ十方三世ヲバ云ワヌゾ、挙ス、ドツコモ
今上皇帝膝下《ノシツカ》ナ呈《ホド》ニ、何《ナニ》ガ別《ニ》ワ申シ走ベイ、

三久ナリ法身 獅子ノ尾ノ如シ、万事出生

化身 片作《ヘンツクリ》不レ離吉《レシ》 報身 化身 故《ユヘニ》草《ソウニ》書《カク》ナリ

法身 山門 修正 祝聖 満散 秘伝ニ云、一切唯心造 火 首《カシラ》不レ出《サ》

報身 宝珠点《ノ》ナリ 片作不離吉《レシ》

首《カシラ》不レ合《セ》、合《アハスレバ》人亡《ヒトホロブト》ヨム也　コレヲフサト、ヨム也　╲是吉《レシ》ヒトアンズトヨムナリ　是悪《アシ、》マヲ、シトヨムナリ

今上皇帝　檀那《ナ》　菴　庵　火字《ノハ》、

首出《カシライデ、》モ不レ苦《クルシカラ》、片《ヘンハ》陰《ンデ》水《ミズ》也、作《ツクリハ》陽《デ》火也、故《ユヘニ》筆方ヲハネズ、火《ハ》火防《デフセグ》ベキ也、火《吉シ》火《悪シ》

祝聖之切紙、代々如レ此秘伝也

東察㊞（花押）㊞

心性正《シンジンシンハ》誦《ヨムモ》三調子《シ》也

附与　嫫良首座

（石川県永光寺所蔵）

というものである。この切紙を付与された嫫良首座は、大乗寺二一世超山誾越（一五八一—一六七二）の法嗣で、永光寺輪住四七六世、加賀（金沢）広昌寺開山の久外嫫（呑）良（?—一六五一）[4]であり、付与者東察は宗竜寺二世明庵東察のことで、元来は師弟関係にあったものであろう。永光寺所蔵の切紙には、慶長・元和・寛永期のものに、この嫫良相承のものが多く見出される。また、切紙中には、東国語の表徴である「走ベイ」のような語法もみられ、切紙相伝が門派を越えて地理的に広範囲にわたって行われるようになった事実を物語るといえよう。

ところで、切紙には本文のほかに、これを図示した大事と、参禅・参等と称して、その口訣を問答体で拈提したものが付随することがある。すべての切紙がこの三種の部分よりなるとは限らないが、永光寺所蔵の祝聖切紙は、同一紙のなかにその三部分をすべて含んでいるという、珍しいものである。すなわち、まず、法身・報身・化身の三身についてこれを図で示し、次に切紙の本文に対する注釈を展開し、口訣を参話の形で示し、さらに「山門修正

祝聖満散」の榜や、仏殿の須弥壇上の本尊前に安置する三牌の書き方まで示すという詳しいもので、このような祝聖切紙はあまり他に例をみないものである。

内容は、『瑩山清規』の祝聖諷経回向文の注釈ともいうべきもので、心・性・正を仏の法・報・化の三身になぞらえ、また大悲呪や、消災呪読誦の際の焼香の仕方とその意味、諷経の時刻、住持や維那の本尊に対する相対し方等について、その意味するところを端的に示したものである。

この永光寺切紙のように、図と大事の双方をそなえ、さらに榜や牌の書式まで示したものはあまり伝授されなかったものと思われる。たとえば近世切紙では、卍山道白下の桂岩孝道なる者が伝えたとされる、駒沢大学図書館所蔵の『室中切紙』巻一の「朔望祝聖回向切紙」によれば、

心性正覚仏宝、大智海蔵法宝、円通清衆僧宝、三宝和光諷誦和呪(秘カ)、祝延帝寿足酬護法、至回向終、三宝総念三句文中、除二十方三世一切仏一、単挙金剛無量寿仏者、用テ表祝寿也、或家有祝聖回向大事、祝聖回向図等之切紙、併是後人私祝全家伝決不可信用也、右嫡々相承至今、(6ウ〜7オ)

とあり、これが一般に伝えられる祝聖切紙の全文であるが、ここでは極めて簡潔な記載となっているのが知られる。さらに同書には、祝聖回向の大事やその図を伝えている切紙も存するが、これは信用すべきものではないとする。そして、これらを具備した代表的なものが永光寺所蔵の「祝聖之切紙」ということになる。

永光寺所蔵の「祝聖之切紙」には、また、諷経中の焼香の仕方もあわせて詳しく記載されているが、この焼香の方法だけを別出して相承された切紙もある。三重県広泰寺切紙の「祝聖焼香切紙」によれば、

祝聖焼香

洞谷山永光大禅刹従二瑩山和尚一至二四門跡一嫡々相承ス、至レ今毎二朔望一於二堂前ニ一鳴レ鐘一会之間大衆集来、到二一

会ニ一紀綱入レ堂、到二三会一住持出テレ室、堂前而向レ外、低声ニ二云ク、天下泰平、福寿安寧、其後左足ヨリ入レ闥立二中央一、低声云、天地同根、万物一体ト、揖而進前シテ、右手ニ拈二焼香一曰ク、震巽離坤兌乾坎良(ママ)、又左手ニ弁レ香曰、艮坎乾兌坤離巽震ト、云了テ、則問訊曰、今上皇帝聖寿万歳ト、其後退二後シテ 中央ニ二三拝、亦進前供二洗米ヲ一、三拝シテ揖ス、其時鳴レ磬、大悲神呪ヲ始、大悲神呪ノ末到二婆耶摩那娑婆訶ニ一、鳴レ磬、其時進前焼香シテ、唱二君臣合道ト一、退後シテ 消災呪三返目ノ始ニ、鳴スレ磬、進前焼香、是回向之焼香也、是主之作業也、

（三重県広泰寺所蔵）

とあり、祝聖諷経における住持の進退や唱える偈文についてまでも、すべて記され示される。この「祝聖焼香切紙」には年記識語等が全くないので、その伝承等については不明であるが、その書写は恐らく江戸中期頃まで下るものと思われる。

さらに、永光寺切紙では、簡単な参話しか見出されないが、『仏家一大事夜話』によれば、

△祝聖之参、師云、祝心ノ道理アリ、一句道へ、云、心王ノ本命元辰ヲ祝シテ走、師云、心王ノ収メ羊ヲ、云、廓然無聖、真俗不二ノ処ヲ収テ走、師云、釈迦ハ何ントテ王ノ祈念ニ祝聖ヲバ誦シタソ、云、仏法王法一致ナ呈ニ誦テ走、師云、心王ノ収マリ羊ヲ、云、極無心ノ処ガ心王ノ収リテ走、云、亦無相無念ノ時キ、只一心テ走、師云、焼香ノ大事ヲ、云、五薫香テ走、五分法身香ノ事也、喚テレ何ヲ五分法身香トハナシタソ、云、戒香、定香、恵香、解脱香、解脱知見香テ走、師云、薫シ様ヲ、云、尽天尽地此ノ薫香テ拄ヘテ走、師云、薫シ羊ヲ、云、坐禅定力ノ時、不断薫シテ走、師云、焼香ノ時キ、香ヲツマンテ円相ヲナシテクブル理ヲ、云、上界ノ諸天声聞縁覚仏菩薩神祇冥道下界ノ竜神我(ママ)鬼畜生修羅人天尽ク一炉ニ収ウカ為メテ走、師云、畢竟ヲ、云、徹底無念ノ時、法身ノ全体テ走、（4ウ）

（岐阜県竜泰寺所蔵）

とあり、祝聖諷経を修する根拠を、王法仏法一致の故として捉え、さらに焼香の大事についても拈提を加えるとい

うものである。ただしこの参は、『室中切紙』で批判される、図と大事をあわせたものとは異なるもののようで、参話だけが独立して別行されていたものを、のちに一本に集成編集されたものと思われる。

　このように、祝聖切紙については、今のところ図だけの別行本は見当たらないが、『仏家一大事夜話』の参話を別行本とみれば、「祝聖之切紙」「朔望祝聖回向切紙」「祝聖焼香」「祝聖之参」と四種類の切紙が存することになる。また、永光寺所蔵の「祝聖之切紙」には、住持の本尊に向かっての相対し方が記されると同時に、維那の場合も記されているが、維那を中心とした切紙には、永光寺切紙に近世初め頃と推定される「維那行事之次第大事」があり、これには、

　第一祝聖ト者、帝王《ノ》御祈禱也、回向ノ誦之拙（ママ）、息ノツキヤウ、足ノ蹈拙肝心也、心性正覚ト三《ツ》ツヽクルワ三也、三内処ヲ見ル、扨テハ混頓未分所《ノ》也、爰ヲ出ツレバ、心性正也、勤《ツト》メテワ寺衆住持一等ノ祈禱也、総シテ祝聖《ニハ》、花松《ニツ》、洗米ノ供ジヤウ、礼拝ノシヤウ、肝心一辺消災呪ハ法衣ノ祈禱ナルニヨリ、無《キ》二回向一ナリ、故住《ニ》持一円相行歩シテ肝心トス、此《ノ》心ワ、無始無終、無《キ》二断絶一事也、是ハ投子《ノ》去身《ヨリ》始ムル、如レ此的師心得ルナリ、

　……　　(石川県永光寺所蔵)

と、祝聖の際の維那の心要が説かれる。これも、祝聖切紙の関連のものとして位置付けてよいであろう。

　さらに、永光寺切紙「仏前焼香之儀式」と題する切紙も、

　　仏前焼香之儀式

　右唐太宋（ママ）宝慶元年〈丁亥〉九月十八日、明州天童景徳禅室堂頭如浄、附道元畢、伏乞、謹奉祝延、本尊正面三足思惟耳、°°焼香、〈戒香・定香・恵香・解脱香・解脱知見香〉、退位合掌、展坐具大展三拝、三々九拝中、誦唱、三帰依、上来七仏、我本師釈迦牟尼仏大士薩埵、大慈大悲広大霊感観世音菩薩、

大転輪王、小転輪王、霊台周遍法界供養等、無二無別無断故三拝功徳、一拝為先天地先真仏祖、二拝三国伝灯之仏祖、三拝今天地間今上皇帝上窮万歳〱万々歳、乃至上界諸〈仏天〉下界諸神、八大金剛、四大菩薩〈扶桑国中〉、皆来聚会、〈広沢比丘〉、摩訶薩、摩訶般若婆羅蜜（ママ）、可読一遍消災呪、即無始無終無断絶儀也、謹奉誦祝聖旦望、開法元正啓祚、〈毎月毎日、小尽廿九、大尽三十日、可莫怠慢者也〉、永平開山道元和尚、二代懐奘、大乗開山義价（ママ）、当山開山紹瑾、二代峨山、無際開山以来至今、嫡々相承而到于吾、々今附上広沢長老畢、

仏子住此地、即是仏受用常在於其中、経行若坐臥畢、臨《テ》二仏殿《ニ》一二拝礼二天地《ヲ》一義、先登《ス》二脚蹉一時《キ》礼《ス》二脚達《ヲ》一、其《ノ》時《キ》脱《ヌク》二片履《タクツヲ》一、是分礼レ地也、脚蹉登了《リテ》、礼レ天、其《ノ》時《キ》冠《カブル》レ衣《ヲ》、是分礼レ天登二道場一時《キ》、於二敷居限《キハニ》一一拝《スル》也、

仰山昼鉤鐃素続相曰、問者鉤鐃、答者素続以レ鉄曲成是鉤言《ト》銘《ニ》無レ舌鐃言、

（石川県永光寺所蔵）

というもので、明らかに祝聖焼香の切紙であり、これも道元より伝来したものとされる。

ところで、従来、切紙の伝授は曹洞宗の各派において行われ残されているが、それら各派の切紙は軌を一にして同内容のものが伝えられていたとされる。(5)しかし、それは近世江戸期になってから、ある意味では集成の傾向が著しくなり一般化する江戸中期以降に限っていえることであり、中世の伝承に関しては、決して画一的には捉えきれない側面を有していることは、これまでみてきた祝聖切紙の一例をとっても理解されよう。このことはまた、叢林儀礼自体が宗派内で一元化されていなかった証拠でもあり、各派それぞれに緊張感をともなった行道が展開されていた実態を物語るものと思われる。

三　「三時行事切紙」

祝聖諷経と同様に祈禱的性格の強い諷経として、三時の行事、すなわち「三時諷経」がある。三時諷経の発生については、面山瑞方も『洞上室内断紙揀非私記』(6)に、

三時諷経断紙

面山謂、三時諷経従二中古一起、共有二回向一、主人大衆共可レ観二回向旨趣一、此断紙謂、粥了大衆一等祈禱、参後当日除災祈禱等者、無益之口訣也、可レ附二揀非一、　（曹全、室中、一二〇五頁）

と記しているように、道元の時代には行われなかったものである。特に粥罷に諷経して衆僧の現世利益を祈願する行事は、永平寺二代懐奘（一一九八―一二八〇）の命を受けて京・鎌倉、さらには南宋の諸叢林を視察して帰国し、永平寺の伽藍・規矩の整備に尽くした三代徹通義介（一二一九―一三〇九）に始まるともされるが、(7)これを明確に儀軌の上に規定したのは『瑩山清規』で、まず粥罷諷経については、

如レ遇二祝聖諷経一者、雖レ不レ打二三下鐘一、必打レ鐘三会、就二大殿一諷経、粥罷大衆随意諸堂焼香、
（曹全、宗源下、四三六頁）

とあり、日中諷経については、

午時斎時也、火鈴遶レ寺後、庫前鼓三下、報二斎時一也、次鳴二大鐘一十八声、是称二斎鐘一、此間就二大殿一、誦二尊勝陀羅尼一七遍、是云二日中一、　（同右、四三七頁）

とある。また晡時の参後の諷経については、

酉時（中略）粥罷衆寮問訊次云、和尚放参、次大殿諷経、打レ鐘一会、或三会、随二主人意一、或楞厳呪、長日或

大悲呪、消災呪、夏中其後帰寮問訊、参後参前詣二諸寮一、必搭二袈裟一、是常儀也、（同右、四三七―四三八頁）

とある。この三時諷経について、通常伝えられている切紙は、駒沢大学図書館所蔵の『室中切紙』（一）によれば、

三時諷経切紙

居常日々粥了日午参後之三時《ニ》、諷誦経呪回向一切三宝諸天竜神、諸伽藍神大小諸神祈、山門鎮静檀門繁昌、弁道安穏諸縁吉利、且粥了時誦一返消災呪、別祈山門繁昌修（僧カ）造無難、於日午又誦一返消災呪、別祈檀門繁昌施主無難、三時用心同貴純一至誠尊注専念、

或家言、粥了大衆一等之祈禱、一返消災呪、法衣祈禱、日午住持人祈禱、参後当日除災之祈禱者、是又一伝也、然未必如此也、（7ウ）

とあるもので、これも江戸期の切紙に関してみるなら、ほとんど異なる内容をもったものは見当たらない。ただし、注意したいのは、「或家に言う」として後半に付記された多少趣を異にするとみられる「三時諷経切紙」で、「是れ又一伝なり」とあるからには、恐らく派を異にする伝承切紙を指しているとみられる。そして、これに相当するとみられるのが、埼玉県正竜寺に所蔵される切紙のなかに存する「日用行事作法祝聖切紙」である。これもやはり道元がこれを伝え、永平寺の室中に相承されたものであるとされるが、それは次のようなものである。

聖

日用行事之作法　道元記〈大宋仁治元年辛丑三月廿八日夜半伝之〉、

先祝聖者、王祈禱也、心性者無極也、正心者混沌也、無極共混沌共未分共、収以祝也、性者此心祝守《ル》也、畢竟回向之心者、無量寿仏《ヲ》祝也、仏心王無量寿仏也、大悲呪之前焼香畢《テ》、消災呪之時、亦過《ル》時《ノ》焼香《ハ》回向焼香也、早朝《ハ》大衆一等之祈禱也、一返消災呪者、法衣祈禱也、是先祖法衣《ニ》多難有故《ルニ》、為《ニ》レ除《カ》レ之《ヲ》呪也、無回向、無始無終《ニシテ》無断絶境也、日中者住持《シノ》祈禱也、維那住持腋《ニ》之可レ始《ナリ》、無レ灯《ビ》

者日中者南方火徳霊神之守護之祈禱也、放散者難遁也、惣而三時之行事《ハ》、為《メ》レ除《ンガ》二貪瞋痴三毒《ヲ》一伝此法一主之統領《ト》成也、

先本尊三拝、次《ニ》左手《ニテ》焼香二柱、君臣合道《ト》唱也、能護持《セヨ》、

従永平室中直伝

詔堂拝

（埼玉県正竜寺所蔵）

この切紙を所蔵する正竜寺は、江戸期に関三箇寺の一として宗門支配の任にあった越生竜穏寺の直末寺院であり、また詔堂は同寺九世普満紹堂（一六〇一―一六七六）のことで、永平寺二九世・竜穏寺二二世鉄心御州（？―一六六四）の法嗣である。この切紙も、鉄心より伝授されたものであり、「従永平室中直伝」とあるから、鉄心の永平寺住持以後の伝授であろう。そして、「仁治元年（一二四〇）三月廿八日」に道元が自らこれを伝えたとしており、道元以来の相承物にしようという意図がうかがわれるが、年代的には全く整合性を欠き、捏造の痕跡を露呈している。恐らくこの年時は、従来如浄との初相見の年とされている「大宋宝慶元年」からの連想であろう。内容は、まず、祝聖諷経の回向文の解説に始まり、焼香の方法にも及ぶが、これらは上記の「祝聖諷経切紙」の一部をなすものであり、このように三時諷経とともに祈禱諷経として一括して示された切紙もあったことが知られ、上記の「祝聖切紙」にさらにもう一種を加えることができよう。

この祝聖諷経と同様の祈禱行事として扱われるのが、早朝の大衆一等の祈禱、すなわち法衣祈禱としての一返消災呪、日中の住持祈禱、晡時の参後の祈禱の「三時諷経」であり、これが、先に触れた別派の一伝であるとして『室中切紙』が伝える「或家に言う」所の切紙の内容そのものである。しかも、この切紙では、三時諷経は貪瞋痴の三毒を除かんがために修されるとするが、このような受容の仕方は『仏家一大事夜話』の「勤行（三時ノ行事）」

にある、

師云、勤行《ゴンギャウ》ノ二字、先ツ勤《ゴン》トハ何《ナニ》ヲツトメタソ、云、識情ヲ犯サズ塵労《ヲ》起サズ、時々ツトメテ走、師云、行《ギャウ》ヲ云ヘ、云、坐禅修行怠タラヌカ行テ走、師云、落居ヲ、云、無心無念カ勤行ノ畢竟テ走、臥輪ノ修行ナリ、師云、何《ナニ》トテ三時ノ行時《（事カ）》トハ云タソ、三時ノ定メヲ、云、過現未ヲ一致《ニ》観念スルニ依テ三時ト定メテ走、其ノ落居ヲ、云、徹底無心無念ノ時《キ》、法報応ノ三身ガ一ツニ帰シテ走、師云、畢竟ヲ、貪嗔《（瞋）》痴ノ三毒ヲ除カン為メテ走、（1オ）

という参語にまさしく相応する。『仏家一大事夜話』の本則や切紙の本文については、個々の項目について検討されなければならないが、「勤行（三時ノ行事）」に関する切紙の本文は、通常の「三時諷経切紙」ではなく、『室中切紙』がやはり批判的にみている、正竜寺所蔵の切紙にみられるような三時の行事を内容とするものであったと推測され、こうした点からも、中世の曹洞宗切紙の内容が各派ほとんど同一であったとするような結論にはやはり達し得ない。

この三時諷経に関連して、さらに別行の切紙がある。すなわち、徳運寺所蔵の切紙目録にも記載される「一返消災呪切紙」であり、やはり中世以来の伝承を有する切紙と思われる。中世書写の当該切紙はまだ収集していないが、永平寺三〇世で、前記の鉄心御州の法嗣、光紹智堂（?—一六七〇）所伝の切紙を謄写した、駒沢大学図書館所蔵の冊子本の『室内切紙謄写』によれば、次のようなものである。

一返消災呪切紙

先当胸合掌《シテ》身心一如ノ相ヲナシ、向二仏前一南無消災熾盛光王如来ト念《シテ》、光明灌頂《ノ》相《ヲ》存《シ》、怛姪吒唵《（ママ）》処《ノ》《ニテ》維那《ノ》小磬一声聞《ヲテ》、左足《ヨリ》進《ンテ》卓前《ニ》至リ、叶々ノ処ニテ右足《ニテ》蹈《ミ》止マレバ、左右合《シテ》十二歩《ナリ》、卓前《ニテ》香《ヲ》拈《シ》、炉《ニ》向ツテ一円相打《ヲシテ》焼香《シ》、嚩(ママ)囉入嚩囉《ノ》処《ニテ》転身《シテ》外《ニ》向《ヒ》、底瑟吒(ママ)々々々ノ処《ニテ》左足《ヨリ》進《ンテ》本位《ニ》帰《リ》、婆発妃(ママ)々々々《ノ》処《ニテ》右足《ニテ》蹈《ミ》止マリ、扇底迦ノ処《ニテ》転身《シテ》仏前《ニ》向《ヒ》、合掌ノ手《ヲ》以一円相ヲナシテヨミ収《ル》也、如レ前進《テ》本位《ニ》帰《レバ》、往来間《ノ》自然《ニ》一円相《ニ》ナル也、焼香ノ時ノ円相ト収メ派ノ円相《ト》共ニ三円相《ヲ》得テ心ノ三点《ヲ》表《ス》、進モ十二歩、帰モ十二歩、流転還滅ノ二種ノ十二因縁ノ数《ニ》当《ル》也、全体現前シ、尽十方遍法界一時《ニ》光明三昧《ノ》中《エ》円摂《シ》、消災吉祥《ノ》功徳《ヲ》蒙ラシムル者、是一返一心ノ然ラシムル也、慇重ノ想ヲナスベシ、軽忽ノ念ヲ存スルコトナカレ、

嫡々相承而永平室中今尚如此（47ウ～48ウ）

この「一返消災呪切紙」は、『消災妙吉祥陀羅尼』を一回読誦する間に、進前焼香して位に帰るまでの歩の運び方、焼香の仕方等についてやや詳しく書き記したもので、これについてはまだ異種の切紙は発見していない。なお、この祈禱において回向文が読まれないのは、先の正竜寺所蔵の「日用行事作法祝聖切紙」によれば、「無始無終無断絶」の儀を意味すると解され、これは上記の永光寺切紙の「仏前焼香儀式」にも通じる。

なお、この切紙にはさらに別に記文並びに口伝が存し、『室内切紙謄写』では、記文と口伝は別個のものとされているが、久外媄良所伝のものはこれを一緒にして大事口伝としている。次にこれを掲げておく。

一返消災呪之那行那歩之大事口伝在之、伏《シテ》以《レバ》三世《ノ》諸仏有《リ》二加護一四時《シイシ》無《シ》レ災《サイ》、八節《ニ》有《リ》二悉《コーク》消滅一、降《アマクダッテ》二諸天一長《トーニ》遊《ブ》、功徳常口《カウ》此《ノ》呪《ヲ》誦《ゼバ》者、吉祥如意《リ》也、若《シ》此《ノ》呪《ヲ》須臾《モ》不《ズ》レ措《サシオカ》、常《ニ》誦《ゼバ》者、願望可《ベキ》二満足《タルリ》一也、

曩莫三満多　過去現在未来《ノ》之諸仏也

母駄喃　清浄法身毘盧舎那仏《ノ》名号也、

阿鉢羅底　盧遮那仏《ノ》之眷属也、

賀多舎　不動之眷属也、

婆曩喃　本師釈迦文仏也、

怛姪他唵　一切《ノ》聞《テ》二鬼神《ン》此《ノ》唵《ノ》字《ヲ》一、悉皆合掌《シテ》受《ル》二仏言《ノコトバヲ》一也、〈亦聴《ク》二仏言《ヲ》一トモ〉、

佉佉　文殊菩薩之眷属也、

佉呬佉呬　普賢菩薩之眷属也、

吽吽　降《クダリ玉フ》二　一拾《ジウ》八宿九曜之諸仏一也、〈嗣書ノ時ワ此ノ間ニ師資トモニ名ヲカキ附授トカク也、降
二十八―仏ト大過―仏ノアイダ也〉、

入嚩羅々々々　大通智勝仏之眷属也、

嚩羅入嚩羅々々々々々々　一切香花自在仏之眷属也、〈亦一切皇仏ノ眷属トモ〉、

底瑟姹々々々　弥勒菩薩之眷属也、

瑟致哩々々々　八万四千之金剛之名号也、

娑発吒々々々　金剛菩薩之眷属也、

扇底迦　降《ガウ》障《シヤウ》菩薩執《シユ》金剛《コンゴウ》童子也、

室哩曳　妙吉祥菩薩之名号也、

娑婆訶　熾盛光仏之本尊之名号也、

右此呪、日三度読誦者、諸悪事悉除如意可満足也

量山（花押）

附授嫉良畢

（石川県永光寺所蔵）

この切紙の前半が口伝であり、後半の呪の文にそれぞれの仏・菩薩及びその眷属を配する部分が記文である。

以上、叢林恒例の行事の内、「祝聖諷経」及び「三時諷経」の祈禱関係の切紙について、明らかに近世成立の切紙と、中世的趣旨を残しているものについて比較し検討を加えてみた。これらを通してみただけでも、江戸期になり各派の切紙が統一化画一化されるに先立って、種々の形態のものが存したことが知られるが、また、別派の切紙類にも同一旨趣のものが存することも確認できた。そして、切紙資料が全国的規模で統一化されるに至る過程は、かなり紆余曲折があることが予想されるが、以下、順次「叢林行事関係切紙」を紹介検討しながら、この間の事情についても留意していきたい。

四「巡堂切紙」

上述のように、長野県徳運寺所蔵の天正二〇年（一五九二）の年記を有する「切紙数量之目録」には、一二〇種の切紙目録が記載されていたが、そのなかで叢林行事に関する切紙として分類したものは、「檀《旦》望仏殿礼」「夜参盤、同血脈」「祝聖一句切紙」「巡堂焼香之儀規」「一辺消災呪之切紙」等であった。これらの中の「祝聖」や「一辺消災呪」についてはすでに紹介したので、次にこれら以外の叢林行事関係切紙について、まず「巡堂焼香之儀規」についてみてみる。

普通、巡堂とは、僧堂内の各単の間を巡り歩く巡堂を指し、住持巡堂、大衆巡堂、首座巡堂、維那巡堂、参頭巡堂、都寺巡堂、知事巡堂、請客焼香巡堂、沙弥巡堂等、種々の場合がある。(8) その目的は、坐禅、茶礼、念誦、大坐参、結制、聖節、掛搭、点湯、参堂等と種々異なるが、いずれも僧堂内を巡って衆を請する儀規である。そしてこの僧堂内を巡るということの意味、意義を拈提したのが巡堂切紙である。一例を埼玉県正竜寺切紙類のなかより紹介すれば、次のようなものである。

（端裏）巡堂之貴裡紙

巡堂転処参話

先巡堂ワ生死之始終ノ二ッ也、初メヨリ竟リマデ一円空トスベシ、此ノ時キ三世ノ諸仏此ニ余《アマル》無シ、経呪ハ人々ノ可《シ》レ任レ心《ニ》、シカレ共消災呪ヲ読ミズテニス可シ、殿中ニ不《ル》レ入間ハ無極也、問訊合掌ス、唐戸ノ間ヲ入ル処ガ極マリナリ、礼拝シテヨルワ二儀天地ト分ツ、焼香シテ退テ望《ム》二礼拝《ニ》一処ガ四象《四方ナリ》、又声色也、三拝シテ坐具ヲ開クワ八卦也、八方也、此ニ漏《モレ》タル諸仏ナシ、サテ三牌ノ前ニ香炉ノ置様《ヲキ》ハ、心ノ字ノ点ヲ表シテ置ク也、心ト拈ズル処デ一円満也、サテ香ヲタキ拈スル時キワ、尽天尽地諸仏諸神有《リ》二此中《ノニ》一ト拈ズル也、退テ前ノ如ク問訊合掌ノ時《キ》、天地六根六識ヲ収ル也、善悪ノ沙汰ナシ、サテ合掌ヲ開ク処デ、何レノ　忘（ママ）想妄念ヲモ開ク可シ、

一説ニハキット開ク処デ妄相（想）忘念ヲ拾（捨）ル也、又大指《ユビ》ヲ隠ス、是ハ魔指ナル故也、無名ノ指トモ云也、十指ヲ皆開クワ、抱レ仏心《ヲ》也、　サテ了テ坐具ヲ畳ム処デ、前ノ如ク元トノ足ドニ帰スル也

永平道元大和尚　　　寅碩九拝

（埼玉県正竜寺所蔵）

この切紙に年記はないが、伝受者寅碩は正竜寺六世大久寅碩（?―一六二八）であり、寅碩は元和五年（一六一九）に正竜寺に入院するが、(9)同寺所蔵の『高根山主歴代伽藍年譜記』によれば、「六世和尚、慶長十〈乙巳〉年五月三日、伝附既畢（花押）」とあるので、慶長一〇年（一六〇五）五月三日、同寺五世繁室良栄（?―一六〇六）より伝授されたものと思われる。また、切紙の「寅碩」の部分は前の伝受者の上に重ねて書かれた形跡があり、切

紙にはこのように全文を新たに書写することなく、前代より伝来のものをそのまま名前だけを書き加えて伝授する例はしばしばあり、こうした状況から、この切紙そのものは、寅碩以前の書写とみてよいことになる。

ただ、切紙そのものの内容として問題となるのは、「サテ三牌ノ前ニ香炉ノ置様ハ、云々」とあるように、この巡堂は必ずしも僧堂巡堂だけを意味しているわけではないことである。三牌とは、仏殿の本尊前に配列安置される三種の寿牌で、左から「皇后斎年」「皇帝万歳」「太子千秋」の順で定立されたり、あるいは「南方火徳火部聖衆」「今上皇帝聖寿無疆」「檀那本命福禄寿星」の三牌であったりするもので、この点を考慮するなら、この「巡堂之遺

（端裏）七堂図

七堂図 寺ハ南面ニ立ルモノナリ、七堂ハ人形体ニカタドリ作ルナリ、卞形容七大ナリ

方丈（之ハ如人首也）

斎堂（之ハ如人左手也）（或名㆓食堂㆒云㆓庫裡㆒也）

浴室（之ハ如人左脚也）（又名㆓風呂㆒）

法堂（影堂）

仏殿（之ハ如㆓人心胸㆒也）（又云禅堂）

三門（之ハ如《シ》㆑有《ルカ》㆓人元根㆒）（又云天王殿）

僧堂（之如人右手也）

浄頭（又云雪隠）（之如人右脚也）

伽藍神（是レハ仏法ノ守護神 及十八伽藍神ナリ 日鎮守ナリ三科 十八界ノ表相也）

総門

土地神（是レハ其寺々ノ山 神地神ノ社ヲ立ル ナリ）

裡紙（切紙）」は、僧堂巡堂ではなく、七堂伽藍を巡堂焼香する意を中心としたものと解した方がよい。そうした意味において徳運寺所蔵の切紙目録に見られる「巡堂焼香之儀規」という切紙は、一般に「七堂図」、あるいは「禅林七堂図並参」として伝承されている切紙を指すとみる方が妥当であろう。たとえば、三重県広泰寺切紙の「七堂図」は、前頁のようなものである。

師云、仏殿裏ニ焼香シ、山頭ニ合掌ス、又云、向山門拶眼シ、向仏殿低頭、且道、如何是方丈、学云、大極以前ガ方丈デ走、師云、大極已前ニ此話無キト云ガ、何ントテ方丈デハアルゾ、学云、此話無キガ主人ノ位デ走、師云、明暗ハ且ク止ク、妙中妙、玄中ノ玄ト云バ作麼生、学云、至妙至玄ノ処ニ云コトハマサツテコソ、師云、法堂ハ如何、学云、軌則日ニ厳令、師云、仏殿ノ主ヲ、学、師ノ前ニ入テ叉手シテ立、師拶云、其レガ何ントテ仏殿ノ主デハアルゾ、学云、叉手ノ当胸直ニ愛（爰カ）ガ好箇ノ仏殿デ走、主ハ自ラ其中ニ安在シテ走、師云、恁麼ノ着語ヲ、学云、大通智勝仏、十劫坐道場、師云、庫裡ハ如何、学云、嗞（滋）味ヲ著ルガ庫裡デ走、師云、何ントテサデハアルゾ、学即チ拠坐良久、師云、僧堂ヲ、学又安坐良久、師、旨趣如何、学云、空々寂々トシテ人不通、師云、不審作《シ》二得《ル》何辺《ノ》事《ヲカ》一、学云、截二断《シテ》仏祖走、師云、風品《呂乎》ヲ道、学云、心田ヲ浄ムルガ風呂デ走、師云、浄メ羊ハ何ントテ、学云、一千七百則ヲ耕シ尽スガ浄メ羊デ走、師云、浄頭ヲ云ヘ、学云、世辺ヲ浄ムルガ浄頭デ走、師云、何ントテ浄頭ガ出世辺デハアルゾ、学云、下ルハ古路デ走、師云、山門ハ如何、学云、荘厳スルガ山門デ走、師云、ソレハ何ントテ山門デハアルゾ、学云、カサルハ皆ナ面デ走、師云、七堂畢竟如何カ会取ス、学云、三科七大デ走、又七ハ卍字ノ標相デ走、師云、畢竟其主人ハ何ノ堂ニ住スルゾ、学云、如二楞厳経七処徴心一、何レノ堂ニモ住着無ク、又七堂ノ外ニアルデモソワヌ、師云、未在更道、学低頭而退、

（三重県広泰寺所蔵）

この切紙は、師家と学人の問答体による、いわゆる参話形式のものであるが、内容的には、前記の巡堂儀礼そのものの心得というより、むしろ禅宗の七堂伽藍の口訣ともいうべきものになっている。そして、この切紙のもとになる切紙は「七堂図」あるいは「七堂之図」といわれる、七堂伽藍を人体の各部に合わせて図形化したものである。その例を一、二示せば、広泰寺切紙中には、

（端裏）仏・七堂之図形

仏殿裡焼香、山門頭合掌者、此一人《ヲ》拝《スル》故《ニ》、此一人守護也、

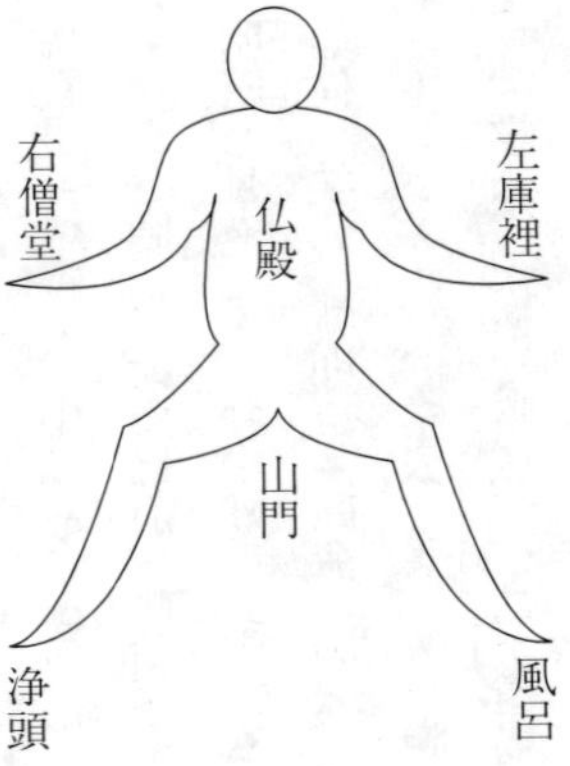

礼拝者《ハ》、一礼《ハ》天地先《タル》活祖、相見《ハ》三国伝灯相見、三拝《ハ》合掌皇帝、

天童如浄禅師道元和尚与、代々相承而今老融山伝附英刹畢

（印）（印）

花叟在判

（三重県広泰寺所蔵）

というようなものであり、また前述の正竜寺六世大久寅碩所伝のものとして、天正一七年（一五八九）の年記を有する次のような切紙がある。

（端裏）七堂図　六代

于時天正十七年五月廿八日、万歳至祝、可秘々々、

仏殿裡焼香、山門頭合掌

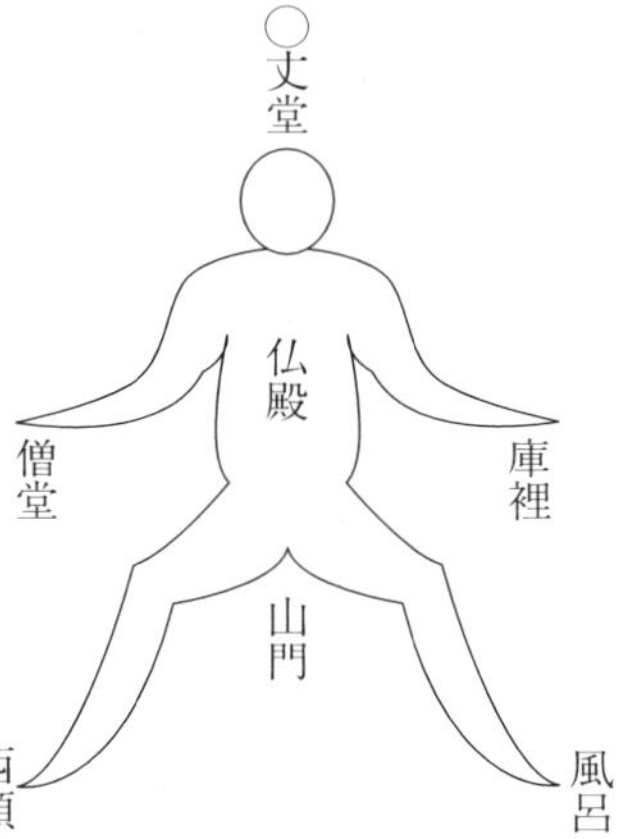

礼拝者天地之前之活祖、相見二八

三国伝灯、合掌皇帝

此一人拝敬、此一人守護所也

沙門寅碩

（埼玉県正竜寺所蔵）

さらに、七堂伽藍に関する近世の切紙の一例を示せば、富山県高岡瑞竜寺七世無文良準（一六六五―一七二八）

所伝のものに、

（端裏）　七堂図切紙

禅林七堂図切紙

（七堂図略）

禅林《ノ》殿堂、何只限《ン》レ七《ニ》、祖師堂、土地堂、照堂、経堂等不レ暇二枚挙《ニ》一、故《ニ》中華《ノ》禅林《ニ》無二七堂《ノ》説一、但於二此方《ノ》禅林《ニ》一、喚《ノ》二上所レ図者《ヲ》一謂二之七堂《ト》一也、或家有《ニ》二馬祖七堂《ノ》切紙、山門《ノ》切紙、問訊《ノ》切紙、焼香《ノ》切紙、七堂《ノ》参話等一、併是後人《ノ》私説、全《ク》非二家伝《ニ》一、決《シテ》不レ可二信用一也、住持之人、以《テ》二伽藍界内一為《ス》二自己《ノ》一身《ト》一、是《ノ》故《ニ》一切時中不レ離二法堂一、語默動静常転《ニス》二法輪一、一切時中不レ離二仏殿《ヲ》一、開眼合眼常観《ニル》二如来《ヲ》一、一切時中不レ離二食堂《ヲ》一、法喜禅悦常転《ニ》二食輪《ヲ》一、一切時中不レ離二浴室《ヲ》一、浄触宣明常悟《ニル》二水因《ヲ》一、一切時中不レ離二山門《ヲ》一、一出一入常了《ニス》二三脱《ヲ》一、一切時中不レ離二東司《ヲ》一、知レ慚知レ愧《テ》常得二清浄《ヲ》一、一切時中不レ離二僧堂《ヲ》一、坐臥経行常証《ニス》二大定《ヲ》一、如レ是巡堂不レ可レ不《ンバアル》レ知、大凡諸堂《ノ》各処《ニ》有二所《ノ》レ主《トル》聖像一、日日巡堂焼香問訊《シテ》、或行《ハシ》二礼拝《ヲ》一、或誦《シテ》二経呪《ヲ》一、慇懃鄭重《ニ》答二護念《ノ》徳一也、但如《ンハ》二法堂《ノ》一、住持之人、演法処《ナル》故《ニ》、雖レ不レ設二聖像《ヲ》一、座《ハ》是須弥灯王所坐《ノ》座、堂《ハ》是善眼羅刹王所主《ノ》堂、切《ニ》須《ク》下念二想《シテ》灯王善眼一以致《ス》中焼香問訊《ヲ》上也、

右嫡々相承至今

現在瑞竜良準授与愚謙

（印）（印）

（石川県永光寺所蔵）

という切紙がある。この良準が伝えた「七堂図切紙」によれば、焼香切紙、七堂参話等は後人の私説であって信用

するに足らないものとされる。しかし、七堂伽藍に関する参話は良準の室内には伝承されなかったものの、中世所伝のものが存したことは確実であり、禅林生活にとって七堂伽藍の意味が問われ続けていたことは、かなりの七堂図関係の参話切紙の参遺存例によって明らかである。その具体例を、大安寺四世隆谷呑紹所伝の切紙によってみてみる。

七堂参

○師云、先ツ方丈ヲ、代云、大極已前ガ方丈デ走、師云、大極以前《ニ》無《シ》㆓此話《ノ》㆒ト云ガ、何ントテ方丈デワ在ルゾ、代云、此話無イ処ガ主人ノ住処デ走、師云、其コニ句ヲ、代云、無《ク》㆓明々㆒、暗《ニ》無㆑暗、師云、庫裡ヲ云ヘ、代云、此《ノ》慈味《シイミ》坐《ヒ》シテ慈味《シイミ》ヲツクルカ庫裡デ走、師云、何ントテシイ味ヲツケタゾ、代云、早朝喫粥午日喫飯カシイミ□、師云、シイミノツカヌ処ヲ、代云、飯裡有㆑沙、泥中有□(棘)ト踏着シテ走、師云、時《キ》如何、代云、曾《テ》不㆑知、師云、僧堂ヲ、代云、良久ス、師云、其ワ何《ン》トテ僧堂デワ在ルゾ、代云、空々寂々ト用得テ走、師云、ソレガ甚麼トテ、代云、仏祖ヲ截断シテ走、師云、其コニ句ヲ、代云、常磨《ス》吹毛ノ剣、師云、仏殿ハ□、代云、此□身向デ走、師云、アルガ両手カナントテ仏殿ニハワ在ルゾ、代云、良久シテ云、末《ツ》爰々ガ好箇ノ仏殿デ走、師《シ》云、好箇仏殿ニ仏ワ無イガ、ナントテ向去却来デワ在ルソ、代云、本空ノ一仏ト見レバアッテ走、師云、如何是空《ノ》一仏、代云、大通智勝仏、師云、風呂ヲ、代云、一千七百則掃尽《ヲハライツクス》ガ清《キヨイ》証拠デ走、師云、猶《ヲ》モ子細《ニ》セヨ、代云、掃尽々々ト掃デ走、師云、現来ノ処ニ句ヲ、代云、来ニ無㆓住処㆒更無㆓方処㆒、師云、浄頭ヲ、代云、出世辺□浄頭デ走、師云、何ントテ、代云、其レワナントテ、代云、仏ノ一字デ我心辺ヲケガスガ浄頭デ走、師云、恁麼時如何、代云、其《ノ》蔵《ス》㆑命《ヲ》丈六《ノ》中《チ》、代云、蔵身ニアルト見レバヨゴレ路デ走、師云、其体デ治シタイヨ、代云、内外玲瓏徹底空寂、師云、山門ヲ、代云、荘厳山門デ走、師云、其《ノ》証拠ヲ、代云、マコトニ面□具ヲカケルガ、影象ノ山門デ走、師云、内不住根本ニ、外不レ渡二諸縁一処ヲ、代云、一円相ス、師云、着語ヲ、代云、首尾拈来総是一般、師云、此ノ内主ヲ、代云、此人ノ知音ヲ犯ス、不渡思惟、不渡□意形ナイガ、スデニ是以我伽藍ノ処カ、ナントテ七堂トハ分タソ、代云、一口一印中ト分テ走、師云、伽藍中ノ主ヲ、代云、両手握不レ開、

宗門七堂参、真如寺全丁和尚　　沙門呑紹拝

（長野県徳運寺所蔵）

ここでは、通常は七堂伽藍の法堂に相当する建物を「方丈」とみなされているが、これは、前掲の埼玉県正竜寺所蔵、天正一七年所伝の「七堂図」の「丈堂」にもその痕跡を残している。これは、禅宗寺院の建築様式としては、臨済宗の伽藍機能の変遷にみられる、方丈の法堂化を物語るもので、近世の曹洞宗においても、本尊を方丈に安置し、ここで主な法要を行うことが一般化し、いわゆる「客殿型法堂」の形式が成立するが、正竜寺切紙も含めて、これらが法堂変遷の前史をも反映した、極めて珍しい記録といえる。(10)

なお、七堂伽藍関係の切紙は、内容からみて、切紙の一〇種の分類項目に配当すれば、第三番目の「堂塔・伽藍・仏・菩薩」の口訣とも解されるが、しかし成立史的には、住持による七堂伽藍の巡堂焼香の方法、意義などの究明に端を発したものであり、ここでは一応叢林行事関係切紙のなかに位置付けておきたい。

五　「夜参切紙」

日本における中世禅宗界の修道生活の実際が、臨済、曹洞を問わず、公案禅・看話禅と呼ばれる、公案話頭を看話工夫する禅風であったことは衆目の認めるところである。そしてこの公案参得のための手引書も今日にまで多く

伝えられており、いずれも秘密伝授を建て前としたことは、すでに触れた。その手引書が、曹洞宗関係のものは門参あるいは本参、秘参、伝参、秘書、参禅等と呼ばれ、臨済宗では密参録、密参覚帳等々と呼ばれることも指摘した。

ところで「夜参」とは、本来中国禅宗では「朝参」に対して晩間に行われるいわゆる「晩参」のことであり、『臨済録』等にみられる用例はすべて、住持による公開の説法であった。しかし、日本の中世禅宗では、洞済を問わずに盛行した公案参得の禅の風潮と相まって、この夜参は師家と学人による公案拈提と参得の意味にその内容は変化した。そして、岐阜県竜泰寺所蔵の門参『宗門之一大事因縁』の冒頭に、この「夜参」の伝承に関する注目すべき記載があることはすでに指摘したが、再びその重要な部分だけを示すなら、(11)

曹洞宗乗者、石頭一派出タゾ、我カ先祖達磨円覚大師ヨリ、第六世恵能大師、五祖ノ弘忍於テ会裡ニ、碓旁行《アン》者トナル、昼夜ニ此事ヲ拈得シテ、喫茶喫飯ノ隙ニダモサシヲクコトナシ、工夫順（ママ）熟シテ自然ニ根本智ニ透入ス、透入シタト云テ、凡境ヲ打破シテ透入スルニアラス、ソツトモ境界ヲ損ザヽズ、心智ニ当得ス、心智ト者ハ、不思善不思悪本来ノ面目ヨ、青原既ニ得テ此旨ヲ、六祖々紹ク、石頭ハ又青原ニ承嗣ス、其ノ流レヲ扱（汲カ）ンダル宗旨ナ呈ニ、毫髪モ違却スベカラズ、（中略）故ニ永平和尚於テ天童ニ此ノ身心ヲ脱落ス已前ニ、建仁開山敞《シヤウ》和尚ニ参敞ハ高—シテ、ホカラカ也、陽唐ニ入、已後渡唐ノ時キ、弟子明全和尚ヲ拝シテ既ニ血合嗣法ノ旨ネ其ノカリレ無シ、雖然未身心不脱落レバコソ於天童山ニ打眠ノ次ニハ、脱落ノ時節ニ相イマシ〳〵ツラウ、只タ見ミタル処ニ聞イタル処ハ少シ子（ママ）ヘシケナリ共、常ニ眉ヲシワメテ外《ケ》塵ニフケラスンバ、一度ビ出期ノ時節アルベシ、第一ニ此ノ身心脱落ヲ可キ参ス者ノ也、（中略）夜参ト者ハ、日本ニ云処ノ語、陞堂、上堂ノアル、則ンバ小参アリ、晩参アリ、日本ニモ此旨ハアリトイヱドモ、霊和尚老後迄、此旨ヲ不ス許給、御遷化ノ砌リ、於青原山永沢寺ニ、行イ初メ玉ヱリ、然ハ陞堂、上堂無《キ》レ之間《タ》、一揆ト号《シ》、朝参ト名《ケ》、晩参ヲ号《シテ》二夜参《ト》一ト云、此ノ大法ハ嗣法伝底ノ法師、第一人ニ可付者也、然間、自余此旨ヲ不二許玉一、最乗開山了庵和尚一人ニ付之玉ヘリ、其ノ余ノ九派ハ傍出也、了庵モ又々如レ此ナルベシ、夜参ト者ハ、密語也、陰法ヲ云也、朝参ト者ハ、顕也、陽法也、陰陽ニ比シタト云テ、陰気陽光属《ニ》シタトミベカラズ、其ノ言ヲ借也、朝参ハ顕法ナルガ故ニ、時々回互ノ幾(ママ)可レ有、夜参ト者ハ、密語ナル呈ニ、時々不回互ノ幾アルベシ、只サシヲカズ、此ノ書ヲミテ、工夫領解スベキ者也、転凡入聖用之一転凡入聖ノ格、ドレモ転凡入聖ニワハヅレマジキコトナレドモ、句ノ骨格ヲ云ベキ為ニ、如レ此―也、(1オ〜2ウ)

とある。すなわち通幻派の伝承では、「夜参」は達磨や六祖慧能・青原・石頭以来の伝統ある参学の仕方で、道元も栄西・明全に参じ、さらに中国天童山の如浄のもとで夜半の参学で身心脱落したとし、これを伝えて陞堂・上堂・小参・晩参を行ったという。しかし通幻寂霊は、最晩年に至るまで、「夜参」「朝参」という形式でこれを行うことは許さず、老後、すなわち陞堂・上堂による提撕が不可能になるにしたがい、「一揆」「朝参」「夜参」という形式でこれを行うようになり、しかも「夜参」＝密語・陰法、「朝参」＝顕語・陽法と位置付けて、特に夜参による参究は、嗣法有資格者だけに伝えるべきとされるに至ったとする。この記述の歴史的経緯そのものの検討は別にして、この通幻派の伝承は切紙においても重要な課題であり、広泰寺切紙「夜参大事之切紙」にも、

(端裏)　夜参大事之切紙

夫夜参《ト》者、宗門一大事因縁也、叶《イ》レ句不《ニル》レ叶レ意則《ンバ》、見《テ》レ形《ヲ》如レ不レ見レ真《ヲ》、叶《イ》レ意不レ叶レ句則《ンバ》、不レ円二正宗《ヲ》一、意句合好相応、句々血脈連属《シテ》如レ鉤如レ鎖者《トノ》、是《レ》我《カ》宗《ノ》正的也、隠密肝要句義等、法師一人《ノ》外《ニ》不レ可レ許レ之、若又属《バ》二流布《ニ》一、我宗《ノ》的要擲《レ》二泥中《ニ》一者乎、吾《レ》今《マ》授《ク》レ你《ニ》、々能護《ク》持《シテ》即《チ》荷二扶《シテ》宗乗《ヲ》一、莫レ令《コト》二断絶々々〱、寂霊在判
此外《ノ》挙唱不レ可レ有之

○尽――自己　○尽――偏（ママ）　○尽――始
○不尽――目前　○不尽――正　○不尽――本
一致　不二

此外挙唱不レ可レ有レ之

寂霊授恵明
恵明授無極
無極授月江
月江（授脱カ）密山
密山授謙叟
謙叟代々
流伝頼閑
融山授英刹

住山海眼伝法沙門方祝樵子（印）（印）
于時寛永十七〈庚辰〉年二月吉日　伝附英刹畢
（三重県広泰寺所蔵）

とあり、『宗門之一大事因縁』の記述と軌を一にしている。ここで問題になるのは、主に夜参で取り上げられる参究課題の内容ということになる。

ところで、すでに述べたように、「門参」の内容とは公案参得のための、室内参禅の方法を記したものがあり、著語・代語の方法がその主流であるが、本来機関の語であるべき禅問答が記録によって残されるところに、おのずと弊害堕落も生ずることは否定できないところであり、公案禅盛行の最中に生きた一休宗純（一三九四―一四八

一）が、『自戒集』において、

康正元年（一四五五）ノ秋ノ末、養叟泉ノ堺ニ新庵ヲ建立ス、庵号ヲ陽春庵ト云、異名ヲ養叟ノ入室屋ト云、同十二月ニ堺ヘ下向アリテ安座点眼、庵ヒラキニ五種行ヲ行フ、一ニハ入室、一ニハ垂示著語、一ニハ臨済録ノ談義、一ニハ参禅、一ニハ人ニ得法ヲオシウ、……、

といって、俗人に安易に入室参禅せしめ、得法の印証を与え、早くも形骸化しつつあった禅風を批判し、法兄養叟宗頤を口を極めて非難している。このような批判、弊害があったにもかかわらず、公案話頭を拈提する禅風が中世臨済・曹洞の禅林における修道生活で、極めて有効に機能したことも事実であり、曹洞宗に限ってみても、結制安居中に参得すべき話頭は、各門派ごとに整然と定められ、これにしたがって叢林生活が営まれていたことが知られる。これを具体的に物語る資料が「門参資料」であるが、[12]切紙類にも参禅の方法や話頭を位置付けたものが多くみられる。また個々の話頭についての切紙も多数存するが、それは前述の分類の「参話（宗旨・公案・口決）」の項目に属するので、以下においては主に夜参における話頭の配分を中心に整理された切紙を紹介する。

曹洞宗における公案参得の階梯は、通常は三段階で構成されている。その名称は、たとえば「自己」「智不到」「那辺」、あるいは「鉄」「銀」「金」、「最初」「中当」「向上」、さらには「一透」「二透」「三透」、「初」「中」「後」とさまざまであるが、三段階の構成は各派ほぼ共通であり、これは「三位」と呼ばれる。[13]元和六年（一六二〇）九月、久外媄良所伝の「三位之切紙」と題する夜参のための切紙は次のようなものである。

（端裏）三位之切紙

奉請竜天護法善神

仏祖正伝目録次第

○最初八種之参

- 仏性智参
  - 宗門之大綱
  - 妙之在処
  - 類句多有レ之
- 忘智寂之三関
- 自己目前
- 自己目前一致
  - 外道問仏之話
  - 毛呑《ムノ》二巨海《ヲ》一之話
  - 雲門遊山翫水
  - 観音餬餅之話
  - 百丈野狐之話
- 自己之転処
  - 六外之一句
- 自己当頭処
- 自己之省処
- 自己之渕源
  - 雲門体露金風
  - 香厳撃竹悟道
  - 見桃華悟道
  - 見明星悟道話
  - 黄檗六十棒話

○中当八種之参

- 智不到之一句
  - 黄檗噇酒糟漢
  - 妙之在処

- 智不到之独在
  - 定上座佇立大悟
  - 一座具之地
- 異類之智不到
- 智不到智具足
- 智不到智受用
- 智不到之転処
  - 曹山諸仏本源
  - 雲門当頭之一句
  - 曹山堦下ノ漢話
  - 風穴通不犯之話
- 智不倒(ママ)之不転
  - 仏界魔界
- 智不到不転黒物
  - 船子夾山

○向上八種之参

- 位裡之双対
  - 世尊拈華之話
  - 青原一足垂下
  - 国師三喚之話
- 位裡之転側
  - 大材拙戸コ
- 那時阿誰空劫
  - 鳥窠布毛之話
  - 非思量之処
  - 臨済無位之真人
  - 雪峰透綱金鱗話
  - 烏旧(自)二上座問答

偏正一致――趙州至道無難話
那時三人――夾山境之話
那辺透過――普化鈴鐸之話
　　　　　黄竜南鐘楼上念讃
　　　　　雲門北斗裡蔵身
那辺体得這裡行履――金牛和尚飯桶話
那辺退得這裡行李――妙之在処妙体妙覚

三関一箇透過而後天外出頭者也

曹洞宗三位之大事終

于時元和六年（一六二〇）九月吉日

前総持宗江比丘明庵東察（花押）

（印、明庵）（印、東察）

附与嫫良首座畢

（石川県永光寺所蔵）

永光寺切紙にはさらにこの「三位」に関して、「参」と「大事」を一緒にして解説したものとして、「曹洞三位之大事」があり、ここで特徴的なのは、「三位」が「曹洞五位」と対応するものとして解釈されていることで、それは次のようなものである。

○曹洞三位之大事

○三位之《ノ》目録

○自己○智○不到○那辺

○那辺　●黒衣
○自己　●紫衣
○智　○白衣
三衣合様

▲私云《ニク》、自己ト云《フ》ニ説《ツ》名也、自己目前ト云時《フキ》ノ自己ハ、五位ノ時《キ》、正中来ヲ云也《フナリ》、是《レ》易道デハ一易トモ云、自己空トモ云走、此自己空ヲ差《サシ》、自己、智不到ノ自己トハ云也《フナリ》、爰《ココ》ヲ一漚《ヲウ》含《ム》レ妙《ヲ》トモ云《フ》、虚空含ニ蔵《ス》有無《ヲ》一トモ云、虚空含ニ蔵《ス》天地《ヲ》一トモ云《イフ》、空劫今時ノ中トモ云也《フナリ》、人《ト》ノ境界ニ取《ル》則《ン》バ、女人ノ胎内ヲ差《シテ》云也《フナリ》、上件《ミン》ノ五位ト云《フ》ハ、正中偏、偏中正、正中来、兼中至、兼中到是也《レナリ》、正中偏ト云《フ》ハ、二分黒《ク》、一分白之《キノ》圏児ヲ以《テ》分明ニ聞《ユル》也《ナリ》、◓此《ノ》圏児也《ナリ》、偏中正ト云《フ》ハ、二分白《ク》、一分黒之《キノ》圏児ヲ以《テ》分明聞《ニキコユル》也《ナリ》、◒此《ノ》圏児也《ナリ》、正中来ト云ハ、◎此《ノ》圏児也《ナリ》、中ノ少白《シキ》ハ父母ノ陽陰ノ二水也《ナリ》、子細ニ註《チユスル》時《キ》ハ、〔父母〕是《レ》ナリ、中ノキレタハ陰水ニテ、母ノ婬、中ノキレヌハ陽水ニテ、父ノ陰也《（ママ）ナリ》、爰ヲ自己ト云也《フナリ》、此《ノ》外フカキ心得《ロ》有《リ》レ之《レ》、兼中至ト云《フ》ハ○此《ノ》圏児也《ナリ》、爰ヲ久遠トイフナリ、兼中到ト云《フ》ハ、●此《ノ》圏児也《ナリ》、然《レ》ハ右《キ》ノ空劫今時ノ空劫ト云《フ》ハ、兼中至ノ図ヲ云也《フナリ》、今時ト云《フ》ハ、一易二儀ト分《ツ》タル二儀ノ処《ロ》ヲ云也《フナリ》、爰ヲ目前ト云也《フナリ》、爰ヲ□□□トモサタシ、善悪有ノ初《メ》、無ノ始《メ》トモサタシ、天開地闢《キク》トモサタシ、陽儀陰儀トモサタスルゾ、畢竟‐‐＞此両《ノ》儀ヲ云《フ》ナリ、爰ヲ目前ト云也《フナリ》、扨《テ》兼中到ヲ空劫已前ト云也《フナリ》、此《ノ》五位ノ圏児ヲ記《シルス》事ハ、イワレザル事《ト》ナレドモ、自己、目前、正中来ノ儀詳《ツマヒラカ》ニセンタメニ記《ルス》者《ノ》也《ナリ》、

時慶安三〈庚寅〉年

十月二十一日　（印）　付与正安全長居士畢

（石川県永光寺所蔵）

洞山の説を承け、曹山によって名づけられた中国曹洞宗伝統の「曹洞五位説」は、正中偏、偏中正、正中来、偏中至、兼中到とされたが、これが臨済下六世汾陽善昭（九四七—一〇二四）やその法嗣石霜楚円（九八六—一〇三九）によって「偏中至」が「兼中至」に改められ、内容的にも、次第に心地を開明して悟境に達しようとする、正中来中心の「功勲五位」説が一般的になったとみられている。その場合、第四位兼中至・第五位兼中到は、己事究明・心地開明の正中来の境界が、さらに下化衆生の向下門にはたらく段階とされた。そして、この「曹洞宗三位之大事」においても、「自己目前ト云《フ》時《キ》ノ自己ハ、五位ノ時《キ》、正中来ヲ云也《フナリ》」とし、また第四位は「兼中至」とし、兼中到を「空劫已前」とみるなど、功勲的五位に近い説といえよう。ただし、「此《ノ》五位ノ圏児ヲ記《シルス》事ハ、イワレザル事《ト》ナレドモ、自己、目前、正中来ノ儀　詳《ツマヒラカ》ニセンタメニ記《ルス》者也《ノナリ》」とするように、「三位」を「五位説」そのものとみなすのではなく、あくまでも「自己」に位置付けられる公案参得のための方便説とみなされた点は重要で、これが参禅の居士に与えられた切紙であった点も象徴的である。

同じく次に掲げる永光寺切紙「夜参作法」は、大永六年（一五二六）二月一〇日、慶昌院源室周清より総藝蔵主なるものに伝授され、さらに天文二一年（一五五二）八月二一日、総養知蔵が伝受し、通幻—了庵恵明—月江正文—泰叟妙康と代々取りあげられてきた、通幻派所伝の夜参の話頭構成を記した目録であり、珍しく「七透」として構成されているが、「初中後」「一透二透三透」という三段階の構成を基本としており、原則としては他の三位の構成と同じである。次にこれを紹介しておく。

（包紙）夜参作法面七通

〇夜参作法面七透之分

〇一透之初　　寂霊在判

初本案山点頭、同鉄樹放開花、同犢牛児生、○転凡入聖用之、

中本丹鳳不栖梧、同白雲功――秀、同玉籠飛――児、同木人功尽――針、同夜船撥――地、同玉馬過――夜、同掲開金――異、○転功就位之旨、

後本透過那辺看、猶有出身路、同瑠璃殿――砕、同高僧不――台、同累垂鼻――尺、同現長三――誰、同金殿堂――深、○位裡不能収之透、

○二透之初

初本万機休罷千聖不携、同如薪尽火滅、同指頭築破痛連身、同家破人忘、同蛇脱――骨、同一死更――活、○人境双忘要之筋目

中本寒炉無火、独臥虚堂、同唯独自明――不見、同深固幽――到、同深径苔生、○照用双忘之旨、

後本宝殿無人不侍立、不種梧桐免鳳来、同苔封宝――侍、同玉殿苔生、同臣主相――寒、○臣主双忘之透、

○三透之初

初本湘之南、潭之北、同有亦莫将――去、同背触共非、同到江県――多、同過不及共非、同有是不有――無、○当頭之筋目、

中本月船不犯東西岸、同古渡無――午、同無影樹――船、○不犯之旨、

後本位裡無方偶、同位裡無向背、同瑠璃殿――識、○正当位之透、

○法眼宗一透之初　恵明在判

初本江国春風吹不起、鷓鴣啼在深花裡、同煩悩即菩提、同常在於――臥、○当位即妙之筋目、

中本当処即是鳳凰城、同瑠璃壺中妙薬、同銀椀裡盛雪、同不離当――然、私云、一色中之異、○正当不転之旨、

後本天然貴胤本非功、同貴裔非――尊、〇本有天然主不改之透、

〇二透之初

初本百姓日用不知、同従来倶――名、〇六祖道底之筋目、

中本月不知明月秋、同脚跨当門――方、〇堕之透、

後本王不存王位、同摳密――旨、〇尊貴堕之旨、

〇三透之初

初本尽十方一顆明珠、同坐底坐――当、同石頭大――小、同万里一条鉄、同三界唯一心、同取不得捨不得、同法々住自位、〇糸毫未挙揚之透、

中本楼閣千家月、江湖万里秋、同円同――余、同十分清白一円月、同水天難――秋、同古渡風清一片秋――照、

〇独之筋目

後本徳合乾坤育勢隆、同王道太――不風流、同王令稍厳、同妙徳尊――虚、同縦横妙――化、〇王化普通之旨、

〇対帯之透　　正文在判

初本五台拍手峨嵋咲、同張公――酔、同不落不昧、同懐州牛――張、同水中塩――青、同鏡欠円兮――方、〇一位両位故、

〇兼帯之透　　秦叟在判

中本野雲横山、秋水就月、同天共白――流、同黒狗欄――騎、同大陽門――夏、〇正独不立故、

〇双対之透

後本王居門裡、臣不出戸、同唯仏与――尽、同葵花向――風、同頭長三――二寸、同青天白日、

退得那辺、這裡行覆、他是阿誰、〈有一説〉、

路上有花兼——行

従月岑和尚相伝之作法

初身心脱落、二照尽体——道、三通身無影像、

初視自己如冤家、二踏断清白十分雪吉、同莫守一色処、三那時一歩要惺々、

○前慶昌涼室周清叟　在判

于時大永第六歳二月十日　付総藪蔵司

今天文廿一年八月廿二日　付総養知蔵

（石川県永光寺所蔵）

ここに取りあげられた話頭をどのように組み合わせて「七透」に構成するかは不明であるが、「月岑和尚相伝之作法」を参考にするなら、最初の通幻の「三透」、了庵の「法眼宗の三透」、そして対帯・兼帯・双帯の各透のなかから、初・二（中）・三（後）を適宜七話設定して、これを参究の課題としたようである。

さらに、永平寺に所蔵される「永平総目録」という標題を有する巻子一軸は、慶長一一年（一六〇六）八月二三日、時の永平寺住持祚球（一五三二—一六一〇）が、法嗣で、後に永平寺二一世の住持となる祚天（?—一六三一）に授与したもので、その全文は二三七則の話頭からなる長大なもので、切紙というよりは、門参の目録であるが、内容的には上記の三段階構成の夜参目録の切紙と軌を一にするもので、同様の性格を示す例として次に紹介しておく。なお、巻末識語の鎮徳寺は、現在福井市内にあり、祚球開山、祚天二世住持となった寺である。

（端裏）永平総目録　　　祚球筆之

吉祥山永平禅寺

総目録透之参《ニ》引合而段々分《ニテ》二話頭《ヲ》一、三段共《ニ》一々《ニ》記《シ》レ之《ヲ》置之事、

○自己　祖師禅之入派、大入頭之古則

竹篦背触、黄檗六十棒、香厳樹上、臨済活埋、臨済無位真人、関、六外之一句、南泉斬猫、雪峰鼈鼻蛇、万機休罷、百尺竿頭進歩、啐啄同時眼、芭蕉拄杖、秘魔岩一木杈、牛過窓櫺、慈明一盆水、橋板堕落、大力量人、睦州担板漢、折担大悟、

以上二十則

●死活当頭之一句、大悟之正当

百丈野鴨子、洞山三頓棒、即心即仏、鬼神胆落、猪肉大悟、指頭築破、保寿本来面目、定上坐佇立、尽大地沙門一隻眼、馬祖水潦問答、

以上十則

●自己之点処之透、出身也、

雲門花薬欄、蓮華峰庵主拈拄杖、雲門云猶是点句、雲門東山水上行、

以上四則

●此段《ニ》自己三底有《リ》、休処之三底トモ云也、

拈底、脱底、折合底、万機休罷、深固幽遠、無人能到、渠無生老相、

●自己本分之透

宏智直空劫、巴陵縫坐則行脚、某甲末樹上、雪峰看々東辺底、南泉茅鎌子、趙州之無、趙州洗鉢盂、

以上七則
●自己醒処之透、醒々底也、自己之余気ノサマシナリ、
普化鈴鐸、趙州達道人、啐啄同用、大竜堅固法身、普化作驢鳴、趙州行脚臨済問答、
以上六則
●承当下活句之透
雲門東山水上行、庭前栢樹子、庵主挙頭、趙州無、超仏越祖之談、枯木竜吟、雲門日々是好日、
以上七則、活句ノ類多シ、皆ナ不レ及レ書ニ、
○自己目前一致之透
見明星悟道、見桃花悟道、撃竹悟道、雪峰三処相見、観音餬餅、雨滴声、雲門露柱交参、現成公案、長沙岑諸仏国、龐居士不落別処、
以上十則、此段エ法眼宗之古則ヲ
皆ナ引テ法眼宗ノ自己ト名テ爰デ云ナリ、是曹源ノ一滴水、通玄峰頂皆ナ爰デ参ル也、
○忘智寂之三関之透リ
乾峰三種病二種光、九峰向去底人、山前古寺基、雲門法身両般病、香林四十九打成一片、塩官一主事僧、
以上六則
○自己真照渕源之透リ
雲門露柱交参、長沙諸仏国土、前世罪業則為消滅、香林坐久成労、雲門垂語人々有ル二光明一在リ、宏智衲僧須髑髏歴乾、無業一生莫忘(妄)想、香林遠喚侍者、

以上八則

●智不到之入派

道吾不到、文殊白槌、魯祖面壁、馬祖三弟子、夾山境、□(風穴脱カ)不犯通、船子夾山、趙州至道無難、至道無難時人窠否、至道無難天上天下唯我独尊、至道無難纔《モ》有《バ》二言語一是揀択、外道問仏、蘆花雪月那時一色、忠国師無縫塔、孤峰不白、投子海門秋、白鹿走過、三一色、薬山見月大咲、独木橋、玄沙三白紙、趙王山平地望高坡、

以上廿二則

●一句之智不到之透

定上坐《ママ》佇立、雲門話堕、倶胝一指、通不犯、曹山四禁語、洞山喫菓子、諸仏本源、曹洞機、薬山腰間刀、蜀州西非思量処、六祖不汚染、上堂《ニ》、智不到《ノ》処一句道《ヘ》、一句当《テ》レ機《ニ》則《チ》到《ル》レ家《ニ》、宿鷺亭前風擺レ柳、金官城裡雨催《ス》レ花《ヲ》、

以上十二則

○智不到異弁眼之透《リ》

曹山不変異、南泉水牯牛、趙州一物不将来、三種病人、披毛戴角随類自在、六祖不汚染、軽打我々々々、興化三聖破驢背上《ノ》蠅、

以上八則

●智不到処路更転《ニズ》、々処作麼生、

羅山起滅不停、心身脱落、仰山鐘撲破、雲門透法身、道吾学人着力処、瑠璃殿上行須撲倒分砕、南泉不是心不是仏不是物、矮子渡《ワタル》二深渓《ヲ》一、宏智功勲吸尽《シテ》光境倶忘《ニズ》、明安二云照尽体無依通身合大道、

以上十則

●智不到処路《チ》不《ズ》レ点《ゼ》、不《ル》レ転《ゼ》時作麼生《ン》、

宏智直空劫明自己、玄沙三白紙、仰山半月之相《ヲ》画、投子大道真源之妙理、宏智上堂清白伝家、石霜無鬚鎖子、

田地陰密底、夾山三日《ノ》書、

以上八則

●不転之転之透

价闍梨木橋放下、今夜一輪満、一色不《モ》レ見始《テ》半提、曹山諸仏本源、脱落身心、不識上不識学上、

以上六則

●偏《(ママ)》正一致之透

白馬入《ル》二蘆花一《ニ》、仰山半月、世尊拈華、三種病人、薬山閑坐、維摩不二法門、聖諦亦不為、不汚染、青原鈯斧

子、端然看経、

以上十則

●至到之諦訛之透

道吾深々処、乾峰挙一、孤峰不白、六月満天雪《ノ》、五祖一句《ノ》誰、鏡清其源、密々綿々不容着眼、威音前一箭、

国師三喚、洛浦仏大意、

以上十則

●那辺着到之透

身心脱落、無寒暑之処、廓然無聖、高亭横走、潙山趯倒浄瓶、洞山仏向上《ノ》事師云非仏、

以上六則、是迄《デ》百八十則《(ママ)》、

●位裡点側之透

聖諦亦不為、七種阿誰、那辺体得這裡行李、那辺退得這裡行履、衲僧本分行履、馳《セテ》レ書不到家、

●阿誰之透

三種病人〈七種之誰ノ内也〉、三木毬、南泉杜《(ママ)》丹花、浮山八十翁々、塩官本人盧舎那、青絹扇子、夾山無舌人解語、瑞岩主人公、玄沙釈迦老子我《ト》同参、円悟一句誰、五祖演他《ハ》是誰、空劫已前誰、誰勘弁、当為《ノ》誰、那時《ノ》三人、〈是迄デ七種ノ誰也、大事也〉、

●那辺体得這裡行李《ノ》段ニテ参ズル也、

六祖不汚染、八十翁々輥毬、月籠丹桂遠星拱北辰高、南泉牡丹花、吸尽去也、五祖演鉄酸餡齩破、

以上二十一則《(ママ)》

○向上之古則

龐居士不昧本来人、馬祖再参、仰山枕子話、雲岩大悲千手、竜牙賊空室、二祖三拝、雪峰古澗寒泉、托鉢下堂、無寒暑、衲衣下《ノ》事、普化鈴鐸、南泉浄瓶《ヲ》指《シテタメニ》与レ我《ガ》将レ水《ヲ》来《レ》、湖南祇林禅師魔降、薬山斎時自打《テバ》レ鼓《ヲ》高沙弥作舞、

以上十四則

●末後大用之透

馬祖不安、瞎驢滅却、趙州布衫、趙州四門、世尊滅不滅、巴陵吹毛剣、風穴塵不立、道吾極則事、

以上八則

○相続之段

国師三喚、世尊拈華、阿難応諾、一足垂下、二祖依位立、銀箱鎖子、不識上、臨済栽松、投子威音前一箭、
高亭横走、夾山三日《ノ》書、

以上十一則　是迄デ二百三十七(ママ)則也、

●吾《ガ》宗諸話頭之四本柱

活句、色相、阿誰、本分、

○吾宗九川八海有《リ》、活句、色相、阿誰、本分、機、賊、性、現成、是《レ》八ツノ海也、為人ノ一句、此《ノ》為人《ノ》一句《ヲ》
添《ソヘテ》九川也、此《ノ》九川八海《ノ》旨《ヲ》参学《シテ》、一千七百則《ヲ》体得《スル》也、

●釈迦十六丈《ノ》袈裟《ヲ》披《二》在《ス》弥勒千尺之金身《ニ》《一》、

●三宝印、南無帰依仏、南無帰依法、南無帰依僧、

●仏家大事、●家《ノ》大事、●下火《ノ》参、●無住《ノ》礼拝

透《ノ》参《ニ》自己《ノ》点処自己不点処、○智不到《ノ》点処、○智不到不点、○那時《ノ》点処、○那時不点々不点両処《ノ》事也、

○仏法《ニ》頓漸出身脱体両処《ノ》有《リ》、不点《ハ》頓《ノ》入《リ》派、祖師禅《ノ》第一頭也、点処《ハ》出身漸《ノ》入《リ》派也、始学本学《ノ》両《ツ》也、頓ヨリモ入《リ》漸
ヨリモ入《テ》那時空劫ニ至テ頓漸始学本学一校《ニ》成タ処ガ一円空、始本不二也、呈ニ畢竟透《ノ》参ガ一円空ノ処ニ究タ
ソ、又ソコヨリ一機ト始タソ、呈ニ吾ガ宗ニ始終ハ無イソ、畢竟也、

球和尚以自筆書写之

于時元和九〈癸亥〉年小春十八日　永平十八世

于時慶長十一〈丙午〉年（一六〇六）八月廿三日　　祚球（花押）
伝附　祚天座元
吉祥山永平禅寺総目録之次第
堅可秘之、
鎮徳寺現住雪庵叟（花押）
（福井県永平寺所蔵）

また次に紹介する、広泰寺切紙、寛永一四年（一六三七）英刹所伝の「三位之大事」（仮称）という切紙も、同様に三段の構成を示す典型的なものであり、ここでは三位は金・銀・鉄の比喩的表現で示され、また五位説も援用される。

（端裏）　三位之大事
○宏智自参曰、吾此宗旨鉄銀金、一色盤平有異玄、同《ママ》雪月芦花秋空、始覚本覚去休々、

鉄―自己―鉄樹花放開
銀―智不到―鶴出銀籠沖霄漢
金―那辺―金殿堂々重諱深
鉄―法眼宗―万里一条鉄
銀―将軍―一色鋪銀世界周
金―王道―金輪天子不覚帝徳
尽也、鉄也、自也、
一色盤平有異玄―不尽也、鉄也、目前也、合尽不尽自己、目前対帯也、

尽也、銀也、扁也、

雪月芦花同秋空——不尽也、銀也、正也、合《テ》扁正兼帯也、
尽也　金也　始也
始覚本覚去休々——不尽也、銀也、□□（金也）、合《テ》扁正兼帯也、
那返（ママ）退得——這李（ママ）行覆
正中偏（ママ）、位裡点測、正中来之在処ハ一位也、正中偏（ママ）ト云時ハ修行浅キ也、正中来ト云時キハ修行深也、

正中扁自然修《ノ》（　）道底、趙州道底也、正中来ハ曹洞宗、雲門宗也、〇初ノ鉄ハ自己ノ鉄、当派也、有無生死ヲ的破スル端的也、爰ヲ案山□（点カ）頭大花山立柿有ト叫ト云也、鉄ニ堕在セヌ時、花ヲ放開スト云也、

〇銀ト云ハ、智不到ノ当派也、ソコヲサマシテ識浪揀択埋、爰ヲ止ル処ガ、彼々此々一色也、

〇金ト云ハ、那時件派《ノ》、自智不到、次第〳〵窮メ尽シテ一点ノ金性モ無キ処ヲ指《ス》二真金《ト》一也、

〇後之鉄ハ、法眼宗ノ金子ニ取ッテ炉団ニ入ラヌ性（　）空劫已前《ノ》眼目ヲ法眼宗《ニ》指ス也、

〇銀トハ将軍家、尽サヌ智不到、始ノ銀ハ尽ノ尽シテ乱ゲキヲ収ムル主□是レハ至位一位ナリ、

〇金ト云ハ、不尽王道也、爰ガ金輪天子不レ知二帝徳《ヲ》一ト云一位ナリ、

〇亦忘智寂之三関ト云コト、二位ノ内ニ在也、是レ（　）云ハ唯心唯識々々トモタヌトキ、寂生スル（　）法眼宗ノ保チ様ハ（　）取ッテ尽サヌ、将軍ニサスナリ、寂生□、智現ズト云ハ、本智空却ノ看ヲ指ス也、此ノ主ヲ誰ソトモ渠レトモ、那□□心人トモ本来人トモ無位真人トモ云也、於二寂滅中《ニ》一□説レ寂、（　）是□自己也、

関嫡和尚附与沙門英刹九拝

于時寛永拾四年（一六三七）極月二日　（三重県広泰寺所蔵）

先にみた、永光寺所蔵の「三位之切紙」や「夜参作法面七透（通）」には、法眼宗所伝の参（著語）が重要な位置を占めていたが、ここでも「後之鉄ハ、法眼宗ノ金子ニ取ツテ炉団ニ入ラヌ性（　）空劫已前《ノ》眼目ヲ法眼宗《ニ》指ス也」とされる。このことは、曹洞宗の夜参で取りあげられる話頭の多くが、代表的な灯史である『景徳伝灯録』から採取されていることとのかかわりからくるものと推測される。それは、『伝灯録』自体の基本的性格が、たとえば巻二七後半に収録されている「諸方雑挙徴拈代別語」が話頭の公案化の萌芽を示す記録であり、しかもそのほとんどが法眼宗の諸師によって占められていることに象徴されるように、(14)『伝灯録』本文においても雪峰派下法眼宗の公案拈提の歴史を色濃く伝えている事実があるからである。

ここに取りあげた切紙資料にうかがわれる、夜参のために設定された話頭を概観してみると、基本的には中国禅僧達の言行や逸話から採られた、いわゆる「古則公案」であるが、さらにこうした古則公案だけにとどまらず、身近な叢林生活の万般にわたり、さらに他の門参類も考慮するなら、在家教化のための要領をも含む、寺院活動のあらゆる局面を網羅していたといって過言ではない。今日的な表現をするなら、宗門僧侶養成のカリキュラム的性格を有するものであった。先にみた竜泰寺所蔵の『仏家一大事夜話』がその典型であり、そこには三段階の参究階梯の設定はないが、これが「夜話」と名づけられる理由も明らかであり、永平寺所蔵の資料中にみられる『仏家之大事』という標題を有する参話集についても、『仏家一大事夜話』に極めて近似した内容を有している。(15)そこに「三位」が設定された場合には、自己・智不到・那辺などの三段階の参究の内容は、浅から深へ、個別問題から普遍的な宗教の深層へという方向をたどるものではあるが、このような話頭の内容そのものにかかわる問題は、洞門抄物における「門参」の研究課題でもあり、ここではその形式に触れるのみで、資料の紹介にとどめておく。

六　その他の叢林行事関係切紙

以上、叢林の恒例的な行事関係切紙として特徴的なものをいくつか掲げ、資料紹介とともに若干の検討を行ってきたが、最後にその他として重要と思われる叢林行事関係の切紙を二、三紹介しておく。

まず、夏安居の結制期間、衆僧の弁道の無事と安居の円成を祈願して『楞厳呪』を読誦逮行する、「夏中楞厳会」に関する切紙がある。『楞厳呪』は般刺密帝訳の『大仏頂如来密因修証了義諸菩薩万行首楞厳経』のなかの四二七句の陀羅尼（一名『大仏頂首楞厳陀羅尼』）のことで、祈願の発生については、南宋の真歇清了（一〇八八―一一五一）の時、夏中の会下に病僧が多く出たのでこの呪を諷誦して祈ったのに始まるともされるが、『禅苑清規』に規定はみられない。『勅修百丈清規』節臘章第八では、四月一三日啓建、七月一三日満散として、完全に恒例行事化されており、『瑩山清規』では、四月一五日から七月一五日とされ、他にも涅槃会や灌仏会・達磨忌・龕前念誦などでも諷誦されることが多く、臨済宗では独特の声明をともなって読誦される。

これに関しては、現在のところ、中世書写の原資料は発見することができないでいるが、府中市高安寺切紙の「夏中楞厳会切紙」は、末尾に「戊辰」の年記を有し、言説長老が伝受したもので、同寺所蔵の他の同師伝受の切紙から、戊辰の干支は貞享五年（一六八八）と判断される、近世初期をあまり下らない時期のものなので、次に紹介しておく。

（端裏）楞厳会切紙

夏中楞厳会切紙

〽回向ノ板ヲ掛ル式、前半夏ハ上来ノ頭ヲ内ニシテ掛ケ、後半夏ハ外ニシテ掛ル也、

〽華ヲ立ル式、前半夏ハ草花ヲ立テ、後半夏ハ木花ヲ立ル也、
〽焼香ノ式、前半夏ハ本尊前ニ向テ揖シ、右ニ身ヲ転シテ土地堂、祠堂、御影堂、祖師堂ト次第ニ焼香シ、最後ニ本尊前ニ焼香スル也、後半夏ハ、先本尊前ニ向テ揖シ、次ニ左ニ身ヲ転シテ、祖師堂、御影堂、祠堂、土地堂ト次第ニ焼香シ、最後ニ本尊前ニ焼香スル也、維那モ焼香スルコト主人ノ如シ、蓋シ、維那ハ楞厳頭ト一時ニ本尊前ニ進ミ揖シテ、維那ハ右ニ転シテ土地堂、祠堂、御影堂、祖師堂ト次第ニ焼香シ、楞厳頭ハ左ニ転シテ祖師堂ヨリ焼香シ、互ニ本尊前ニ帰テ一時ニ焼香スル也、後半夏ハ、維那ハ左ニ転シテ祖師堂ヨリ焼香シ、楞厳頭ハ右ニ転シテ土地堂ヨリ焼香スル也、口伝アリ、総シテ順逆一円宛転無窮之義也、

右嫡々相承至今

戊辰秋八月　日　　現海禅家岩仙㊞㊞

付与　言説長老

（東京都高安寺所蔵）

「夏中楞厳会切紙」は、この近世切紙の集成には例外なく含まれているが、内容は回向板の掛け方や花の供え方、焼香の際の住持や維那、楞厳頭の進退の方法を記したもので、その意味からは儀礼の部に分類されるべきものとも思われるが、「夏中楞厳会」の儀礼そのものが叢林における重要な恒例行事であり、ここでは叢林行事の項に配当しておく。

また、次に紹介する「旦望仏殿礼」に関する切紙は、正竜寺切紙のなかに文禄年中（一五九二―一五九六）の書写のものがあるが、破損が甚だしく判読不明の部分も多い。ただし、全体の様相はかろうじて知られるので、次に紹介しておく。

（端裏）旦望仏殿礼

旦望仏殿礼　南無帰依仏
南無帰依法　　三帰依此也
南無帰依僧

先三尊焼香九拝、坐具上胡跪合掌、三帰依三遍、
□□至真等正覚是我大師□□能持汝□□犯為、三遍
□□坐具然後右遶行三匝、毎一匝之間三帰依、三返、
□所一体現□□□仏法僧九遍、可黙誦、右遶三匝也、
後帰来坐具上□□胡跪合掌而云、大転輪王□、転輪王法転輪〔　〕三遍誦了、□又□□祖師〔　〕焼香〔　〕
旦望自三面至祖師〔　〕必合〔　〕七仏五十〔　〕一返、大悲呪一返、
□□伝心大乗開山御□也、疏□　明峰在判

〔　〕

日本文禄六年〈丁酉〉三月二日〔　〕　良栄（印）

於昌竜寺室内書之也

（埼玉県正竜寺所蔵）

旦望とは、朔望ともいい、月の一日と一五日のことで、禅院ではこの両日に特別の法要が営まれるが、代表的な旦望の行事といえば、祝聖と旦望上堂である。ところで、この切紙にみられる「旦望仏殿礼」がいかなる行事を前提としたものであるか不明である。この切紙は三帰依を中心とした口訣であるから、祝聖の際のものとも思われない。朔望の「巡堂行茶」における住持の進退作法とも思われるが、ここでの巡堂は僧堂内巡堂であり、仏殿行事も

関係なく、住持人だけを対象としたものとも思われない。「□□至真等正覚是我大師□□能持汝□犯為、三遍」とあるような文言や、三帰依を中心とする儀礼であることから推測すると、布薩の際の儀礼かとも考えられるが、布薩は一五日と三〇日の行事であり、旦望と明記されるはずはない。ここでは、旦望仏殿礼がいかなる儀礼を示すかは保留にしておかざるを得ない。なお、伝受者良栄は、正竜寺五世の繁室良栄（?―一六〇一）のことで、前述の大久寅碩の師に当たり、中世伝承の切紙の一種であることは確実である。

七　中世禅宗史の再検討

古代・中世・近世・近代・現代といった時代を区切り、各時代についてこれをどのように総括するかという古典的な日本仏教史の研究は、もはや成立しないかもしれない。戦後の民衆史や社会経済史的視点からの研究の時期を経て、近年の顕密体制論、さらには国家論を踏まえた見直し、そして最近のめざましい発掘発見が相次いだ考古資料を駆使し、時代や社会の境界を跨ぎ、学問領域を越えてなされる研究は、もはや個別の領域設定や方法論では成立し得ない状況にあるからである。近世仏教が幕藩体制という枠組みの逼塞のなかで歩まざるを得ず、教学体系もその影響下にあったという単純な堕落史観の図式では、一方で極めて組織化された講やお陰参りのエネルギーは説明がつかないし、明治維新期以降の仏教を、近代天皇制下で宗祖の精神がねじまげられたとする、自虐的な被害者史観だけで総括しても、近代初期の盛んな結社活動やその後の新仏教・新宗教運動の成立事情には近づけない。

中世仏教の展開についても、鎌倉新仏教の民衆化という視点だけでは実態にほど遠いことは周知のことであるが、そのなかでも、最も大衆化し難い性格を特色としていたとされる禅宗が、結果的に全国的な展開を遂げるに至った経緯を考えるとき、その限界を越え得た要因を、密教的要素の導入や葬祭仏教への脱皮として説明するような、宗教の大衆的ニーズなるものへの配慮や擦り寄りといった視点からでは、禅宗自体の自己変革の軌跡がみえてこない。応仁の乱直前頃の京都五山禅林は、修行僧一人もいないような頽廃状況のなかにあり、また地方では下剋上の嵐がまさに吹き荒れようとしていたなかで、遠江一雲斎の川僧慧済（一四〇九―一四七五）の道場では日々の叢林行事が厳粛に実践されており、その行事の一環として『人天眼目』の講義も行われていたことはすでに触れた。(16) そこには自立した禅僧達の主体性を反映した生き方が垣間みられたが、叢林における恒例行事の整備もこの意識の延長線上にあり、第五章以下にみていく、たとえば葬祭仏教化の過程にしても、決して他律的な要請に応じたものなどではない、積極的な禅僧達のはたらきかけがあった。

このことはまた、禅宗が地理的に展開し、また身分社会の各階層に受容される過程で、その社会の構成員や地域における宗教的ヘゲモニーを確立していく際の、強烈な自負と確信であったことは間違いない。ここにおいて禅宗教団、あるいは禅僧達は、社会の身分構造それ自体が激しく揺れ動く中世において、一種の宗教的権威という新たな権力構造をも手中にしていたといってもよいが、この点に関連してはいずれ詳しく触れたい。

註

(1) 序篇第二章参照。
(2) 長野県徳運寺所蔵の切紙は、国学院大学教授金田弘先生より資料提供されたものを用いた。
(3) 石川力山『美濃国祥雲山竜泰寺史』（一九八〇年一一月、岐阜県竜泰寺蔵版）「末寺篇」参照。
(4) 『曹洞宗全書、大系譜一』五七頁。
(5) 杉本俊竜前掲書、一三頁。
(6) 面山は切紙を「断紙」と称し、これら切紙類はほとんどが中世の代語者等の誑惑の所説であるとしてこれを否定し、『洞上室内断紙揀非私記』を撰して、一四五種の切紙を逐一揀非に付すべきものと主張する。

(7)『三祖行業記』の永平寺三祖義介伝に、懐奘の命を承けて京・鎌倉の禅林を視察し、さらに入宋して彼の地の叢林を巡回し視察して永平寺に帰り、堂塔伽藍と行儀の整備に尽くしたとして「四節礼儀、初後更点、粥罷諷経、掛塔儀式等礼法、悉師所㆑調行㆒也」(曹全、史伝上、八頁)とある。佐橋法竜『瑩山』(一九七四年一〇月、相川書房刊)一五頁以下。ただし、同じく『三祖行業記』には、「奘公有時嘱云、先師宗旨建立憑㆑公、諸方叢林、宋朝風俗、就中、先師伝道天童山規矩、及大刹叢林現規、記録来而可㆑二興当山叢席㆒、……」(同七頁)とあり、師の懐奘の命であったことが知られる。『永平寺史』上巻(一九八二年九月、永平寺蔵版)二四四頁以下参照。

(8)『禅林象器箋』第九類叢軌門「巡堂」の項等参照。

(9)正竜寺所蔵『高根山正竜禅寺主席歴代略伝記』による。

(10)長野県徳運寺にはさらに一本、呑紹所伝の、内容はほぼ同趣旨であるが、「方丈」に対する言及もなく、微妙に伝承の異なる「七堂賛」切紙があり、門派の異なる切紙をも伝えていたことが知られる。

同七堂賛《ママ》

○師云、大極已前無此話云タカ、何《ン》トテ方丈テハ在ルゾ、代、此話無イ処カ主人ノスミカテ走、句ヲ、代云、妙無妙、玄無㆑玄、師云、仏殿ヲ、立身叉手而独身《ス》、師云、其カ何《ン》トテ仏殿テワ在ルゾ、良久シテ云、マツ爰ガ好箇仏殿デ走、師云、何《ン》トテ現来ハ在ソ、代、空仏ト見レバ現来ニワ落チ走ヌゾ、云、如是仏ヲ、代云、大通智勝ノ道場、師云、庫裡ヲ、代云、口ニシイ味ヲツクルガ庫裡テ走、師云、其レカ何ントテ庫裡テワル、代云、飯裡在㆑砂、拶云、時如何、代、饉(飢)来喫㆑飯、困来打眠、師云、僧堂ヲ、代、良久ス、云、其レカ何《ン》トテ僧堂テワ在ルゾ、代、空々寂々デ走、師云、此《ノ》何《ニ》辺《ノ》事ヲカナシ得タル、代云、仏祖刹断シテ走、云、其《ニ》句ヲ、代云、常磨吹毛剣、師云、風呂ヲ、代云、心地ヲキヨムルガ風呂デ走、云、キヨメ羊ヲ、代云、一千七百則ヲハライ尽ス処テ走、云、清底ヲ、代、抽身ス、云、恁麼時如何、代云、何《ン》共申セバ塵テ走、師云、現来〔 〕ヲ、代、乗㆑興来興尽《テ》帰ル、師云、浄頭ヲ、代云、出世辺カ浄頭テ走、云、其レカ何ントテ浄頭デワ在ルゾ、代云、下タ□ヨコレ路デ走、〔 〕代、弾指而卓々《タク》、云、恁麼時如何、代、抽身ス、師云、山門ヲ、代云、荘厳スルカ山門デ走、云、其ハ何《ン》トテサカンナルヤ、真面デ走、云、何ントテ実面ハアラワシ走ヌ、云、畢竟是如何、代云、卓々不依物、

霊々何渉縁、云、証拠ヲ、□、代云、一円相ヲ作、云、其句ヲ、代云、牛頭尾上、按山是也、大陽機ヲ借ン、師云、
如何是此ノ人、代云、此人終不レ渉思惟ニ、七堂参了、正盛
十州派ニ在是、三派共ニ大事伝之、　　呑紹九拝
（長野県徳運寺所蔵）

なお、禅宗建築の「客殿型法堂」については、横山秀哉『禅宗建築の研究』第三編「禅宗伽藍殿堂の研究」（一九五八年五月）三八頁以下参照。

(11)『宗門之一大事因縁』については、第一篇第三章参照。

(12)近年の門参研究の動向については、第一篇第二章註(18)参照。

(13)「曹洞三位」の研究は、佐橋法竜『長国閑話』（一九八三年）において言及され、飯塚大展「長興寺の本参資料について」（『曹洞宗宗学研究紀要』第一〇号、一九九六年一〇月）では、『上々之参得』収録の「三位之透参」を紹介しており、安藤嘉則「曹洞三位の研究（一）」（『駒沢女子大学研究紀要』第三号、一九九六年一二月）によって本格的研究が始められている。

(14)『景徳伝灯録』巻二七の七四則の古則に八七回の著語が下されているが、そのなかで七三回が法眼宗の八人によって下されている。石井修道『宋代禅宗史の研究』（一九八七年一〇月、大東出版社刊）「第一章『景徳伝灯録』の歴史的性格」第六節、九三頁以下参照。

(15)永平寺所蔵資料中にみられる『仏家之大事』という標題を有する参話集は、永平寺二九世鉄心御州（？―一六六四）の自筆本の写しであり、内容は、①勤行、②粥了諷経、③観音経・大悲呪読誦、④日中祈禱、⑤放参、⑥回向、⑦四時坐禅、⑧鶏鳴之一点、⑨小開城［静］、⑩大開城［静］、⑪鐘鼓、⑫土地神、⑬祖師堂、⑭御影堂法華経読誦、⑮祠堂之本尊、⑯鉢、⑰聖僧、⑱小施餓鬼、⑲祝聖、⑳韋駄天、の二〇種からなり、そのほとんどが叢林行事関係といってよい。

(16)石川力山「『人天眼目抄』について」（『印度学仏教学研究』第二六巻二号、一九七八年三月）及び、序篇第二章参照。

第三章　行履物関係切紙

一　六物・八物・十八種物

中世切紙と近世切紙を比較し、単純に項目だけを取り上げて一覧した際に看取される大きな特徴としては、中世切紙において叢林行事や行履物に関する、いわゆる禅僧の修道生活にかかわる切紙の占める割合が著しく高いことをしばしば指摘してきた。竜泰寺所蔵の参話切紙集成『仏家一大事夜話』には、鉢・鉢ノ参・拄杖之参・払子之参・楊枝ノ参・翻袖参・手巾参・襪子参（二種）・履ノ参・複子参・傘参・草鞋ノ参・竜天参（三種）・頂相参・香炉ノ参・坐具参の、一六種類、一九通の参が収録されており、単純計算で全体六四種の参の約三割を占める。このことは、これも先にみた、寛永一〇年（一六三三）頃の永光寺輪住四七九世万山林松（臨松）の書写とみられる『截紙之目録』に記載されている行履物関係のものを挙げてみても、頂相大事・小狐之切紙・宝瓶之切紙・拄杖切紙・払子之切紙・竹篦切紙・飯船之切紙・釈迦之形・鉄鉢之切紙・太平銭之図・血脈袋図・袈裟袋図・永平坐具分・護袋之大事・応量器・衣鉢血脈大事・天台輪袈裟切紙等を指摘できる。また「竜天善神」とともに、修行僧の弁道守護のために所持される「白山妙理権現」関係のものを考慮に入れれば、竜天勘破話・白山妙理図・白山妙理切紙・鎮守切紙・鎮守参等も加えることができ、『仏家一大事夜話』においても、鎮守や白山関係のものを加えれば、その割合はさらに高くなる。

ところで、インドにおける仏教の僧団では、個人的に所有することが許された物品は、「三衣一鉢」といわれ、大衣（僧伽梨）・上衣（鬱多羅僧）・中衣（安陀会）の三種の衣服と、托鉢行乞や食事のための鉢（応量器）だけを所持する枯淡な生活がしのばれるが、実際の生活における最低限の必需品は、『十誦律』や『有部毘奈耶雑事』などの律蔵によれば、三衣・鉢・漉水嚢（水をこして虫などを除く布袋）・尼師檀（坐具、坐臥の際の敷き物）の「六物」とされたり、あるいは『四分律』巻四一には、

爾時世尊、告㆓諸比丘㆒、持㆓亡比丘㆒衣鉢坐具針筒与㆓瞻病者㆒、……、（大正蔵二二、八六二頁a）

とあり、比丘の所持品は衣・鉢・坐具の外に、袈裟等を自縫するための針やこれを入れる筒が加えられていたことがわかる。(1) 針筒の所持は『五分戒本』にもみられる。さらに『善見律毘婆沙』巻七には、

三衣及瓦鉢貫著㆓左肩上㆒、鉢色如㆓青欝波羅華㆒、袈裟鮮明如㆓赤蓮華㆒、針、綖、斧子、漉水嚢、皆悉備具、此八種物是出家人之所㆓常用㆒、（大正蔵二四、七一八頁a）

ともあり、三衣・鉢・漉水嚢の外に、針・綖（糸・ひも）・斧子（小刀）のように、身のまわりの整理をするための小物類を加えている。比丘の所持品が地域的差異や生活習慣によって異なるであろうことは容易に想像され、実際にインドにおいても各部派の所伝がそれぞれに多少異なることがこれを証明しているが、中国仏教においてはさらに増加して、『梵網経』巻下には、四十八軽戒の第三十七軽戒において、

若仏子、常応㆓二時頭陀、冬夏坐禅、結夏安居㆒、常㆓用楊枝、澡豆、三衣、瓶、鉢、坐具、錫杖、香炉、漉水嚢、手巾、刀子、火燧、鑷子、縄床、経、律、仏像菩薩形像㆒、而菩薩行㆓頭陀㆒時、及遊方時、行㆓来百里千里㆒、此十八種物常随㆓其身㆒、（大正蔵二四、一〇〇八頁a）

とあり、頭陀遊行する際の所持品として、三衣・鉢・坐具・漉水嚢の外に、楊枝（歯をみがく木片）・澡豆（手を洗うための大豆や小豆の粉）・瓶（飲料水の器）・錫杖（つえ）・香炉（香を焚く器）・手巾（手拭い）・刀子（小刀）・火燧（火を熾す道具）・鑷子（毛抜き）・縄牀（縄製の椅子）・経（経典）・律（律典、戒本）・仏菩薩像の合計十八種物を掲げる。仏像や菩薩像・香炉の所持などを義務付けるのは、観想の対象としてというよりは、礼拝供養のための道具として所持し、人に善根功徳を積むことを勧め自らにも課する、大乗仏教興起以降に確立された伝統であろう。さらに、錫杖・縄牀・火燧等といったインド的伝統を越えるものも比丘の所持品に加えられるようになっていた。しかし、比丘の所持物に関する伝統的な考え方はやはり六物ということであり、宋代南山律宗資持派の祖元照（一〇四八―一一一六）は、南山道宣の旧疏を宗として、比丘の六物を図示解説した『仏制比丘六物図』を撰している。

　このように、インド以来の仏教の伝統における比丘の所持可能な物品については、六物・八物・十八種物等と種々の説が成立するが、それでは禅宗ではこれをいかに考えていたのであろうか。現存する清規としては最古ののである、崇寧二年（一一〇三）序刊の『禅苑清規』巻一「弁道具」によれば、

将レ入二叢林一、先弁二道具一、所謂為山笠、拄杖、戒刀、祠部筒、鉢嚢、鞋袋〈内安二布帕一条一、為二脚布一〉、枕子、鈴口鞋、脚絣、前後包巾、白絹複包、条包、枕袋、蓋包、小油単、柿油単、布臥単、綿被、浄巾三条〈一蓋被、一喫食、一常用〉、小浄瓶、浴巾、浴裙、函櫃小鎖、如二茶器並其余衣物一、並随二家豊倹一、

（曹全、清規、八六九頁）

とあり、やはりインド的なもの、乃至十八種物などとも大いに趣を異にしている。たとえば「祠部筒」は、官より給付される出家許可の祠部牒、すなわち度牒や戒牒などの公文書、あるいは身分を証明する書類を入れる竹の筒の

ことで、中国仏教における王法と仏法の不離の関係を象徴している。また、山笠・鞋袋・枕子・鈴口鞋・脚絣・枕袋・小油単・柿油単・函櫃の小鎖（鍵）等は、律制には全くみられないものであり、風土的慣習を反映しているといえよう。また、ここでは三衣・鉢の記載がないが、これは同巻一「受戒」の項で、すでに欠くべからざる道具として取りあげられるので、ここでは省略されたのであろう。

ところで、『禅苑清規』では巻頭において、受戒・三衣・鉢及び弁道具が説かれるが、元の元統三年（一三三五）の勅命により、百丈山の東陽徳輝によって編纂された『勅修百丈清規』になると、巻五の「大衆章第七」の「弁道具」の項に、三衣・坐具・偏衫・裙・直裰・鉢・錫杖・主（拄）杖・数珠・浄瓶・濾水嚢・戒刀の十三種が掲げられ、それぞれに解説がなされる。この十三種物は、六物や八物・十八種物等の伝統の上に位置付けられるものと思われるが、これまでみられなかった「数珠」の項が加えられていることは注目される。数珠はもともとインドのバラモンやヒンズー教において神の名を唱える際に用いられていたもので、仏教でも『木槵子経』や『数珠功徳経』などで説かれ、仏・菩薩の像を礼拝するのに用いられるようになった。『禅苑清規』にも、巻二「小参」の項に、「経呪唯宜㆓黙誦㆒、数珠不㆑可㆑有㆑声」とあり、念仏に際して用いられていたと思われるが、経典読誦には使用されず、修行僧の所持すべきものという規定もない。これが『勅修百丈清規』巻五においては、「弁道具」の項に加えられるに至った。その理由は、数珠の解説に、

仏言、若欲㆑滅㆓煩悩㆒、当㆘貫㆓木槵子一百八箇㆒常自随㆑身、志心称㆓南無仏陀南無達摩南無僧伽名㆒、乃過㆗一子㆖、如㆑是漸次乃過至㆓千万能満二十万遍㆒、身心不㆑乱、捨㆑命得㆑生㆓炎摩天㆒、若満㆓百万遍㆒、当㆘除㆓百八結業㆒、獲㆗常楽果㆖、　（大正蔵四八、一一三九頁c）

という『木槵子経』を引用していることからすれば、称名念仏、しかも千、万遍から二十万遍、さらには百万遍と

いう数量念仏的な行法のための用いられたものであり、中国禅宗が念仏禅化していった過程を物語っている。

さらに、『勅修百丈清規』巻五の「装包」の項には、次のような遊行の仕方や旅装の方法が記してある。

古者戴㆑笠、笠内安㆓経文茶具之類㆒、衣被束㆓前後包㆒挿㆓祠部筒戒刀㆒、今則頂包装包之法用㆓青布袱二条㆒、先以㆓一条㆒収㆓拾衣被之属㆒、仍用㆓油単㆒裹㆓於外㆒、復用㆓一条㆒重包㆓於外㆒、四角結定、用㆓小鎖㆒鎖㆑之、仍繫㆓包鉤於上㆒、度牒有㆑袋、懸㆓胸前㆒、袈裟以㆓帕子㆒縛定、入㆓腰包㆒繫㆓於前㆒、下裳鞋襪有㆑袋繫㆓於後㆒、右手携㆓主杖㆒、途中雲水相逢、彼此叉手朝揖而過、如遊山到処将㆑及㆑門、下㆑包捧入㆓旦過㆒、安歇処解㆑包、取㆓鞋襪㆒濯㆑足、更㆑衣搭㆓袈裟㆒、与㆓知客㆒相看、

（大正蔵四八、一一四〇頁ａ）

この記載によれば、上記の十三種物の外に、笠・経文・茶具・衣被・祠部筒・戒刀・青布袱・油単・小鎖・度牒・下裳・鞋・襪・主（拄）杖の十五種も、修行僧が常備すべき行履物とされたことが知られ、『禅苑清規』の記載をほぼ受けていることが知られる。

このほかに、日本における比丘の所持物に関する包括的集成としては、無著道忠（一六五三―一七四四）が編集した『禅林象器箋』「第二十八類器物門」のうち、「道具」「資身細器」「資身麁器」「行装具」「飲食器」の各項に収録された品々が九六種あり(2)、これらが日本における叢林の日用道具、及び行脚遊方用の道具としてのほとんどすべてであると思われるが、「資身麁器」のなかの法蓋や涼傘・椸架・経案・床・椅子・参椅・竹椅・曲彔・曲木・長連床・踏床・榥子・脚凳・脚踏や、「飲食器」のなかの曲盆・円盤・折水桶・飯巾・生盤・生台等の諸器は、修行僧の所持物というよりは、叢林公用の什物というべきものであり、応量器などについても、頭鉢・頭鐼・鐼子その他の付属物等とともに、これを一々別出して解説しているので、実際の行履物の数は九六種をはるかに下回る。

以上、一般仏教においても、また禅宗の歴史においても、比丘の所持物については常に関心がはらわれ、また地

域性や時代的風潮に敏感に反応して、それぞれ特徴ある増加・展開を示していることが知られるが、以下の稿においては、これら行履物に関する日本曹洞宗独特の伝統、及びその解釈を、中世末から近世初め頃にかけての切紙資料を中心としてみてみる。ただし、その伝承や理解は、もちろん経典や論書の説を踏まえるものもあるが、そのほとんどは、釈尊在世以来の伝統を有するものであり、しかも道元が入宋留学を終え帰国する際に如浄より伝授されたとする、牽強付会的なものが多い。そして、むしろこうした話題を通して、これを宗旨と結びつけるのが切紙本来の趣旨であり目的でもあるので、以下は、参を中心とする資料の紹介を主として、行履物・弁道具に対する中世曹洞禅僧の観念を抽出することをめざしながら、中世林下叢林の実態を探る手掛かりとしたい。

二 「袈裟」「坐具」「袈裟袋」関係切紙

袈裟は、インド以来「三衣一鉢」といういい方で扱われてきたように、比丘の衣食の生活に密着した衣服そのものであり、六物や八物・十八種物にもすべて含まれ、中国・日本の禅宗清規類にも、禅僧の所持物として例外なく明記される。しかし、禅宗史の上からは、この「衣（袈裟）」がある時期よりその所伝の法の象徴「伝衣」として、またその法の相承の正当性の証「法信」としての意味が付与されるようになった。

すなわち、五祖弘忍の弟子慧能（六三八—七一三）が中国禅宗の正統の六祖であり、南宗の祖であるとする主張が展開される過程で、盛唐の詩人王維によって撰述された『六祖能禅師碑銘並序』（全唐文三二七）により、弘忍が臨終に際して伝法の印として袈裟を授けたとする説が出されるや(3)、伝衣説はその後の慧能関係の文献資料に例外なく受け継がれることになる。そして、『六祖壇経』成立の段階ではこの袈裟の象徴性は比較的重要視されなかったが、これを最大限に利用して自らを慧能に継ぐ正系の禅宗七祖であることを主張しようとしたのが神会（六八四

―七五八）であった。(4)

慧能が弘忍より伝えたとされる伝衣は、所住地の曹渓宝林寺にとどめおかれて、他に継承されることはなかったが、神会が提唱した「法信」としての袈裟の観念はその後も受け継がれた。日本における禅宗宣揚の嚆矢となった達磨宗の大日房能忍（?—一一九四頃）も、中国阿育王山の拙庵徳光より、達磨の頂相等とともに法衣の相伝も受けており、道元も中国留学から帰国するに際しては、芙蓉道楷（一〇四三—一一一八）以来伝来したとされる青黒色の袈裟を伝授しており、道元によって袈裟はさらに新たな象徴的意味を獲得するに至ったとされる。(5)すなわち道元は、『正法眼蔵』「伝衣」や「袈裟功徳」を撰して、衣法一如、仏袈裟としての位置付けをなした上でその功徳を強調し、袈裟の著け方、受持の仕方、衣材、袈裟浣洗の法、種類、十種の勝利等を示し、仏袈裟の正伝性を強調している。

曹洞宗における袈裟伝承の重視の根拠は、基本的には道元の著作に求められるが、さらに中世における秘密相伝の風潮を受けて、袈裟の象徴性は加速する。そこで、はじめに三衣あるいは袈裟関係の切紙についてみてみる。まず、貞享五年（一六八八）三月、府中高安寺九世大器保禅（?—一七一二）が同寺八世普岩言説（?—一七〇四）に伝授したとみられる「三国相伝福田切紙」を掲げておく。ここでは、袈裟が福田衣と別称される由来と、その相伝著用の功徳が示され、やはり道元が如浄より授与されたという伝承が語られる。

（端裏）三国相伝福田衣切紙

祇夜経曰、阿難白レ仏言《ク》、袈裟之体又以《カ》レ何作《ス》、仏曰、霊山有レ田号レ福田、故下《ニ》レ種《ヲ》一度《ナリ》、苅《カルコト》七度也、実《ミノ》長《ケ》一寸五分也、食レ之者無レ病患、故《ニ》此田形《ヲリ》二袈裟《ニ》一号二福田一、故食物之時不レ掛二袈裟一者《ハ》、是掃《フ》レ食輩《ラト》、云云、退レ身而以不レ可二同座一、云云、雖《モ》二同罪《タリトスル》一、同座者重罪之者也、云云、雖レ然着二仏袈裟法衣一者、仏身者也、如《ク》レ是儀為二

出家一者《ノハ》能々可レ憶着一者也、
天童山景徳禅寺住持如浄大和尚、謹伝《テ》二付道元一既畢《ニヌ》、二元和尚御帰朝以来、永平寺《ヲ》御建立在而、伝二付懐奘《ニ》一而、
其《ヨリ》以来、也《タ》代々流伝《シテ》今到《テ》二当門家岩一伝二付既畢《ニンヌ》、尽未来際護《リ》二此垂戒《ヲ》一保護給《フ》、謹焼香奉九拝者也《ト》、二云云、
于時貞享五〈戊辰〉年（一六八八）三月吉辰
家岩比丘示之（印）（印）
保禅九拝
（東京都高安寺所蔵）

また、袈裟（ここでは九条衣）の田相を具体的に提示して、五条・七条・九条から二十五条の別や袈裟を結ぶ緒、衣の色について記し、さらに四隅の角帖を四天王に配し、周縁を五行説で意味付けしながら四季・五色をあわせ配し、田相の各部位（壇隔）を朝廷や内裏の構造の譬喩で解説しようとした切紙として、正竜寺所蔵の「福田衣切紙」を次頁に掲げておく。

なおこの切紙の伝持者は、正竜寺九世普満紹堂（道）（一六〇一—一六七六）で、[6]永平寺の室中より直伝したという記載は、やはり道元以来の相承の伝統を主張する意図を示す（各箇所に加えられた解説は、①—⑨として別出した）。

①袈裟ノ緒トハ、胎内ニ居時キ□《（ホカ）》ゾノ緒ノコトダ、鉄緒、珠数ノ緒、何レモ是ヲ表スル也、亦山伏ノカイノ緒モ同シコト也、
②袈裟ノ数者、摠而五条七条九条十一条十三条十五条十七条十九条廿一条廿三条廿五条也、五条者行脚衣、七条者食衣也、九条者説法衣也、廿五条者仏之入滅之時、附阿難給法衣也、
③内裡ェノ径ヲ云フ、丹墀ノ沙石ト云ハシラスノコト也、ソノシラスヲ透テ月卿雲客ェ申ス也、其後前儀後丞

（端裏）福田衣切紙

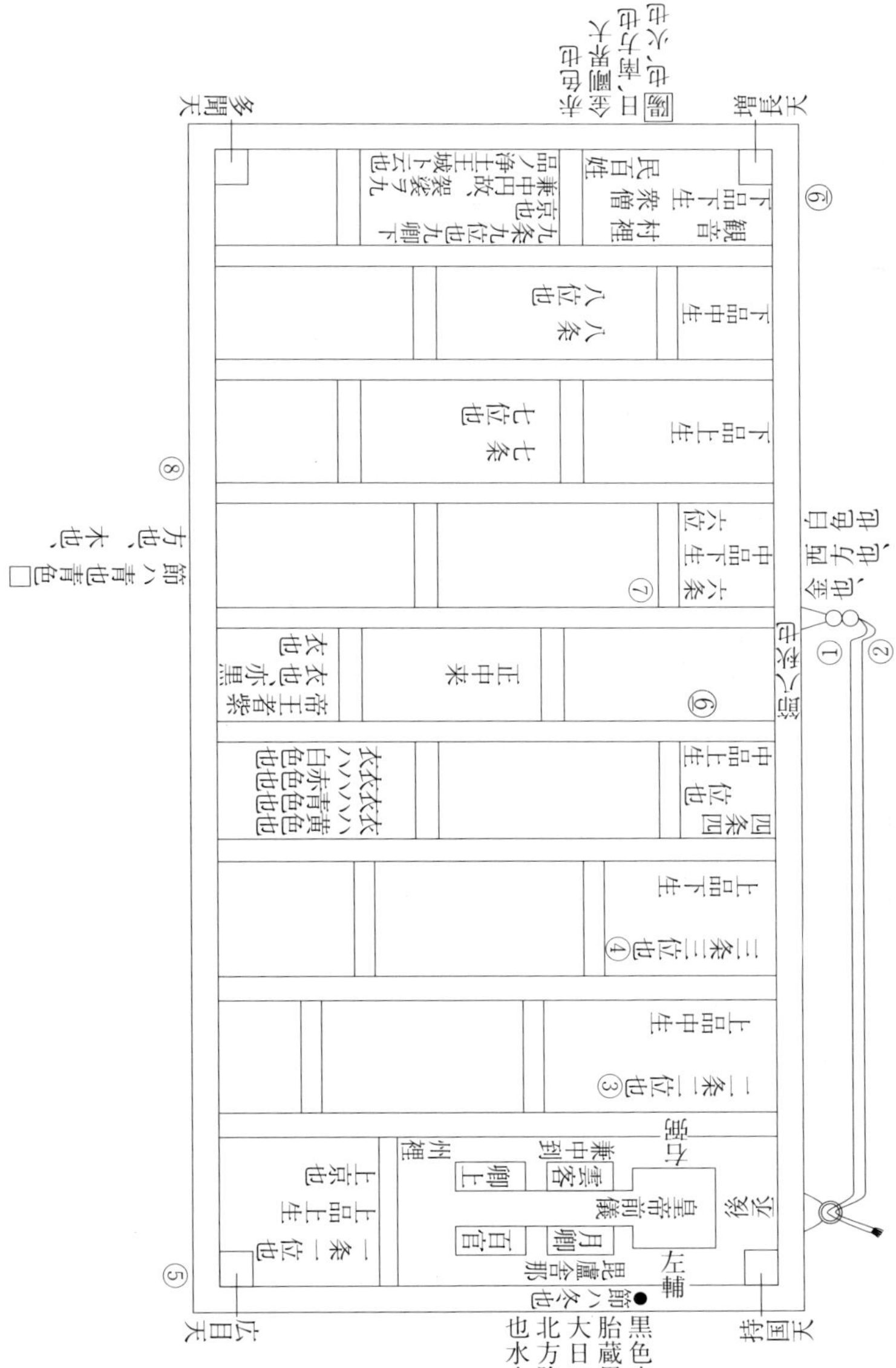

下品下生
下品中生
八条
八位也
下品上生
七条
七位也
中品下生
六条
六位也
正中末
中品上生
四条
四位也
上品下生
三条
三位也
上品中生
二条
二位也
上品上生
一条
一位也
上京也
皇帝
百官
左輔
黒色也
胎蔵界
大日
北方陰
也水也

左輔右弼ヱ申［　　］是ヲ内裡ノ四天ト二云也、此ノ方々ガ帝王ヱ申［　　］亦禁中ヨリ官ヲ給ルニ、槐ノ字ヲ如何、
④□密カ建□テ出ス也、先左大臣右大臣ノ庭ニ蓮池アリ、此ノ池デ頂キヲ洒テ官ヲ作スニ依テ、草文槐門ノ字ト二云也、前儀者［　　］後丞者近衛ノ位、左輔者右大臣ノ位、右弼ハ左大臣ノ位也、
⑤祇夜経云、阿難白仏言、袈裟体《ノトハ》、夫以《レ》レ何作《ス》、仏曰、霊山有《ニ》レ田号二福田一、下二種《ヲロスコトヲ》一度、芟《カルコト》七度也、実《ミノ》長《ケ》一寸五分也、食レ之《是》者無二病患一、故此《ニ》田《ノヲ》移《シテ》二袈裟《ニ》一号二福田一、故食物時《ノ》不レ掛是袈裟一者《ノハ》、是払レ食輩、二云云、退レ身《サ》而以不可同座一、雖同座《タリト》一、却同座者重罪謂、
着袈裟者此義能也、可憶着、
畢竟卍字也、順逆合《シ》タ時用［　　］亦一円相之用［　　］也、卍左順也、
⑥□□善知識、中品中生ヲ大内殿《ヲウチトノ》将［　　］中来洛中デハ大内殿ガ内裡ヲ□守護シ、亦天下京中ヲ儘ニスル故ニ中ニ居、
⑦□也、如是釈迦モ向上向下ヲ不欠故ニ、天上―尊トヲセラル々也、夫レニ依テ中ニ取ル也、善知識モ過去現在未来共ニ沙儘スルニ依テ心ニトル也、
⑧廿五条《ヲ》分而九条七条五条三条一条ト作《ス》、九条者説法衣、七条者食衣、五条者□二持而洛一行街衣、三条者作二坐具一、一条者鉢袋ト作ス、是合而二十五条也、
⑨大毘婆娑論《ニ》云、袈裟在二一仏土一、日月世界也、先九条《ハ》三百五十仏之道場也、七条者二百十五仏道場也、亦五条者百三十仏之道場也、金縷之絲□之袈裟者、憍曇弥織給、憍曇弥者釈迦之伯母《ヲバ》乎、
□□□如浄和尚付道元

従永平室中直伝

紹堂拝

（埼玉県正竜寺所蔵）

同様に図をともなったものとしては、同じく紹堂所伝の「袈裟大事」のような例がある。

袈裟大事

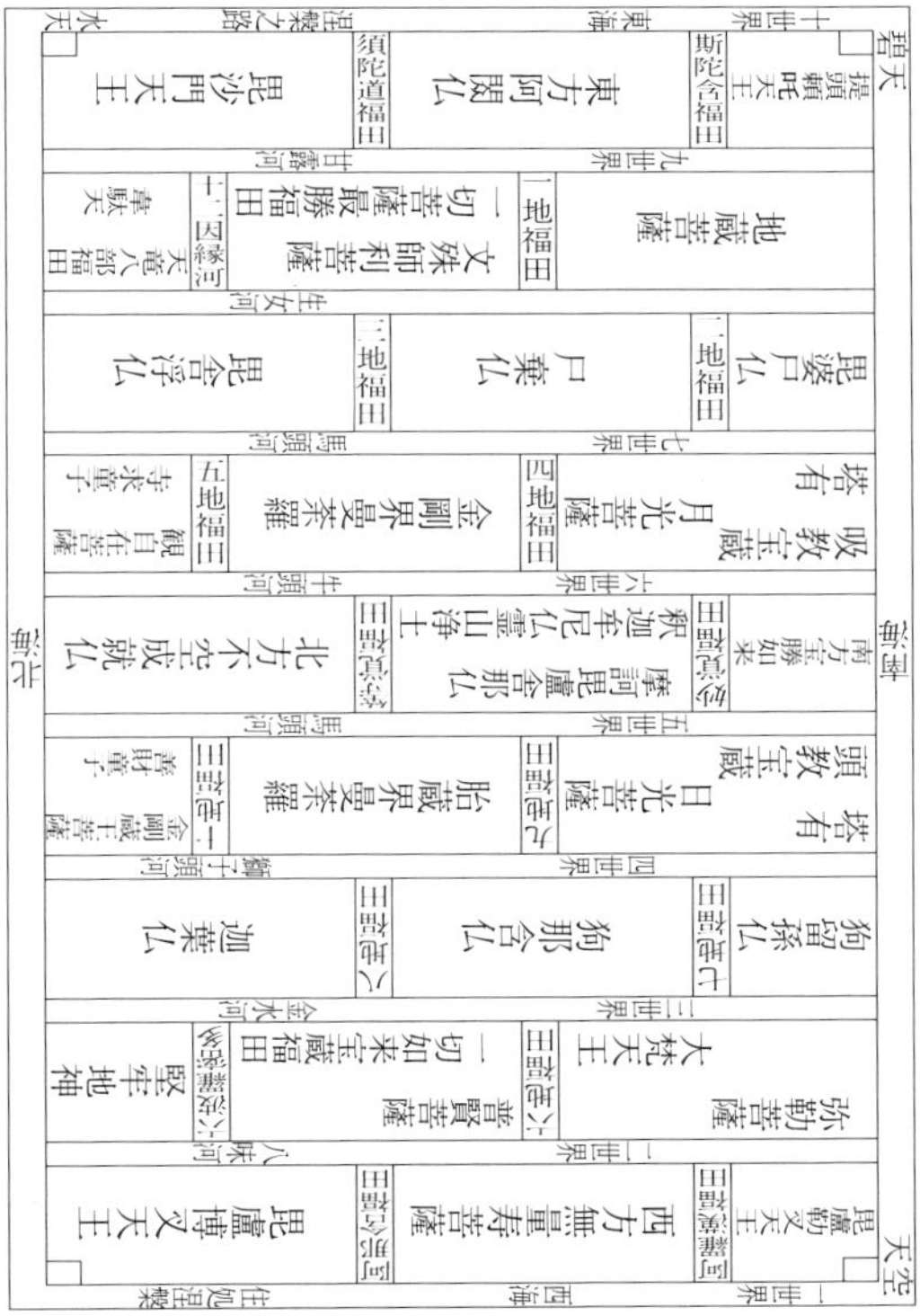

従永平室中直伝

紹堂拝

（埼玉県正竜寺所蔵）

この切紙は、袈裟の各条の田相（壇隔）、周囲の四縁、各葉等に、過去七仏をはじめ、諸仏・諸菩薩・金胎両曼荼羅・諸天・宇宙世界を配し、袈裟一領の上を一つの宇宙に見立てたものである。

こうした切紙の先駆的存在としては、各田相に仏・菩薩を示す梵字の種子をも書き込んで、袈裟・梵字・世界観・曼荼羅・陀羅尼といった、インド発生のそれぞれ異なった信仰素材や教義の内容を集積して、新たな信仰対象に総合編成した、「袈裟曼荼羅」あるいは「摺り袈裟」と称される、鎌倉末期の版木摺刷物の存在が確認されている。すなわち、京都市花園扇野町法金剛院に安置されている鎌倉末期の正和五年（一三一六）建立の重要文化財十一面観音坐像の胎内納入物のなかにみられるもので、このような信仰対象物は、近年に至るまで民間に流布し続け、「護符」として僧俗の間に配布されていたことも指摘されており、作例としてはかなり古い時期に遡ることができると思われる。(7)

また次の「衣鉢血脈伝授作法」も普満詔堂所伝のものであり、伝授作法とはあるが、内容は袈裟の田相や、鉢を黒く塗る意味、血脈についての口訣を一枚に記したもので、袈裟に関する部分は最初の段落のみで、しかも、先の「福田衣切紙」の最初の「袈裟ノ緒」の部分のみの口訣に相当する。

（端裏）衣鉢血脈伝授作法

衣鉢血脈伝授作法

一、受衣トハ、我レ父ノ体中ニ宿スルコト九十日也、其日数ヲ過テ母ノ胎中ニ入テ宿スル事九月也、其間ノ修行ノ次第ヲ受衣作法ト云也、畢竟衣ワ衣那ヲ表スル也、亦衣那荒神ト云有リ、是ハ身命ヲ守ル魂也、是ヲ氏神トモ云也、人身ヲ不レ失神也、其袈裟《ケサ》トハ、我レ母ノ胎内ニ宿スルコト九月也、其間ノ消息ヲ露也、七曜九曜廿八宿三月ニ当ルヲカツマフト云也、是ヲ取テ四条ノ坐具ト表也、五月ニ当ル分ヲ一長一短ト云テ、五条衣ト作シ、是ヲ小衣ノ掛落ト表也、七月ニ当ル分ヲ両長一短ト云テ、七条衣ト作シ是ヲ食衣ト表也、九月ニ当ル分ヲ三長一短ト云テ、九条衣作シ、是ヲ大衣法衣ト表也、皆是ヲ取合テ廿五条ト云也、是皆宝心三昧ノ消息也、亦五大出入ノ息ヲ令緒ト云也、此出入ノ息ヲ袈裟ノ二筋ノ緒ニ表シテ露也、亦衣ノ色ヲ黒作スワ、法識ノ黒ヲ表ス、

一、鉢ヲ黒スルコトハ、秘此(ママ)一心法ノ黒ヲ表ス、サテ身ワ法報応ノ三身ヲ表ス、此黒ワ分テ人々具足箇々円成デ生縁ニ随也、大心モ黒ク自性ノ心モ黒也、故ニ黒漆崑崙走衣裡ニト云ワ是也、無間虚空ノ中ノ虚空通ト云、

一、正伝血脈ト云ワ、吾此ノ一心法信受スルヲ正伝ノ血脈ト云也、亦今此血脈ヲ曹洞宗ノ相続スル事ワ、秘ガ此心法三昧至極ノ理也、サテ亦三十二相ノ義ヲ表スル也、或者仏祖正伝ノ血脈ト云テ在家ノ男女等ニ授ルモ、自性自知ノ旨ヲ示シテ救フ也、或ハ亦正伝血脈ノ道場デ上ミニ処タ人ガ下ニ下リ、下ニ処タ人ガ上ニ上ルト云モ、上ヲ下ニナシ、下ヲ上ニナシ、上ツ下ツスルワ在々所々心也、亦血脈ヲ授ル時キ、面ヲ背ニシ、背ヲ面ニ成モ、処々不通ト云コト無ト云ノ心也、是レ皆教受(ママ)戒文ノ中ニ在ルコト也、亦嗣書ヲ一円相ニ書コトハ、円相ワ縦横円転ノ貌也、故ニ無始無終自由縦横ノ義也、即是蓮花法蓋也、勃陀勃地ワ梵語、此ニワ菩薩摩訶薩也、内心ハ仏心ニシテ外相ハ菩薩ノ相也、中ノ結ノ図ワ、無始無終自在縦横方円ニ依ノ義也、⁙嗣書ノ地ハ梅華ノ紋綾也、長六寸《(ママ)シャク》一寸《スン》也、多価計定上ヲ二尺アケテ嗣書ハ可書、亦二尺隔テ、下段ヲ可書、亦菩薩戒血脈ワ練リ絹ノ地モ吉シ、長如前、サテ袋ニ入ル時ハ面々包ンデ可入者也、是ハ戒ノ中ヲ心得ン為ニ記置ク、本書ワ戒文ヲ可見、戒文不伝ノ人ノ為ニ内書也、

従永平室中之直伝　　詔堂拝

（埼玉県正竜寺所蔵）

袈裟に付随して取りあげられるのが「坐具」である。長野県竜洞院四世千昭鏡（正）珊所伝の「永平開山御伝坐具文曰」と題する切紙は、天文一九年（一五五〇）一〇月一一日に、建福寺格叟正越より伝授した、中世末頃の伝授の面影を伝える切紙で、「坐具文」とはあるが、尼師檀（坐具）のみにとどまらず、三衣や鉢盂の口訣、さらには槌についての道元の垂誡と伝えられるものも含む珍しい内容になっている。(8)

永平開山御伝坐具文曰

善哉尼師檀、諸仏所受用、願共一切衆、常座於其中、此座具者、三世《ノ》諸仏金剛《ノ》座也、此座者正座于金剛悪趣之怖畏無レ之、

五条衣者、表五仏顕《ス》二五智一、三十五仏住二在《ス》其中《ニ》一、故者、此袈裟者離二五欲《ヲ》一、断五煩悩、得神通、端五智、得三世諸仏諸相伝袈裟也、故曰、行道衣、又云、作務衣、一切時中此袈裟故今日受之、

七条衣、表七仏、顕七菩提、七聖財、七等覚支、智在此中、是号食衣、将此袈裟者、法喜禅悦之食、心中満故、外離七遮罪、内得七種善、此袈裟、二百三十五仏縫顕、是三世諸仏相伝之袈裟也、受之、

九条衣、三世諸仏之説法衣、上廿五条、下至九条合為一衣、持此袈裟者、上中下九条也、持九条者如来識円備之智体袈裟三百五仏縫顕、持此袈裟者、離九条界之志心、至究竟妙覚々果、是三世諸仏解脱幢相之袈裟也、故今日受之、

廿五条　　一九条　　十三条

上三衣廿三条　　中三衣十七条　　下三衣十一条

廿一条　　一《五カ》三条　　九条

○鉢盂、此応量器者、三世諸仏了持鉢也、是七種有金銀銅鉄九石木、此七種合為一鉢伝、迦葉持、此鉢者、現世得福楽、未来不逢三悪四趣之飢饉之難、無上菩提成就、法喜禅悦之食飽満故、今汝受之、
○又永平開山之垂誡云、槌高五寸、口四寸、柄三寸五分、口一寸許、槌八角、但四面広、四角挟也、鉄尺是有説、槌高八寸、口六寸、八角也、柄四寸、八角也、口二寸也、都合鉄尺砧高二寸（尺）五寸、口九寸、或ハ八角、或一円也、柄ハ穴不鑿透中可留

前建福格叟正越（花押）

于時天文十九年〈庚戌〉十月十一日　正珊書之　当山二代（別筆）

（長野県竜洞院所蔵）

ところで、坐具（尼師壇）に関しては、この竜洞院所蔵の切紙より古いものにいまだ接していないが、竜泰寺所蔵の『仏家一大事夜話』には「坐具参」が掲載されており、古い伝承があったことは疑いない。(9)すなわち、

△坐具参、先ツ坐具《ザゲ》ヲ三ツニ折テ拝スルワ、三世不可得ノ心ナリ、知識ハ不レ折一ヘニ敷クワ、三世了達ノ心也、サテ三ツニ折テ頭ヘヲクツト出シテ拝ムワ、主ノ字ノ用所也、師云、坐具ヲ定ヨ、云、妙テ走、心ハ、一円相ノ用也、爰ヲ物ノ始マリ総ノ極リト云タソ、爰ヨリ出、爰ニ収ツタソ、師云、句ヲ、唯独自明了、余人所不見、此ノ妙処ハ独リ自知也、二人ト知ヌ処タソ、師云、其レハ何ニトテ、云、豈レ容二先聖眼一モ、古語ニ、妙在二一遍ノ先一、豈――眼、此ニ至テハ、千仏万祖モ眼カ及ンソ、師云、其証拠ヲ、代、妙テ走、心ワ、足ドノミ羊也、サテ、別ニ挙着スレバチガウ也、此参ハ石屋門戸モ了庵門戸モ不レ差ルナリ、

というものであり、坐具の使用法に関する口訣であった。その伝承に関しては、竜泰寺の法系である了庵派以外に、石屋真梁（一三四五―一四二三）の系統にも異なる参の伝承があったことを伝えている。ただしこの参と、竜洞院所蔵の「永平開山御伝坐具文曰」の切紙の内容とは相応しないので、『仏家一大事夜話』に相応する切紙の本文内

容は別に考えなければならない。

以上、管見に入った限りでの袈裟関係の切紙、及びその参を紹介したが、永光寺切紙のなかには、「天台宗輪袈裟之切紙」という珍しい切紙も存するので、次に掲げる。

（端裏）天台輪袈裟切紙

天台宗輪袈裟之切紙

翻名
除魔　悪不成就
清浄住
聖儀　妙香

輪袈裟之切紙

師云、天台本覚常住輪袈裟《ノ》意得《ヲ》、弁云、依正二法《ヒ》報本有《ノ》一袈裟デ走、師云、紅彩ヲ、弁云、正報皮肉骨毛手足、依報之長短方円青黄赤白デ走、師云、懸様ヲ、弁《シテ》云、万法一円相ト懸テ走、両方ノ輪日月惣体ハ明星デ走、師云、開時如何、弁云、三千界、師云、縮時如何、弁云、在二方寸《ノ》内《ニ》一、師云、表裡《ヲ》、弁云、天地デ走、師云、道ト嚢ト無ハ如何、弁云、如レ上其ノ儘ヲ顕テ走、但一返《ニ》縫分ヌハ自己目前一致デ走、如レ是ナレバ朽目無也、爰ヲ覚悟ノ輪袈裟ト云ナリ、師云、五大尊ノ種子如何、弁云、五大法界デ走、大日経《ニ》云、父母所生身、即証大覚位ト、云云、　口伝有之、

「輪袈裟」とは、「種子袈裟」「畳み袈裟」とも呼ばれて、現在は旧仏教系の真言・天台両宗や真宗において略式で着用する袈裟として用いられるが、切紙には「五大尊種子」が画かれていたとみられるので、中世末頃にはすでに使用されていたことになる。ただしこの「天台宗輪袈裟之切紙」の伝授者については不明で、伝授の年月につい

ても確認できない。他の永光寺所蔵の切紙にも同筆のもので年代が判明するものは見当たらない。しかし、前記の林松書写の『截紙之目録』にもその切紙の名は見出せるので、この寛永期以前にすでに存したものとみて間違いない。また、内容的には完全に門参の形態をなしており、袈裟関連の切紙の一種として確実に機能していたことを物語っている。

最後に、袈裟そのものについてではないが、この袈裟を収納保管する袈裟袋（嚢）についても、その製作方法が切紙として伝えられているので、府中高安寺九世大器保禅がその師家岩仙より相承したものを紹介しておく。

（端裏）袈裟嚢図

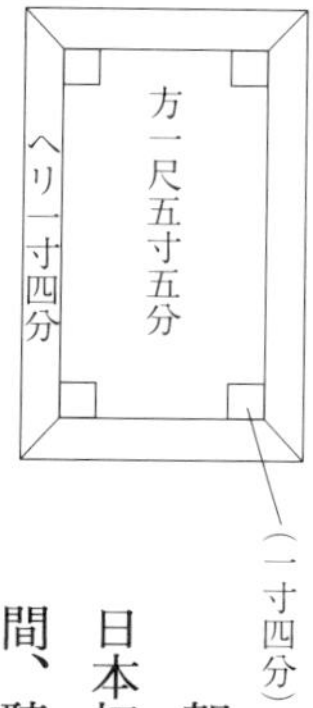

袈裟嚢図様

日本初祖永平和尚自縫袈裟嚢図式、法眷崇書記躭道如法頗慕古聖遺風給之間、聴許之、

時貞和二年〈丙戌〉（一三四六）仲春六日

大智在判

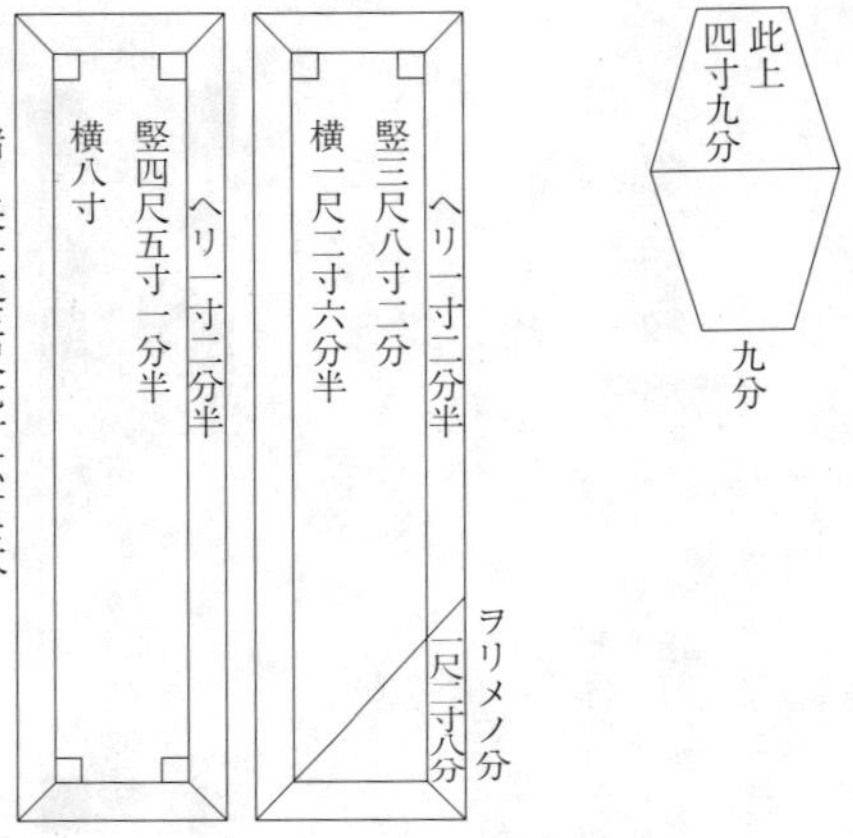

錦嚢図

嚢之分竪八寸

竪二尺七寸

横之ハヾ六寸八分縫タテ、ホウタテノ広一寸六分、一下嚢《ノハ》長ハ一尺三寸五分、横《ハ》三寸八分、

ホウタテ一寸一分、二三番嚢《ノハ》前《ノ》ヨリ一分ツ、広カルベキ也、嚢《ノ》緒付《ケハ》耳無キ也、何《レ》モ嗣書嚢《ニハ》耳《ハ》有間敷也、

貞享五〈戊辰〉五月吉烏

附保禅

家岩仙（花押）

（東京都高安寺所蔵）

これと同様の図を伴った切紙は諸方に見出せるが、高安寺切紙の場合は、道元に自縫の袈裟袋があったとする伝承に基づくものであり、明峰下の大智（一二九〇—一三六六）がその伝授相承にかかわった旨の文書が引用されている。これについては、熊本県広福寺所蔵の文書中に、延慶二年（一三〇九）、加賀大乗寺徹通義介（一二一九—一三〇九）が弟子の瑩山紹瑾（一二六四—一三二五）に法衣を伝授したことを証する付属状があり、それによれば、

伝附　紹瑾長老

　相伝衣一領、納袈裟嚢、

右件法衣者、永平開山《道元》初祖之袈裟也、其地者細布也、初祖之在俗弟子中、有山城国生蓮房人、彼妻室、於初祖信心無弐、自精進潔斎而調織、遙持参於越州永平寺、所奉供養也、初祖感信心無弐志、自裁縫而尋常著用、終宝治弐年之夏、縫袈裟嚢而納之、

建長五年癸丑（一二五三）七月、以永平之住持職、被付二代《懐奘》和尚時、以此袈裟、同付嘱二代和尚、（中略）弘安三年戊寅《マヽ》（一二八〇）八月十五日、召義介示云、公者懐奘長摘《嫡》也、此法衣者、先師《道元》与住持職付嘱袈裟也、於身最尊重重宝也、然者法嗣雖人多、公者依長摘《嫡》、即欲付授、于時義介三拝而伝領、其後十六年頂戴之護持来、永仁二年乙未《マヽ》（一二九四）正月十四日、附法紹瑾時、以此法衣、同伝授、即示云、此法衣者、已三代頂戴、最可奉尊重法衣也、你入院開堂伝法之外、不可著用、一生可恭敬頂戴、今延慶二年〈己酉〉九月　日、在病床記之、

　釈迦牟尼仏五十三世、永平第三代、大乗開山義介（花押）

　　大乗第二代当住紹瑾伝領

紹瑾示、（花押）　今以此伝衣並当寺住持職及聖教道具・当

寺寄進状・譲状等、付嘱素哲侍者、于時

応長元年辛亥（一三一一）十月十日、大乗第二代紹瑾記、

（『曹洞宗古文書』上、五二七―五二八頁）

とあり、道元在世中に山城の俗弟子生蓮房なる者の妻室が自ら織った細布を、道元がさらに自ら縫い常用していた袈裟を、宝治二年（一二四八）に至って袈裟嚢を縫ってこれを収納した。これを建長五年（一二五三）七月、永平寺住持職を譲るに際して懐奘に付し、弘安三年（一二八〇）には懐奘より義介へ、また永仁二年（一二九四）正月一四日には義介より瑩山へ、さらに応長元年（一三一一）一〇月一〇日、瑩山より明峰素哲（一二七七―一三五〇）へと代々伝授されたことが知られる。加うるに、同じく広福寺所蔵の明峰から大智への「素哲附法状」によれば、肥後大慈寺の寒巌義尹（一二一七―一三〇〇）や釈運西堂に参じた後、中国留学も果たした大智に対して、

（前略）故正中(二年)〈乙丑〉（一三二五）十二月十三日、再参西堂、重啓密意、西堂即聴許、祈願茲満足、加之昔年詣先師(紹瑾)密室、伝授仏祖之正脈、今日入老僧(素哲)堂奥、決択自家之大事、実是相樹第一枝、永光正伝灯也、灯灯連続、枝枝繁栄、周覆扶桑、遠万古伝、印証契之旨、半夜挑法灯、顕正摘(嫡)之仁、伝衣同附授、願護持堅密、望莫断絶、聊以偈句、表伝衣事、至禱至禱、

偈曰、

飲光大士保任事、頂戴奉持鶏足中、

祖室伝灯無断絶、竜華会上続心宗、

時元興(弘カ)三年〈癸酉〉正月十七日

伝授大智首座

永光第二代住持素哲（花押・朱印）　　（同右、五二九―五三〇頁）

とあるように、元弘三年（一三三三）正月一七日、大事了畢に際してこの伝衣も同じく付授されたことが知られる。このような事情を考慮するなら、大智が伝えたとされる道元自縫の袈裟嚢という切紙も、全く根拠がないわけではない。ただし、切紙の貞和二年（一三四六）仲春六日については、大智存命中ではあるが、この日が何を意味するかは不明である。

いずれにしても曹洞宗における切紙相承は、その伝承を道元あるいはその師の如浄にまで遡行させて権威付けをしようとする傾向が随所にみられる。しかし、この「袈裟嚢図」の切紙のように、必ずしも牽強付会とばかりはいい切れないものを含んでいることも事実であり、このことが切紙を宗旨として、あるいは祖師の口訣として受容していくための大きな要素となり得るものであったことは否定できない。

三　鉢盂・宝瓶

三衣の伝統とともに比丘の所持物として重要なものが鉢（応量器）であり、道元も伝衣・袈裟と同様に、『正法眼蔵』「鉢盂」一巻を撰述して、

しかあるに、仏祖を参学する、皮肉骨髄・拳頭眼睛、おのおの道取あり。いはゆる、あるいは鉢盂はこれ仏祖の身心なりと参学するあり、あるいは鉢盂はこれ仏祖の飯椀なりと参学するあり、あるいは鉢盂はこれ仏祖の眼睛なりと参学するあり、あるいは鉢盂はこれ仏祖の光明なりと参学するあり、あるいは鉢盂はこれ仏祖の真実体なりと参学するあり、あるいは鉢盂はこれ仏祖の正法眼蔵涅槃妙心なりと参学するあり、あるいは鉢盂はこれ仏祖の転身処なりと参学するあり、あるいは仏祖は鉢盂の縁底なりと参学するあり。かくのごとくのとも

がらの参学の宗旨、おのおの道得の処分ありといへども、さらに向上の参学あり。

（『道元禅師全集』上、五六五頁）

と記し、仏袈裟とともに仏鉢盂として位置付け、西天東土にわたる正法眼蔵涅槃妙心の保任は、袈裟とともに鉢盂の正伝にあるとする。『仏家一大事夜話』の、

△鉢ノ参ヲ、云、尽乾坤カ一鉢テ走、心《ヘ》、満瓶也、師云、夫レニハ何ニヲ盛タソ、云、桃紅李白薔薇紫、自代云、皮毛作仏シユン（蠢）動含霊皆盛テ走、師云、開羊ヲ、云、東西南北四維上下、

という参も、これに相応する鉢盂に関する切紙がどのようなものであったかは不明であるが、鉢が一切を包含するとする内容は、あるいは道元の『正法眼蔵』「鉢盂」を前提しているかもしれない。それはたとえば、加賀宗竜寺二世明庵東察（?—一六四四）の「鉢盂切紙」(10)は、

（端裏）鉢盂

鉢盂切紙

四天王献四鉢

多門（ママ）天王　　持国天王

釈迦形　　無住相

一仏合作一鉢

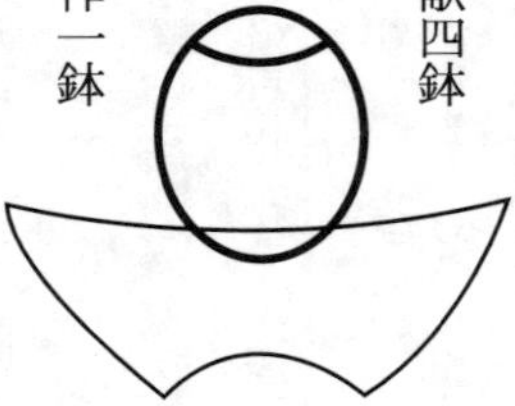

増長天王　　広目天王

（石川県永光寺所蔵）

（印、明庵）（印、東察）

というものであり、同じく伝授者不明の「鉢盂之切紙・釈迦本形之切紙」には、

（端裏）鉢盂之切紙

釈迦本形之切紙

応器図

印ヲ逆へ

多聞天王四天所レ献《ズル》〈網勾《モウカウ》《ヒク》、梵字《デ》モ無《ク》、漢字デモ無イヲ二云也〉四鉢持国天王

人々具足底

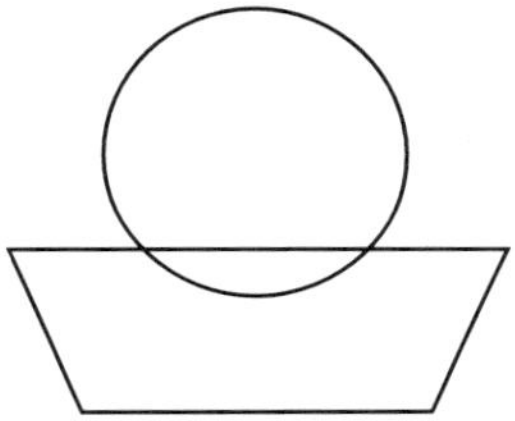

印順《ヲ》《ニ》

釈迦形

印ヲ逆

増長天王一仏合《シテ》作《ス》二一鉢《ヲ》一広目天王

鉢者《ハ》金銀銅鉄也、後木《チ》鉢也《リ》、四箇皆《ハナ》円形也、重《テ》而成《ル》二一鉢《ト》一則《バ》、悉《ク》応量器也《リ》、円形者《ハ》心也、心《ハ》是《レ》仏也、

是《ヲ》伝授之時、先頭《ツカシラニ》推《ス》也、頭《トハ》北也、

（石川県永光寺所蔵）

とある。この両図は、いずれも鉢の真上及び横断面からの図を組み合わせたものと思われ、これを「釈迦形（本形）」とするのは、『眼蔵』の趣旨からすれば「いはゆる、あるいは鉢盂はこれ仏祖の身心なりと参学するあり、あるいは鉢盂はこれ仏祖の飯椀なりと参学するあり、あるいは鉢盂はこれ仏祖の眼睛なりと参学するあり、云々」とあるのを踏まえるものであろうし、またいずれの切紙も四方に四天王を配することを口訣とする根拠は、

しかあればすなはち、奇特事の現成せるところ、奇特鉢盂なり。これをもて、四天王をして護持せしめ、諸竜王をして擁護せしむる、仏道の玄軌なり。このゆゑに、仏祖に奉献し、仏祖より附嘱せらる。（中略）いま雲水の伝持せる鉢盂、すなはち四天王奉献の鉢盂なり。鉢盂もし四天王奉献せざれば現前せず。……。

（『道元禅師全集』上、五六六頁）

という『正法眼蔵』「鉢盂」の説示を前提していることは恐らく間違いない。中世の曹洞宗教団内において『正法眼蔵』は、法宝として深く秘蔵され、披見は許されず、宗旨として参究されることはなかったとされている。しかしながら中世曹洞宗寺院展開の拠点になるような寺院には、道元の『正法眼蔵』がほとんど例外なく謄写伝承されており、[11]さらには上記のような切紙の伝承にも反映されているところからみると、意外と身近な聖典として閲覧がなされていたのではないかとも思われる。

一方、前記二種の切紙が伝えるような、仏法そのものを象徴的にイメージするのとは全く異なる、食器としての機能そのものを禅的に解釈しようとする参の例が、『仏家一大事夜話』の「鉢」の項にみられる。それは、

△鉢、師云、鉢ヲ食堂デコソ行ウズカ、何セニ僧堂デハ行ウソ、云、法輪ノ転スル処ガ雲堂ナニ依テ、食輪ヲ

モ僧堂テ行テ走、云、食輪法輪一般テ走、先聖ヨリ挙処一ツアリ、師云、仏家デハ何ト見ウソ、云、法喜禅悦食カ肝要ナニ依テ、堂中テ行ウデ走、師云、法喜禅悦食ト云、〈畢竟用所〉ヲ、云、祖仏凡夫ノ恵命ヲ継イテ走、

というものであり、この参に対応するような切紙の本文は、現在見出していない。しかし、たとえば『禅林象器箋』第二類殿堂門の「斎堂」の項には、

忠曰、斎堂《ハ》即食堂也、食堂《ハ》即僧堂也、今日本黄檗山《ノ》、僧堂《ノ》外《ニ》別設㆓斎堂《ヲ》㆒、蓋大清禅林如㆑是、非㆑古《ニ》也、

とあり、同じく「食堂」の項にも、「忠曰、禅林《ノ》僧堂《ハ》、本《ト》食堂也、食堂《ハ》即斎堂也」とあって、これらはいずれも黄檗宗の渡来による斎堂と僧堂の分立した形式の伽藍様式が伝えられる以前の状況を前提するものであり、『仏家一大事夜話』の趣旨は、道元が『赴粥飯法』において規定するような、坐堂・寝堂・食堂一体の結構と合致する主張になっている。

「鉢盂」とともに比丘の飲食にかかわる所持品としては、『梵網経』の「十八種物」にも説かれる「瓶」がある。これは『禅苑清規』では「小浄瓶」、『勅修百丈清規』では「浄瓶」となっており、『正法眼蔵』「行持」では「瓶錫」と名づけられる、僧の飲料水や浄水（手を洗い清める水）を入れておくための器である。(12) この浄瓶は、『勅修百丈清規』巻五の「弁道具」の解説によれば、

浄瓶　梵語捃稚迦、此云㆑缾、常貯㆑水随㆑身以用㆓浄手㆒、寄帰伝云、軍遅有㆑二、若甆瓦者、是浄用、若銅鉄者、是触用、（大正蔵四八、一一三九頁c）

とあり、もっぱら手を洗い清める意に用いられている。この浄瓶は尊称して「宝瓶」とも呼ばれるが、次に永光寺切紙「宝瓶之図」の切紙を掲げておく。

（端裏）宝瓶之図

宝瓶体阿字也

宝瓶之図

宝瓶者《トハ》、長《サ》九寸八分也、仏法之本意也、根本也、一切衆生開悟之本源也、所以者何《ユヘイカントナレバ》、移《ス》二一器水《ノヲ》一器《ニ》一、嫡嫡仏法相承儀《ノ》也、是《レ》即《チ》生身成仏《ノ》之本体也、一器《ノ》水《ッ》、即《チ》天台《デハ》法性《ノ》理水《イ》也、真言《デハ》阿字《ノ》智水也、仏心宗《デハ》本分自己《コノ》法《ッ》性水也、宝瓶者《トハ》我《ガ》体也、水者《トハ》心水也、曹源《ノ》一滴《キ》水《イ》也、

于時慶長拾六年（一六一一）五月廿八日

私《シ》、浄瓶踢倒時《ノ》、一器《ノ》水《ヲ》移《シテ》二一器《ニ》一嗣法相続用所《ノ》也、潙山踢倒去《シッタハ》、天然《トシテ》燃灯《ノ》得《テ》二骨髄《ヲ》一、百丈已前《ン》仏祖未生前《ノサキニ》通徹《シタヘ》故也、以心伝心《シテ》本分真《ンノ》活祖《ニ》相見《シ》了《レバ》、浄瓶《ニモ》百丈《ニモ》無二用所也一、

（石川県永光寺所蔵）

この切紙の宝瓶の図では、密教的要素を導入して各部に諸尊を配し、これを諸種の色に塗り分けて、もはや実用性をともなわない、仏法の嫡々相承を具現する法器とされ、中に入っている水も仏法そのもの（法性水）を象徴することになる。末尾の「私《シ》、云々」の参は、中国唐代の潙山霊祐（七七一―八五三）が百丈の会下で典座職にあっ

た際に、首座の華林善覚とともに大潙山の住持となるための力量試しが行われ、霊祐は提示された浄瓶を蹴倒すという禅機を発揮してその力量を認められた、いわゆる『無門関』第四〇則の「潙山踢倒浄瓶」の話もあわせ掲げて参じせしめようとしたものであり、単なる生活用具の宗教的意味にとどまらない、当時の禅林で行われていた公案看話の禅への導入としての意味も有する、極めて具体的な参究の対象物であったと思われる。

なお、伝授者については、永光寺には同筆の切紙が他にも存し、慶長一六年（一六一一）という年代も考慮すれば、永光寺輪住四七六世久外婇良（?―一六五一）が、超山誾越もしくは明庵東察から伝授されたものと解してよいであろう。

四　拄杖・竹篦・払子

すでに述べた六物や八物・十八物等には含まれないが、禅僧の所持物として、中国・日本の禅語録にも頻出する器物に、拄杖・竹篦・払子がある。これらはいずれも、主に禅林の住持が日常的に使用する常什物に属するもので、語録等に見出される例も、住持の説法や種々の大衆接化の場、さらには各種の儀礼用として使用される場合がほとんどであり、厳密な意味では修行僧の行履物とはいえないかもしれない。しかし、各種の経典や律の規程には、仏が比丘に受持蓄積することを許した記事が散見するので、広い意味での比丘の所持品と位置付けてよいと思われるので、次にこれにかかわる切紙を紹介する。

最初に「拄杖」については、『祖庭事苑』などでは行脚遊山の折に険路を越えていくための助けとして所持するものとされるが、これと同様の機能を有するものに、頭部に塔婆形の錫製の金具を取り付け、これに金属製の環を下げて、振れば音が発するように作り、山野を斗藪遊行する際に毒蛇や害虫を追ったものとされる「錫杖」がある。

この錫杖の根拠については、失訳ではあるが『得道梯橙錫杖経』一巻（大正蔵一七）があり、智杖、徳杖とも名づけられるとし、これを受持する威儀として二五事が列記詳説されている。この錫杖は『梵網経』の十八種物中にも含まれており、天台宗や密教においても用いられるが、拄杖を用いるのは、禅宗だけのようである。しかも、律によれば、たとえば『根本説一切有部毘奈耶雑事』巻六には、

仏在二王舎城鷲峰山中一、有二老苾芻一、登山上下脚跌倒レ地、仏言、応レ畜二拄杖一、聞二仏許一已、六衆即便以二金銀等並雑彩物一彫二飾其杖一、俗旅見已共生二嫌賤一、苾芻白レ仏、仏言、苾芻有二二種縁一応レ畜二拄杖一、一謂、老痩無レ力、二謂、病苦嬰レ身、云云、（大正蔵二四、二三九頁c）

とあり、その目的は老人と病者の資身の具とするという極めて実用的な意味をもっていた。このように拄杖は、元来は極めて限定された意味で使用されるべきものであったが、禅宗においては、『禅苑清規』巻一の「装包」に、「路上逢レ人如略問訊、仰二左手一把二拄杖一、仰二右手一下レ笠、歛二杖笠一当レ胸、」（曹全、清規、八七〇頁）とあるように、錫杖と全く同じ目的で用いられるようになったものと思われる。後に掲げる「拄杖切紙」でも、「仏云《ケハイ》二之《レヲ》錫杖《ト》一、名《ナツク》二祖師禅《デハ》之《レヲ》拄杖《ト》一、真言云《デハイ》二之《レヲ》散杖《ト》一云々」として、単なる異名としてみられている。さらに拄杖は、今日、洞済いずれにおいても晋山式や上堂に際して使用されるように、ほとんど儀礼用としての意味しかなさなくなり、行脚に用いられる時は錫杖ということになるが、拄杖が説法や大衆接化のための象徴的道具として使用されるのはすでに唐代の語録にしばしばみられるものであり、切紙における拄杖の意味も、ほとんど仏法を象徴する道具に終止している。以下、拄杖に関する切紙や図、参を数種紹介する。まず、永光寺切紙から三種類の拄杖関係切紙を掲げる。

①（端裏）拄杖之図
（印）拄杖之図

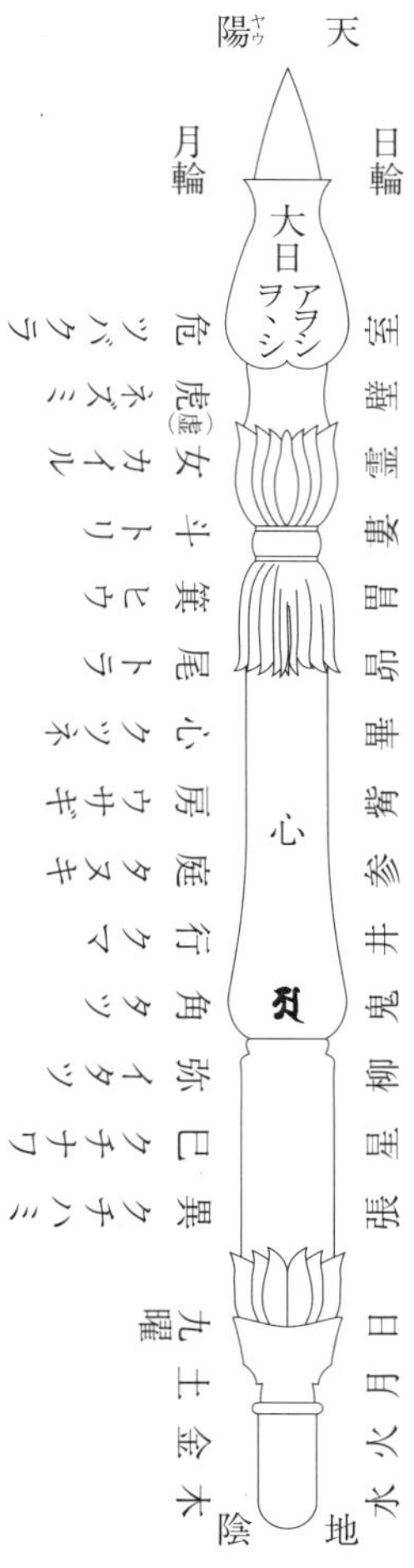

拄杖者《トハ》長《サ》七尺五寸也、天竺《ニ》有《リ》二牢《ラウト》一云《フ》虫《ムシ》一、獅子《ヲ》食《ス》、経《ヘテ》レ年《トシヲ》後《ノチニ》云《フ》二祖師《シト》一、一日《ニ》万里《ヲ》行《キ》帰《ル》也《リ》、行先《キ》山《マ》崩《レ》海枯《イカレ》、恐《ヲレテ》二群《グン》生一遠離《ス》、故《ツ、ガ》表《ヘニス》二彼《カノ》虫《ヲ》一、天竺《ニテハ》而、云《イ》二月輪《ト》一、晨旦《ニテハ》而云《イ》二寒深《シント》一、本朝《ハ》而云《イ》二山形《ト》一、仏《ケハ》云《イ》二錫杖《ト》一、真言《デハ》而云《イ》二散杖《ト》一、武《ブ》士《シハ》云《イ》二兵杖《ト》一、仏心宗《デハ》而云《イ》二拄杖《ト》一、鬼神《ハ》云《フ》二死活杖《ノト》一也、何《イツレモ》為《タメ》二悪魔降伏《ノ》一也、杖者《トハ》心也、拄杖《ハ》境界也、杖子《ノ》八万四千《ノイボ》者《ハ》、八万四千毫竅《ノガウキウ》也、仏菩薩、諸天諸王、人畜草木、日月星晨《イシン》也、尽《ク》一心作《ヲス》レ力《ラト》也、心《ヨリ》出《ツ》生《シテ》而心《ニ》帰《スル》也、一心一物《ノ》自由也、尽《ク》一心《ニ》取《リ》付《ク》也、無相《ハ》心也、有相《ハ》境界也、天《ノ》二十八宿、地《ノ》三十六禽《ギン》等、皆《ナ》一箇《ノ》杖子也、

于時元和六〈申〉（一六二〇）秋、頂戴成就畢、

②（端裏）拄杖切紙
（印）仏心宗拄杖之切紙

○夫拄杖者《トイッハ》、右起《ギヲコル》処《ロ》喝羅国謂《ニフ》二鉄歩《テット》一有《アリ》二一虫《ヒトツノムシ》一、彼虫《ノムシ》、上《カミ》有頂天、下《モ》金輪水際充塞《ニジウソクスル》也《リ》、食《スルコト》二衆生《ヲ》一恒河砂也、

釈尊為《タメニ》レ救《スクハン》二衆生《ヲ》一、彼扶《ノタスケテ》レ虫為《ヲナス》二弟子《ト》一、摩頂《シテ》其名《ノナヲナヅク》号二拄杖《ト》一、当代之《ノ》知識伝《ヘ》二来《テ》四祖《ノ》正脈《ヲ》一、四方《ヨ》助《モノタスケ》二外道《ヲ》一化二
度《スルコト》衆生《ヲ》一、携《タヅサヘ》二来《ル》拄杖《ヲ》一故也、仏《ヘ》名《ケハク》二之《レヲ》錫杖《ト》一、拄杖者《トイツハ》、日月両輪《ノ》也、故拈《ヘニズル》則《ンハ》天下太平也、起《キスル》則《ンバ》衆生
悉《コトークヲ》引導也、
○亦一説《ニ》、拄杖起《ヲコル》処《ロ》、天竺摩訶陀国《ニ》云《フ》レ〈牢レ恙《ラウトツヽガト》〉有《リ》二悪虫《チウ》一、長《タケ》七尺五寸也、常食物《ノ》用《ニユ》二獅子象《ヲ》一、経《ヘテ》二千年齢《ノヨハイヲ》一
其名後《ノナヲノチニユフ》謂二祖師《ソト》一也、一日《ニ》一万里飛行《ヲヒ》帰《シテカイル》、彼虫行処《カノユクロ》、動《ジ》二天地《ヲ》一、崩《クツレ》二山岳《ガク》一、枯《カレ》二草木《ヲ》一、渇《カツシ》二大海《イ》一、喪《サウスグンルイヲ》二群類一、天竺《デハ》
云《イ》二月輪《ト》一、震旦《シンダンデハ》云《イ》二寒深《ト》一、本朝《デハ》云《フ》二山形《ト》一、仏《ケハ》云《イ》二之《レヲ》錫杖《ト》一、名《ナツク》二祖師禅《デハ》之《レヲ》拄杖《ト》一、真言《デハ》云《イ》二之《レヲ》散杖《ト》一、鬼神《ハ》云《イ》二
之《レヲ》死活杖《ノト》一、武家《デハ》云《フ》二之《レヲ》兵杖《ト》一也、所《ロ》レ謂《ルユミ》弓也、何《イツレモ》悪道邪路《ジヤ》為《ヲタメ》レ除《ノゾカン》也、与《タメ》レ救《スクハン》二衆生《ヲ》一也、縦《タトイ》雖二知識《タリト》一、不《ズンバ》レ知《ラ》二
此《ノ》由来《ヲ》一必不《ズ》レ可《ラ》レ持《ス》、

道元在判

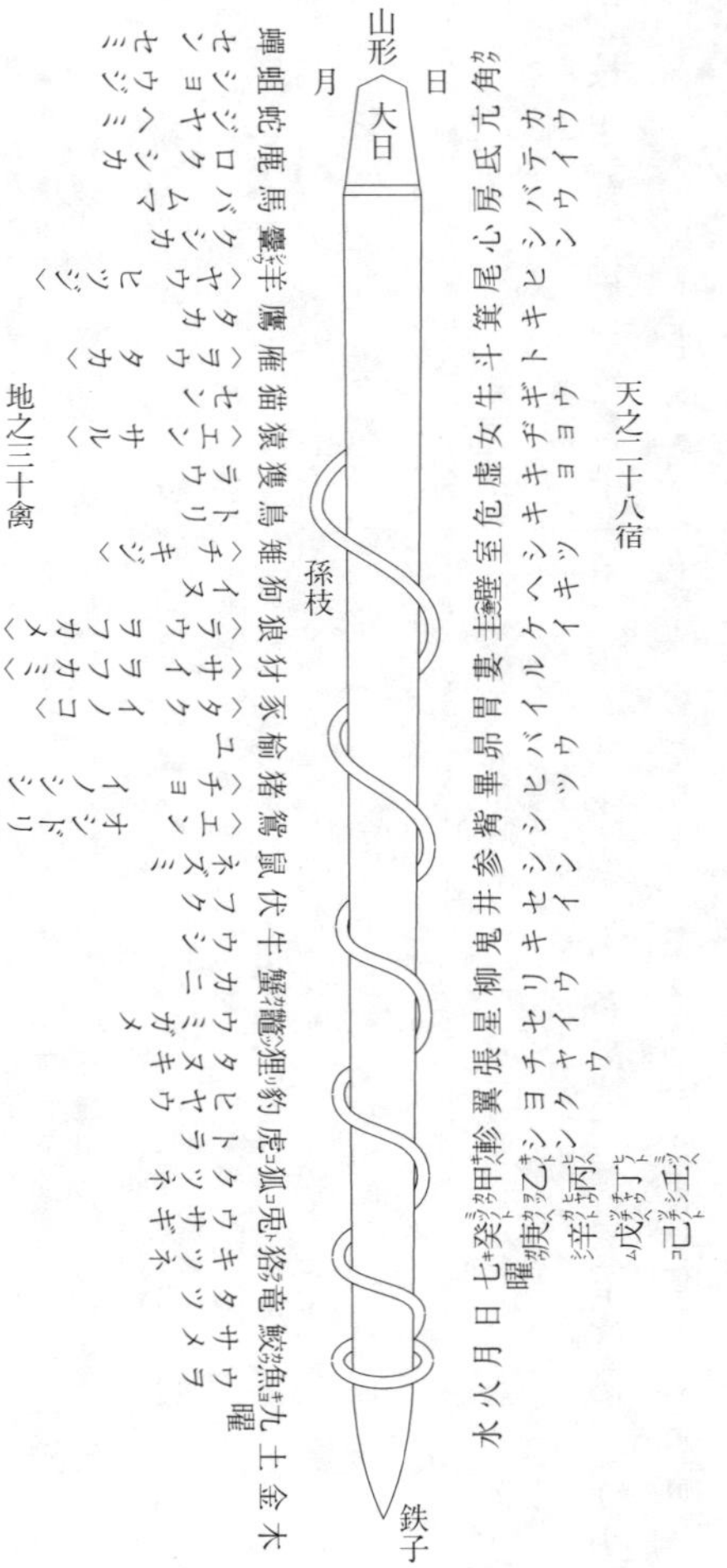

〇天童如浄和尚《ノ》云《ク》、慇懃《インギンニ》検《ケン》二点《シテ》烏藤《ウヲ》一看《ミヨ》、花《ハ》向《テ》二不萌枝上《ボウシニ》一開《ク》、如何《カ》是《レ》拄杖子、拈《ジテ》拄杖《ヲ》一卓《タク》一下《シテ》云《ク》、這箇《ノ》拄杖子《ス》、便《チ》是《レ》汝《チガ》拄杖子、作麼生《カ》呈《テイセン》、作麼生《カ》放下《セン》、便《チ》良久《シテ》云《ク》、即《ソツ》今汝《ンナンヂガ》拄杖子《ス》也《ナリヤ》否《イナヤ》、霊木超然《ゼントシテ》天然《ネン》異《コトンナリ》、鳳棲《スンデ》二梧桐《ニ》一、無《シ》二依倚《イキ》一、亦《タ》云《ク》、乾坤道合《ミチガツシテ》通《ツウズル》無《ナシ》レ礙《サハリ》、

〇右此《ギノ》杖子《ハ》上《カミ》有《イ》頂天、下《シモ》金輪水際充塞《ニシウソクスル》也、為《ナシ》二天地体《ヲト》一、具《グ》二足《ス》三界《ノ》山形《ヲ》一、山形者《トイツワ》人々《ノ》山形也、知《シ》二得此《ノ》山形《ヲ》一了《ヲワレバ》、契《カナフ》二本分相応理《ノリニ》一也、鉄子者《トイツハ》、上《カミ》有頂天、下《シモ》金輪水際体《ノ》也、所《ロ》レ謂《ル》、妄想《ザウノ》業山《ゴウヲ》撞破《スル》也、孫枝者《トイツハ》、仏祖児孫《ノ》尽大地《ダイニ》充塞《ソクシテ》、枝葉長所《スルトコロ》也、拄杖者《トイツハ》心《ン》也、孫枝者《トイツハ》意也、影《ゲ》也、表二相法身《ノ》一也、煩悩業山《ノゴウ》撃砕《ヲキヤクサイスル》則《ンバ》全体法身《ノ》当体也、或《イハ》言《ユフ》、拄杖子化《シテ》成《ナツテ》レ竜《ト》呑二却《クス》乾坤《ヲ》一、是《レ》法身当箸《(ママ)ノ》時節也、拄者《トイツハ》魂《コン》也、打二破《スレバ》煩悩雑識《ノザウシキ》生死衆罪《ノヲ》一、不《ザル》レ受《ケ》二是非苦業《ノヲ》一也、杖者《トハ》魄《ハク》也、故《ヘニ》応《ジテ》二娑婆世界《ニ》一成《ナル》レ主《ト》也、一劫千生《ノ》間《ダ》無相《ニシテ》受《ウクル》二人天《ノ》供養《ヲ》一也、然《リ》出《フシテ》二生世《スルヲ》界《ヱ》一従《リ》二拄杖中一来《ルト》云云、自《ヨリ》二拄杖中一来《ルトハ》、云《フ》二主中主《ノ》一理《ト》也、受用者《トハ》、得《ヱ》二左手《ニ》一来《テ》用《ユ》二右手《ニ》一、左手《ハ》久遠、右手《ハ》今時也、向去却来也、這箇《ノ》一拄杖、如何《ガ》受用《セン》、挙《コシ》レ手《テヲ》伸《ノブ》レ脚《アシヲ》、

〇私《シ》、九曜、羅《ラ》睺《カウ》星《セイ》、土《ト》曜《ヤウ》星《イ》、水曜星、金《コン》曜星《イ》、日曜星《イ》、火曜星《イ》、計都《ケイト》星《イ》、月曜星《イ》、木曜星《イ》、是《レ》也、〇七曜、貪狼《トンラウ》星《ウ》、巨文《コモン》星《ウ》、禄存《ロクゾン》星、文曲《モンギョク》星、廉貞《レンヂヤウ》星《ウ》、武曲《ブギョク》星《ウ》、破軍《ハグン》星焉《ウコレ》也、

太宋国理宗帝御宇　慶レ宝元〈乙酉〉年（一二二五）九月吉日

慶元府天童景徳三十一代南谷老如浄大和尚伝授道元大和尚畢、

私《シ》、拄杖者《イツハ》、心《ン》也、孫杖者《トハ》、意也、杖枝《トハ》心《ト》影《ゲトノ》二《ツ》也、杖《ハ》ツヱ、云《フ》二衲僧本分之箸《ノ(ママ)》力《ヲ》一也、拄《ハ》サヽユルデ、一箇《ノ》杖満《ミツル》二乾坤《ニ》一儀也、中間《ノ》心《ハ》人々具足《ノ》心也、杖也、外《ノ》赤円《ハ》孫枝也、境界也、長《ナガサ》七尺五寸七字《ハ》円成也、

人々具足箇々円成

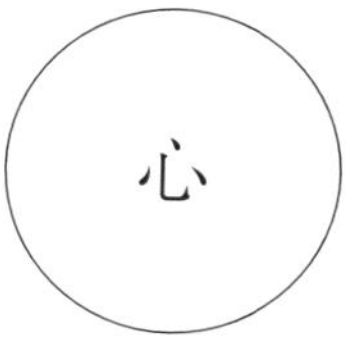

③［拄杖切紙］（仮題）

拄杖　仏心宗《ニハ》拄杖、俗家《ニハ》弓、顕密《ノ》宗《ニハサン(散)》□杖、私云《シ》金剛堅固《ノ》心杖《ト》、弓《ニハ》有《リ》二弓弦《ケン》一、杖《ニハ》有《リ》二小枝一、境《ニハ》有《レ》レ人、境界《ニハ》有《リ》二本心《ン》一、相随《ヒテ》不《レ》レ離《レ》共《ニ》、似《タリ》二車輪《ノ》在《ルニ》一、天《ノ》二十八宿、地《ニ》三十六禽《キン》、七曜九曜、万般共《ニ》有《リ》二此中《ノチニ》一、杖者《トイツハ》心《ンノ》表相也、亦私《シ》、禽獣《ハ》、禽《トハ》有《ルヲ》二足《ニシテハネ》一羽《フ》云也、獣《ジウトハ》云《フ》レ有《ルヲ》二四足《ニシテ》一毛《ケ》、鳥《リノ》惣名《ヲ》云《イ》レ禽《ト》、獣《ケダモノノ》、惣名《ヲ》云《ユウ》レ獣《ジウト》、

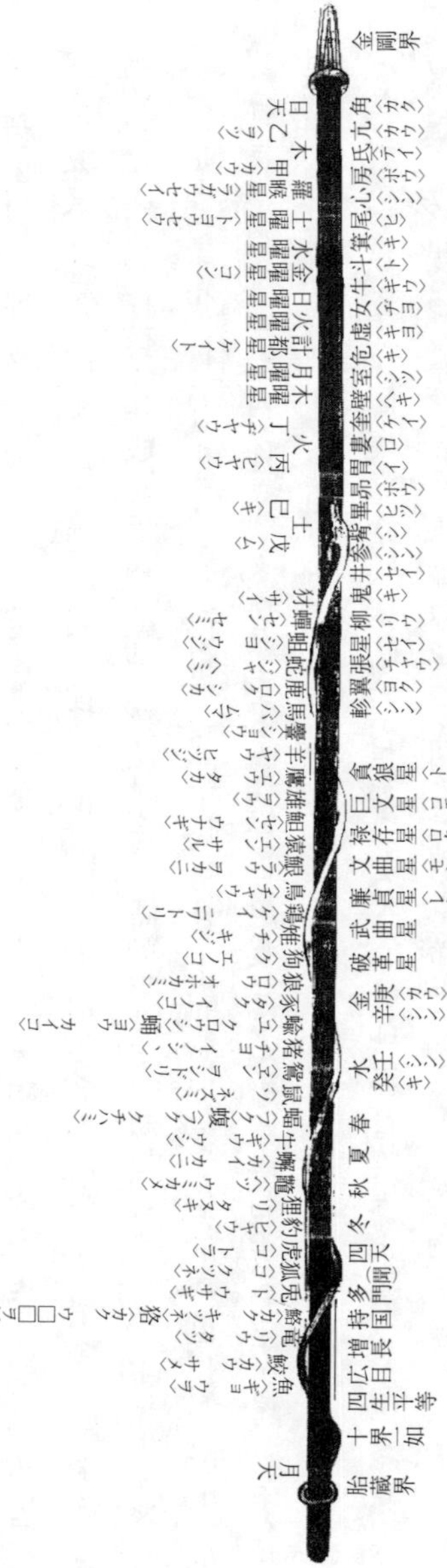

長七尺五寸也、同弓《キモ》也、

当現住洞谷山永光護国禅寺小比丘久外媄良（花押）

于時寛永十三〈丙子〉載（一六三六）正月初二吉蓂良辰書之

（石川県永光寺所蔵）

ここに紹介した切紙は、いずれも近世初期の書写のものであるが、はじめの①「拄杖之図」は、拄杖が天地間を総摂するという意味から、二十八宿・三十六禽（略出）を拄杖の各部分に配し、②「拄杖切紙」ではさらにその由来を詳説し、二十八宿・三十六禽にさらに七曜・九曜をも加えてこれを配し、しかもこの切紙は宝慶元年（一二二五）九月に天童山景徳寺において道元が如浄より参得伝授したものとし、その参話問答も掲げている。また③「拄杖切紙」（仮題）はさらに、拄杖各部分の意義付けが複雑となり、二十八宿・三十六禽・九曜のほかに、図では本命星・五行・四季・四天王・金胎両界等に至るまでこれを取り込み、天地を通貫する拄杖としての意味を強調する。恐らくこうした発想は中国にはないもので、日本中世の本覚論的自然観を、陰陽道等の思想をも取り入れて体系化し意義付けた、極めて日本的な解釈の所産であることは疑いない。また切紙の権威付けの常套手段として、これも如浄直伝のものであることを記載することを忘れないが、こうした伝承が切紙資料のなかでも比較的古いものにすでに存する。

以上は拄杖の由来や意義付けを主とした切紙類であるが、同じく永光寺切紙に、天正三年（一五七五）一二月八日、越中自得寺一一世の松巌宗寿（?—一六〇九）から同寺一二世栄巌慶松に伝えられた「曹洞宗天童如浄禅師道元和尚嗣法論」がある。内容的には「拄杖」と「竹篦」に関するものであるが、切紙の種類としては「参話」に相当し、さらにこれは道元と師の如浄との問答の形式をとり、しかも標題を「嗣法論」としていることからも推測されるように、嗣法相続の機縁として位置付けられていたことを示している。

曹洞家天童如浄禅師道元和尚嗣法論

師問云、如何是一箇柱《(ママ)》杖、元云、人々具足《ス》、師云、具足《セヨ》看《ン》、元云、無心、師云、言語尽、元便立《ッ》、師云、礼《セヨ》、元即礼《ス》、師云、如何是露柱《ノ》一句、元云、六根不具、師云、直《ニ》具足《スル》也、元云、答話在問処、師云、道〻、元、即喝《ス》、師云、是何《ソ》、元、即払袖去、師云、問如何是即心即仏之鏡裡像、師云、如何是明鏡《ノ》也《(ママ)》、元云、古鏡磨《ス》、師云、磨《シテ》何処《カ》落在《ス》、元云、破鏡、師云、彼落処道《ヲヘ》、元云、火中氷、師云、其時節作麼生、元即放身《ス》、師云、礼《セヨ》、師云、如何是一霊真性、元云、電光智了剣、師云、在何処正智得、師云、会処如何、元云、天地同根万物一体、師云、師会《(衍カ)》乎《ス》々々、元、呵々大笑《ス》、師云、是誰人ノ章句《ソ》、元、立拝、師、下坐《シテ》授拄杖、師云、如何是亀毛払子、兎角拄杖、喚何道《カン》、元云、世界恁麼広《シ》、師云、其外在指頭直《ニヘ》云、元、挙一指、師云、問、如何是払子上《ノ》一句、元云、吾在一言、師云、無言授白払子、師問、如何是三尺竹篦、元云、問話者《ノハ》喫レ棒《ヲ》、師云、不恁麼時如何、元云、三日前五日後、師云、前後際断時如何、元云、不会、師云、唯為《ニ》不開口、師即下坐而授竹篦畢、　元九拝而珍重、

日本曹洞永平開闢道元和尚詞《(ママ)》法論

天正三年（一五七五）臘月仏上堂日、　従宗寿授慶松九拝

（石川県永光寺所蔵）

同じく「拄杖」関係の参話の例として、『仏家一大事夜話』所収の参は、

△柱《(拄)》杖之参ヲ、云、無心無念テ走、師云、其レカ何トテ主杖テハアルソ、云、三世諸仏歴代祖師モ此ニ扶テ走、師云、拄杖ノ上下ノ赤キハ何ントシテ道里ソ、云、心《ロ》ハ、火ヲ吐ク者テ走、云、畢竟ヲ、云、仏祖恵命テ走、心《ロ》ハ、畢竟無心無念ノ処ガ本心本性タソ、其コニ三世共ニ流入シタソ、向看レバ心ヲ表シタ拄杖也、

というものであり、これら両種の参は、前掲のような拄杖に二十八宿・三十六禽等を配する説を前提しないものであり、これが古い形を示すものであろう。これに対し、広泰寺切紙、寛永一七年（一六四〇）英刹所伝の「拄杖切紙」は、

（端裏）拄杖切紙

螢（ママ）山和尚曰、慇懃《ニ》検二点《シテ》烏藤《ヲ》一看《ヨ》、花《ハ》向《テ》二不萌枝《ニ》一開、
如何是拄杖子、拈二拄杖《ヲ》一、卓一下《シテ》云、是《レ》這箇拄杖子、便《チ》是《レ》汝《カ》拄杖子、作麼生呈《セン》、作麼生放二下《ン》拄杖《ヲ》一、便《チ》良久、
即《チ》是汝《ガ》拄杖子也《タ》否、霊本超然《トシテ》、鳳無《シ下》レ倚《上》レ依、又云、乾坤道合《チテ》、通《シテ》無礙《也》、右這箇《ノ》拄杖子者《ハ》、上《ミ》徹《シ》二有頂天《ニ》一、下《モ》
透《ル》二金輪無際《ニ》一也、

（中略）

延文元年（一三五六）八月時正日　　花叟在判

今日本寛永十七年二月吉辰（印）（印）

金竜山海眼融山祝和尚　令伝附英刹畢

（三重県広泰寺所蔵）

というもので、了庵派下華叟派の伝承であることを記している。文言は前記の永光寺所蔵の「②拄杖切紙」とほとんど同内容であるが、注目されるのは、如浄と道元の問答とされていたものが、ここでは瑩山紹瑾の参話とされている点であり、伝承の経路を反映していると思われる。

これらの切紙は、いずれも拄杖の象徴的意味や意義、あるいはその口訣を問答体で拈提したものであるが、次に紹介する永光寺切紙「拄杖竹篦之貴裡《きり》紙《がみ》」は、拄杖とともに竹篦の形態・寸法のみを示した極めて実用的な切紙で、太源派所伝のものである。

（端裏）拄杖・竹篦之貴裡紙

凡（印）於曹洞一宗之柱（ママ）杖者、長七尺五寸、或ハ七尺三寸ニモ作也、イボヒシホシノ数ハ三百七十八也、牓ヲ可得心多ナリ、

鉄花ハ五寸五分也、鉄枝ハ四寸五分也、

山形ノツケ処ハ、三分ニ一ツ也、山形ノ高ハ四寸也、

山形ノマク間ハ、五寸也、山形ノマキヤウハ、三ツマキ也

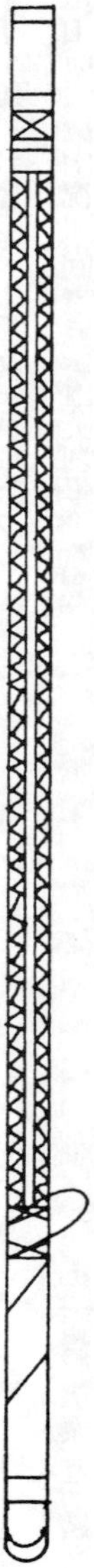

竹篦者、長三尺一寸、面ノ広ハ一寸八分也、面一方ハ赤染ニヌルベシ、一方ハ黒染ニヌルベシ、本ハ一文字ニキルヘキ也、

末ハ半月ニマワスベシ、中フシニ二ツ作ル也、

印（印）

右如斯図者、於明州天童山景徳寺、嗣祖第五十世如浄大禅師、今太宋宝慶元年九月十八日、秋津嶋越前州吉祥山永平寺開山道元和尚大禅師秘蔵々々、御相伝儀記（ママ） 柱杖竹篦之図也、洞家一宗旨老、正法眼蔵大導人、涅槃妙心善知識、当家承授云々、

同伝授之比丘紹瑾、（印）紹碩、宗真、聞本、太初ヨリ以来面々相承而、（印）爾到野僧、（印）可レ秘、

（石川県永光寺所蔵）

ここにおいても、これらの道具は道元が如浄より参得伝授したものであること、そしてこれが所伝の仏法を象徴していることが強調されている。なお、形態上のことで付記すれば、『禅苑清規』巻一「装包」には、

拄杖之法、有レ枝者為二触頭一、無レ枝者為二浄頭一、行時浄頭在レ前、右手携レ之、如下レ笠時、在二左手内一、

（曹全、清規、八七〇頁）

とあり、枝が付着しているものを「触頭」と呼び、枝のないものを「浄頭」と呼んで区別しており、前掲の切紙の図では永光寺所蔵の②③「拄杖切紙」や、広泰寺所蔵の「拄杖切紙」はいずれも触頭ということになる。ただし触頭と浄頭の用途の区別については判然としないが、この枝が孫枝と呼ばれ、広泰寺所蔵の「拄枝切紙」では「宗旨孫旨」という意で、「無相而大地黒漫々故也」と示されるように、この拄杖に象徴される仏法が国中に満遍なく行き渡る意を象徴するものであろう。同時に、拄杖の素材としては古来、「烏藤」あるいは「烏拄杖」と呼ばれることもあるように、黒色の藤が用いられることからの連想でもあり、その由来は、元来は天台山にだけ生ずる「概櫟」というイボの突出した木を使用していたことによるが、これに関する切紙の言及は、「拄杖・竹篦之貴裡紙」に「イボヒシホシノ数ハ三百七十八也」とあるぐらいが関連する記載で、他にはほとんど見当たらない。

次に、禅宗では拄杖と同様に説法や大衆接化に使用される「竹篦」についてであるが、これは「警策」と同様に修行僧を打って警覚せしめるための道具で、中国の禅僧の語録にもしばしば登場する。しかし拄杖とは異なり、仏典に全く典拠が見出せない禅宗独特の道具である。ただしこの竹篦についても、切紙ではその由来はやはりインドにあり、しかもその形態は法身の表相を示すものであり、これもまた道元が如浄より口訣を参得して伝受したとする説は、拄杖の場合とほとんど同じである。まず、書写年・伝授は不明であるが、竹篦の解説としては委曲を尽くしていると思われる永光寺切紙「宗門竹篦之切紙」を掲げる。

（端裏）竹篦之切紙

（印）宗門竹篦之切紙

○竹篦所レ起《シツヘイトコロヲコル》、南天竺《ヂクニ》謂《フ》二竹《チク》峰山一《ト》有《アリ》レ山《ヤマ》、彼《カノ》山形《ノカタチ》似二竹林一《ニタリチクニ》〈杖〉《ニ》、故《ユヘニ》名《ナツク》二竹峰山一《ト》、彼《カノ》山有二《ニアリ》一《ヒトツノ》獅子《シシ》一、号二之《ナツクコレヲ》篦破《ト》一、彼獅子《ノ》食《ショクスルコト》二衆生《ヲ》一恒河《ガウ》沙也《ナリ》、然間《ルダ》釈尊愍《アハレミ》二衆生《ヲ》一給《タマイテ》、彼獅子《ノ》仏《ヲケ》以《テ》二方便力《ヲ》一御弟子《ミデシニ》摩頂給《シタマイテシム》、令レ入《イレ》二仏果一《ニ》、終《ツイニ》成仏《スル》也、依レ是《ヨッテコレニ》彼獅子《ノ》取《ノトッテ》二一毛《ヲ》一作《ナス》二竹篦《シッヘイト》一、所《ロ》レ謂《ユハユル》彼獅子《ノ》処住《ノセヨウ》竹峰山也、故《ユヘニ》取《テ》二此《ノ》竹峰《ノ》竹篦破《ノ》篦《ヲ》一名《ナツク》二竹篦《ト》一、所以者何《ユヘイカントナレバ》、為《タメ》下救《スクイ》二末世《マツノ》衆生《ヲ》一払《ハラハンガ》中悪《アク》魔外道《ヲ》上也、依《テ》レ然《ルニ》邪魔外道魍魎《モウレヤウ》鬼神毒虫《チウ》毒竜《モ》、頂二戴《スレバ》此《ノ》竹篦《ヲ》一則《チ》、得《ウル》レ成《ナルコトヲ》レ仏《ケト》者《ノ》也、

○夫《ソレ》竹篦者《トイッハ》、法身表《ノヒヤウ》相也、衆生煩悩《ナウノゴッ》業山《ンヲ》撃砕《キャクサイスル》故《ヘ》也、長鉄《ナガサカネノ》定尺三尺二寸也、必可レ有《ズキル》二三節《セツ》一也、三世諸《ノ》仏護念給《シタマフ》処《ロ》也、不《ズンバ》二善智識是《モレ》相伝《セ》一、必不《ズ》レ可《ラ》レ取《ル》二竹篦《ヲ》一、非《アラズンバコノムネチ》二之心知得《クニ》一可《キ》レ為《タル》二外道《ノ》一者也、

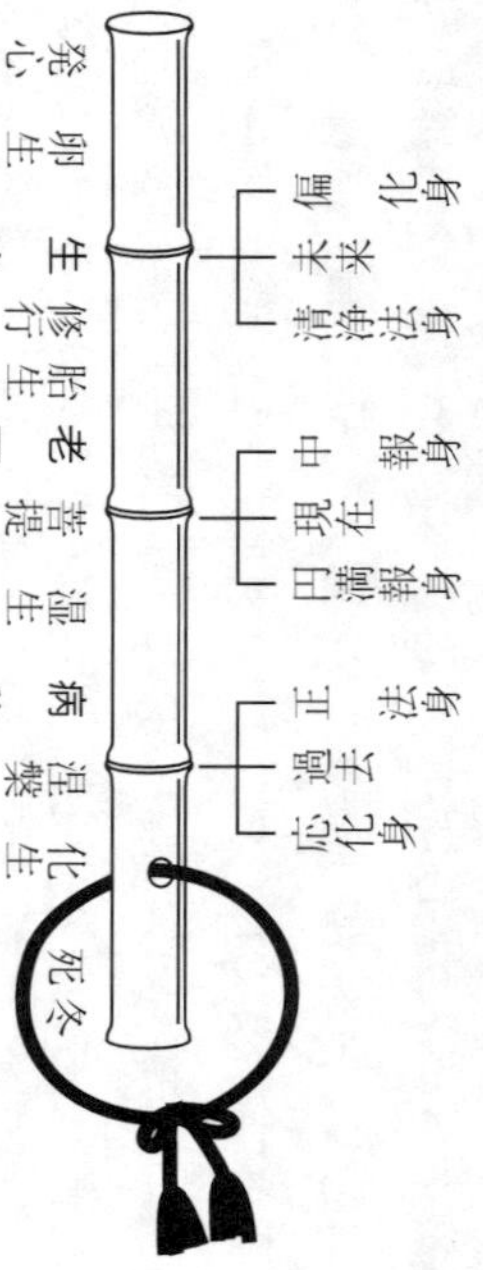

○天童如浄和尚《ノ》云《ク》、突出《トツ》摠《シテサウニ》難《シ》レ弁《ジ》、堀地《ニ》深埋《クウツム》、如何《ナルカ》是《レ》竹篦、自《ミー》云《ク》、三尺《ノ》黒蛇眠《ネムル》二闇室《ニ》一、亦《タ》云《ク》、随《テ》レ機《キニ》《コヽロ》動揺《ユウス》、従来《ズト》未《ダ》レ露《アーレ》、云云、

○右箇《コノ》黒蛇児《ジハ》、三尺二寸也、是《レ》則《チ》三世通達也、三世諸《ノ》仏《ノ》形影《エイ》也、法報応《ノ》三身也、空仮《ゲ》中《ノ》三体《ダイ》也、欲色無《ノ》三界也、

心《ノ》三点也、所《ロ》レ謂《ル》三乗《ジヤウ》十二分教等也、二寸《ハ》生死《ノ》二《ツ》也、則《チ》如来《ノ》通処也、三世《ノ》諸仏《ノ》通用也、諸《モロ〳〵ノ》衆生為《ノタメニ》レ断《ダンゼンガ》二悪業煩悩《ヲ》一、清浄法身仏《ハ》一身化《ヲケシテ》二千億百分身《ニミヲ》一、衆生応《ノジテ》二諸願《ニ》一、令《シメ》二満足《セ》一給《タマフ》也、或善知識《ハ》拈《シテ》二竹篦《ヲ》一打《タ》二撥《ハツスル》学者作処《ナスロノ》繫念《ケネンヲ》一処焉《ロコレ》也、作家拈来《ジツテ》打《タ》レ他《スタヲ》処《ロ》全《マツタク》非《ズ》二毒手《ニ》一、還慈悲手《ノテ》也、撥《ハラフ》二三世《ノ》諸仏悪業煩悩《ヲ》一処《ロ》也、竹篦《ニ》有《アル》レ心則《ンバ》毒蛇、無《ナキ》レ心則《ンバ》自己也、一箇竹篦《ノ》則《ナルンバ》法身当体也、拈《ンズル》則《ンバ》法身当行《ギヤウ》也、作《ナシテ》二竹篦会《ニヲ》一渉《ワタル》二背触《ニ》一則《ンバ》、法身度《タク》量也、埋《マイ》却也、拗折《ヨウセツ》底是《テイレ》法身透過也、三世不可得心《ノンニ》通達也、喚《ンデ》作《セバ》二竹篦《ト》一、即触《チフル》、喚不《デザレバ》レ作《サ》二竹篦《ト》一、亦背《タソムク》、喚作《デナサン》二是《コノ》什麼《ナントカ》一、良久《シテ》云《ク》、古殿深沈《チントシテゼン》全体未《ダ》レ露《ズ》、伝授以後相伝《ノ》也、

天童山景徳禅寺三十一代南谷如浄老大和尚、伝授永平道元大和尚畢、

太宋宝慶元年之伝授也、

成円々箇足具々人

（石川県永光寺所蔵）

抄物資料における漢文抄の位置は、瑩山の『秘密正法眼蔵』や義雲編と伝承される『永平寺秘密頂王三昧記』などの事例から、門参類にみる限り仮名抄に先行して行われたのではないかと思われるが、この「竹篦之切紙」も漢文抄であり、永光寺にはこれと同筆のもので慶長・元和期のものが比較的多く遺存しており、資料的価値は高いと推測される。

また「払子」については、拄杖と同様に律にもその記載がある。たとえば『根本説一切有部毘奈耶雑事』巻六に

は、

縁在二広厳城獼猴池側高閣堂中一、時諸苾芻為二蚊虫所一レ食、身体患レ痒、爬搔不レ息、俗人見時問言、聖者何故如レ是、以レ事具答、彼言、聖者何故不レ持下払二蚊子一物上、答言、世尊不レ許広説如前、乃至以レ縁白レ仏、仏言、我今聴下諸苾芻畜中払二蚊子一物上、是時六衆、聞二仏許一已、便以二衆宝一作レ柄、用二犛牛尾一而為二其払一、俗人既見広説如レ前、乃至仏言、有下其五種袪二蚊子一物上、一者撚二羊毛一作、二用レ麻作、三用二細裂氎布一、四用二故破一物、五用二樹枝梢一、若用二宝物一得二悪作罪一、（大正蔵二四、二三九頁b）

とあるように、仏弟子が蚊や虫のために難渋していたのでこれを払う道具を所持することが許されたとされる。この払子はインドでは、ジャイナ教などでも蚊や虻、塵などを払うために用いられたものであるが、中国や日本では、こうした元来の用途として使われることはほとんどなかったと思われ、特に禅宗では説法の際に、威儀を具えるための装身具的意味となり、また象徴的道具としてだけ使用されるに至る。すなわち、住持の説法に際して払子を竪起するのは、自在に法を説き明かすことを象徴しており、これを振って払う動作を行うのは、没蹤跡の消息を示すという具合である。その一例として、正竜寺普満紹堂所伝の「払子切紙」は次のようなものである。

（端裏）払子切紙

如何是一払子、竪二起払子《ヲ》一云、是《レ》須《ク》二妙手携来用一、受用底作麼生、任手拈来着々親《シ》、右箇《ノ》払子《トハ》者、拈華之話也、払子《ハ》是《レ》五尺《ノ》境界《ヲ》表《ス》、地水火風《ノ》之四大也、此《ノ》形体《ニ》含《ミ》二虚空《ヲ》一為レ主《ト》走《ル》二東西南北《ニ》一、似二万物払《ニ》一、雖レ然未レ在《ラ》二者《コノ》仏祖《ニ》一也、仏祖者心中従レ外出来、従レ内出来可《スベキニ》非《ス》、然則《ハ》号二仏祖来《ルト》一、是《レ》這箇也、喩《テ》レ我《ニ》縦雖レ有レ外《ゲ》道、仏祖為《ニシテ》レ人《ノ》、故《ニ》仏魔倶《ニ》払、時《ニ》一毛頭上納《テ》二乾坤《ヲ》一、此《ノ》時《キ》亦一毛中《ニ》不レ可レ続二滋味《ヲ》一也、払子柄上《トハ》者五体五輪也、三身円満《ニシテ》而如法如説《ナル》故《ニ》、妄想塵労不レ得レ納、雖レ沈二淪《スト》生死《ニ》一、此五体生死故《ニ》風火水地帰《スル》二箇中《ニ》一耳《ノミ》、在レ主《トハ》者、円満無際而成二一息《ト》一、是《レ》則《チ》本分自性也、是我本《ト》一息之《ノ》気、世尊拈華是也、不レ可レ謂二常花《ノト》一、本分自性也、花綻時迦葉心花亦《モタ》綻也、世尊瞬目処《ノ》、八万大衆終《ニ》不レ会、此《レヲ》教《ニ》云、為レ禅也、爾時学者不レ可二習学一、歴代《ノ》仏祖如レ是也、然□□《ンヲ》可レ唱レ之《ヲ》、雖二然《モ》払子一、者《タリトコレ》元来無面目払也、祖仏本来一物上不レ留二蹤跡《ヲ》一、号二払子《ト》一、並向二払柄頭上《ニ》一一句払除了也、在レ我建立也、宗門《ノ》払子是也、可レ秘、々々

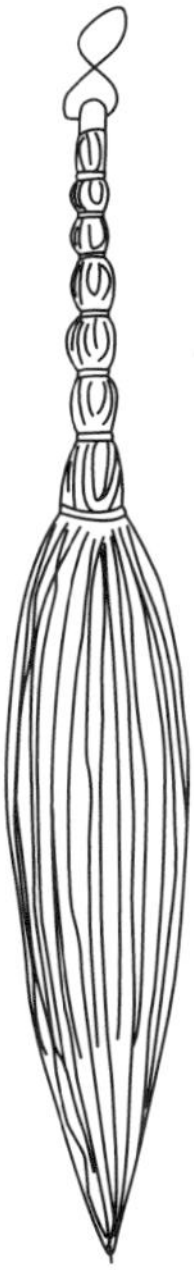

従永平室中直伝

詔堂拝

（埼玉県正竜寺所蔵）

なお、『仏家一大事夜話』所収の「払子之参」は、

△払子之参ヲ、心不生一塵不立テ走、師云、何ソトテ払子テハアルソ、云、八万四千ノ妄想走《テ》、師云、事コソ多イニ、何トテ牛尾ヲバ拈シタソ、云、一切衆生一子テ走、

というものであり、「祖仏本来一物上不レ留二蹤跡一」といった消息が口訣として強調される。

このように、拄杖・竹篦・払子はいずれも、実用を離れた禅宗における儀礼用の道具としての側面が極めて顕著であるが、これらはさらに仏法を具体的な法器の上に具現したものとしての意味付けがなされ、仏法相承の心印として道元が如浄から伝授されたものであることが主張されたことが知られる。拄杖や竹篦の切紙にはそのことが具体的に参得したという形で記載されていることはすでにみたが、金沢大乗寺には如浄より伝来の払子が襲蔵されており、道元・徹通義介・瑩山紹瑾・明峰素哲の払子とされるものも同寺には伝承されており、法信としての意味を

もって相承されていた寺伝の存したことが知られる。(13)

五　竜天・白山

これまで紹介してきたものは、いずれもインド仏教において発生し、もしくは禅宗において相承の伝統を確立するに至った法器道具類であったが、以下に述べるのは、今日でも通称「竜天さん」と呼ばれている、禅宗のなかでも道元派下の日本曹洞宗にだけ伝承される行履物についてである。すなわち、道元下の修道者達は、常に「竜天護法善神・白山妙理大権現」の二神を二行書にした小軸を携えて護符とし、随時に看経して身心の堅固と福慧の増長を祈願する伝統がある。その形態・書式は、通常、次のようなものである。

奉　竜天護法善神
請　白山妙理大権現

このように軸装にして常に所持される二神「竜天」「白山」は、また曹洞宗寺院の鎮守として境内や伽藍内に奉祀される場合も多く、伽藍神としての性格も帯びるに至る。これら伽藍鎮守の神という観念が、いかなる過程を経て形成された伝統であるかについては、教団史上の重要な課題であるが、「白山」については、「キヨメの白山」と「鎮守白山」の両機能を有するにいたる過程の指摘はすでになされており、(14)また、主に東国から奥州諸地域の被差別部落に多く白山社が祀られることについても指摘があり、(15)ケガレ・キヨメの白山の機能との関係が予想されるが、推測の域を出ない。なお、「竜天」については、すでに『千手観音経』に護法神として位置付けられているが、『瑩

山清規』巻上「土地堂諷経」の回向にも、

本地風光、現前一衆、和同諷二誦大悲円満無礙神呪、消災妙吉祥神呪一、所レ集鴻福、回二向当山土地、護法竜天、合堂真宰、三界万霊、今年歳分主執陰陽護伽藍神、招宝七郎大権修利菩薩一、神光遠照、福徳無辺、護法安人、諸縁吉慶者、十方三世云云、

（曹全、宗源下、四四三頁）

とあり、護法身として位置付けされ念誦回向されている。

ところで、越前と加賀の国境に聳える、古よりの霊山白山の祭神を、曹洞宗の護法神として勧請する経緯については、曹洞宗独自の因縁譚があり、瑞長本『建撕記』によれば、道元が入宋帰朝の折に『碧巌録』を書写せんとして、大権修利菩薩の助筆により一夜にしてこれを完成したと伝えられる[16]。この大権修利菩薩は、その後、江戸期の写本の延宝本や面山の訂補本『建撕記』にみられるように、実はこれが日域の白山明神、あるいは白山権現であるという説話に発展し、この間に曹洞宗の位置付けが定着していたことが知られる[17]。このように白山の祭神も、最終的に曹洞宗の護法神として位置付けられるわけであるが、これがいつ頃からのことであるかが問題である。

そもそも道元が京都の地を捨て、それまでは無縁の越前に赴くきっかけは、三井寺園城寺などとの関係を通して越前の平泉寺や豊原寺、波着寺等の白山天台系の人々の招きによったものであるとし、すでに道元自身に白山信仰との関係の萌芽があったとする見方もあるが[18]、むしろ、前記の一夜碧巌助筆の説話の発展経過などを考慮するなら、道元の越前移住後、あるいは道元滅後になって、教団の存続運営の必要から、在地の信仰である白山信仰と曹洞宗が結びついたものと推定するのが妥当であろう。永平寺創建後も京洛から越前の道元のもとを訪れる在家の公家達がおり、依然として道元教団は京都との関係を保っていたのであり、在地の宗教勢力との共生の問題が生じたのは、道元滅後と考えられるからである。さらに瑩山には、自筆とされる「竜天白山之書」が伝承されており、それは、

竜天　洞谷老衲（花押・印）
白山

というもので、⑲これが間違いなく自筆のものであるとすれば、すでに瑩山の時点で竜天・白山を鎮守とする伝統は確立していたとみることができる。それは『瑩山清規』の土地堂諷経の回向文とも対応するものであるが、さらにこの瑩山筆とされる一軸は、今日にまで伝統を有する「竜天さん」の原型・素型というべき体裁をなしており、修行僧の行履物・護符としての形態もすでに完成していたとみなしてよいであろう。この軸が確実に瑩山自筆のものであるかどうかは今後の課題であるが、中世における典籍類などの重要な相承物を守護する意味をこめて、「竜天・白山」の神名が記される場合がしばしばあり、たとえば峨山韶碩の抄と伝えられる『自得暉録抄』の巻頭と巻末には、「奉請白山妙理大権現」の墨書があるのはその好例である。⑳そこで以下においては、単に行履物としての「竜天・白山」軸だけにとどまらず、竜天や白山に関する口訣、鎮守関係の切紙、看経の方法、及びこれらに関する参の類を紹介しておく。

まず、曹洞宗の鎮守に白山や竜天を勧請することは、例によって道元が如浄より参得したとする伝承が諸派の切紙に共通してみられるところであるが、伝承の由来を示唆する意味から、はじめにこの種の切紙類の内、了庵派下、相模最乗寺在中宗宥派所伝のものと、高岡瑞竜寺所伝の二種の「参」を掲げる。

天童如浄禅師云、曹洞鎮守有《リ》二参禅一、未《タ》レ了《ヲワラ》人《ト》者洞上不《ス》レ為《ナラ》二道師《ト》一、道元明州津迄御帰朝催《ヲモヨヲス》ガ、亦天童山《ニ》帰テ廿日在《マシ》レ居在ツテ此話ヲ参得在ル故《ニ》、廿日帰ノ参ト号ス、師云、鎮守参ヲ、代云、一円空テ走ウ、師云、其《ノ》主ヲ、代云、急度良久《ス》、師云、当人ナラバ説破ヲ、代云、ドノ諸仏三宝四生凡夫、共ニ従《リ》レ空出テ円ニ帰シタトミレバ、汚穢不浄ワ走ウヌ、心ワ、先ツ神ハ死人ノ処ニ行ケバ、七十五日不《ヌ》㆓参詣㆒、其内《ニ》、神《ニ》参ズレバ大地七尺烈破スルト云、在ルガ、葬送ノ場ヨリモ参ルト云ワ、此参ガ眼コナリ、去間、社頭ノ前テ端的ノ眼ガ肝要テヲリヤル、在中派信汲和尚伝授後参也、

（石川県永光寺所蔵）

（端裏）鎮守切紙

鎮守切紙

先以㆓白山妙理大権現《ヲ》㆒為㆓総鎮守《ト》㆒、其余ハ其寺因縁《ノ》、人々ノ心ニ随テ、何レノ神ニテモ、幾ク神ナリトモ勧請スルナリ、白山権現ト云ハ、垂迹ノ名、洞上ノ偏位ナリ、妙理ト云ハ、本体《ノ》名、洞上ノ正位ナリ、本迹不二偏正叶通ヲ以テ、我宗ノ鎮守トスルハ、理ノ当然ナリ、鎮守《ノ》参アリ、師、先ヅ鎮守ノ請ジヤウヲ云ヘト扣ク也、トキニ、学到《テ》㆓師《ノ》前《ニ》㆒打《スル》㆓一円相㆒ナリ、師云《ク》、其主ヲ云ヘ、学、端然《トシテ》良久ス、是ハ不《ル》㆑渉㆓善悪《ニ》㆒一心《ノ》妙相、鎮守ノ本体ヲ表スルナリ、此ニ着語アリ、云《ク》、従㆓円通㆒出《テ》、入《ル》㆓円通《ニ》㆒、是ヲ浄穢一致、生死不二、神仏衆生、蠢動含霊、唯一円相ノ義ト云也、此観□□スル者ハ、送葬《ノ》野辺ヨリ直ニ鎮守ヘ参詣スルニ、神不㆑忌㆑之也、不㆑会㆓此観《ヲ》㆒者、人ヲ葬テ鎮守ヘ参詣スレバ、神是ヲ忌嫌テ、七尺地下ヘ沈ミ入リ玉フト云ナリ、送葬《ノ》後《ニ》参詣スルトキ、社ニ向テ二首《ノ》歌ヲ唱ベシ、云、

○イメバイム、イマネバイマヌ、イムトイフ、イムトハ己《ヲノ》ガ、心ナリケリ、

○チハヤフル、我心ヨリ、ナストガハ、何レノ神カ、ヨソニミルラン、

此参ノ道理ハ、道元和尚御帰朝ノ時ニ、廿日路帰リ留テ、浄和尚ヘ尋玉ヒテ、倭字ヲ以テ書キ記シ、後人ノ為

ニナシ玉フト相伝スルナリ、故ニ廿日帰ノ参ト云、又ハ野帰参《ノ》トモ云也、

右嫡々相承至今

現住瑞竜良準授与愚謙
(印) (印)

(石川県永光寺所蔵)

この両切紙はいずれも、道元が中国より帰国しようとして、一旦天童山に帰り二〇日間とどまっている間に如浄より参得したものとし、一名「廿日帰参」ともいわれる口訣である。前者は、この鎮守が具体的に指示する神名は記されないが、後者ではこの鎮守が日本の白山妙理大権現であることが明記される。しかも、白山は垂迹の名であるとし、妙理を本地の名として、善悪や浄穢の一致、生死不二を根拠とする密接な神仏関係を強調する。また古代末期以来、触穢の観念が付せられた葬送についても、むしろこの葬送習俗を禅宗的に改変して積極的にかかわり、教団展開の主軸に据えた道元下の曹洞宗の立場を顕彰し、さらに葬送に関係した際の不浄を浄化する機能を有するとされる歌二首を掲げる。これらの切紙は、いずれも「参」を中心としたもので、その意味では切紙の本文が別に存することになるが、あるいはそれは、上記の「竜天・白山」の軸、あるいは後に掲げる岐阜県妙応寺所蔵「白山切紙」のようなものを前提にするのかもしれない。いずれにしても道元が如浄より伝受した経緯、及び「廿日帰ノ参」と呼ばれていることも共通している。さらに参の内容についても、問答に詳細簡略の違いはあるものの、同一の鎮守に対する参話とみてよい。ただし決定的な違いは、後者には触穢浄化の機能を有する和歌二首を掲げる点であるが、こうした歌の伝承はほかにもあったらしく、わずかながら文言の異なる歌も他の切紙に見出すことができる。この二首の歌をともない、後者の内容ともほぼ軌を同じくする参としては、竜泰寺所蔵『仏家一大事夜話』所収の、

△鎮守之参、天童如浄禅師云、曹洞有《ニ》㆓鎮守参禅㆒、未了《ノ》人《ハ》洞上《ノ》不㆑可㆑道師㆒《タル》、道㆓元和尚、従㆓明州津㆒慶《（ママ）》徳寺《ニ》御帰《リ》、廿日在居被成、此参得了也、故ニ是ヲ廿日帰ノ参ト云也、先ツ心得《ハ》、定《（ママ）》白山ヲ鎮守トスヘキ也、白山ト云ハ、自己ノ功也、妙理ト云ハ、那時也、大権現ハ、垂迹ナリ、今時へ出タレトモ、権《カリニ》現タト見レバ、本位ヲバ離ヌ故ニ、白山妙理大権現ヲ其《ノ》儘曹洞ノ三位トスル也、末向定テ於イテ、伊勢ヲモ春日ヲモ鎮守ニ勧請スルヘシ、師云、鎮守ノ請シ羊ヲ、爰《ノ》嫌道ハ、何ト云モ其レハ皆紅粉ヲヌル神トミタソ、其レハ汚穢不浄タソ、曹洞宗ノ鎮守ノ請シ羊ヲ不㆑知シテ、人ヲ弔テ参詣スレハ、七尺大地ヱワリ入玉ウ也、挙着ハ、学、師ノ前ニ至テ円相ヲナス也、爰ハ聞キ相通シテ挙セバ、其レハ空見外道ニ引レテ機空劫ニ沈タコトヨト嫌ヘシ、師云、其ノ主ヲ、良久ス、此時キ善ニ不㆑渡悪ニ不㆑度ソ、別ニ鎮守カ有テコソ、師云、当人ナラバ説破ヲ、円ヨリ出テ円ニ帰テ走、円ヨリ出テ円ニ入《カヘ》シタ時、嫌ヘキ汚穢不浄カ在コソ、荼毘場、直ニ鎮守ニ参ルハ、爰至テクルシユモナイソ、此参禅セスンバ、七尺大地ヱワリ入玉ウト云也、亦常ニ巡堂ノ時キモ、経テモ呪テモ読ンテ、キット念シテ両眼ヲフサイテ帰ル、此時見余《アマ》シテ処ハナイソ、爰ニアル天神七代地五代テ走、別ニ神カ在コソ、此参禅スル時、歌ヲ引ク也、

イメバイム、忌マネバイマヌ神ナルニ、イムゾ己レカ心ロナリケリ、

亦、チワヤフル吾カ心ヨリ成ス禍ヲ、何レノ神カ余所ニ見ルヘキ、

是レハ元和尚ヨリ以来ノ秘参ナリ、不可犯語也、

という「鎮守之参」が対応しよう。永光寺の「鎮守切紙」の伝授者で、瑞竜寺七世無文良準（一六六五—一七二八）は、明峰派下徳翁良高（一六四九—一七〇九）の法嗣であり、竜泰寺は峨山派了庵派の寺であり、その派はもともと異なる。一方、門参とは異なり切紙には門派の違いによる異同はほとんど見出せないが、このように参もほ

とんど同工異曲なものは珍しい。またこの鎮守は日本の白山妙理であるとされるが、信州竜洞院六世丹心三咄が、延宝五年（一六七七）に、法嗣で同寺七世の補月寅佐に伝えた「鎮守切紙（漢文抄）」によれば、

永平伝中曰、日本初祖道元禅師入宋伝法帰朝時、於《テ》二西海船中《ニ》一天雪大《ニ》降《ル》、俄《ニ》有二化神一、謹《デ》現二師前《ニ》一、師問云、汝《ハ》是什麼神《ソ》、答曰、我《ハ》是護法神也、号《シテ》称二大宋国祠山正順照顕威徳聖利大帝招宝七郎大権修理菩薩《ト》一、伝灯法斉擁護霊神也、和尚既《ニ》伝《テ》二曹洞無上正法《ヲ》一、今帰二本国《ニ》一、我為《メ》二祖門仏法守護一相随来也、師歓喜《シテ》云、若然《ラバ》仮《リニ》現《シテ》二小身《ヲ》一容二納吾《シ玉ヘ》袈《ノ》裟袋中《ニ》一、即時神威成《テ》二三寸計《リノ》白蛇《ト》一入《ル》二嚢中《ニ》一、船中《ノ》衆人皆《ナ》驚《ス》二来因《ヲ》一、心感無レ窮《リ》、自《リ》レ爾《レ》已来《タテ》於二日本寺院《ニ》一建立《スル》処、称二崇《ス》土地神《ト》一、又《タ》二会《シテ》初祖伝戒之二十一社《ト》一、分付《ヲ》二与《ス》吾《ガ》朝《ノ》天地《ニ》一、便是護法竜天善神、天大感二□□殊繁栄処《ニ》一、霊験、所《ル》レ謂伊勢、石清水、賀茂、松尾、平野、稲荷、春日、大原、大明神、地立、大和、石上、大和広瀬、立田、住吉、丹生、貴布禰也、其後代々聖主、吉田、広田、梅宮、祇園、北野、日吉等、号《ス》二二十二社一、然則《バ》永平開山伝法《ノ》後、各々有二巡礼神一、看経誦呪之次《デ》、最《モ》回向於《テ》二日本国《ニ》一二千余座大小《ノ》神祇、同《ク》其回向被加護念可《ト》レ興二隆《リウス》仏法僧《ヲ》一、云云、

故於《テ》宗門、仏法大統領、白山妙理、護法竜天、招宝七郎、皆以一体、仏法祈誓《ノ》輩者、竜天看経之次《ニ》誦《ミ》二此書《ヲ》一、諸願満足伝灯弥輝者也、諸願成就皆令満足、衆病悉除、寿命長遠、富貴自在、万福多幸、至祝々々、西天四七、東土二三、諸祖諸大権現、諸大天王、仰願《ハ》有感応守護吾仏法南無光天娑婆訶、

時延宝五〈丁巳〉歳（一六七七）林鐘吉辰　丹心咄叟

今分附寅佐禅伯

とあり、「故於宗門、仏法大統領、白山妙理、護法竜天、招宝七郎、皆以一体」とされて、いずも同一体の異名とされる。したがって白山といい竜天というも、同一の護法神を指しているとみてよく、切紙としては別個の形態を

とっているが、白山関係の切紙はほとんど図をともなったもので、日本の垂迹神としての口訣であり、これに対して竜天関係の切紙は、中国乃至インドにおける護法神としての意味、及び道元による勧請の因縁を中心としたものであることが知られる。そこで次に図説を中心とした白山関係の切紙を紹介する。まず、元和六年（一六二〇）万室桝岳伝授の「白山切紙」は、

（端裏）白山之切紙

永平道元和尚　是於四（ママ）白山授戒切紙

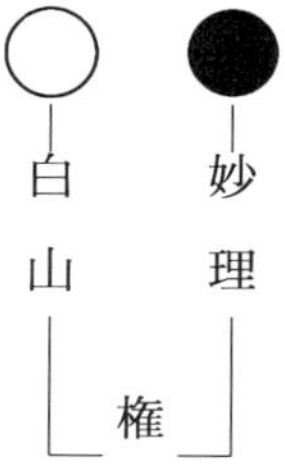

前永平真高十代万室桝岳（花押）

付与守清首座

于時元和六年〈庚申〉（一六二〇）正月吉日

（岐阜県妙応寺所蔵）

というものであるが、これだけではいかなる意味をもっているかほとんど不明である。「白山切紙」とは、元来この図だけのものであり、文言をともなうものではなかったようである。次に掲げる寛文一二年（一六七二）正月、盾英首座所伝の「鎮守之切紙」「白山妙理之図」の二種は、図（大事）に「参」をともなった切紙である。

（端裏）鎮守之切紙

天童従如浄和尚道元和尚流伝

○　白山

●　妙理

○師云、白山ヲ、○代云、一色顕《ル》ガ白山デ走、○師云、妙理ヲ、○代云、妙理ワ不白ノ処デ走、○師云、大権現ヲ、○代云、生ズル時ト死スルワ一ツデ走、○師云、着語ヲ、○代云、両脚蹈《ム》レ天《ヲ》、○師云、拶シテ云、其ノ句ワ生ニ用ルカ死ニ用ルカ、○代云、生ズル時キモ倒ママ、死スル時キモ棺ニワ天ヲ踏ミ走ウ、○心ハ、白ノ処ニワ穢レノ沙汰ガ走、扨テ妙理ノ処ニ至ツテハ、汚穢ノ沙汰ワ走ヌ、可秘々々、

寛文十二〈壬子〉歳（一六七二）正月吉日　淵叟在判（印）

授与盾英首座

（長野県徳運寺所蔵）

（端裏）白山妙理之図

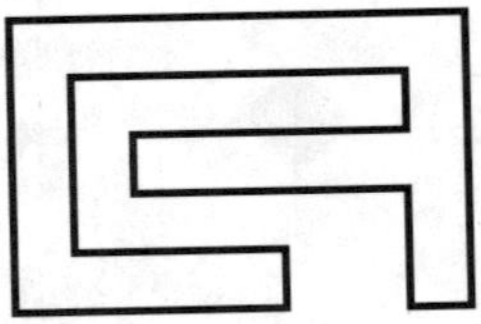

妙理不点玄物

白山誕生一色

○天童如浄禅師、道元伝授了図、○白山妙理大権現、師云、白山ヲ、○代云、母ノ胎内ヲヒヨット産出ノ径チデ走、○師云、妙理ヲ、○代云、一向ニ分暁無ガ妙理デ走、○師云、句ヲ、○代云、唯仏与仏乃能空尽、此心ハ、白山ハ誕生一色、○妙理ハ不［　］也、○大権現トハ、自《リ》二空裡一今時ェ来也、可秘々々、大源門戸之大事也、

釈迦牟尼仏大和尚　●

正夜理文殊家風　唯仏与仏《ハ》始覚本覚之二也、　○

偏昼事普賢境　乃能空尽《ハ》至覚本覚不二《ノ》処也　淵叟在判（印）

寛文十二〈壬子〉歳（一六七二）正月吉日授与盾英首座

（長野県徳運寺所蔵）

さらに、『仏家一大事夜話』にも「白山参」が収録されており、それは、

△白山《ノ》参、師云、白山ノ定メヲ、云、チ□□□タカ不老ノ孤峰テ走、妙理ヲ、云、主中主テ走、師云、句ヲ、諸《ノ》山不レ堕レ□、師云、大権現ヲ、云、那辺不レ守レ空王殿《ヲ》、心ハ、白《ハ》皆空処テ、千山ノ雪タソ、ソコニ堕セヌ時キ、孤峰不白テ妙理ノ主タソ呈《ニ》、爰《ニ》過去久遠ノ一仏《テ》出ヌソ、一向出テスシテ、ソコニ現スト云ハ、本位ヨリ爰ニ下タコトタソ呈ニ、句モ那辺——殿ト云、不白《ノ》処妙理タソ、今時ハ下レバ空王殿ヲバ守ラヌソ、心得大事也、

というもので、「白」の象徴性を主題にした参となっている。

これら曹洞禅の口訣としての「白山関係切紙」の外に、純粋に霊山としての白山の開創譚や、神道としての祭神伊奘諾尊と白山妙理の関係を、『元亨釈書』巻一八の「白山明神伝」からそのまま引用して切紙に仕立てたものも存する。(21)

次に、竜天関係の切紙については、図をともなったものは未見であるが、「参」の例として、富山自得寺久岩東奕（？——一六三二）より久外媄良に伝授された「竜天本形ノ参」は、

（端裏）本形之参

竜天本形ノ参

先ヅ冠リノ黒キ意ロヲ、代、頂キニ弁処ハ走ヌ、●外円ノ八角ヲ、代、八卦デ走、●何《ニ》トテ、代、八苦ヲ顕シテ走、心ハ、八方也、八相也、五智ノ如来ニ三身合セテ八ツ也、●四《八》ツノ手足シヲ、代、四節デ走、●同《ク》意ノ字ヲ、代、四節トモニ心《シン》意ノ動カシデ走、●黒阿字ヲ、根本不可得ノ妙デ走、●赤阿字ヲ、代、本不生不可得

ノ旨ヲ顕シテ走、●畢竟本形ヲ、代、此入道デ走、●竜天ヲ、代、我ガ胸ヲヒシト打テ、此ノ心デ走、●猶子細ニ、代、即礼三拝、　　奕（花押）

附与呑良畢　　（石川県永光寺所蔵）

というものであり、元来は図をともなったものであったことが知られる。また竜天切紙も白山切紙と同様に、参を中心とした切紙がほとんどであり、『仏家一大事夜話』には三種の「竜天参」が収録されている。そのなかの二種をまず紹介しておく。

△竜天参、先竜天ト云ハ、人々具足ノ心ノコト也、アレトモ我レニ在ル竜天トハ、只ワ知《レ》マイソ、過去七仏ヨリ授戒シテ以后ニ仏法ヲ守護スルカ竜天也呈ニ、人々具足ノ心ニ当的ノ旨カナクテハ、本心ニ当的スルカ竜天現然也、向見タ時キ別ニ本尊ハ入ラヌソ、坐禅ノ正当、爰カ大虚タソ、処カ本心ニ竜天現然タリ、此時本心ハ白雲ニ乗シテ居タソ、悪《アシ》クスレバ雲霧ニサヱラル、ソ、サヱラレヌ時ソコ〳〵ニ影迎シタソ、師云、竜天定《ノ》ヲ、云、我レヲ指シテ此本心テ走、師云、畢竟ヲ、云、有元《ハ》自《ヨリス》レ無、心ハ、展則沙界、縮則方寸ト云向也、爰ヨリ廿二社トモ現シタソ、此ノ本心ニ当的シテミレバ別ニ竜天ワナイソト云ハ、三世不可得ノ心ノコト也、或ハ日天月天弁才天虚空蔵観音勢至トハ本心ノ喚換《ヘ》タソ、サテ影迎ト云テ余所ヨリ来タコトテハナイ、坐徹一片ノ時、影迎也、

△竜天参、師云、竜天トハ何《ナニ》ヲ崇《メ》タソ、云、卦テ走、師云、ドノ卦ソ、南方離卦《ノ》テ走、離ノ卦トハ何《ナ》ニヲ云タソ、此心テ走、心トハ何《ナ》ニヲ云タソ、本ナイ物テ走、真梁《ノ》御唱《ヘ》也、

後者のように、竜天を易の卦で解釈しようとする切紙は、伝授者不明の永光寺切紙「竜天参」にもみられ、

（端裏）竜天参

☲離卦、離者是心也、火也、南方也、中女也、夫竜天者無相為レ体《ト》、妙有為用、万物諸法之主也、故白山之縁起云、天地即是竜天善神也、故知竜天善神者別無形体、天地即是其体也、天地中宇宙之間、以日為主、日者陽也、心也、宜哉、為万物之心、諸法主《矣》、又云、本地千手観音、千手経説廿八部竜天其一也、同竜天之参、僧云、離ノ卦デ走、師云、何トテ離ノ卦デハ在ルゾ、学云、離ハ南方ノ卦、火也、心也、此心デ走、師云、此心ハ何ニ物ゾ、学云、本ト何デモ無イ物ガ何ニトモ成デ走、師云、何トテ夫レガ護法神デハ在ルゾ、学云、仏眼モ魔眼モ及ビ走ヌ、師云、是ハ名付形取ラズ、途轍ニ落ズ、何ヲ指テカ是トセヌ也、学云、南方ノ火ヲ爰ニ取レバ、一合ヲッカヌ境イデ走、

私云、畢竟只タ無名ガ肝要也、此話一人ニ不可道、可秘々々、

于時

（石川県永光寺所蔵）

とあり、これも共通する参であることが知られる。そしてここにも「故白山之縁起云、天地即是竜天善神也」とあり、白山・竜天の同一体説が見出される。

この竜天を曹洞宗の護法神となす由来については、すでに「鎮守切紙」のなかにみられたが、信州東昌寺八世観心南察所伝の「竜天参同勧請切紙」は、

（端裏）竜天参同勧請切紙

天童景徳如浄禅師《ノ》云、曹洞宗鎮《ニ》守詣《ニル》有レ参禅、未《タ》レ了《ル》人洞上不レ可レ為二導師一者也、大仏道元和尚帰朝《ノ》時、到《ル》二明州《ノ》津《ニ》一迄、路次間者廿日地也、従レ其立帰《テ》至二天童山《ニ》一留《ルコト》　廿日《ニシテ》　参二得此話《ヲ》一畢、故云二廿日帰之参《ト》一也、引云、臨済云、向《テ》二逆順中《ニ》一員レ人、昔仰山座前《スヘ》、従レ空中羅漢下《テ》、右方《ノ》行《テ》云、是什麼《ノ》事《ソ》、仰山成二十字一示、羅漢左方行云、是什麼事《ソ》、山成二円相《ヲ》一、羅漢云、西天《ノ》逢二大釈迦《ニ》一、今日逢《フト》二小釈迦《ニ》一、謂《テ》登レ空《ニ》、亦書二十字一成二円相《ヲ》一、㊉是也、則

逆順縦横無礙自在謂《ト》レ之也、
次《ニ》有二磯空子参禅一、云云、
道元和尚鎮守勧請之時、空中有《ニ》声、日本神国也、為什麼覓レ神《ヲ》、元曰、雖レ有二扇子《リト》一不レ弄《バ》風不レ来、依レ是鎮
守移レ之、有レ参禅、如委悉徹始得、云云、
此儀於尽未来際護此垂戒、莫レ令二断絶一、云云、
長源十五世鳳唵竜老納在判
時承応三年（一六五四）二月吉辰　附授□月作禅和子
前惣持東昌八世観心察和尚（花押）
（長野県竜洞院所蔵）

というものであり、唐代の仰山慧寂が羅漢桂琛を接得した因縁を挙げて、その勧請の仕方を示す。さらに中世曹洞宗の地域展開の過程において、竜神等を降した上でこれに戒を授けた上で、寺やその地域の護法神として迎えた説話が多く伝えられているが、[22] この「竜神」は切紙ではまぎれもなく「竜天」のことである。授戒関係の切紙は後述するが、一例だけを示せば、武蔵正竜寺五世繁室良栄所伝の「竜天受戒貴裡紙（切紙）」は、

（端裏）当山五世和尚切紙
竜天受戒貴裡紙
竜天受戒作法
先荘厳道場如常、在所不定、或者室中並社中・宮中、主人並侍者・教授師、可入道場、土地神、或竜天、初授戒時、作神戒或作位牌、寺中首座洎監寺、其外老僧可侍者也、

臨時受戒作法如常人、所以者何、神竜皆是凡位也、如斯我門大儀善能護持、未達者不可渡、是三世諸仏代々祖師秘之、

于時文禄四年〈乙未〉（一五九五）極月十三日

前総持繁室叟栄老衲（花押）

附与泰雄上座

（埼玉県正竜寺所蔵）

というものであり、授戒以前は「凡位」のものとして位置付けられる。また『仏家一大事夜話』にも、内容的に明らかに「竜天授戒参」とみなされるべきものがあり、それも、

△竜天参、師云、先ツ竜ヲ云ヱ、云、化現ノ身テ走、師云、天ヲ、云、不出ノ天カ本有円成ノ如来テ走、師云、受戒シ羊ヲ、云、化現ノ身ガ本有ノ住家《ミヘ》、帰レハ不出ノ天、本有ノ如来テ走、心ワ、竜ト云者ワ、出世ヲカマヱテ、海ニ千年、河ニ千年、山ニ千年経テ頂キ至ル者ノソ呈ニ、爰《カ》百億ニ化身シ羊也呈ニ、竜ハ至覚也、又天ト云ハ、法身デ下ラズ経ズ不出世ナリ呈ニ、本覚ノ一仏也、サテ受戒ハ至本不二、尽不尽、出不出一枚也、爰《カ》宗旨ノ相続也、是レハドノ門戸デモ相続シ了テ已後ノ参禅也、

というもので、竜天はあたかも現前に在るがごとき観想がなされて戒が授けられ、その後に護法神として勧請されたことが知られる。

このようにして曹洞宗の護法神となった竜天は、前記のような小軸に仕立てられて、修行僧の行履物となり、身心の堅固と修行の増益を祈念して随時に看経されるようになるが、この看経の方法や読誦の経典を記したものが「竜天看経切紙」である。埼玉県安福寺五世斧山勇伝の所伝とみられる「竜天看経」は、

竜天看経

洞谷和尚夢中相伝看経

一、向《テ》二竜天《ニ》一三拝《ヲ》作《シ》、珠数《ヲ》三《ニ》折《リ》、指《シ》挙《ケ》南無竜天護法神《ント》拈《シテ》、撮眼《シテ》心経一巻一息一念《ニ》誦、次《ニ》消災呪、

△二返《モ》三辺《モ》随機可誦、次呪曰任《テ》数不定、

一、外《ニテ》欲《スル》二看経《ント》一時、無《ンバ》二珠数《ズ》一、木草葉《ニテモ》一寸引切《リ》、空中《ニ》指挙《シケ》、如《ク》レ前《ノ》可《シ》レ誦《ズ》、並呪曰、唵銘迦遮儞曳娑婆訶、

回向曰、

奉《ル》レ頼南無竜天護法大善神、伏願寿天沙門仏法妙加、全機発機、前後出格、立身出頭、所願成就、皆令満足可唱也、

竜天讃（賛カ）曰、

一、師曰、竜天定、代曰、元来不レ離《レ》レ身《ヲ》守護神走、師曰、句、代云、在常圜団中《ニ》一、要且《ツ》無二入見《ル》一、師曰、相見《ヲ》、代曰、良久、亦代曰、擬《レバ》レ向《ント》、即背《ク》、

一、看経竜天《ノ》背《ク》レ心得大事《ニ》御勤奉頼申候、

一、御日二日十六日、

享保十三〈戊申〉（一七二八）五月吉晨

符与（ママ）　竜穏会下授師

寿天禅伯　勇伝（花押）

（埼玉県正竜寺所蔵）

というものであり、また、寛永二年五月、下妻市潜竜山多宝院の大淵文刹（?―一六三六）より厳朔に伝授された、竜天看経の際の経典や読誦階数等を記した「竜天看経目録」は、

竜天看経目録

□向竜天白山坐具大展而九拝之内、偈唱云、護法竜天道心堅固ト九返、

次ニ一坐具之中ニ坐而叉手当胸而、

心経　　三巻

消災呪　七返

竜天呪　廿一返

白山呪　廿一返

所願成就呪　廿一返

唵バサラヤソワカ、

其外之呪願ハ可レ依ル二竜天本尊ニ一、

満散坐禅　一坐

次ニ弾指シテ竪テ二一指ヲ一云、我得テ二天竜一指頭禅ノヲ一、一生受用不尽、三返、起坐三拝之時、所願成就、皆令満足ト三返唱、

畢竟揖ハ而去ル、

時寛永弐天〈乙丑〉（一六二五）五月如意宝珠日

多宝山主大淵刹叟記（印）

伝付厳朔禅伯

（長野県大安寺所蔵）

というもので、竜天看経の具体的方法もあわせ明記される。この「竜天看経目録」のなかでは、弾指して一指を立て、「我得テ二天竜一指頭禅ノヲ一、一生受用不尽」と三返唱えることが明記されているが、これがいかなる意味を有するかが問題である。「天竜」と「竜天」の語呂合わせとも考えられるが、単なる言葉上の相似によるとも思われない。

その根拠は周知の通り、唐代の大梅法常下の天竜に参じ一指を立てて大悟を許された倶胝が、その後、万事について一指を立てて答えとしたという古則に基づくが、次に紹介する、天正七年（一五七九）、正幺所伝の「倶胝一指頭切紙」（仮題）は、この倶胝和尚の因縁にかかわる切紙で、

倶胝和尚嗣二続《シ》天竜《ノ》法《ヲ》一、暁天《ニ》山麓《ノ》下《ニル》、時《ニ》白衣老翁《ノ》向《テ》レ師身《ヲ》路辺《ニ》寄《ス》、師云、阿誰《ソ》、老人答云《テ》、吾此《レ》当山経《テ》レ年《ヲ》守《リ》レ法《ヲ》度《ル》レ人者也、師云、得《テ》二吾天竜《ノ》法《ヲ》一、万里《ノ》外《ニ》去《ル》、此内《ノ》有《リ》二険路一、願《ハ》護レ我《コトヲ・ヲ》、老人変《シテ》二前形《ヲ》一送《ル》二途中《ヲ》一、丫角《ノ》童女問レ師、如何是《レ》天竜一指頭《ノ》禅《ン》、師竪二一指《ヲ》一、童女復《タ》問、似《リ》二老猿水底月《ヲ》取《ニ》一、師云、一指挙《ス》処《ロ》、水月二《ツ》倶《ニ》泯絶、童女作《テ》レ礼《ヲ》退《ク》、師云、汝《チ》会《シテカ》二何辺事《ヲ》一作レ礼、童女答《テ》云《ク》、百合、師欲《スルニ》レ礼レ渠《ヲ》、忽《チ》蔵《ス》レ身、老人亦《モ》蔵《シテ》レ身《ヲ》没《ス》二蹤跡《ヲ》一、曹山云、一指頭《ノ》禅、紅炉上如二一《ノ》点《ノ》雪一、

天童覚云、以《テ》二思無思妙《ヲ》一返二思《ス》霊燄之無レ窮、雲門云、折脚並一指頭《ノ》禅、両《ツ》倶《ニ》忘却、法眼禅師注《シテ》云、飛鴻如《シ》二雪泥《ヲ》踏《ム》一、諸老宿雖《モ》二拈得《ト》一、千里万里好客如《ニ》レ看レ夢相似《リ》、倶胝広鑑録在之、

此録済家《ノ》明全和尚依二焼却一洞家無二之書一、有《テ》二合血因縁一嗣法伝授之人可二拝看一者也、退歩就《ク》レ己《ニ》、無極恵徹在判、

時天正七《ノ》〈己卯〉歳（一五七九）南呂吉日　正幺（花押）

（長野県大安寺所蔵）

というものである。「倶胝一指頭禅」や、「天童覚云」以下の諸師の著語は周知のことであるが、天竜の下を辞した倶胝が路中に白衣の老翁と出会い、これが倶胝を守護することになり、また丫角の童女と問答をなし、結局これらが不思議な神人であったとする因縁譚は、『景徳伝灯録』等の灯史類にはみられない説話である。山神の告示により倶胝が天竜の下に参ずる話は灯史類に共通してみられるが、罷参後に倶胝の守護神となったとする説話は、灯史類とは異なる別の伝承によると思われる。「此録済家明全和尚依二焼却一洞家無二之書一」とされる『倶胝広鑑録』なるものの存在は不明であり、切紙がこれを直接受けた原典についても不明である。しかし、いずれにしても「竜天

看経目録」において、俱胝が守護神に出会い得たのも、天竜の禅を正伝した功徳によるものとされ、かくして「竜天看経」において、天竜・俱胝の話頭に参ずる伝統が確立したものと思われる。

このほかに、竜天の因縁としては、天竜八部衆としてインド以来の伝承を有する説話があるが、これに関する切紙としては、古層の切紙の遺存例が比較的多くある「竜天勘破」がある。次に掲げる「竜天勘破切紙」は、書写年不詳であり、また鎌倉建長寺の蘭渓道隆（一二一三―一二七八）が中国より伝えたとする伝承も記しているが、その意図は不明で、あるいは道隆―道元の相承を示唆するものであろうか。ともかくもこれが、道元―懐奘―徹通―義介―瑩山紹瑾―峨山韶碩―通幻寂霊と伝授され、さらにこれが「真」に伝えられたという。この「真」が誰を指すかは不明であり、通幻下としては天真自性や石屋真梁などの「真」字の付く法嗣がいるが、切紙相承の次第にみられる「々（霊）付真」の真は、諱二字の下字を意味すると思われるので、同門の太源宗真（？―一三七一）の可能性もある。

竜天勘破

夫竜天勘破話《ノハリ》自二霊山一起因縁也、仏昔成道後入レ山《ニ》弘《メテ》二仏道《ヲ》一度《シ》二衆生《ヲ》一給《タマワントスル》時、山有二大竜一、殊更有《テ》二夜叉鬼神一仏道《ヲ》難《シ》レ弘《メ》、仏以《テ》二方便《ヲ》一向二大竜《ニ》一云、吾是過去従《ハ》二荘厳劫一七仏以来伝法之大師也、汝依《ル》下未《タ》レ聞《ヲ》二仏法一罪《ニ》上故《ニ》作《リ》二大竜《ト》一受《ク》レ苦《ヲ》、眷属雖《トモ》レ多《ト》、邪魔外道之見也、汝若有《ラハ》二生死之《コレ》一、定落《テン》二無間大城《ニ》一、再不レ可《ラ》レ有《ル》二出期一、汝受《テ》二戒体《タイヲ》一出《テ》二邪道《ヲ》一、可レ入《ル》二仏道《ニ》一、竜天云、願《クハ》仏授《玉ヘ》二戒体《ヲ》一、我作《テ》二仏弟子《ト》一、譲《テ》二此《ノ》山《ヲ》一除《キ》二寸善尺魔《ヲ》一、長可《クシ》二仏法守護《ヲ》一、仏《ノ》言《ク》、你若欲《ハ》レ受《ント》二戒体《ヲ》一、現《ジ》二本形《ヲ》一来《レ》、竜天種々現《シ》レ相来《ル》、仏言、今現《スル》処、皆是化形也、不《ス》二本形《ニ》一、竜天有時現《ジ》二雲《モ》一片相《ノヲ》一来《ル》、仏其時授《ケノ》戒《シテ》言、我道《カ》深々微妙也《ナリ》、汝其形《ノヲ》不レ可レ改《ム》、竜天謝《シテ》レ戒《ヲ》云、此山奉《ル》レ仏《ニ》、仏法可《ヲシ》二弘給《メタマウ》一、於《テ》二尽未来際《ニ》一仏法可《ヲシ》二守護《ス》一、仏於《テ》二此山《ニ》一弘《ル》二仏法《ヲ》一故《ニ》、名《ク》二霊鷲山《ト》一、雲相有《ノリ》、霊鷲山名《トナツクルニ》有二口伝一、仏具《シ玉ウ》二竜形《ヲ》一、雲《ヲ》用《ルコト》是也、已後、迦葉名《ク》二飲光神異《ト》一、故達磨不《ニ》レ加《ヘ》二毒薬《ヲ》一、恵可瑞相《アッテ》竜天叫《フ》、嵩《ス》山《ノ》破竈堕得《リ》二生天《ヲ》一、嵩岳授レ戒神異、北樹移《テ》二東嶺《ニ》一已後、洞山大師、韋駄天未《ス》レ得二奉見《スルコトヲ》一、雲居《ニ》施餓鬼始《ル》、投子青、一巻書持来《ル》、与二投子無準《ニ》一来、竜天欲《ハルコト》二受戒《ト》一、自《リ》二一十四十五《ニ》一不レ顕《サ》二本形《ヲ》一、賦如《シ》二泥土《ノ》一、十六七度現二本形《ヲ》一来《テ》云、時已《ニ》到《ル》、我共《ニ》帰《ントス》、隆二云、你是何人《ソ》、二云、我是《ハレ》白山妙理也、深守《クンテ》二仏法《ヲ》一故《ニ》来《ル》也、隆二云、現《シ》二本形《ヲ》一、現《ジ》二種々《ノ》相《ヲ》一来《ル》、隆皆二云《フ》、不二是《レ》本形《ニ》一、末後《ニ》現二観音《ノ》相《ヲ》一来《テ》、共《ニ》帰《ル》、正是仏与レ神者《ハ》如レ隔二水波《ヲ》一、得二行記一、其年山僧、在《テ》二景得寺《(ママ)》《ニ》一伝法付衣時《ノ》、浄先《ッ》吾《レニ》相語《シテ》云、你見《ヨ》青衣峨冠《ノ》人二十一人来《テ》守護《スルヲ》、汝是何人《ソ》、老人二云、吾是日本天照太《(ママ)》神也、你是《ハレ》吾孫苗《ガソンメウ》六十二代宇《ウ》多《ノ》天王十三代俊頼《トシヨリガ》孫子《ソンシナリ》、深弘《クム》二仏法《ヲ》一志《ヲ》喜《テ》以《テ》引《テ》二廿一神《ヲ》一守二護仏法《ヲ》一、神《ノ》名詳《ツーニ》巡礼《スル》在《リ》レ文、言已《テ》不レ見《ヘ》、浄老先祖云、我《ガ》法日本《ニ》可《シ》レ弘《ム》、然《シテ》後余欲《スル》レ帰《ント》二日本《ニ》一夜、招宝七郎現来書《テク》二一夜碧岩《ノヲ》一、誓二云、我共《ニ》可レ帰、我終不レ得レ用《コト》、我於二海中《ニ》一悠然《ユウゼントシテ》建《ツ》二大風《ヲ》一、已欲レ覆《クツガヘサント》レ船《ヲ》時《キ》、招宝七郎現来欲《テス》レ通レ力《ヲ》、余二云《ク》、朝《ノ》現二本形《ヲ》一来《レ》、時白衣大士浮《ブ》二海上《ニ》一、風雨休《ム》、帰朝《ノ》後《チ》招宝七郎、晨参暮請終《ニ》此二子《ノ》有レ分、此故《ニ》山《ヲ》名二吉祥山《ト》一云、永平廿一社巡礼自《リ》レ此始也、

竜天勘破話《ハ》、全《ク》有二不犯《ノ》一処一、竜天終《ニ》不レ能レ知《コト》、尽未来際仏法《ノ》鎮守可《ニシ》レ崇《ム》、用事《タルコトハ》寸善尺魔《ナル》故《ヘナリ》、問答、上堂、竜天勘破《ノ》在二手段一、可《シ》レ見破《ス》、若於《シテモ》二来世《ニ》一者《コノ》竜天勘破、正《セン》法《ヲハ》且置《ク》、如何是不犯《ノ》一処、要レ見二山僧《ヲ》一、倒退三千、為代々児孫記了《ル》、吾児《ガ》孫上足一人付《ニ》与来《シル》、

捧《ササグシンジユヲ》二神珠一、貴《キコト》如《シ》二金璧《ヘキノ》一、其後建長道隆行大唐伝法了、被《ル》レ帰《カヘラ》二日本《ニ》一、元付奘、々付通、々付瑾、々付碩、々付霊、々付真、

（石川県永光寺所蔵）

ともかくも、この切紙によって竜天はインド以来の伝統をもち、これが「白山妙理」とも、「天照大神」とも、「招宝七郎」とも化現することが語られ、しかも竜天授戒の典拠もあわせて示されることになる。

日本曹洞宗教団史における白山信仰とのかかわりは、さらに詳細な在地信仰との関係を通して究明されなければならないが、中世曹洞宗教団の各派においてはこれが確実に鎮守として定着し、また修行僧の護符として行履物の一に加えられていたことも知られており、さらにこれが単なる護符ではなく、「白山の図」などの「大事」によって曹洞禅の要諦を示そうとする試みとして展開し、またその看経においては、「天竜倶胝一指頭禅」に参ぜしめるというような、叢林修道の生活の一部に位置付けられるべきものであったことも確認された。曹洞禅僧の行履物とは、単なる生活の資具に終わるものではなく、常に宗旨の参究との関連において捉えられていたことがその特質といえよう。

六　その他の行履物関係切紙

以上、行履物関係の切紙のうち、特に問題が多く、またその種類も豊富で、日本曹洞宗独自の伝統を顕著に示しているものについて紹介してきたが、最後にその他として、現在管見に入ったもののなかから、重要と思われる行履物、及びこれに類すると判断される禅僧の所持品等に関する切紙を列挙紹介し、簡単な解説を加えることにする。

(a) 頂相切紙

（端裏）頂相之大事

頂相《チンソウノ》大事

御影《ゴエイ》、在世之《ノ》時《キ》者《ハ》、可《ベシ》レ画《ヱカク》二主位《ニ》一、滅度之《ノ》後《チ》者《ハ》、可《シ》レ画《ク》二客位《ニ》一、此《ノ》法意《イ》者《ハ》、在世之《ノ》時《キ》修行《シテ》自佗利《ヲタスケ》了《ヲハッテ》、自《ヨリ》二初地一

至《イタリ》二十地《ニ》一、獲《エル》二得《ギャクトクシテ》妙覚果満位《ノクラヒヲ》一為《ナル》二主位《シュイト》一、化度畢《ケドシヲハッテ》成《ナス》二正覚《ヲ》一是也《ユヘナリ》、以《モッテ》レ是《コヽヲ》為《ナス》二順行《ジュント》一、是《コレ》者《ハ》出世之《ノ》処《ロ》主位也《ナリ》、

亦《タ》滅度之《ノ》後《チ》者《ハ》可《シ》レ画《ヱカク》二客《キャク》位《ニ》一、此《ノ》法意者《ハ》、千聖還《モカヘリテ》二本覚位《ノクラヒニ》一、再《サイ》帰《キシテ》二娑婆世界《ニ》一、引《イン》二導《ドウスル》衆生《ヲ》一処《ロ》也《リ》、呼《ヨンテ》レ是《コレヲ》為《ナス》二逆《ギャク》行《ト》一、古人一身《ヲ》得脱《シテ》到《リ》二浄土《ドニ》一、還来《カヘリキタツテ》穢土《ヱドニ》度《ドスル》二人天《ヲ》一者《ハ》、出世《ナリ》、為《ナス》二客位《ト》一也《リ》、維摩《ユイマ》吉菩薩《キツボサツ》、行《ズ》二非道《ヲ》一、是《レヲナヅク》名二仏道《ト》一、註《チウニ》云《ク》、聖人《セイジン》成仏《シテ》後《チ》、却来《カヘリキタツテ》接物《セツモツ》利生垂手《スイシュス》、是《レヲユウト》云二非道《ヒト》一、云云、非道《ト》者《イツハグワゾウト》画像 云心《フコヽロ》也《リ》、木像《モクゾウ》之時《ノトキ》者《ハ》、於《ヲイテ》二眼中《ガンチウニ》一可《シ》レ有《アル》二主位客位一、在世目《ノモク》光《ハ》可《シ》レ視《ミツ》二主位《ヲ》一、滅度目《ノモク》光《ハ》可《シ》レ視《ミ》二客位《ヲ》一、或《アルヒハ》在世《ニハミ》視二直上《ヲ》一、滅度《ニハミル》視二直下《ジキヲ》一、画像《グワ》木像《トモニ》本位一般也《リ》、又《タ》御影取《トルニホツ》二払子《ヲ》一、在《アリ》レ様《ヤウ》、高画《タカクヱカケバ》 弟子早《ハヤク》有《リ》二法幢《ドウ》一、低《ヒキク》画《ヱカケバ》 弟子遅《ヲソク》有《リ》二法幢一、画像木像亦《タ》如《シ》レ是《カクノ》、嫡々相承秘伝之処、代々如是、可秘、

永光現住嫫良（花押）

（時大宋宝慶元年九月十八日［　　］）（墨消）

（石川県永光寺所蔵）

頂相《ちんぞう》とは、中国禅宗以来の伝統を有する僧の所持品で、師の肖像画に賛を付して与えられ、伝法の証しとして護持される。原意は、仏の三十二相の第一である「頂肉髻相」のことで、これは不可得不可見の相であるところから、嗣法の証拠としての師の肖像画の意味に転じたものである。

禅宗における頂相の発生は、『禅苑清規』巻九の「沙弥受戒文」なかにすでにみられるので、北宋代にはその伝統が成立し、南宋の頃には盛んに行われていた。達磨宗の初祖大日房能忍（?―一一九四頃）も、時人に嗣承のないことを誹謗されるや、文治五年（一一八九）門弟の練中・勝弁の二師を派遣して中国阿育王山の拙庵徳光に所解の頌を呈し、その印可の証拠として、嗣書・達磨図像、及び自賛の頂相を与えられたことが知られており、その自賛とは、

這村僧、無面目、撥転天関、掀翻地軸、忍師脱体見得親、外道天魔倶竄伏、日本国忍法師、遠遣小師練中勝弁、到山問道、絵予幻質求讃、

大宋国淳熙十六年（一一八九）六月三日、住明州阿育王山拙庵徳光題

というものであったとされる(23)。

その後に入宋入元を果たして彼の地の禅法を伝えた日本の禅僧達も、伝法の証明としてこぞって師より自賛の頂相を付与してもらい、これを所持するという伝統が成立した。「頂相之大事」はこの頂相の画き方を示したもので、その趣旨は、師の生前中は主位、すなわち右向に、滅後は客位、すなわち左向きに画くことにあり、木像の場合は目の向きによってこれを区別することが示される。その他払子の位置についても口訣が示される。『仏家一大事夜話』に収録された「頂相参」も、

△頂相参、師云、鎮《（ママ）》相ヲ、釈迦モ達磨モ拈スレハ爰テ走、師云、客位ヲ、云、顕ハル、ワ今時逆路テ走、主位ヲ、云、顕レヌカ頂相ノ一人テ走、畢竟ヲ、作二一円相《ヲ》一、

というものであり、やはり同じ趣旨の切紙を前提とする。ただし、こうした「主位」「客位」の説に対して、近世の学匠無著道忠は、『禅林象器箋』第五類「霊像門」において、竺仙梵僊の『天柱集』の説により、

忠曰、余聞、凡《ソ》祖像其生前画者《ニクノハ》主位《ニシテ》、面《テ》向二像《ノ》右一、死後画者《ニクノハ》客位《ニシテ》、面《テ》向《フ》二像《ノ》左《ニ》一、其書《スル》レ賛《ヲ》法、書起《キスコト》一随《ヘニ》二像面《ノ》所《ニ》レ向《フト》也、今見《ルニ》二竺仙《ノ》所《ヲ》レ弁、存没須《ク》二皆主位《ナル》一也、抑《く》死後所《ノ》レ画者《ノ》、果《シテ》何也《ソヤ》、亦是画《ク》二生前形状《ヲ》一耳、若言《ハヽ》下死者在《ニ》二賓位《ニ》一、其像当《シト》中賓位《ナル》上、則死者《スルノン》有二何形状《ノ》可《キカ》レ図、嗚呼、竺仙《ノ》所《スル》レ論《シ》可《ト》レ謂二至当一、

といって全面的に否定する。しかし、竺仙も問題としているように、こうした頂相の画き方はすでに中世禅宗界において伝統的なものとして確定していたことは明らかである。ただし、鎌倉期においても、道元が『正法眼蔵』「嗣書」において、

いま江浙に大刹の主とあるは、おほく臨済・雲門・洞山等の嗣法なり。しかあるに、臨済の遠孫と自称するや

（端裏）珠数之切紙

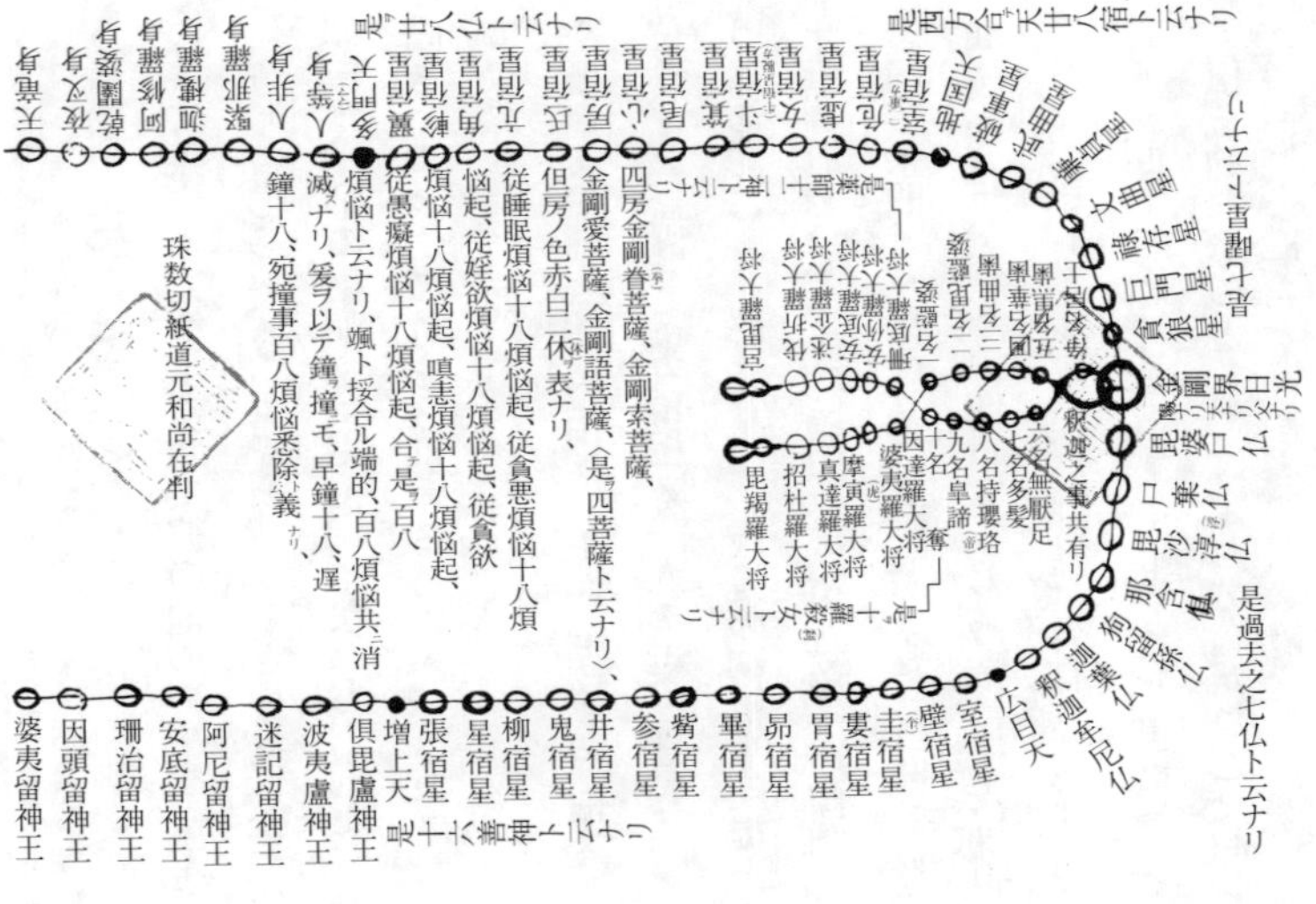

から、まゝにくわだつる不是あり。いはく、善知識の会下に参じて、頂相壱副（マヽ）、法語壱軸を懇請して、嗣法の標準にそなふ。しかあるに、一類の狗子あり、尊宿の官家に陪銭し、一院を討得して、住持職に補するときは、法語・頂相の師に嗣法せず、当代の名誉のともがら、あるいは王臣に親附なる長老等に嗣法するときは、得法をとはず、名誉をむさぼるのみなり。かなしむべし、末法悪時、かくのごときの邪風あることを。かくのごとくのやからのなかに、いまだかつて一人としても仏祖の道を夢にも見聞せるあらず。

おほよそ法語・頂相等をゆるすことは、教家の講師および在家の男女等にもさづく、行者・商客等にもゆるすなり。そのむね、諸家の録にあきらかなり。あるいはその人にあらざるが、みだりに嗣法の証拠をのぞむによりて、壱軸の書をもとむるに、有道のいたむところなりといへども、なまじゐに援筆するなり。しかのごときのときは、古来の書式によらず、

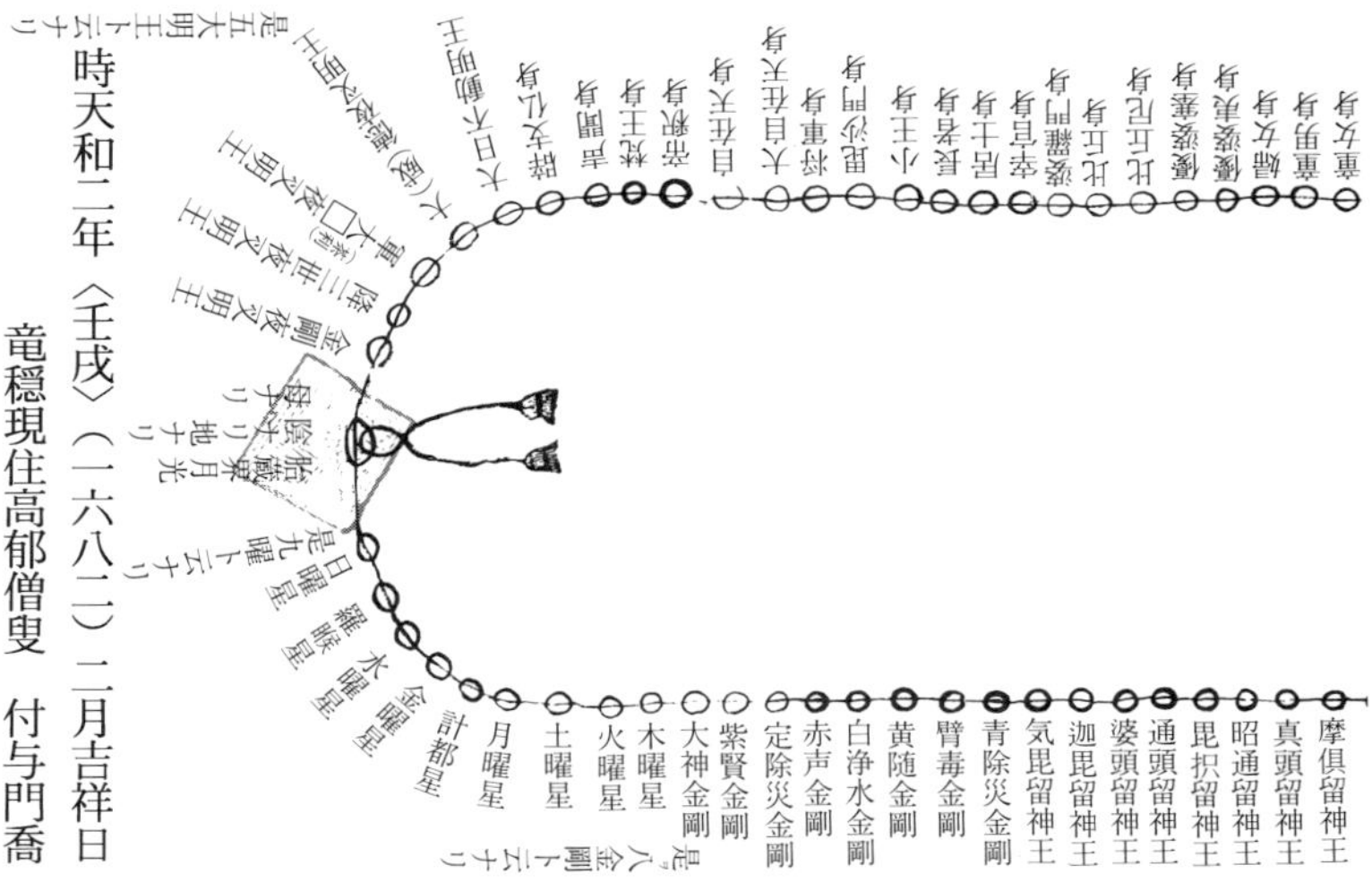

時天和二年〈壬戌〉（一六八二）二月吉祥日
竜穏現住高郁僧叟　付与門喬
今亦付高門
（埼玉県正竜寺所蔵）

いさゝか師吾のよしをかく。……。
（『道元禅師全集』上、三四一頁）

と指摘して、形式的な意味での頂相や法語の授受を痛烈に批判する見解もあった。

（b）珠数切紙

数珠とも念珠とも呼ばれ、百八煩悩の退治を目的として百八個の小珠を繋いで輪とし、経典や陀羅尼などを唱える念誦の際に用いられたり、また、数量念仏の数を記憶したりする道具として使用されるが、禅宗の場合は、『禅苑清規』巻二、「小参」に、

経呪唯宜黙誦、数珠不可有声、晨参暮請之時、只得儼然叉手、
（曹全、清規、八七八頁）

とあり、道元も『衆寮箴規』において、数珠を所持して人と相対するのは無礼とし、法要儀礼の祭に導師が所持する以外はほとんど用いられることはない。ただし、中国においては、『勅修百丈清規』になると弁道具に数珠が加えられるが、これはすでに指摘したように、念仏禅

化の傾向を反映したものである。

数珠に関する経説としては、『木槵子経』失訳一巻・『曼殊室利呪蔵中校量数珠功徳経』義浄訳一巻・『校量数珠功徳経』宝思惟訳一巻・『金剛頂諭伽念珠経』不空訳一巻・『牟梨曼陀羅呪経』失訳一巻等に詳しく説かれ、真言密教においてもその法には特別な儀軌が存する。曹洞宗における数珠の口伝もこれらの経典の説を受けたものであるが、百八個の小珠や、親玉・四天珠・弟子珠等の各珠に、過去七仏・七曜星・二十八宿・十六善神・八金剛・観音所化の二十八身・五大明王・九曜星（以上で百八個）・四天王・十羅刹女・薬師十二神・金胎両界等を配したもので、先にみた拄杖の各所に天地間の様相を再現した方法に相似しているが、また密教的要素も充分に取り込んでいることが特色とされよう。

事例として、武蔵竜穏寺二七世・永平寺三四世馥州高郁（？—一六八八）所伝のものを前頁・前々頁に掲げておく。

（c）鈯斧切紙

①（端裏）鈯斧切紙

金斧《ノ》因縁謂《トイツ》者《ハ》、世尊於《テ》二雪山《ニ》一六年端座《ノ》依《テ》二定力《ニ》一、而《モ》霊鷲山御建立之《ノ》時節、周《ノ》穆《ボク》王三〈癸未〉年、従《リ》二穆王一金斧一箇、霊山《ノ》世尊為《ニメニ》二建立《ノ》一奉《ラル》二進上《シ》一、世尊頂戴《シテ》拝納畢《ンヌ》、然《レバ》者世尊上《ノボリ》二法華山《ンニツ》一有二端座一而《テ》、拈《ジ》二金斧《ヲ》一給《ヘバ》者、無《ク》レ程《ホド》霊山修造畢《ヲワンヌ》、然則《ルンバ》者、仏法《ノ》根源也《リ》、仍《テ》レ是《ニ》八万人衆会之《ノ》間《ダ》、霊山会上《トワ》者申也《スリ》、此《ノ》依《テ》二因縁《ニ》一而、皇風永扇《クアヲグ》、仏日増輝《スル》者也《ノリ》、是則《レチ》王法与《ト》二仏法一一般《ニシテ》、枝葉繁茂《ノ》儀也《リ》、世尊向《テ》二迦葉一言《ノタマワク》、吾以《ガテ》二清浄法眼涅槃妙心実相無相《ウ》微妙《ノ》正法《ヲ》一将《マサニフス》付レ汝《チニ》、汝当《チマサニベシ》二護持《ス》一、金斧《ヲ》授伝《ス》、迦葉謹《デ》頂戴焼香九拝畢《ンヌ》、摩訶迦葉此《ノ》金斧《ヲ》阿難《ニ》伝付《ス》、阿難商那和修《ニ》伝付《ス》、商那和修優婆毱多《ニ》伝付《ス》、優婆毱多第五祖提多迦尊者《ニ》伝付《ス》、而本名《モンハ》香衆謂《トユヘリ》、師因《チーニ》易レ名《カフナヲ》、梵語《ワ》提多迦、此《シニハ》

名《ク》ニ通真量也多迦《ト》一、故《ヘニ》当《マサニ》現《ズ》ニ大智慧《ヲ》一、従《ヨリ》レ屋出《テ、シヤウユウス》照三耀《ヲ》 於ニ天地一、仏日増耀《ス》、謂《ユワユル》 然所秦《ロシンノ》 始皇大唐者《ワ》、七帝《ナ、ミカドナルヲ》 成六帝《リクテイヲホロボシテ》 亡、四百余州収《ヲ》給《メタマイキ》、漢陽宮為《メニ》ニ建立《ノ》ニ天竺二霊山《ニ》参詣《シテ》、提多迦尊者及《ニヲヨブ》レ承《ウケタマワ》 処《ロノ》 金斧礼《ヲガミ》 奉《リ》度《キノ》 由《シゴ》御論言《リンゲンナリ》、提多迦難《ガタキノ》レ 黙《モタセ》 条《ジヤウノ》 昔日《ソーミヨリ》 以来《コノカタノ》 金斧奉《ヲリ》レ上候《ゲソロヘ》 得《バ》者、始皇金千《ン》枚措《マイサシヲキ》 本国御帰《ヘヲンカヘリ》 在《ツテ》、帝《ミカド》 拈《ジ》ニ金斧《ヲ》一給《ヘバ》 者、漢陽宮阿旁（ママ）殿則《チ》修造畢《ンヌ》、是《レ》即《チ》王法仏法《ノ》根本也《リ》、従《リ》レ是《レ》而《シテ》 鈯斧取《リ》伝《フノ》者也《リ》、其以《レヨリ》来《タ》、展転来《シキタッテ》 天童山到《テ》ニ如浄禅師《ニ》一伝付既《ニ》畢《ンヌ》、然処《ルロニ》、六《ロク》祖禅師、青原南岳《ノ》両派紛《ニ分ツ》而《テ》取《リ》伝也《ルナリ》、青原《ノ》思禅師一足垂下《スレバ》、石頭即《チ》礼拝《シ》、師与《アタヘテ》ニ 鈯斧《ヲ》一住ニ山南《シ》岳《ニ》一令《シム》レ去《サラ》者《ワ》、仏法《ノ》根源、別伝《ノ》一句也《リ》、従《リ》レ其以来《コータ》、禅門宗師挙揚時《ノ》、此《ノ》鈯斧《ヲ》伝付《スル》 者《ワ》、如《クノ》レ是《ノ》因縁也《リ》、洞家済家両派《ノ》無《キ》ニ相続《ヒトワ》一者、可《キ》レ為《タル》ニ山居式目《ノシキ》一間《ダ》、此《ノ》切紙有間敷候《ルマークソロ》、

洞家嗣書血脈開是計而之智識者、可為山居長老也、其故者、一隻手也、然間法幢立挙揚宗旨成間敷間、其家門首歟、従門戸笏 断《コッシヲコトワルベキ》 可者也、両家伝授相続謂、百日勤修禁足禁酒而、日三度夜三度順堂三度充座禅、其上或

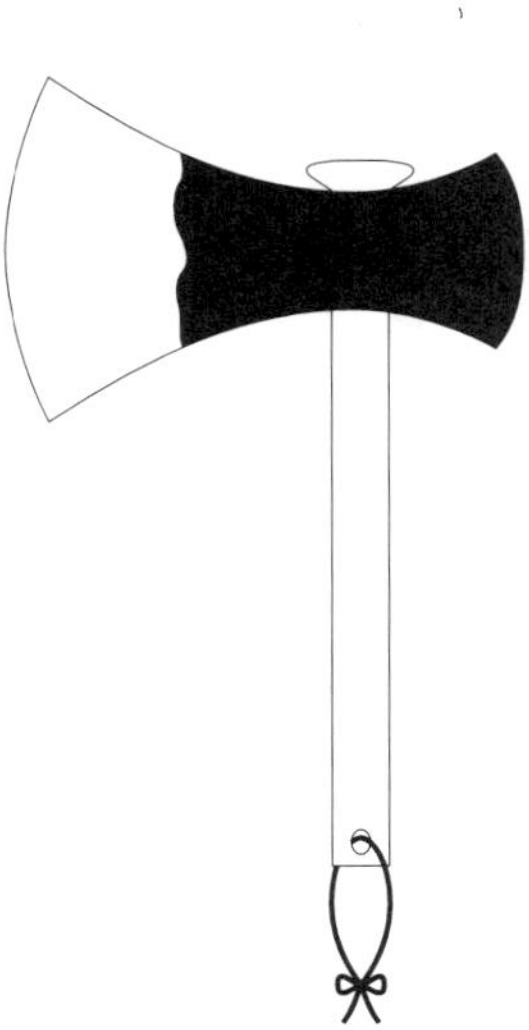

作法有、両家伝授者也、是両手完然大善智識ト謂也、

是ヲ子細ニ謂時、鈯斧《ワ》一隻手デワ成ヌゾ、世尊モ四十九年《ノ》説法ワ、教内デ一隻也、扨テ一字不説教外別伝而祖教引揃時、両手完然也、達磨《モ》西来西帰シテ教内教外ヲ推立、祖師禅建立ガ両手完然也、道元禅師洞済《ノ》両派ヲ紹

続在テ、菩薩戒之血脈《ノ》下段《ノ》意趣者、窮両派タト云ノ証拠也、此両派ヲ相続セヌ者ワ、血脈ヲ行事有間敷也、取分《ケ》、当門戸鈯斧ヲ沙汰スルコトワ、鈯斧ワ片手打ニワ成《ヌ》者《ノ》也、扨テ片手打ワ鈍斧也、仍《テ》レ夫《レニ》山居ノ式目也、洞上デワ三位ノ時モ、自己、智不到、那時ト極《キワメ》タ迄デワ、片手タ也、那辺ヲ退得《(ママ)》シテ児孫ヲ養育シテ衆引《ヲキ》為ニ成《ナル》ガ両手完然デ片落ヌゾ、洞家デモ、偏正黒白理事機関ト建立シ、済家デワ把拄《(ママ)》放行シテ、丁度打叺ト喝スルガ慈悲為手也、扨両手完然也、世尊金斧《フヲ》拈《シテ》御座アルモ、青原《ノ》鈯斧ヲ与《ヘ》タモ、仏法ノ根本示《ヲメシ》ニ云成タコト也、右此式目、不可有儀也、此蜜《(ママ)》紙雖然、為別紙為分失口伝之作法書一紙者也、

大仏和尚如浄禅師《ニ》伝付畢《テ》、元和尚帰朝《ノ》以来、永平於《テ》二室中一向《テ》二奘和尚一言此、作法《ハ》諸仏命脈、歴祖《ノ》骨髄《ナリト》、二云仰畢、則鈯斧伝付畢、従然以来代々伝付来、傑伝長和尚、天英貞和尚《ヨリ》今日到尖英和尚迄《テ》伝付畢、此仏種莫令断絶、能護持給、

為心得《ノ》、茶話《ノ》次云《ク》、弟子寺受《ヲ》取《ケルヲ》順山《ヲ》被二仰付《ラルヲフセツケ》一ト云ワ、世尊ワ迦葉《ニ》金斧渡《ヲス》ガ霊鷲山《ノ》巡山渡羊《ノシ》也、自夫代々金斧頂戴ガ巡山ダ、サテ青原ワ鈯斧ヲ渡スガ巡山ダ、巡山ガ主デワ無イカ、

竜門現住尖英（花押）

時元和七〈辛酉〉天（一六二一）七月拾日

呑良尊翁附与

（石川県永光寺所蔵）

②（端裏）霊山礼拝話切紙

鈯斧子話之貴裡紙

住山図

●　住山本分之眼

師云、住山仕《シ》様ヲ、挙、師ヲ推除《ヲシノケ》テ座《ス》、●云《ク》、夫ハ何《ナニ》トテ、挙、国無《ニシ》二一王《フタリノ》、●云、尚《ナヲ》子細《イ》ニ、挙、乍《ナガラノ》レ産《ムマシ》帝王《デ》ソロ、●云、夫ナラバ甚《ナニトシ》嗣法シ甚許《ナニトユルサレ》テハ住山シタゾ、挙、継了《ツギヲハレ》バ弟子《シ》ガ直師《ジキボウズ》デソロ、●云、紹様《ツギヤウヲ》、挙、松ニハ松翠《ノミドリ》、杉ニハ杉ノ翠《リ》ガ出《イデ》ソロ、心《ハ》、王デ王位ヲ紹《ツイ》ダ時《キ》、紹目無《ギノナキ》コト也、是《レ》ヲ内紹《ジウ》不出ノ君《キミ》ト云也、当則《ハ》尊貴デ尊貴位《ノイ》ヲ紹《イ》ダルコト也、直ニ石頭ガ青原也、王位《ヲ》王子継玉《ノツギタマ》イタルコト也、向上ノ貧処也、少《ソツ》トモ功作無《サナク》富処混《ニ》雑《ノ》沙汰ナシ、鈯斧子《トハ》、一物事《モツノコト》也、

師云、住山ノ眼ヲ、挙、師前《ノヘニ》到如何静《テイカニモシツカ》ニヨツ、伊《カレ》デソロ、●証拠ヲ、挙、柳ニハ緑《ミドリ》花ニハ紅《ナ》、金《カネ》ニハ火《ヒ》、木《キ》ニハ水《ミツ》ヲ具《グ》シテソロ、畢竟《ヲ》、即礼三拝、心、鈯斧子《ノ》コト也、一仏性喚替《ノヨビカヘ》也《リ》、千仏万《バン》祖トモニ化縁引《ニヒカレ》テ出生シタガ、即今久遠本分本主《ノ》ト見《ミレ》バ、久遠ヲ出《デ》ヌコト也、生《アラハレ》ヌコト化相《ソウ》ニ箸《チヤグ》セズ、引《ヒカレ》ヌコト也、是《レ》ガ内紹不出也、本分儘《ノマヽ》也、君王儘《ノマヽ》也、

住山《ノヲ》話垂下礼拝《ノ》話トモ云タル心《ヲ》、挙、相続《ソウゾク》不断心《ノムネ》デソロ、

時元和三〈丙午（ママ）〉祀（一六一七）孟春廿一日初伝授、其後寛永八年於永光室重改之畢、

今正保三〈丙戌〉祀（一六四六）正月十五日改書之、

永光現住久外呑良（花押）

（石川県永光寺所蔵）

すでにみたように、比丘の所持する生活資具は、初期の三衣・一鉢・漉水嚢・坐具という六物から、時代が下る

にしたがって次第に品目を増し、『善見律毘婆沙』には「斧子」が加わり、『梵網経』の十八種物では「刀子」と記され、『禅苑清規』では「戒刀」と記された。この刃物類はもちろん剃髪や衣材の割截等、身辺の生活の用に資したものである。「鈯斧切紙」は一見この伝統を受けたものと解されるが、実際の図からは、「刀子」や「戒刀」とは似ても似つかない、木の伐採等に用いられ、兵器としても用いられた「オノ」や「マサカリ」そのものであり、これは修験道の儀礼に用いられたことが知られるので、「兵法九字」をはじめとする修験道から導入された切紙の一種と推測される。

ところで、「鈯斧切紙」では、釈尊が霊鷲山で精舎を建立しようとした時、中国の周の穆王から「金斧」を一梃送られ、これによって霊山の修造が了畢したという、荒唐無稽な説話として始まる。この金斧はその後、秦の始皇帝が漢陽宮阿房殿修造の時に再び中国に返却され、以来、王法(即)仏法の根拠として伝えられて如浄に至ったという。この鈯斧は、さらに禅宗の宗旨挙揚の象徴として如浄より道元に伝えられたもので、したがってこの斧は、修行僧が罷参の後、一山に住持しようとする際の象徴として伝授されたものとみられ、このことは「鈯斧子話之貴裡紙」の参によって明らかである。この鈯斧が、はたして図に示されるような「オノ」の形をしたものであったかどうかは不明であり、実際に師から弟子への相承物として確立していたかどうかも不明である。

(d) 血脈袋切紙

①(絹本)血脈袋《フクロ》之《ノ》文《モン》小《コ》狐《クツネノ》本其《ソノ》故《ユヘハ》者
稲荷《トウカノ》大明神可レ有《キトシテ》下守《ル》二護《ゴ》上当家之《ノ》仏法《ヲ》一、依《ヨッテ》二深《フカキ》誓《チカヒニ》一御守《ヲンマボリ》袋《ロハ》者用《ユ》二赤地《アカヂヲ》一、入《レ》二持《タモツコトハナヽ》七重袋《ヘノフクロニ》一大小便《ニモ》為《タ》二放《ハナツ》レ身《ミヲ》
間《マ》敷《ジキガ》一也《リ》、非《ンバ》二七重《ナヽヘニ》一者必《ズ》可《キ》二不浄《ヲヲソル》希一也、入風呂時《ノ》者《キハ》、湯薬《トウヤク》侍者召連《ヲメシツネ》入風呂間《ノダ》、可《キ》レ懸《カケサス》二湯薬《トウヤク》侍者《ニ》一也、自余《ニハヘン》片

時《シモ》不《ズ》レ可《ラ》レ放《ハナツ》レ身《ミヲ》、汝《チ》可《キ》二護持《ス》一者《ノリ》也、

血脈袋長《ノタテ》四寸七分、横三寸五分、懸緒《ヲ》赤色、袋《ハ》赤地錦《キ》也、

当山中興久外嫖良（花押）

時寛永十七（一六四〇）南呂十四日為後代子孫書之畢当山永代之置物也

前々ヨリ伝来処、如斯後代法孫可持者也

小狐之切紙、御守之添物、仏心宗一大事、此切紙不添者必不浄可離也、

（石川県永光寺所蔵）

②居士血脈袋之大事

一、横四寸《ハ》、四生也、四智也、四維也、四苦也、卵生胎生湿生化生、生老病死、

一、竪四寸五分、四大五蘊也、四大、地水火風也、五分五分《ハ》法身、五智円満也、

一、上縫《ニヌウ》円相《ハ》心也、心一円也、満家之心也、米之字也、発生之心也、万法之心也、二之乳生死ノ二ツ也、生死《ワ》父母之二親、日月之二天也、神《ト》仏《ト》之二体也、

一、懸緒本心也、無《キ》レ本心難《レバ》レ立《シ》レ体、無《キ》レ緒《ヲ》則《ンバ》不レ得レ懸《イヲ》、以《テ》レ心《ヲ》受用《スル》也、右袋ワ、我体五戒也、中之一大事本心也、昼夜不レ可レ放レ身《ヲ》、袋《ハ》赤地之錦而可レ縫也、上之円相《ハ》白綾而可レ縫、白赤相応成ルヲ為二仏体《ト》一、是即人体也、緒《ハ》即赤色可レ用也、袋《ハ》青黄赤白黒紫之六デ、一重シテ共ニ七重《ヘニ》入レテ可レ持也、七重《ハ》七菩薩之根本也、

（石川県永光寺所蔵）

「血脈」は、弟子が師より戒を受けた際に、戒法授与の証拠として授けられる、戒の授受の次第を記した系譜で

あるが、実の親から子へと血液が流れ連なって絶えないという譬喩をもって、禅宗、特に曹洞宗の場合は「嗣書」「大事」とともに三物の一つとして重視され師資相伝される。この血脈の内容については、室内に関する項で別に取りあげるが、中世においては血脈そのものが、冥府の亡者をも救済するという、護符的機能も有するに至り、したがってこれを四六時中にわたり身につけていることが要請され、ここに血脈を入れ身に帯しておく「血脈袋」の製法が定められるに至った。この血脈袋の文様や、布地、大きさ、色、受持の仕方を記したものが「血脈袋切紙」である。この血脈袋の表には、卍字と、相対する二匹の狐を文様として付ける伝統があるが、「血脈袋之文小狐本其故者」と題する切紙は、その受持の方法を内容とするもので、ここで援用される稲荷信仰は、道元が中国留学からの帰国の途中、船中で病になった際、白髪の老嫗より与えられた丸薬を服して回復し無事帰国したという伝承を前提とする。そして、これは日東の稲荷神であったとされ、(24) さらに中世以来、この稲荷神の本地「荼枳尼天」が護法神とされてきた経緯もあり、荼枳尼天の使いである狐を血脈袋の表に付して、血脈の護符性とともに身につけたものである。これは、大小便の際にも身をはなさないため、不浄が侵入するのを恐れて七重の袋に作られるという念の入ったものとなる。「居士血脈袋之大事」も同様の製法と口訣が示されるが、小狐の文様が記されない点が異なる。

(e) 一文銭之切紙

(端裏) 一文銭之切紙

(印)

太平銭口伝

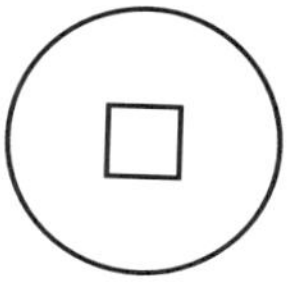

陰也、世界未興也、仏未出世《ノ》時也、仏出世之祖師西来シテ説法利生シ玉ウ、本意《ハ》、不出世《ノ》時《ニ》顕《ル》、所以道、在体時体中得用、又道、借功明位、用在体処、又云、正位雖正却偏、●正中偏、陽也、世界建立也、◯マワリハ天也、更無方所也、□穴《ハ》地也、有四方有四角也、仏出世《ノ》時也、仏祖不出世《ノ》時《ノ》本意、出世シテ説法利生シ玉ウ時《ニ》顕《ル》、所以《ユヘニ》道《ウ》、在《ル》レ用《ウ》 時《ニ》用中《ニ》得《ル》レ体《ヲ》、又《タ》道《ウ》、借レ位《ム》明《ヨ》レ功、体《イ》在《ル》レ用《ニ》処《ロナリ》、又《タ》云、偏位雖偏《ヘン》 却円、●偏中正、●雖レ正却偏《テン》雖レ偏却《ヘンテ》円、イヅレモ通ル也、仏祖出世ト不出世ト本意不相異也、イックニテ通ルゾトイフニ、ミ、ニテ通也、所以道、無中有路出塵埃、●正中来、自ラ通ジ来ルトイヱドモ、正ハ正ノ位ニテ不転、偏ハ偏位ニテ不動、所以道、偏正不曾離本位、天下太平時《ノ》、風モ無浪モ無、法非法ノ一機モ無、是非ノ相ニ不レ渡、分別ノ理無キ時、自ラ正位的《ニ》当スル也、●兼中至以前ノ四位ハ黒白偏正也、此ノ時以前《ノ》、四位ヲ超越シテ而モ四位ヲ収ル也、●兼中到畢竟シテ一段ノ大事也、能々自看スベシ、畳様、先紙ヲ四角切テ両角《ニ》ヲ合シテ三角ナラシム◁如《シ》レ此、次ニ如此ニヲル、次ニ如此ニ折ル、次ニ如此ヲリ畳デ中ニ太平銭一枚ヲ入テ、敬表三陽佳節之儀《尊体万福》、ト一面三行《ニミクダリ》ニカクベシ、正節後夜ニ持参シテ方丈上ル、焼香《弁道太平》薫レ炉、薫スル様、順ニ二返逆ニ一返、丁寧ニ炉上ニ薫シテ安香台上、文字ノスヱヲ向和尚方也、其後《ノ》大展九拝、或無礼、住持ノ指陳ニヨル、是則永平開山大和尚自天童浄老的伝《ノ》大事也、面授口伝也、然ルヲ為後鑑私ニ記之、其《ノ》人ニアラズト云共、彼《ノ》銭ヲ奉献スベシ、凡《ヲヨソ》五位君臣等儀学者、不可不詳、今所述者、総都合也、先師大和尚、応永十八年（一四一一）十二月定坐中、召守勤相承、即整威儀展坐具諦聴之者也、

于時今応永廿一年（一四一四）二月十五日、於能州藤懸山天徳禅寺焚香謹拝書之、釈迦牟尼仏五十八世伝法比
丘守勤、

存鄭（花押）

今正長元年〈戊申〉（一四二八）九月十五日南明、開堂日、写之拝、

（石川県永光寺所蔵）

「太平通宝」は、宋の太宗の太平興国元年（九七六）より鋳造された貨幣で、勘合貿易などを通してわが国に伝えられた渡来銭の一種であり、[25]日中交渉史の一側面をも物語る。この太平通宝の様相には、曹洞の宗旨である五位の思想が具現されているとみなし、その用途は、これを懐中にしていて、入室嗣法の際に呈示したもののようである。

この、永光寺所蔵の「一文銭之切紙」、一名「太平銭口伝」は、応永一八年（一四一一）一二月に惟忠守勤（？—一四四七）が師の竺山得仙（一三四四—一四一三）より承けて書写し、これを応永二一年（一四一四）二月一五日に再写、さらに正長元年（一四二八）九月一五日に再再写したもので、中世切紙としては極めて古い部類に属する。

七　「行履物関係切紙」の意義

以上で行履物関係の主要な切紙の翻刻紹介は終わるが、ここに述べたもので曹洞宗関係の行履物が尽きるわけで

はなく、むしろかなり特殊な行履物だけが切紙として取りあげられて、その宗旨的意味が付与されたということもできる。竜泰寺所蔵の『仏家一大事夜話』には、「楊枝」「翻袖」「手巾」「襪子」「履」「複子」「傘」「草鞋」「香炉」等の、極めて身近な生活必需品の類の参が多数収録されている。これらの参のもととなった切紙の本文は、現在のところ発見し得ていないが、折々の年中恒例の行事はもとより、檀越の年忌法要等、因事の行事をも宗旨参究の対象とみなして「著語」を付け、「問答」を行っていた歴史をあわせ考慮するなら、楊枝等に関する切紙の本文自体が存したことも充分考えられよう。

曹洞宗における行履物関係の切紙は、単にその由来や用途、製法、その他実用的なものに終止するものはほとんどないといってよい。すなわち、そこには必ず禅宗や曹洞宗の宗旨が具現されているとみなされるのであり、そのためかなり無理な意味付与、時には牽強付会といっても過言ではない会通の仕方を行っている場合もある。白山信仰と曹洞宗旨の会通、陰陽道思想の援用、その他数えあげたらきりがない。

しかし一方、これらの切紙は、中世から近世にかけて確実に機能し、また修道生活のなかで参究された課題であったことは、「参」あるいは「参禅」と呼ばれる、師と弟子の問答の記録が多数残されていることがこれを明瞭に物語っている。これらの問答の記録は、また、中世禅宗界における看話禅盛行の潮流を反映したものであるが、その過程で意味が付与されたり、大胆に取り込まれた土着の霊山信仰や民間信仰が、その後の曹洞宗の地方展開を可能にしたエネルギー発露の源そのものとなったことも確実である。

すでに述べたように、行履物関係の切紙は、本章で取りあげたものに尽きるわけではなく、さらに埋もれたままになっている資（史）料も多数あるはずである。しかし、手元に収集し得た切紙はすべて紹介できたと思われるので、次に、やはり叢林生活にとって切り離すことのできない、生活や儀礼空間を構成する、「堂塔伽藍」や、「仏・

菩薩」関係の切紙を紹介しながら、これに検討を加えることにする。

註

(1) 川口高風『法服格正の研究』(一九七六年二月、第一書房刊) 研究篇第一章「六物を説く戒律」(三〇五頁以下) 参照。

(2) 『禅林象器箋』第二十八類「器物門」のなかから、道具、資身細器、資身麁器、行装具、飲食器の各項で解説された諸器具を次に掲載しておく。

道具——竹箆、禅鎮、禅帯、禅杖、禅毱、禅板、倚板、数珠、数珠母珠、数珠記子、籌、

資身細器——錫杖、拄杖、拄杖触頭・浄頭、探水、払子、如意、癢和子、印、書剪、界尺、針筒、鏡、剃刀、戒刀、法瓶、浄瓶、濾水嚢、手巾、浄巾、面盆、枕子、橋枕、扇、頭末紅《ツマヒノ》扇、

資身麁器——法蓋、涼傘、笠、轎、蒲龕、温蒲、蒲団、椸架、几案、経案、床、縄床、椅子、参椅、竹椅、曲彔、曲木、長連床、踏床、橈子、脚櫈、脚踏《キャタツ》、

行装具——祠部筒、複子、油単、包、包鉤、

飲食器——鉢、応量器、頭鉢、頭鑽、鑽子、鍵鎡、鉢支、楪《テウ》、鉢《ホイ》単、匙、筯、匙筯袋、匙筯籠、鉢刷、楊枝、鉢拭、鉢袱、蓋膝巾、浄巾、鉢嚢、椀、楪子《チャツス》、桌、果桌、和桌、湯瓶、茶筅、建盞、空盞、托子、曲盆、円盤、折水桶、飯巾、生盤、生台、

これらのほかに、「浴具」「厠具」の項に含まれる諸器具のなかにも、行履物に相当するものがあるが、いずれも中国や日本の地域性風土性を反映したものということができる。

(3) 駒沢大学禅宗史研究会編『慧能研究』(一九七八年三月、大修館書店刊) 一三四頁以下。

(4) 松本史朗『禅思想の批判的研究』(一九九四年一月、大蔵出版刊) 一一八頁以下。

(5) ベルナール・フォール「曹洞禅における袈裟のシンボリズム」(川橋正秀訳、『駒沢大学禅研究所年報』第七号、一九九六年三月) 参照。

(6) 普満紹堂の伝記は、正竜寺所蔵『高根山正竜禅寺主席歴代略伝記』（曹全、拾遺所収）に詳しい。
(7) 斎藤彦松「梵字袈裟曼陀羅の研究」（『印度学仏教学研究』第一〇巻二号、一九六二年三月）、および坂内竜雄「護符」（『印度学仏教学研究』第三四巻二号、一九八六年三月）等参照。
(8) 長野県竜洞院所蔵の切紙資料については、同寺を史料調査された中尾良信氏より史料提供を受けた。記して感謝する次第である。
(9) 『仏家一大事夜話』については、第一篇第二章参照。
(10) 永光寺所蔵の明庵東察の切紙は、元和期のものが多数見出される。樋渡登「ある種の洞門抄物――能登永光寺蔵切紙類から」（『都留文科大学国文学論考』第二〇号、一九八四年三月）参照。
(11) 能登総持寺や永光寺にはもちろん『正法眼蔵』が書写伝承されていたことは知られており、近年注目されている「十二巻本」の形式を伝える『正法眼蔵』の唯一の伝本も、永光寺に所蔵されていたものである。奥州（岩手県）正法寺の開山である無底良韶も、その開創に先だって『正法眼蔵』を伝写して道元の宗義を踏まえるということを行っている。正法寺の寺名もこれに由来するであろうことは論をまたない。桜井秀雄「瑩山禅師門流の教団形成――教化学的視点から奥の正法寺を中心として」（『瑩山禅師研究』一九七四年一二月、瑩山禅師奉讃会刊）参照。
(12) ただし、厠中に携帯して洗浄後の触手を浄める瓶は、「触瓶」として区別される（『出家大綱』）。
(13) 『加賀の名刹、大乗寺の名宝』（一九八七年三月、石川県立美術館編集発行）参照。
(14) 佐藤俊晃「『白山』の位相――曹洞宗教団史研究の一試論」（『駒沢大学仏教学部論集』第一九号、一九八八年一〇月）参照。
(15) 菊地山哉「白山権現と東光寺」（『別所と特殊部落の研究』一九六六年九月、東京史談会刊行、吉川弘文館売捌）、本多豊「被差別部落と白山神社」（『部落解放』第二四九号、一九八六年）等参照。ただし、被差別部落と白山信仰の具体的な関係や白山社の機能については、多くの検討の余地を残している。
(16) 河村孝道『諸本対校永平開山道元禅師行状建撕記』（一九七九年四月、大修館書店刊）二六―三二頁
(17) 石川力山「中世曹洞宗と霊山信仰」（『印度学仏教学研究』第三三巻二号、一九八五年三月）参照。
(18) 今枝愛真『中世禅宗史の研究』（一九七〇年八月、東京大学出版会刊）四〇頁以下「道元の北越入山と白山天台

との接近」参照。

(19) 瑩山書とされる竜天軸は福岡県久留米市千光寺の所蔵で、『瑩山禅師御遺墨集』(一九七四年四月、大本山総持寺刊)に写真、並びに解説が掲載されている。

(20) 『道元禅師と曹洞宗』(『日本仏教宗史論集』八、一九八五年六月、吉川弘文館刊)巻頭写真参照。

(21) たとえば、府中高安寺所蔵、同寺七世大器保禅所伝の「白山妙理本則」は次のようなものである。

(端裏) 白山妙理本則

白山神者伊奘諾尊神也、初《ハ》泰澄法師棲二越前国越知峰《ヲ》一、常望《ニム》二白山一云、彼《ノ》雪嶺《ニ》必有《スン》二霊神一、我当《サニ》登レ彼《テ》乞二顕姿《フ》応《ヲ》一、霊亀二年〈丙辰〉夢《ラク》、天女玉主厳《瓔珞ミヤビカリ》身出《テ》二紫雲中《ヨリ》一云、霊感時至《ニレリ》、蚤《カク》可戻《シツトム》止、養老元年〈丁巳〉四且日《ヒトイ》也、澄往《テ》二白山麓《ノニ》一大野隈筥《クマハコ》河東、伊野原《イノ》云処《ラトフ》行、乃専心持誦《スルニ》時前如レ夢天女現レ身云、此地大徳母産穢之所也、非二結界地《ノニ》一、此東林泉《平泉寺》、吾所二遊止一也、師移レ彼云已形隠、澄到レ彼持念《ルコト》如下レ前天女現レ身云一、我雖二天嶺有一、鎮遊二此林一、此林為二我中居一、上護二一人一、下撫二万民一、諦聴、日本秋津嶋本是神国也、国常立《トコタチノ》尊、乃神代最初国主也、次夫国狭槌《サツチノ》尊、次豊斟淳《タンス》尊、次泥土瓊尊《男》、沙土瓊尊《女》、次大戸之導尊、大〈苦辺局辺〉尊、次面足《オモタルノ》尊《男》、惶根尊《女》、次伊奘諾尊、伊囲《ナミノ》尊、謂二之天神七代一、吾是伊諾尊也、今号二妙理大菩薩一、此神岳白嶺者、我主《トルコトヲ》レ国之時都城也、我乃日域男芝天神也、天照大神宮者我子也、天忍穂耳《アマオシホミミ》尊我孫也、其子天津産火瓊々杵《ツヒコニニキノ》尊、受二桓翁父一天照大神勅降治二此国一始為二地居一、饗《キヨスルコト》国三十一万八千五百四十二年、生産波瀲武《タケ》鸕鷀草葺不合尊饗国八十三万六千四十二年、是名地神五代、人皇第一国主神武天皇者、鸕鷀草尊第四子也、在位七十六年、天皇年四十六年始登レ皇位、辛酉之歳也、云云、吾真身在彼天嶺、大徳往是レ之言已、乃天女、隠登二白山天嶺絶頂一、居二緑岩池側一、持誦専主忽九頭竜出二池面一、謹云、是方便現体、非二本地真身一、持念弥確二項刻一十一面観自在菩薩妙相端厳 光衫赫熾、澄稽首礼二拝足一白 言、像末衆生願垂二救極一、于時菩薩捶金冠瞬二蓮眼一而許レ之、拝不レ畢二三度一、妙体已隠、証又渡二左澗一上二孤峰頂上一値二一偉丈夫一、手握二金箭一、肩横二銀弓一、含レ笑云、我是妙理大菩薩輔也、名曰二小白山大行事一、大徳当レ知、聖観自在之変身也、云已乃隠、証又昇二右峰一見二一奇眼老翁一、神宇閑雅、語云、我是妙理大菩薩之弼名曰大已貴西刹主也、云已隠、自レ此霊感益顕着、澄掌語レ人云、妙理大菩薩云、我山中一草一木無レ不二我眷属之所居一也、一万之眷属妙徳降変、十万金剛童子也、遍□之垂化、五万八千之采女堅牢女
普賢菩薩垂迹也

天変作也《ト》、云云、妙徳《ハ》文殊垂迹《ナリ》、
○賛曰、或人言、妙理菩薩已言天照大神者我子也、你今後《ノチニスルコトハ》二白山一何《ンヤ》、予曰《カク》、伊勢神宮朝廷立為《チス》二宗廟《ト》一、白山雖《モ》二伊奘諾尊一、顕応在レ後、又且従朝礼也、然者、以下不レ視二神□一、唯因《テ》二吾《カ》法之先后《ニ》一、為《ナス》二排差《ミ》一耳、

時貞享五〈戊辰〉年（一六八八）五月吉辰

奉請仏大充領白山妙理大権現　炷香九拝謹言

自家岩保禅伝授之

(22) 広瀬良弘「曹洞禅僧による神人化度・悪霊鎮圧」（『禅宗地方展開史の研究』四一五頁以下、一九八八年一二月、吉川弘文館刊）参照。

(23) 現在、この拙庵徳光自賛の頂相は、賛と頂相に切断されて個人の所有になっており、鷲尾順敬氏は賛だけを一幅にした墨跡を実際にみたことを報告している。同氏「大日房能忍の達磨宗の首唱及び道元門下の関係」（『日本禅宗史の研究』一九四五年一〇月、教典出版株式会社刊）参照。

(24) 面山瑞方『訂補建撕記』（前掲『諸本対校永平開山道元禅師行状建撕記』）一四四頁。

(25) たとえば、芝田悟『多太神社境内遺跡――中世備蓄銭の報告書』（一九八四年三月、多太神社刊）にも、太平通宝は含まれている。

第四章　堂塔・伽藍、仏・菩薩関係切紙

一　禅宗伽藍

前述した叢林行事、及び行履物関係の切紙は、いわゆる禅宗の修行道場における日常の生活に即した事柄にかかわる切紙であったが、これに関連して次に問題となるのは、禅僧達の修行や儀礼の場であり、また居住空間でもある、禅宗寺院の結構、すなわち伽藍建築の様式や用途、及びそこに安置される仏・菩薩像ということになろう。

ところで、叢林行事関係切紙の項で紹介した「禅林七堂図」は、通称「七堂伽藍」といわれる禅宗独自の伽藍配置を前提とし、これら諸堂を儀礼空間として、住持が順次焼香しながら巡堂するためのものであった。いわば、叢林における恒例の行事を説明しその口訣を伝えるための切紙が「禅林七堂図」であり、七堂の配置やその由来については、第二義的な意味しかもっていなかったといってよい(1)。そして、この「七堂伽藍」という呼称そのものについても、その確かな典拠は不明であるとされる(2)。無著道忠も『禅林象器箋』（第二類殿堂門）において、

忠曰、法堂・仏殿・山門・廚庫・僧堂・浴室・西浄ヲ為二七堂伽藍一、未レ知二何拠一、各有二表相一、如レ図、

廚庫左手　　浴室左脚

法堂頭　仏殿心　山門陰

僧堂右手　　西浄右脚

止観輔行ニ云、如ハ二大経ニ云カ一、頭ヲ為二殿堂ト一、

摩訶僧祇律ニ云、厠屋不レ得二在レ東在一レ北ニ、応二在レ南在一レ西、

忠曰、此図、浄所在二西南一、則合二僧祇律ノ説ニ一、

としており、個々の堂宇に関してはその典拠や位置が明らかなものもあるが、その配置や由来に関しては、「七堂図切紙」にも、「禅林殿堂何只限レ七、祖師堂、土地堂、照堂、経堂等、不レ暇二枚挙一、故中華禅林無二七堂説一、但於二此方禅林一、喚二上所レ図者一謂二之七堂一也」とあるように、(3) 極めて不明確で、日本における独特の呼称ともされる。臨済宗系の禅宗寺院に付随していた工匠の秘伝には、中国の五山第一位の径山の伽藍配置が、曹洞宗の切紙と同様の人体表現の説を伴って掲載されていることも指摘されているが、(4) これを七堂に限定する根拠については不明である。

もともとこの「七堂伽藍」という呼称は禅宗独自のものではなく、堂宇が完備している様子を形容するのが一般的用法であるが、日本古代仏教においてもすでに、法隆寺の塔・金堂・講堂・鐘楼・経蔵・僧房・食堂の七種を一伽藍とするという『太子伝古今目録抄』の記載もあり、天台宗や真言宗等にも七堂伽藍の数え方があったようであるが、(5) しかし、七棟の堂宇を限定するのはやはり後代の説のようである。この点、元弘元年（一三三一）の「鎌倉建長寺指図」にすでにみられるように、禅宗における七堂伽藍の設定は比較的早い。しかも、風呂（浴室）や西浄（東司、清浄ともいわれる）を七堂に含ませるのは、行・住・坐・臥の四威儀、すなわち日常生活の営為がそのまま修行であるとする禅宗の立場をストレートに明確に反映させているといってよい。ただし、庫裡（厨司、厨庫）を食堂あるいは斎堂と記している切紙もあるが、これは面山瑞方が『洞上室内断紙揀非私記』において、

又以二僧堂食堂一分為二左右一、是暗二建殿堂一者之致説也、僧堂即食堂、古無下大衆展二鉢于厨下一之事上也、豈下指二厨庫一名中食堂上哉、口訣亦背二其義一、（曹全、室中、一二〇一頁）

として批判するように、叢林の古規にはなかったもので、近世の黄檗宗様の清規が入ってきて以降のものと思われる。庫裡を食堂等と記する切紙は、近世江戸期のものに限られるようである。

二　堂塔・伽藍関係切紙

前述のように、叢林行事や行履物に関する切紙については、比較的多くの事例が見出された。この事実からは、中世曹洞宗における修行生活が極めて重視されていたであろうことを彷彿させ、したがって、これと連動して、堂塔・伽藍等に関しても充分な配慮がなされていたであろう可能性が予測される。しかし、該当切紙の遺存例からは、意外にもこれらの問題については、むしろ比較的関心が薄かったことがうかがわれる。もちろん、巡堂儀礼が「七堂伽藍」を想定した上での規矩であったことは事実であるが、経済的基盤を前提とする現実的意味での七堂完備の伽藍建立とは、別次元であったとも考えられる。むしろ、儀礼の綿密な履行にこそ意義があるとする曹洞禅僧達の意識の反映かもしれない。

さてそこで、具体的な堂塔・伽藍関係の切紙資料であるが、「禅林七堂図」の切紙やその「参」については、すでに叢林行事関係の項で数点紹介してあるが、(6) ここでは、先に紹介したものには含まれない簡単な「参」を含む例として、永正・天文頃の伝承を伝える切紙集である駒沢大学図書館所蔵『室中切紙』に収録される、福島県長源寺六世卓眼恩朔から呑（嬾）盛に伝えられた「七堂図」を紹介しておく。

七堂図

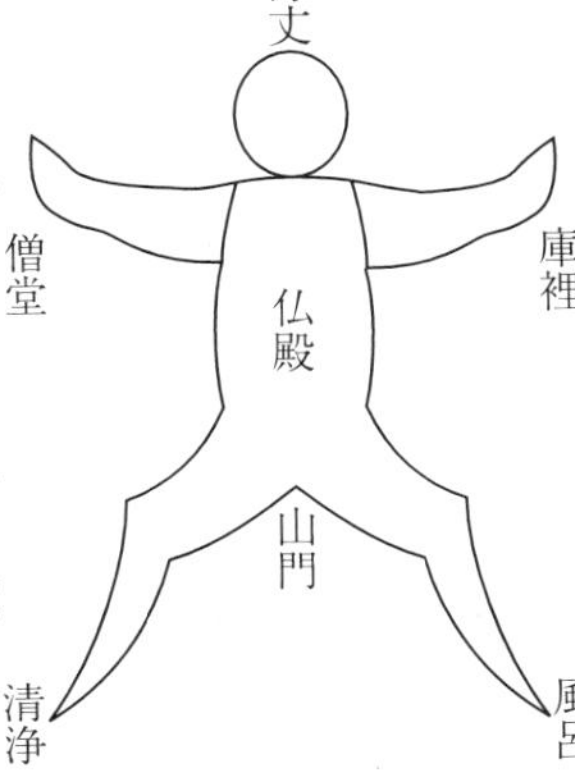

仏殿デワ低頭スルナリ、
子々孫々繁昌ノ所、山門デハ摎眼スルナリ、

仏殿裡焼香《シ》、山門頭合掌与《ス》謂《イツハ》、先三拝也、一拝者先《ツ》二天地《ニ》一活祖相見、二拝《ハ》三国伝灯之仏祖、三拝《ハ》国土平安守二
護此人《ノヲ》一也、万歳々々当今之守護也、
　従心嶺和尚恩朔和尚、附呑盛和尚

次に、個別の伽藍に関する切紙の例として、「山門之切紙」を掲げておく。この種の切紙で管見に入った唯一の例として、元和・寛永期書写、加賀宗竜寺二世明庵東察（？―一六四五）より久外媄良に伝えられたものを掲げておく。

　（端裏）山門之切紙
　山門之大事

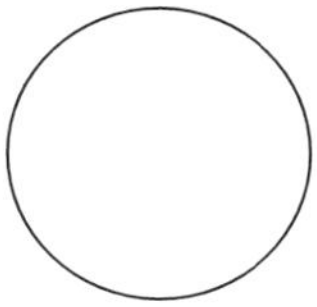

蓮花門開門出世門

○山門者《ト》、諸仏出入門《ノ》也、一円也、蓮花蓋《カイ》也、蓮華者《トイッハ》、母《ヌ》、開也、諸仏衆生悉皆従《リ》二此門一出入《スル》也、故《ニ》○七堂巡堂時《ノ》、弥勒下生亦生《ニタ》作《レヲナシテ》為二衆生《セン》済度一事《ヲ》山門《ニテ》拝念《スル》也、○山門《ニテノ》願《イニ》云《ク、》我亦《レタ》弥勒下生《ニナシテ》為《レヲ》レ産、弥勒同《ト》坐同行《シテ》、倶《トモニ》玄妙所説《ヲシヨセツセン》者《ノ》也、○但願《ダクワ》生々世々見仏聞法、出家得道、供養三宝、済度衆生、成等正覚、○亦《タ》三門者《トイッハ》、無相門、空門、化門、○無相門者《トイッハ》、無極也、空門者《トハ》、大極、化門者《トハ》、八卦《クワ》現成、第二儀方便門也、是《レ》即《チ》久遠今時未来三《ノツ》也、三蓋《ガイニモ》一蓋《カイニモツクル》作也、○亦《タ》蓮華中《ノウチニ》三物有《リ》レ之、心《シンノ》三点、天人地三《ノツ》也、山門蓮華開《イテ》無《キ》二出入一則万物《シババンノ》種絶《シ》、万法《ノ》種子滅《スル》也、

附授呑良畢

釈迦牟尼仏大和尚三門《ノ》之法嗣《ハッス》娯良

南無帰依仏南無帰依法南無帰依僧

洞谷山永光紹瑾伝授之　御在判

前総持宗竜明庵東察叟（花押）

（石川県永光寺所蔵）

この「山門之切紙」は、寺院の堂宇のなかの最初に掲げられるべき山（三）門の意義等について述べたものであるが、その目的はやはり「禅林七堂図」と同様に、毎日巡堂の行事を行うに当たっての心得として伝授されたもの

で、「山門《ニテノ》　願《イニク》云、我《レ》亦《タ》弥勒下生為《ニナシテ》レ産《ヲ》、弥勒《ト》同坐同行《シテ》、倶《ニ》玄妙所説《ヲショセツセン》者《ノ》也、……」とあるように、巡堂中に山門において観念すべきことが説かれる。これは、前掲のような各種の「七堂図」関係切紙の参に、「子々孫々繁昌ノ所、山門デハ拶眼スルナリ」等とあるのに通じよう。

堂塔・伽藍関係の切紙は、以上に紹介したようなものにとどまり、他はほとんど見出せない。先に紹介した、寛永期の永光寺輪住万山林(臨)松書写の三百五十余種の「截紙之目録」にも全く見当たらないので、(7)恐らく中世所伝のものとしてはこれら以外には期待できないものと思われる。切紙伝承の常識から考えるなら、七堂の個々についての切紙及び参があってしかるべきであろう。しかし、これが期待できない理由は、禅宗のなかでも曹洞宗の伽藍建築は本山や地方の拠点となる寺院を除いては、たとえば法堂と仏殿の機能を一緒にし、さらにこれに方丈等の機能もあわせもたせる、いわゆる「客殿型法堂」と呼ばれる小規模なものがほとんどであり、これが同時に塔所・影堂を兼ねることもあったことが指摘されており、(8)本格的な七堂が建てられることはまれであり、現実的に七堂個々の切紙は、日常的にはほとんど必要なかったであろう。岐阜県竜泰寺所蔵『仏家一大事夜話』には、祖師堂(達磨堂)に関して、

△祖師堂ノ参ヲ、云、頭々祖師意、物々祖師意テ走、師云、其レハ何ニトテ、云、只聞《キ、》只見《ミ》只居タ時キ真如法界一如テ走、意《ロ》ハ、心(ママ)如ハ自己也、法界ハ目前也、自己目前一致ノ時スキハ走、又云、定相ナイカ活祖ト見レハ、卒トモスキハ走ヌ、師云、畢竟ヲ、云、柳ミトリ花紅イカ真ノ活祖テ走、師云、其ノ落居ヲ、云、左之右之大定テ走、

という参が伝えられており、あるいは「祖師堂」の切紙の本文が存したことを前提するともみられるが、内容的には祖師堂における祖師（達磨）との出会い、祖師の捉え方ともいうべきもので、伽藍そのものについての言及がみられないことも象徴的である。『仏家一大事夜話』には「御影堂（開山堂）」の参も収録されているが、

△御影堂ヲ、何ニトテ真前テ法花経ヲバ読ムソ、云、仏法ハ妙処ヲ肝要トシテ走、師云、其《ノ》妙処ヲ、云、妙ハ両処ニ竜ト化シテ走、師云、句ヲ、妙有《ハ》二一遍光一、師云、蓮花《ヲ》、云《ク》、心花発明令法久住ガ心地テ走、意《ロ》ハ、本心ト云心也、師云、何ニトシテ諸経ノ総名ヲ経トハ云タソ、云、一切衆生ヲ不レ泄救ウ為テ走、師云、何ニヲ本トシテ妙法蓮花経トハ説イタソ、云、法花空有□□五輪五味ヲ本トシテ走、師云、畢竟ワ如何ント説タソ、云、幻々ト説イ走、

とあるように、『法華経』を誦することに関する拈提に終始しており、伽藍にかかわる切紙であった可能性は薄い。

三　仏・菩薩関係切紙

堂塔・伽藍関係の切紙の遺存例が極端に少ないことは繰り返し指摘したが、これと連動するかのように、堂塔に奉祠される意味での仏・菩薩像等に関する切紙も、現存する資料はほとんどなく、仏・菩薩関係切紙の多くは、嗣法儀礼等にかかわって問題にされるくらいである。わずかに、岐阜県竜泰寺所蔵の『仏家一大事夜話』所収の参には、

△諸堂《ノ》本尊ニ何トテ普賢ヲバ用《ル》タソ、云、一切衆生ヲ普ク導《カ》シウスル為テ走、謂レハ、霊山テ祠堂法師テ有ツタト云説モアリ、亦賢ヲミチビクト云テ用ルカ、師云、普賢ノ境界ヲ、云、徹底無心無念ノ時キ、三界ガ普賢ノ境界テ走、師云、其落居ヲ、云、一片湛然《ノ》時、定水ニシテ心水清浄テ走、心得畢竟ハ、坐禅正当也、私云、此ニ云コトデハナケレトモ、平生云事ソ、旦那ヲバ仏ノ如クセヨト云《モ》向ソ、

とあり、普賢菩薩に関する切紙が存したことが知られる。ただし、これが諸堂のなかのいかなる堂宇の本尊に奉祠されたかは不明である。「霊山テ祠堂法師テ有ツタト云説モアリ」とあるところから、納骨堂等が想像されるが、詳細は不明である。

ところで、仏・菩薩関係の切紙といえば、当然第一に仏殿に安置される釈迦牟尼仏に関する口訣や参が連想されるが、すでに述べたように釈迦牟尼仏に関する切紙は、堂宇の本尊としてというよりは、むしろ嗣法の場における意味として論じられるケースが多い。これはやはり、中国禅宗の成立当初から、禅林の住持を現身の釈迦牟尼仏とみなしたことに端を発するものと思われ、その説法を聴聞する大衆についても、たとえば嗣法の場における師資の「唯仏与仏」という禅宗の立場を根拠として、その弟子も当来の釈迦牟尼仏ということになり、この道理をいかに領解するかということにむしろ主たる関心事があるといってよい。したがって、本尊仏としての釈迦牟尼仏に関する切紙は、極めて珍しい事例になるとみてよい。むしろ、釈迦牟尼仏は極めて象徴的な記号・図、すなわち「大事」の形式で画かれ示されることが多く、これにさらに説明や参が加わることになる。

この種の切紙として、まず、華叟派広泰寺切紙、寛永一七年（一六四〇）英利所伝の「釈迦判形」切紙を掲げる。

（端裏）釈迦御判形

于時寛永十七〈庚辰〉年三月吉日良辰

花叟御在判

釈迦之御判形

金竜山海眼院住持融山叟附英利畢（印）（印）

（三重県広泰寺所蔵）

また釈迦判形と同じく、卍も、仏教の宗旨を端的に示す象徴的記号として、三物の「大事」などにしばしば用いられるが、「釈迦判形」と「満字（卍）判形」を組み合わせた例もみられる。

こうした「釈迦判形」等の切紙を踏まえ、その由来や意義、これが中国における転輪聖王とみなされた周の穆王や日本の神武天皇、さらには住吉明神等、諸王諸仏諸菩薩諸神に展開する様相に言及する「釈迦御判」の切紙を、埼玉県正竜寺九世普満紹堂（一六〇一―一六七六）所伝のものから掲げる。

（端裏）釈迦御判

釈迦之御判

右此者、釈尊御出世之時、鷲峰之麓七十計《ノ》之老翁有、問、汝何者、答云、山口大明神也、此《ニ》諸仏出世之梵字有《リ》、号《シ》二倶是則諸仏尊一始也、以是十方之如来守護終也、月氏穆王ハ迎駒乗、須臾《ニシテ》詣《シ》二仏前一、問此判《ヲ》伝授九万八千歳治給也、亦本朝之神武天皇、住吉大明神、此判伝授《シテ》、王武輪王出之非此判、云云、

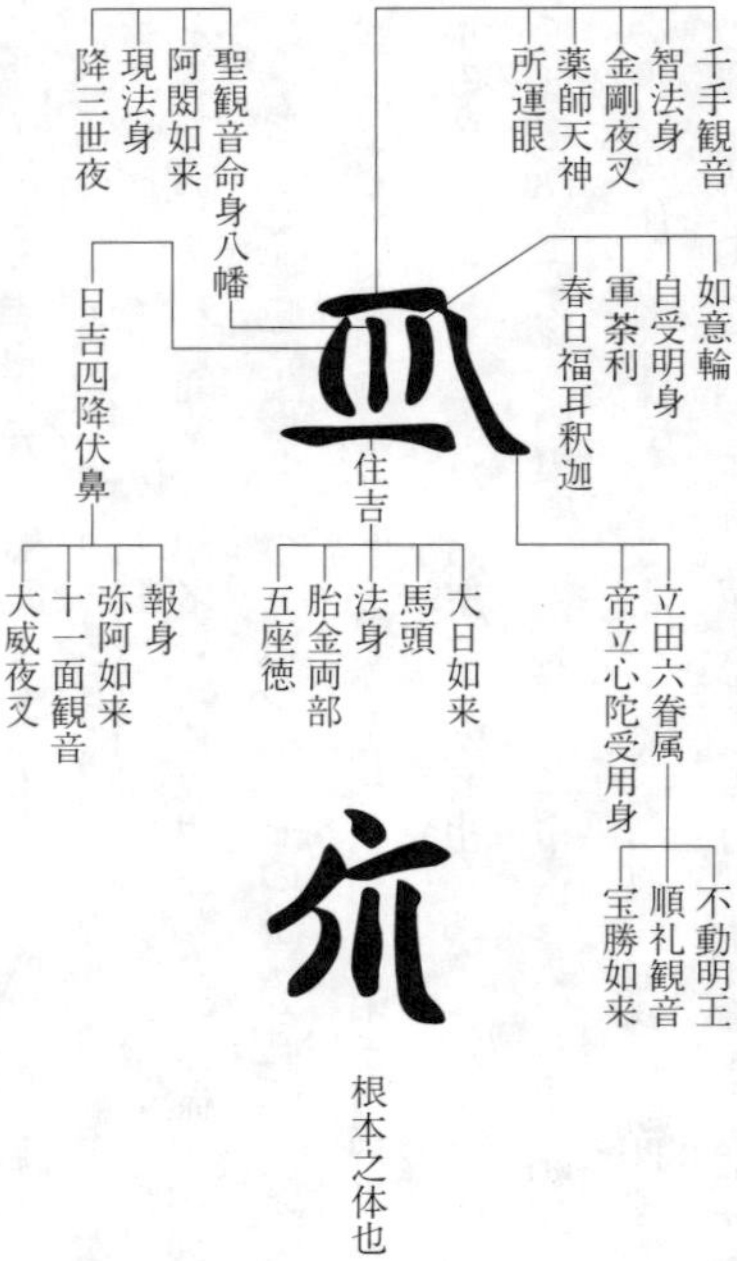

輪法現山河大地平也、百王是伝則天下治給《ハ》此六点也、是則六観音也、普門品之真観音清浄観、広大智恵観、悲観及慈観、常願常瞻仰也、是以人門作也、真俗共《ニ》相伝《ズ》、又者現当繁昌我有《リ》㆓六根㆒、一根闕《ハ》身命滅《ズ》、六根観音《ハ》我也、六根也、運之点無《レバ》仏神宜慮《ニ》背、命之点無《レバ》八万四千之魔障起、一身定亡《ズ》、福点無《レバ》、貧苦来《テ》痩労、降伏之点無《レバ》、死敵有命損害《ズ》、霊徳点無《レバ》、住処不(衍カ)不定也、眷属《ノ》点無《レバ》、値遇人無《シ》、六点如面《ノ》思案我心儘自可判、云云

天童如浄和尚附道元和尚

（埼玉県正竜寺所蔵）

さらに、同様に「卍字本形」に関連して、釈迦本形は光明・一円相に集約され、これが無限に展開して諸仏菩薩として顕現することを切紙として伝えた、永光寺切紙、元和三年（一六一七）久外媄良所伝「光明図之大事」も次に掲げておく。

（端裏）光明図之大事

光明大事

頂上円結《ツ》卍字《ノ》本形也、心《ノ》字也、心者《トハ》一円也、畢竟無始無終《ノ（ママ）》儀也、根本《ノ》本心《ヲ》乾坤開闢《ノ》已前《ノ》以前《モ》有《リ》㆑之《レ》、心者《ントハ》不蔵不現不生不滅也、次《ノ》黒円《ワ》無極也、本有天然《ノ》一位《ニテ》而無《シ》㆓始《シ》末辺際《サイ》㆒、故《ニ》不生不滅也、不去不来也、如々《ノ》本仏《ワ》以《テ》㆓無相《ヲ》㆒為《シ》㆓即体《ト》㆒、以㆓無性《ヲ》㆒為《ス》㆓本性《ト》㆒、更《ニ》無《シ》㆓生滅現然《ゼン》㆒、雖㆓世界壊《ルト》㆒、渠《カレ》更《ラニ》不㆑朽《チ》、不尽霊如《ノ》即体也、是《レヲ》謂《ユフ》㆓清浄法身仏《ト》㆒也、次《ノ》白圏児《ワ》大極也、本心仏無相無形《ナル》則《ンバ》、諸仏滅尽而《テ》不㆑能《ワ》㆓人畜出生《スルコト》㆒、故《ニ》空劫已前《ノ》妙心大極《ノ》地《ヱ》出生《シテ》而其形《チヲ》露《ス》也、併《ラ》未《ダ》㆔徒《トイ》世無業染《ノソマ》㆓塵垢《ニ》㆒、未《タ》㆑出《デ》㆓空王殿《ヲ》㆒故《ニ》、謂《フ》㆓円満報身仏《ト》㆒也、形造《ヲリ》露《シ》、雖㆓浄土《ドニ》安座《スト》㆒、未《ダ》㆓天地発《ケ》㆒、不㆓人畜出生《セズ》㆒際《アイダ》、無《シ》㆓化度利《タスク》生《ト》心《ノムネ》㆒、未《ザルダ》㆑出《デ》㆓内院《ヲ》㆒、故《ニ》有《リト》㆓諸仏楼閣《ニ》㆒也、畢竟中《ナカノ》心《ンヲ》謂《ユウ》㆓弥陀《トモ》釈迦《トモ》弥勒《トモ》宝勝《トモ》大日《トモ》諸仏《トモ》諸菩薩《トモ》諸神《トモ》㆒也、元無名《ナル》故《ニ》、依《テノ》㆑所《ロニ》別号《ナリ》、悉《ク》本心仏《ノ》仮名也、実名《ワ》無名也、譬《バ》如《ク》㆓仏説《ノ》㆒、一切衆生悉有

仏性《ナル》間《ダ》、一仏一心一性一身也、具足《ノ》一仏雖《ニ》レ無レ之《シト》二異名《レ》一、仮《カ》境《ニ》仍《テ》得《ヘタリ》レ号《ナツクルコトヲ》二其仮名《ヲ》一、能々弁了《セバ》可《シ》二当意即妙《ナル》一、次《ノ》化円《ワ》、万法現成有為転変化《ノ》相也、一心一仏一花開五葉而一体分身也、塵々刹々分露《ニ》也、円中《ノ》心《ンワ》本仏也、種々無量《ノ》化相為《ワタメ》二尽大地《ノ》群類一切《ノ》衆生《ヲ》化度《セシ》一也、故《ヘニ》有情非情同時《ニ》成道也《ストナリ》、四生《ノ》群類倶《ニ》全《ク》非《ズ》二他身《ニ》一、或《ワ》如来《ノ》毫光従《リ》二円中一発生而《テ》塵々刹々《ニ》偏満《ス》、是《レ》本心《ノ》漏《ロ》現也、円中《ノ》心《ワ》本《ノ》有如来也、或光明四十八、或《ワ》六十四、或《ワ》一万二千五百二十《ワ》無欠無余也、此《カク》見《ル》則《ンバ》数《ズ》不定也、一毫穿《セン》衆穴也、一毫《ノ》光《ヲ》十方刹土《ニ》満漏《ス》、自《ヨリ》二無極一大極、一易二儀、四像八卦《クワ》、八々六十四、一万二千五百二十分《ノ》離也、千々百々化《モ》身《ニケ》而三界《ノ》迷妄為《ヲタメ》二救済《センガ》一也、四十八光《ノ》則《ンバ》弥陀《ノ》四十八願也、然《トモ》円光《ナル》則《ンバ》無欠無余也、閻浮八万四千城《ニ》分身也、併迷《ノ》衆生《ワ》妄悪纏《ニ》住《シテ》三十六万億一十一万九千五百里《ノ》無《ス》レ隔《ダテヲ》、一心契《カイ》証《シテ》本心仏発生《スル》則《ンバ》、諸仏現前《セリ》、以《テ》レ迷《フヲ》諸仏云《イ》二滅度《ト》一、以《テ》レ悟《ルヲ》諸仏云《フ》二来向《ト》一、自他〈心身〉一致《チナル》則《ンバ》、一心一体《ニシテ》無《シ》二別体一、十方《ノ》眷属《ワ》八万四千《ノ》毫毛也、千百万像塵々刹々化《ニバクルミヲ》レ身也、亡《ブモ》起《ルモ》本心《ノ》働著也、満境滅尽《スル》則《ンバ》卦盤捲却、冥目良久《ク》也、満境泯《ミンスルンバ》則種罪滅除《ス》、甚《ナン》麼有《ノアラン》二苦楽一麼《カヤ》、万般《ヲ》切断而無《キンバ》二他念一、是也、切忌《ニイム》、二念継《ヲツグコトヲ》、諸仏向《テ》レ外《ニ》莫《レ》レ求《ルコト》、仏心宗第一之秘伝也、迷則《フンバ》雖二同座同行《スト》一不レ看レ顔《セヲ》、悟《ル》則《ンバ》雖《モ》二五欲《ノ》身《ンタリト》一一名《ニシテ》仏体《ナリ》、

即心即仏

（印）

時元和三（一六一七）八月吉日　東奕（花押）

附与嫫良沙門畢

（石川県永光寺所蔵）

これらに加え、象徴的一円相をもって師と弟子の証契の内容を示そうとしたのが「勃陀勃地切紙」である。(9) この種の切紙は、表面的には言句の解釈に終始しているが、その意図するところは、師資の嗣法の場において、師に現身の釈迦牟尼仏を重ね合わせ想念せしめる意図が内包されている。大沢寺七世雪庵龐（法・正）瑞（？—一五八八）より正透に伝えられた「勃陀勃地切紙」は、

（印）

―釈迦牟尼仏勃陀勃地摩訶迦葉勃陀勃地

次弟《ママ》如是龐瑞勃陀勃地正透勃陀勃地

△円相縦横円転貌故《ナル》無終無始自在縦横也、即是蓮華法蓋ト云也、

△勃陀勃地梵語也、此者菩薩摩訶薩、内心《ハ》仏心而外相菩薩相也、嗣書如此可書也、

△仏祖命脈証契即通坊主即通、

至祝々々至禱々々　在判

翻訳勃陀《ハ》覚智也、勃地《ハ》潔々也、潔《ハ》潔地也、

于時天正〈己卯〉七年（一五七九）八月吉旦　龐瑞（花押）

（印）　　（印）

附正透禅伯

（長野県大安寺所蔵）

というものであり、また長野県竜洞院寺三世底山正（元）徹より千照正三（珊）に伝えられた「勃陀勃地切紙」は、

（端裏）勃陀勃地切紙

勃陀勃地者、言仏悟詞（嗣カ）位之謂也、又不是翻語訳詞歟、又至九位《イニ》也、棲無位真人也、伝法時、膝行合血瀉瓶続坐具瀉水遶行艮《トラ》方也、卍左卐右、左転右転天関地軸、天関左転、地軸右転《メグル》也、転二半字《ノ》法輪《ヲ》一、請《ヲ》二卍字法輪《ヲ》一去二卍字法輪《ヲ》一、除二半字法輪《ヲ》一、又云、半字有卍字、々々半字在也、緑豆者、言野豆子也、授戒之時続二松勢《ヲ》一云也、授戒者虚空□也、此故見宝塔品二云、従地涌出住在空中、一云云、言撃《ケ》上虚空凡聖一味相授也、一戒中接十戒《ヲ》也、又十戒接九戒也、又授戒道場中鼻音匿読在之、又摂戒云、事在之、

恠服者、紫伽梨也、我家不可着用也、

明峰高弟松岸渕和尚遠孫明倫首座深秘之本謹拝写也、

時慶長六〈辛丑〉年（一六〇一）九月吉日

底山正徹（花押）

正三伝之

（長野県竜洞院所蔵）

というもので、これらの切紙にみられる釈迦牟尼仏は、図像学的にも教学的にも明確なものではなく、あえて三身説に当てはめれば、法身としての釈迦牟尼仏を自己の内なる本質に見究めさせようとする方向での把握に集約されよう。

このような、世界に遍満する意味での釈迦牟尼仏という考え方は、仏教史の上では「過去七仏」をはじめとして、過去・現在・未来における無量の釈迦牟尼仏の出現を導き出すことになるが、仏典では『七仏八菩薩所説大陀羅尼神呪経』や『七仏讃唄伽陀』によれば、各仏に付属する陀羅尼を誦するなら、その威神力によって重罪や業障が除

かれるとされており、『三千仏名経』のような仏名だけを連ねた経典を誦して懺悔滅罪を祈願する「仏名会」も、中国東晋時期以降、盛んに行われるようになった。そこで次に、「七仏」にかかわる切紙として、高安寺九世大器保禅所伝の「三世七仏之切紙」を紹介する（原本は三段に作る）。

（端裏）〆三世七仏之切紙

過去之七仏

南無毘婆尸仏　滅㆓五百億劫之生死罪ヲ㆒、
南無尸棄仏　滅㆓九百億之生死之罪㆒、
南無毘舎浮仏　破滅地獄業永不堕悪道、
南無狗留孫仏　消㆓無数劫生死之罪ヲ㆒、
南無狗那含仏　消㆓三十万劫之生死罪ヲ㆒、
南無迦葉仏　消九百億恒河沙劫生死之罪、
南無釈迦文仏　消七百億劫生死之罪ヲ㆒、

現在之七仏

南無宝勝像仏　滅一生所得信施罪、
南無宝王光雲照仏　滅一生所乗牛馬之罪ヲ㆒、
南無一切花香自在力王仏　滅㆓一生婬欲之罪ヲ㆒、
南無百億須弥決定仏　滅㆓一生殺生罪ヲ㆒、
南無信威徳仏　滅一生瞋恚之罪ヲ㆒、

南無宝王月殿妙尊音王仏　得二八万法蔵読誦之功徳ヲ一、
南無金剛堅固照恵散仏　滅無間罪業也、
　　未来之七仏
南無治地仏　滅一生行歩殺生之罪、
南無月光面仏　滅生々世々棄愛□宿婬犯罪、
南無々量勝仏　滅十二時中所犯之罪、
南無一万金迦羅王仏　滅六根所犯之罪、
南無栴檀香仏　滅一生信施之罪、
南無六千万□就喜見仏　滅二一生肉食ノ之罪ヲ一、
南無宝幢仏　臨終見十方諸仏諸菩薩、
　摩訶大迦葉同々唱礼之云云、今写旃以為後毘之亀鑑、世々之有志之人可レ修レ焉矣、
　時貞享五〈戊辰〉天（一六八八）五月吉辰
　　　　　　　　　　　　　　　　　　　保禅拝書　（東京都高安寺所蔵）

また、これらのなかから過去七仏だけを別出した切紙として、永光寺切紙のなかに、年記不明であるが他にみられない「七仏名号」切紙があるので、次に掲げる。

　七仏名号　南山道宣律師五台山文殊師利之御相伝之秘蜜《（ママ）》大事
○南無《ナム》信威徳仏《シンカイトクフツ》　是《コレ》レ一生《イチシヤウノ》之間《アイダノ》之願恵《グワンエノ》之ザイヲメッス、
○南無《ナム》宝王月殿妙道音王仏《ハウヲフケツインメウドウヲンヲフフツ》　是《コレ》レ一度《イチダウ》トノウレバ、一生《イツシヤウ》ノアイタノ、一切経論《イツサイキヨウロン》シャウキャウヲトノウルニ同《オナジ》コト、

○南無《ナム》宝勝像仏《ハウシンソクフチ》　コレ一度《イチタウ》トノウレバ、一《イチ》シャウノアイタノ信施《シンダ》ノザイヲメッス、
○南無《ナム》玉　王光烟　照　仏《キヨクヲフクワウヱンシヤウフチ》　コレ一度《イチタウ》トノウレバ、一《イチ》シャウノアイタノ、牛《ウシ》ムマニノルザイヲメッス、
○南無《ナム》花香自在力王仏《クワカウシザイリキヲフフチ》　コレヲ一《イチ》シャウノアイタニ一度《イチタウ》トノウレハ、男女《ヲトコヲンナ》ニフルルザイヲメッス、
○南無《ナム》百　億須弥支定仏《ヒヤクヲクシユミシテウフチ》　コレヲ一《イチ》シャウノアイタニイチトウトノウレバ、セッシャウヲメッス、
○南無《ナム》金剛堅固照　恵散仏《コンガウケンコシヤウヱサンフチ》　コレヲ一《イチ》シャウノアイタニイチドウトノウレバ、地《チ》ゴクノザイヲメッス、

右七仏名号相伝仕《ル》トテ、心《ロ》ヲ以《テ》諸罪作《サ》バ、是外道ノ人也《リ》、当来ハ必ス地獄ニ入可キモノナリ、心《ロ》ノ作《ス》シテ元トノ悪罪《ヲ》滅《スリ》也、一《イチ》大事《シ》ノ心《ロ》得大事、可レ秘《ス》々々、

（石川県永光寺所蔵）

これら「三世七仏之切紙」や「七仏名号」の切紙における各名号下の細字は、罪障除滅に関する記載であり、恐らく礼仏等の儀礼における口訣としての意味をもっているものと思われる。したがってこれらの切紙は、筆者の分類項目にしたがえば、第七の儀礼の項に入れるべき内容かもしれないが、具体的にいかなる儀礼であるか不明なので、ここでは一応仏・菩薩の項に収録しておくことにする。

さらに、七仏の総体についての参（漢文参）として、広泰寺切紙、年記等不明の「七仏大事参話」も次に掲げておく。

（端裏）大事参話

七仏大事参話

卍

朱円相《ノ》中ニ有二墨卍字ノ相一、謂之右卍字図、空劫以前更ニ以前ノ事也、師示曰、此図其意如何、学人進前シテ以二衣袖一蒙頭而坐言ハ、表未出母胎、此胞胎衣中、無二物トシテ不《ト云コト》レ兼一、即万徳円満ノ大卍字ト二云者也、師云、卍字図甚存二墨相一、学曰、混沌未分東西無弁、正当那時即是墨卍字也、師云、開二外

朱円相其意如何、学人繞ス、師一匝シテ坐、即是表顕露分明底朱円相也、

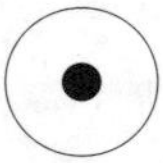

此ノ相ヲ謂之墨赤両円相《ノ》、師示云、中間墨円《ノ》如何、学人進前《シテ》黙然《トシテ》坐、即是表心空無相墨円理《ナリ》、師云、外門朱囲其意如何、学人云、心随万境転、々処実能幽也、即是仏々祖々、番々相承、展転流通、随万境転底之朱円相也、

此ノ相謂之赤心図《ノ》、師云、此図夫意如何、学人曰《ノ》、船上掛三鼓、三鼓ハ表法報応《ノ》三身、過現未《ノ》三心、相続円備之相ナリ、

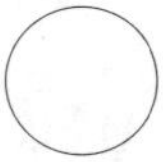

此相謂之空相ノ図、師云、此図夫意如何、学人云、只此心空仏祖ノ所護念ナリ、

此相ヲ謂之紅心図《ノ》、師云、其意如何、学人云、卍字即心、々々即卍字、只此ノ一図空相、仏々祖々ノ命根、命脈《ナル》者也、

（三重県広泰寺所蔵）

これは大事と参を一紙にし、図を参で解釈する形式の切紙であるが、七仏の「七」にはもはや意味はなく、各図の象徴的意味を問答体で展開したもので、あるいは「参話」の部に分類すべき切紙とも考えられるが、「七仏」関係の唯一の参としてここに掲げる。

これら名号関係の切紙と同様に、やはりなんらかの儀礼に付随すると思われる切紙に、「念仏切紙」がある。この場合の念仏も、曹洞宗独自の解釈であり、念仏の一語ずつに六道や日本の神道の諸神を配するという、むしろ名号の関する解釈という意味をもっていると思われるので、これも次に紹介しておく。まず、高安寺大器保禅所伝の「念仏切紙」、および徳運寺切紙、元和六年書写の「念仏之切紙」の二種を掲げる。

（端裏）〆念仏切紙

先ツ念仏ト者、眼耳鼻舌身意、六色六（ママ）根六境界ト可心得、

南	無	阿	弥	陀	仏
天道	人道	修羅道	餓鬼道	畜生道	地獄道

私云、地獄ト云モ此一境界ニ在ルト可《シ》レ心得、一切経億《クニ》当《ル》也、大般若経廿八億当《ニル》也、大乗経廿億当《ニル》也、一切万経九十億当《ニル》、法花経三万九千億ニ当ル也、天照大神、熊野山八幡大菩薩、十六善神、三宝荒神、三十番神、過去現在未来地獄共《ニ》爰出現ト見ベシ、亦爰デ三界唯一心共《モ》可心得、畢竟我《ニ》在三昧我《モ》亦不知、亦出《テ》二円通一《ヨリ》亦入円通、

念仏《ノ》大事可秘之者也、

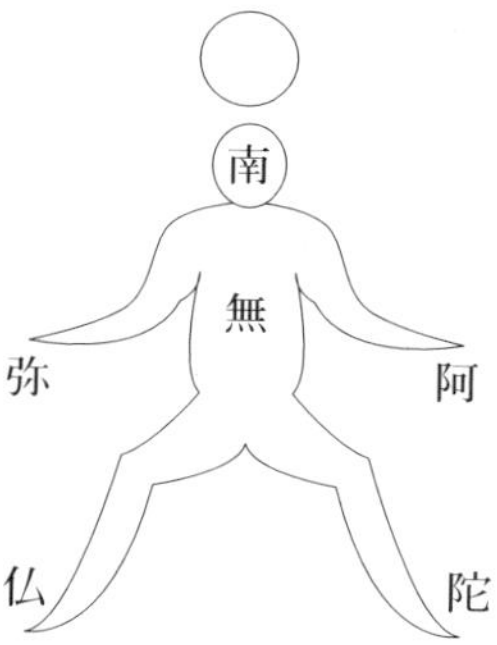

▲先ツ是ハ一円相ヨリ出テ亦タ此円相《ノ》入《ニル》、扨テ引キ分ケテ見レバ凡夫ヨ、扨テ鐘ヲ打テ念仏ヲ申スワ行人ヨ、其《レ》ラワ念仏トワ云ワヌゾ、我ガ家デノ念仏ト云ワ、大地ガ鐘子、足シヲシモクトナシタコトタト心得テヨク走ゾ心得ベシ、是レワ大事ノ切紙也、快叟和尚御扱也、

于時貞享五〈戊辰〉年（一六八八）三月吉辰
家岩叟（花押）
於海禅室中　伝写
保禅九拝
（東京都高安寺所蔵）

（端裏）念仏之切紙

先ッ念仏者ハ眼耳鼻舌身意之此六色也、六根六境界也、天道修羅餓鬼畜生道地獄道是也、先ヅ是レハ従一円相出也、又タ円相ニ入ル、引キ分テ看ルワ凡夫ヨ、諷テ鐘スコトヲ念仏ヲ申スワ行人聖人ヨ、夫レヲ真トノ念仏トワ云ワヌソ、我家デノ念仏ト云ワ、大地ガ鐘、足シガシモクト成シタル呈、鉄棒ガドコヱ当ルベキソ、我相人相無キ故ニ、閻羅之鉄棒放下ヨ、

（図略）

宗門大事念仏之切紙　容易ニ不可致者也
元和六歳〈庚甲〉（一六二〇）后之極月吉日　書之畢
（長野県徳運寺所蔵）

これらはいずれも、「禅林七堂図」と同様の人体の表相に名号を配するもので、特に高安寺切紙は、本文・大事・参の三部分を一紙にしたものであり、参の内容も同旨のものとみてよい。「念仏切紙」関係で珍しいものとしては、永光寺切紙、年記等不明ではあるが、江戸初期の筆者と思われる「法華大事」という切紙で、

法華大事（仮題）

法華日蓮儀血脈也、常秘《シテ》画□也

南 一切経一部 天道 伊勢天照大神	無 大般若経一部 人道 熊野三所権現	阿 大集経卅部 修羅道 八幡大菩薩
弥 一切経一万九十部 餓鬼道 十六善神	陀 法花経廿一部 畜生道 三宝荒神	仏 過去現在未来 地獄道 三十番神

六字修行勤月□是法花之大事至極也、可不他言也

法華大事、本満寺日及

（石川県永光寺所蔵）

というものである。六字の名号に経典や六道、日本の諸神を配するのは高安寺所蔵の「念仏切紙」と同旨であるが、その伝承を「本満寺日及」なる者よりの所伝とし、「法華日蓮血脈也」という記載もみえることである。「仏」に配される三十番神に対する信仰は日蓮宗に独特の展開がみられるものであり、本満寺も、京都今出川鶴山町に現存する、応永一七年（一四一〇）開創、近衛家内道場にもなった日蓮宗の有力寺院である。(10) 日蓮宗関係の切紙についてこれまで論じられたものを寡聞にして知らないが、これが曹洞宗の切紙に取り込まれたことは、切紙伝承の上からも今後の課題として注目される。永光寺切紙には、「天台輪袈裟切紙」をはじめとして、天台宗や臨済宗、さらには修験道等の伝書から取り込まれた切紙がいくつか散見され、これが特に他宗所伝の切紙に関心を示した輪住者によって導入されたものかどうか興味のあるところである。

また、六道に関係する仏・菩薩といえば、六道の衆生の教主として配される六体の観世音菩薩、すなわち六観音がある。この六観音に関係する切紙として、中世書写のものはまだ見出し得ていないが、広泰寺切紙、転輪長老書写伝授のものを次に掲げておく。

六観音図

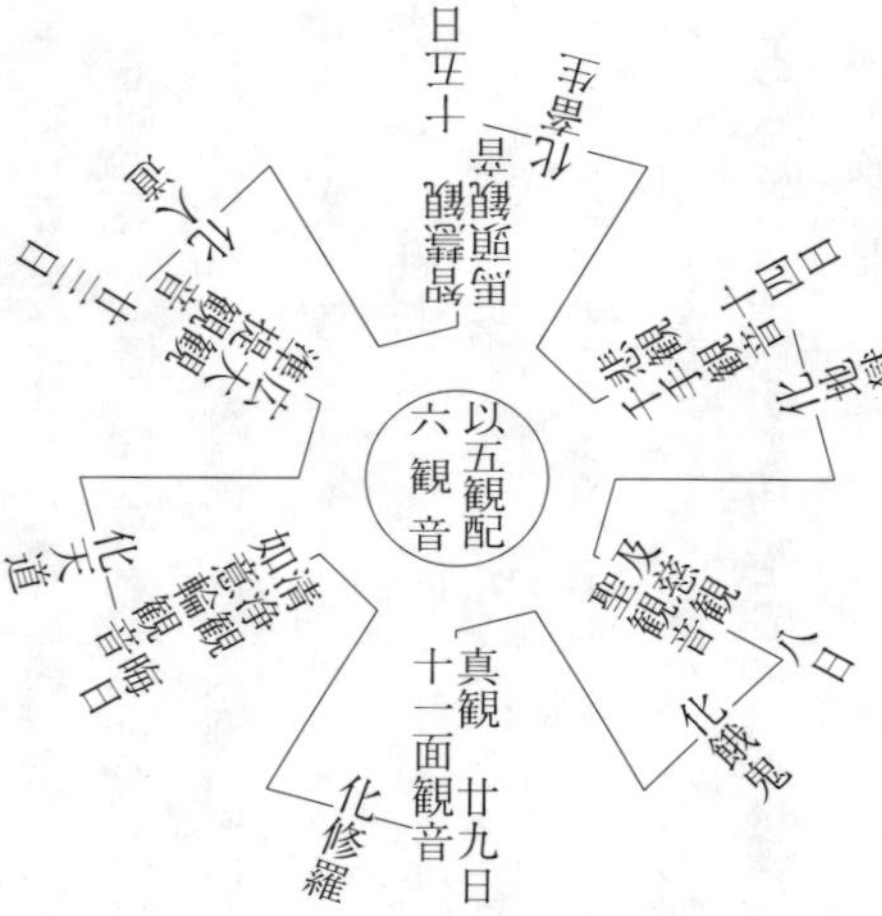

六観音配六道事、恵心云、千手地獄、聖観音餓鬼、馬頭畜生、十一面修羅、準提人道、如意輪天道、六上加二不空羂索一為七観音、又加二白衣相一為八観音、又加楊柳救世為十観音、是皆於一観音上、随功徳事相立名也、六字章句陀羅尼経、有二六観音之名一、一大悲観音千手也、二大慈観音聖也、三大光普照観音十一面也、四大梵深遠観音如意輪也、五天人丈夫観音準提、六獅子無畏観音馬頭、

（中略）

寛政九〈丁巳〉（一七九七）七月

現董広泰大巌菫老衲（印）（印）

伝附
転輪長老
（三重県広泰寺所蔵）

「六観音」の個々に関する切紙としては、永光寺切紙に年記等不明であるが、「十一面観音之事」があるので、これも次に掲げておく。

十一面観音之事

此観音十一面現《ハス》事ハ、空仮中ノ三体之御資顕《ス》、先向之三面ハ、中道ノ三諦ヲ表ス、左ノ三面ハ、仮諦ノ三諦《ヲ》顕《ス》、右《ノ》三面者、双照之三諦ヲ顕、双照トハ、有無等事也、後《エ》之一面ハ、髑一体之諸法実相表《ヲス》、合《テ》十一面、是《ヲ》後《ロニ》置ク心者、聞処ノ適也、空諦トハ万法悉皆絶シテ、一言ノ聞処ヱ仮諦トハ相アルカト思バ、柳ハ緑花ハ紅ト目前ノ有様ヲ見ヨ、中道トハ無カト思ヱバ有、有ルカト思ヱバ無也、有バ有共無トモ、言語ニ不レ及処《ヲ》中道ト云、故ニ中道ノ処ニ三諦ヲ備《ソナヘ》、仮ニモ空ニモ三諦有ルト云ヘシ、是《レ》奪定散ノ戒定恵ト云ベシ、是仏法之相源也、

六道輪廻の衆生の救済に六観音を配することは、すでに智顗の『摩訶止観』にみられるところであるが、後者の十一面観音の口訣も、全く天台教学に依拠したものである。

四　「十三仏」関係切紙

最後に、『仏家一大事夜話』に収録される参として注目されるものに、「十三仏」に関するものがある。(11) この「十三仏」に関する切紙が中世末頃に存したであろうことは、前記の永光寺輪住万山林松の『截紙之目録』にも「十三仏之切紙」が明記されていることからも知られる。問題はこの参の切紙の本文がいかなる意味をもっていたかであ

る。

十三仏に対する信仰は、十王信仰とともに地蔵信仰に基づく、六道に輪廻する衆生の救済に発するもので、中世室町期から日本では亡者の中陰及び年忌の法要の際の本尊とされるに至った。しかし、上記の参の内容を子細に検討し、第一不動の「師云、死人ノ請取羊ヲ、代、一息截断ノ時節、罪業ヲ焼却シ妄想ヲ縛接シテ走」、第二釈迦の「師云、死人請取羊ヲ、代、一息截断ノ時節、一字不説テ走」、第五地蔵の「師云、請取羊ヲ、代、其ノ境界ヲ引カヘズ、其儘《ノ》心空ニ引道シテ走、師云、引道シ羊ヲ、代、根本ノ時《キ》地獄モ無ク天堂モ走ヌ」、第八観音の「師云、請取羊ヲ、代、トツコモ補陀洛山ト見タ時、罪無罪トモ円通普門□ニ居テ走」、第十阿弥陀の「師云、罪人ヲ請取り羊ヲ、代、此境界ヲ離レタ時ドツコモ唯心浄土テ走」、第十一阿閦仏の「師云、請取羊ヲ、代、学、合掌シテ、ア、タウトノ仏ケヤ、後生助ケテ給ワレ」、第十三虚空蔵の「師云、弔イ羊ヲ、代、只呑《メ》只歌《ヘ》（中略）師云、三十三年回向シ羊ヲ、……」等とある参の内容をみるなら、この十三仏の機能は目前の死者に直接かかわるものであることは明らかである。すなわち、「十三仏之切紙」とは、元来は葬儀にかかわる切紙であったことが知られる。このことに関連して付記するなら、たとえば具体的に地蔵信仰についていうなら、「亡者授戒切紙」によれば、

道場荘厳如レ常、壇上ニ設地蔵菩薩牌、下肩設二亡者牌一、戒師ヲ向レ壇三拝、秉レ炉焼香微音唱云、南無一心奉請三界六道化導済度地蔵菩薩摩訶薩、唯願降二臨道場一ニ、授《玉ナリ》二菩薩清浄ノ大戒一、慈愍故、〈三唱〉、就座唱云、物故某〈信士、信女〉、従二今身一至仏身迄、南無帰依仏、南無帰依法、南無帰依僧、〈三唱〉、次ニ摂律儀戒、摂善法戒、饒益有惜《（ママ）》戒、従二今身一至二仏身一ニ迄、能持否、〈三唱〉、次ニ回向（以下略）

（新潟県諸上寺所蔵）

とあるように、地蔵菩薩は葬儀の場における本尊として機能していたことは明らかである。こうした地蔵を本尊とする葬儀の場所が、中世末から近世初頭にかけて、郷村的な村落共同体のなかで寺院としての体裁を整えてゆき、

地蔵菩薩を本尊とする多くの曹洞宗寺院が成立していったのではないかと思われる。(12)こうした点を考慮するなら、「十三仏之切紙」が葬儀関係の切紙として機能していたことはほぼ確実と思われる。

註

(1) 杉本俊竜『洞上室内切紙参話研究並秘録』六二頁（昭和一三年七月、滴禅会刊）も、「禅林七堂ノ図並参」を第一章行持部に配している。
(2) 横山秀哉「曹洞宗伽藍建築の研究」（『東北大学建築学科学報』第三号、昭和三〇年三月）参照。
(3) 註（1）参照。
(4) 註（2）参照。
(5) 天台宗では中堂・講堂・戒壇堂・文殊楼・法華堂・常行堂・双輪橖の七堂、真言宗では金堂・講堂・灌頂堂・大師堂・経堂・大塔・五重塔の七堂とする（『望月仏教大辞典』一九一〇頁参照）。
(6) 第二篇第二章「叢林行事関係切紙について」参照。
(7) 同第一章「中世曹洞宗切紙資料の分類について」参照。
(8) 横山秀哉「曹洞宗の塔頭の性格と建築」（『宗学研究』第三号、昭和三六年三月）参照。
(9) 杉本俊竜前掲書（一九五頁以下）は、「勃陀勃地図」「勃陀勃地説」を嗣法部に入れる。
(10) 『日本名刹大事典』（一九九二年八月、雄山閣刊）八一一頁参照。
(11) 『仏家一大事夜話』所収の「十三仏参」については、第一篇第二章の［付録1］を参照。
(12) 石川力山「中世仏教における菩薩思想――特に地蔵菩薩信仰を中心として」（『日本仏教学会年報』第五一号、一九八六年三月）参照。

第五章　葬送・追善供養関係切紙

一　はじめに

禅宗や日蓮宗・浄土系諸宗などの、いわゆる鎌倉新仏教といわれる新興の諸宗派が、日本仏教史のなかでいかなる歴史的意義を有しているかという問題に関しては、教理史・思想史的にはかなり多くの成果があり(1)、その位置付けも次第に明確になりつつある。さらに、浄土真宗や曹洞宗のように、室町期以降、急速に地方に展開していった教団の歴史的社会経済史的究明についても多くの研究業績がある(2)。これらの仏教教団各派の日本各地への展開がなぜに可能であったのか、その活動を担い中核となった仏教者達と、これを媒介した人々とはいかなる関係にあったか、階層・身分等がどうであったか等の課題についてはすでに若干解明されたが、彼らの宗教活動の中心が、主に諸地域の民間信仰レベルを踏まえた宗教祭祀、つまり葬送儀礼や追善供養を中心とする葬祭仏教の民間普及にあったことは確実であり、こうした方針の導入によってはじめて諸教団の地方展開も可能になったともいえる。もちろん、民俗レベルにおける葬祭儀礼は、いかなる民族、いかなる地域にも共通してみられる、通過儀礼的宗教現象であろうが、諸教団はそれぞれの地域における民族的葬送儀礼と積極的に習合しながら、しかもこれを各教団が有している独自の世界観を踏まえた儀礼伝統に重ね合わせながら、仏教儀礼化して取り込んでいったものと推測される。

こうした仏教儀礼の援用による葬送祭祀は、すでに平安末頃に浄土信仰の隆盛と呼応する形で一般化し、恵心僧都源信（九四二―一〇一七）による念仏結社「二十五三昧講」による往生儀礼などを通して、ひろく社会の各層に受容され始めていた。そしてこうした仏教による葬送儀礼は三昧僧・聖などによってさらに一般衆庶に広く浸透することとなった。地方に展開した鎌倉新仏教の諸教団が果たした役割の一端は、こうした葬祭仏教を地方の隅々にまでもたらしたという点にも求められよう。いわば、貴族や上級武士によって受容された仏教による葬祭儀礼が、厚葬・薄葬の別はあっても、被支配者層にまで浸透するに至ったという意味であり、その媒介の役割を果たしたのが、曹洞宗をはじめとする新仏教といわれる諸教団の末端部分を担った僧達であった。室町から戦国期にかけての急激な地方寺院の建立すなわち地方展開とは、まさしくこうした事実を指していうのであり、そこにはまた村落構造のそのものの変化、すなわち惣村制にみられるような、民衆の自覚的な気運に支えられた宗教受容という要素もみのがすことができない。

こうした中世の葬祭仏教化の過程のなかで、最も完備した葬送儀礼を確立したのは、禅宗教団であった。このことは、以下に紹介する葬送・追善供養を中心とする切紙資料の豊富さに端的にあらわれており、またそれは単に曹洞宗に限った現象でもなかった。いずれにしてもこうした過程を経て確立する日本仏教の葬祭宗教化は、近世以降の日本仏教教団の体質をも方向づけることになるとともに、一方において今日まで続く仏教教団の経済的基盤の裏付けそのものとなったことも疑いないところである。以下の資料紹介を通して、その基礎資料となると思われる葬送・追善供養関係にかかわる切紙の基礎資料のほぼ全容が明らかになると思われる。

二 禅宗と葬送儀礼

ところで、釈尊の入滅に際し、荼毘の火を点じたのは後継者とみなされた大迦葉であったが、火葬後の遺骨はマツラー族やリッチャヴィー族・シャカ族・阿闍世王等に八分されて奉祀されたという伝承に象徴されるように、仏教と葬送儀礼の関係は、元来は必然的なものではなかった。ただし、部派仏教の時代にすでに、葬送のための読誦経典として、ひたすら世の無常なることを繰り返す短経『無常経』が成立していたことが知られ、中国仏教においても義浄によってこの経典は翻訳された。そして、この『無常経』のおびただしい数にのぼる敦煌本の写本や、七七斎における追善供養のための書写などを考慮するなら(3)、葬送儀礼が教義的に確立するまでには至らなかったが、民間信仰レベルでかなり広範に受容され流布していたことを思わせる。

いずれにしてもインド・中国を通じて浄土思想による往生儀礼は別として、第一義的には出家者が葬儀を直接主宰することは、教義レベルではあり得なかったが、宋代などの例では、人の会衆する橋辺や街角で、誕生日や命日の斎に請喚されるのを待つ道士や下級僧侶が存し、羅斎と呼ばれていたことが知られる。元代に至っても、善友や火居士と呼ばれる半僧半俗の、日本の聖や三昧僧に等しい存在形態の宗教者が存在し、民衆の宗教的欲求を充たしており、こうした役割を果たしていた宗教者は、明の太祖の新たな僧官制度の下に、瑜伽教僧・赴応僧と称され、世俗に赴応し懺法度世の仏教儀礼を執行する教僧として位置付けられるに至った(4)。

それでは、禅宗教団における葬儀との関係はどうかということについて考えてみるに、諸伝によれば北宗の普寂(六五一―七三九)や洪州宗の馬祖道一(七〇九―七八八)の葬儀が極めて盛大に行われたことが伝えられているが、これが具体的にいかなる儀礼を内容とするものであったかは不明である。ただし、この二師の葬儀の盛大さがいずれも、浄土教の善導（六一三―六八一）に比較されている点より推測するなら、その葬儀は在家の居士達によって執行されたものとも解し得る。事実、『宋高僧伝』巻一〇の「洪州開元寺道一伝」によれば、馬祖の遷化に際し、

亜相観察使隴西李公、藩寄厳厲素所二欽承一、于以率レ徒依帰、緬懐二助理一、爰用営レ福、道在二観化一、情存二飾終一、

（大正蔵五〇、七六六頁b）

とあり、「亜相観察使、隴西の李公」[5]なるものがその葬儀の万般を引き受けて盛大に行ったという。

それでは、禅宗葬法の具体的な記載は何かというと、宋代の長蘆宗賾（?―一一〇六頃）の『禅苑清規』巻七の「亡僧」及び「尊宿遷化」の項ということになる。すなわち、「亡僧」は未得道、乃至は未法幢の僧侶に対する臨終から葬儀、さらには所持品の競売処理（唱衣）、火葬等の儀礼を規定したものであるが、その回向文によれば、

伏願、神超二浄域一、業謝二塵労一、蓮開二上品之華一、仏授二一生之記一、又云、再労二尊衆一念、々々

（続蔵二、一六、五、四五七頁b）

とあり、今生における得道を来世に託し、遷化僧の無念の情に対する大衆の資助を表明するものであり、浄土思想の援用もみられる。これに対し「尊宿遷化」は得道者、建法幢者に対する送別の儀礼であるが、

小師在二龕幃之後幕下一、具二孝服一守レ龕、法堂上安排了、喪主已下礼レ真訖、然後知事頭首孝子大衆、与二喪主一相見、喪主已下次第相慰、如有二外人弔慰一、外知客引到二堂上一、内知客引於二真前一焼香、致レ礼竟与二喪主知事首座一相看、却来二幕下一慰二孝小師一、

（続蔵二、一六、五、四五八頁d）

とあるのをみるなら、中国の伝統的な孝や礼の思想に基づく儒教倫理による儀礼であり、その儀礼の意義は、孝子すなわち法嗣に対する慰撫の表明に終始する。こうした立場は、元代の東陽徳輝による『勅修百丈清規』巻上住持

第一表 臨済宗語録中、坐禅・葬祭の比較『大正新修大蔵経』

番号	語録	著者	生没年	総頁	坐禅関係	葬祭関係
1	大覚禅師語録	蘭渓道隆	一二一三―一二七八	四八頁	四四頁	二頁
2	夢窓国師語録	夢窓疎石	一二七五―一三五一	九六	三〇	六
3	大通禅師語録	愚中周及	一三二三―一四〇九	六五	五	一二
4	虎穴録	悟渓宗頓	一四一六―一五〇〇	三三	七	一五
5	少林無孔笛	東陽英朝	一四二八―一五〇四	六五	二〇	二六
6	見桃録	大休宗休	一四六八―一五四九	六六	九	二三

第二表 曹洞宗語録中、坐禅・葬祭の比較『曹洞宗全書』

番号	語録	著者	生没年	総頁	坐禅関係	葬祭関係
1	永平広録	永平道元	一二〇〇―一二五三	一一六頁	一一五頁	一頁
2	通幻禅師語録	通幻寂霊	一三二二―一三九一	三三	一七	一五
3	器之為璠禅師語録外集	器之為璠	一四〇四―一四六八	六一	〇	三六
4	川僧禅師語録	川僧慧済	未　詳―一四七五	八一	一	六二
5	円通松堂禅師語録	松堂高盛	一四三一―一五〇五	一三八	四	四九
6	菊隠和尚下語	菊隠瑞潭	一四四七―一五二四	五〇	〇	二九

章第五の「遷化」の項、及び大衆章第七の「亡僧」にもそのまま受け継がれ、日本における禅宗による葬送儀礼も、原則的にはこの出家者用の儀礼の援用ということになる。(6)

さて、中世社会における仏教の果たした宗教的役割が、ある意味では葬祭仏教の民衆への浸透の歴史であったともいい得ることはすでに触れたが、禅宗の事例でこれを示す典型的な事例のデータが、前のような主室諦成『葬式仏教』（一二八—一二九頁）の、臨済・曹洞の代表的禅者の語録に占める坐禅と葬祭に関する記事の量の比較である。

この表によれば、臨済・曹洞を問わず、原初的には葬祭関係の記事は極めて少ないことが特徴であるが、十三世紀末頃から次第に葬祭関係の記事が増加し、十四世紀には完全に逆転し、特に曹洞宗においてその傾向が顕著であるということになる。こうしたデータの読みとり方には必ずしも問題がないわけではなく、禅宗寺院の坐禅の実習が全くなされなくなったといった早計な結論にはならないことはもちろんであり、(7)基礎史料の選定についても、さらに広範な収集と、厳密な考証が要請されよう。しかし、十五世紀中葉頃における葬祭重視の風潮が広くいき渡っていた事実については、このデータからでも充分に看取し得る。

さらにこうした葬祭中心の風潮が、主に地方に展開した曹洞宗に独自のものではなく、五山派の臨済宗においてもほぼ同様の傾向を有していたことが知られる。すなわち、永禄九年（一五六六）天倫楓隠によって編集された『諸回向清規』(8)巻四、「諸葬礼法式之部」の項目だけを列挙してみても、

亡者剃髪偈・袈裟偈・亡者授戒願文・亡者授戒法・亡者授戒回向曰・柄杓文・桶並杖文・入レ棺頌・入レ棺文・沐浴畢入龕諷経回向・入レ壷諷経回向・八方龕之文・四方龕之文・六方龕之文・棺文・又曰・大幡四本之文・黄幡頌・七仏事之品次・諷経通回向・〈火土〉葬諷経・取骨諷経・拾骨頌・安骨諷経・帰骨諷経・龕前山頭七仏事之品次・六地蔵之名号・龕堂火屋之図・荼毘諸仏事之次第・闍維諸役者之次第・喪次第・或寺仏殿龕前之

規式・火屋・諸東堂立班・立班異義・天蓋之様・亡者荼毘略作法後者行列・異本之図・四門之額並幡立方・四句文略註・掩土入塔吉日・骨桶図並文・天竺四葬礼・金神七殺方大凶・吉時・四魔所住大凶方・死人可レ出通用時・又出二亡者一時刻・弘法大師無縁葬之次第・三鏡図・中陰勤行之次第・中陰勤行之品目・中陰勤行之品目〈挙二小異一〉・中陰畢就二于廟所一〈収送〉骨入塔諷経・追忌名数之次第・忌景之次第十王本地真言要文諱日異名・日分須知・石塔諷経回向・石塔諷経〈挙二異文一〉・諸霊通回向・畜生通回向・畜生掩土荼毘回向・僧家荼毘儀式拝仏事次第・僧家荼毘略作法・幢幡文・僧家荼毘役者行列・涅槃台之図・亡僧中陰諷経、

等々、六十余項目にわたって亡者の死体の処理から葬儀・火葬・土葬・中陰忌に至るまで、詳細な式次第が準備される(9)。さらに葬場の設定や荘厳などについても、図解や諸例を引用して詳説されており、これらは主に在家葬法を中心に記載されているが、畜生や僧家の葬儀についても別記されている。ここに展開される諸儀礼の根底には、『禅苑清規』などにみられる亡僧や尊宿の葬儀が前提として踏まえられていることはいうまでもないが、さらには陰陽道による吉日や吉時・凶方の選定、浄土教の影響による十王信仰や十三仏信仰の援用、『礼記』や儒教倫理に基づく忌日や服喪の規定、葬列の民俗にみられる社会制度としての葬儀の側面等、種々さまざまな要素が混然として内容に含まれており、死や葬儀という事態が、単なる個人の人生上に起こった出来事やその結末処理といった単純な問題ではない、極めて社会的な出来事であり、社会的な諸制度や観念を前提にした儀礼の実行であるということを、この『諸回向清規』の「諸葬礼法式」は明瞭に物語ってくれる。そして、こうした葬送儀礼が単に禅宗内だけで準備されたものではないことは、修験道の葬送儀礼にもほぼ同様の儀礼が規定されていることなどによってもうかがうことができる(10)。

さらに『諸回向清規』巻四にはさらに、僧俗男女位牌之上頭文字・僧俗男女位牌之中文字・僧俗男女位牌之下文字・座頭之位牌・三牌・施餓鬼之位牌・逆修寿牌・塔婆之図・率都婆之図形・五輪種子・流灌頂之神呪・兜率天四十九院等の、位牌や塔婆の書式が掲載されているが、特に位牌の書式には、東堂・西堂・前住・和尚・単寮・首座・蔵主・平僧等の出家者をはじめ、在俗の法皇・将軍・太守・武士・商人・山伏・放歌・舞舞・比丘尼・貴人之女・官女・商人之女・平人・奴僕・小児・座頭等々の、中世社会を構成したあらゆる階層身分の人々のための位牌の書式が用意されている。(11) この事実は、室町末期から戦国期頃にすでに、社会階層的には貴種から非人身分に至るまでのあらゆる人々に適用し得る葬送儀礼が確立していたことを意味する。それではこれらの儀礼の内容はいかなるものであったのか、その背景にはいかなる観念が想定されていたのかという、葬送儀礼の具体相について、以下、関連する切紙を紹介しながらみていくことにする。

三　葬送儀礼関係の切紙

『諸回向清規』の「諸葬礼法式」には、位牌や塔婆の書式等の項目も加えれば、七〇項目以上の葬送・追善供養関係の記事がみられるが、それではこれらのなかで、実際に曹洞宗所伝の切紙として伝承された項目はどれほどの数があったかを考えてみるに、前述した(12)永光寺輪住四七九世万山林（臨）松が寛永十年（一六三三）頃に書写した「截紙之目録」から拾ってみるなら、

下炬霊供取名参・四句文之切紙・四門三匝切紙・下炬之切紙・同参禅・炬之切紙・下炬大事・同炬法・亡霊授戒・同亡霊沈淪大事・廟之移切紙・作僧之儀式・没後作僧話・同切紙・非人授戒作法

などがあげられよう。また施餓鬼大事・同作法・因果切紙・十来図・十三仏之切紙・無縫塔切紙なども葬儀やその後の追善供養に関係する切紙であることは後述する。さらに切紙集成の上からは比較的早い時期の江戸初期頃とみ

られる、長野県徳運寺所蔵の「○大事目録揃也」によれば、亡魂静之大事・霊供之大事・広火消滅之大事・非人引道《(ママ)》之大事・亡霊弁了之大事・懐女死後生尉之大事・子母別腹之大事・懐胎難産之大事・嗣書焼却之大事・三物焼却之大事・灰寄之大事・廟移之大事・入棺之大事・四門三匝之大事・亡者授戒之大事などがあげられ、「○一大事目録（○切紙数量之目録）」によれば、作僧之切紙・同儀規・取骨之切紙・十界之切紙・入棺作法などをあげることができる。(13)

次に、実際に葬送・供養関係の切紙が具体的にいかなるものであるかについて、中世から近世初頭頃までの切紙の検討にはいる前に、江戸期になって項目ごとに分類しまとめられた典型的な切紙集が存するので、そのなかから葬儀関係のものだけを次に掲げる。ここで取りあげるのは、新潟県諸上寺に所蔵される、新潟県光徳寺一三世天応正眼が明和八年（一七七一）に伝受したもので、全体一二〇種の切紙を一〇項目ずつに一二分し、十二支の符号をつけたもので、葬儀関係の切紙はこのなかの酉八から亥十に至る二三種である。それは次のようなものである。

酉八知識葬儀

知識入寂ノ時、香湯ヲ以テ洗浴シ了テ、生前ノ如ク内衣直綴《(裰カ)》袈裟ヲ着シ、礼ノ間ノ容位ニ椅ヲ設テ其上ニ安座セシメ、大鐘一会、大衆上テ集ル、作二礼拝一了テ、礼拝ノ間ノ隅ヨリ室中ノ隅ヘ退テ、入棺了テ、始ノ浴処ヨリ仏殿ヘ出シ、蔀《シトミ》ノ間ヨリ出テ、、玄関ヨリ左巡堂一匝ス、巡堂ノ間大静レ開一会ス、巡堂了而、其ヨリ直ニ茶毘ノ場ニ趣、於二茶毘場一右遶三匝或七匝、右遶ハ順行也、仏家《ハ》死ヲ以テ為レ順義ヲ顕ス也、茶毘ノ時大鐘百八声ヲ一会トスル、総シテ重ルヲ忌ム故也、三日過テ骨ヲ取ルニ、各門弟着二喪服《ヲ》一慇懃ニ慎ミ謹テ各誦《ス》二舎利礼一、取《リ》収ムル迄誦シ声絶ヘサルヲ要トス、知識ノ像木画トモニ生前ニハ主位ニ安シ滅ノ后ニハ賓位《ニ》安《ス》、主位ハ出世也、賓位ハ却来也、言大寂定中《ニ》在リト云ヘトモ、空位ニ不レ沈度生ノ義アルコトヲ含ムナリ、其様子ハ、眼客位ヲ見セシムルナリ、払子持セシムルモ、高ク拈セシムル、是ハ総シテ児孫法幢ヲ建立スル早キナリ、低ハ法幢モ亦遅《シ》、故ニ低ヲ忌ム也、

卅九牌前伝法

先師生前ノ日、雖レ無《ト》二面授機縁一、依《テ》二其《ノ》遺嘱《ニ》一続《ク》二其《ノ》法《ヲ》一時、室中《ニ》荘厳一切《ノ》儀式与レ常不異、但《シ》机上《ニ》安二先師《ノ》位牌《ヲ》一致二儀式於牌前《ニ》一、欽テ唱二諸《ノ》法語《ヲ》一、如レ聴二付法語《ヲ》一、而受レ之也、後来、請二先徳人一令レ代二先師《ニ》一、雖下於二其面前《ニ》一成中授受戒上、然《トモ》必《ズ》安二位牌《ニ》一也、此事沿《シタフ》下投子青禅師応《シテ》二大陽《ノ》遺属《ニ》一嗣二続《スルニ》其法《ヲ》一之故事上、若非二受嘱人《ニ》一而譲領二其寺《ヲ》一称《スル》二其法子《ト》一者不レ応《ニ》二道理《ニ》一、大違《ニ》二永平高祖正法眼蔵面授巻中之所説一、但《シ》受嘱之人不肖非器《ニシテ》不レ勝レ続二其遺法《ヲ》一則先師之法眷同門人等平心衆評《シテ》選上挙《シテ》器量人《ヲ》一令《シム》レ代二其人《ニ》一、則応レ有二是処《ヲ》一、蓋《シ》不レ得レ止也、此ノ一段因縁、実《ニ》宗門中《ノ》一大事也、莫《レ》下存《ス》二容易《ノ》心《ヲ》一為《ニ》二識者《ノ》一笑《ルコト》上、至切至切

四十嗣書焼却

仏殿ノ中央ノ下ニテ鉄鉢ヲ安シ、新ニ火ヲ鑽テ鉢中ニテ焼、可レ焼間、楞厳秘蜜神呪ヲ誦ス、焼了テ其灰ヲ河へ流シ、魚竜等ノ大好因縁トナス可シ、偶レ縁者皆当二成仏一、焼却ノ時鉢ノ四方ニ小幡四流ヲ紙ニテ調テ立ル也、幡文云、諸法従縁生、此法従縁滅、如来従因縁、是大沙門説、一句ツ、幡上ニ書可シ、若シ亦塔前ニテ焼却スル時ハ、屏風ヲ立ルカ、幕ヲ張ルカ、囲ノ中ニテ焼也、鉄鉢無キトキハ、鐃ノ内ニテ焼ク也、四流ノ幡合シテ一ツノ天蓋トナシテ、四脚ニ垂レテ幡文ヲ書スルモ可也、或開山中興名徳ノ嗣書等ハ、其寺院ノ室中永代可

レ守二護之一也、

戊一地取作法

夫塔廟ノ震動者、或土用、或ハ金神、或ハ方時ノ悪ニ土徳ヲ動揺スルニ因テナリ、先土用或ハ金神等ニ墓穴ヲ掘ラハ、新墓ノ地ニ進、墓地ノ四方ニ鋤ヲ立テ、鋤目ヲ内へ引キ入レテ、界内界外ヲ分チ、内袈裟ヲ敷テ黙念シテ云、大海浮ニ二袈裟ヲ一、則金翅鳥王不レ能レ害スルコトヲレ竜ヲ、大地ノ敷ニ二袈裟ヲ一、則堅牢地神不レ能レ作レ祟、解脱無相福田衣、不生不滅三摩地〈已上三唱〉、次念ニ云、伏頭(願)諸土地善神、諸大眷属等、正法護念平等利益〈三唱〉、次大悲神呪、施餓鬼、回向、上来諷経功徳、奉為普天普地、各通感応上報種智者、十方三世一切、――蜜、

戊二四門三匝

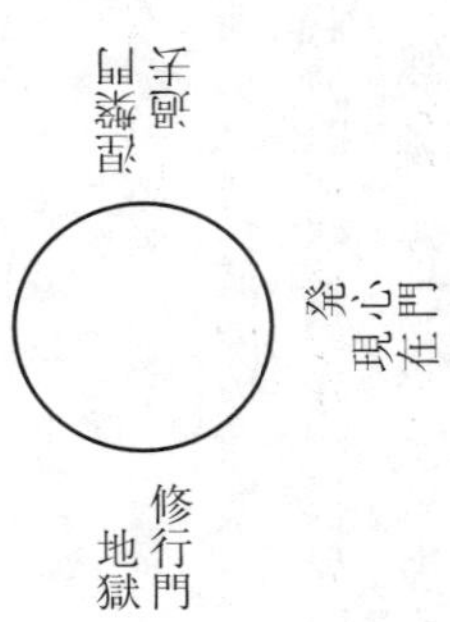

開二四門一通二過現未一、六道器界往来同一円相中ノ事、三世古今出二円通一入二円通一之謂也、右三匝表二伊字ノ三点一、亦

法身般若解脱也、右遶《ノ》後亦三匝《モ》可也、生死涅槃、順逆一如之謂也

戊三入棺作法　鎖龕也

向レ棺点授云、南無帰依仏、――僧、帰依仏無上尊、――法離塵尊、――僧和合尊、帰依仏竟、帰依法竟、帰依僧竟〈三唱〉、了而入棺也、三帰ハ即一心也、既《ニ》帰二一心《ニ》一、即生死一如、当体即仏也、導師《ノ》人住二此観一則無レ有二魔碍障難一也

戊四下炬参禅

師云、把《テ》二続松一打二一円相《ヲ》一、汝如何会《カス》、自代云、心火識（熾）然《トシテ》不レ立二寸塵《ヲ》一、亦云、作麼生《カ》引導《セン》、自代云、十方薄伽梵、一路涅槃門、師云、抛二続松一時如何、自代云、大地無寸土、師亦云、畢竟如何、自代云、這裏無レ生無レ死無レ去無レ来、師亦云、即今一霊出身分作麼生、自代云、火後一茎茅、

戊五炬火参話

師云、宗門一大事トハドコヨリ始タゾ、学人云、離卦ヨリ始テ走、☲是也、師云、離卦始《ノ》リヲ云へ、学人云、心火テ走、師云、請一点語、学人云、一点水墨両処化レ竜、師云、両処ニ竜ト化羊ヲ云へ、学人云、師資ト分テ走、師云、炬火ヲ追《ツ》取テ拈シ羊ヲ云へ、学人云、心火ト拈デ走、師云、一句合ニ作麼生、学人云、好手手中呈二好手《ヲ》一、紅心心裏引二紅心一、師、炬火ヲ振フ機ヲ云へ、学人云、無始無終テ走、師云、済度シ羊ヲ云へ、学人云、拈スル当頭即心成仏、師云、畢竟ヲ云へ、学人云、自己目前一致デ走、○是也、

引導ハ龕ヲ急度視、視返シテ自己心《ノ》ヲ視、前後截断、無二亦無三ニシテ法語唱也、離ハ南方ノ卦、火也、心也、

戊六火炬並挙钁

炬火ハ即是仏々祖々所伝之大法炬也、三昧ノ火也、導師ノ人、先炬火拈起スルハ、即是性空ノ心火ヲ一点スル時也、打二一円相一、即是自己目前一致也、生死涅槃不二、円通三昧ヲ顕也、導師急度撈眼シテ棺ヲ注視也、其ノ視ヲ返シテ自己心ニ帰セシメ、身心一如・物我同体ノ観ニ住シテ法語ヲ唱ル也、此時ノ好手手中呈二手中一、紅心心裏引二紅心一法也、大地火発一庄不立ノ光景顕現ノ時也、挙钁ノ法ハ、钁子ヲ拈シテ、尽十方常寂光、尽十方黄金国ト観想ス、次ニ钁地一下シテ、若人識二得《スルハ》心一、大地無寸土念シテ法語ヲ唱也、生死不二ノ当体即仏観スルハ下火ノ時ト同一般也、

戊七没後喚起

没後喚ヒ起スノ法ト云ハ、亡者ノ名ヲ喚ヒ起シテ撈タツキ結句ヲスル是不断ノ理也、気空却ニ沈タ迄テハ断絶タゾ、畢竟身心脱落ヲフマイテ着語スベシトナリ、

戊八没後作僧授戒式

先為二新亡者《ノ》一沐浴剃髪作法而令《メ》レ着二直綴(裰カ)《ヲ》一、入棺《ス》、棺前置《ク》二小卓《ヲ》一、卓上《ニ》備《フ》二香花灯蠋(燭カ)一、於二棺《ノ》当面《ニ》一設二椅子《ヲ》一、法被蓋之、椅前《ニ》置《ク》二高卓《ヲ》一、上《ニ》安香花・灯燭《ヲ》・洒水・袈裟・坐具・鉢盂《ヲ》一、導師問教授師到二椅前《ニ》一、向レ椅焼香三拝、導師到椅趺坐《ス》、教授師在二椅左《ノ》辺《ニ》一胡跪合掌《ス》、導師唱偈、教授師同音ニ唱レ之《ヲ》、偈云、但《ニ》以二衆法《ヲ》一、合成此身、起《ス》唯

法起《ノル》、滅《ハ》唯法《ノ》滅也、此法起《ル》時、不レ言二我起《ルト》一、此法滅スル時、不レ言二我法《(滅カ)ト》一、前念后念、念《(念脱カ)》不相対、前法后法、法《(法脱カ)》不二相対一、〈唱了〉導師拈二袈裟坐具鉢盂《ヲ》一授レ之、次ニ授二三帰戒三聚浄戒十重禁戒一、教授師一々代二亡者一微音《ニ》受レ之、次導師《ニ》唱二云、不レ取二正戒相《ヲモ》一、亦無二邪念心《モ》一、是名二清浄戒《ト》一、当二如是護念《ス》一、唱訖下レ椅、同教授師向椅焼香三拝、転身為二亡者一焼香而退出也

戌九別腹

四方体也
中央
戌亥
未申
辰巳
丑寅
無一
此点ヲ点眼トモ云也

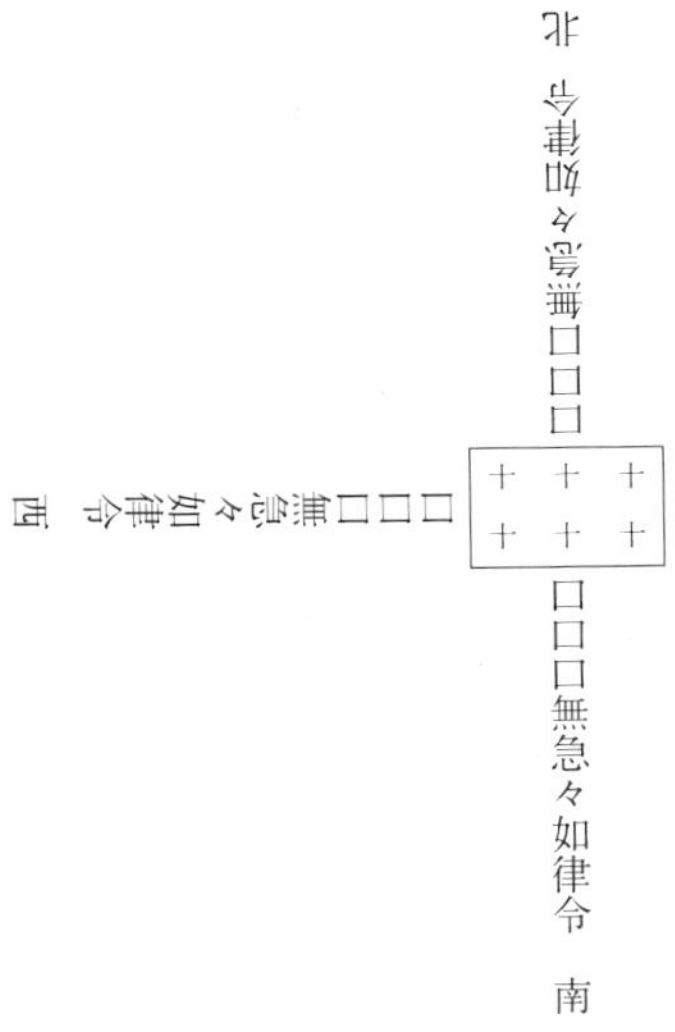

懐胎ノ婦人不シテ二産出一死ル時ハ、導師先向二亡者ヘ一〈默唱云〉、倶以二衆法ヲ一合二成ス此身ヲ一、衆法起ル時唯法起ル、此身滅ル時唯法滅、此法起ル時、不レ言二我起レル一、此法滅時、不レ言二我滅ト一、前念后念不二相対一、前法后法不二相対一、〈三唱ヒ〉、次倚ニテ二亡者左リノ耳辺ニ一、閑ニ唱ヒ二十仏名ヲ一、吹二入ルノ耳中ヘ一、書テ二母子位牌於二枚ヲ一入ル二棺内ニ一也、剃髪ノ時有二躍倒ノ様子一、其子ノハ欲レ知ント二男女ヲ一、母腹胎ニノ其ノ年事ナラバ、定二子ノ年ヲ一一ツト、若シ越バレ年ヲ定ルナリレ二ツト、而シテ合シテ二母ノ年父ノ年子ノ年ヲ一奇数ナラバ男子也、偶数ナラバ女子也、以レ之ヲ書二牌名男女ノ分ヲ一、亦書テレ符ヲ布ク二墓穴ニ一、符中ノ六箇ノ十字ト、符ノ四方合シテレ之ヲ六十四数也、即配チス二六十四卦ニ一、天ノ廿八宿地ノ三十六禽ニ二当ル一、以二上数一八々六十四払トバレ之、一数モ不レ残取ル二斯レ於大極以前ニ一也、

戌十度ルノ二膿（懐カ）胎ノ亡者ヲ一参話

師問曰、〈或ハ学曰ニ作ル〉膿胎ノ亡者死ル時、母子不シテレ分而葬ルレ之、用カレ分是、不用用ルヤレ分也無、資答曰〈師云〉、根本一体、何用ンレ分、師問曰〈学云〉、不レ用コトヲレ分、畢竟如何、資〈是師〉曰、一体乃無体ナルガ故、師問曰〈学云〉、莫シヤ二是空見ナルコト一麼、資〈師〉曰、無相心真体、随ニレ縁分ヲレ身、師問曰〈学云〉、既ニ是随レ縁分身、子母是一人乎、二人乎、資〈師〉曰、従二無位ノ中一根本出テ〈来テ〉而帰二無位ノ中ニ一、縦イ是百億分身ナルモ唯是一人耳、師曰、如是如是、資三拝而帰レ位、

度膿（懐カ）胎亡者切紙

先書レ符含シテ二亡者ノ口中一而沐浴入ノ棺后、入二自他不二無心無念之禅定ニ一、而修二如幻三昧ノ看経ヲ一、拈二提不レ移二寸歩ヲ一越フ二河沙ヲ一、驀然シテ踏着ス自家底之両句ヲ上而折テ二東指タリ桃枝ヲ一、打テレ棺一下震レ威一偈、則在二棺中ニ一出産スル也、

別腹符

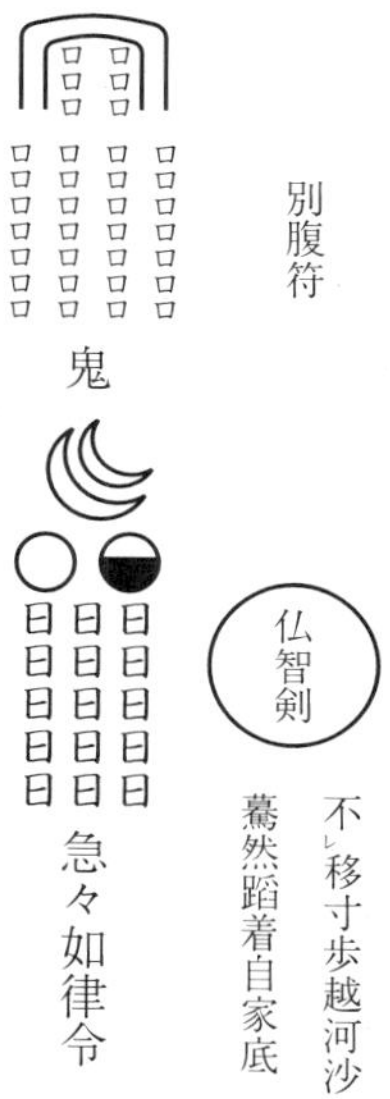

不レ移寸歩越河沙
驀然蹈着自家底

亥一亡者授戒

道場荘厳如レ常、壇上設《ニ》地蔵菩薩牌、下肩設二亡者牌《ノヲ》一、戒師向レ壇三拝、秉レ炉焼香、微音唱云、南無一心奉請三界六道化導済度地蔵菩薩摩訶薩、唯願降二臨道場《ニ》一授《玉ヘ》二菩薩清浄大戒《ノ》一、慈愍故〈三唱〉就座唱云、物故某〈信士・信女〉従二今身一至仏身迄、南無帰依仏、南無帰依法、南無帰依僧〈三唱〉、次ニ摂律儀戒、摂善法戒、饒益有惜《（ママ）》戒、従二今身一至二仏身《ニ》一迄、能持否〈三唱〉、

次回向《ニ》

上来授宝戒所集殊勲、回向真如実際、荘厳無上仏果菩提、伏願物故某〈信士・信女〉乗二此戒筏一、頓超《ニ》二苦海一、受生於浄刹中一、成覚於涅槃岸者、十方三世一切、――

亥二変化授戒

師上《ニ》二禅牀《ニ》一結伽《（ママ）》趺坐、先可《ツ》レ観二念有情非情同時成道之深旨《ヲ》一、而令二化人《ヲ》胡跪合掌《シ》一唱云、元来無生地、錯作《テ》二業因《ヲ》一故、今受《ク》二変化ノ四生《ヲ》一、頓滅《ニシ》二此妄身《ヲ》一、始終妙円性《ノ》、其体自空静《ナリ》〈三唱〉、次ニ安《シ》二法名《ヲ》一示云、本来無位、

今名レ某、我今為レ汝、応レ授三之帰戒《ヲ》一、授《ルコト》レ之如レ常、付二与血脈《ヲ》一、次焼香唱二云、南無釈迦牟尼仏〈廿一返〉、

回向

処世界如虚空、——

亥三畜生授戒

先深観二一切衆生悉有仏性之理《ヲ》一、為レ之与二法名《ヲ》一如レ常、授二三帰戒《ヲ》一了、喚二其法名《ヲ》一告二云、従今身至二仏身《ニ》一迄、汝能護持《セヨ》、次告二云、元来無生地、作二悪業因《ヲ》一故《ニ》、現受二畜生《ノ》体《ヲ》一、頓《ニ》滅二醜陋《ノ》相《ヲ》一、速《ニ》得《ベシ》レ入《ルコトヲ》二空寂《ニ》一〈三唱〉、又喚二法名《ヲ》一曰、望二清浄《ノ》仏地《ヲ》一、頓《ニ》証《セヨ》二菩提心《ヲ》一〈三唱〉、次南無持地菩薩〈三唱〉、南無観世音菩薩、〈廿一返〉

亥四弁験亡現

一、就《テ》二心頭《ニ》一迷者、現形不定有無恍惚而隠微也、
一、就二心上迷者、現形分明《ニシテ》而能《ク》言者也、
一、心身倶迷者、現形分明《ニシテ》而能言者也、
一、狐狸等《ニシテ》精魅変化現形《スル》者、手脚倶着《ニ》レ地而如二獣行一也、
一、魔魅《ノ》妖怪等変化来者《ハ》、空行而脚足不レ点レ地也、
若見《ハ》二前三種物《ヲ》一者、則於二直下《ニ》唱二亡霊授戒《ノ》偈《ヲ》一、授二三帰戒一如レ法、誦二施餓鬼一救二度之一也、若見二後二種者一、則端的速疾《ニ》誦二消災呪・施餓鬼《ノ》法《ヲ》一、而鎮二除《スル》之一、凡此《ソ》心妄動《スルコト》則種々現形《ス》、故住《シテ》二一念不生本来無一物之真観《ヲ》一、而修二上件《ノ》法一、則必得二験証《ヲ》一、莫レ容《ルコト》二疑慮《ニ》一、

口伝アリ

亥五　鎮霊現形

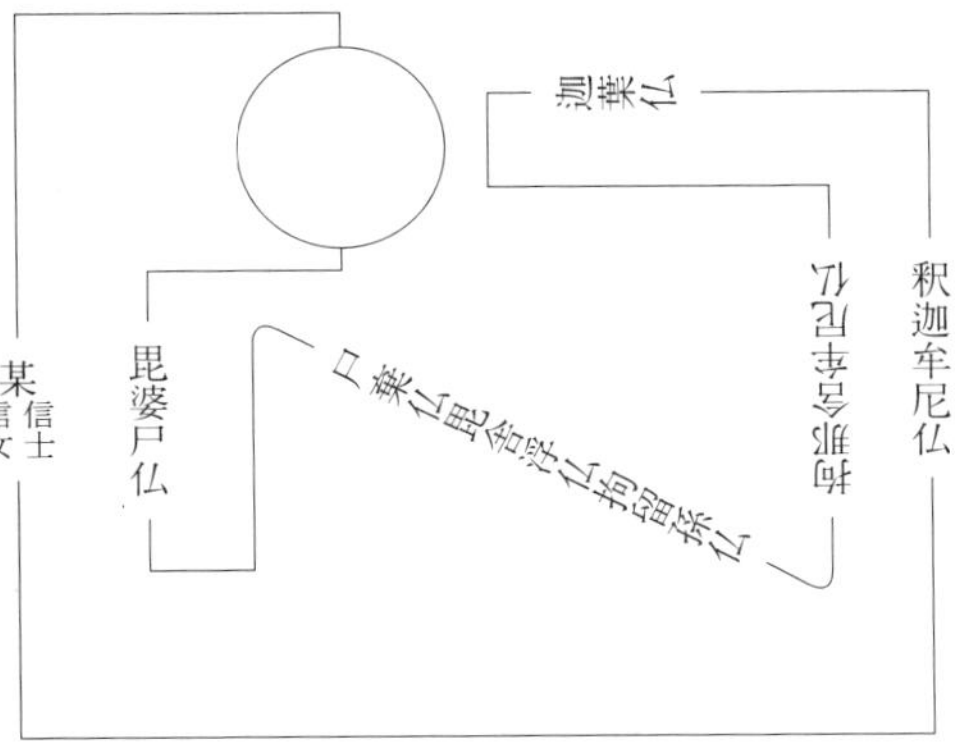

蜜(ママ)書二此《ノ》秘法《ヲ》一、押《シテ》二三宝印《ヲ》一而能封《シテ》レ之、先《ツ》為《ニ》二其亡霊《ノ》一黙《シテ》授二三帰十戒《ヲ》一〈三返〉、次ニ唱二下火《ノ》法語《ヲ》一、次ニ誦二念誦一文、次ニ誦二施餓鬼及楞厳神呪《ヲ》一、而回向、其後以二此秘法一或ハ直《ニ》授二其《ノ》現形来者《ニ》一、或ハ埋《ム》二其墓中《ニ》一也、右修法時専《ラ》以二無心《ヲ》一為二真宗《ト》一、住《ス》二通身無影像ノ観《ニ》一而可也、

亥六廟移

廟移時《ス》、先祖ノ廟所無ンバ金神ノ方或ハ死人ヲ可レ出方ヲ見テ吉イ方地ヲ取テ可レ移、其后前ノ基（墓カ）ヲバ平ラケテ如レ本可レ植二草木一、亦旧墓内ニハ下炬カ亦陀羅尼ヲ書テ可レ埋、亦此円相本墓《ニ》モ可レ置也、廟移時、先祖ノ廟在レバ如レ是可レ移、先祖ノ位次不差、次第々々上ニ登テ其下《ニ》今廟ヲ立也、是周之世時《ノ》ヨリ始リ、周時《ノ》僖公文縁子穆位イ差テ僖公ノ廟ヲ上ニ立ル処テ周ノ世乱ルト云、廟ヨリ出《ズ》、時吉イ方、五輪石塔ヲ出ス、落処ハ何レノ方也トモ不レ苦、肝要ハ先出ス方テ可レ取レ方、新廟ヲ立ル墓験レ之、亦三ノ大事有リ、墓ノ石ヲ取来テ廟ヲツイテ、其ノ上ニ置テ安座ノ模様在之、亦子細ニスル則ンバ河石八ツ取来テ身心安居平等性智字《ノ》ヲ書テ、亦米与《ト》レ銭袋ニ入テ墓ニ収ル也、畢竟心身安居平等性智《ノ》肝要、畢竟ハ安座点眼之様《カ》肝要、畢竟眼ノ用所也、異説雖多、具眼観法第一也

亥七鎮墓焼法

桑木ニテモ桃木ニテモ、高サ二尺計ノ塔婆ヲ造リ、四方四面ニ削テ、四ツノ頭ニ鴿字ヲ書ス、先ツ新キ器物ニ新キ水ヲ貯ヘ、其水ヲ以テ硯石ヲ洗ヒ、新墨ヲ摺リ濆萩《ミツハキ》ノ根ヲヨク洗ヒ筆ト成シテ鴿字ヲ書タル下ニ施餓鬼文ヲ書テ、此ノ塔婆ヲ所レ焼ノ墓ノ中央ニ倒ニ打チ込ミ、其上ニ坐具ヲ展テ、暫ク入二無心定一也、次ニ誦二施餓鬼一、是即薪尽灰滅ノ法也、此時ノ観想ハ在二当人力一、

亥八　鎮墓符

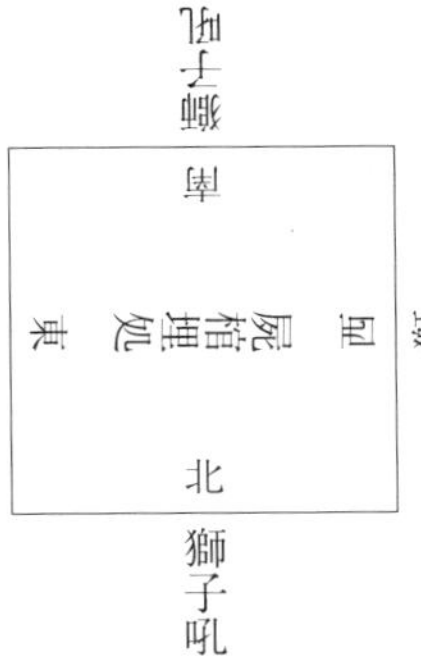

書二此符ヲ一埋二墓四方四維ニ一、則狐狼等不得二穿侵一也

亥九　立卯塔

先提二撕投子一片石話ヲ一、観下三世諸仏総ニ在二裏許一之意上、次ニ削二小片木ヲ一其上ニ書二卍卍卍心心心〇此等相ヲ一、立レ之

誦舎利礼〈七返〉、而於前《ノ》片木ノ相上宮《ヲ》ニ卯塔《ヲ》一、

亥十非人引導

非人病死則、先其世《ハ》具雑物衣裳刀杖等共ニ送捨テ、其屍ヲ非人乞食ノ者度《ニ》〈口伝〉其法、弓弦ニテ男ナレバ左腕、女ナレバ右腕《ノ》ヲクビリテ非人ニ度シ、暫ク引導シタルトキ、平常ノ人ノ子ヲ不《ル》レ持モノニ後手ニ弓弦切《ヲ》スルナリ、其ノ切タル刀身ノ私具ヲ相添テ送ルトキノ文ニ云、因果業性、霊々除滅、尽未来際、直截根源、此文ヲ書テ屍ニ添テ、亦其出タル門ノ階下ニ埋テ、其後ニ常ノ人ニシテ引導スル也、其ノ屍ヲ風上《カミ》水上《カミ》ニ置ク可ベカラズ、導師向棺云、

汝元来不生不滅、身無《ニ》ニ父母一無ニ兄弟一、此土身再《テ》不レ来、輪廻顛倒直《ニ》断絶、

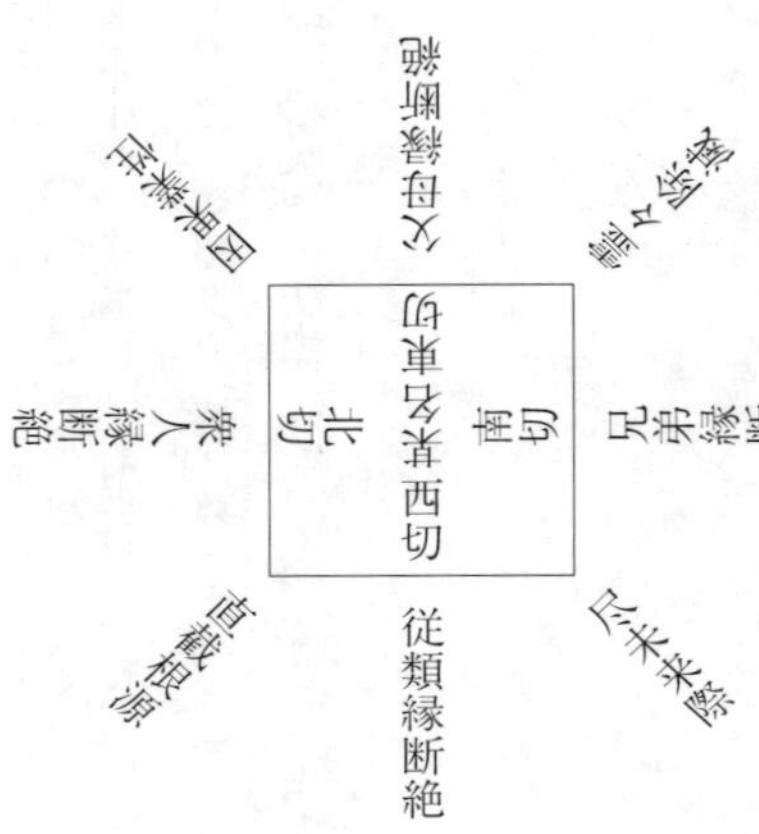

△此符書シテ七日ノ間導師居処ノ下ニ布ク、其ノ兄弟親属ハ、百日ノ間此符ヲ身ニ不レ離所持スル也、供養ノトキ常ノ亡者ニ不似無二回向一也、

これら二三種の切紙は大きく分けて、出家者にのみ適用される儀礼と、出家在家共通、もしくは在家者のみに適用される儀礼に類別できよう。そして、まず出家者の葬儀を前提とする切紙は、酉八知識葬儀・酉九牌前伝法・酉十嗣書焼却、亥九立卵塔の四種だけであり、その他のものに関しては、さらに儀礼の機能や順序・種類ごとにいくつかに分類されよう。

まず第一に、人が死亡した直後に執行される儀礼としては、戌七没後喚起・戌八没後作僧授戒式・亥一亡者受戒があげられる。没後喚起は、いわば死の確認である。没後作僧は、もともと禅宗葬儀法は出家者のみ対象としたものであり、成道得道をもって最終目的とすることに由来し、葬儀に先立って戒を授け出家者として遇することを意味するもので、剃髪や袈裟授与などの儀礼も同趣である。さらに亡者受戒には地蔵菩薩の加被力が要請されるが、これが十三仏信仰や浄土教の影響によるものであることは知られている(14)。

第二は、葬儀そのものにかかわる切紙で、戌二四門三匝・戌三入棺作法・戌四下炬参禅・戌五炬火参話・戌六火炬並挙钁・亥十非人引導があげられる。なお、非人引導の差別性については後述する。

第三は、葬儀の後の墓所に関する切紙で、戌一地取作法・亥六廟移・亥七鎮墓焼法・亥八鎮墓符があげられる。

第四は、死後の亡霊等に関する切紙で、亥四弁験亡現・亥五鎮霊現形の二種がある。

第五は、一種の異常死とみなされる、懐妊中の婦人が死亡した場合に、胎中の子供をいかに扱い葬儀を執行するかの口訣・口伝等に関するもので、戌九別腹・戌十度腠胎亡者参話の二種がある。その内容は、胎中の子供の男女の性の見分け方、産出の方法などである。

以上はすべて人間にかかわる葬儀やその前後の儀礼に関する切紙であるが、最後に第六として、人間以外の物怪や畜生についても、戒を授けて成仏せしめる儀礼に関する切紙で、亥二変化授戒・亥三畜生授戒がこれに相当する。なお授戒に関しては、本書の分類項目には別に第八儀礼として授戒・点眼・臨時行事を立てているが、亡者受戒や「没後授戒作法」の異名を持つ没後作僧の切紙も含めて、通常の授戒儀礼とは異なる、広義の葬送儀礼の一環として執行される授戒という意味で、これらについてはここで取りあげることにする。

葬送儀礼にかかわる切紙については、葬送の現場や儀礼の意味・機能をめぐって、一応以上のように分類区別して論ずることができると思われるが、なるべく儀礼の順を追う形で葬儀関係の切紙資料を紹介することにする。

四　死という観念をめぐって

葬送儀礼関係の切紙の紹介にはいる前に触れておかなければならないことは、葬儀の前提となる死という事態をいかに受けとめ領解するかという問題である。曹洞宗の禅僧達もこの点には深い関心を寄せ、切紙も数種見出すことができる。

そもそも死という問題については、禅宗の歴史のなかでも特に重要視された形跡があり、たとえば中国唐代の盤山宝積の法嗣で、臨済義玄（?―八六七）と深い交わりを結んだことで知られる鎮州普化の「全身脱去」という死にざまが極めて注目されることは周知の通りである。その結果、遺偈という習慣も生まれ、臨終儀礼もととのえられるに至った。宋代禅界の曹洞宗を代表する宏智正覚（一〇九一―一一五七）の遷化の様子を『行業記』は、

（紹興二十七年）十月七日還レ山飯客如レ常、八日辰巳間沐浴更レ衣、端坐告レ衆、顧二侍者一索レ筆作レ書、遺二大慧禅師一属以二後事一、又書レ偈曰、夢幻空花、六十七年、白鳥煙没、秋水天連、擲レ筆而逝、

（続蔵二、二九、五、四五三頁ａ）

と伝えており、沐浴・更衣・端坐・遺嘱・遺偈・遷化という次第で執行される示寂の過程は、臨終儀礼そのものとみてよい。一方、宏智の遺嘱を受けた大慧宗杲（一〇八九―一一六三）の遷化の様子は、『五灯会元』巻一九の伝によれば、

（隆興元年）八月九日、学徒問レ安、師勉以二弘道一、徐曰、吾翌日始行、至二五鼓一親書二遺奏一、又貽レ書辞二紫巌居士一、侍僧了賢、請レ偈、復大書曰、生也祇恁麼、死也祇恁麼、有レ偈与無レ偈、是甚麼熱大、擲レ筆委然而逝、

（続蔵二乙、一一、四、三七八頁ｄ）

と描かれる。遺偈の内容は宏智の場合と異なり、こうした儀礼的な臨終の迎え方を迫る侍僧を批判しているかのごとくであるが、[15] こうした背景にすでに、宋代禅界の一般的な禅僧の臨終儀礼が前提されていたことがうかがわれる。

鎌倉時代の日本禅宗界も、こうした禅僧の臨終の迎え方をそのまま受け容れたが、当時平安末以来の二十五三昧講による特異な浄土往生の臨終儀礼に深い関心を寄せていた人々にとっては、禅僧の臨終のあり方は好奇の目をもってみられていたことは、『沙石集』第一〇の「臨終目出キ人々ノ事」の記載などに明瞭にうかがわれる。[16]

禅宗、特に曹洞宗の地方発展の要因としては、葬送儀礼のような、地域の民衆の当面している宗教的欲求に応えることができたことなどが主として考えられるが、一見、禅の思想とは無関係と思われる死をめぐる観念についても、禅宗はもともと、きわめて近い位置にあったのである。

それでは死という問題は、切紙資料ではいかに扱われているかというと、この種の問題を直接語る切紙は、「普所之大事肝要句義」あるいは「迦文勒之説」と呼ばれ、通常漢文体で伝えられているものがあり、迦葉・文殊・弥勒の三師の説として展開される。永光寺切紙のなかから、年記不明であるが、恐らく同筆の他の切紙類から判断

して江戸初期寛永頃の書写と思われるものと、明暦四年（一六五八）慈性院応等により広江に伝授されたものを掲げてみる。

（端裏）迦文勒之説〈是亦別也〉

普所之大事肝要句儀（義）

●迦葉《ノ》説《ニ》云《ク》、修《シ》㆓大法身諸相事理安心《ヲ》㆒而以《テ》至《ツ》㆓大休大歇之田地如来地《ニ》㆒而《テ》、去《テ》㆓大寂定《ニ》㆒、於㆓中道実相《ニ》㆒以《テ》至《テ》㆔大活現成之《ノ》脱《スルニ》㆓知見《ヲ》㆒、於《テ》㆓不識上《ニ》㆒者、正法眼蔵涅槃妙心也、三世《ノ》諸仏《モ》此《コノ》大死底休処大事也、

●文殊説《ニ》云、得《テ》㆓大活現成発開之受用三昧《ヲ》㆒、以《テ》至《テ》㆓休歇之田地《ニ》㆒而居《スル》㆓無為高寂之実門《ニ》㆒者也、為《ニ》名《ク》㆓正法眼蔵涅槃妙心《ト》㆒而得《ル》㆓大解脱《ヲ》㆒者也、此《ノ》休歇大死底、三世《ノ》諸仏之大事也、

●弥勒《ノ》説《ニ》云、避《テ》㆓大死底《ヲ》㆒休歇定《ム》㆓高位《ヲ》㆒、来《テ》識㆓得《シテ》脱体現成之不会門《ヲ》㆒、不㆑渡㆓去来男女之色相《ニ》㆒者《ノ》、正法眼蔵涅槃妙心之受用三昧是《レ》也、

●夫修《スル》㆓学道《ヲ》㆒之大阿羅漢等讃歎而《シテ》云、迦文勒《ノ》三説、那箇《カ》是《レ》真説、仏告《テ》㆓阿羅漢《ニ》㆒言、汝等可㆑知㆓猶《ヲ》真人《ヲ》㆒、那箇《カ》是《レ》真説〔仏（ミセ消チ）告《テ》㆓阿羅漢《ニ》㆒言〕、于㆑時弥勒告《テ》㆓大阿羅（漢脱カ）《ニ》㆒言《ク》、妙法蓮華経、証拠《ハ》見《タリ》㆓修学門《ニ》㆒、復《タ》次《ニ》文殊師利告《テ》㆓衆中《ニ》㆒言《ク》、最《モ》可㆑知《ル》㆓五字《ノ》妙法《ヲ》㆒有《リト》㆓真説㆒、亦復摩訶迦葉告《テ》㆓諸衆《ニ》㆒言《ク》、汝等能《ク》可㆑知《ル》㆓妙法蓮華三段句儀文《ヲ》㆒、此《ノ》外真説非《ス》㆓知解《スルニ》㆒、猶《ヲ》妙々《タリ》、之人《レト》非《ズ》㆓妙々《ニ》㆒、三諦思量《ノ》可㆑知《ル》為《ルコト》㆑主《ツカサ》、如㆑是謂《テ》已《ニ》畢《ン》、復次《ニ》三老白《シテ》㆑仏《ニ》言《ク》、世尊如来、末世法孫《ニ》示《シ玉ヘ》㆓言教之真密《ヲ》㆒、仏《ノ》言《ク》、不《ズ》㆓如々如《ノニ》㆒、亦復《タ》如㆑是汝等聞《ラキ》㆓得教《テヲシエヲ》㆒、得㆑観、可㆑到《シ》㆓同位《ニ》㆒、復《タ》不㆑到㆓同位《ニ》㆒者《ハ》、大極已前《ニ》於《テ》㆓秘密《ニ》㆒実《ニ》能《ク》徹透《シテ》、后自然《ニ》能《ク》脱得《スル》者也、草木国土悉皆成仏《ヲ》以《テ》、能《ク》可《シ》㆑見㆓諸法《ノ》実相《ヲ》㆒、而《シテ》無二無相《ナルガ》故《ニ》、主《ツカサドル》㆓法花《ヲ》㆒日也、是《レ》猶《シ》不《ル》㆓理《ニ》徹《セ》㆒者《ハ》、不㆑見㆓妙法蓮華《ノ》字《ヲ》㆒者《ノ》乎《カ》、亦《タ》復《マタ》仏《ノ》言《ク》、汝等去処之観《ナリ》㆓者《ノ》気《ヲ》㆒也、教者血体也、此外《ノ》不《カル》㆓同意《ノ》㆒者、不㆑至《ンバ》㆓混沌《トン》未分之《ノ》已前《ニ》㆒、可㆑見㆓無位《ヲ》㆒、為《タルコトハ》㆑主只《ダ》気《ヲ》可《シ》㆑観《ミ》、為㆓主人《タリ》㆒、帰《テ》可《ベシ》㆑会《ス》、風《ハ》是《レ》本来空之

主人也、是《レ》万縁万境之根本也、仏性是也、故《ニ》三世《ノ》諸仏《ト》曰也、亦《タ》色体《ニ》云、有《ル》レ縁衆生《ノ》儀、貴尊《ミムニ》故出世《ト》云也、仏告《ケテ》二迦葉《ニ》一言《ク》、如《ク》レ是《ノ》我今為《マス》二汝等《ヲ》菩薩《ト》一末世一切《ノ》衆生説《キ》二心地妙法蓮花経《ヲ》一畢《ル》、如《ク》レ是《ノ》為二諸人《ニ》一二三老己《ガク》説二心地妙法《ヲ》一、亦《タ》我《レ》為《タメニ》二末世一切《ノ》衆生《ノ》一、代《ル》二三者《ニ》一、聴《キケ》二此《レ》大乗秘訣《ノ》心法《ヲ》一、甚《ダ》妙《ナリ》、此《レ》大乗秘訣《ノ》之心法、一大事《ト》云也、此文可《シ》レ秘《ス》々々、不レ可レ出《ス》二見聞《ノ》文語《ニ》一、已《ニ》畢《ン》、三老二云々、〈上書《テノ》大阿羅漢等、謹九拝而去《ル》二仏前《ニ》一〉、此文流布輩者、眉鬚堕落者也

普所大事肝要句義文曰

文殊曰

妙法蓮華字義正大乗《ノ》法要也、大乗《ト云ハ》者根本無《キヲ》二証処《ニ》一知《ル》、見下無《キヲ》二顛倒《ノ》処一故《ニ》、円明而常寂、豈《ニ》レ分二仏衆生之上用《ヲ》一乎、含類及《ンデ》二三際之果《ニ》一、苦《ノ》無レ可レ棄《ツ》、楽《ノ》無レ可レ覓《ム》、善悪不二法身相無レ虧《コト》、若能欲《シクハ》二真実得《ント》一、大死妙理《ノ》如来《ナリ》、現《ス》二契合《ヲ》一、是《レ》則《チ》涅槃妙心之三昧也、空仮是実相、々々更無レ可レ見、然《シテ》後《チ》如来良久宴然而按《シテ》二一指《ヲ》一云、如々大阿羅漢等合掌讃歎作レ礼云、如是吾門一位《ノ》法《ナリ》、以《テ》レ何《ニヲ》即覚利《ヲン》、仏云、大乗一位即是大身、々々則是大死底、三世諸仏護持得法、円乗菩薩低頭帰仰、見《ル》二羅漢相一、如而無二帰処一、真無《シ》二徹処一、今欲《マ》レ徹《ント》草木国土悉皆成仏、亦無《シ》二迷悟一、無《キ》二迷悟一則《ンバ》大寂中道円明、此《ノ》時大阿羅漢等涕泣九拝《シテ》退《ク》、忽然《トシテ》化去《シル》、其地金玉遍満、草木貫《ク》レ銀《ヲ》、

弥勒曰、

一性一法正去休歇場《ノ》之呈意《ハ》真如実相充《ス》二満十方《ヲ》一、有《ニ》而虚、々而無、々自妙《ヲ》、々亦《モタ》真、々心徹《ノルロ》処大死底之根本也、円覚本無心不レ観レ法、証智之理自然成就、即《チ》見《ル》二本性《ヲ》一、若欲《シ》レ見《ント》二本性《ヲ》一、無相実相之正法眼也、

迦葉曰、

修二大法身《ヲ》一、諸《ノ》事理安心而以至《テル》二大休大歇《ノ》処《ニ》一、休歇《トハ》者除《テ》二無明《ノ》之妄《ヲ》一見《ル》二無取心印《ヲ》一、仏性種相《ハ》已寂相《ニシテ》靡《ナシ》レ不《ルト云コト》二法

身《ニ》一、々々者此《ノ》有無、此《ノ》無有横《テ》二頭《ヲ》威音劫外《ニ》一、収《ム》二足《ヲ》未来際辺《ン》一、此即大死底《ノ》人也、大死《トハ》者本無《シ》二生死之相《ノ》一、無亦無レ取《ル》二真実《ヲ》一、取捨已《ニ》唯一、々《モ》又無寂、巍然《トシテ》不二有相《ニ》一、不レ分二男女色相《ヲ》一、不レ会二門妙《ヲ》一、不尽是即《チ》正法眼、

常在山慈性院住僧応等（花押）

付与広江老衲畢

于時明暦四年（一六五八）林鐘三昌　（印）　（印）

ここでは、「休歇大死底」等の文言に禅宗常套の死の捉え方が展開されるが、さらに後述する葬列における白幡四流に大書される、『涅槃経』の四句偈「諸行無常、是生滅法、生滅々已、寂滅為楽」にかかわる「参」も、死の観念を支える切紙とみなすことができると思われるので、永光寺切紙より、久外媛（呑）良所伝の「四句文之注却」を掲げる。

（端裏）四句文注却

四句文之注却秘伝之大事也、

諸《ハ》モロ〳〵デ、世界万法・人天畜生・山川大地・草木・日月星晨・無量ノ事也、世界ノ中ニ余ルコトナシ、行ハ迹也デ、万物ノ迹シツラネメグリ、種々ノテダテ物ノ斗也、常《ハ》ツネデ、何モ替ズ自ナリニシテ、生滅隠顕ナキヲ云ナリ、常《ツネノコトク》　ナルコト無シデ、諸行ハ目前ノ事、万法ハ境界ナル故ニ、滅果《ハテ、アト》　迹ナシ、又モロ〳〵デ万ヲ一ツニヲシマトヘタルコトバ也、亦諸デ人種始メテ胎内ニ入《ル》処也、行デ形チニ初《ハジメ》テ成初《ナリソムル》　処也、常デ不変ノ儀也、始《メ》ハ大豆如ク少分成《ル》カ、後次第ニ生《セイ》長シテ形生《チナツ》テ産《ムマレ》　出、年長《トシタケ》老テ終、亦古　本《モトノ》地ニ帰《ル》時ヲ得、亦出生スル事ハ車ノ輪《ハ》ノ如クナリ、無常ト云也、是ハサタマル、マサシ、タ、シ、、マサシクト誦デ、此ノ世界《ヘ》産ヲ成処ヲ是ト云也、生ハ進也、起也デ、種々ノ妄念ヲ起テ徒世ヲ渡斗コトヲ成テ、重々無量事ニカ、ハルヲ云也、

亦進ト誦ム時ハ、諸仏ノ本意ヲ明シテ諸祖ノ活意ニ通スル処也、滅法トハ、無量妄念ヲ尽ク振捨、種々ノ雑毒ヲ悟了ノ得五ヲ以テ撥捨ヲ云也、生滅々已《ハ》、生ル者ハ一度死、体在ル者ハ一度破レヌルヲ云也、此身ト世界ハ、滅已処ヲ云也、寂トハ、声ナクシテ無人処ノ地也、根本ノ本体ハ無相ニシテ生滅ナキ故、彰《アラハレ》サル也、根本妙《ノ》主《ノ》無相ナルガ故ニ、形無キ処ヲ隠家トスル也、寂滅為楽トハ、安養《ヤウ》不退《ノ》霊地ニ安着スルヲ云也、是レヲ仏果円成ノ大安楽ト云也、為楽トハ、弥勒下生ノ出世也、寂滅ノ二字ガ簡要也、庵中呈タルコトニアラズ、寂滅ノ妙場トテ、無位ノ妙処、諸仏安楽ノ霊座、祖師安着ノ一位也、根本《ノ》本位成ル故《ニ》諸仏モ此ヲ一大事ト守リ給霊位也、二世大安穏化楽《ノ》霊文ナル間ダ、朝《アサ》七返、晩《ニ》七返、不改可唱者也、此ノ四句ハ、焼打磨真ノ四ツ也、一句ハ是焼、二句ハ是打、三句ハ是磨、四句ハ是真金也、世尊昔雪山ニ於テ、因地《ノ》菩薩タリシ時、釈提桓因ヨリ身命ニ替テ伝処ノ文、涅槃経十四巻具《ニ》也、可秘々々、

時寛永拾五〈戊寅〉（一六三八）文月吉日

洞谷山永光寺現住呑良和尚授我、々今附広沢

（石川県永光寺所蔵）

また、同じく永光寺切紙にある「四句文切紙（仮題）」は、四句それぞれに著語を付したもので、在家の居士に対しても切紙相伝があったことを示す珍しい事例なので、次に掲げておく。

〔四句文切紙〕（仮題）

天童《ドウノ》如浄《ニヨシヤウヲ》和尚《シヤウ》永平開山道元《ダウゲンヲ》和尚《シヤウ》諸山堂頭《シヨサンタウトウ》処々《シヨ〱》代々《ダイ〱》如《ゴトク》レ是《カクノ》伝流《デンルヲ》畢《ワンヌ》、

師云《ク》、諸行無常ヲ、代《テ》、目前《モクゼン》ノ道理《ダウリ》デ走、

師云《ク》、是生滅法ヲ、代《テ》、盛成《サカンナル》者《モノ》ハ必《カナラズ》　衰《ヲトロヘ》ル者《モノ》デ走、

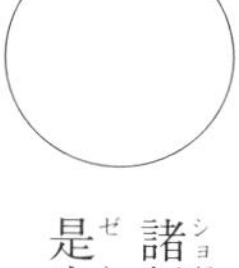

諸行《シヨギヤウ》無常《ムジヤウ》

是生《ゼシヤウ》滅法《メツホフ》

師云《ク》、生滅滅已ヲ、代《テ》、放身《ハウシン》《ハナツミ》ス、
師云、寂滅為楽ヲ、代《テ》、極睡《ゴクスイ》《キワメネムル》スル也、

釈迦牟尼《シャカムニ》仏大和尚
夜半《ヤハンニ》可《ベキ》二流伝《ルデン》《ツタユル》一者也《モノナリ》
生滅滅已《シャウメツメツイ》
寂滅為楽《シャクメツヰラク》

無極《ブキヨクナリ》也、是《コレ》ハ大極《キヨク》ヲ尽《ツクシテ》、此地《コノチ》ニ到《イタル》ト可《ベキ》レ知者也《シルモノナリ》、

（石川県永光寺所蔵）

時慶安二〈己丑〉年（一六四九）十二月八日　仏陀山翁広巌

附与正安全長居士畢

この外に、生死というものを法界の出来事として捉え、経説仏説を引用してこれを補強しようとした切紙として、永光寺切紙中より、標題はないが仮に「法界生死切紙」と題して次に掲げる。書写年代は不明であるが、近世初頭のものと判断される。

（端裏）〔　　〕

法界生死切紙（仮題）

有経云《ルニク》、空理《ノリヲ》不《ル》レ知故《ニ》、生死流転《ニ》玉《ストウ》レ説コト也、法界ヨリ法界ニ死ル時キ、生ズルコトヲモ願ハザレ、本《ト》ヨリ法界死《ノ》ナルガ故《ニ》、死スルコトヲモ厭《イトハ》サレ、古人《ノ》云、生者《ト》無生ナリ、死ト者不死ナリト云ヘリ、知覚禅師《ノ》云、生者《ト》万法ナリ、衆生源《ノミナモ》トナリ、死者諸仏入定ノ儀ナリトシテ、生トシテ生モ無ク、死トシテ死モナシト云ヘ

リ、仏説《ニ》云、諸仏無量《ノ》知恵ト衆生無辺《ノ》妄念《ト》、都ヘテ是一枚ナリ、知恵トシテ可《キ》レ求ナク、妄念《ト》シテ可レ厭《イトウ》ナシ、妄念《ト》知恵ト此《ノ》心法《ニ》アラズ、亦心法ヲハナレテモナシ、別ニモアラズ、亦即心悪心也、即心悪心《ハ》、是心法《ニ》不レ在、古人云、妄念《ト》知恵《ト》心法トハ、是仏祖端的《ノ》心也、端的《ノ》心トハ、見聞覚知ヲハナレタリ、見聞覚知ハ、皆是思量ナリ、分別ナリ、本心《ニ》テハ無シ、分別《ノ》心ナケレバ、見聞覚知全《ク》以《テ》仏祖端的ノ心ナリ、爰《ニ》知ラレン見聞覚知ヲ嫌ニワ在ラヌ、唯分別《ノ》心ヲ嫌ナリ、

分別《ノ》心トハ、仏ト衆生ト各別ニ思入《イ》ル、地獄ト浄土ト別々《ニ》思入《イル》、心法《ト》各別ニ思ウ心ナリ、此《ノ》心無キナレバ、心歴々トシテ明々トシテ明ナラザル処無シ、法トシテ照ラザルト云処無シ、一返ノ明一返ノ照タ、直《ニ》無心地ニ可《シ》レ到《ル》、亦龐居士、明々百《タル》草頭、明々祖師意ト、爰《ニ》何ンノ分別カ在ン、唯タ分別《ノ》心ヲ嫌ナリ、爰ニ知ラレヌ参覚(学カ)《ノ》眼在リ、鶏《ニハト》リ寒《シテ》木《ニ》上《リ》、鴨モ寒《シテ》水《ニ》下《ル》コトヨ、ミヨ咄、夫理致ト者、諸仏《ノ》本源ナリ、万法《ノ》根源ナリ、衆生《ノ》根本ナリ、諸仏《ノ》本源ガ衆生《ノ》本心ナリ、衆生《ハ》此《ノ》理ニ迷故《ニ》衆生《ト》云ナリ、諸仏《ハ》此理ヲ悟《ル》故《ニ》成仏ストナリ、仏ケ自由自在ナリ、経ニ云、諸教万差ナリト云ヘトモ、祈(所)詮ナリト云ニ、経《ニ》云《ク》、教法モ是ヨリ所作仏ナリ、亦依レ地三世《ノ》諸仏モ此《ノ》理ヨリ出世シ、毛ヲ被《キ》角《ヲ》戴ク牛馬鹿畜モ皆ナ爰ヨリ出《ル》ナリ、ホドニ、三世《ノ》諸仏モ歴代ノ祖師モ此理ヲ伝テゴザ在ル、一理ト云ハ、即心即仏・如々《ノ》境界ナリ、仏ハ此《ノ》理ヲ為《メニ》レ説《ン》世々《ニ》出世シ玉ウコトナリ、纔カニ沙婆往来《スル》コト八千度也、此理トハ衆生《ノ》心性ナリ、生スル時モ此《ノ》性ハ不《ナシ》生、死スル時モ此性《ハ》不去、常住不変《ノ》心ナリ、タトヱバ影ト形チノ如トシ、若《シ》我ガ心ヲハナレテ別ニ仏ケ在ント思ハ、、魔法《ニ》ユキ魔道《ニ》落ベシ、身《ヲ》ハナレテカゲヲ求メ、水ヲハナレテ波ヲ求ムルガ如トシト云ヘリ、古人《ノ》云《ク》、万法《ヲ》従《リ》レ覚《ン》モ、心《ノ》一理《ヲ》観ンニワ不レ似《カ》ト云ヘリ、万法《ヲ》修々センヨリ、心《ノ》一理《ヲ》知ランニハシカジト云ヘリ、唯心《ノ》一理《ヲ》修スレバ、万法《ヲ》行ズルニワ勝レリト在ル、古人《ノ》云、心理ヲ観スル者《ノ》ハ角《ノ》如シ、

（石川県永光寺所蔵）

また、禅録では「枯木死灰」等と熟字して、火の気の全くなくなった灰のあり方を、煩悩妄想の熱気がなくなった様子や、時には「死にぞこない」などの譬喩として用いられるが、この灰のあり方こそ情識思量を絶した死の究極を意味しているとする切紙が伝えられている。永光寺切紙、久外（呑）良所伝のものを掲げる。

（端裏）灰之大事

参禅也

灰之参

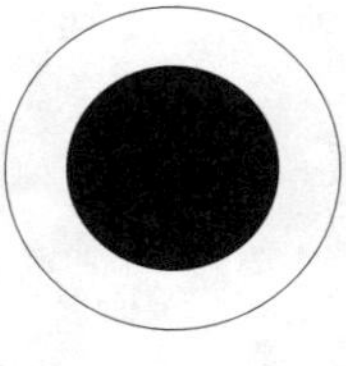

私、外円《ハ》灰也、辺際無虚《キ》空《ニ》譬《ヒ》スル也、中間《ノ》黒ハ灰《ノ》中《カニ》モアル一物也、是《レ》ヲ不尽妙《ノ》ト二云也、亦参字《ノ》有《ニリ》二大事一、マジハルトヨム也、朝暮参《ニマン》ジテ、師明《ノアキラ》ムル心《ムネ》ト我ガ胸臆《ケウヲク》ト一般参《ニマジウ》ル義、亦仏《タ》心我《ト》心ト也、根本ヲ悟《レ》バ一般也、交合《ケウウ》也、

師示《シテ》云《ク》、灰《ハイノ》参ヲ、挙《ス》、根本《ノ》無形ニ帰シテ候《ソロ》、●師云、夫《レ》ハ何《ナニ》トテ、挙、灰《ニ》人相ハ候《ソロ》ヌ、●師云《ク》、扨《サテ》ハ何《ナニ》モ無《ナイ》ト斗見《バカリミテ》カ即今《ノ》落居ヲ、挙《ス》、何《ナニ》モ形無処《チイロ》ニ始終不尽《ノ》妙物ガ候《ソロ》、万像《バン》ヲ尽《コトヽヽクヤキハラッ》焼払テ、其体《ソノタイ》ハ無《レ》ドモ、灰《ハイ》ハ残《ノコルモノ》物也、灰ハ万像《バンゾウ》ノ蹤跡《ゼキ》也、然《シカレ》ドモ実相無故《キヘニ》、灰ハ即今ヨリノ無形ニ属《ゾク》スル也、無形中ニ真《ノ》実相不尽《ノ》霊妙有《アリ》、灰《ハハ》万像ノ変形也、炭《スミハ》死人《ノ》焼骨《セウト》一般也、共《モ》ニ無ニ帰スル也、去書《ルニ》、天元《ンモト》無《ク》二容貌《ユウホウ》一、地亦無《タシ》二形像一、天《ハ》現在ノ陽形也、万相也、地《ハ》本分《ノ》陰相也、諸縁也、天父《ハチヽ》也、地母《ハヽ》也、父母共《トモニ》根本無形也、故《ヘ》ニ我亦《レタ》無相也、無相真《ガン》ノ実相也、無相ニ帰《キス》レバ本分ノ妙心ト真体ヲ合《ガッ》スル故《ヘ》ニ、即身仏性相也、此《ノ》仏性ヲ真《シンノ》心火ト二云《フ》也、心火ハ火先《ヒサキ》現《アラハ》ル、事《コト》ナシ、然《レ》ドモ焔《ホノフ》非《アラズ》レ無《ナキニ》、乾坤《ノ》内万像即《チ》心火《クワノ》焔《フ》也、此心火ヲ妙心トモ本心トモ根本性《ノ》トモ二云《フ》也、始終不滅不尽也、不滅ナル故《ヘ》ニ仮初《カリソメ》ノ言《コトバ》ニモ後生一大事《ジ》ト云《フ》也、於《テ》二後代《ニ》一必々莫《ナカレ》レ堕《ダスコト》二断無空見《ノ》一、一仏性ハ永劫不尽《ノ》一物《ッ》也、

時寛永八〈辛未〉年（一六三一）南呂吉日　於洞谷山永光禅寺
改重書之者也　久外媄良書之（花押）
（石川県永光寺所蔵）

この「灰之参」あるいは「死灰参」と同趣のものとして「死処地参」があり、新潟県諸上寺所蔵のものは近世の筆写であるが、永光寺所蔵の「灰之参」と異なる参を載せているので次に紹介しておく。

（端裏）午三四

死処地参
死灰参　切紙

○死処地ノ参切紙

師云、死処ノ地ヲ云ヘ、資云、生ノ来処カ頓死処ノ地デソロ、師云、ソレハ何トテ、資云、生ハ死ノ始ト見切テ、直下ニ此生《ナマ》入通ヲハ送リ捨テ申シタ、師云、其落著ハ、資即打一円相云、和尚モ某モ這裡ニ帰シ申シタ、師云、ヨク子細ニセヨ、資、珍重ト云テ去也、

○死灰参切紙

師云、死灰ノ端的ヲ云ヘ、資云、灰ニ灰ハゴザナイ、師云、猶モ徹底灰ニナリ来レ、資云、二度ト火ハツキソワヌ、師云、ソコニ一句云ヘ、資云、瓦解氷消、師云、マダ暖気ガアルゾ、資云、知リソハヌト云テ去也、

右中古ノ参話也、永平高祖参話ト云ハ、不是也、右ノ二参ニ、種々ノ言説ヲ添入タル本アリ、難信用者也、

以上これら「死」をめぐって展開される種々の口伝・口訣は、内容的には直接葬送儀礼にかかわるものではないが、禅僧が死に対して抱き続けた尽きない関心事の追求の軌跡でもあり、後述する具体的な葬送の儀礼のなかにも常に想起されており、葬送儀礼が単なる民間の習俗や土俗の儀礼に埋没してしまうことは決してなく、常に禅宗独

自の儀礼であり続けた、その基盤を形成する大きな要素であったことは疑いない。

この死をめぐる禅僧達の、異常とも思える関心に関係して付記しておかなければならないのは、禅僧自身の臨終儀礼や特に遺偈の製作をめぐって、予め死期を察知する方法が求められたことである。すなわち、禅僧自らの死の日時を予知する「知死期《ちしご》」の秘訣が、天台宗の口伝法門のなかに達磨の偈として伝えられており、これを援用した「知死期切紙」や参がかなり現存しており、しかも極めて古い伝承のあることも知られる。たとえば、広泰寺切紙、寛永十七年（一六四〇）英刹所伝の「達磨知死期切紙〈並注〉」、及びこれと同時に伝えられたとみられる参「達磨知死後之切紙ノ注」、さらに「知死期」の問題を『仏説最第一功徳円満知死期経』と題して、予知の方法を仏説とみなして詳説した、永光寺切紙、寛永元年（一六二四）呑良所伝のものの、三種の切紙を紹介しておく。

（端裏）達磨知死期切紙〈並注〉

○達磨大師曰、生死事大、無常迅速、汝還識《テ》二得《ス》也、恵可涕涙悲泣《シテ》云、吾未《タ》レ会《セ》、唯《タ》願《ハ》大慈大悲開《テ》甘露之妙門《ヲ》一救《玉ヘ》二我《ガ》昏朦《ヲ》一、師夜半《ニ》点《テ》二松火《ヲ》一、以《テ》二妙偈《ヲ》一示云、汝聞《ケ》二思修《ヲ》一、恵以《テ》能《ク》護持《シテ》嗣二続《セヨ》吾宗《ヲ》一、云、南山月《ハ》白《シテ》、元来水《ハ》寒《シ》、纔《ニ》覚《サトツ》二玉池《ヲ》一無滴《シ》瀝《レキ》、次於二波底《ニ》一取《ルニ》二神光《ヲ》一、無常須《ク》下聴《テ》二髗頭《ノ》鼓《ヲ》一、得《テ》レ数《ヲ》方《サニ》知《テ》二幾《イク》日《ヲ》一亡《フ》上、

○于時康安〈辛丑〉年（一三六一）玄月吉日　道元在判

○這个加州於大乗寺沈金箱在之

○于時寛永十七〈庚辰〉年（一六四〇）二月吉日　（印）（印）

融山祝和尚　今伝附英刹畢

（三重県広泰寺所蔵）

達磨知死後（ママ）ノ切紙ノ注云、

達磨恵可ニ示也、生死事——迅速ナガ、汝ワ死ヌヲ知ルヤウガアル知タカ、可二云、未レ会、吾昏朦トハシラネバ妄知妄朦ヨ、達磨夜半《ニ》松ノビデヲトボシテ妙偈ヲ示シテ云、南山月白ク、元来水ハ寒《イ》迄デヨ、空劫已前《ノ》理ナリ、是ワ億々劫チガワヌゾ、玉池トハ胸《ノ》水池也、実《ニ》死ナウドテハツヲ呑ミ、胸ガカワイテ心ガ胸中《ニ》不レ落不滴底デウ、ハヤ死ニ定タトシレ、又タ波底トハ眼ノコトナリ、目ハ水ニ取ル也、両掌デ眼《ノ》上ヲ実トヲサエテミヨ、常ニワヒカ〱トシル也、夜ルモヒカル也、アルガ実ニ死ナウドテハ波底ノ上ヲヽサエテ見ヨ、其光無キ也、底デ死ノウト知レ、髗頭鼓トハ左手デ左ノ耳、右手デハ右耳ヲウシロカノカタヨリ耳ヲ実ト打フサイデ置テ、セイタカ指ヲ人指シ指デヒシリ〱ト打ナガラ、正月二月三月四月五月ト数エテ打ツニ、吾ガ死ヘキ月ワ耳エ答エテナラヌ也。其不レ鳴月ヲ吾ガ死月ト可レ知ナリ、亦如レ前ニシテ人指々デヒシリ〱ト打ツニ、一日二日三日四日五日ト次第〱《ニ》数ルニ、吾ガ可レ死日ハ耳ェ答テナラヌゾ、底デ耳ノ不レ鳴日ヲ吾ガ死ノ日ト可レ知ナリ、此髗頭ノ鼓ヲ打テ数ルコトハ正月ノ節分《ノ》夜、数エテ見ルナリ、年々セツブンノ夜、打テ可レ見

祝和尚与英刹畢

（三重県広泰寺所蔵）

（端裏）仏知死期

仏説最第一功徳円満知死期経

如《ク》レ是《ノ》我聞《レク》、一時《キ》仏《ケ》住《シテ》二普賢満月《グワツ》大菩提心殿中《ニ》一、与《ト》二大比丘《ノ》衆・金剛薩埵《タ》及《ビ》無量無辺諸大弟子一倶《トモナリキ》、爾《ソノ》時《キ》仏《ケ》告《ツゲタマハク》二金剛薩埵《ニ》一、説《トカヌ》二我今《レイマ》不思議秘密法《ノヲ》一、何《ナンガユヘゾ》故末代《ノ》衆生於《モ》二一人一無《ナシ》下可《キ》二成仏《ス》一者《モノ》上、哀《アハレム》二此等《レラノ》衆生《ヲ》一最《サイ》勝無二秘密《ノ》経典《ナリ》、若有《シテ》二衆生一修《セ》二此法《ノヲ》一者《ハ》、雖《モ》二父母肉生身《ノミナリト》一、知《リ》二一切徳《ノヲ》一、或《アルヒハ》知《リ》二一切法《ノヲ》一、或《ハ》知《テ》二一切佗心《ノヲ》一、或《ハ》即《チ》得《テ》二往《ヲウ》生《ヲ》一、即得《チヘス》二阿耨多羅三藐三菩提《ヲ》一、爾《ソノ》時《キ》金剛薩埵、白《マフシテ》レ仏《ケニマフサク》言、世尊唯《ダ》願《ネガハクハ》説《トキ玉ヘ》レ之《コレヲ》、説《ヘ》レ之《ヲ》、善哉《ヨキカナ》善哉、我《レ》未《ダズ》レ知《ラ》二衆生

依《エ》所方便説《ノヲ》、忍説《ヒソカニトキ玉ヘ》二第一円満知死期経《ヲ》一、若有《シテ》二衆生一、或一年《ハ》、或二年《ハ》、或三年《ハ》、乃至七年《シハ》、或一月《ハ》、或二月《ハ》、

或一日《ハ》、或二日《ハ》、或三日《ハ》、乃至一生之間《ノアヒタ》、兼知《カネテシラバコノジヲ》二此事一、此則《レチミハ》身不浄《ナリトモ》、行住座臥之不《ザレ》二信《シンジテケ》一懈怠《ダイセ》、不《ズ》レ嫌《キラハ》信《セズノ》二此

法《ヲ》一者《モノハ》、決定其知《ソレシラヌ》二最期《ヲ》一、若有《シテ》二衆生一少《スコシモ》疑心者《ギシンセバ》、必堕《ズダシテ》二無間《ケンニナカクナカラン》一永無《ゴ》二出期《ハテ》一、或於《ノ》二一切諸法《ニ》一為《タメニシ》二父母《ウタカハサヌ》一、或為二一

切衆生身成仏法《ノト》一、若不《シ》レ行《ズン》レ修《ゼ》者《シバ》、決定《ケツ》不《ジ》レ知《シラ》二其死期《ノヲ》一、永無《クナクシテ》二正覚《ガクスルコト》一、必堕《ズセヌ》二無間《ニ》一、又金剛薩埵白《タ》レ仏《マフシテ》言《ケニマフサク》、世尊

我今末代輩《レイマノトモカラヨク》、欲悪世為《ノタメニ》二衆生《ノ》一願《ネーハ》重説《テキ玉ヘ》二一真言《ノヲ》一、爾時《ソノキ》、仏住《ケシテ》二智拳印《ケンインニイッテ》一入《ジ》二加持三昧《ニ》一、説《玉フノ》二此真言神変力経《ヲ》一、即説《チトヒテ》

レ呪曰《ヲノタマハクノウボ》、曩謨婆伽婆都陀黎路伽迦羅帝式帝三摩羅吉里迦帝蘇謨路黎欠黎悉駄悉駄阿万賢賢帝阿万春者曩謨婆迦《バギャバトタレイロギヤキヤラテイシキテイモラキリキヤテイソボロレイケンレイシチダシチダアマンケンケンテイシユシヤノウボバギヤ》

婆帝婆帝訖里旬帝室三謨多曩明伽帝蘇婆賀《バテイキリシユンテイシボダノウメイギヤテイソハカ》

爾時仏《ソノトキホトケトキ》説《ノ》二此真言《ヲ》一已《ヲハッテマタトキ玉フ》、復説《ヲ》二印法《ツノナカユビヲ》一、二中指《ヲイレテ》二頭入《ニ》二掌内一、二大指《フタツノヲフユビヒラキタテヨ》開立、是則名《レチク》二知死期秘印明《ゴノヒミヤウトソノナヲユフ》一、其名曰《ニ》二

菩提印《ト》一、若有《シテ》二衆生一、此真言一辺《ノヲヘンモ》二辺《モ》、若一字《シハ》二字《モ》至《モヲキムネニ》レ心《マイ》、毎月一日十三日十一辺誦満《ニヲヨミミテバ》、年月日時《トシツキヒトキトモニテ》知《ゴヲ》二死期一、

得《エヌ》二往生《ヲウジヤウスルコトヲ》一、一切行一切法雖《トモザルト》レ不《シュセ》二受習《コレヲドク》一、此読誦者《セバ》、一切悪業《ノ》、破戒法《ガウハノ》、妄語綺語悪口両舌皆悉《キコウナコトヽクメツシテマサニ》滅当《ベシ》

レ得《ウ》二阿耨多羅三藐三菩提《ヲ》一、一切世間以《ヲモテノヲ》二此法《ユヘニ》一故、仏涅槃成道《ケシシテ》帰《ニ》二入《スルコト》一本有《ク》、如《ノ》二車輪月輪《カヘッテ》一返《ズ》現《ニ》二返現一切

仏《ケトキノ》一、説《ヲハレバ》二此真言《ヲ》一已《ヲ》、大衆歓喜《シテナシテレイヲ》作《サリヌ》レ礼而去、

仏説最第一功徳円満知死期経、

自天童浄老永平希元大和尚正伝之本也、

于時寛永元年（一六二四）南呂廿八日、於宝円精舎書之畢、

量山和尚伝良禅者々也

洞谷山永光護国禅寺現住久外呑良（花押）

（石川県永光寺所蔵）

「達磨知死期切紙」における「康安辛丑（一三六一）」の記載はそのままでは首肯できないが、この問題がすでに

栄西（一一四一―一二一五）の『興禅護国論』第五門で取りあげられていることは注目される。すなわち、仁安三年（一一六八）四月、第一回の渡宋で明州に到着早々の頃、広恵寺の知客と問答し、

又問曰、我日本国有二達磨大師知死期偈一、真偽如何、知客答曰、所喩之法、乃小根魔子妄撰其語也、夫死生之道、在二吾宗一、本以二去来生死平等一、初無二生滅之理一、若謂レ知二其死期一、是欺二吾祖之道一、非二小害一乎、久聞日本国仏法流通、幸逢二吾師一須レ奉二筆語一、然人有二華夷之異一、而仏法総是一心、一心纔悟唯是一門、金剛経所レ謂応三無レ所レ住而生二其心一也、欲レ知二源流一請垂二訪及一、当一一相聞、応レ知二祖師之道一、非二小乗知見一所二能測度一也、云云　（大正蔵八〇、一〇頁a）

とあるように、広恵寺の知客の言によれば達磨に知死期の偈があるという説は中国には存しなかったことになる。さらに、面山瑞方（一六八三―一七六九）は、『洞上室内断紙揀非私記』で「疑真言僧之新添也」としているが、この質問が栄西によって発せられたことを考慮するなら、その出処は叡山天台の口伝法門ということになろう。はたして、『渓嵐拾葉集』巻八六「知死期法事」に、次のようにある。

一、達磨四句偈云云、同証道歌云云、一山家大師御伝云云、従二行表和尚一伝、
一、慈覚大師御伝云云、従二法全和尚一伝、已上以二達磨四句偈一為レ本也云云、口伝別有也、
問、達磨伝外別有二知死期法一乎、示云、一伝云、死期近付之時、眼光先達云也、夜陰之時、灯明与二暗所一皆黄色見也、死期不レ幾也、暗所皆成二黄色一事者、黄泉先相也云云、尋云、名二黄泉一意如何、示云、命根有二中有一時者也、　（大正蔵七六、七七九頁c）

同巻にはさらに「断抹磨苦相事」「苦楽一如事」「炎字事」「生死一如事」「本無生死事」「西行利口事」「禅家終焉不飲水事」「臨終加持作法事」等の死に関する種々の口伝を載せており、これらと上掲の曹洞宗所伝の切紙とは直

接的関係は見出せないが、「生死一如」や「本無生死」といった、内容的には極めて禅の主張に近い口伝もあり、明らかに禅家所伝のものからの引用もみられる。知死期の問題に関してはさらに、『知死期儀軌』『知死期法』などの書名も知られており、(17) いずれも天台宗所伝の儀軌とみられるので、曹洞宗所伝の知死期もやはり天台口伝法門の援用とみられる。ただし、「参」の内容はやはり洞門独自のものといえよう。

知死期関係の切紙は、他に中国の道家の道引の法をも思わせる、修法としては最も完成した形のものが新潟県諸上寺切紙、天応正眼所伝の切紙集のなかにみられるので、江戸中期のものではあるが、参考までに紹介しておく。(18)

申十知死期法偈云

纔ニ覚ルハ三王池ニ無二滴瀝一、当下シ於二波底取中神光上ヲ、無常須シ二聴髑髏鼓一ヲ、得レ数ニ方ヲ知ニ幾日ル亡一、玉池《フト》トハ口中《コウ》ナリ、無二滴瀝一トハ、口中ニ唾ヲ含ミ満テ、指頭ヲ口ノ中ニ入レテ念此ニ唾ヲ付テ見レ之、指頭ニ唾ノ泡沫アルハ生ナリ、若無シバ死ナリ、波底トワ眼底ナリ、左右ノ指頭ヲ以眸ヲ捏テ光アルハ生ナリ、若シ無ハ死ナリ、右二法ハ臨レ時ニ病中ニ生死ヲ試ル法也、最モ於二臘月晦日夜一ニ、聴ク二髑髏鼓一ヲ時モ、同時ニ修シ試ルナリ、聴二《コトハ》髑髏鼓一ヲ以二両手一ヲ抱二両耳一ヲ以二定慧ノ指一八度頭ヲ打テ其響ヲ試ム、鼓ノ如ク鳴響クアルハ生ナリ、若シ無トキハ死ナリ、若シ欲レ知ント此ハ月ヲ一修法アリ、金剛合掌シテ後ニ前ノ如ク両手ニ掩耳、心経一巻黙誦シ、念仏十声唱テ正月ヨリ月ノ数ニアテ、頭ヲ打テ、響ノ無キ月ヲ死月ト知ル、若シ十二数共ニ響アルハ其年ハ不レ死ナリ、日数時数ノモ頭ヲ打テ試ル也、日数ハ朔日ヨリ始ノ時ノ数ハ子ノ時ヨリ始ル也、月ハ正月ハ左、二月ハ右、日ハ右、日朔日ハハ左、二日ハ右、時ハ子ハ左、丑ワ右ト、日月時トモニ左手右手ヲ分テ次第シテ打試ル也、

修法次第

臘月晦日夜半子ノ時、向二西方一安二阿弥陀像一ヲ、香炉燭花荘厳如レ法而誦二阿弥陀経一巻、観音経三巻、心経廿一

巻、尊勝陀羅尼七返、不動慈救呪七返、大黒呪七返、一字金輪呪七返、阿弥陀名号一百返而後、如前偈二試レ之也、

慈救呪、曩謨《マク》三曼多《マンダ》、縛日羅赦《バサラタ》、戦拏《センタ》摩訶盧洒《ロシャ》、拏娑瀕吒耶《ソハタヤ》、吽怛羅吒《タラタ》唅鈝《カンマン》、

大黒呪、曩謨三曼多、没駄喃、唵摩訶迦羅耶、娑婆訶、

弥陀呪、唵、阿蜜喋多《アミリタ》帝際賀《テイセイカ》羅吽《ラウン》、

一字金剛輪呪、謨盧唵《ホロヲン》、

右上偈、世伝云、達磨大師授《クト》二一祖慧可一《ニ》、然《トモ》決《シテ》非二達磨大師偈《ノニ》一、后人作レ之欲レ入《ノ》信《ヲ》、托《シ》二祖師《ノ》名一而已、雖レ非《ト》二祖師作《ノニ》一、如レ法修《ナリ》レ之必得二霊験《ニ》一也、古来伝説云、伝教大師入唐逢《ニ》二修禅寺道極（ママ）和尚《ニ》一伝二此法来《ルト》一、亦一説《ニ》云、大宋有二般（船カ）頭法名範勝者《ト云ノ》一、東渡到二鎮西一以二右法一授二尋陽上人一、尋陽授二陽円一以来、代々相承大安寺行表和尚、中道院大師《ノ》口訣《ニ》云、十二月晦日《ノ》夜子《ノ》時、行者向レ西端坐《シ》、合掌《シテ》誦二阿弥陀経《ヲ》一、一辺唱、念仏千返、発露涕泣シテ祈《ル》二往生安楽《ヲ》一、然《シテ》后宜《ニク》二勤修行法《ヲ》一、玄法時（寺カ）法全和尚、前唐院大師口訣ニ云、節分夜丑時、向二西方《ニ》一一心不乱《ニ》転二読知死期秘蜜陀羅尼一一巻、滅罪生善思二念《シ》祈三願《シ》往生極楽一、然《シテ》後《ニ》可レ修《ス》二件《ノ》秘法《ヲ》一、

伝云、此ノ法ノ相伝ハ、同庚《ク》申庚子両年《ヲ》為レ本、七日加行《セシメ》授レ之也、花瓶ニ挿二五葉《ノ》松枝《ヲ》一也、○若依《シ》二業病《ニ》一無記不《ル》レ能言語《スルコトハ》時、半夏入二白水一能洗《クヒ》ムシテ細末ニシ、金箔半枚斗入《リ》レテ梧梧（桐カ）子ノ大サニ丸メテ三料服レ之、

縦イ無記無（言脱カ）ナラズトモ可レ用二右法《ヲ》一、病中用心也、

後大日呪千返読誦可二加行一之《ヲ》也、

（新潟県諸上寺所蔵）

この口伝の相承に、最澄・行表・法全、さらには尋陽も関係していることが記録されるのは、上述の『渓嵐拾葉集』の記載に符合するが、さらに高山寺所蔵古典籍のなかに、平安末期の保延六年（一一四〇）書写の「達磨和尚

秘密偈」があることが知られ⒆、

達磨和尚秘密偈云、

纔覚玉池無滴瀝、次於波底取神光、

無常須聴髑髏鼓、得数方知幾日亡、

雲州《ノ》修行者善慶語《ニ》云《ク》、以《テ》先年《ノ》比《ヲ》、大宋国《ノ》船頭、雖在俗也《ナリト》即称《シテ》法号《ヲ》、名《テ》曰《フ》範勝《ト》、通《シテ》達磨宗《ヲ》道心堅固《ナリ》、即渡《テ》鎮西《ニ》欲《フニ》伝《ムト》此《ノ》偈《ヲ》、依《テ》無《ニ》其《ノ》機、空《ク》経《フ》三箇年《ヲ》、於是《コヽニ》鎮西《ノ》陽尋聖人、而問《フ》其《ノ》要《ヲ》、仍《テ》範勝適得《テ》機《ヲ》伝《フ》陽尋《ニ》、々々伝門人陽円《ニ》、々々伝叡山《ノ》源範《ニ》、々々伝求法僧善慶、々々伝良深、々々伝澄仁、々々伝有西、々々伝勝尊、々々伝基舜、

□□□□□矣、深収《クテ》函底《ニ》、勿伝《コト》他門《ニ》、〈別在相承印信云々、〉

口伝云、先検《テ》十二月《ノ》朔日《ヲ》、子《ノ》時《ニ》読《ミ》阿弥陀経《ヲ》、念仏百返《セリ》、而文聴《ニ》頭鼓者《トイハ》、検《ヘ》明年《ノ》大小月《ノ》日数畢《テ》、展《ノヘテ》二手《ノヲ》掩《フテ》二《ノ》耳《ヲ》、以《テ》左右《ノ》指峰《ノサキヲ》、互《ニ》打《テ》頂《ノ》上《ヲ》、其《ノ》声《ノ》似《タリ》鼓《ニ》、数《テ》日《ヲ》打《ニ》之《ヲ》、以《テ》無《ラム》音、日《ヲ》知《レ》定期《ト》、三度《ヲ》為《セヨ》限《ト》、又玉池無滴者、不慮《ニ》得《ニ》病《ヲ》、唾《ヲ》溢《テ》口《ノ》中《ニ》、塗《テ》指《ノ》端《ニ》見《ヨ》之《ヲ》、若無《クハ》泡沫者、可知定期《ト》也、又波底取光者、以《テ》指《ノ》峰《ヲ》、指《セ》目眦《マナシリヲ》、見《ニ》如《シ》散《ルカ》星《ヲ》、若不然者、可知定期《ト》矣、範勝之定限無違、陽尋又無違〈云々〉、

保延六年〈庚申〉十一月十五日伝受了

というもので、最澄伝来説とは異なる相承説を伝えている。諸上寺切紙にみられる「範勝」による日本伝来説が極めて古い伝承を継承するものであることが知ることができ、陽尋（尋陽）・陽円からさらに、叡山源範・求法僧善慶・良深・澄仁・有西・勝尊と、他にはみられない相承もあわせ伝えている。このように曹洞宗所伝の切紙の中には、極めて古い伝承を有するところの他宗の口伝類も混入して、しかも禅宗的粉飾がなされて室内に相承されるに至ったものもあったことが知られる。

「達磨知死期」にかかわる切紙として、最後に、この口伝を相伝する際に付与されたと思われる珍しい血脈の書式を示す豊川市西明寺九世鉄山天牛（？―一六五四）所伝の「達磨知死期之血脈」を掲げておく。(20)

（端裏）達磨知死期

達磨知死期之血脈

○菩提達磨―二祖恵可―三祖僧璨―四祖道信―五祖弘忍―六祖恵能―青原行思―石頭希遷―薬山惟厳（ママ）―雲巌
曇成（ママ）―洞山良价―雲居道膺―同安道丕―同安観志―梁山縁観―大陽警玄―投子義青―芙蓉道楷―丹霞子淳―
真歇清了―天童宗珏―雪豆（ママ）智鑑―天童如浄―永平道元―永平懐奘―徹通義介―蛍（ママ）山韶（ママ）瑾―峨山紹碩（ママ）―大源（ママ）宗
真―梅山聞本―如仲天誾―喜山性讃―茂林志繁（ママ）―盧嶽洞都

知死期頌云

纔《ニ》覚《ウ》三玉池《ニ》無《キコトヲ》二滴瀝一、次《ニテ》於二波底《ニ》一取《ル》二神光《ヲ》一、（眼ヲヒツカヘシテ、ヒツカトスルコト也。）
無常須《ク》レ聴《ノ》二数頭鼓《ヲ》一、（指ヲ以テ鼓ミヲ打用ナリ）得《テ》レ数《ヲ》幾《ク》多《ノ》　時《キカ》　知《ル》レ亡《ヲ》、

時寛永四〈丁卯〉年（一六二七）六月念日　　天牛首座附与之　（愛知県西明寺所蔵）

次に、こうした「死」に関する諸種の観念と相対して、これと両極をなすと思われるのが、「生」の由来とその肉体の把握の仕方についてであろう。この問題に関する切紙も、分類的には葬送儀礼とは直接つながらない、むしろ口訣として扱われるべき内容と思われるが、「本無生死」、「生死一如」などの語が示すように、死の問題と離して論ずることのできない内容を含んでおり、これについても特色のある切紙を二、三点紹介しておく。まず永光寺所蔵の「体中サガシノ切カミ」、一名「入胎出生」は、人間の肉体が胎内で形成され出生する過程を仏教的に意味付け解釈しようとしたもので、年記相承の記載はないが、近世初期頃の書写とみられる。

（端裏）体中サガシノ切カミ也

入胎出生　毘婆沙論云、三事和合以可《キ》レ知事

入胎出生者、不動《ノ》赤《キ》血《ト》白《キ》水《ツ》ト合会《シ》、肝《キモ》ヲマルメテ両手両脚出《シ》給、又母《ノ》最後《ノ》血、父《ノ》最後《ノ》精、白赤《ク》二体和合シ余《ル》一滴成就《ス》、不動《ノ》血水不レ少不レ多、不レ乾不レ湿、方《ハシメテ》得《ル》レ体《ヲ》レ胎《タイ》、母腹《フク》清浄ナレバ無病無災ナリ、母《ノ》右《ノ》脇ニ向テ在《リ》、向脊《セナ》カニ跪坐、故初《ニ》七日《ニ》ハ不動用也、宝積経《ニ》云、衆生在二母胎《ニ》一、三十八ヶ日《ニ》有《リ》二二十九種《ノ》業風吹処《ク》一、次第《ニ》成就《ス》、一七日状《ノカタチ》如《シ》二酪漿一、五七日《ニ》ハ分《ツ》二頭《ス》臂《ヒ》胜《モモヲ》一、第十七日《ニ》声音、十三七日生《ス》二飢渇想《ヲ》一、十六七日《ニ》ハ通二出入息《ヲ》一、十九七日六根《ヲ》具足《ス》、三十六七日身想《ヲ》具足《ス》、満二十ヶ月《ニ》一、向二母産門《ニ》一倒卓《トウタクス》《サカシマニ》 而生《ル》也、大蔵一覧《ニ》在之、初七日ニハ不動《ノ》肝《モ》両手両脚《ヲ》出《ス》ナリ、二七日ニハ釈迦《ノ》後《ウシロノ》 骨《ヲ》出《ス》ナリ、三七日ニハ文殊《ノ》両方《ノ》脇骨《ヲ》出スナリ、四七日ニハ普賢肩ヲ出《ス》ナリ、五七日ニハ、地蔵ノ腹ハラトシリヲ出《ス》ナリ、六七日《ニ》ハ、弥勒《ノ》頭《リ》面《ヲ》出《ス》ナリ、七ゝ日ニハ薬師ノ都合シ分テ請取リ給也、五十一日云《ト》時キ、総体《ノ》皮《ハ》身《ニ》カヽルナリ、百ケ日ニナリテ先ツ口出ル也、四月目ニ観音《ノ》出息入息《ヲ》出給也、五月目《ニ》勢至《ノ》総筋ヲ出《ス》ナリ、六月目ニ阿弥陀ノ想シテ三百六十骨《ノ》節《ヲ》合スルナリ、九月目《ニ》虚空蔵受取《ケトリ》テ現世ヘ引出《シ》、御誕生《ノ》時ヲ出ス也、是以死スレバ、初七日ヨリソレ〳〵ニ本尊ヲ拝シテ三十三年迄《テ》此《ノ》

カリ物ヲカエサデ、時ハ又、吾レ〱ウケ取リ□也、串ノ竹此ノ作法ヨリ出ルナリ、是ヲ体内サガシ、体内帰ヱシト二云也、

摩尼宝殿有四角、陰レテ二三角一、一角常ニ顕ル、ナリ

摩尼宝殿無二四角一　　大事心得可レ在之

四方ト二云ハ無極也、二ツ図ノハ乾坤也

左眼ヲバ金剛界　大日父ノ形陽也、陰母乾也坤也

右眼ヲバ胎蔵界　大日母ノ形陰坤也、コレヲ四部ノ大日与明ムルナリ、

慈悲免拝スルナリ、分弥大師ニ、慈悲ニ聞ス也

（石川県永光寺所蔵）

四肢五体が紅白の二滴の合会によって成就するという説相は、道元の『学道用心集』に「今我身体内外所有、以レ何為レ本乎、身体髪膚稟二於父母一、紅白二滴始終是空」とあるが、その根底には儒教の孝思想がある。(21) ただし、肉体成就の過程を、初七日—不動（両手両足）、二七日—釈迦（後骨）、三七日—文殊（両方脇骨）、四七日—普賢（肩）、五七日—地蔵（腹・尻）、六七日—弥勒（頭面）、七七日（五十一日）—薬師（総体肢身）、百ヶ日（四月目）—観音（出息入息）、五月目—勢至（総筋）、六月目—阿弥陀（三百六十骨節）、七月目・八月目—（欠）、九月—虚空蔵（現世ニ引出）として諸仏諸菩薩が配され、その形成にかかわるとするのは、十王信仰や十三仏信仰と習合し

ていることは明らかである。この仕組はさらに、「是以死スレバ、初七日ヨリソレ〱ニ本尊ヲ拝シテ三十三年迄此ノカリ物ヲカエサテ時ハ又、云云」とあるように、死後の初七日より三十三年忌に至るまで、順次忌日の追善供養の仏事を修する根拠にもなる。

また、次に紹介する、近世初期書写とみられる永光寺所蔵の「入胎出生切紙（仮題）」は、総持寺開山すなわち瑩山紹瑾の説示によるものとされ、伝翁宗心居士なる者に伝授されたという伝承を有するものであるが、ここでは五体の成立過程が密教的に説明される。

入胎出生切紙（仮題）

授伝翁宗心居士　砕

惣持開山サマノ曰《ク》、人間ノ立始来《リル》事、本来ハ如何ト問《ウ》、僧答曰《ク》、人間種《ノ》ハ父《チ、》母《ハ》和合《ノ》ニ水也、父ノ種ワ白《ヒヤク》イン、骨也、金剛界五百余ソンノ血水ナリ△母《ハ》ハノ胤《イン》ワ赤《ク》シテ肉身《ニクト》ナル、胎蔵界七百余尊仏《ノ》ノ血水也、此《ノ》ニ水則《チ》人間ノ種ナリ、コレワ生《ムマ》レ始ヨリ如《シ》レ斯《ノ》、又一日二日三日アブトンガラランアリ、寒熱ノニ水ワ、金胎両部《ノ》大日一千二百余尊智《ノ》水ナリ、此《ノ》智水人間ノ種子トナリテ、母胎《ノ》内《ニ》ヲサマリテ後《ノチ》、三十二日過《ヲス》キテ智《地》体ヲ生ル、形ワ四角《カク》[地]此《スハノ》図ナリ、亦三十二日過《ヲキ》テ水体ヲ生ル、形チハマロキナリ㊌此《ノ》ズナリ、亦三十二日過《ヲ》キテ火体《ヲ》生ル、形チハ三角《ク》ナリ[△火]此ノ図ナリ、亦三十二日過《ヲキ》テ風体生《ヲル》、是ハ半月ナリ◡、亦三十二日ヲ過《キ》テ空体《ヲ》生ル、形チワ専《ウチワ》ノコトクナリ団、カクノコトクナルヲ五リン五体トハ申《ス》ナリ、形如《チシ》レ是《ノ》、風輪《リン》水《イ》輪火輪土輪ナリ、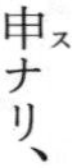

●此《ノ》五輪五体とゝノイテカサナリ、地体両《ノ》ノカドホトリヨリ両《リヤウ》アシ出ルナリ形如レ是《クノ》ナリ、亦火体《ノ》両ノホトリヨリ両手二ツヲ出スナリ形如レ是、相調ヱテ、阿字文字ノ心ヲ大日五輪納《ンヲサ》マリテ風輪ヨリ出テ入《リ》ヲシタマウナリ◡風アチノ大日《ハ》人間ノイキトナリ、智恵トナリ、仏《ケ》ミタトナリ給ウ、五輪五体《ニ》智恵色《シキ》体加《ヲクワ》ヱテ六

体イト謂ウ、無始劫ノムカシ大日如来此《ノ》体ヲ受テ仏体トナリ給時《ウヲ》、自性六体、発心《ノ》大日《ト》謂ナリ、是仏《ノ》始《メ》ヨリ人間此《ノ》六体《ヲ》仏質《ノスカタニ》ナリタルヲ水縁六体《ノ》主相《ノ》大日《ト》名付タリ、我レラ此《ノ》主相容《ノスカ》タナリ、是《レ》縁《ニ》ヨリテ生《ジ》タル大日ナリ、此《ノ》謂《イワレ》ヲ智《シッ》テ我ガ心ヲバ大日如来ナリト観念スルナリ、如レ斯天地ト人間《ト》ハ同一体ニシテ少《シ》モ替ル処ナシ、大日如来明《メウ》観察智《ノ》自性本性《ニ》入《リ》給処《ヲ》、己心《ノ》弥陀釈迦如来一切三世仏トナツケルナリ、大日同体《ト》ハ分仏《ノケ》ナリ、此《ノ》故ニ人間ノ身《ニ》アミタトヤクシトクワンヲント勢至トワ不レ及レ申《ニ》、十三仏《ノ》仏ケタチヲワシマスト知ルべ、一大事因縁ト仏ト人間トハ、皆《ナ》一ツト知《リ》可《シ》レ語《ル》、人間ト生レテ悪心《ヲ》タヱサス、悪身《クヲ》フルマエバ鬼畜木石トナリ、永《ク》六道《ノ》苦ヲマヌガレザル者也、アラ大事々々可レ秘

（石川県永光寺所蔵）

ただし、「此《ノ》故ニ人間ノ身《ニ》アミタトヤクシトクワンヲント勢至トワ不レ及レ申《ニ》、十三仏《ノ》仏ケタチヲワシマスト知ルべ（シ）」とあるように、「体中サガシノ切カミ」と同様に、十三仏信仰の援用は前提されている。

さらに、太汲禅翁所伝書写の、「宗門霞陰之大事」と題する切紙も、人間の五体の把捉の仕方を示すものであるが、

宗門霞陰之大事

師曰、五体者、須弥山〈師曰、右之眼者、月光菩薩、師曰、左之眼者、日光菩薩〉

曰、前之腹者、胎蔵界之曼陀羅

曰、後背者、金剛界之曼陀羅

曰、四之手足者〈東方持国天王、南方増長天、西方広目天王、北方多聞天〉是四天王也、

曰、心者摩利支天、我住処者、摩尼宝殿也、

曰、九々八十一者、大梵天王之窮也、急々如律令、
天童如浄大和尚付与道元和尚、従夫此方嫡々相承而不令到太汲禅翁断絶者歟、
竜天之本形之也、

山主（花押）

于時慶長三〈戊戌〉年（一五九八）八月吉日

（石川県永光寺所蔵）

とあるように、五体を仏教的宇宙観のなかに措定し、換言すればこの肉体そのものを小宇宙とみなして、これを密教的に説明位置付けたものである。

このように、生の由来や肉体の生成過程を説明する切紙は、その拠り所となる出典の夾雑性は覆うべくもないが、十三仏信仰などとの習合によって忌日の追善供養の典拠として機能したことは注目される。

五　知識葬儀法

次に、葬送儀礼そのものの切紙の紹介であるが、はじめに知識葬儀法、すなわち出家者のための葬送の諸儀礼に関する切紙について触れておきたい。

日本の中世において禅宗が援用した葬送儀礼の典拠は、『禅苑清規』などにすでにみられる出家者のための諸儀礼、すなわち「尊宿遷化」や「亡僧」の葬法で、これをさらに敷衍して、在家者の葬儀に適用したものであることはすでに述べた。そして、さらに、『禅苑清規』後に成立した清規、たとえば『勅修百丈清規』では、尊宿遷化は住持章第五で、亡僧の儀礼は大衆章第七において、極めて完備した形で規定されるに至り(22)、日本曹洞宗に限ってみ

ても、『瑩山和尚清規』にやはり「尊宿遷化」並びに「亡僧」の項に儀礼の次第が示されている（曹全、宗源下、四四七―四五〇頁）。しかし、在家者のための葬儀関係切紙の諸儀礼や参の豊富さに比較するなら、出家者（尊宿）の葬送に関する切紙には、数種の伝承があるに過ぎない。以下そのいくつかを紹介してみる。まず、入滅後の遺体の処理から、葬場、掛真・荼毘・取骨・安骨に至るまでの諸儀礼や口訣を一紙にまとめた「諸聖法位依行之様子」と題する切紙は、大乗寺三代明峰素哲（一二七七―一三五〇）より伝来したとされるもので、大乗寺十四世虎室春策㉓（?―一五九三）の真筆と伝えられるものによって紹介しておく。なおこの切紙の前半部分は、諸上寺切紙でみたように、「知識葬儀法」として別に伝授されることもある。

（端裏）諸聖法位

○諸聖法位依行之様子

○先大覚三宝殿、為《シテ》二住持一巡堂之様子、可《ベキ》二巡堂一右箇《ノ》卍字是也、意地者具《ス》吉祥功徳《ノ》相《ヲ》以《ヲテ》随《イ》二順《シテ》世《ニ》一、常《ニ》無《キ》二罣礙之《ノ》修習一也、表《スル》二印子《ヲ》一〈不審也〉様体《ノ》者也、巡堂者也、巡堂自《ヨリ》二玄関一出《テ》順巡《シテ》入《テ》二玄関《ニ》一方丈《ニ》行覆《スルナリ》、右順生也、是者《ハ》応世住持如《ク》レ是順《テ》レ常《ニ》堪《ル》レ記之法様也、是者《ハ》随順《ヘ》世《ニ》一常《ノ》住持《ノ》儀式也、右《ヲ》為《シ》レ順左《ヲ》為《ス》レ逆、

○一、入滅《ノ》時《ノ》様子、先於《テ》二沐浴間《ノニ》一、以《テ》二香湯水《ヲ》一浴了《シテ》〈湯桶《ニ》入レ水〉、爨《トノヘテ》二威儀《ヲ》一而礼間客位之方《ニ》立《テ》椅子《ヲ》二可レ令レ坐二椅子《ノ》上《ニ》一、其《ノ》後撞《ツクコト》レ鐘《ヲ》一会、大衆集《ル》、可レ作二総礼《ヲ》一、々了《テ》礼間之従《リ》レ隅《スミ》室間之隅《エ》退《ク》、従《リ》二沐浴間《ノタ》一出《テ》二客殿《ニ》一、従《リ》二蔀間《シトミノマ》一出《テ》而巡堂可レ遶《ニ》レ左、心持《チハ》同《ク》退院、左《ハ》逆死也、左《リ》卍字、是離《レル》二生老病死四相《ヲ》一也、意地者《ハ》、離《レ》二一切諸相《ヲ》一、即《チ》名《タル》二諸仏《ト》一也、妙相円明《ニシテ》離《ル》二諸《ロノ》名相《ヲ》一也、巡堂了《テ》、自《リ》レ其《レ》直《ニ》趣《ク》二茶毘場《ノニ》一、遶《ルコト》レ右《ニ》三匝《ソウ》、又七匝《ハ》、仏道者《ハ》自《リ》二初地一至二十地《ニ》一得《テ》二妙覚果満《ノ》位《ヲ》一入《ル》二無余涅槃《ニ》一、是《レ》為《ヲス》二順行《ト》一、此者《レハ》聖人茶毘《ノ》儀式也、仏道者《ハ》死《ヲ》為《シ》レ順《ト》、儒道者《ハ》死《ヲ》為《ス》レ逆、是《ノ》心《ロナリ》也、儒道者生為《テシ》レ順《ト》、死《ヲ》為レ逆者也、意地者、世間功《ノハ》以《テ》レ紹為《ス》レ功《ト》、仏法功《ノハ》以《テ》レ断《タヲ》為《ス》レ功、此《ノ》心得也、

○一、御影、在世之時者、可《シ》レ画《ク》二主位《ヲ》一、滅後者《ハ》、可レ画《ク》二客位一、此法意者《ハ》、在世之時之修行《ハ》自他共利《ニリシ》了《テ》、自《リ》二初地一至《ラ》二十地《ニ》一獲《ギャク》二得《シテ》妙覚果満位《ヲ》一為《ス》二主位《ト》一、化度畢《テ》成《ス》二正覚《ヲ》一是也、是《レ》以《ヲテ》為《ス》二順行一、是者《ハ》予出世之処《ロ》、主位也、又《タ》滅度之後者《ハ》、可《シ》レ画《ク》二客位《ニ》一、此法意者《ハ》、千聖還《ツテ》二本覚《ノ》城《ニ》一再起《ヒテ》還《テ》二娑婆世界《ニ》一引二導《ス》衆生《ヲ》一、是呼《ヲテ》為《ス》二逆行《ト》一、古人一身得脱《シテ》到《リ》二浄土《ニ》一、還《リテ》二来《ヘ》穢国《ニ》一度《ル》二人天《ヲ》一者《ハ》、是《レ》出世為《ル》二客位一也、

○維摩詰云《ク》、菩薩行《ス》二非道《ヲ》一、是名《ヲク》二仏道《ト》一、○註云、聖人成仏後《ノ》、却来《リテ》而接物利生垂手、是《ヲ》曰《ク》二非道《ト》一、是者《ハ》画像之心得也、木像時《ノハ》於《テ》二眼中《ニ》一、可《シ》レ有《ル》二主位客位一、在世者《ハ》目光可レ視二主位《ヲ》一、滅後《ニハ》目光視二客位一、或《ハ》在世直上視、滅後視《ル》二直下《ヲ》一、画像木像本位一般也、又御影秉《トルニ》二払子《ヲ》一有《リ》レ習《ナライ》、高画《クハ》弟子《ヲ》早《ク》有《リ》二法幢一、木像亦《タ》如是、

○一、茶毘場《ノ》遶様子、聖人凡人別々也、聖人遶レ右《ニ》三匝、又七匝、是死去《ヲ》為レ順《ト》生来《ヲ》為《ス》レ逆《ト》、祖意〈尽転〉至二自己一、々々〈尽転〉至《リ》二智不到一、々々々〈尽転〉至二那辺《ニ》一、向去底人《ノ》是也、教意者《ハ》自《リ》二初地一至《ル》二十地《ニ》一、等覚妙覚果満位也、是《レ》呼《ヲテ》作《ス》二順行《ト》一、而巡《ル》レ右《ニ》也、是滅後住持行履《ノ》様子、諸行一切空、即是如来大円覚也、又凡人《ハ》遶レ左《ヒダリニ》、是《レ》死去《ヲ》為《ト》レ逆、生来《ヲ》為レ順、返《カヘシテ》レ常《ヲ》合《ウ》レ道《ニ》、転レ凡入レ聖道理也、仏道指《ハス》レ常《ヲ》、非《ニ》二五常之常一、無常之処也、久遠実成也、無主之処也、

○儒道指《ハス》レ常《ヲ》者、生下如来仁儀(ママ)礼知(ママ)信、今時日用也、遶《ツテ》レ右《ニユキテ》之遶レ左《リニキ》之模様雖《モ》レ別《ナリ》、落着一般也、

○一、茶毘鐘《ニヲ》一会撞事《クコト》、忌《ム》レ重《ヲ》心也、茶者《ハ》苦也、毘者《ハ》救也、趣《ク》レ葬《ニキ》時、鼓子与レ鈸同時《ニ》両声仮《ル》二涅槃《ノ》二字《ヲ》一、響鈴《キヲ》一声者、仮《ハ》二安字《ヲ》一、響本意涅槃字也、畢竟作二仏事一声《ヘシテ》作二仏事一而趣《テ》二万端《ニ》一牽《ヒキ》《ケン》二回《エイシテ》心念《ヲ》一、入《テ》二涅槃路《ニ》一令二回二向仏道《ニ》一者、摩訶般若波羅蜜、

○一、始覚人《ノハ》新般涅槃、本覚人《ノハ》無《シ》二新字《ノジ》一、三日者《ハ》心之字表也、妄心尽《ヲシテ》本心也、又三者《ハ》半也、是忌《モイム》レ重《ヲ》歟、

○一、安骨之時者、鈸与レ鼓同時《ニ》三声、子孫繁昌《ノ》響也、次第上撞《ニク》、鈸《ノ》一声《ハ》昌之字《ノ》響也、自二茶毘場一至《ル》二中陰壇一

迄如レ是、
○可レ撞《シ》二安骨壇上一、鼓与レ鉢三会 撞《ニテキ》可レ収《ム》、数百八卅六定、三会也、云々、
○大乗三代明峰和尚記之　到末代伝之
大乗虎室和尚真筆也
（石川県永光寺所蔵）

切紙類にみられる出家者のための葬儀法は、管見によると尊宿に関するものだけで、亡僧に関しては見当らない。次に紹介する媄良所伝の「先師入滅切紙」も、その滅後に荼毘せんとしたがその棺は動かすことができず、七日を過ぎて鶏足山より摩訶迦葉が到着してはじめて荼毘に付すことができたという釈尊入滅の因縁を挙して、尊宿滅後の焼香師は、付法の弟子のうちに長嫡の者がつとむべきことを示すものである。

（端裏）先師入滅切紙

先師入滅焼香之秘書　秘伝之一紙

吾《ガノ》此宗門、釈尊《ノ》之長嫡《テキ》迦葉《ノ》之末流《マツリウ》、於《テ》二仏心宗《ニ》一嗣《シ》法師《ノシ》遷化給《シタマヘバ》者、便《チ》附法《ノ》弟子《シ》為《テ》二導師《ト》一致《イタス》二焼香一事《コト》、全非《クアラズ》二
私《ワタクシノ》　法式《シキニ》一、昔日《ソノカミ》本師釈迦如来入般涅槃《ニウハツ》以《ノテ》二儀式《ヲ》一、到《テ》レ今執行《マニトリヲコナフ》　者《ノ》也、抑仏《ケ》二月十五夜半於《ニテ》二第四禅定《ニ》一入滅給《シタマフ》、
如来金身《ノコンジンノ》　宝牀《シマウニ》　安置《チシ》、以《テ》二妙香水《ヲ》一奉《リ》二灌《クワンセンシ》　洗一、金棺内《ノチヲ》二以《テトロ》二兜羅綿《ヲ》一裹《ツヽミ》、外《ソトヲ》　以《テ》二妙艷《メウチヤウ》（氎《テウ》）千張《チヤウヲ》一　如法纏《ニマトウ》、即転《チ》
輪聖王《ノ》荼毘《ノ》儀式学《ヲマナンデ》、奉《リ》レ移《ウツシ》二金棺《ニ》一、以《テ》二栴檀《セン》香木《ボクヲタテ》一建《クワカウラウヲ》二火香楼一、奉《リ》二金棺移《ヲウツシスルニ》一欲《ノニワニヲモムカント》二荼毘庭　趣一、力士金棺《ジ》拼《ヲカクニ》　不《ズ》レ動《ゼ》、
欲《スルニヤカントザル》レ　爇　不レ燃故《モヘユヘニ》、　阿難曰《ナンノタマハク》、　定《メテ》　如来迦葉待《ノマタセ玉フト》レ　来　見《ルヲミヘタリ》　而《トテ》、七日過　已《ヲスゴシヲハル》　時《キニ》、迦葉在《リ》二鶏《ケイ》足山《ニ》一、如《ク》二如来堅約《ケンヤクシ玉フ》一、
放《ハナチ玉フヲ》　面門光《ニ》一見《リヲミテ》、出《イテヽ》レ山鳩《ヲク》尸《シ》那《ナ》城涅槃会詣《ニケイセリ》、道《ミチノ》　間《ダ》七日也《ナリ》、同《ク》二十二日参箸《ニ（著カ）》、便《チ》金棺拝《ヲ》悲哽《シヒコウセリ》、爾時《ソノトキ》棺自《ヲノツカラ》　開《ケテ》
双足現《ヲアラハシ玉フ》二　棺外《グワイニ》一、示《シ》二千輻輪《フクリンノ》　相《ヲ》一給《タマヘリ》、迦葉礼拝了《シヲハレバ》、両足則《スナハチ》　取入《ス》、時《キニ》　阿那律升《リツノボツテトウリ》二　忉利天《ニ》一告《ツグ》二摩耶夫人《ブニ》一、夫人諸《ノ》
領《ジテケンゾクヲクダル》二眷属一下、世尊自《ヨリ》二金棺裡《ノウチ》一起《タツテ》、為《タメニ》説法《シ玉フツゲテ》、告《ニ》二阿難一曰《ノタマハクコウセニタメニ》、後世為《ニ》二父母不孝《コウ》衆生《ノ》一母《ハヽヲ》　問訊《セント》、便《チ》金棺《クワンヲイデ、》　出　問訊給《シフ》、

諸仏諸菩薩七万《ノ》諸大羅漢、諸天衆八大国《ノ》大王諸大竜王、夜叉羅刹《ラセツ》等六種震動《シンシテ》、五十二類《ルイノ》禽獣《キンシウニ》迄《イタルマデ》涕涙《テイルイ》悲泣《キウ》悲鳴《スルコト》事重々無尽《ムヂン》也、去程《サルホドニ》、二月二十三日朝《ノアサ》、金棺《クワンヲ》自《ラ》虚空昇《ニアガルコトタカサイツタ》高一多羅《ヲ》樹《ジユス》、一多羅樹《トハ》七仭《ジン》也、七尺事《ノコト》也、鳩尸《クシ》那城遶《ヲメグリタマフコト》給事七匝《ソウセリ》、時《キニ》迦葉、声《コヘヲアゲテ》挙大聖宝棺《クワン》如来胸《ケウ》中三昧《ザンマイノヒトノタマヘバコヘニシタガツテヨリ》火言、声随従二棺中一燃出《モヘイデ、》、漸々《ゼン〳〵ニ》荼毘《ス》、於《テ》二第四禅一《ニ》入二《イリ玉フクワ》火光三昧一《ニ》、七日過《スギテ》同晦《ク》日《ニ》、八大国《ノ》諸王《ノ》如来舎利争《ヲアラソフテ》、既欲《ニ》レ起《スヲコサントヒヤウヲユヘニ》レ兵、故、香姓《シヤウ》婆羅門、三斛《コクノ》仏舎利《ヲ》八大王《ニ》当分分与《ニブンヨス》、諸国《ニタテ、》建レ塔《トウヲ》恭敬礼拝今《イマニナシ》無レ怠《ヲコタルコト》、大乗仏《ノケハ》以《テ》レ機《キヲナス》為レ薪《タキヾト》、逗応為《ヲナス》レ火《ヒト》、機《キ》縁尽《ツキヌレバヒモマタ》火亦滅《ス》、小乗仏《ノケハ》、仏身為《ヲナシ》レ薪《タキヾトチ》、智恵《エヲナス》為レ火《ヒト》、大乗仏《ノケハ》無《シ》二生滅一、不《フ》生滅《ニシテ》而示《シ》二生滅一《ヲ》、不滅而滅度《ニシテドス》、滅《メツシテ》不《フ》滅也、既《スデニ》三界大《ノ》教主釈迦如来《モ》、滅後《ノ》焼香師《ノシハ》迦葉也、故《ヘニ》仏心宗《デハ》附法《ノ》弟子《ノ》内《チ》、長嫡《ガ》焼香師《ノシ》也、入滅《ノ》先師《ノ》心火《ハ》宿火也、故《ヘニヲ》自《ザル》不二燃《モヘ》出《イデ》一也、生身《ノ》弟子《ノ》心火色《ハシキ》火也、仍《ヨツテ》師弟一般《ハン》心色《シキ》一致而《チニシテセウ》焼二尽《チンスモツゴノケ》没後化相一《ソウヲ》、是皆心色《コレミナシンシキノ》通処、師資《シ》相合、生々世々《ノ》熟《ジユク》縁不尽心《ノムネ》也、為《ニ》二後代児孫一書之者也、

〈氎《テウ》ハケヌノ、ホソヌノ、ホソキケデヲリタルヌノ也〉、二十三日ヨリ廿九日迄《デ》七日間《ノダ》焼《ケ》タルト見《ミヘ》タリ

于時寛永八〈辛未〉（一六三一）九月書之畢

洞谷現住呑良書之嫫良（花押）

（石川県永光寺所蔵）

また、次に紹介する「知識臨終大事」と題する切紙は、人間の真価というものは没して三日過ぎてはじめていえることであり、そのためには三道に熟達していなければならないことを、宋代の文人で居士としても名高い蘇東坡（一〇三六―一一〇一）を例として主張するもので、善知識たるものの臨終の用心としたものである。

ただし三道の内容については、文武両道と天道とされており、受者の独酔歩山居士や師外梵宗については不明である。

（知識臨終大事）

（三宝印）往昔東坡幼《イトケナキ》時《キ》広《ク》学二諸文《ヲ》一、普窮《クム》二万才《ヲ》一、聡明点志二付《テ》人一、心《ニ》聊《カ》曾《テ》無《シ》レ徴《マナブコト》、而《モ》慈悲孝順之心勝《レリ》レ人《ニ》、先代在レ風因《アル》者《ノ》到レ今《ニ》、子令《シテ》レ孫《シム》顕《アラワサ》二其正《ノ》果《マコトヲ》一、故謂《ニテ》二大明別人《ト》一、是合《ウト》二三道熟《ニ》一云云、

○古語云、惬《サトルヲ》二三道熟《ニ》一喚作《テス》二禅定人《ト》一、三世共《ニ》天道不《ルヲ》二違背一謂《ウ》二成就《ト》一、○亦経説《ニ》云、深入《クテ》二禅定《ニ》一契《ウ》二諸仏《ノ》内証《ニ》一、亦三《ノ》道《トハ》、文武《ノ》二道与《ト》レ天《ン》道一謂併《ウアワセ》安《ルヲ》一、在《ル》時《キ》見《テ》二瀑布漲《ノルヲ》一領《ルコト》レ旨《ヲリ》在、数十人見《ヌ》二禅人《ニ》一、許多尽《ノス》二伎両気力《ヲ》一、未《ダ》三曾《テ》得二証果《ヲ》一、一日参《シテ》二照覚聡《ノ》一即時《ニ》心《ヲ》開《キ》、頓悟了《テ》二得大事《ニ》一、称《ス》二達東坡居士《ト》一、従《リ》レ其以来稜《タ》□為《ニ》レ顕《ン》二順熟証拠《ジユンノウヲ》一、授《ズクル》二安陀羅衣《ヲ》二而已《ノミ》、已今当《ニマサニ》不レ忘《ワス》レ之《ヲ》、後代《ニ》無《ン》二猛裂修行《ノ》一得処《ニ》一者《バ》言《スルコト》二　曰二居士一大《ニ》錯《ル》者也、

大明トハ唐土之総名ヲ二云、禅人トハ和尚総名ヲ二云也、禅定人トハ惬二三道一熟二云ナリ、総別欲レ讃《ヲ》レ人、死《テ》三日過而後二一代成就之人ト二云ナリ、就中知識之臨終大切ナリ、

吉田小比丘

（印）
師外梵宗和尚（花押）

于時寛永廿（一六四三）四月吉日

（印）
独酔歩山居士示之

（石川県永光寺所蔵）

以上紹介したものは、尊宿、知識といわれる僧の臨終から葬儀にかけての諸儀礼と口訣であるが、次に、付法の弟子の先師の遺骨を包んだ紙に書き付ける文言を、大事として伝えた、「先師取骨之大事」を、駒沢大学図書館所蔵、寛文三年（一六六三）、永平寺二十九世鉄心御州より光紹智堂に伝授された切紙集『室内切紙謄写』から紹介しておく。

先師取骨之大事

先師之骨取、嗣法人渡骨紙包上書付云、全体和尚之示寂如是云、裡ニ年号日付書、紙一ト重ネニ上包共ニ三枚也、〈取骨安骨様子涅槃作法末ニ子細在之〉

吾附法弟子、

光紹和尚禅師、

仏祖通徹処、

悉以印証畢、

于時年号月日

時刻 以上七行ニ書者也、

永平伝法二十八世御州

附与光紹老納花押

寛文三〈庚辰〉歳（一六六三）九月吉日

次に、出家者の墓石は通常、無縫塔あるいは卵塔と呼ばれる、一塊の石で作った縫稜のない墓塔が用いられる。この無縫塔を宗旨としていかに理解するかを記したものが「無縫塔切紙」で、その基壇となる部分についても同時に説明される。明庵東察より久外媄良に伝えられたものを掲げる（次頁）。

また、高岡瑞竜寺所伝、無文良準（一六六五—一七二八）より魯道愚謙に伝授された「鎮墓切紙・立卵塔大事」もあわせて掲げておく。

（端裏）無縫塔之切紙

夫《レ》無縫塔者《トイツハ》、表《ヒヤウスル》二嗣書《ヲ》一也、不レ有《ラ》レ人《トニ》二頂戴《ノ》一、可《キ》レ難《タカル》二無縫塔証《スミ》一也、宏智《ノ》八句嗣《モ》書体《ガ》也、塔銘《ノメイヲバ》蓮台《ニ》可《キ》レ書《ス》也、卵形台《ノハ》蓮花也、土台《ハ》方也、三共《ツニ》有《リ》二大事意得《ノロエ》一参《シテ》可《キ》レ知《ル》也、無縫《ハ》無紋《モン》也、土台蓮花紋《ハ》也、

図之塔縫無

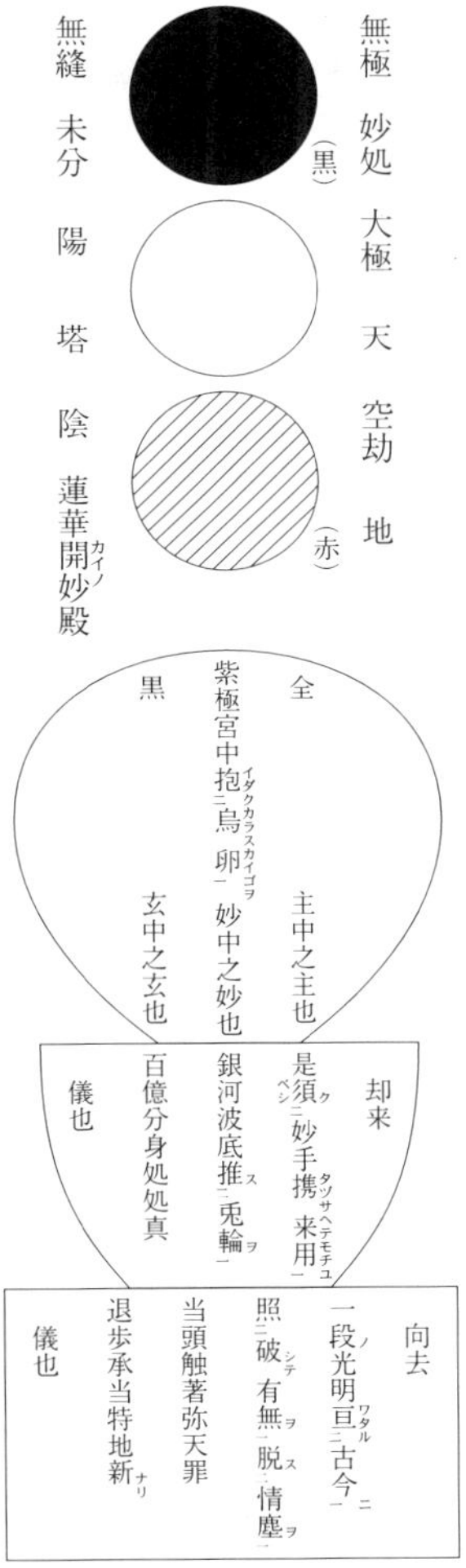

明庵察叟（印）（印）（花押）

私《シ》、上《カミノ》黒円《ハ》無、中《カノ》白円《ハ》縫、下《シモノ》赤円《ハ》塔也、
五位《ノ》時《ハ》無極也
兼中到　偏中《ノ》偏　兼中到
正中《ノ》正

従《リ》二昔日《ミ》一嫡々相承而到《ル》レ吾、今我《マレ》附二授嫫良長老《ニ》一畢《ンヌ》、此《ノ》切紙不《ズンバ》二頂戴《セ》一先師《ノ》無縫塔難《キ》レ建《タテ》也、
無縫塔者《トイツハ》、空劫《ノ》体《イ》、不生不滅《ノ》相也、于時元和五年《ノ》酉孟春如意吉日　伝付嫫良長老畢

（石川県永光寺所蔵）

（端裏）鎮墓切紙

立卵塔《ノ》切紙

○書《シテ》二此《ノ》符《ヲ》一理二墓地四方四維一則、狼狐等不レ得二穿侵一也、

○立二卵塔一大事

○鎮レ墓切紙

北　獅子吼

西　獅子吼　｜屍棺 埋処｜　東　獅子吼

南　獅子吼

○先提二撕投子一片石話一、観下三世諸仏総在二裏許一之義意上、次削二小木片一、其上書二卍卍卍、心心心一

○此相立レ之、誦二舎利礼文七返一而、於二前木片相上一、営二卵塔一也、

右嫡々相承而到我
　端竜無文
　　授与愚謙長老

（石川県永光寺所蔵）

このうち「鎮墓切紙」は在家者の墓所にも執行される符で、すでに諸上寺切紙に同内容のものがみられたし、後述する「墓焼沈切紙」にも共通する機能を有するので、いずれ改めて取りあげる。「立卵塔大事」は、卵塔建立の地に対して修される事前の儀礼である。

最後に、知識葬儀法に付随して伝えられるのが、「嗣書焼却切紙」であり、師の遷化の後にその所持していた「嗣書」を焼却しなければならないとして、その作法を示したものである。まずその嗣書焼却の際に唱える偈文だけを記したものとして、正竜寺八世快巌竜幢（一六〇四―一六五二）所伝の「嗣書焼却大事」を紹介しておく。

（端裏）嗣書焼却大事
昌《ママ》竜寺

諸法終縁焼、此法終縁別、
如来終因縁、是大沙門説、
　嗣書焼却時用焉大事也、
　　竜幢拝
于時寛永九年（一六三二）雪月吉日
（埼玉県正竜寺所蔵）

また、焼却の儀礼作法については、やはり正竜寺九世の普満紹（詔）堂（一六〇一―一六七六）が永平寺室中より伝えたとされる無極・月江派下の「嗣書焼却貴裡紙」を次に紹介しておく。[24]

（端裏）嗣書焼却貴裡紙
　嗣書焼却之時頌文云、
諸法終縁焼、此法終縁別、
如来終因縁、是大沙門説、
師遷化三日以後、真前而打火焼之、其間此之文偈可唱也、患《ゲン》風《ノ》有レ勢《イ》心得者ヲゾイキノ事也、患ハワツラウ、
先三返唱而、覆面稽首三拝、然而焼却之、嫡嗣一人、余人所不見、一四方立屏風回而、以炭火火鉢而焼云々、
亦云、焼却之時敷坐具三昧王三昧而、其後焼也、即□□(灰)人絶往還清浄地、深師埋之者也云々、
天童如浄附道元畢、従其到今無極月江伝法代々附来、
　同嗣書焼却之参
師云、嗣書焼却之心持ガ在郎ズ、道ヱ、代、師《ノ》前《ニ》至《テ》一息截断シテ、急度作《シテ》二一円相《ヲ》一、トックト坐禅シテ云、有
我三昧我亦不知、師云、焼却スル火ハ何ントト、代云、二頭ノ称鶏《ガ》点ジ来タ一火デ走、師云、夫ノ納メヤウヲ、

代云、陰空テ走、亦峨山云、嗣書焼却ノ当人ヲ、代、嗚呼ナサケナキ事カナト涕涙悲泣ス、心ハ、当人ニ不レ成ンバラ

此涙ハ知ラレテコソ、当人ト云ハ、夫ノ家ヱ嫡伝ノ法嗣之事ヨ

従永平室中直伝　　　詔堂拝

（埼玉県正竜寺所蔵）

この正竜寺所蔵の「嗣書焼却貴裡紙」は、たとえば前述の諸上寺切紙の「酉十嗣書焼却」は巷間に流布している典型的なものであるが、これと比較してみると、師の遷化後三日以後に、四句の偈文を唱えながら鉄鉢のなかで師の所持していた嗣書を焼却するという趣旨は変わらないが、口訣はかなり異なるものであり、参が付されているのも他にはみられないものである。

尊宿の遷化後に、その所持していた嗣書を焼却しなければならないという伝承がいつごろから生じたかは明確ではないが、面山は『洞上室内断紙揀非私記』の冒頭にこの切紙を取りあげて、

嗣書焼却断紙

面山謂、夫嗣書雖ニ滅後一非ニ焼却底物一、永祖所レ得ニ於天童一之一幅、現遺ニ在永平室中一、是其証也、中古宗弊伽藍法時、易ニ先師一而嗣ニ後師一、即以下所ニ先得一之嗣書上、返ニ之先師一、以レ無ニ措処一、乃焼レ之、因製ニ作法断紙一、今時無用也、可レ附ニ揀非一、

（曹全、室中、一九七頁）

として、これは中世の依院易師による伽藍法の弊風からその処置として生じたものとする。ただし、中世における嗣法に対する観念は、江戸期の宗統復古の思想のように建て前論に拘束されるようなものではなかったことや、嗣書というものが師から弟子へと書写して伝授されるべきものであり、上掲の諸上寺切紙の「酉十嗣書焼却」末尾にある、

或開山中興名徳ノ嗣書等ハ、其寺院ノ室中永代可レ守ニ護之一也、

という主張があることも考慮するなら、遺物の整理の一環として、嗣法伝法の次第を明記する嗣書の処理には特別の意味と儀礼が要請されたものと解しても無理はないように思われる。

このほか、尊宿の遷化にともなって惹起される問題として、上掲諸上寺切紙「酉九牌前伝法」にみられるような、生前には面授の機縁はなかったが、遺嘱によって室中の牌前で嗣法することが可能であるという説の検討など、近世曹洞宗の面授法一辺倒の嗣法観とは異なる、中世曹洞宗の実態をうかがわせる興味深い事項もあるが、これについてはいずれ、切紙分類項目の「室内」に関する項で改めて取りあげることにしたい。

六　在家葬法

禅宗独自の葬送儀礼が中国でいつ頃成立したかという年代推定は容易にできないが、崇寧二年(一一〇三)長蘆宗頤撰の『禅苑清規』巻七に、「亡僧」及び「尊宿遷化」として僧のための諸仏事が確立しており、これに先立つ断片的な記録としては、圜悟克勤（一〇六三―一一三五）の「為智海法真和尚入龕」と題する入龕仏事法語をはじめ、「為仏眼和尚挙哀」「同下火」「為妙禅人下火」「為仏真大師下火」「為範和尚下火」「為亡僧下火」等の、挙哀や下火等の法語があり(大正蔵四七、八一〇頁a―c)、楊岐方会(九九二―一〇四九)が師の慈明和尚石霜楚円のために行った掛真・挙哀仏事[25]、晦堂祖心(一〇二五―一一〇〇)の「為昇上座」と題する起龕仏事法語、呉山浄端(一〇三〇―一一〇三)の「為超法師挙火」[26]、あるいは投子義青(一〇三二―一〇八三)の「為亡僧下火」[27]と題する秉炬(下炬)仏事の法語等がみられ、北宋の頃には仏事次第がほぼ確定し成立していたことは疑いない。

一方、在家葬送の事例としては、唐代の黄檗希運が母の溺死に際して、「一子出家、九族生レ天、若是妄語、諸仏妄言矣」と法語を唱えて引導したとする伝承があるが[28]、儀礼としての在家葬送、すなわち引導儀礼は、士大夫社会との交渉が深くなる宋代以降に一般化したものと思われる。たとえば、応菴曇華（一一〇三―一一六三）の『応菴和尚語録』巻一〇には、国都の留守職で資政殿大学士某甲の葬送掩土の法語として、

為留守枢密大資掩土

天高地厚、海闊山遙、発二最上機一、示二真実相一、故我留守枢密相公、廓頂門正眼、顕二肘後霊符一、以レ此為レ国為レ民、以レ此至レ忠至レ孝、可レ謂、大功不宰、果二見作家一、末後全提、十虚坐断、無生田地、有レ種有レ収、般若舟航、有レ津有レ済、直得高超二物表一、独蹈二大方一、正恁麼時、且全身奉重一句作麼生道、好須二雲外看一、一剣倚二天寒一、（続蔵二、二五、五、四四七c―d）

とあるのが比較的早い時期のものと思われる。この時期、太師温国公司馬光（一〇一八―一〇八六）が仏教による葬祭を批判した直後であるが、枢密相公と呼ばれるような政府高官が禅宗式の葬送を行っていることは注目される。ただし、仏教の伝統的な遺体の処理が荼毘に付されることであったのに対し、枢密相公の場合は掩土、すなわち土葬の法によっていることは、中国伝統の『礼記』の「喪大記」などに基づく儒教的葬法にしたがったものと思われる。法語の内容も、士大夫としての一生を顕彰することに終始している。その後南宋になると、自得慧暉（一〇九七―一一八三）の『自得禅師語録』巻六には、「臨安府王常侍玉田居士下火」「興陽府尚書敏聡林居士下火」「明州太守刑仙相国祐普居士下火」等の法語がみられ、明らかに居士号を有する士大夫に対し、荼毘の法によって葬送儀礼が執行されていることが知られる。また如浄（一一六二―一二二七）の『語録』巻下にも、

医者下火

人間死病君能活、君死憑レ誰救得甦、我有二単方一把火一、為レ君焼二却薬葫蘆一、某人諸活也甦也、且道以レ何為レ験、以レ火打二円相一云、咦、本来面目無二生死一、春在二梅花一入二画図一、（続蔵二、二九、五、四九〇a―b）

とあり、士大夫に限らず一般在家に対する葬送も行われるようになったことが知られる。そしてこれら在家者のための葬法が、出家者、特に亡僧の葬法の援用であったことはすでに述べた通りである。

それでは、わが国における禅宗独自の葬送儀礼執行の嚆矢は何時であろうか。可能性としては道元をはじめとする初期の禅僧達の檀越に対する儀礼と思われる。たとえば道元教団の最大の檀越である波多野義重（法名如是）は、正嘉二年（一二五八）二月二三日に没しているが、この時はすでに道元の滅後六年目である。[29] したがって、恐らく永平寺二代懐奘（一一九八—一二八〇）によって葬送儀礼は執行されたと思われるが、その記録はない。また蘭渓道隆（一二一三—一二七八）を請して建長寺を創建するなど、鎌倉禅盛行の端緒を作った鎌倉幕府五代の執権北条時頼（一二二七—一二六三）の臨終の様子は、『吾妻鏡』第五一、弘長三年一一月二二日の条によれば、

戌剋（午後八時頃）、入道正五位下行相模守平朝臣時頼、〈御法名道崇、御年三十七、〉於二最明寺北亭一卒去、御臨終之儀、着二衣袈裟一、上二縄床一令二座禅一給、聊無二動揺之気一、頌云、

業鏡高懸、三十七年、一槌打砕、大道坦然

弘長三年十一月廿二日　道崇珍重云云

平生之間、以二武略一而輔レ君、施二仁義一而撫レ民、然間達二天意一協二人望一、終焉之剋、叉レ手結レ印、口唱レ頌而現二即身成仏瑞相一、本自権化再来也、誰論レ之哉、道俗貴賤成レ群奉レ拝レ之、云云

（国史大系本、第四、八四九頁）

とあり、まさに禅僧の臨終儀礼であり、恐らく葬送儀礼も禅宗様式で執行されたと思われるが、やはりその記録はない。[30] 次の得宗家を嗣いだ北条時宗（一二五一—一二八四）の臨終の際には、病にかかるや円覚寺無学祖元（一二二六—一二八六）について剃髪受衣し臨終に備えたと伝えられるが、『仏光国師語録』巻四には、

檀那法光寺殿落髪

了了知了了見、生滅根源一刀截断、斬新風月付二児孫一、枝枝葉葉無辺春、

付衣

仏祖秘要、似二空蔵一空、包裹不レ及、絶レ羅絶レ籠、山重重水重重、迦葉不レ住鶏足峰、

(大正蔵八〇、一七四頁c)

とあり、事実とみてよかろう。そしてさらに「武州太守起龕」や「法光寺殿下火」の法語なども伝えられているので(大正蔵八〇、一七五頁a)、禅宗の葬儀法による儀礼が執行されたことが確認できる。しかも、剃髪・受衣を前提とする葬送儀礼は、後に一般化する禅宗葬送儀礼の典型を示すものであり、上級武士に採用された禅宗様の葬送儀礼の端緒を見出すことができるとともに、これが広く武士階級に受容され、さらに地方に伝播していく過程が予測される。

このように、武家社会に受容されることにより、さらに地方の武士団に、そして一般民衆へと普及していったのが禅宗様の葬送儀礼であったが、一方、その後百余年もすると、公卿社会、それもとびきり上流の皇室や公卿社会にも、禅宗様の葬送儀礼が受容されるようになっていたことが知られるが、これについては後述する。(31)

七　引導以前の儀礼

日本における葬送習俗や墓制に関しては、従来仏教儀礼と考えられてきた諸慣習も、宗教民俗学等の立場からみるなら、構造的に仏教展開の必然的結果とはみなし得ない、仏教からはみ出す部分が極めて多く、仏教以前の霊魂観や他界観等の庶民信仰から生み出されたものが、次第に仏教の葬制のなかに混入してしまった部分もあることが

次第に明らかになり、その摘出などの作業も行われ、時には仏教的要素を故意に拒否して行われる研究もみられるが、[32]近年はさらに、仏教学と民俗学を相互に補完する形での試みも行われ始めている。[33]曹洞宗所伝の切紙類のなかにも、こうした民俗的民間信仰的諸要素は極めて色濃く見出されるが、そうした問題は随時取りあげることとし、本章の目的である葬送関係の切紙資料の翻刻紹介を中心に以下みていきたいが、まず禅宗様式の葬送儀礼の中心である下炬・引導の儀礼が行われる前段階の、予備的諸儀礼についてみてみたい。

本章の冒頭ですでに諸上寺切紙のなかに含まれているものを掲げたが、逝去直後の儀礼として、蘇生の願いをこめ、さらに死を確認することをも意味すると思われる「没後換起」がある。この儀礼は、民俗的には肉体から遊離しようとする魂を、近親者がその名を呼んでもどそうとする習俗で、「魂呼ばい」と呼ばれるが、中国的習俗にも明確に規定があり、『礼記』（喪方記第二二）などでは「復」、『太平御覧』巻五四九「礼儀部」では「復魂」とされる儀礼である。これに類する儀礼は清規類には見出されず、比較的古い切紙資料のなかにも見出すことができない。

次に行われる儀礼は、剃髪・授戒であるが、これがすでに述べたように禅宗葬送儀礼の執行の前提となるもので、没後における出家・授戒作法であり、この儀礼が行われた後は、出家者の葬送儀礼の「亡僧」がそのまま適用されることになる。まずその典型的な例として、亡者の存在を想定して出家得度の道場を設け、あたかもそこに出家を希望する者が居るかのごとくに、導師（戒師）と教授師が戒を授け、さらに衣鉢をも授ける儀礼の切紙「没後授戒之作法」、一名「作僧儀式」と呼ばれる切紙を、広泰寺切紙、及び永光寺切紙のなかから二種掲げる。

（端裏）没後授戒之作法

没後授戒之作法

先対亡霊按二椅子一、於二中央一有二棹子一脚一、掌二裳衣一兼掛之、香炉明燭立造花瓶、灑水器入浄水、香炉明燭之間置之、次導師教授師同時入二導師(ママ)道場一、先焼香、□沈香織香等也、次教授師立二椅子《ノ》左辺一、次導師合掌《シテトノウ》唱、教授《ヲ》二同音《ニ》唱レ之、所謂送音之偈是也、
但以《スルニ》二衆生《ノ》法《ヲ》一、々合《シテ》成二此身《ト》一、々々起時《ニ》、不レ言二我起《ト》一、此法滅時《ニ》、不レ言二我滅《ト》一、
霊前《ニシテ》拈二袈裟鉢盂一、教授師代二亡霊《ニ》一戴レ之、次《ニ》亡霊令二威儀一、次導師終向椅子礼拝出、上不修正戒相、下不取邪念心、
洞家嫡々相承之時、専這為大事伝授者也、
永徳七年(ママ)〈癸亥〉（一三八三）能州総持紹瑾伝授之
永禄十年〈乙卯〉(ママ)（一五六七）六月朔日　授舜桂（花押）
金竜山海眼院住持融山叟（印）（印）
附与英刹畢

（三重県広泰寺所蔵）

（端裏）作僧儀式

没後授戒作法

先《ツ》対《シテ》二亡霊《ニ》一按《アンズ》二椅子《ヲ》一、中央《ヲウニタテ》卓二棹《ショク》子一脚《ヲ》一、掛《ク》二裳《シヤウ》衣《ヲ》一、香炉灯燭花瓶《ヒン》立《ツ》二造華《ヲ》一、灑《シヤ》水器入《ニレテ》二浄水《ヲ》一置《ク》二灯燭香炉《トノ》間《ダニ》一、次導師《ト》与《ト》二教授師一同時《ニ》入《ル》二道場《ニ》一、先《ツ》導師焼香《ス》、香《ハ》沈水香等《ナリ》、次与《ニ》二教授師《ト》一相並《アヒナランデ》向《テ》二椅子前《ノマヘニ》一同時《ニ》三拝《ス》、次導師就《ツク》二椅子《ニ》一、教授師立《ツ》二椅子《ノ》左辺《ニ》一、次導師取《テ》二灑水器《ヲ》一、先灑《ツソヽク》二師《ノ》頂上《ニ》一、次灑《ニソヽイテ》二四方《ウ》一、次亡霊《ニ》、亦《タ》師《ノ》頂《イタヾキニ》一収《ヲサム》二水器《ヲ》一、次《ニ》合掌《シテ》　導師教授師同音《ニ》偈《ヲ》唱《フ》二匿《トク》音《ニ》一、偈《ニ》云《ク》、但《タヾ》以《テ》二衆法《ヲ》一合二成《ス》此《ノ》身《ミヲ》一、此《ノ》身起《ミヲコルトキ》　時唯《ダ》法起《ヲコル》、此《ノ》身滅《ミスルトキ》　時唯《ダ》滅《ス》レ法、此《ノ》法

起時《ヲコルトキ》、不レ言《ユハ》二我起《ワレヲコルト》一此《ノ》法滅《スル》時《キ》、不レ言《ハ》二我滅《レスト》一、前念後念、念念不《ス》二相《アヒ》対《セ》一、前法後法、法法不二相対《アヒタイセ》一三辺、次導師拈《ズ》二座具袈裟鉢盂《ホユ》等《ヲ》一教授師代《テ》二亡霊《ニ》一頂《ス》二戴一一、授持《シテ》亡霊《ニ》令《シムハ》二頂戴《セ》一、次亡霊《ニ》令《シムニチャク》二著衣威儀《セ》一、次導師説《ク》レ戒《ヲ》、説《キ》了《ヲハッテ》師《ト》教授師《ト》同時《ニ》三拝《ス》、次導師示《ニ》二亡霊《シテ》新僧《ニ》一云《ク》、上《カミ》不レ修《ザレバ》二正《セ》戒《ノ》相《ノヲ》一、下《モ》不レ取《ラ》二邪《ジャ》念《ノ》心《ンヲ》一、是《レヲ》云《フ》二清浄大《ノ》戒、亦云《タク》、渠元《カレグワン》来清浄不汚染《ワゼン》、　匿《トクカクス》《ヒソム》

私、上《カミハ》過去、下《シモハ》未来也、亦上《ハ》本心、下《ハ》化相也

開山仏慈禅師以来代々如此

開山御在判

洞谷永光現住呑良（花押）

于時元和弐〈丙辰〉載（一六一六）孟春吉日

（石川県永光寺所蔵）

前者の年記については「永徳」は四年までしかなく、干支の「癸亥」についても、「永徳三年」であれば可能性はあるが、瑩山紹瑾との関係は年代的に成り立たない。また「永禄十年」は干支では「丁卯」であり、これは誤記と思われる。いずれにしても両者ともに瑩山紹瑾がその相承の最初にかかわっているとみなす点では共通しており、戦国末頃には内容的にもほぼ同一の儀礼となって定着していたことが知られる。

また、諸上寺切紙の「亡者授戒」のように、亡霊の授戒に際して地蔵菩薩を中尊として勧請する切紙が江戸期のものにみられるが、これは十三仏信仰の援用によるものであることは明らかであり、恐らく中世以来の伝承を有するものと思われる。その典拠となったものは「中峰和尚亡霊授戒之偈」とされるもので、これについても切紙の伝承があるので、永光寺前住久外媄良が花哲永春禅定門なる戒名を有する亡者に対して行った語を含む「亡霊授戒切紙」を次に掲げる。

［亡霊授戒切紙］

卍

中峰和尚亡霊授戒之偈、奉請三界六道《ノ》能化衆生済度地蔵菩薩摩訶薩、仰願者降臨道場授菩薩清浄《ノ》大戒《ヲ》、大慈大悲哀愍教化、南無帰依仏、南無帰依法、南無帰依僧、汝帰依三宝前発露大懺悔、三返、

永平道元大和尚授戒偈、但以衆法、合成此身、此身起時、唯法亦起、此身滅時、唯法亦滅、此法起時、不言我起、此法滅時、不言我滅、前念後念、念念不相対、前法後法、法法不相対、[花哲永春禅定門]、仏果円成、今附授畢、[花哲永春禅定門]、汝能諦聴々々、忝《モ》汝具足スル処ノ仏性心ハ、根本清浄本有《ノ》如来也、元来無生死苦楽邪正迷悟、雪ベキ無垢穢、可《キ》レ厭煩悩ナシ、可レ嫌穢土ナシ、可《キ》レ楽《ム》仏土《モ》ナシ、即心即仏《ノ》当体其儘《ノママノ》仏身也、住所即浄土《チ》也、永春禅定門、何《ナニ》ニ因《ツ》テ執著スルヤラン、只悲《ダカナシ》キハ即今ヨリ汝《チ》ガ愚痴ト迷也、迷ガ仏土エノ隔《リ》也、余《リ》著心ノ深《フカ》カリシハ必畜生《ノ》業因也、汝因《テ》二教化《ニ》一出二離生《シ》死《ヲ》一、愚痴迷《ノヒ》ヲ速《カ》ニ捨了《テ》、早《ク》可正覚者也、悲哉、汝ガ根本《ハ》独身也、愛欲妻《ノ》ハ化相戯親族化縁親《ノミ》、愛欲婬欲婬楽ハ有為慰《ミ》娑婆不化縁、尽間《ダ》也、肉親透脱転一機位、以後化縁愁心刹那可《キ》離脱也、根本独身也、清浄仏也、生死去来友《モ》ナシ、汝必婬欲愚痴ノ迷ヲ頓ニ出離而忽可レ証二仏果《ヲ》一者也、三唱、

仏法僧宝、諸行無常、是生滅法、生滅滅已、寂滅為楽、

迷故三界城、悟故十方空、本来無東西、何処有南北、一切有為法、如夢幻泡影、如露亦如電、応作如是観、衆罪如霜露、恵日能消除、煩悩即菩提心、生死即涅槃、即成就仏身、仏身々々、

于時慶安二〈己丑〉年(一六四九)六月九日

前住洞谷久外媄良(花押)

附授〔花哲永春〕禅定門者也

咄々々

（石川県永光寺所蔵）

なお、「中峰和尚亡霊授戒之偈」の出典については、『幻住庵清規』にもみえず不明であるが、地蔵信仰については、宋の端拱二年（九八九）には常謹なる者により三二条からなる『地蔵菩薩像霊験記』も編集されており、日本ほどの多彩な展開はみられないが、中国においても道教の十王信仰などと結びついて、六道能化の救済者としての地蔵信仰は確立していたと思われる。日本曹洞宗所伝の切紙がその典拠を元僧中峰明本（一二六三―一三二三）に求めるのは、中世末期の幻住派と曹洞宗の交渉を前提とするのかもしれないが、今は推測の域を出ない。(34)

また、「没後授戒作法（没後作僧法）」関連の切紙として、沐浴や安名等に関する参の例が、やはり永光寺嫫良所伝切紙の中に見出されるので次に掲げる。

（端裏）没後作僧法

仏祖正伝飽参之大事

大乗妙典曰、
転《スレバ》レ性《ヲ》不レ受《ケ》レ名《ヲ》
隔《ツレバ》レ性《ヲ》不レ聞《キカ》レ声《コヘヲ》

仏々祖々相伝没後作僧法

洞谷大禅仏示《シテ》二云《ク》、沐浴参《ヲ》一、沐浴仕様《シヲ》、代云、根本無垢、●夫《レ》ナラバ何《ナニ》ヲ沐浴シタゾ、代、汚《ヲ》染《ゼン》妄念ヲ浴捨《アラヒステ》、ソロ、●即今《ヲ》、代、真《ノ》出家デソロ、●何《ナニ》トテ、代、罵《ノレ》ドモ嗔《イカラ》ヌホドニ、真《ノ》出家デソロ、●没後作《ニナシ》レ僧様《ト》ヲ、代、根本無位元来仏位、●名付《ノツケ》様《ヲ》、代、何喚《ナニトヨン》ダモ本名《仏》デソロ、●霊供茶湯受《ノウケ》様《ヲ》、代、天雨《ウ》降《クダレハ》地上湿《ハウルヲフ》、●袈裟掛《ノケ》

サセ様ヲ、代、集雲覆《ヲホフ》二山頂《ニ》一、●夫《ソノ》心《ヲ》、代、懸《カケ》テ其心《ソノコヽロ》無《ナイ》ガ仏体デソロ、
●出家ニ作《ナシ》様ヲ、代、上《カミニ》不《サレバ》レ修《セ》二正戒《ノ》相《ヲ》一、下《シモニ》不《ズ》レ取《ラ》二邪《シヤ》念《ノ》心《ヲ》一、●何《ナニト》テ、代、邪念《ノ》心無《ナケレ》バ真《ノ》出家デソロ
寛永八年〈辛未〉（一六三一）六月吉日重書焉　洞谷山永光現住久外良（花押）
授与没後新比丘某甲上座畢

（石川県永光寺所蔵）

この外に、厳密な意味では葬儀授戒とはいえないかもしれないが、死を前提にした授戒作法に関する切紙とみなしてよいと思われるものを次に紹介する。その一は、変化すなわち迷える亡者とみなされた者に対する授戒の作法である「変化授戒之作法」であり、その二は、死せる畜生を葬る際の授戒儀礼と思われる「畜生授戒切紙」である。

（端裏）変化授戒之作法

比丘尼戒之切紙（略）

師上《テ》二禅床《ニ》一結跏趺坐《シテ》先可二観下念《ス》一有情非情同時成道深旨《ヲ》上而《シテ》令《シテ》下二化人《ヲ》一胡跪合掌上、唱二此文《ヲ》一云、根元無生地、錯《テ》作二業因一、今受二化《ス》四生《ヲ》一、頓滅《スレバ》二此忘《（妄カ）》心《ヲ》一、始終妙円性、其《ノ》体自空静《ナリ》、三唱了《ヘテ》、安《シテ》二法名《ヲ》一示二云、本来無位、今名二某甲《ト》一、我今為レ汝、応レ授二三帰依戒一、授レ之如レ常附二与血脈《ヲ》一、次《ニ》焼レ香唱二云、南無釈迦牟尼仏《ト》、二十一返、次《ニ》唱二処世界如虚空《ノ》偈《ヲ》一而退出也、

（新潟県諸上寺所蔵）

（端裏）畜生授戒切紙

畜生授戒切紙

先深《ク》観二一切衆生悉有仏性《ノ》之理一、為《ニ》与《ヘ》二法名《ヲ》一、如《ク》レ常授二三帰戒一了《テ》、喚二其名一告《テ》云、自二今身一至《マテ》二仏身《ニ》一能持《クテ》、〈三唱〉次告《テ》云、元来無生地、作《ス》二悪業《ノ》因《タ》一故《ニ》、現受《ク》二畜生《ノ》体《ヲ》一、頓《ニ》滅二醜陋《ノ》相《ヲ》一、速《ニ》得二入《セヨ》空寂一、〈三唱〉又唱レ名云、望二清

浄《ノ》之仏地《ヲ》一、頓《ニ》証《セヨ》二菩提心《ヲ》一〈三唱〉次《ニ》云、南無持地菩薩〈三唱〉次《ニ》云《ク》、南無観世音菩薩〈廿一唱〉

右嫡々相承至今

現住瑞竜（印）良準（印）

授与愚謙

（石川県永光寺所蔵）

これらの切紙で注目されるのは、「変化授戒之作法」では、変化の相を現ずるのは妄心の故であるとし、これに対して戒師は結跏趺坐をもって対応するというもので、こうした対処の仕方は、中世の曹洞禅僧達が神人や悪霊に対するに禅定力をもって向かい、これを鎮圧し化度してきた伝統の上に位置付けてはじめて理解可能であろう。(35) また畜生に対して、こうした醜陋の相を呈しているのは悪業の因によるとし、持地菩薩や観世音菩薩による資助を説いていることも注目され、特に持地菩薩は、『観仏三昧海経』巻六によれば、仏が父王の言により忉利天に生じている仏母摩耶夫人のために説法せんとした時に、仏のために忉利天に登るための白銀・頗梨・黄金の三道の宝階を作ったとされる菩薩であり(大正蔵一五、六七七頁a—b)、畜生道より転出の願いをこめて勧請されたものと思われる。

さて、没後とはいえ、出家授戒、授衣鉢の儀礼を経た亡者は、その後は出家者としての扱いを受け、出家者のための葬儀法にしたがって儀礼が執行される。まず遺体を棺に納める、納棺あるいは入龕の仏事が修されるが、その際の口訣として、正竜寺切紙、高門秀沙門所伝の「入棺之大事」を紹介しておく。

（端裏）入棺大事　十一代

入棺之大事

南無帰依仏、南無帰依法、南無帰依僧

帰依仏〈無上尊／両足尊〉
帰依法〈離欲尊／離塵尊〉　何レモ然也、
帰依僧〈和合尊／衆生尊〉
帰依仏竟、帰依法竟、帰依僧竟　三返唱之也、
私云、三帰依ハ三宝也、三宝ハ即チ一心也、口伝在リレ之ニ、是即没後作僧之理也、
亡者ヲ仏体ニナス也、輪廻転倒魔外不レ可レ有レ之者也、
是レヲバ法兄ニ計リ可二伝附一者也、
無極和尚御在判
時寛永拾七〈庚辰〉歳（一六四〇）九月吉日　高門秀沙門
（埼玉県正竜寺所蔵）

ここでは亡者をすでに仏体として扱っていることが注目される。この入龕（棺）に引き続き大夜（龕前）念誦が修されるが、その法は諸清規に詳説されるので切紙には儀礼の記載はない。『勅修百丈清規』巻六の「亡僧」の念誦の文には、

切以、生死交謝、寒暑迭遷、其来也電撃二長空一、其去也波停二大海一、是日則有二新円寂某甲上座一、生縁既尽、大夢俄遷、了二諸行之無常一、乃寂滅而為レ楽、恭裒二大衆一粛詣二龕幃一、誦二諸聖之洪名一、薦二清魂於浄土一、仰憑二大

衆一念、清浄法身毘盧、云云、　　（続蔵二、一六、三、二七七d）

とあるが、この念誦文を前提にした「参」の例として、竜洞院所伝の「念誦之参」を次に掲げる。なお後半には、引導法語の後に維那が挙唱する「山頭念誦」についての参も付される（「上云」は師の拶語、「下云」は資の答語）。

念誦之参

龕前、師云、切以ヲ、代、意識精魂ヲ切テ走、上云、生――ゾ、下云、春夏秋冬ト拶テ走、上云、夫ノ来リ様ヲ、下云、電長空ケキシタト見レバ蹤跡ワ走ハヌ、師云、夫ノ去リ様ヲ、下云、湛々トシテ無レ波広叡タル処エ走テ走、師云、寂滅ヲ以テ楽トシ様ヲ、代云、寂滅ガヤガテ楽デ走、師云、覚路ノ荘厳シ様ヲ、代云、寂滅ガ楽トスレバ、覚路ハ荘厳シテ走、

山頭、切以義ヲ、代云、意――切テ走、師云、随縁寂滅シ様ヲ、下云、随縁ト見レバ住着ハ走ハヌ、師云、百年虚幻ノ身焼キ様ヲ、代云、焼香ストモ埋ムトモ、アラタニ用処ワ走ヌ、師云、覚霊ヲ資助シ様ヲ、代云、入リ難キ菩提ニ入ルガ覚霊ノ資助シ様デ走、師云、茶奠ヲ、代云、空々ニ合シテ走、師云、念誦ニ妄語有リ、一人テモ大衆トヨミ、千人万人テモ大衆トヨムゾ、師云、大衆――請シ様ヲ、代云、十仏名ヲ唱ルハ千人万人ニモ勝レテ走、

百丈開田大義、上云、吾宗ノ田ノ定メ様ヲ云へ、代云、生下――端的テ走、師云、夫義ノ説キ様ヲ、代云、ウガノ一色デ走、上云、夫コニ着語ヲ、代云、昨時一句子抱地作二金色一ヲ、云云、

附輔月佐子了

時延宝七〈己未〉（一六七九）六月旦

東昌八世観心老人在判

かくして念誦文を唱え、十仏名を唱和して回向し、挙龕念誦を終え、次いで荼毘または掩土の葬場に赴くわけであるが、この葬場における習俗や、引導・下炬の儀礼に関する切紙の紹介にはいるまえに、異常死者の死体に対して、引導・下炬の前段階で行われる儀礼にかかわる切紙について触れておきたい。

八　母子別腹・度懐胎亡者切紙

異常死者とは、死後に供養をしてくれる人のいない、いわゆる無縁仏や成人しないで亡くなった子供、さらには流れ仏と呼ばれる海の水死体等で、[36]これらに対する葬送の習俗も種々存するが、ここでは、懐妊したまま死んだ場合、その胎児を母胎から出して葬らなければ、「産女」となって墓のなかで子を生み近隣に災いをもたらすとか、幽界に沈淪して出期がないとかされる伝承があるので、そのために胎内の子供の性別を判断したり、孕婦の腹中より出産せしめる呪法が要請された。しかも、これにかかわる切紙は極めて多量に存し、しかも中世以来の伝承を有する切紙も見出すことができ、中世社会史の一端にもつながる問題とも思われるので、この関係の切紙を一括して紹介したい。

ところで、婦人が懐胎したままで死んだなら災があるとする習俗について、これにはじめて注目したのは南方熊楠で、[37]胎児のままで柩中に入ることを忌む習俗は中国にも存したことを宋の洪邁撰の『夷堅志』[38]や劉敬叔撰の『異苑』[39]などから引用して示し、しかも熊楠の生きた時代社会にもそうした伝承があったことを記している。こうした俗説は、戦後に至ってもそのまま受け伝えられており、医師に依頼して死んだ妊婦の腹中より胎児を出してもらい死体損壊罪として摘発されたという事件があったことも報告されており、[40]習俗伝承の根の深さを思い知らされる。

まず、腹中の胎児を出産させる呪法、及び胎児の男女を分別する秘訣すなわち「別腹」の法を伝える切紙であるが、これら一連の秘訣は、別腹と出胎（産出）の双方を含むことが多い。次に紹介するのは、豊川市西明寺九世鉄山天牛（?—一六五四）所伝のものである。

（端裏）母子別服《ママ》之切紙並図

如是モ書、二様在リ、

此点ヲ点眼共云也
四方ノ体也

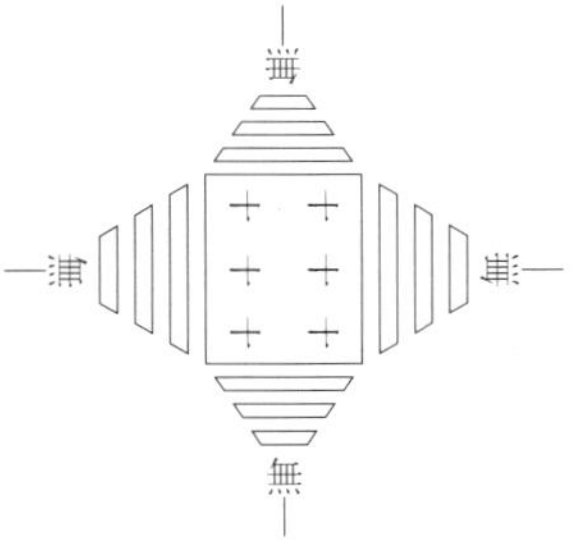

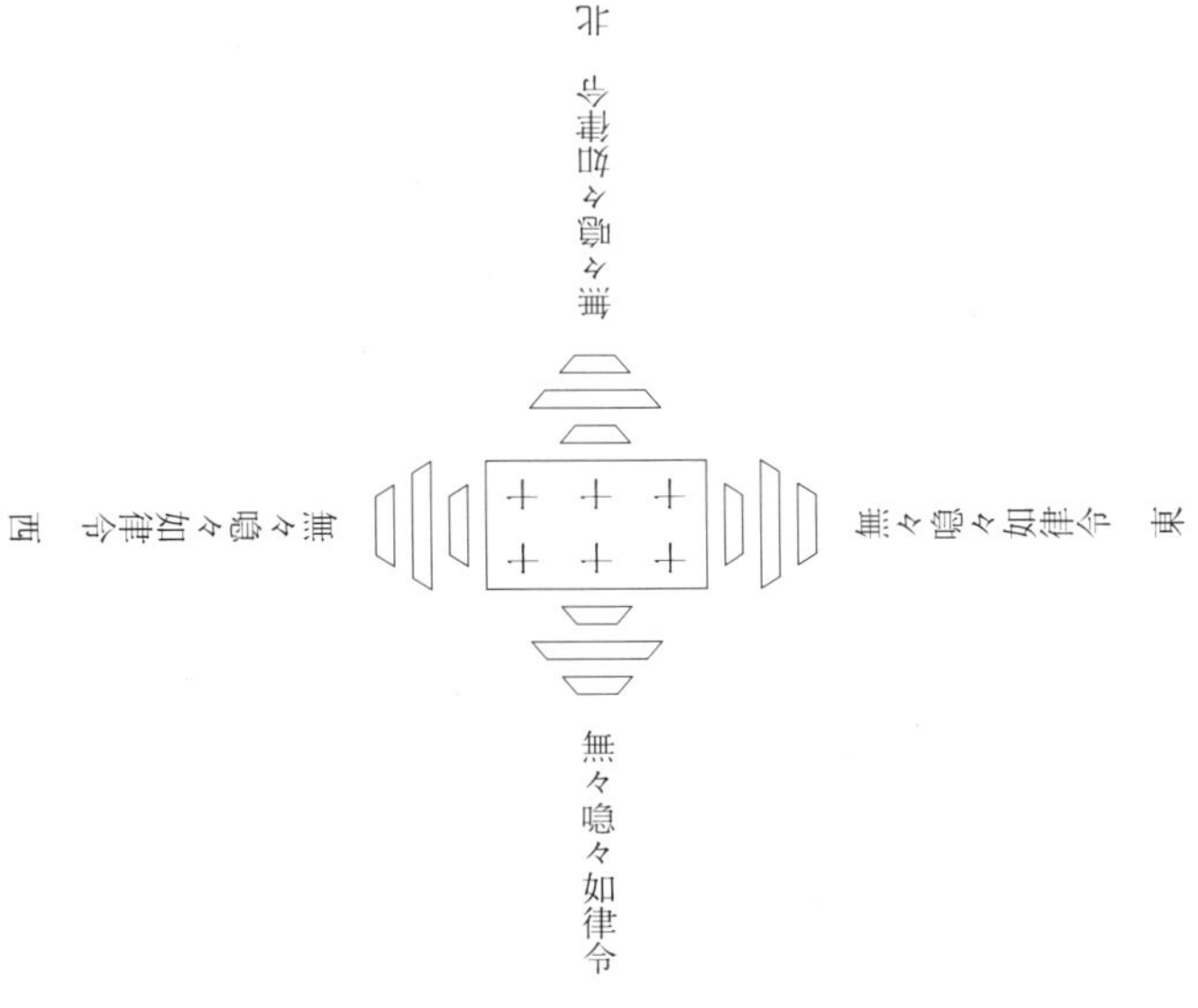

私云、産セズシテ子母ノ胎内ニテ死タルヲ、知識ノ是ヲ請取テ引導スルコトワ仏祖相伝之一大事也、亦口伝云、死人ノ左《リ》ノ耳辺《ニ》倚テ十仏名ヲ密ニ三辺唱テ耳裡ヱ吹《キ》入ル也、其後チニ位牌ヲ子《コ》ト二ツ書シテ棺内ヱ入ル也、亦髪ヲソル時《ニ》、躍踏之心得在ル也、

右懐妊シテ死シタルニ、此符ヲ書シテ穴ニ敷ク也、中《カノ》十《ノ》字ワ天《ノ》廿八宿、地《ノ》三十六禽、合《テ》八々六十四卦也、六《ツノ》十《ノ》字ニ四方ヲ添テ六十四也、私云、六十四卦ヲ払テミレバ無位也、則大極已前也、亦其子《ノ》男女ヲ知ルコトハ、懐妊而其ノ年ノ中ニ産ムハ一ツ也、月ヲ来年ニ越シテ産レバ二ツ也、亦父ノ年ト母ノ年《ト》ヲ子ノ年ヲ合テ半ナレバ男子、丁ナレバ女子ト可レ知、爰ヲ以テ童子共童女共名ヲ付ベシ、此外口伝トハ、髪ヲソル時《キ》、倚様《ヨリサマ》ニ死人ノ腰《シ》骨ヲ閾カニ躍踏スル也、時キ子産シ出也、

亦男女ヲ知ルコト、先ヅ七十五ト於テ女ノ年ヲ加ヱテ二年子ナレバ十五ト払イ、一年子ナレバ十三ト払イ捨テ、、半ナレバ男子、重《テウ》ナレバ女子ト知ルベシ、

永平開山大和尚為二後鑑《ノ》一記レ之、其ヨリ代々伝授来到今舜喜、亡霊授戒之偈云、但《ダ》以《テ》二衆法《ヲ》一合二成《ス》此《ノ》身《シンヲ》一、此身起《ル》時《キンバ》　唯《ユイ》法起《ル》、此《ノ》身《ン》滅《ル》時《キンバ》　法亦《タ》滅《ス》、此《ノ》法起《ル》時《キ》、不レ言《ハ》二我《レヲ》起《ルト》一、此法滅《ル》時《ンバ》、不レ言《ハ》二我《レ》滅《ト》一、前念後念、々々不二相対《セ》一、前法後法、後(ママ)法不二相対《セ》一、三返唱也、可秘々々、

于時寛永拾四〈丁丑〉年(一六三七)卯月吉辰　天牛(花押)

(愛知県西明寺所蔵)

この切紙には二種の出胎の符が併記してあることからも、当時極めて広くこの呪法が行われていたことが推測され、数種の伝承があわせ存していたものを天牛が一本にしたものであろうと思われる。別腹の法は、まず七五の基本数を置いて、これに母の年を加え、さらに懐妊両年にまたがる胎児ならば一五を引き、年内懐妊の胎児ならば一

三を引いて、奇数ならば男子、偶数ならば女子と定めるという。またこの切紙には例によって道元以来伝承のものとする記載がみられる。これとほぼ同内容ながら、胎中の男女分別に別の口訣を伝えるものに、永光寺の宅峰所伝の「母子別腹切紙」（仮題）と愚謙に授与された「女子別腹切紙」がある。

［母子別腹切紙］

従《リ》レ陰受《ル》レ生者《ヲハ》、万《ツノ》生《キ》者《ノ》皆《ナ》向《テ》レ陰《ニ》産《ンス》、従《リ》レ陽受《ル》レ体類《ヲハ》皆《ナ》向《テ》レ陽《ニ》産《ス》、大地住《ニム》類《ハ》人《ヲ》初《テ》皆《ナ》低《ウツムヒテ》子《ヲ》生《ス》、少《モ》仰《アヲノケバ》難《キ》レ得レ産《コトヲ》也、不レ知レ之而云《フ》二難産《ト》一也、虚空栖《ニスム》生類《ハ》陽火精《ノ》也、故鳥《ヘニ》抔《リ》首《ハラカラ》作《シテシモニ》レ下子《ヲ》産《ム》也、不二下《ル》産《ヘマ》一也、女子胎内《ハ》而《ニテ》寄《ヨッテ》レ右、母背《キヘ》而《ヲロニシテ》向《テ》レ外《ソデ》居《ル》也、男子寄《ハッテ》二母左《ノリ》方《ノヘ》一、母前《ヲヘニ》而《シテ》向《テ》レ内《ヘ》居也、故女子《ニ》父《ヲバ》愛念《シ》、男子《ヲバ》母愛念《スル》也、男子《ナレバ》母腹中《ノハラナカ》高《キ》也、女子《ナレバ》母腹《ハラ》平《ナリ》也、懐妊内《クワイニンウチ》、有《ル》レ子方等《ヘナヲサリニモ》閑不レ向《カ》、無《キ》レ子方《ノヘ》向《ク》也、足《シモ》無《キノ》方脚《ヲヘ》先出《ス》也、

懐妊子《ノ》知《ル》二男女《ヲ》一事

父母子《チ、ハ、コト》三人年《ノ》合《ヲ》、重《セテ》女子《チャウナレバ》、半《ハンナレバ》男子也、子祀《ノ》一年子《トシ》者《ナレバ》一《ヒトツ》、二年子《ナレバトシ》祀《ツ》二也、亦先《タツ》六十四置《トヲヒテ》父母子《チ、ハ、コノ》加《テ》レ年《ヲ》、先《ツ》払《テ》二十五《ヲ》、次十五宛《ツ、》払《テ》残算木《ルサンギノ》知《ル》二重半而男女《ヲ》一也、亦先《タツ》七十五置《トテ》加《テ》二母年《ノトシヲ》一、二年子《ナレバ》者払《ナリ》二十五宛《ツ、》一、一年子《ナレバ》者十三宛払《ヒ》捨《テ、》残《ル》重半《ニシテ》而知《ル》［　］、

月　星　日

唵唵如律令

孩《ガイ》児出胎母子別離符《ノフ》也、書《シテ》二此符《ヲ》当《テ、》レ口《ニ》、破地獄呪、光明真言、不動呪、念仏、皆七返宛《ナ》唱《ツ、》息《ヘテイキヲ》吹《キ》懸《テ》可《キ》レ入《ル》二棺中《ニ》一

也、何《レモ》出胎《ノ》合《ニ》有《テリ》二心《ロ》得《ヘ》一、出生《ノ》符也、明字《ノ》放《レテ》格別也、

貞享五〈戊辰〉年（一六八八）仲秋廿八日

崇禅現住春宅叟

附与宅峰法弟

（端裏）女子別腹切紙

一、丑辰未戌
寅巳申亥

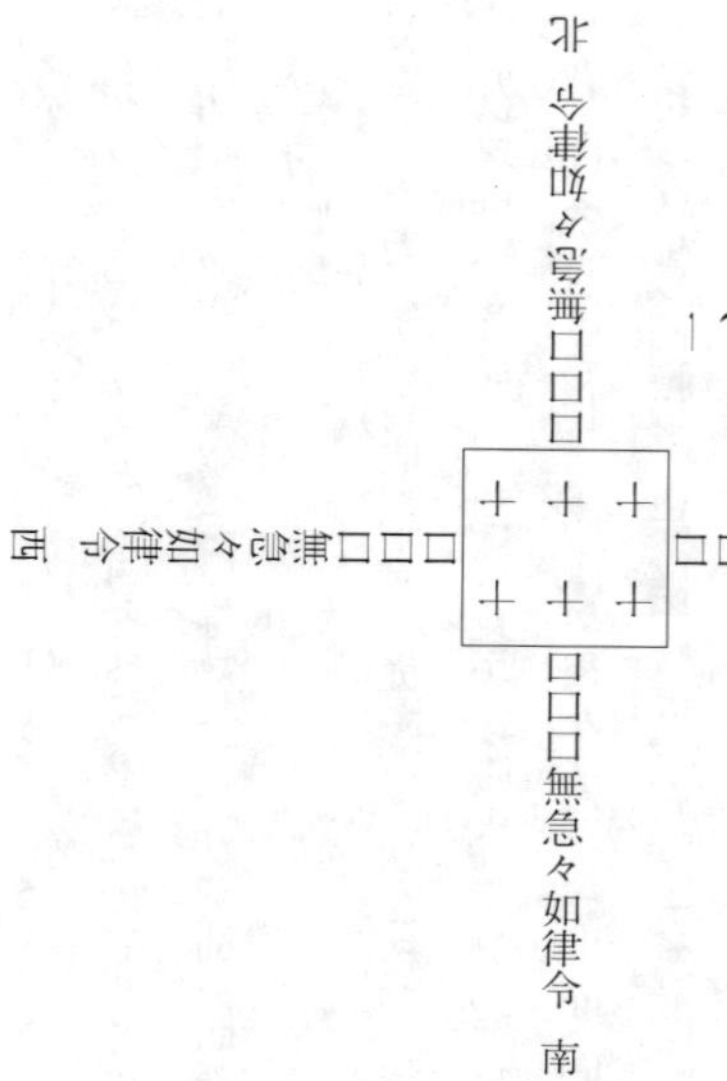

（石川県永光寺所蔵）

懐胎ノ婦人産出セズシテ死セルトキ、導師先ツ其亡者《ニ》向テ、但以《テ》二衆法一合成《ス》此身、起《ハ》唯法起《ノナリ》、滅《ハ》唯法滅《ノナリ》、此法起時、不レ言二我起一《レト》、此法滅時、不レ言二我滅一《レト》、前念後念、念不相対、前法後法、法不二相対一《ト》、三返唱、次《ニ》亡者《ノ》左《ノ》耳辺ニ倚テ、閑ニ十仏名ヲ三辺唱テ、耳中ヘ吹入レ、母子ノ位牌二枚ヲ書シテ、棺内ヘ入ル、也、剃髪ノ時、躍倒ノ様子アリ、其子ノ男女ヲ知ラント思ハ、、母懐妊シテ其年ノ内ノ事ナレバ、子ノ年一ツト定ム、若シ月ヲモチ越シ、年ヲモチ越シタルハ、年二ツト定ムル也、而シテ母ノ年ト父ノ年ト其子ノ年ヲ合セテ奇数ナレバ男子、偶数ナレバ女子ト知ルヘシ、是ヲ以テ位牌ニ童子童女ヲ書キ別ルナリ、サテ上ノ如ニ符ヲ書シテ墓穴ニシクナリ、符《ノ》内《ノ》六箇《ノ》十《ノ》字《ト》、符ノ四方トヲ合セテ六十四数、即チ六十四卦ニ配ス、天《ノ》廿八宿、地《ノ》三十六禽《ニ》アタルナリ、上ノ数ヲ八々六十四ト払ヘハ、一数モ不レ残ヲ大極以前ニ取ルナリ、

右嫡々相承至今

此切紙ノ趣ハ、全ク死後ニ産出セシムルヲ別腹ト云ニハ非ズ、只胎子ノ男女ヲ弁知シ、母子両人ノ法名ヲ安シテ引導スルヲ別腹ノ法ト云也、躍倒ノ様子《ハ》産出ノ為メニスルニ似タレドモ、是亦死婦ヲシテ転機セシメ母子分離ノ念想ヲナサシムルノミ也、今時《ノ》人必定産出セシムルヲ是トスルハ、即チ不宜也、度二懐胎《ノ》亡者一参話ニハ、母子同一体ト観スル故ニ、別腹ノ法ヲ用ルニモ不レ及ホドノ道理ナリ、

現住瑞竜良準

授与愚謙

（石川県永光寺所蔵）

前者は、胎児の男女の相を分別する方法として、母胎中の胎児の位置や方向によるものと、父母子の三人の歳の数を足して偶数ならば女、奇数ならば男と判断を下す方法を記したもので、最後に出胎の符をあわせ載せている。後者も、父と母と子の歳の数によって男女を見分ける方法を記し、母子それぞれに法名をつけて位牌に書き分ける

こととしたものであるが、注目されるのは、胎児産出については符を墓穴に敷いて埋葬するだけで、必ずしも物理的に母体と胎児を分け離すことを必要とするものではなく、切紙の文中に「母子分離ノ念想ヲナサシムルノミ也」といっていることで、時には樫の木の柄のついた鎌で開腹するという陰惨な古習が存したことと比較すると(41)、極めて呪法的性格が強い儀礼であることが知られる。次にこの母子を一体と想念するが故に分別する必要はないことを参話の形で示した切紙を紹介する。これは永光寺所蔵、高岡瑞竜寺所伝のもので、漢文体の参話の形式をとっている珍しいものでもある。

（端裏）度懐胎亡者参話

度二懐胎《ノ》亡者一参話

○問《テ》二云、懐胎《シテ》死者、子母不レ分《シテ》而葬《レ》レ之用《ンヤ》レ分《コトヲ》也無《ヤ》、二云、根本一体、何《ソ》用《ンヤ》レ分哉、○問二云、不レ用レ分畢竟如何、二云、一体《ハ》乃無体故《ニ》、○問二云、莫二是空見《レ》一麼、二云、無相《ノ》真体随縁分身《ス》、○問二云、随《既是》縁分身、子母是《レ》一人是《カ》二人、二云、従二無位根本《ノ》一出而帰二無位《ニ》一、縦《ヒ》是百億分身《スルモ》、只是一人耳《ノミ》、如是如是、

○導師《ノ》人、住《スルトキハ》二此参話《ノ》道理《ニ》一、則縦《ヒ》雖《ト》レ不レ用二別腹《ノ》法儀《ヲ》一、速《ニシテ》度二得《テ》懐胎《ノ》亡者《ヲ》一、無レ所レ疑也、然強《ニテ》要《スルハ》二死後《ノ》産出《ヲ》一、於《テ》二宗門中一是不レ宜也、

現住瑞竜良準（印）（印）

授与愚謙

（石川県永光寺所蔵）

この切紙は禅の本義から別腹の法を用いずに懐胎の亡者を済度することは可能であることを示したもので、死後の産出を強いて求めるのは宗旨としては「不宜」としているのは、当時の厳しい禁忌呪縛の世相のなかにあって、ある種の合理精神をもって批判的に取り扱った事例として注目される。しかし一般的にはやはり別腹・出胎の法は

極めて必要欠くべからざる儀礼であったとみられ、種々の切紙が伝承されている。

別腹関係の切紙として次に注目されるのは、懐胎の新亡の面上に五仏の梵字種子を書くことを記す切紙が存することで、恐らく真言宗様の葬送儀礼などからの援用と思われるが、その出拠は不明である。また次に紹介する切紙に、「胎中有子新亡女人面上」に梵字を書くことや、「別腹之一通也」とあることから、別腹に関連するものであることは明らかであるが、その用途は不明である。永平開山道元が亡者授戒のためにこれを用いたとする記載から判断するなら、西明寺所蔵の別腹切紙と軌を一にするもので、あるいは別腹の前段階的儀礼を構成するものとも思われる。永光寺所蔵の切紙のなかから、額上虚空蔵・左耳阿弥陀・右耳薬師・鼻大日・口荒神を配し、それぞれに対応する呪も併せ記した「胎中有子新亡女人面上之梵字万口伝之大事」、具体的に面相上に五仏の梵字種字を配しその秘訣を記した「別服面上梵形」の二種を紹介しておく。

胎中有子新亡女人面上之梵字万《ツ》口伝之大事

永平開山大和尚為《メニ》二後代《ノ》一用《ユ》レ之《レヲ》、授戒但《タ》以レ衆《モロ〳〵ノ》法《ヲ》合二成《ス》此身《ヲ》一、此《ノ》身起《ル》時《キ》唯《タ》法起《ル》、此《ノ》身滅《スル》時《キ》唯《タ》法滅《ス》、此《ノ》法起《ル》時《キ》、不レ言《ハ》二我起《レト》一、此《ノ》法滅《スル》時《キ》、不レ言《ハ》二我滅《レスト》一、前念後念、念念不二相《ヒ》対《セ》一、前法後法、法法不二相対一、曹山和尚語《ノ》也、剃髪《ノ》唱《テ》レ偈《ヲ》、臨《テ》レ機《ニ》踢倒、亦一《ハ》喝《ニテモ》而、面上《ノ》梵字先額上《ニ》虚空蔵《ノ》梵字《タラク》字《ヲ》書《シテ》、無所不至印《ノ》而《ニ》、南無虚空蔵大菩薩、過去心《モ》不可得、曩謨《ナウボ》阿《ア》迦捨掲婆耶《ギャシャキャバヤ》唵《ヲン》阿利《アリ》迦摩利《キャモリ》慕利《ボリ》娑婆訶《ソハカ》、〈三返平七返〉、［義経《ニ》曰、曩謨者帰命《ノ》義《ナリ》、帰《スルノ》二毘盧遮那清浄平等法界本《ノ》命《ニ》一言《バ》也、阿迦捨者、虚空蔵義也、十方如来智慧《ノ》体相也、一切衆生出苦《ノ》根本也、掲婆耶者、蔵《ノ》義、将《テ》二世間出世間《ノ》一切《ノ》財宝《ヲ》一含《ム》二有為無為《ノ》万法《ヲ》一言《バ》也、唵者、法報応《ノ》三身《ナリ》、諸仏皆《モ》具《ナ》二足《シ玉フ》此《ノ》身《ヲ》一言也、阿利者、富貴自在《ノ》義也、迦摩利者、蓮華《ノ》義也、諸仏所《ロ》レ証《シ玉フ》蓮華三昧衆生仏《ノ》□(妙)法也、慕利者、無垢義也、不レ得二無垢三昧《ヲ》一則《ンバ》諸仏不レ成《ゼ》二正覚《ヲ》一、依《テ》二此《ノ》法門《ニ》一光明照《シ玉フ》二無明長夜《ノ》闇《ヲ》一、又光明赫焃《ノ》義也、娑婆訶者、成就《ノ》義也、現□当住祈願、叶《ノ》二八万《ノ》法蔵《ノ》義理《ニ》一言也、」

次五仏同体呪《ノ》《ハン ウン タラク キリク アク》〈三返〉、次左耳《ノ》《ニ》字書《ヲシテ》、上品中品下品三印《ノ》而《ニ》、南無阿弥陀、現在心不可得、唵阿弥《ヲンアミ》利哆底逝迦羅吽娑婆訶《リタテイセイキャラウンソハカ》〈三返〉、右耳《ノ》薬師《ニ》梵字《ノ》書 安堵印《シテアンドノ》、右手《ノ》低《ヲウツムケテ》上挙《ヘク》、左手《ノ》仰《ヲアヲノケテ》下《シタニ》置《ク》、南無薬師如来、未来心不可得、唵呼嚧戦駄利摩登祇娑婆訶《ヲンコロセンダリマトウギソハカ》〈三返〉、鼻上書《ニ》二《シテバン》字《ヲ》一、智拳印《ノ》而《ニ》、南無中央大日如来、甚者《ナニモノカ》恁麼来《シル》、唵阿毘羅吽建娑薩羅陀都幡《ヲンアビラウンケンバサラダトバン》〈三返〉、口上《ニ》《アヲ》字書《シテ》、合掌而《シテ》、南無大荒神、三世不可得、唵建婆伊建婆伊吽撥吒娑《ヲンケンバイケンバイウバッタソ》婆訶《ハカ》〈三返〉、次右眼《ニ》指《ヲテ》日天呪《ノ》、次左眼《ニ》指《ヲテ》月天呪《ノ》〈三返〉、然《フシテ》而一咄《ス》、私、虚空蔵呪《ノ》仏説《ノ》秘蜜要文書事《ヲスハ》、諸真言而曩謨《ノウボトト》 唵娑婆訶《ト》 為《トヲタメ》二分明《ナラシメン》一 也、能々可二点頭一也、

貞享五〈戊辰〉歳（一六八八）八月廿八日　崇禅現住春宅叟

附与宅峰法弟

（石川県永光寺所蔵）

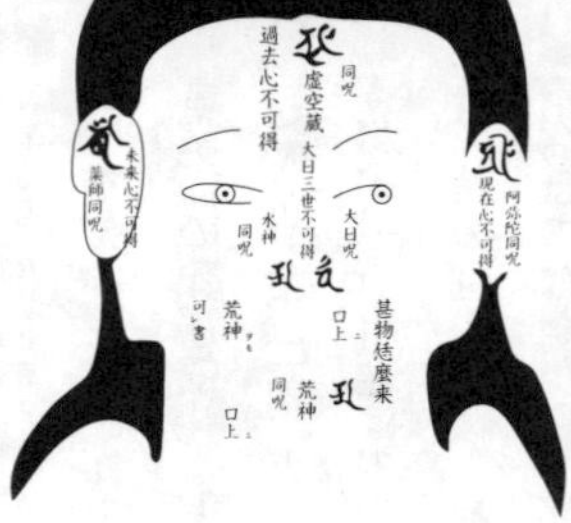

別服《（ママ）》面上梵形　自是別服《（ママ）》之一通也

面上《ニ》五仏并《ニ》種子《ノ》之梵字古語書時《スキ》、無《ク》二思量一、間《ニ》不レ容《レ》レ髪《ヲ》、全体無相無念而《ニシテ》可レ書也、故《ヘハ》導師心《ノ》新亡《ト》一致而《ニテ》為《メ》二無差別一也、水神呪《ノ》、唵婆囉陀耶娑婆訶《ヲンハロダヤソハカ》、自余《ハ》如《ク》レ常《ノ》也、虚空蔵《ノ》梵字、此《レモ》虚空蔵《ハ》五仏同体也、虚空《ガ》其《ノ》儘仏体也、自他無差別菩薩《ノ》也、口伝多《シ》、別紙可レ書也

是宗門之秘伝也

崇禅現住春宅叟

貞享五〈戊辰〉歳（一六八八）八月廿八日

附与宅峰法弟

（石川県永光寺所蔵）

真言の葬法においても「懐胎女」の葬法に特別注意がはらわれたことは『下火真言初学集』などにも特別な項を立てて例を示していることからも知られ(42)、曹洞宗の伝承もこうしたものの援用であろうことはすでに推測した通りである。

次に出胎関係の切紙を、やはり永光寺所蔵資料のなかから三点紹介しておく。

別服之大事、出胎符《ノ》也

此符《ノ》書了《ヲシテ》、破地獄呪《ノ》、光明真言、不動呪《ノ》、八句陀羅尼《ノ》、六字名号《ノ》、何七返宛《モ》唱《テ》吹懸《テ》、畳《テ》授二新亡《ニ》一也、別紙一枚《ニ》書《ス》、年号月日師名判附授新亡名禅定尼書也、

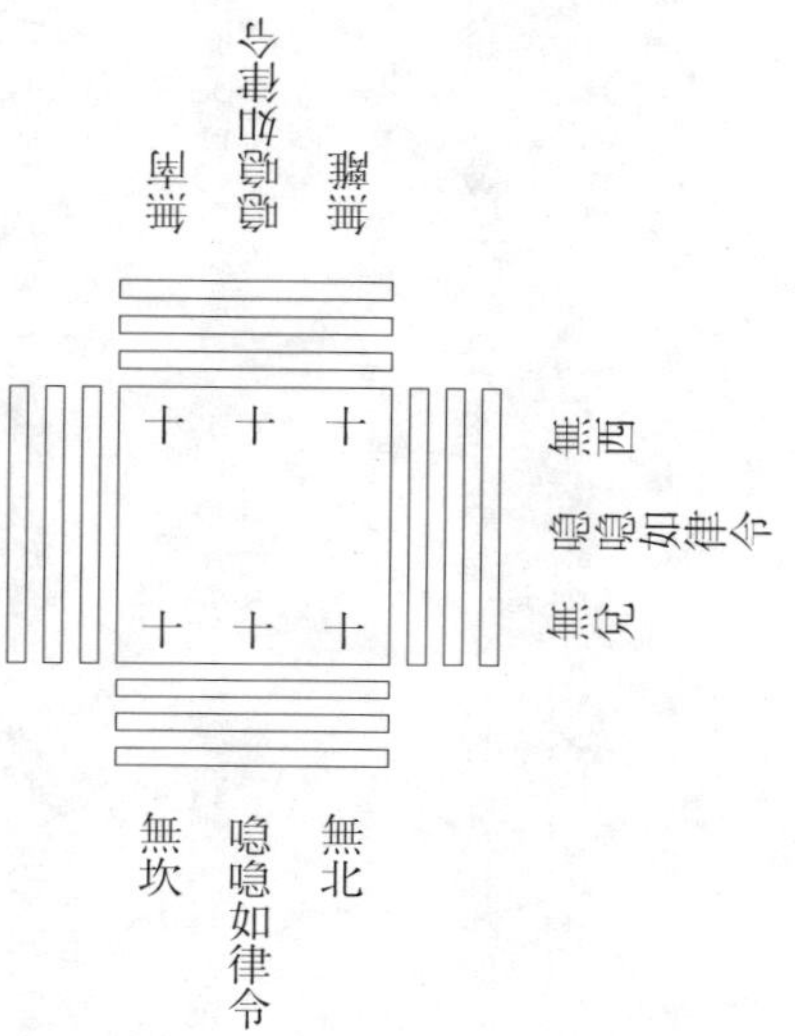

受戒偈《ヲモ》可《キ》レ書也、
有レ前《リニ》、

此《ノ》符《ヲ》書《シテ》入《レ》レ棺《ニ》、亦《タ》穴《ニモ》敷《ク》也、新亡《ヲ》入レ桶《レバヲケニ》、前《ヘ》低《ウツムケ》、亦棺《ニ》入《レバ》直《ニ》低《ク》也、万《ツヲ》調《ヘ》具《ニ》授《レバ》、自《ラ》我《レト》孩児出胎《スル》也、
師示《シテ》云、胎中《ノ》子不《ス》二取放《サ》一、其《ノ》儘取置《ク》心《ヲ》挙《セバ》、根本《ハ》一体デ走、〇師云、子細《ニ》挙《ス》、即今《ハ》無形デ走、〇師云、扨テ
ハ空見デ走カ、挙、根本《ハ》自《リ》二無相一種々分身《ニ》而《シテ》候、〇師云、分身者《スレハ》自他隔《リ》候カ、挙、隔《ハ》候ヌ、〇師云、証
拠《ヲ》、挙《シテ》云《ク》、従《リ》二無形根本《ノ》一出《テ》、亦帰《シタト》二元無形《ニ》一見《バ》一身デ候、師云、如是々々、資大展三拝退身、
此《ノ》符《ノ》正体《ハ》無《ノ》字也、無本《ハ》不生不可得《ノ》𑖀《ア》字也、無妙《ハ》也、兼《ケン》帯位、妙覚《ノ》位也、亦《タ》符《ノ》中《ノ》六十字《ニ》四方《ヲ》合《テ》六十四也、天《ノ》廿八
宿、地《ノ》三十六禽《キン》、外辺《ノ》十二図《ノツハ》、十二《ノ》空筭也、八々六十四払《ト》除《テクレバ》無也、空也、妙也、十二《ハ》六根六識《ニ》モ、亦十二月、

十二大骨《ニ》モ、十二経《ケイニ》モ持《モタセテ》、空《ト》払《テ》除《レバ》元《トノ》空也、是参別紙也、以上七通一透也、
貞享五〈戊辰〉年（一六八八）初秋廿八日　崇禅現住春宅叟
附与宅峰法弟
（石川県永光寺所蔵）

△永平開山道元大和尚為後鑑記之、亡霊授戒之偈、三返唱也、口伝云、死人《ノ》左ノ耳辺ニ依テ十仏名ヲ密ニ三返唱、耳ノ裏ヱ吹キ入ル、也、其ノ後チニ位牌ヲ子ト母ト二ツ書テ棺ノ内ヱ入ル、也、△次《ニ》伊勢ノ伊ノ字、自ノ左ノ手ノ内ニ書キ、勢ノ字ヲ四半ノカミ二枚ニ書テ、唐胡麻ノ油ラヲ多クコシラヘテ、食粒三粒余リ入テネリテ、右ノ勢ノ字ヲ書キタル紙ヲ死人ノ足ノウラニヲシ付ル也、後チニヌルミ湯ヲ首ラヨリカケサセ、二ツノ符ヲシカセテ、伊ノ字ヲ書キタル師ノ左ノ手ニテ死人ノタブサヲトリ、前ヱ、ヲシク、メルヤウニシテ叺ト一喝ス、直下死人ノ腰ヲ閴カニ躍蹈スル也、二ツモ三ツモシタ、カニケル也、此ノ当意ニ産出スル也、タブサヲトル時節、師ノ観念大事也、
△〔父ノ年ト母ノ年ト子ノ年トヲ合セテ、半ナレバ男コ、丁ナレバ女ト可知、〕
（石川県永光寺所蔵）

（端裏）度懐胎亡者切紙

度㆓懐胎亡《ノ》者㆒切紙

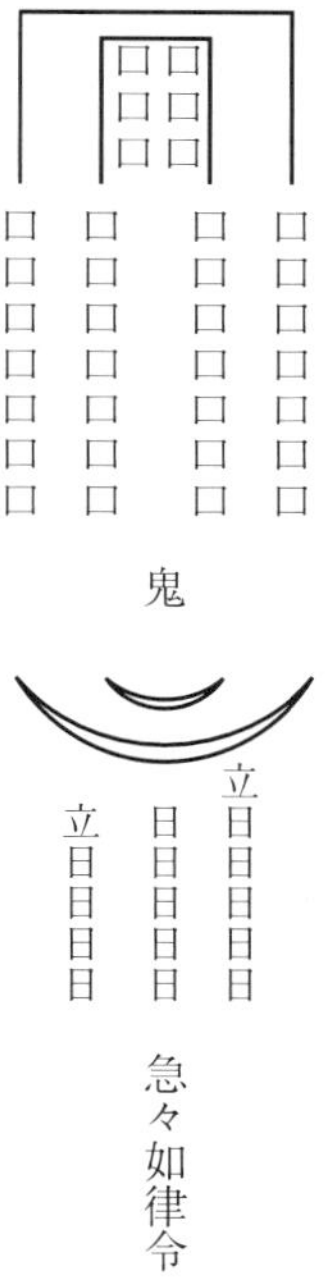

仏智剣　不レ移二寸歩一越二河沙《ヲ》一、

驀然蹈著《ス》自家底、

書二此符一含《マシシテ》二之亡者《ノ》口中《ニ》一、而沐浴入棺之後、入《テ》二自他不二無心無念之禅定《ニ》一而修《シ》二如幻三昧之看経《ヲ》一、拈二提《シテ》不レ移二寸歩一之両句《ヲ》一、而折《テ》二東指《タル》桃枝《ヲ》一打レ棺《コト》一下《シ》、震レ威《テ》一喝、則在二棺中《ニ》一産生《スル》也、

○雖レ云《ト》二在《テ》棺中《ニ》産生《スト》一、然《モ》莫レ管《コト》二其《ノ》産出不産出《ヲ》一、只修二右《ノ》法儀一則可也、全《ク》不レ依二産出産不出《ニハ》一也、

右卍山和尚之評判也、

嫡々相承至今

現住瑞竜良準　授与愚謙

（石川県永光寺所蔵）

第一の切紙は先にみた別腹の切紙と同様の符を有し、破地獄呪・光明真言・不動呪・八句陀羅尼・六字名号等を唱える呪法も同じであるが、漢文体の参話が付随し、そこでもやはり、具体的な出胎までは期待していないことが特徴である。しかし第二の切紙になると、別腹の後、「伊勢」の伊の字を導師自らの左手に書き、勢の字を紙に書いて懐胎亡者の足の裏にはり、ぬるま湯を首にかけ、二つの符を敷いて、亡者の髻を取り、体を押しくぐめるようにして一喝し、亡者の腰を二、三回蹴りつけるという相当過激な所作動作をともなうもので、ここでは具体的な産出が期待されている。第三の切紙は高岡瑞竜寺所伝のもので、出胎の符をともなうものであるが、如幻三昧の看経を行い「不移寸歩」の句を拈じて、桃の枝で棺を打すること一下し、棺中において産出することを期待するもので、極めてマジカルな呪法が施されるが、棺中における産出不産出を確認する必要はないとする点は、前に掲げた同じ瑞竜寺所伝の「度懐胎亡者参話」の内容に一致し、瑞竜寺所伝の切紙の独自性が指摘できる。ただし、こうした主張は他の派にも底流として存続していたことは事実で、次に紹介する埼玉県正竜寺所蔵、永平寺鉄心御州（？―一

六六四）授与、普満紹堂（紹道）（一六〇一―一六七六）所伝の「懐胎之切紙」も、胎児を取り出すには及ばないことを主張している。この切紙は、独特の出胎符と仮名書の参が付いていることが特徴である。

（端裏）懐胎之切紙

懐胎之切紙

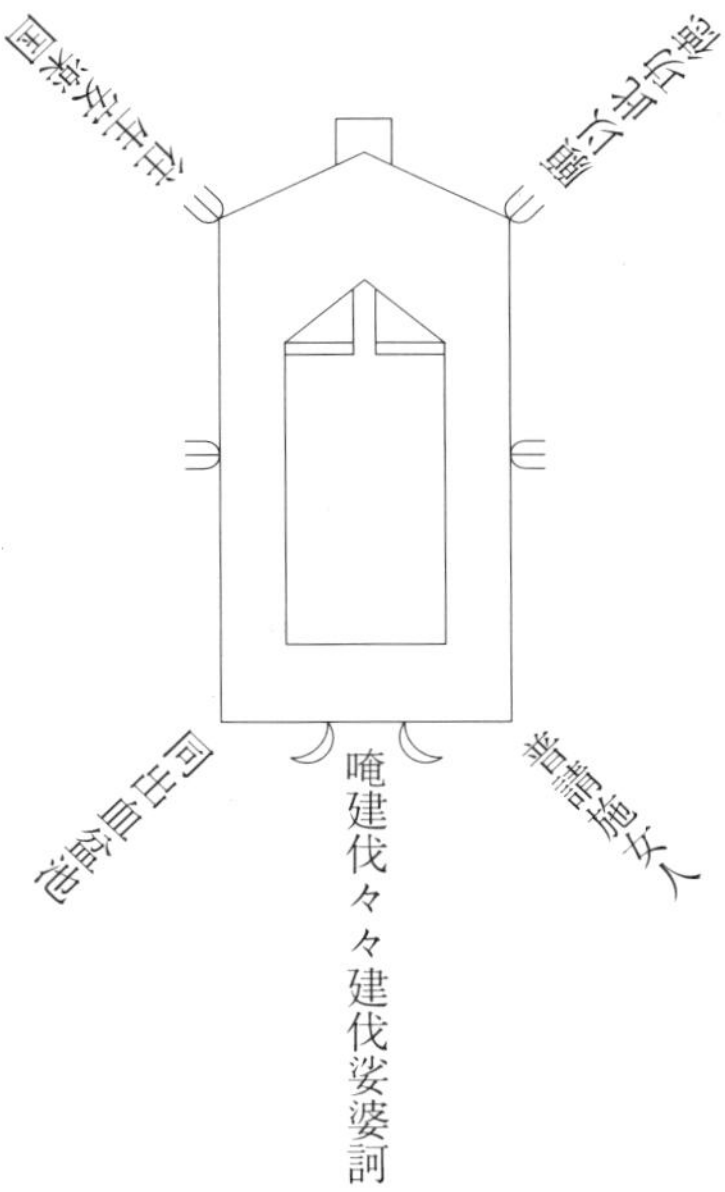

懐胎女人死タル時、一紙書而面上《ニ》覆《テ》可レ置、割《テ》腹不レ及二子《ヲ》取出《ニ》一、是大事府、仰山半月相、師云、半月《ノ》相ヲ画タル機ヲ、代、父母和合《ノ》一滴デ走、師云、添ヱテ円相《ニ》作シタル機ヲ、代、学《ノ》、師前ニ至テ円相ヲ作シテ突クト良久ス、師云、夫コニ着語ヲ、代、室内《ニ》有レ女未二嫁娉《ヘイセ》一生二一子《ヲ》一、師云、分相ヲ抹却シタル機ヲ、代、生ガ死《ノ》元ト意デ走、師云、夫コニ句ヲ、代、山《ハ》元山、水《ハ》元水、

私云、仰山《ノ》御家デハ、陰陽和合父母一般ニシテ欠道無イ処ヲ肝要トシタゾ、乍レ去和合ガ和合シタト知ラヌ時、

一片虚窓デ卒度汚染無イ事□(タ)ゾ、ホドニ是レラハ大事之古則走《デ》ゾ、或者女房抔《ノ》子《ヲ》持テ死タル時キ、此ノ参禅［　］観念シテ、導師スル者走《デ》ゾ、畢竟空処ヲモ空処ト会処ヲ作サヌ処、肝要ナリ、在ル人女房《ノ》子《ヲ》胎内ニコメテ死タル時キ、夫ノ儘送ラル丶ヲ見テ、信《シン》和尚快和尚［　］ヲ問イナナサレタナリ、在レバ快真和尚仰山半月《ノ》相ヲ問デヲリヤラバ、心得ヲ合ズトヲセラレタナリ、夫レニ依テ此《ノ》参禅ヲ爰《コヽ》ニ引而置也、サテ亦色々有リ、心ハ一ツナリ、

永平主御州叟

詔堂拝

従永平室中直伝　（埼玉県正竜寺所蔵）

最後に、出産に関して紹介しておきたいのは、流産・難産に関する切紙で、そこには当然死産、さらには産による穢れ、すなわちシラ不浄の問題もかかわってくる。

まず、「産流」すなわち死産した胎児の処置に関する切紙として、三重県広泰寺所蔵、江戸期書写の「産流切紙」あるいは「産流之大事」と題される切紙を掲げる。

（端裏）産流切紙

産流《ミ》之大事

切々物ニアヤカリ、亦ハ人ニ成リテモ、折々産流《ミ》シヲスル時キ、甕杯ノ様ナル焼物ニ入テ、同シ蓋ヲシテ亦此ノ札ヲ書添ナリ、

家有㆓白沢《ノ》図㆒、如㆑此無㆓妖怪㆒、

即チ家ヨリ出シタル吉方ノ屋敷ノ角ニ、物ノハヱ通サヌ様ニ埋ムナリ、亦其ノ母ニモ右之札ヲ符ニ書テ呑スルナリ、守《リ》ニ掛ケサセテモ吉シ、

金神ノ見ル次第

甲己年ハ　午未申酉ノ方ニアリ
丙辛年ハ　寅卯子午丑未ニアリ
乙庚年ハ　辰巳戌亥ノ方アリ
戊癸年ハ　申酉子丑ノ方ニアリ
丁壬年ハ　寅卯戌亥ノ方ニアリ

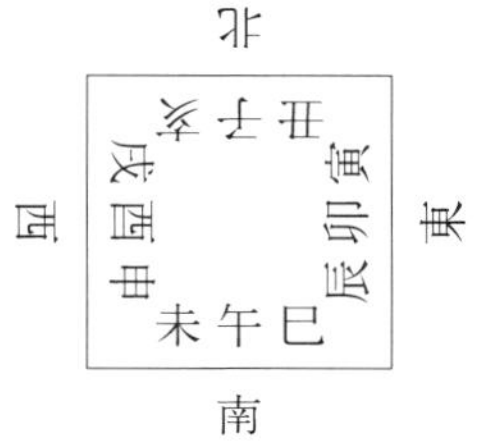

金神ノ方ヱ家ヨリ始ヲササス事、前ヱノエト上ノ札ニテ吉キ方ヲ見テ可レ出《ス》、

ここでは、死産の胎児を甕杯に入れて蓋をし、呪札の文言を書き添えて吉方の屋敷の角に埋め、母にも呪札を呑ましめるとするもので、吉方の見取方も示される。

また難産に対処するための修法としては、豊川市西明寺所蔵、寛永十四年（一六三七）天牛所伝の「産難之大

事」を紹介しておく。

（端裏）産難之大事

大聖不動明王　我此土安穏、天人常充満、園林諸堂閣、種々宝荘厳、

日天子　夫衆生者、男女同体具足之事、

南無本師釈迦牟尼仏　地水火風和合形体也、以《テ》レ水《ヲ》為《シ》レ血《ト》、以《テ》レ血《ヲ》亦変成《ス》レ水時《トキ》、天地同根万物一体也、此時何《ソ》豈《ヤ》下有二女人《シ》一別体《イ》上、迷《フ》二此《ノ》仏性《ニ》一時《キ》、罪業女人也、悟《ル》二此《ノ》仏性《ヲ》一時《キ》、仏体一身也《リ》、一心不《レバ》レ生《ゼ》、万法《ニ》無《シ》レ咎《トガ》、授《ル》二此《ノ》仏祖《ノ》語《ヲ》一時《キ》、何《ンゾ》有《ラン》二産後月水《ノ》誡罪《セイザイ》一邪《ヤ》、自二如来一嫡々相承而《シテ》阿難亦女人一大事也、今吾《レ》授《ク》二各号女《ニ》一、

月天子

三　宝　大　荒　神

于時寛永拾四〈丁丑〉年（一六三七）卯月吉辰　天牛（花押）

前永平全久九代天外和尚流附

（愛知県西明寺所蔵）

ここでは男女同体で、月水等についても、ここに掲げた仏祖の語を受けるなら差別はあり得ないことを説かれる。次に紹介する、三重県広泰寺所蔵の「難産切紙」も、女人が月水穢血を下すといっても、その本体をみるなら、法性海中の一水性であり、これが不浄となるのは迷いの故であるとし、一見その差別性を否定しているかにみえるが、難産はやはり本来の性に迷っているためであるとする前提に立っていることは明らかであり、いわゆる五障三従を踏まえたものであることに変わりはなく、血の穢れの故に地獄に堕ちた女人を救済することを説く経典である『血盆経』の趣旨と符節を合する。(43)

（端裏）難産切紙

産難切紙

我此土安穏、天人常充満、
園林諸堂閣、種々宝荘厳、

大聖不動明王

南無本師釈迦牟尼仏　日天子　月天子

三宝大荒神

夫衆生之体者、男女不隔、同一法体而智愚賤貴不可分別也、其体也、四大合成、仮隔二男女好醜一也、以二大地《ヲ》一為二色身《ト》一、以二水性一為二血膿《ト》一、以二火性《ヲ》一為二暖肉《ト》一、以二風大《ヲ》一為二起動《ト》一、於二其中《ニ》一女人下二穢血一、見二其体《ヲ》一則是法性海中《ノ》之一水性也、不浄者、由レ迷故也、天地同根万物一体、豈レ有二浄不浄男女《ノ》区別一、迷二本来《ノ》性《ニ》一故繫レ苦艱難《ス》、了《レバ》二本性同時《ヲ》一本来之真性現前矣、脱二落《シテ》累劫罪業《ヲ》一獲二得《ス》本浄安楽《ヲ》一、今推二求苦難《ノ》元《ヲ》一、是由二業成一、々々由二煩悩《ニ》一、々々由二無明《ニ》一、々々由二愚痴《ニ》一、々々由二心識《ニ》一、々々無性《ナリ》、法性湛然《タリ》、有《ン》二什麼不浄苦難一矣、汝女人知《ヤ》二同体法性《ヲ》一麼、一心不レ生、万法無咎、

（三重県広泰寺所蔵）

そしてここで問題となるのは、こうした出産の穢・産褥にある女性が死亡した場合にいかなる観念のもとにいかなる葬送儀礼が執行されるかということであり、それらをすべて含んでいるとみられるのが中峰和尚作とされる「産女切紙」である。永光寺所蔵、貞享五年（一六八八）宅峰所伝のものを次に掲げておく。

中峰和尚《ノ》作、産女《ウブメノ》切紙、胎内有子亡者授戒

奉《ル》レ請《シ》二三界六道化導済度衆生地蔵菩薩摩訶薩、唯《タ》願《ハ》降二臨《シテ》此《ノ》道場《ニ》一授《ケ玉ヘ》二大慈大悲菩薩清浄大戒《ヲ》一、三唱、今日新没故名你《チ》従《リ》二今身一至《ルマテ》二仏身《ニ》一、能《ク》持《テ》、南無帰依仏、南無帰依法、南無帰依僧、三唱、帰依仏両足尊、帰依法離欲尊、帰依僧和合尊、帰依仏意（ママ）、帰依法意、帰依僧意、三返、汝善女人、自《リ》二今身一至《マテ》二仏身《ニ》一、能持《テ》、三返、汝《チ》対《シテ》二三宝前《ニ》一、

発㆓露《セヨ》大懺悔《ヲ》㆒、三返、摂律儀戒、摂善法戒、饒益有情戒、汝能持、三返、次《ニ》施餓鬼、心経、大悲神呪、回向、上来諷誦経呪功徳、回向真如実際、荘厳無上仏果菩提、伏願、大悲三宝、垂《シ》戒《カイ》絲《シ》○頓《ツン》趣《ス》此《シ》界《カイ》○導《トウ》亡《モウ》聖《シン》○新《シン》没《モク》故名、受《シュ》生《サン》於《イ》善界《カイ》○等《テン》成《シン》正《シン》覚《カウ》○得《テ》到《ツン》於《イ》大涅槃岸《アン》、十方三世々々――蜜、

同作法

一《ニ》先《ツ》沐浴、自《リ》㆑足沐《シアラヒ》初《ハジム》、二《ニ》剃髪、髪《ヲ》二一《ツニ》分《テ》自《リ》㆑前剃《ヘル》、三《ニ》棺中府《ニフヲ》可㆑布《シク》、四五戒説《ヲ》、教授戒代《ツテ》受《ク》㆑戒《ヲ》、五《ニ》面上書《ス》㆓梵字《ヲ》㆒、以《テ》㆓扇子《ヲ》㆒可《シ》㆑書《ス》如《ク》㆓別紙《ノ》㆒、六《ニ》亡霊授戒偈《ノ》、左耳《ヘ》唱入也《ヘル》、七返モ三返モ、七《ニ》当《テ、》㆓左耳《ノ》口《ニ》㆒、十仏名《ヲ》一仏宛《ツヽ》三返、了《テ》可㆑入㆑吹㆑耳《ニ》、八《ニ》中峰和尚授戒作法《ノ》了《テ》、子牌《ノ》母《ヲ》背後《ノ》外《ニ》向《ヘテ》〈スガイニテユイ付ル也〉、九《ニ》六地蔵懺悔文《ノ》三返、次《ニ》新亡《ノ》胸上《ニ》画《テ》㆓円相《ヲ》㆒、円中《ニ》可《シ》㆑書《ス》㆓心字《ノ》満《カ》字《ヲ》㆒、次《ニ》向《テ》㆑棺《ニ》冥目良久、発㆓開《シテ》眼《ヲ》㆒、以《テ》㆓数珠《ヲ》㆒棺《ヲ》丁打《トテ》云、過去心不可得、現在心不可得、未来心不可得、入名、三世不可得、你甚物恁麼来、作麼生是生死透脱《ノ》一句、着語、内不㆑住《ラ》㆓根本《ニ》㆒、外《カ》不㆑渉㆓諸縁《ニ》㆒、弾指三下、次《ニ》焼香、茶湯、入棺諷経、私、上《サキツカタ》来諷誦《スル》経呪《ノ》功徳、回㆓向《シ》真如《ノ》実際《ニ》㆒、荘㆓厳《ス》無上《ノ》仏果菩提《ヲ》㆒、伏願《テハ》、大悲三宝垂《テ》㆓戒絲《ヲ》㆒、頓《ニ》趣《テ》㆓此《ノ》界《ニ》㆒、導《キ玉ヘ》㆓亡聖《ヲ》㆒、新没故名、受《テ》㆓生《ヲ》於善界《ニ》㆒、等《ク》成《シテ》㆓正覚《ヲ》㆒、得《ン》㆑到《コトヲ》㆓於大涅槃《ノ》岸《ニ》㆒、此外《ニ》大事《ノ》有㆓口伝㆒、蜜(ママ)伝也、

貞享五〈戊辰〉歳（一六八八）八月廿八日　崇禅春宅叟

附与宅峰法弟

ここでは一沐浴から二剃髪・三棺中符・四説戒・五面上五種梵字・六亡霊授戒・七左右の耳に十仏名を吹き入れる・八母子の位牌を背中合わせに安置・九六地蔵懺悔文、以上が終わって引導法語、下火と続く葬送儀礼の次第がすべて示される。その詳しい記載はないが、一連の産女のための葬儀法が確立しており、しかもさらに注目されることは、先にみた「亡霊授戒切紙」と同様に中峰和尚の作とされ、同様に地蔵菩薩を授戒道場の中尊として勧請し、

六地蔵信仰をも取り込んでおり、五障の故に血の池地獄に堕するとされることを前提とした女人往生信仰に立脚する葬儀法であることとである。

このような別腹や度懐胎の儀礼、さらに出胎の呪法などは、禅宗葬儀法には元来全く見当たらないものであり、そうした庶民信仰や当時の社会一般に流布していた習俗をもすべて取り込んで切紙とし、禅宗儀礼のなかに極めて有機的に取り入れて、さらには禅宗独自の解釈や呪法まで開発していった曹洞宗教団の体質は、一面においてはエネルギッシュな教団の展開に直接結びつく要素をもっていたが、反面、教団の世俗化は避けられず、また世俗倫理の無批判な受容をともなって種々の差別体質を醸成していくことになった。その典型的な例は次に紹介する「非人引導」関係の切紙である。

九　非人引導関係切紙

引導・下炬の関係の切紙にはいる前にどうしても触れておかなければならないのは、近世以降、被差別部落の人々の死者のための葬送儀礼として機能してきた「非人引導切紙」等の差別切紙である。これに関しては後に第三篇第八章で問題の指摘を行っているので再説しないが、(44) 切紙に引導などの語があるものの、実際には引導下炬に至る前段階の儀礼として執行される一種の浄化儀礼と考えられる。

次に管見にはいったもののなかで最も古いとみられる、豊川市西明寺所蔵、寛永七年（一六三〇）鉄山天牛所伝の、「非人引導之切紙」を掲げる。

非人引導之切紙

△非人亡者之事　自レ家《イエ》初テ世具雑物衣裳刀共ニ悉く《コトく》迷イ《マヨ》〈送リ《ヲク》〉捨テ、其《ソ》ノ身ヲ乞食《コツジキ》ニ渡ス時キ、弓《ミ》ノ絃《ツル》デ、男ハ左、女ハ右ノ腕デヲ綰《クビツ》テ非人ニ渡ス也、引導《ヒキウゴカ》シタル時《キ》、子ヲ不レ持《ル》者《タ》ニハ后《ウシロ》□《手》ニ其ノユイタルヲ截ル也、其ノ切リ

└綰ルコレヨシ

タル刀ノ身ノ代《シロ》ヲ添ヱテ送ル也、其文云

└死人ノ年シカス銭ヲソユル也

○因果業生、霊々除滅、尽未来際、直切根元、此ノ文ヲ書キ死人ニモ可レ添、亦死人ヲ出シタル門ドノ堦下ニモ可《シ》レ埋《ウズム》、其後《ノチ》人間ニナシテ引導可レ有也、可レ秘也、

△天狂病之事、我レヨリ風上《ザ》ニモ不レ置、居タル座敷ニモ不レ居、盃《キ》ヲモ不レ呑、平生如レ此、亦死シ去テノ引導最大切也、天蓋幡何レモ黒色ナルベシ、此《ノ》符ヲ書シテ引導《師》シテモ、七日ハ居ル坐布ニシクベシ、其ノ親兄弟子供ハ此ノ符ヲ百《ヒ》ケ日ノ間ダ可レ掛、供養平人賛テ回向無シニ可レ向《ムカウ》、

△引導ノ時キ唱ル文云《ニ》、汝《ジ》元来不生不滅身《ノン》、無《ム》父《ブ》無《ム》母《ホ》無《ヒ》兄弟《ヒンデイ》、此《ノ》土《ヲミー》自去再不来、輪廻顛倒直断絶《キンツ》

于時寛永七〈庚午〉年（一六三〇）菊月吉辰

天牛沙門判

この種の切紙は別名、「非人癩病狂死者引導並符」あるいは「天狂病之事」と称されることからも知られるように、河原者・非人として卑賤視された人々のほかに、癩病・癲癇・狂人のような、難治の故に宿業の果としてのいわゆる業病と称される病による死者に対しても同様の儀礼が執行されたのである。これが元来、すべて同一の対象に対して執行された儀礼か否かの問題があるが、駒沢大学図書館所蔵『室内切紙謄写』に引用された、永平寺三十世恵倫永明禅師光紹智堂（?—一六七〇）所伝の切紙には、

〽非人亡者之事　図形別紙《ヨリ写取置》〔有之〕

自レ家初《テ》世ノ其雑具等衣裳刀共送捨《リテ》、其身乞食《ヲ》渡《ニス》、弓絃《ヲ》以《テ》男《ハ》左、女右《ハノ》腕《ヲ》綸《リ》、非人渡《ニシ》、引動《キタル》時、子《ヲ》不レ持者後手《ニテ》截《ル》也、其後切《タルニ》刀身之代《リヲ》相添《テルノ》送時文曰、因果業生、霊々除滅、尽未来際、直切根源、此文書《ヲ》死《キ》人《ニ》可レ添、亦其《ノ》出《タル》門ノ堦下《ニ》可レ埋、其後人間《ニ》成《シテ》引導可レ有レ之

天狂病之事

自レ我風上《ニ》不レ置、居《タル》座敷《ニ》不レ居、盃《ヲ》不レ飲、平生如レ是、亦死去引導最大切也、又天蓋幡何《レモ》黒色《ニ》可レ致、此符《ヲ》書《シテ》引導《シ》、七日居《タル》座敷《ニ》可レ敷、其親兄弟共此符《ヲ》百箇日《ノ》間《ハ》不レ可レ捨、供養平人《モ》替《ニリテ》無二回向一可レ問也、下炬云、汝

元来不生不滅身、無レ男《父イ》無レ母無二兄弟一、此土自レ去《自去再イ》不レ来、輪廻顛倒直断絶、

永平現住永明叟

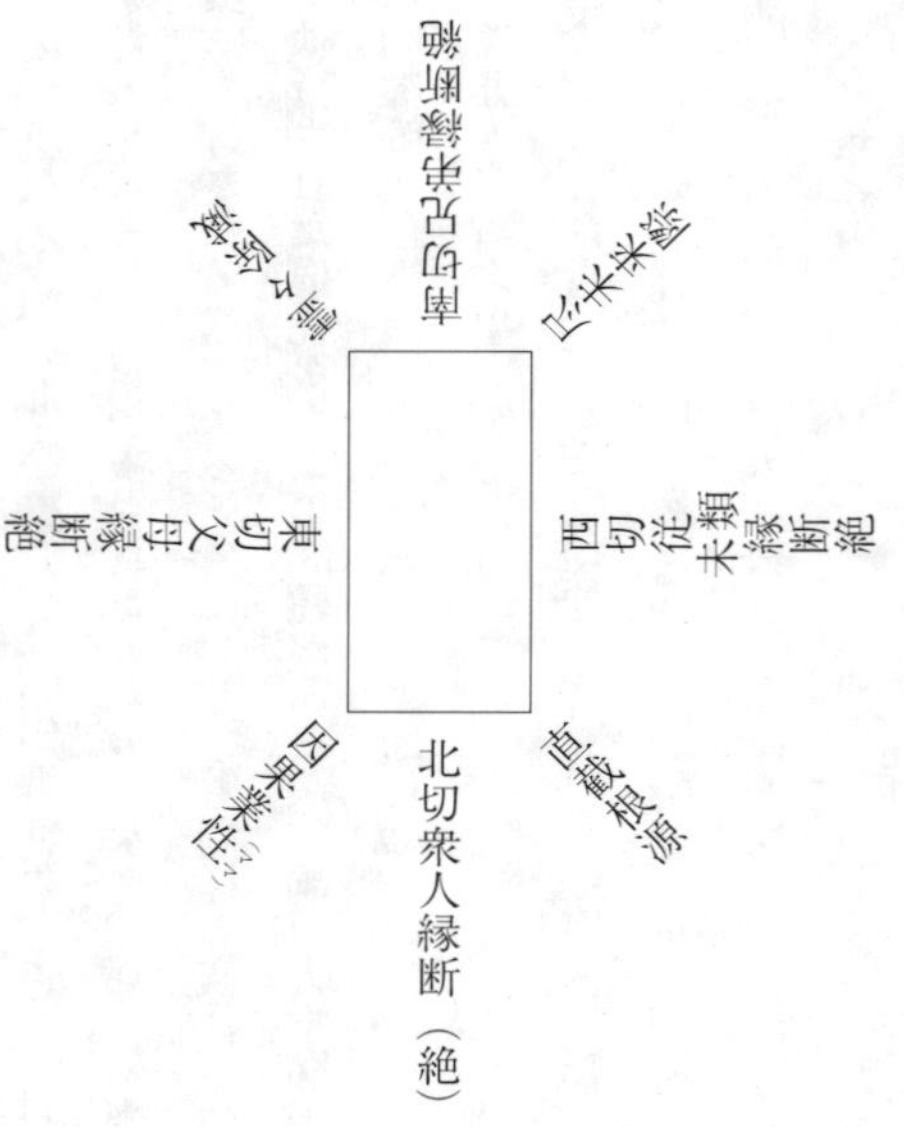

とあり、非人と天疱病者とは別の儀礼として扱われているので、筆者としては成立的には別々のものと考えている。しかしその理論的根拠は、同じ仏教思想の宿業説に基づくとみられるところから、同一の儀礼として執行され、断絶符も共通のものが伝承されるに至ったものとみられる。

また、この切紙が、近世江戸期の被差別部落を対象として成立したものかどうかという問題が残るが、「河原根本之切紙」と題する被差別民の由来を説く口訣も曹洞宗の室内には伝承されていることをあわせ考えるなら、(45) 中世以来の相伝史料であろうと思われる。しかし佐賀県円応寺所蔵、寛文三年（一六六三）本策所伝の「非人引導切

紙」には、

一、非人亡者之事、自レ家初テ世具衣裳刀共《ニ》送《リ》捨《テ》、悉《ク》其《ノ》身ヲ乞食ニ渡ス、弓ノ紘ニテ男ハ左リ女ハ右ノ腕《ウデ》ヲ纂《クヽリ》非人ニ渡シ引キ動時《キ》、子《ヲ》不《ル》レ持者ワウシロ手ニ、弓紘ルヲ切ラスルナリ、其ノ後チ切リ刀ヲ身ノ代ニ相添テ送ル時キノ文ニ云、因果業生、霊々除滅、尽未来際、直截根元ト、此ノ文ヲ書キ死人ニモ可レ添、亦其ノ出デタル門ノ階下ニモ可レ埋、其《ノ》後人間ニナシテ引導有之、

二、天狂病之事、我レヨリ風上ニ不レ置、居タル座敷ニ不レ居、盃ヲ不レ呑、平生如是、亦死去ル引導最大切也、天蓋幡何レモ黒色可レ致、此ノ符ヲ引導シテモ七日ハ居タル坐《ニ》可レ敷、其親兄弟子トモハ、此ノ符ヲ百ケ日ノ間ハ不可捨、又供養モ平人ニカワッテ回向ナシニ問ウベキナリ、其ノ下炬云、汝元来不生不滅《ノ》身、無父無母無兄弟、此土自去再不来、輪廻顛倒直断絶、

深山幽谷ニ荼毘不レ可レ致、六道ノ辻ニテ荼毘可レ致、

寺僧ヲ伴ニツレヘカラズ、他門ノ僧ヲ伴ニツレヘシト云、心ハ、施物ヲ取ヌト云証拠ナリ、施物ノ儀ハ七日積ミヲキ、其人ニ番ヲサセ、往来ノ非人ニトラスベキナリ、

前永平固心叟（印）（印）（盛賢）

寛文三〈癸卯〉年（一六六三）三月廿日

本策九拝

とあるように、特に「深山幽谷ニ荼毘不レ可レ致、六道ノ辻ニテ荼毘可レ致、寺僧ヲ伴ニツレヘカラズ、云云」とある文書には、明らかに近世被差別民を対象とした姿勢が感じ取れるのであり、(46) 近世にはいってからはもっぱら被差別部落の人々に対する差別的な葬送儀礼の一環として機能したことは疑いない。

＊昭和六一年九月三日・四日の両日、豊川市八幡町西明寺の資料調査を行って、膨大な量の文書資料を拝見することができ、また、他に類をみないほど多数の切紙資料をみせて頂くことができた。そのなかで、すでに本章で紹介した「追善・葬送供養関係」にも含まれていない珍しい切紙もいくつか見出すことができたので、本章と関連する一連の切紙に限ってここに翻刻紹介することにする。ただし、紹介したものと内容的に重複するものが大部分なので、一点ごとのコメントは省略する。なお、在家葬法に関係するものについては本章で紹介したので、ここでは「達磨知死期」の関係や「胎内五位之図」「普所大事」等に関する切紙の異種のテキストのみについて紹介したい。

(1)（端裏）末後大事又頭顱之切紙

達磨大師謂《テ》二祖《ニ》一云、生死事大、無常迅速、汝還識得也、恵可涕泪悲泣《シテ》云、吾未《ダ》レ会、唯願大慈大悲開甘露妙門《ヲ》、救《スクイ玉ヘ》二我昏《ガコン》蒙《ヲ》一、師夜半点《テ》レ松火《ヲ》、此《レヲ》以《テ》妙偈《ゲヲ》示《シテ》云、汝聞《ギ》思修恵以《テ》能護持《シテ》嗣二続《スト》吾宗《ヲ》一、々々

南山月白、元来氷寒也、

骸髑《ガイドク》偈云

纔《ニ》覚レ玉池《ヲ》無二滴瀝一、次《ニテ》於レ波底《ニル》取レ神光《ヲ》、

無常須《ハク》レ聴二髑頭鼓《ツノヲ》一、得数方《ニルク》知幾日亡《スト》、

極月晦日暮間亦復暁間乎、行者向西方合掌而念仏一百返、心経消災神呪勤修而如授恵可大師、又初祖菩提達磨円覚大師示恵可後出処不伝也、

可秘々々

於天童山永平元和尚伝授之、自夫以来祖々的々相承畢、

天牛首座

伝附畢

于時寛永十三〈丙子〉年（一六三六）六月吉日

(2)（端裏）達磨知死期

達磨知死期之血脈

〇菩提達磨―二祖恵可―三祖僧璨―四祖道信―五祖弘忍―六祖恵能―青原行思―石頭希遷―薬山惟厳(ママ)―雲巌曇成(ママ)―洞山良价―雲居道膺―同安道丕―同安観志―梁山縁観―大陽警玄―投子義青―芙蓉道楷―丹霞子淳―真歇清了―天童宗珏―雪豆(ママ)智鑑―天童如浄―永平道元―永平懐奘―徹通義介―蛍山(ママ)紹瑾―峨山紹碩(ママ)―大源宗真―梅山聞本―如仲天誾―喜山性讃―茂林志繁(ママ)―盧嶽洞都

知死期頌云　纔《ニ》覚《ウ》三玉池《ニ》無《キコトヲ》二滴瀝一、次《ニ》於《テ》二波底《ニ》一取《トル》二神光《ヲ》一、〈眼ヲヒツカヘシテ、ヒツカトスルコト也。〉
無常須《ク》レ聴二数頭《ノ》鼓《ヲ》一、〈指ヲ以テ鼓ミヲ打用ナリ〉得《テ》レ数《ヲ》幾《ク》多《クノ》時《キカ》知《ル》レ亡《ヲ》、

時寛永四〈丁卯〉年（一六二七）六月念日　天牛首座附与之

(3)

（端裏）生死之切紙

生死之大事　握《ニギレバ》　兼中至、開《ケバ》　兼中到也、上之図ヨリ中ヱ出デ、亦黒処《ニ》窮ル也、
下幻化抱影《ホウヱイ》、生《テ》兼中到也、一州派之秘蜜是也
無位収ハ二ツ共《ニ》入ラヌ事也、

(4)

天童山如浄禅師附与道元、了庵、無極、月江、曇英　在判

天牛首座

于時寛永十三〈丙子〉年（一六三六）六月吉辰

（端裏）〆胎内五位之図

〳禅門胎内之五位

〳師云、先ヅ母胎内《ノ》四寸四方池《ノ》ケ在リ、是ニ水一滴有リ、是ヲ清浄水《ト》云ナリ、父ハ天陽、地母《ハハ》陰ナリ、亦父《ハ》偏位ナリ、母《ハ》正位、父《ハ》〇是レ也、母《ハ》●是也、先《ッ》人《ノ》初マリハ丿乀《ヘッホッ》ノ二字也、丿《ヘッ》ハ陰也、乀《ホッ》ハ陽也、偏位二ツ也、陰陽和合《ノ》只《ダ》チガ池《イケ》ニ落《ヲチ》ル也、然レドモ一七日ガ間ダ互イニタテ分ッテ混《コン》ズル事無シ、◐如レ是也、此《ノ》二ツヲ洞済トモニ用イテサマ〳〵ニ取リ成《シ》タ、或《イ》ハ先ヅ偏正《ノ》二ツ、君臣《ノ》二ツ、是不是ノ二ツ、黒白《ノ》二ツ、上下《ノ》二ツ、天地《ノ》二ツ、父母《ノ》二ツ、明暗《ン》ノ二ツ、入不入《ノ》二ツ、背触ノ二ツ、サマ〳〵ニ取リ沙汰スル也、扨テ二七日ニワ一ツニ混《ン》ジテ〇如レ是也、爰ハ前《マヘ》ノ両頭ノ沙汰無ク、此《ノ》二ツニ落チヌ一処也、爰ヲ取ッテ禅門デハ兼中到共云ナリ、●是也、爰ヲ祖仏凡夫モ相イ犯《ヲカ》サヌ地トモ云イ、黄河源頭ヨリ濁リ了ルトモ云イ、暗中《ノ》暗共云イ、妙中《ノ》妙トモ云イ、玄中《ノ》玄トモ云也。全《ク》祖仏凡夫《ノ》足シ向ケハナラヌ処ナリ、爰ヲ無極共云イ、妙処トモ云イ、虚トモ云イ、空トモ云ナリ、爰ハ天地開闢以前也、亦仏語祖語ノ沙汰無ク、是非無《イ》処也、混頓以前トモ云也、亦三七日ニハ〇如レ是也、爰仰《ヲラン》形ノ発処共云也、是レヲ阿《ア》ブドン伽藍共云ナリ、一機未発《ノ》処也、亦智識遷化在《ッ》テ後《ノ》、無縫塔《ヲ》立《ル》事是也、七《ッ》八《ッ》ヨリ廿年ガ間多許《(卵)ダソクバク》粉骨砕《イ》身《シテ》 自然《ン》ニ尽シテ修行功極《ク》ニ到《ッ》テ威音王戒ニ到リ純熟《ノ》旨ニ至レバ、本《ノ》産《サン》出肌ヱ愚驢《ノ》背肝ニナル也、時キ是非忘《フチ》智識情ハ無《ク》ナッタゾ、爰ヲ以《ッ》テ仰《ラン》ヲ形《カタチ》ニ取リ無縫塔ヲ立《ル》也、縫ハ又ヲト云字也、無縫塔ノ時キ無紋綵也、時《キ》黒処也、亦四七日ニワ◆如レ是也、爰ヲ一機《ノ》発処トモ云也、機ハハタモノト云字也、ト云ワ中用処也、七ツ八ツハタ者ニ上レバ天ニモツカズ、地《ニ》モタヨラヌ事也、爰ヲ以テ洞上デハ来《ノ》一点共云也、⊙是《レ》也、亦機《ハ》心也デ、禅門《ノ》一物本心《ノ》事ナリ、先ヅ人ハ鼻《ハナ》ヨリ生ズル故ヘニ、人《ト》云字、爰ヲ形取ル也、木目《ノ》抔《ノ》出《ル》モ如レ是也、一機蜜《ッ》々トシテ現成スト云モ爰《ノ》事也、亦五七日目ニワ〇如レ是也、平ジケン難ヲ生ズト云テ、爰デ両眼ガ少シ備ル也、爰ヲ禅門デワ心《ノ》三点ト云也、畢竟心《ノ》字《ノ》形チ也、両眼ヲハ八日目ニタトウ、七ツ八ツ三千大千世界《ノ》開ケ初ル時、日月出現シテドロノ海ナルヲ照ソウタメデ、山ハ山海河ハ河ト作ス也、六七日ニワ如レ是ナリ爰ヲ峰巒総ニ露ルト云ナリ、爰ヨリ聽テ如レ是ナル也、爰ヨリシテ母《ノ》乳ヲ含《ム》也、玉ノ眼耳鼻舌六根六識爰ニ備ッタ形チ也如レ是樹棲遅《ニセイチス》ト云也、丹鳳玄珠《ヲ》含《ム》ト云ワ母《ノ》乳房含ヲ云也、頭《ニ》五夜《ノ》月《ヲ》頂《キ》足《シ》踏ニ黄金《ノ》地《ヲ》一ト云ハ、爰ヲ云也、月《ト》云ハ母《ノ》キモ事也、黄金《ト》云ハ母《ノ》胎内《デ》蓮花座《ヲ》踏《ン》デ居《タ》ヲ云也、其レヨリシテ亦尽《ク》七日目《ニ》ワ〇如レ是也、是《レ》ハ坐禅正当也、先ヅ禅門座力《ト》云ワ爰ヲマナンデノコト也、尽《ク》七日目《ニ》ハ衣《ヘヲ》カブッテ居也、爰《コヽ》ヲ以テ禅衣ヲカブル也、樹口ト云ワアギトノ下ニ手《ヲ》アテ、居ルヲマナンデスル也、蒲団《フトン》モ母《モ》胎本蓮華座《ヲ》踏《ン》デ居ルヲマナブナリ、亦武《タブ》士母衣《シノホロ》モ此《ノ》ヱナヲマナブナリ、爰ヲ禅門デハ海雲遮ルト云也、此《ノ》衣ナ袋《ヲ》白雲ト云イ、亦《タ》雲霧トモ云也、掩《ヲヽ》ゾ遮ゾト云ハ、衣ナ袋ヲカブッテ居ルヲ云也、六日目ニハ皮肉相応シテ眼耳鼻舌トモニ備也、在共意ハマダ備ラザルナリ、其レヨリシテ九月ヲ経テ産出スル也、時子回リト云テ胎内デクルリット回ル也、爰ヲ宗門デハサマ〳〵ニ沙汰スル也、或ハ此ノ足下ヲ安脚東山走トモ云イ、剣刃上行キ、氷凌上走ルトモ云イ、両脚踏レ天共云イ、乾坤蹴踏共云イ、一回共云イ、扨テ産《サン》出タヾチヲ、那時一句子抛レ地作二金声一トモ云也、金声ト云ハウガノ一声ノ事ナリ、爰ヲバ八識田中時キハ九識円備体トモ云也、即チ産出形チ如レ是也、爰ヲ五位時ワ正中偏ト云也ト云ワ、マダ母胎デコナタヱ出デヌ時也、扨テ亦出デ羊ズ気ハ在ル也、偏中正ハ産出形出也、爰ヲ禅門デハ血脈不断乾不尽ト云ナリ、是家門紹続モ如レ是也、是レガ宗旨不断ノ理也、爰ヨリシテ廿年卅年粉骨砕身シテ修行ヲシ尽シ〳〵シテ此ノ事ニ取リ付クガ三汲ニ合テモ先ヅ一級躍《キウ》出シ羊也、長老ニナルガ二級ノコヱ用ダ、東堂成ルガ三級一時ニ超越シ羊也、東堂ナルガ功ノ尽派デ、兼中至也、

于時寛永八〈辛未〉年（一六三一）仲春吉日　　　　楚玉（花押）

(5)

郢州大陽開山明安大師卵形三図

◓卵形未分混沌　　　謂之天地同根也

◓三天陽也黄也輪也地　　　◓三陰也陽也□也

㊟不動之正体目八分作地也、少風動也、虫ワ分作地、大動風也、

毘盧界	光明台	発心土
宝卵台	日月星宿	修行土
大人境	無尽灯	去来土
万物懐胎	雲雨国	北生土
涅槃城	寂光土	汚穢国
極楽	天堂	地獄
仏	菩薩	衆生
涅槃門	菩薩	煩悩界
鉄	銀	金
閑田地	野馬	陰裡

●☰王　◐☴　○☳臣
夜半　正明　
不露　天暁　臣
王　君　事
智　知
●　●天　地）

石女懐胎　石女所生眼　悉見三千界
長夜漫々　樹ヵ一夜落花雨　満城流水香
鳥栖無影柳　三花開不萌枝　花落不萌枝
大死不死之死也　中生々死之生也　生死去来之死也
善悪不二　善　悪
夜半批推《タイ》峨山　明　芦花
唯我独尊明峯　天生上平　天下
蟄杜戸大眼　一声雷　蟄開戸
崑崙入海無消息通幻　文殊騎獅子　普賢騎象
徳雲比丘不下山　別峰　相見
維摩漢　釈迦　阿難
紫極宮中抱卵　銀河波底推兎輪　百億分身処々真
善入仏恵　通達大智　到於彼岸
入処　徹処　転処
智不到之自己　自己之智不到　自己之那辺
那時之自己　那時之智不到　那辺之那辺
入処トハ最初デ、案山点頭也、徹処トハ自己デハ法眼宗也、転処トハ自己デ寛家也、入処ト云ハ那返ノ入派也、徹処トハ

那返主中主也、転処トハ那辺退得這裡行裏（李）、
明安大師深省本身之相権立、此三種圏繢以附某甲、遠々信受奉行畢、諸方祥莫疑此ノ一大事因縁、謂之宗師之一大事トワ、
謂之三箇剣、又之三談、亦謂三訣トモ、亦之謂三座眼也、亦謂之三世血脈、亦謂之三宝輪、亦謂之過去現在未来三世也、
夫卵形葛藤トハ、天之陽気下、地之陰気合テ自生動揺之気、未自生万物体、

仏眼伝之　法眼伝之　凡眼伝之

明安大師告遠和尚云、知卵形未分無、遠則云、如何是卵形未分時、師以手作卵、亦問、卵形破作天如何、師以手作〔形、亦問、个破作地時如何、師以手作〕形、亦問、如何是未分性、師時則、亦問、如何是天ノ形性、師出陽息、亦問、如何是地形性、師則出陰息、亦遠忽然大悟礼謝去、師某甲遠継卵形図并師圏書以作宗門一大事因縁也、謂之三个剣、亦謂之三訣、亦謂之三世血脈、亦謂之三宝剣、亦謂是三眼也、三殊有卵形生胎生湿生化生之四生各々具五蘊生六根、愚而迷故皮毛戴角而随起滅沈坑輪廻三界、智而悟故教外別伝而出生之窠臼遊覆十方、皆是天地風虫所作也、何故威音如来昔座幻形中未曾出地生、此ノ時語仏菩薩不知諸仏菩薩、不見菩薩、謂之不見不知、是時如来出世之時廻光頭佗返照而深盲本身之相得為三界道曾霊山会上拈一枝之華、引得頭陀微笑后正法流布天下、皆是卵形分破以来妙道也、若問卵形分時無一法、吾師明安大師深省本身相、権立此三種圏繢（續）、以付某甲遠、遠信受奉行畢、可秘蜜、某甲百拝而書写古人下語、

于時寛永竜集〈甲申〉年（一六四四）霜月吉日

天牛拝

代々可改者也　附与牛薫長老

(6)

（端裏）諸珍首座

普所大事肝要之句儀

○迦葉説云、修大法身諸相事理安心而以至大休大歇之田地、如来地而出大寂於中道実相、以至大活現成之脱知見於不識上者、正法眼蔵涅槃妙心也、
○文殊説云、得大活現成発開之受用三昧以至忘休歇之田地而居無為空寂之実門者名正法眼蔵涅槃妙心而得大解脱者也、
○弥勒説曰、避大死底休歇、定之高位来、識得脱体現成之不会門而不渡去来男女之色相者、正法眼蔵涅槃妙心之

受用三昧是也、
夫修二学道一之大阿羅漢等讃談而曰、迦文勒三説那个是真説、仏告二阿羅漢一言、汝等可レ知二猶真大人一、那个是真説、于レ時弥勒告二大衆一言、妙法蓮華経証拠見二修学門一、復次文殊師利告二衆中一言、最可レ知二五字妙法一、有二真説一亦復摩訶迦葉告二諸衆一言、汝等能可レ知二妙法三段句儀文一、此外真証非二知解一、猶妙々之非レ妙、々三諦思量可レ知為レ主、如レ是謂已畢、復次三老白レ仏言、世尊如来末世之法孫、示二言教之真密一、仏者大極已前於二秘密一実能徹通後自然能脱得者、草木国土悉皆成仏、以レ能不レ見二諸法一、実相而無二也、無相故司二法華一曰也、猶不二理徹一者不レ見二妙法蓮華一字一者乎、此文可秘々々、不レ可レ出二見聞文語一、已三老云畢云云、大阿羅謹九二拝仏前一去、此文流布之輩者眉鬚堕落者也、不二透脱一
不レ遺レ之者也、

于時天正拾五〈巳亥《ママ》〉年（一五八七）極月五日　　　付授諸珍首座　　　沢雲恩老衲

＊以上、禅宗、ことに日本曹洞宗は室町中期から戦国末期にかけて急速に葬祭仏教としての形態をととのえ、これが全国的展開を遂げることのできた大きな要因となった。その展開過程や実態を知る上で極めて貴重な示唆を示してくれると思われる切紙資料のうち、この葬祭仏教に直接かかわる追善・葬送供養関係の切紙の全体的把握を試み、またその典拠となった尊宿遷化や亡僧にかかわる諸儀礼や口訣と、曹洞宗地方展開の歴史を探る上で最も重要な一般民衆のための葬祭儀礼や追善供養等に関する切紙をほぼ紹介し尽くした。[補註]

註

（1）　たとえば道元禅研究に限定してみても、戦前の和辻哲郎・秋山範二・田辺元等の宗門外の学者による思想研究や紹介、衛藤即応による近代的学問方法論に立脚した宗学の研究があり、さらに近年特に問題になっている天台本覚法門との思想的関連については、硲慈弘「鎌倉時代に於ける心常相滅論に関する研究」（『日本仏教の開展とその基調（下）』、一九五三年、三省堂刊、六、慧檀両流に於ける実際信仰）、田村芳朗「鎌倉新仏教の背景としての天台本覚思想」（『日本仏教学会年報』第二二号、一九六四年）、同「鎌倉新仏教と天台本覚思想」（一九六五年三月、平

楽寺書店刊『鎌倉新仏教思想の研究』所収）、鏡島元隆「本証妙修の思想史的背景」（『宗学研究』第七号、一九六五年四月）、山内舜雄『道元禅と天台本覚法門』（一九八五年六月、大蔵出版刊）等があり、これらを批判的に扱った袴谷憲昭「道元理解の決定的視点」（『宗学研究』第三八号、一九八六年三月）、石井修道『道元禅の成立史的研究』（一九九一年八月大蔵出版刊）等もある。

（2）禅宗については、地方展開を扱った古典的な成果としての、鈴木泰山『禅宗の地方発展』（一九四二年一一月、畝傍書房刊、一九八三年三月、吉川弘文館より復刊）をはじめ、日本禅宗の歴史を古代仏教からの流れとして捉えた、船岡誠『日本禅宗の成立』（一九八七年三月、吉川弘文館刊）、曹洞宗の地方展開を社会経済史的立場から跡付けた広瀬良弘『禅宗地方展開史の研究』（一九八八年一二月、吉川弘文館刊）、同じく林下臨済宗大徳寺派・妙心寺派の地方展開について論じた、竹貫元勝『日本禅宗史研究』（一九九三年一月、雄山閣出版刊）、武士達との関係を中心に五山禅林の地方展開を扱った、葉貫磨哉『中世禅林成立史の研究』（一九九三年二月、吉川弘文館刊）等がある。

（3）岡部和雄「『無常経』と『臨終方訣』」（『平川博士古稀記念論集　仏教思想の諸問題』、一九八五年六月、春秋社刊）参照。

（4）入矢義高等訳『東京夢華録』巻四（一九八二年、岩波書店刊）一五〇頁、および竜池清「明代の瑜伽教僧」（『東方学報』東京一一冊之一、一九四〇年）参照。教僧の制務は英宗（一四三五―一四四九在位）の時代には有名無実となった。ただし施食師と呼ばれる同様の職能を担う宗教者が替わって出現したという。

（5）李公については、薬山惟儼とも関係が深く、『復性書』の著者として知られる李翺と同一人であるともされる（阿部肇一『中国禅宗史の研究』一九六三年三月、誠信書房刊）二八頁。

（6）圭室諦成「禅林の葬法」（『葬式仏教』一九六三年一一月、大法輪閣刊）一二一頁、松浦秀光『禅林の葬法と追善供養の研究』（一九六九年二月、山喜房仏書林刊）等参照。

（7）たとえば遠江一雲斎の川僧慧済の会下では日常の叢林生活は極めて厳格に実践されていた。石川力山「『人天眼目抄』について」（『印度学仏教学研究』第二六巻二号、一九七八年三月）、及び序篇第二章参照。

（8）『諸回向清規』は、臨済宗で用いられる日分・月分・年分・臨時の行事の回向・疏・行法について指示したもので、永禄九（一五六六）年三月の成立、約百年後の明暦三年（一六五七）に刊行された。相国寺・天竜寺・臨川寺等の事例が引用されており、夢窓派で成立したものとみられる。同種の史料として南禅寺系のものに『南禅寺常住諸回向並疏』（文明一一年〈一四七九〉成立、竜谷大学図書館蔵）がある。

(9) 大正蔵八一、六五九頁b—六六八頁a。

(10) たとえば『修験道無常用集』（延享二年〈一七四五〉序刊）には、「房中軌則・葬送行列・火葬作法〈附葬場之式・通用葬場加持印明・火葬拾骨之式〉・土葬作法・霊前通用軌則・土葬地取作法・霊供作法・中陰之式・茶湯次第・閼伽札之事・葬送所用道具之部・葬場図・位牌・墓所碑伝・五輪種子・通用諸忌塔婆・塔婆通用意趣・同裏書・六角塔婆用否・無常用撰日方取私記（以上巻上）、阿字門回向之部・無常用啓白神分・施餓鬼作法・略施餓鬼」（以上巻下）の諸項目がある。

なお、杉本俊竜『洞上室内切紙参話研究并秘録』（一九三八年七月、滴禅会刊）は、葬儀関係の切紙を「送亡部」として分類し、「知識葬儀法・没後作僧儀式・送亡訓訣・入棺法・母子別腹法・度懐胎亡者参話・度懐胎亡者符・非人癩病狂死者引導法并符・非人引導因縁・下火并挙鑁法・四門三匝図・弁験亡霊現形法・鎮亡霊現形符・立卵塔法・鎮墓符・鎮墓焼法・移墓之大事」の十七種を掲げる。

(11) 大正蔵八一、六六八頁a—b。

(12) 拙稿「中世曹洞宗切紙の分類試論（一）」（『駒沢大学仏教学部研究紀要』第四一号、一九八三年）、本書第二篇第一章参照。

(13) 「〇一大事目録」の末尾には「茲歳天正廿〈辛卯〉九月日、傑心盾英」とあるが、同寺所伝の切紙によれば傑心は寛文頃の人である。なお「〇一大事目録（〇切紙数量之目録）」については、第二篇第一章参照。

(14) 拙稿「中世仏教における菩薩思想——特に曹洞宗における地蔵菩薩信仰を中心として」（『日本仏教学会年報』第五一号、一九八六年三月）参照。

(15) 柳田聖山『禅の遺偈』（一九七三年一一月、潮文社刊）二二八頁以下参照。

(16) 『沙石集』には、寿福寺栄西・長楽寺栄朝・悲願房阿闍梨蔵叟朗誉・松島性才法心・建長寺蘭渓道隆・東福寺聖一和尚等の臨終の様子が紹介され、念仏門の臨終と比較されている（『日本古典文学大系』八五、四四八—四五九頁)。ただし遺偈については『野守鏡』巻下に、恐らく生前にあらかじめ用意してあるものとして批判の対象とされている。

(17)『仏書解説大辞典』巻八、二頁参照。

(18)杉本俊竜『洞上室内切紙参話研究並秘録』三二四頁にほぼ同内容の切紙が掲載されているが、修法としての部分に注目して「加持部」に分類されている。

(19)末木文美士「高山寺所蔵禅籍小品について」(『平成六年度高山寺典籍文書綜合調査団　研究報告論集』、一九九五年三月)参照。

(20)豊川市西明寺所蔵の抄物・切紙類の目録は、「西明寺」(『禅宗地方史調査会年報』第三集、一九八二年一二月)に収録されている。なお、鉄山天牛は太源派如仲派下の真巌道空の系統に属し、血脈の最後の盧巌洞都は如仲派下喜讃の系統であり、法系を異にするが、ここでは相伝の意味はなく、天牛が書写して常什物として備えた意であろう。

(21)『学道用心集』の直接の典拠は、『孝経』(開宗明義章)に、「身体髪膚、受二之父母一、不レ敢二毀傷一、孝之始也」とあるのによる。

(22)『勅修百丈清規』にみられる諸儀礼の項だけを次に掲げておく。
尊宿―遷化・入龕・請主喪・請喪司職事・孝服・仏事・移龕・掛真挙哀奠茶湯・対霊小参・奠茶湯念誦致祭・祭次・出喪掛真奠茶湯・茶毘・全身入塔・唱衣・霊骨入塔・下遺書・管待主喪及喪司執事人(続蔵二、一六、三、二五五頁b―二五八頁c)
亡僧―抄劄衣鉢・請仏事・估衣・大夜念誦・送亡・茶毘・唱衣・入塔・版帳式(続蔵二、一六、三、二七七頁a―二七九頁c)

(23)虎室春策については、『大乗聯芳志』(曹全、史伝上、五七九頁)参照。

(24)快巌竜幢・普満紹堂両師の伝については、正竜寺所蔵『高根山正竜寺主席歴代略伝記』に詳しい。

(25)『楊岐方会和尚語録』の「後住潭州雲蓋山海会寺語録」に、「慈明遷化、僧馳書至、師集衆挂真挙哀、云云」(大正蔵四七、六四二頁b)とある。

(26)『呉山端禅師語録』巻下に、「為超法師挙火、性空真火、性火真空、来従此来、去復其中、法師円寂、我等難逢、若問帰何処、白雲無定踪」(続蔵二、三一、三、二五二頁d)とある。

(27)『投子青和尚語録』巻上に、「為亡僧下火、拈起火把云、大衆還会麼、昔日拘尸城畔、三世諸仏遞相伝授、今日寂住峰前、依而行之、大衆若也会得、向紅炉焔裏、活得天下人性命、若也不会、不免為衆竭力、良久云、嗚呼哀哉、伏惟尚饗」(続蔵二、二九、三、二二七頁d)とある。

(28) 浄土真宗系の切紙を集めた岸沢文庫所蔵の『百通切紙』にみられる伝承。

五十七有ニ他宗引導ニ当流無之事

◦◦問他宗有ニ下炬《アコ》無ニ当流ニ、其意如何、答、禅家ノ黄檗《ワウハク》禅師母ヲ引導ス、其句ノニ云、広河源頭乾クニ徹底《テツテイニ》、是レノ此五逆無レ所レ蔵《カクス》、一子出家《スレハ》 九族《ゾクス》生レ天ニ、若是妄語レ《ナラハ》、諸仏《モ》妄語矣《ト》、黄檗禅師母ヲ引導シテヨリ、禅家ニ引導ス、禅家ノ引導ヲ見テ他宗モ他宗ノ以レ意《テ》引導《ヲ》スト見ヘタリ、炬《コ》ハ五尺ヲ二ニシテ結合《ユヒ》スルナリ、是レ五尺ノ形《ナリ》也、炬ヲ一度揮《フレ》ハ一円相也、一円相之ノ中ニ五尺ノ境界《ヲ》納《ル》則、十方法界《ヲ》己心ニ取《ナリ》也、下炬《アコハ》智慧火ノヲ以テ煩悩ノ薪ヲ焼標示也、法華ニ云、如薪尽火滅〈已上〉、下炬ノ句ニハ本法ノ句、次ニ流転ノ句、次ニ還滅ノ句、戒名ヲ入テ示ノ句ナリ、何ノ宗旨モ、此次第也、野辺ノ勧化ト他宗ニ云ナリ、問、当流ニ無ニ引導一意如何、答、破邪顕正鈔中巻見ヘタリ、平生業成ノ宗旨ナレバ、何トテ滅後ノ引導ノ句ヲ待ン耶、故ニ無ニ引導一也、問、平生業成ノ人ハ爾ナリ、臨終値法機又没後真宗ニテ弔人ハ如何、答、破邪顕正中ニ云、観仏三昧経ノ説ヲウカヾウニ、念仏三昧ハ失道ノモノ、指南、黒闇ノモノ、灯燭ナリト見ヘタリ矣、〈下ノ七十六ノ幼児ヲ弔可レ見、〉問、施主野辺ノ化儀ヲ為レ本有レ望、又所ノ往昔ヨリノ習ニテ、引導ノ句ハカリヲ云ヲバ停止スヘキヤ、答、停止スルハ宗門ノ本意也、不レ被ニ停止一者、他宗ノ意ヲ不レ可レ謂、平生業成ノ意ヲ可レ示歟〈云云〉、

(29)『諸本対校永平開山道元禅師行状建撕記』(河村孝道編著本)一二九頁。

(30) 当時の建長寺住持は蘭渓道隆か兀庵普寧と思われるが、『大覚禅師語録』(大正蔵八〇)や、『兀庵和尚語録』(続蔵二、二八、一)には、時頼関係の仏事法語の記録は見出せない。

(31) 石川力山「禅の葬送」(『日本学』第一〇号、一九八七年一二月)および本書第三篇はじめに参照。

(32) その端緒は柳田国男「葬送の沿革について」をはじめとする一連の論稿や折口信夫「上代葬儀の精神」であり、

その後多くの成果が出たが、『葬送墓制研究集成』（一九七九年以降、名著出版刊）五巻もこうした立場に立つものであった。
(33) 近年のものとしては伊藤唯真『仏教と民俗宗教』（一九八四年、図書刊行会刊）、田中久夫『仏教民俗と祖先祭祀』（一九八六年、永田文昌堂刊）等があり、『仏教民俗学大系』（全一〇巻、名著出版）の刊行も始まっている。
(34) 幻住派と曹洞宗との関係については、玉村竹二「臨済宗幻住派」（『日本禅宗史論集』下之一所収、一九七九年、思文閣刊、旧稿は一九六二年春秋社刊、『円覚寺史』所収「幻住派の導入と法系の大変動」）参照。
(35) 中世の曹洞禅僧の神人化度や悪霊鎮圧については、葉貫磨哉「洞門禅僧と神人化度の説話」（『駒沢史学』第一〇号、一九六二年）、広瀬良弘「曹洞禅僧における神人化度・悪霊鎮圧」（『印度学仏教学研究』第三一巻二号、一九八三年）等参照。
(36) 藤井正雄編『仏教儀礼辞典』（一九七七年七月、東京堂出版刊）四頁以下、『葬送墓制研究集成』第一巻、第四篇特殊葬法（一九七九年一二月、名著出版刊）二八七頁以下等参照。
(37) 南方熊楠「孕婦の屍より胎児を引離す事」（『郷土研究』第五巻四号、第六巻二号、一九三一年九月、一九三二年八月）。
(38) 『夷堅志』は趙宋の洪邁の撰で、もと四二〇巻あったが、現存するのは五〇巻。主に神怪仙鬼の諸事の記録で、『四庫未収書目提要』(三) に収録されている。
(39) 『異苑』は劉宋の劉敬叔の撰で一〇巻あり、『夷堅志』と同様の怪異譚を集めたもので、『四庫提要』（子部、小説家類）に収録されている。
(40) 山口弥一郎「死胎分離埋葬事件——妊婦葬送儀礼」（『民間伝承』第一七巻五号、一九五三年）。注 (37) の論文とともに、『葬送墓制研究集成』第一巻に収録されている。
(41) 桂井和雄「鎌の柄に関する禁忌——胎児分離の古習ノート」（『土佐民俗』第三〇号、一九七六年）。
(42) 『下火真言初学集』は、貞享元年（一六八四）総陽沙門伝慧なるものの撰述刊行になるもので、春・夏・秋・冬に分けて下火の法語例を挙げたもので、春之部「廿一懐胎女歎徳下」は次のようなものである。
密以、

臨法性大海、不立凡聖仮名、
至平等華台、詎有男女境界、
斯新円寂人名糀鏡紅粉胸襟抱自圭、虖悼哉、不思嬰難産先春花飛、眼光早滅絶命根、玉樹奄埋、因茲調荼毘法儀、
爇向解脱香、請瑜伽導師薫読般若理趣、一弁妙香力除五障三従蓋纏、一句聞法縁登五智三身広閣、爾間、胎内子者
未生已前無位真人、懐孕母者任運自性寂滅全身、若爾者母子開一仏性覚蕊、遊八功徳宝池、辱教則遮那之金口、乗
則神変宝輅也、是故一遇此教者、消五逆十悪罪、纔入此門人、窮四万三密楽、冀早乗神通三宝格、速離無明之貪里、
到千荼之覚殿事有疑乎、因、若人求仏慧通達菩提心、父母所生身、速証大覚位矣、乃至六趣四生平等抜済而已、五
字句、

(43)『血盆経』の成立に関しては、ミッシェル・スワミエ「血盆経の資料的研究」(『道教研究』第一冊所収、一九六五年、昭森社刊)があり、日本における受容と問題点については、武見李子「日本における血盆経信仰について」(『日本仏教』第四一号、一九七七年四月)参照。

(44) 拙稿「中世曹洞宗切紙の分類試論(四)——曹洞宗における差別切紙発生の由来について」(『駒沢大学仏教学部論集』第一五号、一九八四年一〇月)および本書第三篇第八章参照。

(45) 前の註参照

(46) この文言については、拙稿「差別切紙と差別事象について」(『宗学研究』第二七号、一九八五年)および本書第三篇第九章参照。

補註

石川力山氏は、本章を「中世曹洞宗切紙の分類試論(八)—追善・葬送供養関係を中心として(上)—」(『駒沢大学仏教学部論集』第一七号、昭和六一年一〇月)「中世曹洞宗切紙の分類試論(九)—追善・葬送供養関係を中心として(中)—」(『駒沢大学仏教学部研究紀要』第四五号、昭和六二年三月)「中世曹洞宗切紙の分類試論(十)—追善・葬送供養関係を中心として(下)—」(『駒沢大学仏教学部論集』第一八号、昭和六二年一〇月)「中世曹洞宗切紙の分類試論(十一)—追善・葬送供養関係を中心として(補)—」(『駒沢大学仏教学部研究紀要』第四六号、昭和六三年三月)

の四つの論文によって、構成する予定であった。しかしその加筆訂正の途上、石川氏が急逝した為に校正者で本章をどのようにするかに迷い、「中世曹洞宗切紙の分類試論（八）」と「同（九）」までの一部を整理して収録することとした。「同（九）」の論文に見られるように、豊川市八幡町西明寺所蔵の貴重な新出資料が追加され、また、「同（十）」に見られるように、この論文以降に紹介された貴重な資料として小田原市香林寺の新出資料が加わることとなった。その為に本章を構成する「中世曹洞宗切紙の分類試論（八）」と「同（九）」はもちろん、「同（十）」「同（十一）」は、初出論文の大幅な整理が予想されたが、校正者ではその整理は不可能であるとの判断に立たざるをえなかった。そこで本章の収録は、「中世曹洞宗切紙の分類試論（八）」と「同（九）」までとし、「同（十）」と「同（十一）」は割愛することとしたのである。収めた「同（八）」と「同（九）」は本章の項目で言うならば、「一　はじめに」から「九　非人引導関係切紙について」までである。本章に収めなかった「同（十）」には「十　葬場の設置に関連して」「十一　下炬・続松関係切紙について」「十二　十三仏・十界関係切紙について」の項目があり、「同（十一）」には「十三　亡霊関係切紙」「十四　墓制関係切紙」「十五　おわりに」の項目がつづいて論述されている。関心ある読者は、その関連論文を是非とも参照されることを希望する。ただし、「同（十一）」の［付記］は、項目九に関連することなので、次に示しておくことにしたい。（この補註は校正者の追加による）

付記

葬送儀礼関係切紙の中の「非人引導」関係の切紙について、先の稿では（『中世曹洞宗切紙の分類試論（九）―追善・葬送供養関係を中心として（中）―』〈『駒沢大学仏教学部研究紀要』四五号、昭和六二年三月〉）、現在見られる最も古い例として、愛知県西明寺所蔵、寛永七年（一六三〇）の鉄山天牛所伝のものを紹介しておいたが、昭和六二年度の仏教史学会学術大会（一〇月二五日、立正大学）における広瀬良弘氏の「曹洞宗における相伝書について（とくに切紙を中心にして）」と題する発表で、西明寺所蔵のものより二十年近く古い長野市信叟寺所蔵、慶長一六年（一六一一）の当該切紙が『信濃史料』補遺下（昭和四五年五月）一八九〜一九〇頁に収録されて存することが紹介された。筆者もその史料提供を受けたので、「追善・葬送供養関係」の切紙を補足する意味で、次にその切紙を引用しておき、併せて広瀬氏に謝意を表しておきたい。

〔信叟寺文書〕○長野市金箱　信叟寺所蔵（端裏書）「非人並天瘂(ママ)（疰）切紙」

非人亡者之事

自家初世具・雑具・衣裳・刀共悉送捨、其身乞食渡時、弓絃男左、女右脇縊渡非人、引動(導)時、子不持者後手截、其後截刀身代相添送時之、文曰、因果業性、霊々除滅、尽未来際、直截根源、此文書死人可添、亦其出入門揩(階カ)下可埋、其後人間(如常)成引導可有、此法可秘々々、

天疰病之事

我自家風上不置、居座敷不居、不呑盃、平生如是、人間不類也、亦死去○(時)、引導大切也、幡天蓋何黒色可致、此簿(符)書引導、七日居座可敷、其親兄弟子共、此簿百日之間不可捨、供養亦替平人、亦無回向、下炬曰、汝元来不生不滅、無父無母無兄弟、此土自去再不来、輪廻顚倒直断絶。

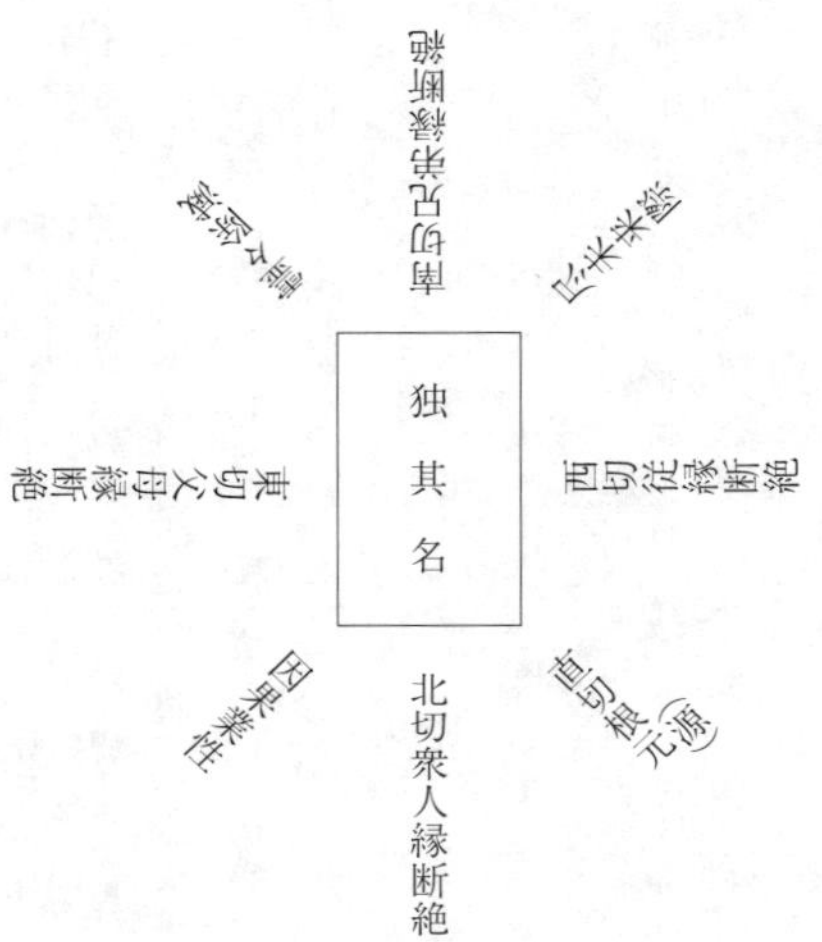

右此文図書、其家門出入揩(階)下可埋、亦塚所可埋也、

時慶長拾六〈辛亥〉五月廿日書之、賢隆叟（朱印）
前永平信叟主盟従宗甫和尚相伝之、（印）

（『信濃史料』）

なお一言付記するなら、西明寺所蔵の寛永一七年所伝のものは仮名混り文であるのに対し、信叟寺所蔵のものは形式的には漢文体であり、同種のものは、駒沢大学図書館所蔵の『室内切紙謄写』に引用された、永平寺三〇世光紹智堂（―一六七〇）所伝のものがある。内容的にはほとんど同じであるが、ただし多少文言の異なる部分もあり、「非人引導切紙」の成立過程を究明する上からは貴重な資料である。また、筆者はかねて、光紹智堂所伝の非人引導の切紙の形態に注目し、「非人亡者之事」と「天疱病之事」の両項目は、元来は別箇に存した切紙で、断絶符も本来は「天疱病之事」に付随したものではなかったかという推定をしているが、信叟寺蔵の慶長一六年所伝のものもこれと軌を一にしており、意を強くしている。さらに古い形態の「非人」「天疱」関係の切紙の発見出現がまたれる。

石川力山（いしかわ　りきざん）

1943年宮城県に生まれる。74年駒沢大学大学院博士課程満期退学。81年駒沢大学専任講師に就任，同助教授を経て，91年同教授。97年急逝。
著書に『禅宗小事典』（法蔵館），『菜根譚』『典座教訓』（共著・講談社学術文庫），『道元思想大系』（共編・同朋舎出版）など。

禅宗相伝資料の研究　上巻

二〇〇一年五月三〇日　初版第一刷発行
二〇〇二年四月三〇日　初版第二刷発行

著　者　石川力山
著作権者　石川力雄
発行者　西村七兵衛
発行所　株式会社法藏館
京都市下京区正面通烏丸東入
郵便番号　六〇〇-八一五三
電話　〇七五-三四三-〇〇三〇（編集）
　　　〇七五-三四三-五六五六（営業）

印刷／製本　亜細亜印刷株式会社

ISBN 4-8318-7636-4 C3015